# वेल्थ क्रिएशन का विज्ञान

## The Science of Wealth Creation

**D P Sharma**

Associate Professor
and
Research Analyst (NISM Certified)

**अस्वीकरण (Disclaimer)**

यह पुस्तक केवल सूचना, शिक्षा एवं जागरूकता के उद्देश्य से प्रकाशित की गई है। इसमें दी गई कोई भी सामग्री, विचार, राय या सुझाव किसी भी प्रतिभूति (शेयर, म्यूचुअल फंड, ई टी एफ, डेरिवेटिव आदि) को खरीदने, बेचने, रखने अथवा किसी वित्तीय लेन-देन करने का निमंत्रण, सिफारिश या आग्रह नहीं है।

लेखक किसी भी प्रकार से SEBI पंजीकृत निवेश सलाहकार (Investment Adviser) नहीं हैं। इस पुस्तक में व्यक्त विचार पूरी तरह व्यक्तिगत हैं तथा इन्हें पेशेवर निवेश सलाह के रूप में नहीं लिया जाना चाहिए।

**सिक्योरिटीज मार्केट में निवेश बाजार जोखिम के अधीन है। निवेश करने से पूर्व सभी संबंधित दस्तावेजों को ध्यानपूर्वक पढ़ें।**

पिछला प्रदर्शन भविष्य के परिणामों का संकेतक नहीं होता। पाठकों से अनुरोध है कि कोई भी वास्तविक निवेश, ट्रेडिंग या वित्तीय निर्णय लेने से पूर्व किसी योग्य एवं SEBI-पंजीकृत वित्तीय सलाहकार/निवेश सलाहकार से अवश्य परामर्श लें।

इस पुस्तक में दी गई जानकारी के उपयोग से किसी भी प्रकार की वित्तीय हानि, क्षति, लाभ में कमी या अन्य किसी नुकसान के लिए लेखक एवं प्रकाशक किसी भी रूप में उत्तरदायी नहीं होंगे।

सभी निवेश एवं ट्रेडिंग संबंधी निर्णय पाठक की अपनी व्यक्तिगत जिम्मेदारी होंगे।

प्रथम संस्करण: 2026
ISBN (पेपरबैक):
ISBN (ईबुक):
प्रकाशक:
प्रकाशन का देश: भारत

# Contents

# प्रस्तावना

आज के इस बदलते आर्थिक युग में, हर व्यक्ति के मन में एक ही सवाल है— "**अपने धन को कैसे बढ़ाएं और वित्तीय स्वतंत्रता कैसे प्राप्त करें?**" अधिकांश लोग जीवन भर पैसे के लिए काम करते हैं, लेकिन बहुत कम लोग यह सीख पाते हैं कि "**पैसे से अपने लिए काम कैसे कराया जाए।**"

यह पुस्तक, जो आपके हाथ में है, केवल शेयर बाजार के बारे में एक और गाइड नहीं है। यह एक विस्तृत रोडमैप है, जो आपको शून्य से शिखर तक ले जाने के लिए तैयार किया गया है। 1 से 40 अध्यायों की यह यात्रा आपको केवल आंकड़ों के खेल तक सीमित नहीं रखेगी, बल्कि आपको एक पेशेवर निवेशक (Professional Investor) की तरह सोचना सिखाएगी।

जब मैंने इस पुस्तक की परिकल्पना की थी, तो मेरा उद्देश्य स्पष्ट था: निवेश की जटिल दुनिया को सरल बनाना। हमने शुरुआत बुनियादी बचत और वित्तीय योजना से की है, ताकि आपकी नींव मजबूत हो। फिर हम व्यापार की बारीकियों, प्रबंधन की परख और वित्तीय विश्लेषण की गहराई में उतरे हैं, क्योंकि एक मजबूत घर के लिए उसकी बुनियाद का ठोस होना अनिवार्य है।

इस पुस्तक की सबसे बड़ी विशेषता 'संगम' (Confluence) है। हमने फंडामेंटल विश्लेषण की दूरदर्शिता और टेक्निकल विश्लेषण की सटीकता को एक साथ पिरोया है। आप सीखेंगे कि 'क्या' खरीदना है और सबसे महत्वपूर्ण— 'कब' खरीदना है और 'कब' बाहर निकलना है।

याद रखें, शेयर बाजार में सफलता का रहस्य किसी गुप्त फार्मूले में नहीं, बल्कि **ज्ञान, अनुशासन और अभ्यास** के तालमेल में छिपा है। बाजार कभी आपको डराएगा, तो कभी लालच देगा, लेकिन यह किताब आपके लिए उस 'लाइटहाउस' (प्रकाशस्तंभ) की तरह काम करेगी जो तूफानी लहरों के बीच भी आपको सही दिशा दिखाएगी।

मैं चाहता हूँ कि जब आप इस पुस्तक का अंतिम अध्याय समाप्त करें, तो आपके पास केवल जानकारी न हो, बल्कि वह आत्मविश्वास हो जिससे आप अपनी और अपनी आने वाली पीढ़ियों के वित्तीय भाग्य को बदल सकें।

तो आइए, निवेश की इस रोमांचक यात्रा की शुरुआत करते हैं।

शुभकामनाओं सहित,

**डी. पी. शर्मा**

# *Chapter 1* धन और वित्तीय आधार

**"पैसे को बचाना सुरक्षा है, लेकिन उसे निवेश करना भविष्य की आजादी। वित्तीय बुनियाद बचत, अनुशासन और महंगाई को समझने से ही मजबूत होती है, जो अमीरी सुनिश्चित करती है।"**

पैसा आधुनिक अर्थव्यवस्था की वह धुरी है जिस पर सामाजिक विश्वास और व्यक्तिगत प्रगति टिकी है। यह केवल कागज का टुकड़ा या डिजिटल अंक नहीं, बल्कि आपकी मेहनत का संचित मूल्य है। इस अध्याय में हम पैसे के वस्तु-विनिमय (Barter) से लेकर क्रिप्टोकरेंसी और CBDC जैसी डिजिटल क्रांतियों तक के सफर को गहराई से समझेंगे। आप जानेंगे कि कैसे UPI और फिनटेक ने बैंकिंग की परिभाषा बदल दी है और RBI भारतीय मुद्रा की स्थिरता में क्या भूमिका निभाता है।

अक्सर लोग 'पैसे के भ्रम' (Money Illusion) में फंसकर नाममात्र के रिटर्न को ही वास्तविक लाभ मान लेते हैं, जबकि मुद्रास्फीति (Inflation) चुपचाप उनकी क्रय शक्ति को निगल रही होती है। यह चैप्टर आपको मुद्रास्फीति के सूक्ष्म पहलुओं, जैसे CPI और WPI, और वास्तविक रिटर्न की गणना करना सिखाएगा। इन मूलभूत अवधारणाओं को समझना आपकी उस वित्तीय नींव को मजबूत करेगा, जिस पर भविष्य में संपत्ति और नेटवर्थ का भव्य महल खड़ा होगा।

## 1.1 मुद्रा प्रणाली के बदलते स्वरूप

### वस्तु विनिमय

वस्तु विनिमय (Barter System) प्रणाली पैसे के विकास का सबसे पहला और मौलिक रूप था, जिसमें लोग सीधे तौर पर वस्तुओं और सेवाओं का आदान-प्रदान करते थे। उदाहरण के लिए, एक किसान अनाज के बदले एक बुनकर से कपड़ा ले सकता था। इस प्रणाली की सबसे बड़ी चुनौती 'आवश्यकताओं का दोहरा संयोग' (Double Coincidence of Wants) थी, जिसका मतलब था कि विनिमय तभी संभव था जब दोनों पार्टियों को ठीक वही चीज़ चाहिए होती थी जो दूसरे के पास थी। इसके अलावा, वस्तुओं का भंडारण करना मुश्किल था, उनका मूल्य निर्धारित करना कठिन था और कुछ वस्तुओं को विभाजित नहीं किया जा सकता था, जिससे व्यापार सीमित हो जाता था।

### कमोडिटी मनी

वस्तु विनिमय की कठिनाइयों को दूर करने के लिए, लोगों ने ऐसी वस्तुओं का उपयोग शुरू किया जिनका स्वयं में आंतरिक मूल्य था और जिन्हें मुद्रा के रूप में स्वीकार किया गया। इसे कमोडिटी मनी कहा गया। शुरुआती उदाहरणों में नमक, सीपियाँ, और बाद में सोना और चाँदी जैसी कीमती धातुएँ शामिल थीं। इन वस्तुओं का मूल्य उनकी भौतिक सामग्री और दुर्लभता पर आधारित था। हालांकि, इस प्रणाली में भी खराब होने का डर, परिवहन की समस्याएँ और वजन व माप में एकरूपता की कमी जैसी चुनौतियाँ थीं।

### फिएट मनी

फिएट मनी ने धातुओं की भौतिक सीमाओं को दूर किया। यह एक राष्ट्रीय मुद्रा है जिसे सरकार द्वारा कानूनी निविदा घोषित किया जाता है, लेकिन इसका अपना कोई आंतरिक मूल्य नहीं होता है। इसका मूल्य मुख्य रूप से सरकार और केंद्रीय बैंक में जनता के विश्वास पर टिका होता

है। भारतीय रुपया और अमेरिकी डॉलर इसके प्रमुख उदाहरण हैं। फिएट मनी के लाभों में कम उत्पादन लागत और मौद्रिक नीति को नियंत्रित करने की क्षमता शामिल है, जिससे केंद्रीय बैंक अर्थव्यवस्था को स्थिर करने के लिए मुद्रा आपूर्ति को प्रबंधित कर सकते हैं।

### डिजिटल मुद्राएँ

आधुनिक युग में, पैसा डिजिटल रूप में विकसित हुआ है, जिससे भौतिक नकदी को संभालने की आवश्यकता लगभग समाप्त हो गई है। क्रेडिट कार्ड, यूपीआई (UPI), और ऑनलाइन बैंकिंग इसके सामान्य उदाहरण हैं, जो भुगतान को अधिक सुविधाजनक और सुलभ बनाते हैं। क्रिप्टोकरेंसी जैसी डिजिटल मुद्राएं भी उभरी हैं, जो बैंकों से स्वतंत्र रूप से काम करती हैं। हालांकि, इस क्षेत्र में साइबर सुरक्षा जोखिम और कीमतों में महत्वपूर्ण उतार-चढ़ाव (विशेषकर क्रिप्टोकरेंसी में) जैसी चुनौतियां बनी हुई हैं। भारत सरकार द्वारा जारी किया गया डिजिटल रुपया (CBDC) एक विनियमित डिजिटल मुद्रा है जिसका उद्देश्य पारंपरिक क्रिप्टो की अस्थिरता के बिना डिजिटल सुविधा प्रदान करना है।

## 1.2 पैसे के तीन मुख्य कार्य

पैसा तीन प्राथमिक कार्य करता है जो आधुनिक अर्थव्यवस्था (Economy) को सुचारू रूप से चलाते हैं:

**विनिमय का माध्यम (Medium of Exchange):** पैसा वस्तुओं और सेवाओं की खरीद-बिक्री के लिए एक सामान्य माध्यम के रूप में काम करता है। इसका सबसे बड़ा महत्व यह है कि यह वस्तु विनिमय प्रणाली की "दोहरे संयोग की आवश्यकता" को समाप्त करता है, जिससे व्यापार बहुत आसान हो जाता है। लोग पैसे को स्वीकार करते हैं क्योंकि उन्हें भरोसा होता है कि वे इसका उपयोग भविष्य में अन्य सामान खरीदने के लिए कर सकते हैं।

**खाते की इकाई (Unit of Account):** पैसा सभी वस्तुओं और सेवाओं के मूल्य को मापने के लिए एक सामान्य पैमाना प्रदान करता है, जिसे मूल्य का माप भी कहते हैं। यह कीमतों का निर्धारण और विभिन्न वस्तुओं के मूल्यों की तुलना करना आसान बनाता है। व्यवसाय बजट बनाने और संपत्ति का मूल्यांकन करने के लिए इस फ़ंक्शन का उपयोग करते हैं।

**मूल्य का भंडार (Store of Value)**: पैसा मूल्य को समय के साथ बनाए रखता है, जिससे लोगों को भविष्य के लिए बचत करने की सुविधा मिलती है। यह भविष्य में क्रय शक्ति को संरक्षित करने की अनुमति देता है। हालांकि, इसका मूल्य मुद्रास्फीति (Inflation) से प्रभावित हो सकता है, जो समय के साथ पैसे की क्रय शक्ति को कम कर देती है।

## 1.3 मुद्रा आपूर्ति और UPI

भारतीय रिजर्व बैंक (RBI) अर्थव्यवस्था में तरलता (Liquidity) के स्तर के आधार पर मुद्रा आपूर्ति (Money Supply) को मापता है। इस माप के लिए विभिन्न संकेतक (measures) हैं, जिनमें मुख्य रूप से M0, M1 और M3 शामिल हैं। M0 को 'मौद्रिक आधार' (High-Powered Money) के नाम से जाना जाता है और यह मुद्रा आपूर्ति का सबसे तरल या तुरंत उपलब्ध रूप है। इसमें जनता के पास मौजूद करेंसी और बैंकों की RBI के पास जमा राशि शामिल होती है। M1 को 'संकीर्ण धन' (Narrow Money) कहा जाता है, जो M0 से थोड़ा कम तरल है और इसमें मांग जमा (Demand Deposits) भी जोड़ी जाती हैं जिन्हें लेन-देन के लिए तुरंत इस्तेमाल किया जा सकता है।

इन सब में M3 मुद्रा आपूर्ति का सबसे व्यापक माप है, जिसे 'व्यापक धन' (Broad Money) कहा जाता है। M3 में M1 के साथ-साथ बैंकों में मौजूद सावधि जमा (Time Deposits)

को भी शामिल किया जाता है। मौद्रिक नीति बनाते समय M3 का उपयोग सबसे महत्वपूर्ण और व्यापक माप के रूप में किया जाता है।

UPI (Unified Payments Interface) भारत की एक प्रमुख रियल-टाइम भुगतान प्रणाली के रूप में उभरा है। यह तकनीक स्मार्टफोन के माध्यम से बैंक-से-बैंक फंड ट्रांसफर की सुविधा देती है। UPI का मुख्य महत्व देश में नकद रहित (cashless) और कार्ड रहित (cardless) लेनदेन को बढ़ावा देना है, जिससे वित्तीय समावेशन (Financial Inclusion) और डिजिटलीकरण की प्रक्रिया को गति मिली है।

## 1.4 मुद्रास्फीति मापन के मुख्य आधार

मुद्रास्फीति (Inflation) को मापने के लिए दो मुख्य सूचकांक और दो अवधारणाएँ हैं:

मुद्रास्फीति उपभोक्ता मूल्य सूचकांक (CPI) खुदरा स्तर पर उपभोक्ताओं द्वारा खरीदी गई वस्तुओं और सेवाओं की कीमतों में बदलाव को मापता है और भारतीय रिज़र्व बैंक (RBI) द्वारा मौद्रिक नीति बनाने के लिए मुख्य रूप से इसका उपयोग किया जाता है। दूसरा सूचकांक थोक मूल्य सूचकांक (WPI) है, जो थोक स्तर पर केवल वस्तुओं की कीमतों में बदलाव को दर्शाता है। यह उत्पादक स्तर पर मुद्रास्फीति के दबावों का संकेत देता है।

हेडलाइन मुद्रास्फीति में सभी घटक, जैसे खाद्य और ईंधन की कीमतें शामिल होती हैं। यह कुल मुद्रास्फीति का सूचक है, लेकिन इन अस्थिर घटकों के कारण स्वयं भी अस्थिर होती है। दूसरी अवधारणा कोर मुद्रास्फीति (Core Inflation) है, जिसमें खाद्य और ईंधन जैसे अस्थिर घटकों को छोड़ दिया जाता है। यह अर्थव्यवस्था के अंतर्निहित और स्थायी मुद्रास्फीति दबावों का सबसे स्थिर संकेत माना जाता है।

## 1.5 मुद्रास्फीति और क्रय शक्ति

दशकों में क्रय शक्ति (Purchasing Power) या खरीदारी क्षमता में कमी का प्राथमिक कारण मुद्रास्फीति (inflation) है। मुद्रास्फीति का मतलब है कि समय के साथ वस्तुओं और सेवाओं की सामान्य कीमत स्तर बढ़ता है। जैसे-जैसे कीमतें बढ़ती हैं, मुद्रा या करेंसी का वास्तविक मूल्य घट जाता है। इसका सीधा प्रभाव यह होता है कि आपकी समान राशि (जैसे ₹100) पहले की तुलना में कम सामान और सेवाएँ खरीद पाती है। बचत पर असर भी महत्वपूर्ण होता है। यदि आप अपनी आय का कुछ हिस्सा बचाते हैं या निवेश करते हैं, और उस निवेश पर मिलने वाला रिटर्न या ब्याज दर मुद्रास्फीति दर से कम है, तो समय के साथ आपकी बचत का वास्तविक मूल्य कम हो जाता है। दूसरे शब्दों में, आपकी बचत की भविष्य की खरीदारी क्षमता आज की तुलना में कम होगी, क्योंकि वस्तुएँ महंगी हो चुकी होंगी।

## 1.6 रुपया अवमूल्यन और RBI की भूमिका

### INR बनाम USD अवमूल्यन (1970-2025)

भारतीय रुपया (INR) 1970 से अमेरिकी डॉलर (USD) के मुकाबले लगातार कमजोर (अवमूल्यन-depreciate) हुआ है। इसके मुख्य कारणों में भारत का लगातार व्यापार घाटा (आयात निर्यात से अधिक), अमेरिका की तुलना में उच्च मुद्रास्फीति, वैश्विक अस्थिरता, और अमेरिकी ब्याज दरों में वृद्धि शामिल है। इस अवमूल्यन के प्रभाव यह हैं कि निर्यात सस्ते हो जाते हैं, लेकिन आयात (विशेषकर तेल) महंगा हो जाता है, जिससे घरेलू मुद्रास्फीति बढ़ती है।

### मौद्रिक नीति में RBI की भूमिका

RBI रुपये की स्थिरता और आर्थिक विकास को बढ़ावा देने के लिए जिम्मेदार है। इसकी भूमिकाओं में मुद्रास्फीति नियंत्रण शामिल है, जहाँ यह रेपो दर और CRR जैसे उपकरणों के माध्यम से मुद्रा आपूर्ति को नियंत्रित करता है। यह विनिमय (Exchange) दर स्थिरता भी सुनिश्चित करता है, रुपये के मूल्य को स्थिर रखने के लिए विदेशी मुद्रा भंडार (Foreign Exchange Reserves) का प्रबंधन और बाज़ार में हस्तक्षेप करता है। अंत में, RBI वित्तीय स्थिरता सुनिश्चित करने के लिए बैंकों को विनियमित करके वित्तीय प्रणाली की निगरानी करता है।

## 1.7 डिजिटल मुद्रा के विभिन्न रूप

सेंट्रल बैंक डिजिटल करेंसी (CBDC), जिसे भारत में ई-रुपया भी कहा जाता है, केंद्रीय बैंक (RBI) द्वारा जारी की जाती है। यह भौतिक रुपये का एक डिजिटल रूप है, जो सरकारी समर्थन के कारण अत्यधिक विश्वसनीय है और इसका मूल्य स्थिर होता है। CBDC का एक मुख्य लाभ नकदी प्रबंधन लागत को कम करना है।

दूसरी ओर, क्रिप्टोकरेंसी एक विकेन्द्रीकृत नेटवर्क द्वारा जारी की जाती है। यह ब्लॉकचेन-आधारित तकनीक पर काम करती है और इसकी मुख्य विशेषता अत्यधिक अस्थिर होना है। इससे जुड़ा मुख्य जोखिम इसके मूल्य में भारी उतार-चढ़ाव है, जिससे निवेशकों को बड़ा नुकसान हो सकता है।

स्टेबलकॉइन निजी संस्थाओं द्वारा जारी किए जाते हैं। ये क्रिप्टोकरेंसी का ही एक रूप हैं, लेकिन इन्हें किसी स्थिर संपत्ति (जैसे अमेरिकी डॉलर) से जोड़ा जाता है ताकि मूल्य में स्थिरता लाई जा सके। स्टेबलकॉइन से जुड़ा मुख्य जोखिम अंतर्निहित समर्थन (Collateral) की विश्वसनीयता है; यदि समर्थन अविश्वसनीय हो, तो सिक्के का मूल्य गिर सकता है।

## 1.8 पैसे का भ्रम और वास्तविक रिटर्न

पैसे का भ्रम (Money Illusion) एक मनोवैज्ञानिक त्रुटि है जहाँ लोग मुद्रास्फीति के प्रभाव को पूरी तरह से नज़रअंदाज़ कर देते हैं। वे अपनी आय या निवेश में केवल नाममात्र (संख्यात्मक) वृद्धि पर ध्यान केंद्रित करते हैं। नाममात्र रिटर्न (Nominal Return) निवेश पर प्राप्त वह कुल रिटर्न है जिसमें से मुद्रास्फीति को घटाया नहीं जाता है। यह केवल एक संख्या होती है जो वास्तव में क्रय शक्ति में हुई वृद्धि को नहीं दर्शाती है, और इसलिए इसे अक्सर "भ्रम" कहा जाता है।

### वास्तविक रिटर्न और निष्कर्ष

वास्तविक रिटर्न (Real Return) निवेश पर प्राप्त वह रिटर्न है जो मुद्रास्फीति दर को घटाने के बाद बचता है। यह मापता है कि किसी व्यक्ति की क्रय शक्ति में वास्तव में कितनी वृद्धि हुई है। वास्तविक रिटर्न की गणना इस सूत्र से की जाती है:

वास्तविक रिटर्न = नाममात्र रिटर्न - मुद्रास्फीति दर

निष्कर्ष यह है कि वास्तविक रिटर्न ही एकमात्र सच्चा संकेतक है जो बताता है कि किसी व्यक्ति की क्रय शक्ति में वास्तव में कितनी वृद्धि हुई है, जबकि नाममात्र रिटर्न केवल एक संख्यात्मक भ्रम हो सकता है।

## 1.9 वित्तीय समावेशन और डिजिटल क्रांति

वित्तीय समावेशन (Financial Inclusion) का मूल अर्थ है सभी लोगों को किफायती और उपयोगी वित्तीय सेवाओं तक पहुँच प्रदान करना। भारत सरकार ने इस लक्ष्य को प्राप्त करने के लिए कई पहलें की हैं। इनमें से प्रमुख प्रधानमंत्री जन-धन योजना (PMJDY) है, जिसके तहत

ज़ीरो-बैलेंस बैंक खाते खोले गए और RuPay कार्ड प्रदान किए गए, जिससे बैंकिंग कवरेज में वृद्धि हुई और आवश्यक आधारभूत संरचना तैयार हुई।

पेमेंट बैंकों ने भी वित्तीय समावेशन में महत्वपूर्ण भूमिका निभाई है। ये बैंक ऋण (Loan) देने के अलावा छोटे खाते खोलने और भुगतान सेवाएँ प्रदान करने पर ध्यान केंद्रित करते हैं। इसका मुख्य प्रभाव यह हुआ है कि कम लागत वाली वित्तीय सेवाएँ दूरदराज के क्षेत्रों तक पहुँच पाई हैं।

आधुनिक समय में फिनटेक व्यवधानों (Disruptions) ने क्रांति ला दी है। UPI, मोबाइल वॉलेट, और डिजिटल लेंडिंग जैसी प्रौद्योगिकी-आधारित सेवाओं ने लेनदेन को बहुत तेज़, सस्ता और अधिक सुलभ बना दिया है।

## 1.10 धन, मुद्रा और संपत्ति के प्रकार

### धन बनाम मुद्रा

धन (Wealth) का तात्पर्य सभी मूल्यवान चीजों के कुल संग्रह या भंडार से है। यह एक व्यक्ति की कुल संपत्ति का माप है, जिसमें भौतिक और वित्तीय दोनों प्रकार की वस्तुएं शामिल होती हैं। उदाहरणों में घर, ज़मीन, सोना, शेयर और यहाँ तक कि नकदी भी शामिल है। दूसरी ओर, मुद्रा (Money) विनिमय का एक स्वीकृत माध्यम है और इसे एक प्रवाह (flow) के रूप में देखा जाता है। इसमें मुख्य रूप से कागजी नोट, सिक्के, और बैंक जमा शामिल हैं, जिनका उपयोग दैनिक लेनदेन के लिए किया जाता है।

### मूर्त बनाम कागजी संपत्ति

मूर्त संपत्ति (Tangible Assets) वह होती है जिनका भौतिक रूप होता है और जिन्हें छुआ जा सकता है, जैसे सोना और जमीन। इसके विपरीत, कागजी / अमूर्त संपत्ति (Intangible Assets) का भौतिक अस्तित्व नहीं होता है, बल्कि उनका मूल्य कानूनी व्यवस्था या भरोसे पर निर्भर करता है, जैसे कागजी मुद्रा और बैंक जमा।

* * * * *

**"पैसा केवल कागज का टुकड़ा नहीं, आपकी मेहनत का संचित समय है। इसे खर्च करना आसान है, पर इसकी क्रय शक्ति को महंगाई की दीमक से बचाना ही असली वित्तीय समझदारी है।"**

## 1.11 व्यावहारिक प्रश्नों के उत्तर

**प्रश्न 1:** विजय के पास आज ₹1,00,000 हैं और वह एक ऐसी बाइक खरीदना चाहता है जिसकी कीमत अभी ₹1,00,000 है। वह तय करता है कि वह पैसे खर्च करने के बजाय 1 साल तक अपने पास नकद रखेगा। यदि साल भर की औसत मुद्रास्फीति (Inflation) 7% रहती है, तो 1 साल बाद उसकी क्रय शक्ति की क्या स्थिति होगी?

**उत्तर :**

आज की कीमत: ₹1,00,000

1 साल बाद बाइक की संभावित कीमत: ₹1,00,000 + 7% = ₹1,07,000

विजय के पास उपलब्ध नकदी: ₹1,00,000

कमी (Shortfall): ₹7,000

सीख: मुद्रास्फीति आपके पैसे की 'क्रय शक्ति' को कम कर देती है। अगर आपका पैसा महंगाई की दर से नहीं बढ़ रहा है, तो आप वास्तव में गरीब हो रहे हैं।

**प्रश्न 2:** सुनीता ने ₹2,00,000 की एक FD (Fixed Deposit) करवाई जिस पर उसे 6% का सालाना ब्याज मिला। साल के अंत में बैंक ने उसे ₹2,12,000 वापस किए। उसी साल देश में महंगाई दर (Inflation) 8% थी। सुनीता खुश है कि उसने ₹12,000 कमाए। क्या उसे वास्तव में लाभ हुआ?

**उत्तर:**

सांकेतिक रिटर्न (Nominal Return): +6%

मुद्रास्फीति (Inflation): 8%

वास्तविक रिटर्न सूत्र:

वास्तविक रिटर्न = सांकेतिक रिटर्न - मुद्रास्फीति

वास्तविक रिटर्न = 6% - 8% = -2%

सीख: इसे "पैसे का भ्रम" (Money Illusion) कहते हैं । सुनीता को लग रहा है कि पैसा बढ़ा है, लेकिन बढ़ती कीमतों के मुकाबले उसकी संपत्ति की वैल्यू 2% गिर गई है।

**प्रश्न 3:** राहुल के बचत खाते में ₹5,00,000 पिछले एक साल से पड़े हैं, जिस पर उसे केवल 3% ब्याज मिला। उसके दोस्त ने वही पैसा एक इंडेक्स फंड में निवेश किया जहाँ उसे 12% का रिटर्न मिला। राहुल ने घर बैठे कितनी 'अवसर लागत' (Opportunity Cost) चुकाई?

**उत्तर:**

राहुल का ब्याज: ₹5,00,000 का 3% = ₹15,000

इंडेक्स फंड का संभावित लाभ: ₹5,00,000 का 12% = ₹60,000

अवसर लागत (Opportunity Cost): ₹60,000 - ₹15,000 = ₹45,000

राहुल ने घर बैठे कुल ₹45,000 की अवसर लागत चुकाई।

सीख: निष्क्रिय नकदी (Idle Cash) को सही जगह निवेश न करना भी एक बड़ा वित्तीय नुकसान है।

**प्रश्न 4:** एक व्यापारी ₹10,00,000 का माल विदेश से मंगवाता है। यदि वह पारंपरिक बैंक ट्रांसफर (SWIFT) का उपयोग करता है, तो उसे 3% कन्वर्जन और सेवा शुल्क देना पड़ता है। यदि वह डिजिटल मुद्रा या नए फिनटेक माध्यम का उपयोग करता है जहाँ शुल्क केवल 0.5% है, तो वह कितनी बचत करेगा?

**उत्तर:**

बैंक शुल्क: ₹10,00,000 का 3% = ₹30,000

फिनटेक शुल्क: ₹10,00,000 का 0.5% = ₹5,000

कुल बचत: ₹30,000 - ₹5,000 = ₹25,000

सीख: डिजिटल तकनीक और फिनटेक वित्तीय लेनदेन की लागत को कम करके 'वित्तीय समावेशन'(Financial inclusion) और लाभ को बढ़ाते हैं।

## 1.12 प्रश्नोत्तर परीक्षा (Quiz)

Q1. " बार्टर सिस्टम" (Barter System) की सबसे बड़ी कमी क्या थी?

(A) वस्तुओं की कीमत बहुत ज्यादा होती थी

(B) विनिमय के लिए दो पक्षों की आवश्यकताएँ मेल खाना जरूरी था

(C) इसमें सोने-चाँदी का इस्तेमाल होता था

(D) सरकारी नियंत्रण बहुत अधिक था

Q2. निम्न में से कौन-सा कमोडिटी मनी का उदाहरण है?

(A) बिटकॉइन (B) डेबिट कार्ड (C) नमक या सीपियां (D) कागज़ के नोट

Q3. फिएट मनी का मूल्यवान होने का मुख्य कारण क्या है?

(A) आंतरिक मूल्य जैसे सोना (B) सरकार के आदेश और जनता के विश्वास से

(C) खराब होने का डर (D) परिवहन की समस्या

Q4. डिजिटल करेंसी का मुख्य जोखिम क्या है?

(A) भौतिक हैंडलिंग की आवश्यकता (B) साइबर सुरक्षा और अस्थिरता

(C) दोहरा संयोग की समस्या (D) आंतरिक मूल्य शून्य

Q5. एक्सचेंज का मीडियम किसे कहते हैं?

(A) वह साधन जो मूल्य मापने में उपयोग हो

(B) वह साधन जो मूल्य को संग्रहित करे

(C) वह साधन जो वस्तुओं और सेवाओं के आदान-प्रदान को सरल बनाए

(D) वह साधन जो क्रय शक्ति निर्धारित करे

Q6. स्टोर ऑफ़ वैल्यू के बारे में कौन सा स्टेटमेंट सही है?

(A) पैसा समय के साथ हमेशा बढ़ जाता है

(B) पैसा भविष्य के लिए बचाया जा सकता है

(C) पैसा हमेशा अपनी पूर्ण क्रय शक्ति बनाए रखता है

(D) पैसा केवल वस्तु विनिमय में उपयोगी है

Q7. डिमांड-पुल इन्फ्लेशन किस कारण से होती है?

(A) उत्पादन लागत बढ़ने से (B) आपूर्ति में कमी आने से

(C) मांग बढ़ने से (D) सरकारी नियमन से

Q8. अगर इन्फ्लेशन 10% है और नॉमिनल रिटर्न 15% है, तो असली रिटर्न क्या होगा?

(A) 25% (B) 5% (C) 10% (D) 15%

Q9. USD के मुकाबले INR के कमज़ोर होने को क्या कहते हैं?

(A) डिफ्लेशन (B) करेंसी एप्रिसिएशन

(C) करेंसी डेप्रिसिएशन (D) फिस्कल एक्सपेंशन

Q10. भुगतान संतुलन में घाटा (इम्पोर्ट > एक्सपोर्ट) होने पर अक्सर—

(A) रुपये का मूल्य बढ़ता है (B) रुपये का मूल्य घटता है

(C) डॉलर का मूल्य घटता है (D) दोनों मुद्राएँ स्थिर रहती हैं

Q11. RBI का मुख्य कार्य क्या है?

(A) कर संग्रह (B) रेलवे संचालन

(C) मौद्रिक नीति और रुपये की स्थिरता (D) विदेशी कंपनियों को लाइसेंस देना

Q12. CBDC किसका डिजिटल रूप है?

(A) क्रिप्टोकरेंसी (B) गोल्ड करेंसी

(C) सेंट्रल बैंक द्वारा जारी फिएट करेंसी (D) कमोडिटी मनी

Q13. बिटकॉइन किस तरह की करेंसी है?

(A) सेंट्रलाइज़्ड डिजिटल करेंसी (B) डीसेंट्रलाइज़्ड क्रिप्टोकरेंसी

(C) पेपर करेंसी (D) कमोडिटी मनी

Q14. मनी इल्यूजन का मतलब है—

(A) असली रिटर्न को गलत समझना

(B) महंगाई के हिसाब से पैसे की वैल्यू को एडजस्ट करना

(C) नॉमिनल वैल्यू को असली वैल्यू समझना

(D) डिजिटल ट्रांज़ैक्शन का बहुत ज़्यादा इस्तेमाल

Q15. फाइनेंशियल इनक्लूजन का मुख्य उद्देश्य क्या है?

(A) केवल बड़े उद्योगों को ऋण देना (B) महँगी वित्तीय सेवाएँ प्रदान करना

(C) सभी वर्गों को सुलभ वित्तीय सेवाएँ देना (D) केवल सरकारी बैंकों का विस्तार करना

Q16. प्रधानमंत्री जन धन योजना (PMJDY) किससे जुड़ी है?

(A) डिजिटल करेंसी रेगुलेशन (B) ज़ीरो बैलेंस बैंक अकाउंट

(C) फॉरेन एक्सचेंज मैनेजमेंट (D) स्टॉक मार्केट रेगुलेशन

Q17. पेमेंट बैंक क्या नहीं कर सकते?

(A) डिजिटल ट्रांज़ैक्शन (B) डिपॉज़िट लेना (C) लोन देना (D) रेमिटेंस सर्विस देना

Q18. धन (Wealth) और पैसा (Money) में क्या अंतर है?

(A) दोनों एक जैसे हैं (B) पैसा धन का एक छोटा सा हिस्सा है

(C) धन सभी कीमती चीज़ों का कुल कलेक्शन है (D) पैसे की वैल्यू कभी कम नहीं होती

Q19. फॉरेक्स रिज़र्व किस संस्था के पास होता है?

(A) SBI (B) SEBI (C) RBI (D) NITI Aayog

Q20. 2016 के डिमॉनेटाइज़ेशन का एक बड़ा पॉज़िटिव असर क्या था?

(A) कैश के इस्तेमाल में भारी बढ़ोतरी (B) डिजिटल ट्रांज़ैक्शन में बढ़ोतरी

(C) रुपये की वैल्यू दोगुनी हो गई (D) फॉरेन इन्वेस्टमेंट रुक गया

**Answer Key**

| Q | 1 | 2 | 3 | 4 | 5 | 6 | 7 | 8 | 9 | 10 | 11 | 12 | 13 | 14 | 15 | 16 | 17 | 18 | 19 | 20 |
|---|---|---|---|---|---|---|---|---|---|---|---|---|---|---|---|---|---|---|---|---|
| Ans | B | C | B | B | C | B | C | B | C | B | C | C | B | C | C | B | C | C | C | B |

# *Chapter 2* धन निर्माण के मूल सिद्धांत

**"धन निर्माण सही आदतों, बचत और निवेश का निरंतर परिणाम है। संपत्ति और देनदारी का अंतर समझकर चक्रवृद्धि की शक्ति को अपनाना ही स्थायी समृद्धि की असली आधारशिला है।"**

धन निर्माण केवल अधिक पैसा कमाना नहीं, बल्कि आय के प्रवाह को 'सम्पत्ति के भंडार' में बदलने की एक अनुशासित कला है। यह अध्याय आपको आय, धन और नेटवर्थ के सूक्ष्म अंतर को समझाते हुए वित्तीय स्वतंत्रता की राह दिखाएगा। आप सीखेंगे कि कैसे 'सक्रिय आय' (Active Income) को निवेश के माध्यम से 'निष्क्रिय आय' (Passive Income) में बदलकर खुद को समय और श्रम के बंधनों से मुक्त किया जा सकता है।

इस अध्याय में हम धन निर्माण के उस जादुई गणितीय सूत्र—**(आय - खर्च) × निवेश रिटर्न × समय**—का विश्लेषण करेंगे, जो साधारण बचत को असाधारण नेटवर्थ में बदल देता है। साथ ही, हम अन्य लोगों के पैसे (Leverage) और उद्यमिता के शक्तिशाली इंजन, '**FIRE**' आंदोलन के सिद्धांतों और उम्र के अनुसार नेटवर्थ के लक्ष्यों (Milestones) पर भी चर्चा करेंगे। यह चैप्टर आपको अनुशासन की शक्ति समझाते हुए उन 'वेल्थ ट्रैप्स (Wealth Traps)' से बचने के तरीके बताएगा जो आपकी वित्तीय वृद्धि को रोक सकते हैं।

## 2.1 आय, धन और नेट वर्थ

वित्तीय नियोजन में आय, धन और शुद्ध मूल्य (Net Worth) इन तीन मूलभूत अवधारणाओं को समझना महत्वपूर्ण है। 'आय' की प्रकृति प्रवाह (Flow) जैसी होती है। इसे एक निश्चित अवधि (मासिक/वार्षिक) में अर्जित नकद प्रवाह (जैसे वेतन या किराया) के रूप में परिभाषित किया जाता है। धन निर्माण की प्रक्रिया में आय कच्चे माल की भूमिका निभाती है।

'धन' (Wealth) की प्रकृति भंडार जैसी होती है। इसमें वे सभी संचित और स्वामित्व वाली उत्पादक परिसंपत्तियाँ शामिल हैं, जैसे स्टॉक या रियल एस्टेट। धन की मुख्य भूमिका चक्रवृद्धि (compounding) के माध्यम से और अधिक आय उत्पन्न करना है।

अंत में, 'शुद्ध मूल्य' (Net Worth) एक माप (Measure) है। इसे कुल परिसंपत्तियों (Assets) में से कुल देनदारियों (Liabilities) को घटाकर परिभाषित किया जाता है। यह आपके वास्तविक वित्तीय स्वास्थ्य का अंतिम स्कोरकार्ड या पैमाना है।

## 2.2 आय के स्रोत और वित्तीय आजादी

वित्तीय स्वतंत्रता तब प्राप्त होती है जब आपकी निष्क्रिय आय आपके सक्रिय खर्चों को कवर करना शुरू कर देती है।

**सक्रिय आय** वह आय है जिसके लिए निरंतर प्रयास की आवश्यकता होती है। इसकी मुख्य विशेषता यह है कि यह सीधे तौर पर आपके समय और श्रम से जुड़ी होती है, जैसे कि वेतन। सक्रिय आय का प्राथमिक लक्ष्य आमतौर पर प्रारंभिक पूंजी जुटाना होता है।

इसके विपरीत, **निष्क्रिय आय** वह आय है जिसके लिए प्रारंभिक निवेश के बाद कम प्रयास की आवश्यकता होती है। इसकी विशेषता यह है कि यह आपको सक्रिय रूप से शामिल

हुए बिना भी आय देती है, जैसे लाभांश या किराया। निष्क्रिय आय का लक्ष्य वित्तीय सुरक्षा और स्वतंत्रता प्रदान करना होता है।

## 2.3 धन निर्माण का गणित और सिद्धांत

धन निर्माण कोई जादुई घटना नहीं है, बल्कि एक गणितीय सूत्र का अनुशासित अनुप्रयोग है। इस मौलिक सूत्र को इस प्रकार परिभाषित किया गया है:

धन निर्माण = (आय – खर्च) × निवेश रिटर्न × समय

इस समीकरण का तात्पर्य है कि धन बनाने के लिए आपको अपनी आय और खर्चों के बीच के अंतर को बढ़ाना होगा, उस अंतर को निवेश करना होगा, उच्च रिटर्न प्राप्त करना होगा और यह सब लंबे समय तक करना होगा।

### धन निर्माण के मुख्य सिद्धांत

खर्चों पर नियंत्रण। इसका अर्थ है कि व्यक्ति को अपनी आय का एक बड़ा हिस्सा बचत और निवेश के लिए प्राथमिकता देनी चाहिए और "सबसे पहले स्वयं को भुगतान" करना चाहिए।

दूसरा सिद्धांत आय बढ़ाना है, जो उच्च-आय वाले कौशल सीखने या उद्यमिता के माध्यम से अपनी कमाई की क्षमता को बढ़ाने का सुझाव देता है।

तीसरा सिद्धांत विविधता है, जिसका उद्देश्य जोखिम को कम करने के लिए विभिन्न परिसंपत्तियों जैसे स्टॉक, बॉन्ड और सोना में निवेश फैलाना है।

अंतिम और महत्वपूर्ण सिद्धांत अनुशासन है: बाजार के उतार-चढ़ाव के बावजूद अपनी रणनीति के प्रति लंबी अवधि तक अनुशासित रहना आवश्यक है।

## 2.4 संपत्ति लाभ के दो मुख्य तरीके

ये दो तरीके हैं जिनसे आपकी परिसंपत्तियाँ (Assets) आपको लाभ पहुँचाती हैं:

पहला तरीका **पूंजीगत लाभ** है, जिसे किसी संपत्ति को उसके खरीद मूल्य से अधिक कीमत पर बेचने से होने वाले लाभ के रूप में परिभाषित किया गया है। इसका एक सामान्य उदाहरण ₹100 के शेयर को ₹150 में बेचना है। पूंजीगत लाभ का मुख्य उपयोग धन के निर्माण और तेज़ वृद्धि के लिए किया जाता है।

दूसरा तरीका **आय सृजन** है, जो संपत्ति के स्वामित्व से नियमित रूप से अर्जित होने वाली आय (जैसे किराया, ब्याज या लाभांश) है। उदाहरण के लिए, बॉन्ड से मासिक ब्याज या स्टॉक से लाभांश प्राप्त करना आय सृजन है। इस प्रकार की आय का मुख्य उपयोग धन के संरक्षण और निष्क्रिय आय प्राप्त करने के लिए किया जाता है।

## 2.5 उद्यमिता और वित्तीय उत्तोलन की शक्ति

धन निर्माण दो खास सेगमेंट पर फोकस करता है।

पहला प्रमुख घटक **उत्तोलन** (Leverage) है, जिसे 'अन्य लोगों के पैसे' (OPM) का उपयोग करके बड़ी संपत्ति पर नियंत्रण रखने की क्षमता के रूप में परिभाषित किया गया है। इसका मुख्य लाभ यह है कि यह संभावित रिटर्न को तेजी से बढ़ाता है, विशेषकर रियल एस्टेट जैसे क्षेत्रों में। हालाँकि, इसमें जोखिम भी शामिल है क्योंकि यह लाभ और हानि दोनों को बढ़ाता है, इसलिए इसका उपयोग तभी किया जाना चाहिए जब संपत्ति से अपेक्षित आय, ऋण की लागत से अधिक हो।

दूसरा शक्तिशाली घटक **उद्यमिता** (Entrepreneurship) है। इसे धन के गुणन (Wealth multiplication) का सबसे शक्तिशाली इंजन माना जाता है क्योंकि यह नवाचार और रोजगार सृजन के माध्यम से नए सिरे से धन का निर्माण करती है। उद्यमी नए उत्पाद और सेवाएँ बनाते हैं, जिससे राष्ट्रीय आय या सकल घरेलू उत्पाद (GDP) में वृद्धि होती है, जो अंततः समग्र रूप से अर्थव्यवस्था के लिए धन का निर्माण करती है।

## 2.6 संपत्ति निर्माण और उसकी सुरक्षा

धन निर्माण एक गतिशील प्रक्रिया है जो व्यक्ति के जीवन के चरणों के साथ बदलती रहती है।

इस चक्र का पहला चरण **धन निर्माण** (Wealth Creation) है। इस चरण का मुख्य फोकस संपत्ति बढ़ाना और उच्च रिटर्न अर्जित करना होता है। इसके लिए अपनाई जाने वाली रणनीति उच्च जोखिम वाले निवेशों, जैसे इक्विटी, में अधिक आवंटन करना है। यह चरण आमतौर पर किसी व्यक्ति के करियर के शुरुआती और मध्य वर्षों पर हावी रहता है।

चक्र का दूसरा महत्वपूर्ण चरण **धन संरक्षण** (Wealth Preservation) है। इस चरण का मुख्य उद्देश्य पहले से संचित की गई संपत्ति को बाजार की अस्थिरता (Instability) और मुद्रास्फीति से सुरक्षित रखना है। इसके लिए अपनाई जाने वाली रणनीति कम-जोखिम वाले निवेशों, जैसे बॉन्ड या सावधि जमा (FD) में अधिक आवंटन करना होता है। यह चरण व्यक्ति के सेवानिवृत्ति के करीब आते ही महत्वपूर्ण हो जाता है।

## 2.7 FIRE: जल्दी रिटायरमेंट का गणित

**FIRE** (Financial Independence, Retire Early) एक लोकप्रिय आंदोलन है जो व्यक्तियों को पारंपरिक सेवानिवृत्ति की आयु से बहुत पहले वित्तीय स्वतंत्रता प्राप्त करने पर जोर देता है। इस आंदोलन का मुख्य सिद्धांत एक बहुत उच्च बचत दर बनाए रखना है। जुटाई गई इस पूंजी को आक्रामक निवेश के माध्यम से बढ़ाया जाता है। FIRE अनुयायी एक विशिष्ट '25× नियम' का पालन करते हैं, जिसके तहत वे अपने वार्षिक खर्चों का 25 गुना जमा करने का लक्ष्य रखते हैं। एक बार यह राशि जमा हो जाने के बाद, 4% सुरक्षित निकासी दर का उपयोग करके, वे बिना काम किए जीवन भर अपने खर्चों को पूरा कर सकते हैं।

## 2.8 वित्तीय सफलता की व्यावहारिक बाधाएँ

वित्तीय सफलता के रास्ते में सबसे बड़ी बाधाएँ आमतौर पर व्यावहारिक (Practical) होती हैं। इन व्यवहारिक जालों में पहला है अति-उपभोग (Overconsumption), जिसका अर्थ है सामाजिक स्थिति (Social status) बनाए रखने के लिए अनावश्यक और अनुत्पादक खर्च करना। यह व्यवहार भविष्य में धन बनाने की पूंजी को नष्ट कर देता है। दूसरा जाल गलत निवेश/FOMO (Fear Of Missing Out) है, जिसमें लोग त्वरित लाभ कमाने के लिए बिना योजनाबद्ध तरीके से या उच्च जोखिम वाली योजनाओं में पड़ जाते हैं। तीसरा महत्वपूर्ण जाल निष्क्रियता की लागत (Opportunity Cost of Inaction) है। इसमें व्यक्ति गलत निर्णय लेने के डर से निवेश करने से बचता है, जिससे वे चक्रवृद्धि ब्याज के अवसर लागत (Opportunity Cost) को खो देते हैं, जो लंबे समय में धन निर्माण में एक बड़ी बाधा है।

## 2.9 आयु अनुसार वित्तीय सुरक्षा मॉडल

यह दस्तावेज़ सेवानिवृत्ति के लिए बचत की सकल वार्षिक आय (Gross Annual Income) के एक गुणक (Multiplier) के रूप में शुद्ध मूल्य (Net Worth) को परिभाषित करने वाला एक मॉडल प्रस्तुत करता है। इस मॉडल के मानक पैरामीटर 60 वर्ष की आयु तक पर्याप्त

वित्तीय सुरक्षा प्राप्त करना है। यह सुझाव दिया गया है कि सेवानिवृत्ति के लिए सालाना अपनी आय का कम से कम 15% निवेश किया जाए, जिससे लंबी अवधि में 8% से 10% CAGR रिटर्न अपेक्षित है।

शुद्ध मूल्य गुणक चार्ट यह दर्शाता है कि आपका लक्षित शुद्ध मूल्य आपकी वर्तमान वार्षिक आय का एक निश्चित गुणक होना चाहिए। उदाहरण के लिए, 30 वर्ष की आयु में लक्ष्य 1 गुना वार्षिक आय है, जो 40 वर्ष की आयु तक बढ़कर 3 गुना और 60 वर्ष की आयु तक 10 गुना हो जाता है।

| आपकी आयु | लक्षित शुद्ध मूल्य (Net Worth) गुणक सूत्र |
|---|---|
| 30 वर्ष | 1 × वार्षिक आय |
| 35 वर्ष | 2 × वार्षिक आय |
| 40 वर्ष | 3 × वार्षिक आय |
| 45 वर्ष | 4 × वार्षिक आय |
| 50 वर्ष | 6 × वार्षिक आय |
| 55 वर्ष | 8 × वार्षिक आय |
| 60 वर्ष | 10 × वार्षिक आय |

### व्यावहारिक उदाहरण

मान लीजिए कि आपकी वर्तमान सकल वार्षिक आय (Gross Annual Income) ₹12,00,000 है। इस आय के आधार पर, 30 वर्ष की आयु में आवश्यक शुद्ध मूल्य ₹12 लाख, 40 वर्ष की आयु में ₹36 लाख, 50 वर्ष की आयु में ₹72 लाख और 60 वर्ष की आयु में ₹1.2 करोड़ (10 गुना) होना चाहिए। यह ध्यान रखना महत्वपूर्ण है कि यह शुद्ध मूल्य गणना प्राथमिक निवास को छोड़कर निवेश (स्टॉक, बॉन्ड, गोल्ड, रेंटल प्रॉपर्टी) पर केंद्रित है। आपके निवास का मूल्य केवल तभी जोड़ा जाना चाहिए जब आप उसे बेचकर डाउनसाइज़ करने की योजना बना रहे हों।

## 2.10 नेट वर्थ वृद्धि की चार रणनीतियाँ

वित्तीय लक्ष्यों और शुद्ध मूल्य (Net Worth) की वृद्धि को प्राप्त करने के लिए चार प्रमुख रणनीतियाँ आवश्यक हैं।

पहली कुंजी **कर्ज कम करना है**, जिसके तहत उच्च-ब्याज वाले ऋणों (जैसे क्रेडिट कार्ड ऋण) को प्राथमिकता पर चुकाना चाहिए, क्योंकि यह सीधे तौर पर आपकी शुद्ध मूल्य वृद्धि को नकारात्मक रूप से प्रभावित करता है।

दूसरी कुंजी **वार्षिक आय वृद्धि है**; शुद्ध मूल्य गुणक आय पर निर्भर करता है, इसलिए हर साल आय बढ़ाने का प्रयास करना चाहिए, जिससे बढ़ी हुई आय का अधिकतम निवेश करना आसान हो जाता है।

तीसरी कुंजी **कर-दक्षता (Tax Efficiency) है**, जिसका अर्थ है बचत को कर-बचत निवेश साधनों में निर्देशित करना ताकि कर का बोझ कम हो सके और चक्रवृद्धि (Compounding) अधिकतम हो सके।

चौथी कुंजी **नियमित समीक्षा है**; कम से कम हर छह महीने में अपनी परिसंपत्तियों (Assets) और देनदारियों (Liabilities) की समीक्षा करना महत्वपूर्ण है ताकि आप अपनी प्रगति को माप सकें और जान सकें कि आप अपने लक्ष्य से कितना आगे या पीछे हैं।

* * * * *

**"अमीरी वह नहीं जो आप कमाते हैं, बल्कि वह है जो आप बचाकर निवेश करते हैं। अपनी 'सक्रिय आय' को 'निष्क्रिय संपत्तियों' में बदलना ही समय की गुलामी से आजादी का एकमात्र रास्ता है।"**

## 2.11 व्यावहारिक प्रश्नों के उत्तर

**प्रश्न 1:** राजेश के पास ₹5,00,000 का एक घर (बाजार मूल्य) है, ₹1,00,000 के शेयर हैं और बैंक में ₹50,000 नकद हैं। साथ ही, उस पर ₹2,00,000 का होम लोन और ₹30,000 का क्रेडिट कार्ड बिल बकाया है। राजेश की 'नेट वर्थ' क्या है?

**उत्तर:**

कुल संपत्ति (Assets) = ₹5,00,000 (घर) + ₹1,00,000 (शेयर) + ₹50,000 (नकद) = ₹6,50,000

कुल देनदारियाँ (Liabilities) = ₹2,00,000 (लोन) + ₹30,000 (क्रेडिट कार्ड) = ₹2,30,000

शुद्ध मूल्य (Net Worth) = कुल संपत्ति - कुल देनदारियाँ

शुद्ध मूल्य (Net Worth) = ₹6,50,000 - ₹2,30,000 = ₹4,20,000

सीख: नेट वर्थ ही आपकी असली वित्तीय सेहत का पैमाना है, न कि आपकी महंगी कार या सैलरी।

**प्रश्न 2:** प्रिया नौकरी से महीने के ₹80,000 कमाती है (सक्रिय आय)। उसने एक छोटा फ्लैट किराए पर दिया है जिससे उसे ₹15,000 महीना मिलता है और उसके पास कुछ ऐसे स्टॉक्स हैं जो साल के ₹60,000 का डिविडेंड (लाभांश) देते हैं। प्रिया की कुल मासिक "निष्क्रिय आय" (Passive Income) कितनी है?

**उत्तर:**

प्रिया की कुल मासिक निष्क्रिय आय (Passive Income) ₹20,000 है।

इसकी गणना इस प्रकार है:

किराया (Rent): ₹15,000 महीना

लाभांश (Dividend): ₹5,000 महीना (कुल ₹60,000 सालाना को 12 महीनों से विभाजित करने पर)

कुल निष्क्रिय आय: ₹15,000 + ₹5,000 = ₹20,000

(नोट: नौकरी से मिलने वाली ₹80,000 की राशि "सक्रिय आय" है, इसलिए इसे निष्क्रिय आय में नहीं जोड़ा जाएगा।)

सीख: धन निर्माण का लक्ष्य अपनी निष्क्रिय आय को इतना बढ़ाना है कि वह आपके जीवन यापन के खर्चों को कवर कर ले।

**प्रश्न 3:** अभिषेक की मासिक आय ₹60,000 है और उसका मासिक खर्च ₹40,000 है। वह बचे हुए ₹20,000 (Investable Surplus) को ऐसी जगह निवेश करता है जहाँ उसे 12% सालाना

रिटर्न मिलता है। यदि वह अपनी आय और खर्च को स्थिर रखता है, तो 1 साल बाद उसके पास केवल 'रिटर्न' से कितनी अतिरिक्त संपत्ति जुड़ेगी?

**उत्तर:**

मासिक निवेश: ₹20,000

सालाना निवेश: ₹20,000 × 12 = ₹2,40,000

रिटर्न (औसतन): मान लें कि निवेश साल भर में जमा हुआ, तो 12% रिटर्न के हिसाब से सरल गणना में औसत निवेश पर लाभ लगभग ₹13,000 से ₹15,000 (महीने दर महीने निवेश के कारण) होगा।

सीख: धन निर्माण सूत्र के अनुसार: (आय - व्यय) × रिटर्न × समय। आपकी बचत (Surplus) जितनी बड़ी होगी, चक्रवृद्धि (Compounding) का इंजन उतना ही तेज चलेगा।

**प्रश्न 4:** अमन ने ₹1,00,000 के शेयर खरीदे। एक साल बाद उन शेयरों की कीमत ₹1,15,000 हो गई और इस दौरान उसे ₹3,000 का डिविडेंड भी मिला। अमन को कुल कितना प्रतिशत लाभ (Total Yield) हुआ?

**उत्तर:**

पूंजीगत लाभ (Capital Gain) = ₹1,15,000 - ₹1,00,000 = ₹15,000

आय सृजन (Cash Flow/Dividend) = ₹3,000

कुल लाभ = ₹15,000 + ₹3,000 = ₹18,000

प्रतिशत रिटर्न = (₹18,000 ÷ ₹1,00,000) × 100 = 18%

सीख: धन दो तरह से बढ़ता है—संपत्ति की कीमत बढ़ने से और उससे मिलने वाली नियमित आय से।

**प्रश्न 5:** समीर का सालाना खर्च ₹6,00,000 है। FIRE (Financial Independence, Retire Early) आंदोलन के "25 गुना नियम" के अनुसार, समीर को काम छोड़ने के लिए कितने रुपयों का 'कॉर्पस' (Corpus) तैयार करना होगा?

**उत्तर:**

सालाना खर्च = ₹6,00,000

FIRE कॉर्पस लक्ष्य = सालाना खर्च × 25

कॉर्पस = ₹6,00,000 × 25 = ₹1.5 करोड़

सीख: जब आपका निवेशित धन आपके सालाना खर्च का 25 गुना हो जाता है, तो आप सैद्धांतिक रूप से "वित्तीय स्वतंत्र" माने जाते हैं।

## 2.12 प्रश्नोत्तर परीक्षा (Quiz)

Q1. धन निर्माण (Wealth Creation) की प्रक्रिया में आय को क्या माना जाता है?

(A) भंडार (Stock) (B) प्रवाह (Flow)

(C) माप (Measure) (D) गुणक (Multiplier)

Q2. नेट वर्थ की परिभाषा क्या है?

(A) कुल संपत्तियाँ + कुल देयताएँ (Total liabilities) (B) कुल आय - कुल खर्च

(C) कुल संपत्तियाँ - कुल देयताएँ (Total liabilities) (D) कुल निवेश × समय

Q3. सक्रिय आय (Active income) का मुख्य विशेषता क्या है?

(A) प्रारंभिक निवेश के बाद कम प्रयास (B) निरंतर आपके समय और श्रम से जुड़ी

(C) बाजार की अस्थिरता से प्रभावित (D) कर-दक्ष निवेश साधन

Q4. निष्क्रिय आय (Passive Income) का उदाहरण क्या है?

(A) वेतन (B) लाभांश या किराया

(C) व्यापार से लाभ (D) नौकरी से बोनस

Q5. धन निर्माण का मूल सूत्र क्या है?

(A) आय + खर्च × निवेश रिटर्न (B) (आय - खर्च) × निवेश रिटर्न × समय

(C) नेट वर्थ × गुणक × आयु (D) पूंजीगत लाभ - आय सृजन

Q6. पूंजीगत लाभ (capital gains) का मुख्य उपयोग क्या है?

(A) नियमित आय उत्पन्न करना (B) तेज वृद्धि के लिए

(C) कर बचत के लिए (D) जोखिम कम करने के लिए

Q7. आय सृजन का उदाहरण क्या है?

(A) शेयर बेचना (B) बचत निवेश

(C) ऋण चुकाना (D) बचत करना

Q8. लेवरेज या OPM का क्या मतलब है?

(A) अपनी बचत से निवेश (B) अन्य लोगों के पैसे का उपयोग

(C) कर-मुक्त आय (D) निष्क्रिय आय सृजन

Q9. उद्यमिता (Entrepreneurship) धन निर्माण में कैसे योगदान देती है?

(A) केवल जोखिम बढ़ाती है (B) नवाचार और रोजगार सृजन से

(C) कर बढ़ाती है (D) खर्च कम करती है

Q10. धन चक्र के निर्माण चरण में फोकस क्या है?

(A) संपत्ति संरक्षण (B) संपत्ति बढ़ाना और उच्च रिटर्न

(C) ऋण चुकाना (D) कर दक्षता

Q11. धन संरक्षण चरण में रणनीति क्या है?

(A) उच्च-जोखिम निवेश (B) कम-जोखिम वाले निवेश जैसे बॉन्ड, FD

(C) अति-उपभोग (D) FOMO निवेश

Q12. **FIRE** आंदोलन का पूरा नाम क्या है?

(A) Financial Investment Retire Early

(B) Financial Independence, Retire Early

(C) Fast Income Retire Early

(D) Future Investment Retire Early

Q13. FIRE में 25x नियम क्या कहता है?

(A) वार्षिक खर्च का 25 गुना जमा (B) आय का 25% निवेश

(C) 25 वर्ष तक निवेश (D) 25% रिटर्न लक्ष्य

Q14. धन विनाश के जाल में अति-उपभोग (Overconsumption) क्या है?

(A) अनावश्यक अनुबंधक (contractor) खर्च  (B) कर बचत

(C) नियमित समीक्षा  (D) विविधता

Q15. धन विनाश में FOMO का अर्थ क्या है?

(A) Fear Of Missing Out  (B) Fast Opportunity Money Out

(C) Financial Opportunity Management Out  (D) Future Of Money Out

Q16. निष्क्रियता की लागत क्या है?

(A) निवेश न करने से अवसर लागत खोना  (B) कर बढ़ना

(C) आय कम होना  (D) बचत बढ़ना

Q17. 40 साल की उम्र में टारगेट नेट वर्थ मल्टीप्लायर क्या है?

(A) 1x  (B) 3x  (C) 6x  (D) 10x

Q18. 60 साल की उम्र में टारगेट नेट वर्थ मल्टीप्लायर क्या है?

(A) 3x  (B) 6x  (C) 8x  (D) 10x

Q19. मील के पत्थर (Milestones) हासिल करने की कुंजी में कर-दक्षता क्या है?

(A) कर बचत जैसे साधनों में निवेश  (B) उच्च-जोखिम निवेश

(C) अति-उपभोग  (D) ऋण बढ़ाना

Q20. माइलस्टोन हासिल करने में नियमित समीक्षा का महत्व क्या है?

(A) लक्ष्य से आगे या पीछे जानना  (B) कर बढ़ाना

(C) आय कम करना  (D) जोखिम बढ़ाना

**Answer Key**

| Q | 1 | 2 | 3 | 4 | 5 | 6 | 7 | 8 | 9 | 10 | 11 | 12 | 13 | 14 | 15 | 16 | 17 | 18 | 19 | 20 |
|---|---|---|---|---|---|---|---|---|---|---|---|---|---|---|---|---|---|---|---|---|
| Ans. | B | C | B | B | B | B | B | B | B | B | B | B | A | A | A | A | B | D | A | A |

# *Chapter 3* निवेश की अनिवार्यता

**"महंगाई को मात देने और वित्तीय लक्ष्यों को पाने के लिए निवेश अनिवार्य है। यह आपके पैसे को काम पर लगाकर भविष्य के लिए बड़ी पूंजी और आजादी सुनिश्चित करता है।"**

अक्सर कहा जाता है कि पैसा कमाना एक कौशल है, लेकिन उसे बढ़ाना एक कला। बहुत से लोग कड़ी मेहनत से पैसा तो कमा लेते हैं, लेकिन उसे तिजोरी या बचत खातों में निष्क्रिय छोड़ देते हैं। यह अध्याय आपको 'मुद्रास्फीति' (Inflation) जैसे उस 'साइलेंट किलर' से रूबरू कराएगा जो समय के साथ आपकी मेहनत की कमाई की क्रय शक्ति (Purchasing power) को चुपचाप दीमक की तरह चाट जाता है। यहाँ हम समझेंगे कि निवेश करना अब कोई विकल्प नहीं, बल्कि आर्थिक उत्तरजीविता (Survival) के लिए एक अनिवार्य आवश्यकता बन चुका है।

इस चैप्टर में हम निष्क्रिय नकदी की 'अवसर लागत' (Opportunity Cost), विभिन्न संपत्ति वर्गों जैसे इक्विटी, बॉन्ड और गोल्ड के ऐतिहासिक प्रदर्शन और जोखिम प्रोफाइल का विश्लेषण करेंगे। आप जानेंगे कि कैसे सही निवेश के बिना भविष्य में जीवन जीने की लागत असहनीय हो सकती है। यह अध्याय आपको केवल बचत करने वाले व्यक्ति से एक स्मार्ट निवेशक बनने की प्रेरणा देगा, ताकि आपका पैसा आपके लिए उतनी ही कड़ी मेहनत करे जितनी आपने उसे कमाने के लिए की है। निवेश की इस अनिवार्यता को समझकर ही आप मुद्रास्फीति को पछाड़कर वास्तविक संपत्ति का सृजन कर पाएंगे।

## 3.1 मुद्रास्फीति और वास्तविक रिटर्न

मुद्रास्फीति (Inflation) उस दर को संदर्भित करती है जिस पर वस्तुओं और सेवाओं की कीमतें समय के साथ लगातार बढ़ती हैं। इस वृद्धि का सीधा परिणाम यह होता है कि आपके पैसे की क्रय शक्ति (Purchasing Power) कम हो जाती है। इसे एक उदाहरण से समझाया गया है: यदि मुद्रास्फीति की दर 5% है, तो आज जो वस्तु ₹100 में खरीदी जा सकती है, उसे अगले वर्ष खरीदने के लिए आपको ₹105 की आवश्यकता होगी।

**वास्तविक रिटर्न (Real Return):** यदि आपकी बैंक बचत पर 4% नाममात्र रिटर्न (Nominal Return) मिलता है, लेकिन मुद्रास्फीति की दर 5% है, तो आपका वास्तविक रिटर्न -1% होगा। इसका अर्थ है कि आप वास्तव में हर साल पैसा खो रहे हैं। वास्तविक रिटर्न की गणना इस सूत्र से की जाती है:

$$\text{वास्तविक रिटर्न} \approx \text{नाममात्र रिटर्न} - \text{मुद्रास्फीति}$$

इस वित्तीय चुनौती का समाधान (Inflation Hedge) उन परिसंपत्ति वर्गों (Asset Classes) में निवेश करना है जो ऐतिहासिक रूप से मुद्रास्फीति दर से अधिक रिटर्न देते हैं।

## 3.2 अवसर लागत और निवेश का महत्व

अवसर लागत उस लाभ को कहते हैं जिसे कोई व्यक्ति अपने पैसे को निष्क्रिय रखने या निवेश न करने के कारण खो देता है। उदाहरण: यदि कोई व्यक्ति ₹1 लाख को 15 वर्षों तक बैंक खाते में 4% ब्याज दर पर रखता है, तो वह राशि ₹1.80 लाख हो जाती है। इसके विपरीत, यदि उसी राशि को इक्विटी म्यूचुअल फंड में 12% के रिटर्न पर निवेश किया जाता, तो वह बढ़कर ₹5.47 लाख हो जाती।

इस उदाहरण से यह निष्कर्ष निकाला गया है कि ₹3.67 लाख (₹5.47 लाख - ₹1.80 लाख) का भारी अंतर ही निष्क्रिय रहने की वास्तविक अवसर लागत है। इस बड़ी लागत के कारण ही वित्तीय नियोजन में बचत (Savings) के बजाय निवेश (Investing) को प्राथमिकता देना आवश्यक है, ताकि धन समय के साथ अपनी क्रय शक्ति बनाए रख सके और बढ़ सके।

## 3.3 एसेट क्लासेस: जोखिम और रिटर्न

विभिन्न परिसंपत्ति वर्गों (Various Asset Classes) का रिटर्न उनके जोखिम प्रोफ़ाइल पर निर्भर करता है। लंबी अवधि में, जोखिम-समायोजित रिटर्न के मामले में इक्विटी (शेयर/फंड) सबसे आगे रहा है। इक्विटी को उच्च जोखिम वाला माना जाता है, जिसका ऐतिहासिक रिटर्न (CAGR) 12% से 16% तक है; इसका मुख्य कार्य धन निर्माण और मुद्रास्फीति को मात देना है।

इसके बाद, डेट (बॉन्ड/FD) को कम जोखिम वाला माना जाता है, जिसका रिटर्न 6% से 8% के बीच है। डेट का मुख्य कार्य पूंजी संरक्षण, नियमित आय और तरलता (Liquidity) प्रदान करना है। अंत में, सोना (Gold) मध्यम जोखिम वाला परिसंपत्ति वर्ग है, जिसका रिटर्न 8% से 10% के बीच है। सोने का मुख्य कार्य मुद्रास्फीति के खिलाफ बचाव (Hedge) प्रदान करना और पोर्टफोलियो का विविधीकरण (Diversification) करना है।

## 3.4 चक्रवृद्धि के नियम: 72 और 114

ये नियम चक्रवृद्धि की शक्ति को समझने के लिए सरल मानसिक शॉर्टकट हैं, जो निवेश को दोगुना या तिगुना होने में लगने वाले अनुमानित समय की गणना करने में मदद करते हैं।

**नियम 72** (Rule 72), किसी निवेश को दोगुना होने में लगने वाला अनुमानित समय बताता है। यह गणना करने के लिए 72 को रिटर्न दर से विभाजित किया जाता है।

$$\text{वर्ष} = \frac{72}{\text{रिटर्न दर}}$$

उदाहरण के लिए, यदि निवेश पर 12% रिटर्न मिलता है, तो पैसा 72/12 = 6 वर्षों में दोगुना हो जाएगा।

**नियम 114** (Rule 114), किसी निवेश को तिगुना होने में लगने वाला अनुमानित समय बताता है। इसके लिए 114 को रिटर्न दर से विभाजित किया जाता है।

$$\text{वर्ष} = \frac{114}{\text{रिटर्न दर}}$$

उदाहरण के लिए, 12% रिटर्न पर, पैसा 114/12 = 9.5 वर्षों में तिगुना होगा।

## 3.5 कर-पश्चात वास्तविक रिटर्न की गणना

निवेश मूल्यांकन में, किसी भी निवेश से होने वाले लाभ को निर्धारित करने के लिए केवल नाममात्र रिटर्न (Nominal Return) देखना पर्याप्त नहीं है। एक निवेशक को उस वास्तविक रिटर्न पर ध्यान केंद्रित करना चाहिए जो कर (Tax) और मुद्रास्फीति (Inflation) दोनों को घटाने के बाद बचता है। यह मीट्रिक वास्तव में मापता है कि आपकी क्रय शक्ति (Purchasing Power) समय के साथ कितनी बढ़ रही है।

कर-पश्चात वास्तविक रिटर्न की गणना इस अनुमानित सूत्र का उपयोग करके की जाती है:

$$\text{कर पश्चात वास्तविक रिटर्न} \approx \text{नाममात्र रिटर्न} \times (1 - \text{कर दर}) - \text{मुद्रास्फीति}$$

इसकी मुख्य विशेषता यह है कि यह आपको स्पष्ट रूप से बताता है कि आपका पैसा आपकी जेब में आने के बाद वास्तव में कितना बढ़ रहा है। इसलिए, टैक्स-दक्ष (Tax-Efficient) निवेश साधन (दीर्घकालिक पूंजीगत लाभ) वाले इक्विटी फंड, अक्सर उन साधनों से बेहतर प्रदर्शन करते हैं जिनका कर-पूर्व (Pre-tax) रिटर्न भले ही अधिक दिखता हो, लेकिन कर और मुद्रास्फीति के बाद कम हो जाता है।

## 3.6 जल्दी निवेश करने की शक्ति

जल्दी निवेश शुरू करने के प्रमुख लाभों में, जिसमें सबसे बड़ा लाभ यह है कि यह चक्रवृद्धि ब्याज (Compounding) को अपना काम करने के लिए अधिक समय देता है। समय के साथ, निवेशित राशि चक्रवृद्धि की शक्ति से काफी बढ़ जाती है।

जल्दी निवेश शुरू करने के दो मुख्य लाभ है, पहला है जोखिम सहने की क्षमता (Risk Appetite)। कम उम्र में निवेश शुरू करने से, आपके पास बाजार के उतार-चढ़ाव से उबरने और लंबी अवधि में संभावित रूप से उच्च रिटर्न प्राप्त करने का अधिक समय होता है, जिससे आप इक्विटी जैसे अधिक जोखिम वाले साधनों में निवेश कर सकते हैं। दूसरा बिंदु वित्तीय स्वतंत्रता (Financial Independence) है। जल्दी शुरुआत करने से सेवानिवृत्ति के लिए एक बड़ा कोष (Corpus) बनाने की संभावना बढ़ जाती है, जिससे जीवन में अपेक्षाकृत जल्दी वित्तीय स्वतंत्रता प्राप्त करने का लक्ष्य हासिल किया जा सकता है।

## 3.7 बाजार के चक्र और SIP रणनीति

वित्तीय बाजार दो मुख्य चरणों से गुजरता है: बुल मार्केट (तेज़ी) और बेयर मार्केट (मंदी)। बुल मार्केट के दौरान, कीमतें लगातार बढ़ रही होती हैं और बाजार में आशावाद का माहौल होता है। इस चरण में, चक्रवृद्धि (Compounding) की प्रक्रिया तेजी से काम करती है, और दीर्घकालिक निवेशकों के लिए रणनीति यह है कि वे निवेशित रहें और लाभ को पुनर्निवेश करें।

इसके विपरीत, बेयर मार्केट (मंदी) तब आता है जब कीमतें गिर रही होती हैं और बाजार में निराशा का माहौल होता है। इस चरण में चक्रवृद्धि की प्रक्रिया धीमी या नकारात्मक भी हो सकती है। हालांकि, यह समय दीर्घकालिक निवेशक के लिए रियायती मूल्य पर अधिक यूनिट्स या शेयर खरीदने का सबसे अच्छा अवसर होता है।

एक महत्वपूर्ण निष्कर्ष यह है कि: बाजार से बाहर रहने का जोखिम, बाजार में रहने के जोखिम से कहीं अधिक है। बाजार के उतार-चढ़ाव के बावजूद एक अनुशासित SIP (सिस्टेमैटिक इन्वेस्टमेंट प्लान) जारी रखना सबसे अच्छी रणनीति है।

## 3.8 निवेश जोखिम और रिस्क प्रीमियम

ये दो अवधारणाएँ (Concepts) निवेशकों को किसी भी निवेश के जोखिम का मूल्यांकन करने में मदद करती हैं। पहली अवधारणा जोखिम-मुक्त दर (Risk-free Rate, $r_f$) है, जिसे उस आधारभूत रिटर्न के रूप में परिभाषित किया गया है जो लगभग शून्य जोखिम वाले निवेश पर मिलता है, जैसे कि 10-वर्षीय सरकारी बॉन्ड।

दूसरी अवधारणा जोखिम प्रीमियम (Risk Premium) है। यह वह अतिरिक्त रिटर्न है जिसकी मांग एक निवेशक किसी जोखिम भरे निवेश (जैसे स्टॉक) में निवेश करने के लिए करता है। जोखिम प्रीमियम की गणना इस प्रकार की जाती है:

$$\text{जोखिम प्रीमियम} = \text{अपेक्षित रिटर्न} - r_f$$

इस अवधारणा का मुख्य महत्व यह है कि यदि किसी निवेश का अपेक्षित रिटर्न (Expected return) जोखिम-मुक्त दर ($r_f$) से अधिक नहीं है, तो वह जोखिम लेने लायक नहीं माना जाता है।

## 3.9 निवेश जोखिम का मापन और समायोजन

निवेश जोखिम को मुख्य रूप से दो भागों में समझा जाता है: मात्रात्मक जोखिम (Quantitative Risk) जिसे मापा जा सकता है, और व्यवहारिक जोखिम (Behavioral Risk) जो निवेशक की भावनाओं पर निर्भर करता है। मात्रात्मक जोखिम को मापने के लिए सबसे आम सांख्यिकीय उपकरण अस्थिरता/मानक विचलन और बीटा हैं।

**अस्थिरता (Volatility) / मानक विचलन (Standard Deviation)** यह मापता है कि किसी परिसंपत्ति का रिटर्न उसके औसत रिटर्न से कितना विचलित (Deviate) होता है, या सरल शब्दों में, यह रिटर्न की ऊपर-नीचे होने की दर को मापता है। उच्च अस्थिरता का मतलब उच्च जोखिम है (जैसे स्टॉक), जहाँ रिटर्न तेजी से ऊपर या नीचे जा सकता है। कम अस्थिरता का मतलब कम जोखिम है (जैसे बॉन्ड), जहाँ रिटर्न अधिक स्थिर रहता है। निर्णय लेने के लिए, यदि आप कम उतार-चढ़ाव बर्दाश्त कर सकते हैं, तो आपको कम मानक विचलन वाले फंड या परिसंपत्ति वर्ग (जैसे डेट फंड) में निवेश करना चाहिए।

**बीटा (Beta)** यह मापता है कि कोई विशेष स्टॉक या म्यूचुअल फंड पूरे बाजार (Market Index) की तुलना में कितना अधिक या कम प्रतिक्रिया करता है। पूरे बाजार का बीटा हमेशा 1.0 होता है। यदि किसी स्टॉक/फंड का बीटा 1.0 से अधिक है, तो वह बाजार से अधिक अस्थिर है (जैसे बाजार के 10% बढ़ने पर 12-15% बढ़ना)। यदि बीटा 1.0 से कम है, तो वह बाजार से कम अस्थिर है (जैसे बाजार के 10% बढ़ने पर केवल 7-8% ही बढ़ना), जो कम जोखिम वाला है।

### शार्प अनुपात बनाम ट्रेनर रेशियो

शार्प अनुपात (Sharpe Ratio) और ट्रेनर रेशियो (Treynor Ratio) दोनों वित्तीय मीट्रिक हैं जिनका उपयोग निवेश पोर्टफोलियो या म्यूचुअल फंड के जोखिम-समायोजित रिटर्न (Risk-Adjusted Return) को मापने के लिए किया जाता है। मुख्य अंतर यह है कि शार्प अनुपात किसी निवेश के कुल जोखिम (मानक विचलन द्वारा मापा जाता है) के मुकाबले अतिरिक्त रिटर्न को मापता है। यह दिखाता है कि प्रति यूनिट कुल जोखिम पर कितना अतिरिक्त रिटर्न कमाया गया। एक उच्च शार्प अनुपात बेहतर माना जाता है, जिसका अर्थ है कि फंड ने समान जोखिम स्तर पर दूसरों की तुलना में अधिक रिटर्न दिया।

इसके विपरीत, ट्रेनर रेशियो (Treynor Ratio) केवल सिस्टमैटिक रिस्क (Systematic Risk) या बाजार के जोखिम के मुकाबले मिलने वाले रिटर्न को मापता है। इस मीट्रिक में जोखिम को 'बीटा' (Beta) के जरिए मापा जाता है, जो बाजार के उतार-चढ़ाव के प्रति पोर्टफोलियो की संवेदनशीलता बताता है। ट्रेनर अनुपात का उपयोग आमतौर पर उन पोर्टफोलियो के लिए किया जाता है जो अच्छी तरह से विविध (diversified) होते हैं, क्योंकि विविधीकरण गैर-व्यवस्थित जोखिम को कम कर देता है, जिससे केवल व्यवस्थित जोखिम ही महत्वपूर्ण बचता है।

### जोखिम सहने की क्षमता का मूल्यांकन

निवेशक के लिए मात्रात्मक मापन के अलावा, उसकी व्यक्तिगत क्षमता भी महत्वपूर्ण होती है। जोखिम सहने की क्षमता मुख्य रूप से तीन कारकों पर निर्भर करती है: समय-सीमा (Time Horizon), वित्तीय स्थिति (Financial Stability) और व्यवहारिक / मनोवैज्ञानिक सहनशक्ति।

**समय-सीमा** (Time Horizon) पहला कारक है। जितनी लंबी समय-सीमा होती है (जैसे 10+ वर्ष), निवेशक के पास बाजार के उतार-चढ़ाव से उबरने का उतना ही अधिक समय

होता है। युवा निवेशक आमतौर पर अधिक जोखिम ले सकते हैं क्योंकि उनके पास अपने पोर्टफोलियो को ठीक होने के लिए अधिक समय होता है।

**वित्तीय स्थिति** (Financial Stability) दूसरा महत्वपूर्ण कारक है। इसमें आपकी आय की स्थिरता, आपातकालीन फंड की उपलब्धता, और कर्ज की मात्रा शामिल होती है। यदि किसी व्यक्ति की आय स्थिर है और उसके पास पर्याप्त इमरजेंसी फंड है, तो वह अधिक जोखिम लेने की स्थिति में होता है।

तीसरा और सबसे महत्वपूर्ण कारक **व्यवहारिक/मनोवैज्ञानिक सहनशक्ति** है। यह निवेशक की उस क्षमता को मापता है कि वह कितनी गिरावट (Drawdown) को देखकर पैनिक किए बिना या निवेश बेचे बिना सो सकता है। यदि कोई निवेशक 20% की गिरावट देखकर अपने निवेश बेच देता है, तो उसकी जोखिम सहने की क्षमता कम मानी जाएगी।

**थम्ब रूल** जिसे कई विशेषज्ञ इस्तेमाल करते हैं: **इक्विटी में निवेश (%) =100 – आयु(Age)**। उदाहरण के लिए, यदि आपकी आयु 30 वर्ष है, तो आप अपने कुल पोर्टफोलियो का 70% इक्विटी (शेयर बाजार) में निवेश कर सकते हैं।

## पोर्टफोलियो समायोजन और रणनीतियाँ

वित्तीय नियोजन (Financial planning) में पोर्टफोलियो को जोखिम सहने की क्षमता के आधार पर समायोजित करना एक महत्वपूर्ण कदम है। मुख्य रूप से तीन प्रकार की जोखिम प्रोफाइल होती हैं।

**कम जोखिम** (Conservative) वाले निवेशक पूंजी संरक्षण को मुख्य लक्ष्य मानते हैं और अपने पोर्टफोलियो का 10-30% इक्विटी में और 70-90% डेट/गोल्ड में निवेश करते हैं (जैसे FD, डेट फंड)।

**मध्यम जोखिम** (Moderate) वाले निवेशक संतुलित वृद्धि और स्थिरता चाहते हैं, वे 40-60% इक्विटी और 40-60% डेट/गोल्ड में आवंटन करते हैं (जैसे बैलेंस्ड/हाइब्रिड म्यूचुअल फंड)।

**उच्च जोखिम** (Aggressive) वाले निवेशक अधिकतम वृद्धि चाहते हैं और 70-100% इक्विटी में और 0-30% डेट/गोल्ड में निवेश करते हैं (जैसे इंडेक्स फंड, लार्ज/मिड कैप फंड)। पोर्टफोलियो को प्रभावी ढंग से प्रबंधित करने के लिए कुछ समायोजन रणनीतियाँ भी बताई गई हैं।

**परिसंपत्ति पुनर्संतुलन** (Rebalancing) का अर्थ है समय-समय पर (जैसे सालाना) पोर्टफोलियो की समीक्षा करना और उसे मूल लक्ष्य आवंटन पर वापस लाना (उदाहरण के लिए, यदि इक्विटी 60% से 75% हो जाए, तो अतिरिक्त बेचकर डेट में डालना)।

**जोखिम-समय संबंध** (Risk-Time Correlation) का सिद्धांत बताता है कि जैसे-जैसे वित्तीय लक्ष्य करीब आते हैं, जोखिम कम करना चाहिए (यानी इक्विटी से डेट में जाना)।

अंतिम रणनीति **विविधीकरण** (Diversification) है, जिसका अर्थ है अनावश्यक जोखिम को कम करने के लिए विभिन्न परिसंपत्ति वर्गों (इक्विटी, डेट, गोल्ड) में निवेश फैलाना।

* * * * *

**"बचत करना आपको सुरक्षित रख सकता है, लेकिन केवल निवेश ही आपको समृद्ध बना सकता है। याद रखें, जो पैसा काम पर नहीं लगाया जाता, वह धीरे-धीरे महंगाई की भेंट चढ़ जाता है।"**

## 3.10 व्यावहारिक प्रश्नों के उत्तर

**प्रश्न 1:** सोहन अपनी बेटी की उच्च शिक्षा के लिए आज के हिसाब से ₹10,00,000 जोड़ना चाहता है। वह यह पैसा अगले 10 साल तक अपनी तिजोरी (नकद) में रखता है। यदि औसत मुद्रास्फीति

6% रहती है, तो 10 साल बाद उन ₹10,00,000 की 'क्रय शक्ति' (Purchasing Power) आज के मुकाबले कितनी रह जाएगी?

**उत्तर:**

आज की राशि: ₹10,00,000

10 साल बाद की वैल्यू (6% गिरावट के साथ): इसके लिए हम रिवर्स कंपाउंडिंग का उपयोग करते हैं।

10 साल बाद की वैल्यू = $\frac{10,00,000}{(1+0.06)^{10}} \approx$ ₹5,58,395

सीख: निवेश न करने का मतलब है कि आपके पैसे की वैल्यू समय के साथ कम हो रही है। 10 साल बाद सोहन के 10 लाख आज के लगभग 5.5 लाख के बराबर ही सामान या सेवा खरीद पाएंगे।

**प्रश्न 2:** मीना के पास ₹1,00,000 हैं। वह उसे 7% की बैंक FD में निवेश करती है। उसका भाई राहुल वही ₹1,00,000 एक इंडेक्स फंड में निवेश करता है जहाँ उसे औसतन 12% रिटर्न मिलता है। 20 साल बाद दोनों के फंड में कितना अंतर होगा?

**उत्तर:**

मीना (7% पर): $1,00,000(1+0.07)^{20} \approx$ ₹3,86,968

राहुल (12% पर): $1,00,000(1+0.12)^{20} \approx$ ₹9,64,629

अंतर: ₹5,77,661 (लगभग 2.5 गुना का अंतर)

सीख: रिटर्न में केवल 5% का अंतर लंबे समय में संपत्ति में जमीन-आसमान का अंतर पैदा कर सकता है।

**प्रश्न 3:** विकास जानना चाहता है कि उसका पैसा कितने समय में दोगुना होगा। उसके पास निवेश के दो विकल्प हैं:

पीपीएफ (PPF): 7.1% रिटर्न

म्यूचुअल फंड : 15% रिटर्न (संभावित)

**उत्तर:**

दोगुना करने का नियम: $\text{Time} = \frac{72}{\text{Interest Rate}}$

केस 1 (PPF): $\text{Time} = \frac{72}{7.1} \approx 10.14$ साल

केस 2 (म्यूचुअल फंड): $\text{Time} = \frac{72}{15} \approx 4.8$ साल

सीख: निवेश की दर जितनी अधिक होगी, आपका पैसा उतनी ही जल्दी 'कंपाउंड' होकर दोगुना होगा।

**प्रश्न 4:** आज एक मध्यमवर्गीय परिवार का मासिक खर्च ₹50,000 है। यदि "जीवन स्तर की महंगाई" (Lifestyle Inflation) 8% सालाना है, तो 15 साल बाद उसी जीवन स्तर को बनाए रखने के लिए परिवार को हर महीने कितने रुपयों की ज़रूरत होगी?

**उत्तर:**

वर्तमान खर्च: ₹50,000

समय: 15 साल, दर: 8%

भविष्य का खर्च: $50{,}000(1+0.08)^{15} \approx$ ₹1,58,600

15 साल बाद परिवार को अपना वर्तमान जीवन स्तर बनाए रखने के लिए मासिक रूप से ₹1,58,608 की आवश्यकता होगी।

सीख: हम केवल आज की जरूरतों के लिए निवेश नहीं करते, बल्कि भविष्य में अपनी जीवनशैली को सुरक्षित रखने के लिए निवेश करते हैं।

**प्रश्न 5:** दो दोस्त, अमर और प्रेम। अमर 25 साल की उम्र में ₹5,000 महीना निवेश करना शुरू करता है और 35 साल की उम्र में बंद कर देता है (कुल 10 साल निवेश)। प्रेम 35 साल की उम्र में ₹5,000 महीना शुरू करता है और 60 साल की उम्र तक करता रहता है (कुल 25 साल निवेश)। दोनों को 12% रिटर्न मिलता है। 60 साल की उम्र में किसके पास ज्यादा पैसा होगा?

**उत्तर:**

अमर (जल्दी शुरुआत का फायदा):

अमर ने 25 से 35 साल की उम्र तक ₹5,000 निवेश किए (कुल ₹6 लाख)।

35 साल की उम्र में उसका फंड लगभग ₹11.6 लाख हो गया।

अगले 25 सालों तक (60 की उम्र तक) उसने कोई नया निवेश नहीं किया, लेकिन उस ₹11.6 लाख पर रिटर्न मिलता रहा।

60 साल की उम्र में अमर का कुल फंड: लगभग ₹2.02 करोड़।

प्रेम (देर से शुरुआत):

प्रेम ने 35 से 60 साल की उम्र तक लगातार ₹5,000 निवेश किए (कुल ₹15 लाख)।

प्रेम ने अमर की तुलना में ढाई गुना ज्यादा पैसा निवेश किया।

60 साल की उम्र में प्रेम का कुल फंड: लगभग ₹95 लाख।

सीख: निवेश में "कितना पैसा" लगाया उससे ज्यादा महत्वपूर्ण यह है कि आपने "कितने समय" के लिए लगाया। जल्दी शुरुआत करना (Early Start) ही सबसे बड़ी संपत्ति है।

**प्रश्न 6:** यदि आप ₹5,00,000 का निवेश करते हैं और आपको 12% का सालाना रिटर्न मिलता है, तो इस पैसे को तिगुना (₹15 लाख) और चौगुना (₹20 लाख) होने में कितना समय लगेगा?

**उत्तर:**

तिगुना करने का नियम (Rule of 114): 114 / 12 = 9.5 साल

चौगुना करने का नियम (Rule of 144): 144 / 12 = 12 साल

सीख: चक्रवृद्धि के साथ, पैसा दोगुना से तिगुना और तिगुना से चौगुना होने में लगने वाला समय कम होता जाता है।

## 3.11 प्रश्नोत्तर परीक्षा (Quiz)

Q1. मुद्रास्फीति (inflation) को क्या कहा जाता है?

(A) साइलेंट किलर (B) अवसर लागत

(C) जोखिम प्रीमियम (D) चक्रवृद्धि ब्याज

Q2. मुद्रास्फीति किस पर प्रभाव डालती है?

(A) क्रय शक्ति घटाती है (B) नाममात्र रिटर्न बढ़ाती है
(C) जोखिम कम करती है (D) निवेश घटाती है

Q3. वास्तविक रिटर्न की गणना कैसे की जाती है?
(A) नाममात्र रिटर्न + मुद्रास्फीति (B) नाममात्र रिटर्न - मुद्रास्फीति
(C) नाममात्र रिटर्न × मुद्रास्फीति (D) नाममात्र रिटर्न / मुद्रास्फीति

Q4. निष्क्रिय नकदी की अवसर लागत क्या है?
(A) चक्रवृद्धि लाभ खोना (B) कर बढ़ना
(C) आय कम होना (D) बचत बढ़ना

Q5. निफ़्टी का ऐतिहासिक रिटर्न (CAGR) क्या है?
(A) 6% - 8% (B) 8% - 10%
(C) 12% - 16% (D) 4% - 6%

Q6. गोल्ड का मुख्य कार्य क्या है?
(A) मुद्रास्फीति के खिलाफ हेज (B) नियमित आय
(C) तरलता (D) पूंजी संरक्षण

Q7. नियम 72 क्या बताता है?
(A) दोगुना होने का समय (B) तिगुना होने का समय
(C) कर-पश्चात रिटर्न (D) जोखिम प्रीमियम

Q8. नियम 114 का उपयोग क्या है?
(A) दोगुना होने के लिए (B) तिगुना होने के लिए
(C) दोगुना और तिगुना दोनों (D) अवसर लागत के लिए

Q9. कर-पश्चात वास्तविक रिटर्न की गणना में क्या घटाया जाता है?
(A) केवल मुद्रास्फीति (B) कर और मुद्रास्फीति दोनों
(C) केवल कर (D) जोखिम प्रीमियम

Q10. जल्दी निवेश करने का मुख्य लाभ क्या है?
(A) चक्रवृद्धि को अधिक समय (B) कर कम
(C) आय बढ़ना (D) जोखिम कम

Q11. बुल मार्केट में चक्रवृद्धि कैसे काम करती है?
(A) धीमी हो जाती है (B) तेजी से काम करती है
(C) नकारात्मक हो जाती है (D) स्थिर रहती है

Q12. बेयर मार्केट में निवेश की रणनीति क्या है?
(A) बाहर रहना (B) यूनिट्स खरीदना
(C) बेचना (D) इंतजार करना

Q13. जोखिम-मुक्त दर (Risk free rate) क्या है?
(A) सरकारी बॉन्ड का रिटर्न (B) इक्विटी का रिटर्न
(C) गोल्ड का रिटर्न (D) मुद्रास्फीति दर

Q14. जोखिम प्रीमियम (Risk premium) क्या है?

(A) अपेक्षित रिटर्न - जोखिम-मुक्त दर (B) अपेक्षित रिटर्न + जोखिम-मुक्त दर
(C) मुद्रास्फीति - जोखिम-मुक्त दर (D) कर - जोखिम-मुक्त दर

Q15. मानक विचलन (Standard deviation) क्या मापता है?
(A) रिटर्न की अस्थिरता (B) बाजार की दिशा
(C) कर दक्षता (D) आय सृजन

Q16. बीटा 1.0 से अधिक होने का अर्थ क्या है?
(A) बाजार से कम अस्थिर (B) बाजार से अधिक अस्थिर
(C) बाजार के समान (D) जोखिम-मुक्त

Q17. शार्प अनुपात क्या दर्शाता है?
(A) जोखिम-समायोजित रिटर्न (B) नाममात्र रिटर्न
(C) मुद्रास्फीति दर (D) अवसर लागत

Q18. जोखिम सहनशीलता पर क्या प्रभाव डालता है?
(A) समय-सीमा, वित्तीय स्थिरता, मनोवैज्ञानिक सहनशीलता
(B) केवल आयु
(C) केवल आय
(D) केवल मुद्रास्फीति

Q19. थम्ब रूल क्या है?
(A) इक्विटी में निवेश (%) = 100 – आयु
(B) इक्विटी में निवेश (%) = आयु
(C) डेट में निवेश (%) = 100 - आयु
(D) गोल्ड में निवेश (%) = 100 - आयु

Q20. कंजर्वेटिव प्रोफाइल में इक्विटी आवंटन क्या है?
(A) 70-100% (B) 40-60%
(C) 10-30% (D) 0-30%

**Answer Key**

| Q | 1 | 2 | 3 | 4 | 5 | 6 | 7 | 8 | 9 | 10 | 11 | 12 | 13 | 14 | 15 | 16 | 17 | 18 | 19 | 20 |
|---|---|---|---|---|---|---|---|---|---|---|---|---|---|---|---|---|---|---|---|---|
| Ans. | A | A | B | A | C | A | A | B | B | A | B | B | A | A | A | B | A | A | A | C |

# *Chapter 4* चक्रवृद्धि की जादुई शक्ति

**"चक्रवृद्धि (Compounding) दुनिया का आठवां अजूबा है। जो इसे समय रहते समझ लेता है, वह इसे कमाता है; और जो नहीं समझता, वह इसे ब्याज के रूप में चुकाता रहता है।"**

अल्बर्ट आइंस्टीन ने चक्रवृद्धि (Compounding) को दुनिया का 'आठवां अजूबा' कहा था, और यह अध्याय आपको समझाएगा कि क्यों। चक्रवृद्धि केवल गणित का एक सूत्र नहीं, बल्कि धन सृजन का वह जादू है जहाँ आपका पैसा न केवल आपके लिए काम करता है, बल्कि अपने द्वारा कमाए गए मुनाफे से और भी अधिक मुनाफा पैदा करता है। इस चैप्टर में हम सरल ब्याज और चक्रवृद्धि ब्याज के बीच के उस विशाल अंतर को समझेंगे जो लंबी अवधि में जमीन-आसमान का अंतर पैदा कर देता है।

यहाँ हम 'नियम 72' (Rule of 72) जैसे व्यावहारिक औजारों, निवेश की आवृत्ति के प्रभाव और समय की उस शक्ति का विश्लेषण करेंगे जो छोटे से निवेश को भी भविष्य में एक विशाल वटवृक्ष बना देती है। आप जानेंगे कि धन निर्माण की इस प्रक्रिया में आपकी पूंजी से कहीं अधिक महत्वपूर्ण आपका 'धैर्य' और 'समय' है। यह अध्याय आपको यह विश्वास दिलाएगा कि बिना किसी बड़े जोखिम के, केवल निरंतरता और अनुशासन के माध्यम से आप कैसे चक्रवृद्धि को अपना सबसे शक्तिशाली वित्तीय मित्र बना सकते हैं, जो सोते समय भी आपके लिए धन का सृजन करता रहता है।

## 4.1 साधारण और चक्रवृद्धि ब्याज: एक परिचय

साधारण ब्याज (Simple Interest) की गणना केवल मूलधन (Principal) पर की जाती है। इसका वृद्धि का पैटर्न रैखिक (Linear) होता है, जिसका अर्थ है कि हर अवधि में एक निश्चित राशि जुड़ती है। लंबी अवधि में, साधारण ब्याज कम रिटर्न देता है। उदाहरण के तौर पर, ₹1 लाख पर 10% की दर से 10 साल में कुल ₹1 लाख ब्याज मिलता है।

दूसरी ओर, चक्रवृद्धि ब्याज (Compound Interest) की गणना मूलधन और संचित ब्याज (Accumulated interest) दोनों पर की जाती है। इसकी वृद्धि का पैटर्न घातीय (Exponential) होता है, जिसका मतलब है कि यह समय के साथ तेज़ी से बढ़ता है। लंबी अवधि में, चक्रवृद्धि ब्याज अधिक रिटर्न देता है। समान उदाहरण में, ₹1 लाख पर 10% की दर से 10 साल में कुल ₹1,59,374 ब्याज मिलता है।

## 4.2 चक्रवृद्धि ब्याज सूत्र और आवृत्ति

चक्रवृद्धि ब्याज सूत्र का उपयोग भविष्य मूल्य (Future Value - FV) की गणना के लिए किया जाता है। यह सूत्र है:

$$FV = PV\left(1 + \frac{r}{n}\right)^{nt}$$

इस सूत्र के घटक निम्नलिखित हैं:

FV: भविष्य मूल्य (Future Value)

PV: वर्तमान मूल्य/मूलधन (Present Value/Principal)

r: वार्षिक ब्याज दर (Annual Interest Rate)

n: एक वर्ष में चक्रवृद्धि की आवृत्ति (Compounding Frequency)

t: वर्षों की संख्या (Number of Years)

### चक्रवृद्धि की आवृत्ति

चक्रवृद्धि की आवृत्ति (n) वह संख्या है जितनी बार एक वर्ष में ब्याज की गणना की जाती है और मूलधन में जोड़ा जाता है।

**उच्च आवृत्ति, अधिक लाभ:** ब्याज जितनी अधिक बार (जैसे मासिक, दैनिक) संयोजित (compound) होता है, प्रभावी ब्याज दर उतनी ही अधिक होती है और रिटर्न भी उतना ही अधिक मिलता है। मासिक चक्रवृद्धि (n = 12) हमेशा वार्षिक चक्रवृद्धि (n = 1) से अधिक रिटर्न देती है।

**ऋण पर प्रभाव (Loan Impact):** उच्च चक्रवृद्धि आवृत्ति ऋणों को भी तेज़ी से बढ़ा सकती है, जैसे क्रेडिट कार्ड पर दैनिक चक्रवृद्धि ब्याज लागू होने पर कुल देय राशि बढ़ जाती है।

## 4.3 ब्याज दर गणना: EAR का सूत्र

प्रभावी वार्षिक दर (Effective Annual Rate-EAR) वह वास्तविक रिटर्न है जो आप एक वर्ष में कमाते हैं, जिसमें चक्रवृद्धि (compounding) के प्रभाव को ध्यान में रखा जाता है। यह दर निवेशकों को विभिन्न चक्रवृद्धि आवृत्तियों वाले निवेशों की सही तुलना करने में मदद करती है।

**नाममात्र दर** (Nominal Rate): यह वह दर है जो विज्ञापित (advertised) की जाती है (जैसे 8% सालाना)। यह दर चक्रवृद्धि के प्रभाव को ध्यान में नहीं रखती है।

**वास्तविक रिटर्न** (EAR): यदि नाममात्र दर 8% हो और चक्रवृद्धि मासिक हो, तो आपका वास्तविक रिटर्न (EAR) 8% से थोड़ा अधिक होगा, क्योंकि ब्याज पर भी ब्याज मिलता है।

EAR की गणना इस सूत्र से की जाती है:

$$\mathrm{EAR} = \left(1 + \frac{r}{n}\right)^n - 1$$

यहाँ, r नाममात्र ब्याज दर है और n एक वर्ष में चक्रवृद्धि अवधियों की संख्या है।

EAR को कभी-कभी वार्षिक समतुल्य दर (Annual Equivalent Rate - AER) या वार्षिक प्रतिशत उपज (Annual Percentage Yield - APY) के रूप में भी जाना जाता है।

## 4.4 SIP गणित और हॉकी स्टिक ग्रोथ

SIP (Systematic Investment Plan) चक्रवृद्धि का सबसे सुलभ और शक्तिशाली तरीका है। नीचे दी गई तालिका 30 वर्षों में चक्रवृद्धि की घातीय शक्ति को दर्शाती है (₹5,000 मासिक SIP, 12% वार्षिक रिटर्न पर)।

| अवधि (वर्ष) | कुल निवेश (₹) | अर्जित ब्याज (₹) | परिपक्वता मूल्य (₹) |
|---|---|---|---|
| 10 | 6,00,000 | 5,61,643 | 11,61,643 |
| 20 | 12,00,000 | 37,97,497 | 49,97,497 |
| 30 | 18,00,000 | 1,58,07,025 | 1,76,07,025 |

10 वर्षों की अवधि के बाद, कुल निवेश ₹6,00,000 होता है जिस पर ₹5,61,643 का ब्याज अर्जित होता है, जिससे कुल परिपक्वता मूल्य ₹11,61,643 होता है। 20 वर्षों में, कुल निवेश बढ़कर

₹12,00,000 हो जाता है, अर्जित ब्याज ₹37,97,497 होता है, और परिपक्वता मूल्य ₹49,97,497 तक पहुँच जाता है। 30 वर्षों की लंबी अवधि में, कुल निवेश ₹18,00,000 होता है, लेकिन अर्जित ब्याज नाटकीय रूप से ₹1,58,07,025 हो जाता है, जिसके परिणामस्वरूप कुल परिपक्वता मूल्य ₹1,76,07,025 होता है।

इस डेटा से यह निष्कर्ष निकलता है कि अर्जित ब्याज का बड़ा हिस्सा (₹1.58 करोड़) अंतिम 10-15 वर्षों में आता है। इसी को हॉकी स्टिक ग्रोथ कहते हैं—शुरुआत में धीमी, पर अंत में तेज़ी से बढ़ने वाली।

SIP चक्रवृद्धि फ़ॉर्मूला इस प्रकार है:

$$\text{FV} = \text{EMI} \times \frac{(1+r)^n - 1}{r}$$

जहाँ: FV (Future Value): वह राशि जो आपको निवेश अवधि के अंत में मिलेगी।

EMI (Monthly Investment): वह राशि जो आप हर महीने निवेश करते हैं।

r (Expected Rate of Return): मासिक ब्याज दर (वार्षिक दर को 12 से विभाजित करें, जैसे 12%/12 = 0.01)

n (Number of Payments): कुल महीनों की संख्या (जैसे 10 साल के लिए 120 महीने

## 4.5 रिवर्स कंपाउंडिंग और ऋण जाल

चक्रवृद्धि का सिद्धांत न केवल आपके निवेश को बढ़ाता है, बल्कि इसका एक नकारात्मक पक्ष भी है जो आपके ऋण (Debt) को भी तेज़ी से बढ़ाता है। इसे अक्सर 'रिवर्स कंपाउंडिंग' कहा जाता है। उच्च-ब्याज वाले ऋण, जैसे क्रेडिट कार्ड या व्यक्तिगत ऋण, में अक्सर उच्च ब्याज दरें होती हैं जो दैनिक रूप से संयोजित (Compound) हो सकती हैं, जिससे उधार ली गई मूल राशि पर ब्याज तेजी से जुड़ता है।

यदि आप केवल न्यूनतम भुगतान करते हैं, तो अर्जित ब्याज तुरंत मूलधन में जुड़ जाता है। अगली बार, ब्याज एक बड़ी राशि पर लगाया जाता है, जिससे आपका कर्ज घातीय (exponentially) रूप से बढ़ता है—इसे ऋण जाल (Debt Trap) कहते हैं। इससे बचने के लिए, सलाह दी जाती है कि उच्च-ब्याज वाले ऋणों को प्राथमिकता से जल्दी चुकाना चाहिए, संभव हो तो ऋण समेकन (debt consolidation) या अतिरिक्त भुगतान का उपयोग करके।

ऋण के लिए, दिए गए EMI सूत्र का उपयोग यह निर्धारित करने के लिए किया जा सकता है कि आप अपनी मासिक किस्त चुकाने की क्षमता के आधार पर कितनी राशि उधार ले सकते हैं:

$$\text{P} = \text{EMI} \times \left[\frac{(1+r)^n - 1}{r(1+r)^n}\right]$$

यहाँ, P: ऋण की राशि (Principal Amount जो आप उधार ले सकते हैं)

EMI: वह मासिक किस्त जो आप चुकाना चाहते हैं, r: मासिक ब्याज दर (वार्षिक दर को 12 से भाग देकर और फिर 100 से भाग देकर निकाला जाता है), n: कुल महीनों की संख्या

## 4.6 पुनर्निवेश और चक्रवृद्धि का सिद्धांत

चक्रवृद्धि का सिद्धांत हर निवेश साधन पर लागू होता है, बशर्ते रिटर्न को पुनर्निवेश (Reinvest) किया जाए। म्यूचुअल फंड और ईटीएफ में, फंड मैनेजर या निवेशक रिटर्न को वापस फंड के अधिक यूनिट्स खरीदने के लिए उपयोग करते हैं। यह प्रक्रिया बढ़ी हुई यूनिट्स की संख्या पर भविष्य में और अधिक रिटर्न कमाने का एक चक्र शुरू करती है।

स्टॉक (लाभांश पुनर्निवेश) के मामले में, जब आप प्राप्त लाभांश (Dividend) को वापस उसी कंपनी के और शेयर खरीदने में उपयोग करते हैं, तो आपकी शेयरों की कुल संख्या बढ़ जाती है। भविष्य में, आपको इस बढ़ी हुई होल्डिंग पर लाभांश और पूंजीगत लाभ मिलेगा— यही लाभांश पुनर्निवेश में चक्रवृद्धि है। रियल एस्टेट में चक्रवृद्धि दो तरह से होती है: किराया आय का पुनर्निवेश और संपत्ति के मूल्य में वृद्धि (Appreciation) पर होने वाली चक्रवृद्धि।

## 4.7 कर-स्थगित खाते और चक्रवृद्धि लाभ

कर-स्थगित खाते (Tax-Deferred Accounts) चक्रवृद्धि की शक्ति को बिना किसी रुकावट के पूरी क्षमता से काम करने देते हैं। इन खातों में अर्जित आय पर वर्तमान में कर नहीं लगाया जाता है, जिससे पूरी राशि पुनर्निवेशित होती रहती है और कर-पश्चात (post-tax) निवेश की तुलना में अधिक तेज़ी से बढ़ती है।

सार्वजनिक भविष्य निधि (PPF - Public Provident Fund) और इक्विटी लिंक्ड बचत योजना (ELSS - Equity Linked Savings Scheme) जैसे साधन इस सिद्धांत का उपयोग करते हैं। PPF में E-E-E (निवेश, वृद्धि और निकासी सभी कर-मुक्त) स्थिति होती है, जिसका अर्थ है कि अर्जित ब्याज पर कोई कर कटौती नहीं होती है, जिससे पूरी राशि कंपाउंड होती है।

इसी तरह, ELSS में लॉक-इन के दौरान और LTCG (Long Term Capital Gains) सीमा तक कर-मुक्त स्थिति होती है। कर कटौती न होने से पुनर्निवेश के लिए बड़ी पूंजी उपलब्ध होती है, जो निवेश के दीर्घकालिक विकास में महत्वपूर्ण भूमिका निभाती है।

## 4.8 बफेट का स्नोबॉल प्रभाव और धन वृद्धि

वारेन बफेट ने चक्रवृद्धि की अद्भुत शक्ति को 'स्नोबॉल उपमा' के माध्यम से समझाया है। यह सिद्धांत बताता है कि समय के साथ किए गए छोटे और लगातार प्रयास कैसे असाधारण परिणाम दे सकते हैं।

इस उपमा के अनुसार, "**एक छोटा स्नोबॉल एक पहाड़ी के ऊपर से लुढ़कना शुरू करता है। जैसे-जैसे वह नीचे लुढ़कता है, वह और अधिक बर्फ जमा करता जाता है और एक विशाल, तेज़ी से बढ़ता स्नोबॉल बन जाता है।**"

इस रूपक के मुख्य बिंदु इस प्रकार हैं:

**छोटा स्नोबॉल:** यह आपके शुरुआती निवेश (initial investment) का प्रतीक है।

**पहाड़ी की लंबाई:** यह वह समय अवधि (long term) है जिसके लिए आप निवेश करते हैं— समय जितना लंबा होगा, प्रभाव उतना ही बड़ा होगा।

**बर्फ:** यह वह ब्याज या रिटर्न है जो आपका निवेश कमाता है।

**सिद्धांत:** जिस तरह एक स्नोबॉल को बड़ा होने के लिए लंबा समय (Long Term) चाहिए, उसी तरह धन को घातीय (exponential) रूप से बढ़ने के लिए अनुशासन और समय की आवश्यकता होती है। हर साल, निवेश से होने वाला लाभ न केवल मूल पूंजी पर, बल्कि पिछले वर्षों के संचित लाभ पर भी अर्जित होता है, जिससे विकास की गति तेज हो जाती है।

## 4.9 दो निवेशकों की तुलना

**निवेशक A** (जल्दी शुरुआत, उम्र 25) और **निवेशक B** (देरी से शुरुआत, उम्र 35)

चक्रवृद्धि कैलकुलेटर: समय बनाम राशि (Time vs. Amount)

दोनों निवेशकों के लिए निम्नलिखित मानक पैरामीटर (Standard Parameters) मानकर चल रहे हैं:

| पैरामीटर | मान |
|---|---|
| मासिक SIP (Monthly Investment) | ₹10,000 |
| अनुमानित वार्षिक रिटर्न (Expected Annual Return) | 12% |
| सेवानिवृत्ति की आयु (Retirement Age) | 60 वर्ष |

**1. निवेशक A: जल्दी शुरुआत (उम्र 25)**

निवेशक A 25 साल की उम्र में शुरू करता है और 60 साल तक निवेश करता है।

| विवरण (Investor A) | मान |
|---|---|
| शुरुआत की उम्र | 25 वर्ष |
| निवेश की अवधि (Time Horizon) | 35 साल |
| कुल निवेशित राशि | ₹10,000 ×12 ×35 = ₹42,00,000 |
| 60 साल की उम्र में अनुमानित कॉर्पस | ₹5,79,16,000 |

**2. निवेशक B: देरी से शुरुआत (उम्र 35)**

निवेशक B 35 साल की उम्र में शुरू करता है और 60 साल तक निवेश करता है।

| विवरण (Investor B) | मान |
|---|---|
| शुरुआत की उम्र | 35 वर्ष |
| निवेश की अवधि (Time Horizon) | 25 साल |
| कुल निवेशित राशि | ₹10,000 ×12 ×25 = ₹30,00,000 |
| 60 साल की उम्र में अनुमानित कॉर्पस | ₹1,87,88,000 |

**3. तुलनात्मक विश्लेषण**

दोनों निवेशकों ने समान मासिक राशि निवेश की, लेकिन 10 साल के अंतर ने अंतिम परिणाम पर जबरदस्त प्रभाव डाला:

| कारक | निवेशक A (35 वर्ष) | निवेशक B (25 वर्ष) |
|---|---|---|
| कुल निवेश की अवधि | 35 साल | 25 साल |

| कारक | निवेशक A (35 वर्ष) | निवेशक B (25 वर्ष) |
|---|---|---|
| कुल निवेशित राशि | ₹42 लाख | ₹30 लाख |
| अंतिम कॉर्पस (Total Corpus) | ₹5.79 करोड़ | ₹1.87 करोड़ |
| कॉर्पस में अंतर | ₹3.92 करोड़ | |

**निष्कर्ष (The Power of Time)**

1. निवेशक A ने निवेशक B की तुलना में केवल ₹12 लाख अधिक निवेश किए (₹42 लाख - ₹30 लाख)।

2. इस मामूली अतिरिक्त निवेश (₹12 लाख) के लिए, निवेशक A को लगभग ₹3.92 करोड़ अधिक कॉर्पस मिला।

3. यह ₹3.92 करोड़ का भारी अंतर केवल इसलिए आया क्योंकि निवेशक A ने अपने पैसे को 10 अतिरिक्त वर्षों तक चक्रवृद्धि होने का मौका दिया।

* * * * *

**"चक्रवृद्धि दुनिया का आठवां अजूबा है—जो इसे समझता है, वह इसे कमाता है; जो नहीं समझता, वह इसे चुकाता है। यह कोई गणितीय फॉर्मूला मात्र नहीं, बल्कि धैर्य और समय का वह संगम है जहाँ आपका मुनाफा खुद मुनाफा कमाना शुरू कर देता है। निवेश में आपकी राशि से कहीं अधिक यह मायने रखता है कि आपने उसे कितने समय तक बाज़ार में टिके रहने दिया।"**

## 4.10 व्यावहारिक प्रश्नों के उत्तर

**प्रश्न 1:** एक आदमी रोज़ाना बाहर की चाय और नाश्ते पर ₹100 खर्च करता है। अगर वह इसे बचाकर महीने के अंत में ₹3,000 एक इंडेक्स फंड (Index Fund) में जमा करे जो साल का 12% रिटर्न देता है, तो 20 साल बाद उसके पास कितना पैसा होगा?

**उत्तर:**

मासिक निवेश EMI = ₹3,000, r =12/12 =1% and n = 12×20 = 240

20 साल बाद कुल वैल्यू कुल निवेशित राशि (20 वर्षों में): ₹7,20,000

20 साल बाद कुल वैल्यू , FV

$$\text{FV} = \text{EMI} \times \frac{(1+r)^n - 1}{r} = 3000 \times \frac{(1+0.01)^{240} - 1}{0.01}$$

20 साल बाद कुल वैल्यू: ₹29,67,766 (लगभग ₹30 लाख)

रोज़ का मात्र ₹100 का छोटा सा बदलाव 20 साल में आपकी संपत्ति को ₹30 लाख तक पहुँचा सकता है। यह चक्रवृद्धि ब्याज (Compounding) की शक्ति को दर्शाता है।

सीख: रोज़ का छोटा सा ₹100 का त्याग आपको भविष्य में लगभग ₹30 लाख का मालिक बना सकता है।

**प्रश्न 2:** एक पिता अपने बच्चे के जन्म पर ₹2,00,000 की एक FD या म्यूचुअल फंड में एकमुश्त (Lump sum) जमा करता है। अगर उसे 10% की औसत दर से रिटर्न मिलता है, तो जब बच्चा 18 साल का होगा (कॉलेज के लिए), तब वह राशि कितनी होगी?

**उत्तर:**

दिया हुआ है: P = ₹2,00,000, r = 10% (0.10), t = 18 वर्ष

18 साल बाद कुल राशि: $FV = 2{,}00{,}000(1 + 0.10)^{18} = ₹11{,}11{,}984$

18 साल बाद बच्चे के कॉलेज के लिए कुल जमा राशि ₹11,11,984 होगी।

सीख: बिना कुछ अतिरिक्त किए, कम्पाउंडिंग ने आपके पैसे को 18 साल में 5.5 गुना बढ़ा दिया।

**प्रश्न 3:** आज एक घर के खर्च के लिए ₹50,000 महीना चाहिए। अगर महंगाई (Inflation) 6% की दर से बढ़ती है, तो 15 साल बाद उसी लाइफस्टाइल को जीने के लिए कितने पैसों की जरूरत होगी?

**उत्तर:**

दिया हुआ है: P (आज का खर्च)= ₹50,000, r (महंगाई)= 6%, t = 15 वर्ष

15 साल बाद पैसों की जरूरत होगी : $\text{FV} = 50{,}000(1 + 0.06)^{15}$

15 साल बाद जरूरत: ₹1,19,828 प्रति माह

15 साल बाद आपकी क्रय शक्ति (Purchasing Power) आधी से भी कम रह जाएगी, इसलिए आपको आज के मुकाबले लगभग 2.4 गुना अधिक पैसों की जरूरत होगी।

सीख: कम्पाउंडिंग सिर्फ पैसा बढ़ाती नहीं है, महंगाई के रूप में आपकी क्रय शक्ति (Purchasing Power) घटाती भी है। इसलिए निवेश का रिटर्न महंगाई से ज्यादा होना चाहिए।

**प्रश्न 4:** आप 20 साल बाद रिटायर होना चाहते हैं और आपको लगता है कि तब आपको ₹1 करोड़ की जरूरत होगी। अगर आपको निवेश पर 15% का रिटर्न मिलता है, तो आपको आज से हर महीने कितना बचाना (SIP) शुरू करना चाहिए?

**उत्तर:**

(a) भविष्य के मूल्य का निर्धारण :

आपका लक्ष्य 20 वर्षों के बाद ₹1,00,00,000 (₹1 करोड़) प्राप्त करना है।

(b) निवेश की अवधि और रिटर्न दर:

कुल समय (n) = 20 साल= 240 महीने

अपेक्षित वार्षिक रिटर्न (R) = 15%

मासिक ब्याज दर (r) $= \frac{15}{12 \times 100} = 0.0125$

(c) SIP राशि की गणना:

SIP के भविष्य के मूल्य (FV) का सूत्र इस प्रकार है:

$$\text{FV} = \text{EMI} \times \frac{(1 + r)^n - 1}{r}$$

यहाँ EMI मासिक निवेश राशि है। इसे हल करने पर

$$10000000 = \text{EMI} \times \frac{(1 + 0.0125)^{240} - 1}{0.0125}$$

$$EMI \approx ₹6679$$

आपको आज से हर महीने ₹6,679 की SIP (Systematic Investment Plan) शुरू करनी चाहिए। 20 वर्षों में आपका कुल निवेश लगभग ₹16.03 लाख होगा, जिस पर आपको करीब ₹83.97 लाख का रिटर्न मिल सकता है।

सीख: ₹1 करोड़ का पहाड़ खड़ा करने के लिए आपको महीने के सिर्फ ₹6,679 से शुरुआत करने की जरूरत है, बशर्ते आप अनुशासित रहें।

**प्रश्न 5:** दो दोस्त ₹1,00,000 निवेश करते हैं। अमित ऐसी जगह निवेश करता है जहाँ उसे साधारण ब्याज (Simple Interest) मिलता है, जबकि सुमित ऐसी जगह जहाँ चक्रवृद्धि ब्याज (Compound Interest) मिलता है। यदि ब्याज दर 10% है, तो 20 साल बाद दोनों के पैसों में कितना अंतर होगा?

**उत्तर:**

अमित (Simple Interest): ₹1,00,000 + (10% हर साल = ₹10,000 × 20) = ₹3,00,000

सुमित (Compound Interest): $1{,}00{,}000(1 + 0.01)^{20} \approx ₹6{,}72{,}750$

दोनों के पैसों में अंतर: ₹6,72,750 (सुमित) - ₹3,00,000 (अमित) = ₹3,72,750

सीख: साधारण ब्याज में केवल मूलधन पर कमाई होती है, जबकि चक्रवृद्धि में "ब्याज पर भी ब्याज" मिलता है। 20 साल में सुमित की संपत्ति अमित से दोगुनी से भी ज्यादा हो गई।

**प्रश्न 6:** विजय ₹1,00,000 का निवेश 12% सालाना ब्याज पर करता है। लेकिन उसे दो विकल्प दिए जाते हैं: (A) ब्याज साल में एक बार जुड़ेगा, (B) ब्याज हर महीने (Monthly) जुड़ेगा। 1 साल के अंत में किस विकल्प में अधिक लाभ होगा?

**उत्तर:**

सही विकल्प (B) ब्याज हर महीने (Monthly) जुड़ेगा है।

गणना:

विकल्प A (Annual): 1,00,000 + 12% = ₹1,12,000

विकल्प B (Monthly): यहाँ दर 12% / 12 = 1% महीना होगी।

$$FV = 1{,}00{,}000(1 + 0.01)^{12} \approx ₹1{,}12{,}683$$

चक्रवृद्धि ब्याज (Compound Interest) की शक्ति के कारण मासिक ब्याज अधिक लाभ प्रदान करेगा। जब ब्याज अधिक बार (इस मामले में, सालाना के बजाय मासिक) जोड़ा जाता है, तो आपको पहले अर्जित किए गए ब्याज पर भी ब्याज मिलता है। जितनी अधिक बार ब्याज संयोजित (compound) होता है, उतनी ही तेजी से आपका मूलधन बढ़ता है, जिसके परिणामस्वरूप एक वर्ष के अंत में अधिक कुल आय होती है।

विकल्प A गलत क्यों है?

विकल्प (A) ब्याज साल में एक बार जुड़ेगा में, आपको केवल वर्ष के अंत में एक बार ही ब्याज मिलेगा। इसमें ब्याज पर ब्याज का लाभ नहीं मिल पाता है, इसलिए यह विकल्प (B) की तुलना में कम लाभ देगा।

सीख: चक्रवृद्धि जितनी बार (frequent) होगी, पैसा उतनी ही तेजी से बढ़ेगा।

**प्रश्न 7:** 20 साल का राहुल ₹2,000 प्रति माह SIP शुरू करता है। उसका दोस्त साहिल 30 साल की उम्र में वही ₹2,000 की SIP शुरू करता है। दोनों 60 साल की उम्र तक निवेश करते हैं (12% रिटर्न मानकर)। साहिल ने केवल 10 साल की देरी की, इसका उसके अंतिम फंड पर क्या असर पड़ेगा?

**उत्तर:**

साहिल द्वारा निवेश में की गई 10 साल की देरी उसके अंतिम फंड पर बहुत बड़ा और नकारात्मक प्रभाव डालेगी। चक्रवृद्धि ब्याज (Compounding) की शक्ति के कारण, राहुल का फंड साहिल के मुकाबले लगभग 3 गुना अधिक होगा।

यहाँ ₹2,000 की SIP और 12% वार्षिक रिटर्न के आधार पर दोनों का विवरण:

| विवरण | राहुल (20 की उम्र में शुरू) | साहिल (30 की उम्र में शुरू) |
|---|---|---|
| कुल निवेश अवधि | 40 साल | 30 साल |
| कुल निवेश राशि | ₹9,60,000 | ₹7,20,000 |
| अनुमानित अंतिम फंड (60 की उम्र पर) | ₹2.3 करोड़ (लगभग) | ₹70 लाख (लगभग) |

देरी का मुख्य प्रभावः

दोगुने से ज्यादा का अंतरः साहिल ने राहुल की तुलना में केवल ₹2.40 लाख कम निवेश किए, लेकिन समय की कमी के कारण उसे राहुल के मुकाबले ₹1.6 करोड़ से भी अधिक का नुकसान उठाना पड़ा।

समय की ताकतः राहुल के निवेश को फलने-फूलने के लिए 10 साल अतिरिक्त मिले। इन अंतिम 10 वर्षों में ही कंपाउंडिंग का सबसे जादुई असर दिखता है, जिससे फंड की ग्रोथ कई गुना तेज हो जाती है।

निष्कर्षः निवेश की दुनिया में 'कितना' निवेश किया जा रहा है, उससे कहीं अधिक महत्वपूर्ण यह है कि 'कितने समय' के लिए निवेश किया जा रहा है। समय ही चक्रवृद्धि का सबसे बड़ा ईंधन है।

**प्रश्न 8:** नेहा ₹10,000 की मासिक SIP शुरू करती है। वह तय करती है कि हर साल वह अपनी SIP राशि में 10% की बढ़ोतरी (Step-up) करेगी। 20 साल बाद 12% रिटर्न के साथ उसके पास कितनी संपत्ति होगी?

**उत्तर:**

(a) निवेश का विवरण:

प्रारंभिक मासिक SIP: ₹10,000

वार्षिक स्टेप-अप दरः 10% (हर साल निवेश राशि 10% बढ़ेगी)

अपेक्षित वार्षिक रिटर्न: 12% ($r = 0.12$)

समय अवधिः 20 वर्ष ($n = 20$)

जब रिटर्न दर (r) और वृद्धि दर (g) अलग-अलग होती हैं, तो भविष्य मूल्य (*FV*) की गणना का सूत्र निम्नलिखित है:

$$FV = P \times 12 \times \left[\frac{(1+r)^t - (1+g)^t}{r-g}\right]$$

$$FV = 10000 \times 12 \times \left[\frac{(1+0.12)^{20} - (1+0.10)^{20}}{0.12 - 0.10}\right]$$

FV = ₹1,75,12,740

20 साल की अवधि के अंत में नेहा की कुल संपत्ति ₹1,75,12,740 होगी। इसमें उसका कुल निवेश ₹68,72,980 शामिल है।

सीख: जैसे-जैसे आपकी आय बढ़े, निवेश बढ़ाना (Step-up) आपके धन को सामान्य निवेश के मुकाबले दोगुना से ज्यादा बढ़ा सकता है।

## 4.11 प्रश्नोत्तर परीक्षा (Quiz)

Q1. चक्रवृद्धि ब्याज को क्या कहा जाता है?

(A) रैखिक वृद्धि (B) धन निर्माण का जादू

(C) सरल ब्याज का विकल्प (D) कर-मुक्त आय

Q2. सरल ब्याज की वृद्धि का पैटर्न क्या है?

(A) घातीय (B) रैखिक (C) नकारात्मक (D) स्थिर

Q3. चक्रवृद्धि ब्याज की वृद्धि का पैटर्न क्या है?

(A) रैखिक (B) घातीय (C) स्थिर (D) नकारात्मक

Q4. चक्रवृद्धि ब्याज सूत्र में FV का अर्थ क्या है?

(A) वर्तमान मूल्य (B) भविष्य मूल्य

(C) वार्षिक दर (D) आवृत्ति

Q5. चक्रवृद्धि सूत्र में n क्या दर्शाता है?

(A) वर्षों की संख्या (B) वार्षिक ब्याज दर

(C) एक वर्ष में चक्रवृद्धि की आवृत्ति (D) मूलधन

Q6. चक्रवृद्धि की आवृत्ति बढ़ने से क्या होता है?

(A) लाभ कम होता है (B) लाभ अधिक होता है

(C) कोई प्रभाव नहीं (D) जोखिम बढ़ता है

Q7. प्रभावी वार्षिक दर (EAR) क्या मापती है?

(A) नाममात्र दर (B) वास्तविक रिटर्न चक्रवृद्धि को ध्यान में रखकर

(C) सरल ब्याज (D) मुद्रास्फीति

Q8. EAR सूत्र में क्या घटाया जाता है?

(A) 1 (B) r (C) n (D) t

Q9. SIP में चक्रवृद्धि का प्रभाव क्या कहा जाता है?

(A) रिवर्स कंपाउंडिंग (B) हॉकी स्टिक ग्रोथ

(C) लीनियर ग्रोथ (D) नेगेटिव ग्रोथ

Q10. ₹5,000 मासिक SIP पर 12% रिटर्न से 30 वर्ष में कुल निवेश क्या है?

(A) 6,00,000 (B) 12,00,000

(C) 18,00,000 (D) 1,76,07,025

Q11. रिवर्स चक्रवृद्धि किसमें देखी जाती है?

(A) बचत में (B) ऋण ब्याज में (C) कर बचत में (D) आय सृजन में

Q12. क्रेडिट कार्ड पर रिवर्स चक्रवृद्धि से क्या होता है?

(A) कर्ज कम होता है (B) कर्ज तेजी से बढ़ता है

(C) कोई प्रभाव नहीं (D) लाभांश मिलता है

Q13. म्यूचुअल फंड में चक्रवृद्धि कैसे काम करती है?

(A) रिटर्न को पुनर्निवेश से (B) बेचने से

(C) कर कटौती से (D) जोखिम बढ़ाने से

Q14. लाभांश पुनर्निवेश में चक्रवृद्धि का लाभ क्या है?

(A) शेयरों की संख्या घटती है (B) शेयरों की संख्या बढ़ती है

(C) कर बढ़ता है (D) मूल्य कम होता है

Q15. रियल एस्टेट में चक्रवृद्धि दो तरह से कैसे होती है?

(A) किराया और मूल्य वृद्धि (B) कर और जोखिम

(C) बिक्री और खरीद (D) ऋण और बचत

Q16. कर-स्थगित खाते चक्रवृद्धि को कैसे मदद करते हैं?

(A) कर कटौती से (B) बिना रुकावट के पूरी क्षमता से

(C) जोखिम बढ़ाकर (D) आय कम करके

Q17. PPF का कर लाभ क्या है?

(A) E-E-E (B) E-E-T (C) T-E-E (D) T-T-T

Q18. राष्ट्रीय पेंशन प्रणाली (NPS) में चक्रवृद्धि का लाभ क्या है?

(A) कर मुक्त (B) अर्जित ब्याज पर कर नहीं

(C) केवल निवेश पर कर (D) निकासी पर कर

Q19. चक्रवृद्धि का मुख्य लाभ लंबी अवधि में क्या है?

(A) धीमी वृद्धि (B) चमत्कार पैदा करना

(C) जोखिम कम करना (D) कर बढ़ाना

Q20. छोटे निवेश बड़ी राशि में बदलने के लिए क्या जरूरी है?

(A) समय और अनुशासन (B) बड़ा जोखिम

(C) कर कटौती (D) मुद्रास्फीति

**Answer Key**

| Q | 1 | 2 | 3 | 4 | 5 | 6 | 7 | 8 | 9 | 10 | 11 | 12 | 13 | 14 | 15 | 16 | 17 | 18 | 19 | 20 |
|---|---|---|---|---|---|---|---|---|---|---|---|---|---|---|---|---|---|---|---|---|
| Ans. | B | B | B | B | C | B | B | A | B | C | B | B | A | B | A | B | A | B | B | A |

# *Chapter 5* पैसे का समय मूल्य

**"आज के पैसे का मूल्य भविष्य से अधिक है। समय के साथ धन की शक्ति बदलती है, इसलिए सही समय पर निवेश करना वित्तीय लक्ष्यों को प्राप्त करने हेतु अनिवार्य है।"**

क्या आज का 100 रुपया और भविष्य का 100 रुपया बराबर हैं? वित्तीय समझ कहती है—बिल्कुल नहीं। 'पैसे का समय मूल्य' (Time Value of Money - TVM) वह आधारशिला है जो हमें बताती है कि आज आपके हाथ में मौजूद पैसा कल मिलने वाले उसी पैसे से कहीं अधिक कीमती है। इसका कारण केवल मुद्रास्फीति नहीं, बल्कि उस पैसे को निवेश कर 'अतिरिक्त धन' कमाने की क्षमता है। यह अध्याय वित्तीय गणित के उन रहस्यों को खोलता है जो हमें भविष्य के लक्ष्यों के लिए आज की बचत का सटीक अनुमान लगाना सिखाते हैं।

इस चैप्टर में हम 'भविष्य का मूल्य' (FV) और 'वर्तमान मूल्य' (PV) की गणना करना सीखेंगे, जो आपको EMI, वार्षिकी (Annuity) और रिटायरमेंट फंड की योजना बनाने में सक्षम बनाएगा। आप जानेंगे कि कैसे समय बीतने के साथ अवसर की लागत (Opportunity Cost) आपके निर्णयों को प्रभावित करती है। लोन लेने से लेकर बड़े निवेश करने तक, TVM के सिद्धांत आपको एक साधारण बचतकर्ता से एक 'स्मार्ट फाइनेंशियल रणनीतिकार' में बदल देंगे, जिससे आप अपने जीवन के हर वित्तीय पड़ाव पर सटीक और लाभकारी निर्णय ले सकेंगे।

## 5.1 समय के साथ धन का मूल्य (TVM)

समय के साथ धन के मूल्य (Time Value of Money - TVM) की गणनाएँ वित्तीय योजना की रीढ़ हैं। इन गणनाओं का उपयोग यह निर्धारित करने के लिए किया जाता है कि भविष्य में एक निश्चित राशि का मूल्य कितना होगा (Future Value - FV) या भविष्य में मिलने वाली राशि का आज कितना मूल्य है (Present Value - PV)। इन अवधारणाओं को दो मुख्य परिदृश्यों में समझा जा सकता है: एकमुश्त राशि (Lump Sum) और वार्षिकी (Annuity)।

### A. एकमुश्त राशि का मूल्य

एकमुश्त राशि वह एकल भुगतान या निवेश है जो एक ही समय में किया जाता है। Future Value (FV) इस बात का निर्धारण करती है कि आज निवेश की गई एकमुश्त राशि भविष्य में चक्रवृद्धि (Compounding) की शक्ति के माध्यम से कितनी हो जाएगी। इसकी गणना के लिए सूत्र है: $FV = PV(1+i)^n$। इसके विपरीत, Present Value (PV) भविष्य में मिलने वाली एकमुश्त राशि का आज का मूल्य है, जिसे छूट दर (Discounting) का उपयोग करके निर्धारित किया जाता है। इसका सूत्र है:

$$PV = \frac{FV}{(1+i)^n}$$

उदाहरण के लिए, यदि आप आज ₹10,000 को 5 साल के लिए 10% ब्याज पर निवेश करते हैं, तो उसका भविष्य मूल्य ₹16,105 होगा। इसी तरह, 5 साल बाद मिलने वाले ₹16,105 का आज का वर्तमान मूल्य (10% डिस्काउंट रेट पर) ₹10,000 है।

### B. वार्षिकी का मूल्य

वार्षिकी (Annuity) एक निश्चित अवधि के लिए नियमित अंतराल पर किए गए समान भुगतानों की एक श्रृंखला है, जैसे कि SIP (Systematic Investment Plan) या EMI (Equated

Monthly Installment)। एन्युइटी का FV लंबी अवधि में SIP द्वारा बनाए गए कुल कॉर्पस को दर्शाता है (जैसे रिटायरमेंट फंड)। इसका फ़ॉर्मूला है:

$$FV = EMI \times \frac{(1+r)^n - 1}{r}$$

एन्युइटी का PV भविष्य में मिलने वाले रेगुलर पेमेंट की एक सीरीज़ की आज की कुल वैल्यू दिखाता है, जैसे लॉटरी जीतने पर मिलने वाले सभी मंथली पेमेंट की अभी की वैल्यू। इसका फ़ॉर्मूला है:

$$PV = EMI \times \left[\frac{(1+r)^n - 1}{r(1+r)^n}\right]$$

## 5.2 वार्षिकी के प्रकार

भुगतान के समय के आधार पर वार्षिकी (Annuities) दो मुख्य प्रकार की होती है, और समय के साथ धन के मूल्य (Time Value of Money - TVM) के सिद्धांत के अनुसार उनके मूल्यांकन में महत्वपूर्ण अंतर होता है।

**सामान्य वार्षिकी** (Ordinary Annuity) वह प्रकार है जिसमें भुगतान प्रत्येक अवधि के अंत में किया जाता है। TVM के दृष्टिकोण से, यह कम मूल्यवान होती है क्योंकि भुगतान देर से होता है, जिससे ब्याज कमाने के लिए कम समय मिलता है। सामान्य वार्षिकी के सामान्य उदाहरणों में ऋण चुकौती (Loan Repayments), बॉन्ड ब्याज भुगतान, और मासिक समान किस्तें (EMIS) शामिल हैं।

**देय वार्षिकी** (Annuity Due) में भुगतान प्रत्येक अवधि की शुरुआत में किया जाता है। यह प्रकार अधिक मूल्यवान होता है क्योंकि भुगतान जल्दी प्राप्त होता है, जिससे ब्याज कमाने के लिए अधिक समय मिलता है। देय वार्षिकी के विशिष्ट उदाहरणों में बीमा प्रीमियम (Insurance Premiums), लीज/पट्टा भुगतान (Lease Payments), और किराया (Rent) शामिल हैं, जिनका भुगतान आमतौर पर महीने की शुरुआत में किया जाता है।

## 5.3 मुद्रास्फीति और बढ़ती वार्षिकी

समय के साथ धन के मूल्य (Time Value of Money) की अवधारणा में, वार्षिकी (Annuity) एक महत्वपूर्ण घटक है। वार्षिकी नियमित अंतराल पर समान भुगतानों की एक श्रृंखला को संदर्भित करती है। इसके दो मुख्य प्रकार हैं: स्थायी वार्षिकी और बढ़ती वार्षिकी।

**स्थायी वार्षिकी** (Fixed Annuity) में, भुगतान की राशि पूरी अवधि के लिए निश्चित और अपरिवर्तित रहती है। उदाहरण के लिए, यदि भुगतान ₹1,000 है, तो हर अवधि में ₹1,000 ही प्राप्त होंगे, चाहे वह दस साल बाद हो या बीस साल बाद (₹1,000, ₹1,000, ₹1,000...)।

**बढ़ती स्थायी वार्षिकी** (Growing Annuity) में, भुगतान की राशि हर अवधि में एक निश्चित वृद्धि दर ('g') से बढ़ती है। इस प्रकार की वार्षिकी का महत्व मुद्रास्फीति को समायोजित करने में है। बढ़ती वार्षिकी सुनिश्चित करती है कि भविष्य के भुगतान, क्रय शक्ति के मामले में, आज के भुगतानों के बराबर बने रहें। उदाहरण के लिए, एक पेंशन योजना जो हर साल महंगाई के हिसाब से बढ़ती है, बढ़ती स्थायी वार्षिकी का एक आदर्श उदाहरण है।

## 5.4 निवेश निर्णय के प्रमुख तरीके (NPV और IRR)

टाइम वैल्यू ऑफ मनी (TVM) के सिद्धांत का उपयोग यह तय करने में किया जाता है कि कोई निवेश लाभदायक है या नहीं। निवेश निर्णय के दो प्रमुख तरीके हैं: नेट प्रेजेंट वैल्यू (NPV) और इंटरनल रेट ऑफ रिटर्न (IRR)।

### A. नेट प्रेजेंट वैल्यू (NPV)

एनपीवी भविष्य के सभी कैश फ्लो (पैसे आने-जाने) को एक निश्चित डिस्काउंट रेट पर आज के मूल्य पर लाता है, और फिर प्रारंभिक निवेश को घटाता है। इसका सरलीकृत सूत्र है:

NPV = (भविष्य के कैश फ्लो का PV) - (प्रारंभिक निवेश)।

निर्णय नियम सरल है:

यदि **NPV > 0 (पॉजिटिव)** है, तो निवेश लाभदायक है और इसे स्वीकार किया जाना चाहिए।

यदि **NPV < 0 (नेगेटिव)** है, तो निवेश घाटे का सौदा है और इसे छोड़ देना चाहिए।

### B. इंटरनल रेट ऑफ रिटर्न (IRR)

आईआरआर वह डिस्काउंट रेट है जिस पर किसी निवेश का NPV शून्य हो जाता है। यह निवेश पर आपकी वास्तविक वार्षिक प्रतिशत लाभ दर है। निर्णय नियम के अनुसार, IRR को हमेशा अपनी आवश्यक रिटर्न दर (Required Rate of Return) या लागत-पूंजी (Cost of Capital) से तुलना करनी चाहिए। यदि IRR > आवश्यक रिटर्न दर है, तो निवेश स्वीकार करें।

## 5.5 जोखिम और मुद्रास्फीति प्रीमियम की समझ

डिस्काउंट दर (i) टाइम वैल्यू ऑफ मनी (TVM) गणना का सबसे महत्वपूर्ण चर है। यह दर सुनिश्चित करती है कि भविष्य के पैसे को सही ढंग से आज के मूल्य पर लाया जाए। डिस्काउंट दर की गणना में तीन मुख्य घटक शामिल होते हैं: वास्तविक जोखिम-मुक्त दर, मुद्रास्फीति प्रीमियम, और जोखिम प्रीमियम।

वास्तविक जोखिम-मुक्त दर वह न्यूनतम रिटर्न है जो किसी भी जोखिम के बिना प्राप्त होता है (जैसे कि सरकारी बॉन्ड से)। मुद्रास्फीति प्रीमियम को महंगाई के कारण होने वाली क्रय शक्ति (Purchasing power) के नुकसान की भरपाई के लिए जोड़ा जाता है। अंत में, जोखिम प्रीमियम निवेश से जुड़े जोखिमों (उदाहरण के लिए, शेयर बाजार की अस्थिरता) के लिए निवेशक द्वारा मांगी गई अतिरिक्त दर होती है। इन सभी घटकों का योग ही अंतिम डिस्काउंट दर निर्धारित करता है।

डिस्काउंट दर = वास्तविक जोखिम-मुक्त दर + मुद्रास्फीति प्रीमियम + जोखिम प्रीमियम

## 5.6 लोन प्रीपेमेंट के वित्तीय लाभ

टाइम वैल्यू ऑफ मनी (TVM) का सिद्धांत लोन की मासिक किश्तों (EMI) और प्रीपेमेंट की गणना में महत्वपूर्ण भूमिका निभाता है। बैंक TVM का उपयोग करके ही EMI की राशि निर्धारित करते हैं। इस प्रक्रिया में, लोन की मूल राशि (PV - Present Value) और लागू ब्याज दर को ध्यान में रखा जाता है। सिद्धांत यह है कि भविष्य में चुकाए जाने वाले सभी EMI भुगतानों के वर्तमान मूल्यों (PVs) का योग, लोन की मूल राशि (PV) के बराबर होना चाहिए।

EMI का फ़ॉर्मूला है:

$$\text{EMI} = \frac{P \times r \times (1+r)^n}{(1+r)^n - 1}$$

प्रीपेमेंट TVM का एक स्मार्ट और प्रभावी अनुप्रयोग है। जब कोई व्यक्ति अपने लोन का समय से पहले भुगतान (प्रीपेमेंट) करता है, तो वह अनिवार्य रूप से भविष्य में लगने वाले महंगे ब्याज के भुगतान से बच जाता है। ऐसा करके, आप अपने पैसे की कीमत बचाते हैं, क्योंकि आपने उस मूलधन को जल्दी चुका दिया है जिस पर बैंक अन्यथा भविष्य में आपसे ब्याज कमाने वाला था, जिससे आपकी कुल ब्याज लागत कम हो जाती है।

## 5.7 SIP और टाइम वैल्यू ऑफ मनी (TVM)

सिस्टमैटिक इन्वेस्टमेंट प्लान (SIP), टाइम वैल्यू ऑफ मनी (TVM) के सिद्धांतों को प्रभावी ढंग से लागू करता है। SIP मुख्य रूप से एन्युइटी ड्यू (Annuity Due) के सिद्धांत पर काम करता है, जिसका अर्थ है कि भुगतान महीने की शुरुआत में किए जाते हैं। SIP नियमित भुगतानों की एक श्रृंखला है जो लंबी अवधि में महत्वपूर्ण लाभ प्रदान करती है। TVM का सबसे बड़ा और महत्वपूर्ण लाभ SIP में चक्रवृद्धि (Compounding) के माध्यम से मिलता है। हर महीने किया गया निवेश रिटर्न कमाता है, और अगले महीने वह रिटर्न मूलधन का हिस्सा बन जाता है, जिस पर फिर से रिटर्न मिलता है—इसे 'पावर ऑफ कंपाउंडिंग' कहते हैं। लंबी अवधि में, TVM और कंपाउंडिंग की शक्ति के कारण SIP, एकमुश्त निवेश पर भारी पड़ सकता है, खासकर रुपी कॉस्ट एवरेजिंग (Rupee Cost Averaging) के लाभ के कारण, जो बाजार की अस्थिरता को संतुलित करता है।

## 5.8 निवेश निर्णय और लाभप्रदता विश्लेषण

| विशेषता | नाममात्र TVM (Nominal TVM) | वास्तविक TVM (Real TVM) |
|---|---|---|
| आधार | ब्याज दर (Interest Rate) | ब्याज दर - मुद्रास्फीति दर |
| उद्देश्य | निवेश की कुल वृद्धि दिखाना। | समय के साथ क्रय शक्ति में वास्तविक वृद्धि दिखाना। |
| उदाहरण | 5% का रिटर्न। | 5% रिटर्न - 2% महंगाई = 3% वास्तविक रिटर्न। |

निवेश निर्णय के लिए: हमेशा वास्तविक TVM का उपयोग करें, क्योंकि यह बताता है कि आपका पैसा महंगाई को मात देकर वास्तव में कितना बढ़ रहा है।

### NPV और IRR का व्यावहारिक अनुप्रयोग

✓ मान लीजिए कि आपके पास ₹50,000 हैं और आप एक नया निवेश अवसर देख रहे हैं। आप जानना चाहते हैं कि क्या यह निवेश आपके लिए लाभदायक है या नहीं।

### 1. निवेश की जानकारी (Investment Details)

प्रारंभिक निवेश (Initial Outflow, Co): ₹50,000 (आज खर्च)

समय-सीमा (Term, T): 4 साल

अपेक्षित कैश इनफ्लो (Expected Cash Inflows, Ct):

साल 1: ₹15,000

साल 2: ₹20,000

साल 3: ₹25,000

साल 4: ₹20,000

डिस्काउंट रेट) r): 10% (यह वह मिनिमम रेट ऑफ़ रिटर्न है जो आप इस रिस्क लेवल पर किसी इन्वेस्टमेंट से चाहते हैं, यानी आपका रिक्वायर्ड रेट ऑफ़ रिटर्न(।

## 2. नेट प्रेजेंट वैल्यू (NPV) की गणना

NPV निकालने के लिए, हमें भविष्य के हर कैश इनफ्लो को डिस्काउंट रेट (10%) का उपयोग करके आज के मूल्य (PV) में बदलना होगा और फिर उन सभी को जोड़कर प्रारंभिक निवेश को घटाना होगा।

NPV का सूत्र:

$$\text{NPV} = \sum_{t=1}^{T} \frac{C_t}{(1+r)^t} - C_o$$

| वर्ष (t) | कैश इनफ्लो (Ct) | डिस्काउंट फैक्टर $\frac{1}{(1.10)^t}$ | वर्तमान मूल्य (PV) |
|---|---|---|---|
| 1 | ₹15,000 | 0.9091 | ₹13,636 |
| 2 | ₹20,000 | 0.8264 | ₹16,528 |
| 3 | ₹25,000 | 0.7513 | ₹18,782 |
| 4 | ₹20,000 | 0.6830 | ₹13,660 |
| योग | | | **₹62,607** |

NPV का परिणाम

NPV = (कुल कैश इनफ्लो का PV) – (प्रारंभिक निवेश)

NPV = ₹62,607 - ₹50,000 = ₹12,607

**निर्णय**

चूँकि NPV (₹12,607) पॉजिटिव (NPV > 0) है, इसका मतलब है कि यह निवेश आपको आपकी न्यूनतम अपेक्षित रिटर्न दर (10%) से भी अधिक कमाकर देगा। इसलिए, इस निवेश को स्वीकार करना चाहिए।

## 3. इंटरनल रेट ऑफ रिटर्न (IRR) का मूल्यांकन

IRR वह दर है जिस पर इस निवेश का NPV शून्य (0) हो जाएगा।

IRR सूत्र:

$$0 = -\mathrm{C_o} + \sum_{\mathrm{t=1}}^{\mathrm{T}} \frac{\mathrm{C_t}}{(1+\mathrm{IRR})^{\mathrm{t}}}$$

IRR की गणना आमतौर पर ट्रायल एंड एरर (Trial and Error) या वित्तीय कैलकुलेटर/स्प्रेडशीट (Excel) का उपयोग करके की जाती है।

- **यदि हम Excel Sheet का उपयोग करते हैं, तो:**

Cash Flows = {-50,000, 15,000, 20,000, 25,000, 20,000}

IRR ≈19.86%

**निर्णय**

- IRR (19.86%) ≫ आवश्यक रिटर्न दर (10%)।
- चूँकि निवेश पर वास्तविक रिटर्न (19.86%) आपके द्वारा अपेक्षित न्यूनतम रिटर्न (10%) से बहुत अधिक है, यह एक अत्यंत आकर्षक निवेश है।
- यदि आपके पास एक और विकल्प होता जिसका IRR केवल 12% होता, तो आप 19.86% IRR वाले निवेश को चुनते।

**4. संवेदनशीलता विश्लेषण (Sensitivity Analysis)**

यह TVM का एक और महत्वपूर्ण पहलू है। यह बताता है कि यदि ब्याज दर या समय में थोड़ा बदलाव हो, तो आपके निवेश के अंतिम मूल्य (जैसे NPV) पर क्या असर पड़ेगा।

**A. दर का प्रभाव (Effect of Rate)**

- यदि बाज़ार में ब्याज दरें बढ़ जाती हैं (मान लीजिए 10% से 15% हो जाती हैं), तो भविष्य के कैश फ्लो का वर्तमान मूल्य (PV) घट जाएगा, और आपका NPV कम हो जाएगा।
- निष्कर्ष: उच्च दरें फ्यूचर कैश फ्लो के मूल्य को कम करती हैं।

**B. समय का प्रभाव (Effect of Time - Compounding)**

- समय-सीमा जितनी लंबी होगी, चक्रवृद्धि (Compounding) का प्रभाव उतना ही अधिक होगा।
- आपके उदाहरण में, यदि कैश फ्लो 4 साल के बजाय 10 साल तक मिलते, तो FV और PV में तेज़ वृद्धि (Exponential Growth) होती।
- निष्कर्ष: निवेश में शुरुआत जल्दी करना सबसे महत्वपूर्ण है, क्योंकि समय TVM का सबसे शक्तिशाली चर (variable) है।

इस तरह, NPV आपको बताता है कि यह निवेश आपको आज कितना शुद्ध मूल्य जोड़कर देगा, जबकि IRR आपको बताता है कि यह आपको प्रतिशत के रूप में कितना वास्तविक रिटर्न देगा। दोनों ही उपकरण आपको अनुमान पर नहीं, बल्कि ठोस गणितीय गणना के आधार पर निर्णय लेने में मदद करते हैं।

* * * * *

**"आज का एक रुपया कल के एक रुपये से अधिक कीमती है। वित्तीय निर्णयों में देरी करना सबसे महंगा सौदा साबित हो सकता है, क्योंकि खोया हुआ समय कभी वापस नहीं आता।"**

## 5.9 व्यावहारिक प्रश्नों के उत्तर

**प्रश्न 1:** आप एक नया फ्रिज खरीद रहे हैं जिसकी कीमत ₹40,000 है। दुकानदार आपको दो विकल्प देता है:

1. अभी ₹2,000 का सीधा डिस्काउंट ले लो (यानी ₹38,000 भुगतान करो)।
2. अभी ₹40,000 पूरा दो, लेकिन 1 साल बाद आपको ₹2,500 का कैशबैक मिलेगा।

अगर बैंक में ब्याज दर 10% है, तो आपके लिए कौन सा विकल्प बेहतर है?

**उत्तर:**

हमें ₹2,500 की Present Value (PV) निकालनी होगी।

$$PV = \frac{FV}{(1+r)^n} = \frac{2500}{(1+0.10)^1}$$

PV = ₹2,272.72

निष्कर्ष: चूंकि विकल्प 2 की प्रभावी लागत, विकल्प 1 से ₹272.72 कम है, इसलिए विकल्प 2 चुनना आर्थिक रूप से अधिक फायदेमंद है। एक अन्य दृष्टिकोण से देखें तो, विकल्प 1 में बचाए गए पैसों पर आपको केवल ₹2,200 का लाभ मिलता, जबकि विकल्प 2 में आपको ₹2,500 मिल रहे हैं।

**प्रश्न 2:** एक व्यक्ति ₹5,00,000 की कार लोन पर लेता है। बैंक 5 साल के लिए 9% वार्षिक ब्याज लेता है। TVM के सिद्धांतों का उपयोग करते हुए, उसकी मासिक EMI क्या होगी?

**उत्तर:**

दिया हुआ है, Loan Amount (PV) = ₹5,00,000, दर (r) = 9% वार्षिक (यानी 0.75% मासिक), समय (n) = 60 महीने

(EMI के सूत्र का उपयोग करके)

$$EMI = \frac{\mathrm{P} \times \mathrm{r} \times (1+r)^n}{(1+r)^n - 1}$$

$$EMI = \frac{500000 \times 0.075 \times (1+0.075)^{60}}{(1+0.075)^{60} - 1}$$

मासिक EMI: ₹10,619

सीख: यहाँ समय के साथ पैसे की घटती कीमत को ध्यान में रखकर बैंक आपकी किश्त तय करता है।

**प्रश्न 3:** एक सरकारी कर्मचारी रिटायर होने वाला है। उसे दो विकल्प मिलते हैं:

अभी ₹50 लाख का एकमुश्त (Lump sum) पैसा ले लो।

अगले 20 सालों तक हर साल ₹5 लाख की पेंशन लो।

अगर सुरक्षित निवेश पर 8% रिटर्न मिल सकता है, तो कर्मचारी को क्या चुनना चाहिए?

**उत्तर:**

इस वित्तीय निर्णय का विश्लेषण करने के लिए हमें 'पैसे के समय मूल्य' (Time Value of Money) को समझना होगा। यहाँ दोनों विकल्पों की तुलना दी गई है:

1. गणना (Calculation)

विकल्प A (एकमुश्त): कर्मचारी को अभी ₹50,00,000 मिलते हैं।

विकल्प B (पेंशन): कर्मचारी को 20 वर्षों तक ₹5,00,000 सालाना मिलते हैं। इस विकल्प का आज का मूल्य जानने के लिए हमें Present Value of Annuity का फॉर्मूला इस्तेमाल करना होगा।

8% की दर पर, 20 साल तक मिलने वाले ₹5 लाख का आज का वर्तमान मूल्य (Present Value) लगभग ₹49,09,050 है।

2. तुलना

विकल्प A का वर्तमान मूल्य: ₹50,00,000

विकल्प B का वर्तमान मूल्य: ₹49,09,050

3. निष्कर्ष: कर्मचारी को क्या चुनना चाहिए?

गणितीय आधार पर, विकल्प A (₹50 लाख एकमुश्त) चुनना थोड़ा बेहतर है क्योंकि इसका वर्तमान मूल्य पेंशन के मूल्य से अधिक है।

एकमुश्त (Lump sum) चुनने के फायदे:

अधिक नियंत्रण: कर्मचारी ₹50 लाख को तुरंत 8% या उससे बेहतर दर पर निवेश कर सकता है।

आपातकालीन स्थिति: हाथ में नकद पैसा होने से किसी भी मेडिकल या पारिवारिक जरूरत में मदद मिलती है।

मुद्रास्फीति (Inflation): भविष्य में ₹5 लाख की क्रय शक्ति (Buying power) आज के मुकाबले काफी कम हो जाएगी।

पेंशन कब चुनें?

यदि कर्मचारी को लगता है कि वह एकमुश्त राशि को अनुशासित तरीके से निवेश नहीं कर पाएगा या उसे जोखिम से डर लगता है, तो विकल्प B एक सुरक्षित और नियमित आय का स्रोत हो सकता है।

अंतिम निर्णय: यदि कर्मचारी को निवेश की समझ है, तो ₹50 लाख एकमुश्त लेना सबसे समझदारी भरा विकल्प है।

**प्रश्न 4:** एक छोटा दुकानदार एक नई मशीन में ₹1,00,000 निवेश करना चाहता है। यह मशीन अगले 3 सालों तक उसे क्रमशः ₹40,000, ₹50,000 और ₹30,000 का मुनाफा देगी। अगर बाजार में ब्याज दर 10% है, तो क्या उसे मशीन खरीदनी चाहिए?

**उत्तर:**

हमें तीनों सालों के मुनाफे की आज की कीमत (PV) निकालनी होगी:

साल 1: 40,000 / 1.10 = ₹36,363

साल 2: 50,000 / $1.10^2$= ₹41,322

साल 3: 30,000 / $1.10^3$ = ₹22,539

कुल PV: 36,363 + 41,322 + 22,539 = ₹1,00,225

निष्कर्ष: चूँकि NPV ₹225 है (जो शून्य से अधिक है), इसका अर्थ है कि यह निवेश 10% ब्याज दर की तुलना में अधिक लाभ दे रहा है। इसलिए, दुकानदार को मशीन खरीदनी चाहिए।

**प्रश्न 5:** सीमा 3 साल बाद एक कोर्स करना चाहती है जिसकी फीस तब ₹3,00,000 होगी। यदि वह ऐसी जगह निवेश करती है जहाँ उसे 8% सालाना रिटर्न मिले, तो उसे आज कितने रुपये एकमुश्त जमा करने चाहिए ताकि 3 साल बाद उसके पास ₹3,00,000 हों?

**उत्तर:**

भविष्य का लक्ष्य (FV): ₹3,00,000

दर (r): 8% | समय (n): 3 साल

$$PV = \frac{FV}{(1+r)^n} = \frac{3,00,000}{(1+0.08)^3}$$

$PV =$ ₹2,38,150 (लगभग)

सीमा को आज ₹2,38,150 निवेश करने होंगे ताकि 3 साल बाद उसके पास ₹3,00,000 की राशि जमा हो सके।

सीख: भविष्य के लक्ष्य को आज प्राप्त करने के लिए आपको वर्तमान मूल्य (Present Value) की गणना करनी होती है।

**प्रश्न 6:** राहुल ₹10,00,000 का होम लोन 10% सालाना ब्याज पर 10 साल के लिए लेता है। बैंक उसकी मासिक EMI ₹13,215 तय करता है। राहुल जानना चाहता है कि 10 साल के अंत में वह कुल कितना पैसा चुकाएगा और उसमें से ब्याज का हिस्सा कितना होगा?

**उत्तर:**

कुल भुगतान: ₹13,215×12 महीने ×10 साल = ₹15,85,800

लिया गया लोन (मूलधन): ₹10,00,000

कुल ब्याज: ₹15,85,800 - ₹10,00,000 = ₹5,85,800

10 साल के अंत में राहुल कुल ₹15,85,800 चुकाएगा और इसमें ब्याज का हिस्सा ₹5,85,800 होगा।

सीख: TVM के कारण, बैंक आज आपको पैसा देता है और आप भविष्य में उसे ब्याज सहित किश्तों में चुकाते हैं ।

**प्रश्न 7:** आनंद को उम्मीद है कि उसके निवेश से उसे 1 साल बाद ₹1,12,000 मिलेंगे। यदि इस दौरान महंगाई (Inflation) 6% रहती है, तो उन ₹1,12,000 का 'आज के रुपयों' में वास्तविक मूल्य (Real Value) क्या होगा?

**उत्तर:**

भविष्य की राशि: ₹1,12,000

महंगाई दर: 6%

वास्तविक वर्तमान मूल्य: 1,12,000 / (1 + 0.06) = ₹1,05,660 (लगभग)

आनंद को 1 साल बाद मिलने वाले ₹1,12,000 का आज के समय में वास्तविक मूल्य ₹1,05,660 होगा। इसका अर्थ है कि 6% मुद्रास्फीति के कारण, भविष्य के ₹1,12,000 की क्रय शक्ति आज के ₹1,05,660 के बराबर है।

सीख: केवल भविष्य की संख्या (Nominal Value) को न देखें, मुद्रास्फीति के प्रभाव को घटाकर उसकी असली क्रय शक्ति (Real Value) को समझना ज़रूरी है।

**प्रश्न 8:** एक रिटायरमेंट प्लान के तहत, मिस्टर गुप्ता को अगले 5 साल तक हर साल के अंत में ₹1,00,000 मिलेंगे। यदि डिस्काउंट रेट (अवसर लागत) 7% है, तो इन भविष्य के 5 भुगतानों का आज के दिन कुल मूल्य (Present Value of Annuity) क्या है?

**उत्तर:**

वार्षिक भुगतान (PMT) = ₹1,00,000

समय = 5 साल, दर = 7%

वार्षिकी के वर्तमान मूल्य (PV) का फ़ॉर्मूला

$$\mathrm{PV} = \mathrm{EMI} \times \left[\frac{(1+r)^n - 1}{r(1+r)^n}\right]$$

यह राशि लगभग ₹4,10,020 होगी।

अगले 5 वर्षों तक मिलने वाले ₹1,00,000 के भुगतानों का आज के दिन कुल मूल्य ₹4,10,020 है।

सीख: भविष्य में मिलने वाली किश्तों की वैल्यू आज के एकमुश्त बड़ी राशि से कम होती है क्योंकि भविष्य के पैसे पर आप आज ब्याज नहीं कमा रहे हैं।

## 5.10 प्रश्नोत्तर परीक्षा (Quiz)

Q1. पैसे का समय मूल्य (TVM) क्या कहता है?

(A) कल का 100 रुपया आज के 100 से बेहतर है

(B) आज का 100 रुपया कल के 100 से बेहतर है

(C) दोनों बराबर हैं

(D) मुद्रास्फीति से कोई फर्क नहीं पड़ता

Q2. TVM का मूल कारण क्या है?

(A) मुद्रास्फीति

(B) निवेश से पैसा बढ़ाने की क्षमता

(C) कर

(D) जोखिम

Q3. Future Value (FV) का अर्थ क्या है?

(A) आज की राशि

(B) भविष्य में कोई राशि कितनी हो जाएगी

(C) ब्याज की दर

(D) समय की अवधि

Q4. Present Value (PV) क्या दर्शाता है?

(A) भविष्य की राशि को आज के मूल्य में बदलना

(B) भविष्य की राशि को बढ़ाना

(C) ब्याज जोड़ना

(D) समय घटाना

Q5. डिस्काउंट रेट किसे कहते हैं?

(A) वह दर जिससे भविष्य की राशि को आज के मूल्य में लाया जाता है

(B) ब्याज की दर

(C) मुद्रास्फीति दर

(D) कर दर

Q6. एकमुश्त राशि (Lump Sum) के FV का सूत्र क्या है?

(A) PV × (1 + r)^(n)

(B) PV × (1 + r/n)^(t)

(C) PMT × [{(1 + r)^(n) – 1}/r]

(D) PV / (1 + r)^n

Q7. SIP या रेकरिंग डिपॉजिट में किस सूत्र का उपयोग होता है?

(A) एकमुश्त राशि का FV

(B) वार्षिकी का FV

(C) वार्षिकी का PV

(D) EMI का सूत्र

Q8. EMI गणना में किस सूत्र का उपयोग होता है?

(A) FV of Annuity

(B) PV of Annuity Due

(C) Loan Amortization Formula

(D) नियम 72

Q9. यदि आप आज 1 लाख रुपये निवेश करें और 10% वार्षिक चक्रवृद्धि ब्याज पर 10 साल बाद कितना मिलेगा?

(A) 2 लाख

(B) 2.59 लाख

(C) 3 लाख

(D) 1.59 लाख

Q10. 8% ब्याज दर पर कोई राशि कितने साल में दोगुनी होगी (नियम 72)?

(A) 8 साल (B) 9 साल

(C) 10 साल (D) 7 साल

Q11. नियम 114 का उपयोग किसके लिए होता है?

(A) दोगुना होने के लिए

(B) तिगुना होने के लिए

(C) चार गुना होने के लिए

(D) मुद्रास्फीति को हराने के लिए

Q12. लोन लेते समय TVM का सबसे बड़ा प्रभाव क्या है?

(A) कुल ब्याज कम होता है

(B) कुल ब्याज बहुत अधिक हो जाता है

(C) कोई प्रभाव नहीं

(D) मूलधन कम होता है

Q13. होम लोन में लंबी अवधि चुनने का नुकसान क्या है?

(A) EMI कम होती है लेकिन कुल ब्याज बहुत ज्यादा

(B) EMI ज्यादा होती है

(C) मूलधन जल्दी चुकता होता है

(D) कर लाभ नहीं मिलता

Q14. रिटायरमेंट प्लानिंग में TVM क्यों महत्वपूर्ण है?

(A) आज कम बचत से भविष्य में बड़ी राशि बन सकती है

(B) आज ज्यादा बचत करनी पड़ती है

(C) कर बढ़ जाता है

(D) जोखिम बढ़ जाता है

Q15. बच्चों की पढ़ाई के लिए आज निवेश करने का मुख्य लाभ क्या है?

(A) महंगाई को हराना (B) चक्रवृद्धि का लाभ

(C) दोनों A और B (D) कर बचत

Q16. यदि भविष्य में 50 लाख की जरूरत है और मुद्रास्फीति 7% है, तो आज कितना निवेश करना चाहिए?

(A) आज भी 50 लाख (B) उससे कम (Present Value)

(C) उससे ज्यादा (D) कोई फर्क नहीं

Q17. जल्दी निवेश शुरू करने से सबसे बड़ा फायदा क्या है?

(A) कम जोखिम (B) चक्रवृद्धि को अधिक समय मिलता है

(C) कर कम लगता है (D) EMI कम होती है

Q18. TVM का उपयोग मुख्य रूप से किन निर्णयों में होता है?

(A) निवेश, लोन, रिटायरमेंट, शिक्षा फंड (B) केवल शेयर बाजार में

(C) केवल FD में (D) केवल गोल्ड में

Q19. “आज का 1 रुपया कल के 1 रुपये से बेहतर है” यह कथन किस सिद्धांत पर आधारित है?

(A) मुद्रास्फीति (B) जोखिम

(C) पैसे का समय मूल्य (D) चक्रवृद्धि

Q20. समय मूल्य धन) TVM) की अवधारणा किस सिद्धांत पर आधारित है?

(A) आज का पैसा भविष्य के समान राशि से अधिक मूल्यवान है क्योंकि यह आय उत्पन्न कर सकता है

(B) भविष्य का पैसा हमेशा अधिक मूल्यवान होता है

(C) सभी नकदी प्रवाह का मूल्य समय के बावजूद समान होता है

(D) चक्रवृद्धि ब्याज केवल ऋण पर लागू होता है, निवेश पर नहीं

**Answer Key**

| Q | 1 | 2 | 3 | 4 | 5 | 6 | 7 | 8 | 9 | 10 | 11 | 12 | 13 | 14 | 15 | 16 | 17 | 18 | 19 | 20 |
|---|---|---|---|---|---|---|---|---|---|---|---|---|---|---|---|---|---|---|---|---|
| Ans | B | B | B | A | A | A | B | C | B | B | B | B | A | A | C | B | B | A | C | A |

# *Chapter 6* स्मार्ट वित्तीय लक्ष्य

**"बिना लक्ष्य निवेश दिशाहीन है। स्पष्ट और समयबद्ध वित्तीय लक्ष्य तय करना आपकी बचत को एक मक़सद देता है, जिससे सपनों को हकीकत में बदलना बहुत आसान हो जाता है।"**

बिना लक्ष्य के निवेश करना बिल्कुल वैसा ही है जैसे बिना किसी गंतव्य के यात्रा पर निकलना—आप चलते तो बहुत हैं, लेकिन कहीं पहुँचते नहीं। वित्तीय लक्ष्य आपकी निवेश यात्रा का वह ब्लूप्रिंट हैं जो आपको अनुशासन और दिशा प्रदान करते हैं। यह अध्याय आपको केवल 'अमीर बनने' की इच्छा से आगे ले जाकर, उसे सटीक और प्राप्त करने योग्य लक्ष्यों में बदलना सिखाएगा।

इस चैप्टर में हम विश्व प्रसिद्ध **SMART** फ्रेमवर्क की गहराई में उतरेंगे, जहाँ आप सीखेंगे कि कैसे अपने सपनों को विशिष्ट (Specific), मापने योग्य (Measurable) और समयबद्ध (Time-bound) लक्ष्यों में ढाला जाता है। हम अल्पकालिक जरूरतों से लेकर सेवानिवृत्ति जैसे दीर्घकालिक लक्ष्यों के वर्गीकरण, आपकी जोखिम सहनशीलता (Risk Tolerance) और प्राथमिकताओं के निर्धारण पर चर्चा करेंगे। यह अध्याय आपको सिखाएगा कि कैसे वित्तीय स्पष्टता के माध्यम से आप बाजार के शोर और अनावश्यक भटकाव से बचकर, अपनी वित्तीय स्वतंत्रता की मंजिल की ओर सधे हुए कदमों से बढ़ सकते हैं।

## 6.1 SMART लक्ष्यों की शक्ति

एक लक्ष्य तभी प्रभावी होता है जब वह **SMART** हो, जो कि विशिष्ट मानकों का संक्षिप्त रूप है।

**S (Specific/विशिष्ट)** का अर्थ है कि आपके लक्ष्य में कोई अस्पष्टता नहीं होनी चाहिए; इसमें क्या, क्यों और कैसे का स्पष्ट उत्तर होना चाहिए। उदाहरण के लिए, केवल "बचत" के बजाय, "12 महीनों में घर के डाउन पेमेंट के लिए ₹5 लाख की बचत" एक विशिष्ट लक्ष्य है, जो आपकी कार्य योजना (Action Plan) तय करता है।

**M (Measurable/मापने योग्य)** घटक के लिए प्रगति की निगरानी हेतु एक संख्यात्मक पैमाना (Quantifiable Metric) आवश्यक है। यदि लक्ष्य ₹5 लाख है, तो मासिक SIP राशि जैसी मापनीय इकाइयां आपकी प्रगति को ट्रैक करने में मदद करती हैं।

**A (Achievable/प्राप्त करने योग्य)** सुनिश्चित करता है कि लक्ष्य चुनौतीपूर्ण हो, पर असंभव नहीं। अपनी वर्तमान आय और व्यय के आधार पर यथार्थवादी मासिक बचत राशि निर्धारित करना निराशा से बचाता है।

**R (Relevant/प्रासंगिक)** का तात्पर्य है कि लक्ष्य आपके जीवन के मूल्यों और दीर्घकालिक दृष्टि (Long-term Vision) से जुड़ा होना चाहिए। उच्च ब्याज वाले क्रेडिट कार्ड ऋण चुकाना अक्सर एक नई घड़ी खरीदने से अधिक प्रासंगिक (Relevant) होता है।

अंत में, **T (Time-bound/समयबद्ध)** हर लक्ष्य के लिए एक निश्चित समय-सीमा (डेडलाइन) निर्धारित करता है। यह डेडलाइन आपके निवेश के क्षितिज (Investment Horizon) को निर्धारित करती है; जैसे, 1 साल के लक्ष्य के लिए लिक्विड फंड जबकि 20 साल के लक्ष्य के लिए इक्विटी उपयुक्त होती है।

## 6.2 लक्ष्य-आधारित निवेश रणनीतियाँ

लक्ष्यों को समय-सीमा के आधार पर वर्गीकृत करने से एसेट एलोकेशन (संपत्ति आवंटन) का निर्णय बहुत आसान हो जाता है, क्योंकि विभिन्न समय-सीमाओं के लिए अलग-अलग जोखिम प्रोफ़ाइल (Risk Profile) और निवेश रणनीति अपनानी पड़ती है।

शॉर्ट-टर्म लक्ष्य (आमतौर पर 3 साल से कम) के लिए बहुत कम जोखिम (Very Low Risk) वाली रणनीति अपनाई जाती है। इन लक्ष्यों में सुरक्षा (Safety) और तरलता (Liquidity) को सर्वोच्च प्राथमिकता दी जाती है, ताकि बाज़ार के उतार-चढ़ाव का इन पर कोई असर न पड़े।

मीडियम-टर्म लक्ष्य (3 से 10 साल के बीच) के लिए मध्यम जोखिम (Moderate Risk) लिया जा सकता है। यहाँ निवेश का उद्देश्य कुछ विकास (Growth) और कुछ स्थिरता (Stability) का संतुलन बनाना होता है। इस श्रेणी में हाइब्रिड फंड (Hybrid Funds) या ऋण/इक्विटी (Debt/Equity) का संतुलित मिश्रण अच्छा काम करता है।

लॉन्ग-टर्म लक्ष्य (10 साल से अधिक) के लिए उच्च जोखिम (High Risk) लेने की सलाह दी जाती है। इन लक्ष्यों का मुख्य उद्देश्य मुद्रास्फीति (Inflation) को मात देना होता है, जिसके लिए इक्विटी-उन्मुख (Equity-Oriented) साधनों में अधिकतम निवेश किया जाता है। लंबी अवधि में कंपाउंडिंग की शक्ति का पूरा उपयोग करके बड़ा फंड बनाया जा सकता है।

## 6.3 महंगाई-समायोजित लक्ष्य की गणना

महंगाई-समायोजित लक्ष्य मूल्य की गणना वित्तीय योजना का एक अनिवार्य हिस्सा है क्योंकि यह सुनिश्चित करता है कि आपके भविष्य के वित्तीय लक्ष्य वास्तविक रूप से प्राप्त किए जा सकें। मुद्रास्फीति, या महंगाई, समय के साथ पैसे की क्रय शक्ति (Purchasing Power) को कम कर देती है। उदाहरण के लिए, आज ₹1 करोड़ की जो कीमत है, वह 15 साल बाद बहुत कम हो जाएगी। इसलिए, भविष्य के किसी भी लक्ष्य की "वास्तविक लागत" की गणना करना आवश्यक है।

इसे एक उदाहरण से समझा जा सकता है: मान लीजिए आज बच्चे की उच्च शिक्षा (PG कोर्स) की लागत ₹25 लाख है। यदि इस लक्ष्य के लिए समय-सीमा 18 साल है और शिक्षा की अनुमानित मुद्रास्फीति दर 7% सालाना है (जो सामान्य महंगाई दर से अधिक होती है), तो 18 साल बाद इसी कोर्स की लागत की गणना भविष्य मूल्य (Future Value) फॉर्मूले $FV = PV \times (1 + r)^n$ का उपयोग करके की जाएगी।

गणना इस प्रकार होगी:

$$\text{भविष्य की लागत} = 25{,}00{,}000(1 + 0.07)^{18}$$

$$\text{भविष्य की लागत} = ₹84{,}40{,}795$$

इसका मतलब है कि आपको आज के ₹25 लाख के बराबर मूल्य का लक्ष्य नहीं रखना चाहिए, बल्कि वास्तव में ₹84.40 लाख का लक्ष्य रखना होगा। यह मुद्रास्फीति-समायोजित गणना आपको बताती है कि इस बढ़े हुए लक्ष्य को पूरा करने के लिए आपको आज से ही कितना मासिक सिस्टेमैटिक इन्वेस्टमेंट प्लान (SIP) शुरू करना होगा।

## 6.4 वित्तीय लक्ष्यों के लिए बकेट रणनीति

वित्तीय लक्ष्यों को विभिन्न बकेट या श्रेणियों में रखने से आपके एसेट एलोकेशन की तस्वीर बहुत स्पष्ट हो जाती है। यह तरीका सुनिश्चित करता है कि प्रत्येक वित्तीय उद्देश्य के लिए सही निवेश रणनीति अपनाई जाए।

**सुरक्षा (Safety) बकेट**: इस बकेट का प्राथमिक वित्तीय उद्देश्य एक मजबूत नींव बनाना और अप्रत्याशित खर्चों से बचाव करना है। चूंकि इन निधियों (funds) की आवश्यकता कभी भी पड़ सकती है, इसलिए निवेश आवंटन 100% डेट/कैश (Debt/Cash) उत्पादों में रखा जाता है। इसमें सुरक्षित विकल्प जैसे एफडी (FD), लिक्विड फंड, और बचत खाते शामिल हैं।

**विकास (Growth) बकेट**: यह बकेट दीर्घकालिक धन निर्माण और वित्तीय स्वतंत्रता प्राप्त करने पर केंद्रित है। लंबी अवधि के लक्ष्यों के कारण, यहाँ अधिक जोखिम लिया जा सकता है। निवेश आवंटन मुख्य रूप से इक्विटी पर केंद्रित होता है, जिसमें 60-100% तक का निवेश इक्विटी म्यूचुअल फंड, सीधे स्टॉक में किया जाता है।

**सपना (Dream) बकेट:** यह श्रेणी मध्यम अवधि की उपलब्धियों या बड़े खर्चों के लिए है। यहाँ उद्देश्य जोखिम और रिटर्न का मिश्रण प्राप्त करना है। एसेट एलोकेशन 40-70% हाइब्रिड/बैलेंस्ड फंड में होता है, जो जोखिम और रिटर्न (Risk and Return) के बीच एक आदर्श संतुलन प्रदान करते हैं।

## 6.5 वित्तीय नियोजनके तीन स्तर

लक्ष्य प्राथमिकता मैट्रिक्स तब मदद करती है जब वित्तीय लक्ष्यों में टकराव (Conflict) होता है (जैसे: यह तय करना कि क्या पहले होम डाउन पेमेंट के लिए बचाया जाए या सेवानिवृत्ति के लिए निवेश किया जाए)। यह मैट्रिक्स लक्ष्यों को प्राथमिकता के तीन स्तरों में व्यवस्थित करती है।

**प्रथम प्राथमिकता (1st Priority)** में वित्तीय नींव (Financial Foundation) बनाना शामिल है, जैसे कि आपातकालीन कोष (Emergency Fund) तैयार करना और उच्च-ब्याज वाले ऋणों का भुगतान करना।

**द्वितीय प्राथमिकता (2nd Priority**) गैर-परक्राम्य (Non-negotiable) दीर्घकालिक लक्ष्यों के लिए है, जिसमें मुख्य रूप से सेवानिवृत्ति और बच्चों की शिक्षा के लिए निवेश शामिल है।

**तृतीय प्राथमिकता (3rd Priority)** में अन्य कम जरूरी लक्ष्य आते हैं, जैसे कार खरीदना, छुट्टी पर जाना, या होम डाउन पेमेंट के लिए बचत करना।

इस प्राथमिकता के आधार पर एक सख्त फंडिंग का नियम लागू होता है: अपनी आय का आवंटन हमेशा प्रथम प्राथमिकता → द्वितीय प्राथमिकता → तृतीय प्राथमिकता के क्रम में किया जाना चाहिए। इस नियम का सख्ती से पालन करना आवश्यक है; यदि आप अपने Priority 2 लक्ष्यों (जैसे सेवानिवृत्ति के लिए आवश्यक मासिक SIP) के लिए पूरी आवश्यक राशि आवंटित नहीं कर सकते, तो आपको अपने Priority 3 लक्ष्यों (जैसे नई कार खरीदना) को अनिवार्य रूप से स्थगित (Postpone) करना होगा। यह ढांचा सुनिश्चित करता है कि सबसे महत्वपूर्ण और आवश्यक वित्तीय नींव पहले सुरक्षित की जाए।

## 6.6 रिटायरमेंट कॉर्पस और 4% SWR नियम

सेवानिवृत्ति रिप्लेसमेंट रेश्यो वित्तीय नियोजन (Planning) का एक महत्वपूर्ण सिद्धांत है जिसे आमतौर पर 70-80% का नियम कहा जाता है। यह अनुपात आपकी सेवानिवृत्ति-पूर्व आय का वह प्रतिशत है जिसकी आपको सेवानिवृत्ति के बाद अपनी वर्तमान जीवनशैली को बनाए रखने के लिए आवश्यकता होगी। इसकी गणना आपकी कुल आय (पेंशन, सामाजिक सुरक्षा, बचत) के आधार पर की जाती है ताकि यह सुनिश्चित हो सके कि आप सेवानिवृत्ति के बाद के खर्चों को प्रभावी ढंग से पूरा कर सकेंगे। यह आपको आवश्यक सेवानिवृत्ति आय को समझने और बचत लक्ष्यों के लिए मार्गदर्शन प्रदान करता है। रिप्लेसमेंट रेश्यो का फॉर्मूला सरल है:

$$\text{Replacement Ratio} = \frac{\text{रिटायरमेंट के बाद की अनुमानित वार्षिक आय}}{\text{रिटायरमेंट से पहले की वार्षिक आय}} \times 100$$

इस अनुपात का उद्देश्य सेवानिवृत्ति के बाद होने वाले खर्चों (जैसे स्वास्थ्य सेवा) और कम होने वाले खर्चों (जैसे आवागमन या टैक्स) के बीच संतुलन बनाना है। वित्तीय विशेषज्ञ आमतौर पर 70% से 85% के रिप्लेसमेंट रेश्यो का सुझाव देते हैं। उदाहरण के लिए, यदि किसी व्यक्ति की वर्तमान वार्षिक आय ₹10 लाख है, तो उसे सेवानिवृत्ति के बाद लगभग ₹7 लाख से ₹8.5 लाख प्रति वर्ष की आवश्यकता होगी। यह अनुपात आपकी संपूर्ण सेवानिवृत्ति योजना और बचत लक्ष्यों को निर्धारित करने के लिए एक आधार के रूप में कार्य करता है।

एक बार जब यह वार्षिक आय लक्ष्य निर्धारित हो जाता है, तो अगला महत्वपूर्ण कदम 4% SWR (Safe Withdrawal Rate) का उपयोग करके आवश्यक कुल कॉर्पस (बचत राशि) ज्ञात करना होता है। कुल कॉर्पस की गणना इस प्रकार की जाती है:

$$\text{कुल कॉर्पस} = \frac{\text{रिटायरमेंट के पहले साल की अपेक्षित आय}}{0.04}$$

यह गणना ही आपके व्यापक वित्तीय नियोजन के रिवर्स इंजीनियरिंग का शुरुआती बिंदु है।

## 6.7 आकस्मिक वित्तीय योजना

जब कोई वित्तीय लक्ष्य विफल हो जाता है, तो एक सुविचारित आकस्मिक योजना (Contingency Plan) आपको किसी बड़े मुसीबत से बचा सकती है। इस योजना के क्रियान्वयन के लिए कुछ मुख्य कदम हैं। सबसे पहले, आपको अपने इमरजेंसी फंड का उपयोग करना चाहिए, जिसमें आमतौर पर 3 से 6 महीने के खर्चों के बराबर राशि होती है, ताकि आपको अपने दीर्घकालिक निवेशों को अनावश्यक रूप से न बेचना पड़े। दूसरा महत्वपूर्ण कदम बजट को कसना है, जिसका अर्थ है कि सभी परिवर्तनीय व्यय (Variable Expenses ) में तुरंत कटौती की जानी चाहिए। यदि आप स्वयं स्थिति नहीं संभाल पाते हैं और उच्च कर्ज या बड़ी वित्तीय विफलता में हैं, तो तुरंत प्रोफेशनल मदद (Professional Help) लेनी चाहिए, जैसे कि किसी सर्टिफाइड फाइनेंसियल प्लानर से सलाह लेना। अंत में, विफलता के बाद, यह आवश्यक है कि आप अपने मूल SMART लक्ष्यों को Re-SMART करें, यानी उन्हें फिर से मूल्यांकन करके नई समय-सीमा और संशोधित राशि निर्धारित करें।

* * * * *

**"बिना लक्ष्य के निवेश करना वैसा ही है जैसे बिना पते के समुद्र में जहाज चलाना—आप मेहनत तो बहुत करेंगे, पर कहीं पहुँचेंगे नहीं। अपने सपनों को 'तारीख' और 'आंकड़ों' में बांधिए, क्योंकि एक स्पष्ट लक्ष्य ही आपकी बचत को 'संपत्ति' में बदलने का अनुशासन देता है।"**

## 6.8 व्यावहारिक प्रश्नों के उत्तर

**प्रश्न 1:** गौरव का बेटा आज 3 साल का है। गौरव चाहता है कि जब उसका बेटा 18 साल का हो (यानी 15 साल बाद), तो उसके पास उच्च शिक्षा के लिए आज की वैल्यू के हिसाब से ₹20,00,000 हों। यदि शिक्षा की महंगाई 10% सालाना है, तो 15 साल बाद उसे असल में कितने रुपयों की ज़रूरत होगी?

**उत्तर:**

दिया हुआ है, आज की लागत (PV) = ₹20,00,000, महंगाई दर (r)=10%, समय (n) = 15 साल

पद्रह साल बाद रूपये की जरुरत= $20,00,000 \times 1 + 0.10)^{15} =$ ₹83,54,000

गौरव को 15 साल बाद लगभग ₹83.54 लाख की ज़रूरत होगी।

सीख: वित्तीय लक्ष्य तय करते समय सामान्य महंगाई के बजाय उस क्षेत्र की विशिष्ट महंगाई (जैसे शिक्षा या मेडिकल) को जोड़ना ज़रूरी है।

**प्रश्न 2:** सुमित का मासिक अनिवार्य खर्च (किराया, राशन, ईएमआई, बिल) ₹40,000 है। वह अपनी वित्तीय सुरक्षा के लिए 6 महीने का इमरजेंसी फंड बनाना चाहता है। यदि उसके पास पहले से ₹1,00,000 की बचत है, तो उसे अपने लक्ष्य तक पहुँचने के लिए और कितने रुपयों की आवश्यकता है?

**उत्तर:**

आवश्यक फंड: ₹40,000 × 6 महीने = ₹2,40,000

उपलब्ध बचत: ₹1,00,000

अतिरिक्त आवश्यकता: ₹2,40,000 - ₹1,00,000 = ₹1,40,000

सुमित को अपने लक्ष्य तक पहुँचने के लिए ₹1,40,000 की और आवश्यकता है।

सीख: निवेश शुरू करने से पहले "सुरक्षा कवच" (इमरजेंसी फंड) तैयार करना पहला वित्तीय लक्ष्य होना चाहिए।

**प्रश्न 3:** विजय चाहता  है कि रिटायरमेंट के बाद उसे अपने खर्चों के लिए सालाना ₹12,00,000 (यानी ₹1 लाख महीना) मिलते रहें। "4% नियम" (Safe Withdrawal Rate) के अनुसार, उसे रिटायरमेंट के समय कितना कुल फंड (Corpus) इकट्ठा करना चाहिए ताकि वह पैसा कभी खत्म न हो?

**उत्तर:**

"4% नियम" (Safe Withdrawal Rate-SWR) के अनुसार, विजय को अपने वार्षिक खर्च का 25 गुना फंड इकट्ठा करना होगा।

इसकी गणना इस प्रकार है:

सालाना खर्च: ₹12,00,000

आवश्यक कुल फंड (Corpus): सालाना ज़रूरत / 0.04 (या सालाना ज़रूरत × 25) = ₹12,00,000 × 25 = ₹3,00,00,000 (3 करोड़ रुपये)

अतः, यदि विजय ₹3 करोड़ का फंड इकट्ठा कर लेता है, तो वह 4% की दर से सालाना ₹12 लाख सुरक्षित रूप से निकाल सकता है।

सीख: एक स्पष्ट रिटायरमेंट लक्ष्य आपको आज की बचत दर तय करने में मदद करता है।

**प्रश्न 4:** अजय के दो लक्ष्य हैं: (1) 2 साल बाद कार खरीदना जिसके लिए ₹5,00,000 चाहिए, और (2) 20 साल बाद बेटी की शादी के लिए ₹50,00,000 चाहिए। वह दोनों के लिए SIP शुरू करता है। यदि कार के लिए वह सुरक्षित डेट फंड (7% रिटर्न) और शादी के लिए इक्विटी फंड (12% रिटर्न) चुनता है, तो उसे कार के लिए मासिक बचत कितनी करनी होगी?

**उत्तर**

अजय को अपने पहले लक्ष्य (कार) के लिए ₹19,459 की मासिक SIP करनी होगी।

इसकी गणना इस प्रकार है:

लक्ष्य राशि (Future Value): ₹5,00,000

समय अवधि (n): 2 वर्ष (24 महीने)

अनुमानित रिटर्न (r): 7% वार्षिक (यानी 0.583% मासिक)

SIP फॉर्मूला:

$$FV = EMI \times \frac{(1 + r)^n - 1}{r}$$

सरल शब्दों में, 7% के सुरक्षित रिटर्न पर 2 साल में ₹5 लाख जुटाने के लिए लगभग ₹19,459 का मासिक निवेश आवश्यक है।

सीख: समय सीमा के आधार पर निवेश का माध्यम बदल जाता है। छोटे लक्ष्यों के लिए जोखिम कम और बचत राशि ज़्यादा रखनी पड़ती है।

**प्रश्न 5:** राहुल की मासिक आय ₹1,00,000 है। वह 'SMART' लक्ष्य के तहत अपनी आय का 20% भविष्य के लक्ष्यों (घर, बच्चों की पढ़ाई) के लिए आवंटित करता है। यदि वह इन लक्ष्यों को 50:50 के अनुपात में बांटता है, तो वह घर के डाउन पेमेंट के लिए एक साल में कुल कितना पैसा जोड़ लेगा?

**उत्तर:**

राहुल द्वारा घर के डाउन पेमेंट के लिए एक साल में बचाई गई कुल राशि की गणना:

कुल वार्षिक आय: ₹1,00,000 (मासिक) × 12 महीने = ₹12,00,000

कुल वार्षिक बचत (20%): ₹12,00,000 का 20% = ₹2,40,000

लक्ष्यों का बँवारा (50:50): चूंकि वह बचत को घर और बच्चों की पढ़ाई में बराबर बांटता है, इसलिए घर के लिए हिस्सा 50% होगा।

घर के लिए वार्षिक बचत: ₹2,40,000 का 50% = ₹1,20,000

राहुल घर के डाउन पेमेंट के लिए एक साल में कुल ₹1,20,000 जोड़ लेगा।

सीख: लक्ष्य तभी पूरा होता है जब वह विशिष्ट (Specific) और मापने योग्य (Measurable) हो।

## 6.9 प्रश्नोत्तर परीक्षा (Quiz)

Q1. वित्तीय लक्ष्य तय करने का मुख्य उद्देश्य क्या है?

(A) खर्च बढ़ाना (B) निवेश यात्रा को दिशा देना और अनुशासन लाना

(C) कर बचाना (D) जोखिम बढ़ाना

Q2. SMART लक्ष्य का पूरा नाम क्या है?

(A) Simple, Measurable, Achievable, Relevant, Time-bound

(B) Specific, Measurable, Achievable, Relevant, Time-bound

(C) Short, Money, Action, Realistic, Timely

(D) Safe, Minimum, Average, Risky, Temporary

Q3. SMART में "S" का अर्थ क्या है?

(A) Simple (B) Specific (C) Short (D) Safe

Q4. SMART में "M" का अर्थ क्या है?

(A) Money (B) Measurable (C) Minimum (D) Maximum

Q5. SMART में "A" का अर्थ क्या है?

(A) Attractive (B) Achievable (C) Aggressive (D) Average

Q6. SMART में "R" का अर्थ क्या है?

(A) Risky (B) Relevant (C) Random (D) Regular

Q7. SMART में "T" का अर्थ क्या है?

(A) Temporary (B) Time-bound (C) Total (D) Taxable

Q8. अल्पकालिक लक्ष्य (Short-term goals) की समयावधि आमतौर पर कितनी होती है?

(A) 5 वर्ष से अधिक (B) 1-3 वर्ष

(C) 10 वर्ष से अधिक (D) 3-5 वर्ष

Q9. मध्यमकालिक लक्ष्य की समयावधि आमतौर पर कितनी होती है?

(A) 1 वर्ष से कम (B) 3-10 वर्ष

(C) 10 वर्ष से अधिक (D) 5-10 वर्ष

Q10. दीर्घकालिक लक्ष्य की समयावधि आमतौर पर कितनी होती है?

(A) 1-3 वर्ष (B) 3-5 वर्ष

(C) 5-10 वर्ष (D) 10 वर्ष से अधिक

Q11. जोखिम सहनशीलता (Risk tolerance) को प्रभावित करने वाला मुख्य कारक क्या है?

(A) केवल आयु

(B) समय-सीमा, वित्तीय स्थिति और मनोवैज्ञानिक क्षमता

(C) केवल आय

(D) केवल मुद्रास्फीति

Q12. युवा अवस्था में जोखिम सहनशीलता आमतौर पर कैसी होती है?

(A) कम (B) उच्च

(C) शून्य (D) नकारात्मक

Q13. रिटायरमेंट के निकट जोखिम सहनशीलता (Risk tolerance) कैसी होनी चाहिए?

(A) बहुत अधिक (B) कम

(C) कोई फर्क नहीं (D) केवल इक्विटी

Q14. लक्ष्यों को प्राथमिकता देने का आधार क्या है?

(A) जरूरत, तात्कालिकता और प्रभाव (B) केवल लागत

(C) केवल समय (D) केवल जोखिम

Q15. जरूरी लक्ष्य का उदाहरण क्या है?

(A) विदेश यात्रा (B) इमरजेंसी फंड और रिटायरमेंट

(C) नई कार (D) लग्जरी घर

Q16. इच्छा आधारित लक्ष्य का उदाहरण क्या है?

(A) बच्चों की शिक्षा (B) विदेशी छुट्टी या लग्जरी कार

(C) स्वास्थ्य बीमा (D) इमरजेंसी फंड

Q17. लक्ष्य निर्धारण में सबसे पहला कदम क्या है?

(A) निवेश शुरू करना (B) वर्तमान वित्तीय स्थिति का आकलन

(C) SIP शुरू करना (D) ऋण लेना

Q18. लक्ष्य हासिल करने में सबसे बड़ी बाधा क्या है?

(A) अनुशासन की कमी (B) बाजार का गिरना

(C) मुद्रास्फीति (D) कर

Q19. नियमित समीक्षा क्यों जरूरी है?

(A) लक्ष्य से आगे/पीछे होने की स्थिति जानने के लिए

(B) कर बढ़ाने के लिए

(C) निवेश बंद करने के लिए

(D) जोखिम बढ़ाने के लिए

Q20. सफल वित्तीय योजना का आधार क्या है?

(A) केवल निवेश (B) स्पष्ट, SMART और प्राथमिकता वाले लक्ष्य

(C) केवल बचत (D) केवल बीमा

**Answer Key**

| Q | 1 | 2 | 3 | 4 | 5 | 6 | 7 | 8 | 9 | 10 | 11 | 12 | 13 | 14 | 15 | 16 | 17 | 18 | 19 | 20 |
|---|---|---|---|---|---|---|---|---|---|---|---|---|---|---|---|---|---|---|---|---|
| Ans. | B | B | B | B | B | B | B | B | B | D | B | B | B | A | B | B | B | A | A | B |

# *Chapter 7* बजट और धन प्रबंधन

**"अपनी आय, व्यय और बचत का सही संतुलन ही वित्त प्रबंधन है। बजट बनाकर फिजूलखर्ची रोकना और व्यवस्थित निवेश करना ही आर्थिक मजबूती और मानसिक शांति का एकमात्र मार्ग है।"**

अक्सर लोग यह मानते हैं कि बजट बनाना खुद पर पाबंदी लगाने जैसा है, लेकिन वास्तव में बजट वह 'रणनीतिक औजार' है जो आपको बताता है कि आपका पैसा कहाँ जाना चाहिए, न कि महीने के अंत में आप यह सोचें कि वह कहाँ चला गया। व्यक्तिगत वित्त प्रबंधन वह ईंधन है जो आपकी चक्रवृद्धि (Compounding) के इंजन को गति देता है। यह अध्याय आपको वित्तीय जागरूकता और अनुशासन के उस स्तर पर ले जाएगा जहाँ आप अपने खर्चों के शिकार नहीं, बल्कि अपने पैसे के मालिक बनेंगे।

इस चैप्टर में हम लोकप्रिय 50/30/20 नियम का विश्लेषण करेंगे, जो आपकी आय को जरूरतों, चाहतों और निवेश के बीच संतुलित करना सिखाता है। हम बजट बनाने की व्यावहारिक विधियों, आधुनिक ट्रैकिंग टूल्स और प्रभावी ऋण प्रबंधन (Debt Management) की रणनीतियों पर चर्चा करेंगे। यहाँ आप सीखेंगे कि कैसे फिजूलखर्ची को रोककर निवेश के लिए 'सरप्लस' (अधिशेष) बनाया जाता है। यह अध्याय आपकी वित्तीय स्वतंत्रता की नींव रखने और एक सुरक्षित भविष्य सुनिश्चित करने की दिशा में सबसे महत्वपूर्ण कदम है।

## 7.1 बजटिंग: एक नियोजित वित्तीय रणनीति

बजटिंग एक नियोजित वित्तीय रणनीति (Planned Financial Strategy) है जो भविष्य की अवधि के लिए आय (Income) और व्यय (Expenses) का अनुमान लगाकर आपके पैसे को नियंत्रित करने का एक सक्रिय तरीका (Proactive Way) है। यह केवल हिसाब रखने से कहीं अधिक है; यह एक आवश्यक ढांचा प्रदान करता है, खासकर निवेशकों के लिए।

बजटिंग के प्रमुख पहलू और उनका महत्व निम्नलिखित हैं:

**वित्तीय जागरूकता:** यह आपको स्पष्ट रूप से बताता है कि पैसा कहाँ से आ रहा है और कहाँ जा रहा है। यह जागरूकता अनियंत्रित खर्चों की पहचान करने और उन्हें निवेश योग्य पूंजी में बदलने में मदद करती है।

**निवेश स्थिरता:** बजट बनाना आपातकालीन निधि (Emergency Fund) के लिए जगह सुनिश्चित करता है। यह स्थिरता महत्वपूर्ण है क्योंकि यह सुनिश्चित करता है कि बाजार के उतार-चढ़ाव के दौरान भी आपको अपनी दीर्घकालिक निवेश योजना को बाधित करके निवेश बेचना न पड़े।

**लक्ष्य निर्धारण:** यह अल्पकालिक और दीर्घकालिक वित्तीय लक्ष्यों, जैसे सेवानिवृत्ति (Retirement) या शिक्षा, को परिभाषित करने की प्रक्रिया है। बजटिंग इन लक्ष्यों के लिए आवश्यक मासिक निवेश राशि की सटीक गणना करने में सहायता करता है।

**ऋण प्रबंधन:** प्रभावी बजटिंग उच्च ब्याज वाले ऋण को प्राथमिकता से चुकाने पर जोर देती है। यह रणनीति निवेश पर रिटर्न से अधिक ब्याज दर वाले ऋण (Debt) को समाप्त करके वास्तविक लाभ (Real ROI) को अधिकतम करती है।

## 7.2 आय और व्यय का वर्गीकरण

सफल बजटिंग की शुरुआत आपके शुद्ध नकदी प्रवाह (Net Cash Flow) को अच्छी तरह समझने से होती है, क्योंकि यही आपकी वास्तविक निवेश अधिशेष निर्धारित करता है। शुद्ध नकदी प्रवाह की गणना एक सरल सूत्र से की जाती है:

शुद्ध नकदी प्रवाह = कुल आय - कुल व्यय

Net Cash Flow = Total Income - Total Expenses

आय को मुख्य रूप से दो घटकों में वर्गीकृत किया जा सकता है:

**सक्रिय आय** (Active Income), जिसमें वेतन, व्यावसायिक लाभ और कमीशन शामिल हैं, जो सीधे आपके सक्रिय प्रयासों से प्राप्त होती है।

**निष्क्रिय आय** (Passive Income) वह आय है जो कम या बिना सक्रिय प्रयास के आती है, जैसे कि किराये की आय, लाभांश (Dividends) और सावधि जमा (FD Interest) से मिलने वाला ब्याज।

व्यय का वर्गीकरण भी दो मुख्य श्रेणियों में किया जाता है:

**निश्चित व्यय** (Fixed Expenses) वे होते हैं जो हर महीने स्थिर रहते हैं (जैसे किराया, ईएमआई, बीमा प्रीमियम) और जिन्हें बदलना मुश्किल होता है।

**परिवर्तनीय व्यय** (Variable Expenses) महीने-दर-महीने बदलते रहते हैं और इन्हें आसानी से नियंत्रित किया जा सकता है (जैसे किराने का सामान, मनोरंजन, बाहर खाना)। वित्तीय प्रबंधन में मुख्य ध्यान हमेशा परिवर्तनीय व्यय को कम करने पर होना चाहिए ताकि निवेश के लिए उपलब्ध अधिशेष को बढ़ाया जा सके।

## 7.3 बजटिंग के 50/30/20 नियम

बजटिंग के सिद्धांतों और नियमों को समझना वित्तीय अनुशासन स्थापित करने के लिए महत्वपूर्ण है। दो प्रमुख नियम हैं: 50/30/20 नियम और 'पहले खुद को भुगतान करें' (Pay Yourself First) सिद्धांत।

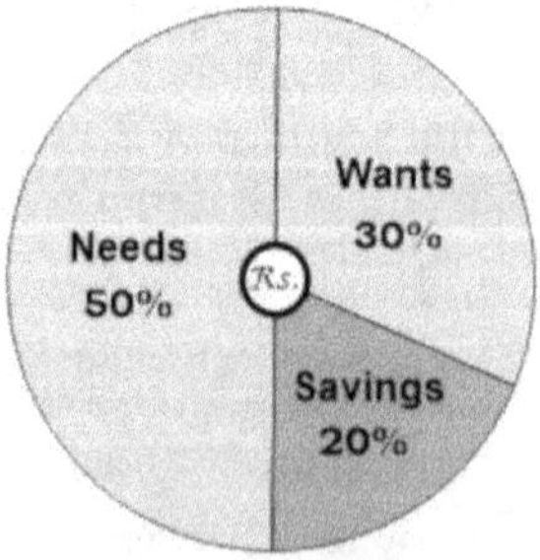


**Budgeting Rules**

50/30/20 नियम बजट को तीन मुख्य श्रेणियों में विभाजित करने का एक सरल ढाँचा है। इस नियम के अनुसार, आपकी आय का 50% हिस्सा आपकी ज़रूरतों (Needs) पर खर्च होना चाहिए, जिसमें आवश्यक व्यय जैसे किराया, EMI, भोजन और बिल शामिल हैं। अगला 30% हिस्सा आपकी चाहतों (Wants) के लिए है, जो विवेकाधीन व्यय हैं जैसे मनोरंजन, वेकेशन और गैजेट्स। शेष 20% हिस्सा बचत और ऋण भुगतान (Savings & Debt Repayment) के लिए

समर्पित होना चाहिए, जिसमें निवेश और उच्च ब्याज वाले ऋण का अतिरिक्त भुगतान शामिल है। एक सफल निवेशक 20% से अधिक हिस्सा बचाने का लक्ष्य रखता है।

दूसरा महत्वपूर्ण सिद्धांत '**पहले खुद को भुगतान करें**' (Pay Yourself First - PYF) है। यह सबसे महत्वपूर्ण सिद्धांत माना जाता है क्योंकि इसमें अपनी आय प्राप्त होने के तुरंत बाद, खर्च करने से पहले, एक निर्धारित राशि निवेश के लिए अलग कर दी जाती है। इसका नियम है: आय → निवेश/बचत के लिए स्वचालित कटौती → बाकी खर्च करें। यह सुनिश्चित करता है कि बचत/निवेश एक अनिवार्य व्यय (Mandatory Expense) बन जाए, न कि खर्च के बाद बचने वाला एक विकल्प (Option)।

## 7.4 'पहले खुद को भुगतान करें' सिद्धांत

एक सिंपल बजटर और एक निवेशक-केंद्रित बजटर (Investor-Centric Budgeter) के बीच प्राथमिक अंतर उनके वित्तीय फोकस और मानसिकता में निहित है। जहाँ एक साधारण बजटर का मुख्य फोकस केवल खर्चों को ट्रैक करना और यह सुनिश्चित करना होता है कि वे आय से अधिक न हों, वहीं एक निवेशक-केंद्रित बजटर का लक्ष्य स्पष्ट रूप से निवेश अधिशेष (Investable Surplus) बनाना और उसे बढ़ाना होता है।

दृष्टिकोण (Approach) में यह अंतर सबसे स्पष्ट है। साधारण बजटिंग का दृष्टिकोण है: "पहले कमाओ, फिर खर्च करो, और फिर बचे हुए से बचाओ" (Earn first, spend, then save what's left)। इसके विपरीत, निवेशक-केंद्रित दृष्टिकोण 'पहले खुद को भुगतान करें' (Pay Yourself First - PYF) के सिद्धांत पर आधारित है: "पहले कमाओ, बचाओ/निवेश करो, और फिर बचे हुए से खर्च करो"। यह मानसिकता में एक बड़ा बदलाव है। मानसिकता (Mindset) के स्तर पर, एक साधारण बजटर खर्चों को कम करने की कोशिश करता है, जबकि एक निवेशक-केंद्रित बजटर सक्रिय रूप से आय बढ़ाने के तरीकों की तलाश करता है और हर महीने निवेश की गई राशि को अधिकतम करने पर ध्यान केंद्रित करता है।

## 7.5 शून्य-आधारित बजटिंग-ZBB

शून्य-आधारित बजटिंग (ZBB) एक प्रभावी वित्तीय प्रबंधन विधि है जहाँ आपकी आय (Income), व्यय (Expenses), और बचत/निवेश (Savings/Investment) का अंतिम योग हमेशा शून्य होना चाहिए। इस पद्धति का मूल सिद्धांत यह है कि आय के प्रत्येक रुपये का हिसाब लगाया जाए और उसे एक विशिष्ट काम सौंपा जाए (Giving Every Rupee a Job)। इसका मुख्य सूत्र इस प्रकार है:

आय - व्यय - निवेश/बचत = 0

इस सिद्धांत का एक व्यावहारिक उदाहरण यह सुनिश्चित करना है कि आपकी पूरी आय आवंटित हो जाए। यदि आपकी कुल मासिक आय ₹60,000 है, तो आपको यह सुनिश्चित करना होगा कि हर ₹60,000 का हिसाब हो। इसे विभिन्न श्रेणियों में विभाजित किया जा सकता है, जैसे: ₹30,000 ज़रूरी खर्चों के लिए (ज़रूरतें), ₹18,000 विवेकाधीन खर्चों के लिए (चाहतें), और शेष ₹12,000 निवेश या बचत के लिए। इस प्रकार, कुल आवंटन आपकी कुल आय (₹30,000 + ₹18,000 + ₹12,000 = ₹60,000) के बराबर होता है, और बजट शून्य पर संतुलित हो जाता है।

## 7.6 प्रभावी बजट प्रबंधन और ट्रैकिंग

बजट बनाना केवल आधा काम है; वास्तविक वित्तीय सफलता इसे नियमित रूप से ट्रैक करने, अनुकूलित (Adapt) करने और प्रबंधित करने में निहित है। एक प्रभावी बजट प्रबंधन प्रक्रिया के लिए निरंतर निगरानी और समायोजन आवश्यक है।

इस प्रक्रिया में पहला कदम नियमित समीक्षा है। अपने खर्चों की साप्ताहिक या पाक्षिक रूप से समीक्षा करना महत्वपूर्ण है ताकि आप अपनी वित्तीय स्थिति पर नियंत्रण रख सकें। इस समीक्षा के दौरान ओवरस्पेंडिंग की पहचान करना अगला चरण है। उन परिवर्तनीय श्रेणियों (Variable Categories ) की पहचान करें जहाँ आपने अधिक खर्च किया है, और अगले चक्र (Cycle) के लिए उन खर्चों को नियंत्रित करने हेतु एक सुधार योजना (Improvement Plan) बनाएँ।

इसके अतिरिक्त, निवेश की समीक्षा भी उतनी ही महत्वपूर्ण है। सुनिश्चित करें कि आपका निवेश लक्ष्य हर महीने पूरा हो रहा है। एक महत्वपूर्ण सिद्धांत यह है कि यदि आपकी आय बढ़ती है, तो आपका निवेश प्रतिशत भी उसी अनुपात में बढ़ना चाहिए ताकि आप अपनी वित्तीय स्वतंत्रता के लक्ष्य को तेजी से प्राप्त कर सकें।

अंत में, ऋण का उन्मूलन (Debt Elimination) एक प्रमुख अनुकूलन रणनीति है। उच्च-ब्याज ऋणों को जल्द से जल्द खत्म करने के लिए अपने बजट को अनुकूलित करें, क्योंकि यह आपकी निवेश पूंजी (Investable Capital) को तुरंत बढ़ाता है और आपकी वित्तीय स्थिति को मजबूत करता है।

* * * * *

**"मैनेजमेंट केवल बड़ी कंपनियों के लिए नहीं, आपकी जेब के लिए भी जरूरी है। अपनी आय का हिसाब न रखना, अपनी आर्थिक नाव में छेद करने के समान है।"**

## 7.7 व्यावहारिक प्रश्नों के उत्तर

**प्रश्न 1:** गौरव की मासिक आय ₹70,000 है। उसके मासिक खर्चे इस प्रकार हैं: किराया ₹15,000, राशन ₹10,000, ईएमआई ₹12,000, और अन्य फुटकर खर्च ₹8,000। वह हर महीने ₹5,000 का लाइफ इंश्योरेंस प्रीमियम भी भरता है। गौरव का मासिक "सकारात्मक कैश-फ्लो" (Surplus) क्या है?

**उत्तर:**

गौरव का मासिक "सकारात्मक कैश-फ्लो" (अधिशेष) ₹20,000 है।

Step 1: कुल मासिक खर्चों की गणना

सबसे पहले, हम गौरव द्वारा महीने भर में किए जाने वाले सभी खर्चों को जोड़ेंगे:

किराया ₹15,000+राशन ₹10,000+ईएमआई (EMI) ₹12,000 + अन्य फुटकर खर्च ₹8,000+लाइफ इंश्योरेंस प्रीमियम ₹5,000

कुल मासिक खर्च = ₹50000

Step 2: सकारात्मक कैश-फ्लो (अधिशेष) का निर्धारण

सकारात्मक कैश-फ्लो निकालने के लिए कुल मासिक आय में से कुल मासिक खर्चों को घटाया जाता है:

मासिक कैश-फ्लो = कुल मासिक आय - कुल खर्च

मासिक कैश-फ्लो = 70000 – 50000 =20000

गौरव का मासिक सकारात्मक कैश-फ्लो ₹20,000 है।

सीख: धन निर्माण के लिए आय का होना काफी नहीं है, बल्कि महीने के अंत में जेब में पैसा बचना (Positive Cash Flow) जरूरी है।

**प्रश्न 2:** स्वाति की मासिक आय ₹1,00,000 है। वह अपने होम लोन की ₹35,000 की ईएमआई और पर्सनल लोन की ₹10,000 की ईएमआई चुकाती है। क्या स्वाति का ऋण भार (Debt Burden) सुरक्षित सीमा के भीतर है? (वित्तीय नियम के अनुसार यह 40% से कम होना चाहिए)।

**उत्तर:**

Step 1: कुल मासिक ईएमआई (EMI) की गणना

सबसे पहले, हम स्वाति द्वारा भुगतान की जाने वाली सभी किश्तों को जोड़कर कुल ऋण राशि ज्ञात करेंगे:

कुल मासिक ऋण (EMI): ₹35,000 + ₹10,000 = ₹45,000

Step 2: ऋण भार (Debt Burden) प्रतिशत की गणना

अब, हम यह देखेंगे कि उसकी कुल आय का कितना हिस्सा ऋण चुकाने में जा रहा है:

$$\frac{\text{कुल ऋण}}{\text{कुल आय}} \times 100 = \frac{45000}{100000} \times 100 = 45\%$$

Step 3: सुरक्षित सीमा के साथ तुलना

वित्तीय मानक के अनुसार, सुरक्षित सीमा 40% से कम होनी चाहिए। तुलना करने पर: 45% > 40%

स्वाति का वर्तमान ऋण भार 45% है। चूंकि यह वित्तीय नियम की 40% वाली सुरक्षित सीमा से अधिक है, इसलिए स्वाति का ऋण भार सुरक्षित सीमा के भीतर नहीं माना जा सकता।

सीख: स्वाति का अनुपात 40% की सुरक्षित सीमा से अधिक है। उसे नए कर्ज लेने से बचना चाहिए और मौजूदा कर्ज को तेजी से खत्म करने की योजना बनानी चाहिए।

**प्रश्न 3:** मनीष की सैलरी ₹50,000 से बढ़कर ₹60,000 हो जाती है। अपनी बढ़ी हुई आय के साथ, वह अपना घर बदल लेता है जिसका किराया ₹3,000 बढ़ जाता है और वह ₹4,000 की नई ईएमआई पर एक फोन ले लेता है। बढ़ी हुई सैलरी का कितना प्रतिशत मनीष की जीवनशैली ने सोख लिया?

**उत्तर:**

मनीष की जीवनशैली द्वारा सोख ली गई बढ़ी हुई आय का प्रतिशत ज्ञात करना

Step 1: आय में वृद्धि की गणना

मनीष की आय में वृद्धि = ₹60,000 − ₹50,000 =₹10,000

अतः, मनीष की आय में ₹10,000 की वृद्धि हुई।

Step 2: जीवनशैली के अतिरिक्त खर्चों का योग

अब हम उन नए खर्चों को जोड़ेंगे जो मनीष ने अपनी बढ़ी हुई आय के साथ शुरू किए हैं:

किराये में वृद्धि: ₹3,000₹

नई फोन ईएमआई (EMI): ₹4,000

कुल नए व्यय (Total New Expenses) =₹3,000 + ₹4,000 = ₹7,000

मनीष की जीवनशैली में कुल ₹7,000 का अतिरिक्त खर्च जुड़ गया है।

Step 3: प्रतिशत की गणना

बढ़ी हुई आय का वह प्रतिशत ज्ञात करने के लिए जो खर्च हो गया, हम निम्नलिखित सूत्र का उपयोग करेंगे:

$$\text{प्रतिशत (\%)} = \frac{\text{कुल नए व्यय}}{\text{वेतन में वृद्धि}} \times 100$$

$$\text{Percentage} = \frac{7000}{10000} \times 100 = 70\%$$

मनीष की बढ़ी हुई सैलरी का कुल 70% हिस्सा उसकी नई जीवनशैली (किराया और ईएमआई) द्वारा सोख लिया गया है।

सीख: आय बढ़ने के साथ खर्चे बढ़ाना "चूहों की दौड़" (Rat Race) में फंसे रहने का मुख्य कारण है।

**प्रश्न 4:** अजय को ₹3,00,000 का इमरजेंसी फंड बनाना है। वह हर महीने अपनी आय से ₹15,000 इस फंड के लिए अलग रखता है। यदि वह इस पैसे को एक लिक्विड फंड में रखता है जहाँ उसे साल का 6% ब्याज (लगभग 0.5% मासिक) मिलता है, तो उसे अपना लक्ष्य पूरा करने में लगभग कितना समय लगेगा?

**उत्तर:**

चूँकि अजय हर महीने एक निश्चित राशि जमा कर रहा है, इसलिए हम साधारण वार्षिकी (Ordinary Annuity) के भविष्य के मूल्य के सूत्र का उपयोग करेंगे:

$$\text{FV} = \text{PMT} \times \frac{(1 + \text{r})^n - 1}{\text{r}}$$

यहाँ:

FV(भविष्य का मूल्य) = ₹3,00,000

PMT (मासिक निवेश) = ₹15,000

r (मासिक ब्याज दर) = 0.5% =0.005

$n$ = महीनों की संख्या (जो हमें ज्ञात करनी है)

दिए गए मानों को सूत्र में रखने पर:

$$300000 = 15000 \times \frac{(1 + 0.005)^n - 1}{0.005}$$

अब इसे सरल करते हैं: n = 19

ब्याज जुड़ने के कारण अजय अपना लक्ष्य लगभग 19 महीनों में ही पूरा कर लेगा।

बिना ब्याज के समय: ₹3,00,000 / ₹15,000 = 20 महीने

सीख: बचत को भी सही जगह (जैसे लिक्विड फंड) में रखना लक्ष्य तक पहुँचने की गति बढ़ा देता है।

**प्रश्न 5:** राहुल हर दिन ऑफिस के नीचे ₹100 की कॉफी पीता है और ₹50 का नाश्ता करता है (महीने में 25 दिन)। यदि वह घर से कॉफी और नाश्ता लाकर महीने में ₹3,000 बचा सके और इसे 15% रिटर्न वाले म्यूचुअल फंड में निवेश करे, तो 10 साल बाद उसके पास कितनी "कॉफी वेल्थ" होगी?

**उत्तर:**

यदि राहुल हर महीने ₹3,000 बचाकर उसे 15% वार्षिक रिटर्न देने वाले म्यूचुअल फंड में 10 साल के लिए निवेश करता है, तो उसके पास जमा होने वाली "कॉफी वेल्थ" का विवरण इस प्रकार है:

मासिक निवेश (Monthly SIP): ₹3,000, समय अवधि (Time Period): 10 वर्ष

अनुमानित रिटर्न (Expected Return): 15% सालाना

कुल निवेशित राशि (Total Invested): ₹3,60,000

10 साल बाद कुल वेल्थ (Total Value): ₹8,35,815 (SIP Calculator से)

आप इस तरह की गणना के लिए SIP Calculator or Excel का उपयोग कर सकते हैं।

संक्षेप में, ऑफिस के बाहर कॉफी और नाश्ते पर लगाम लगाकर राहुल 10 साल में लगभग 8.36 लाख रुपये का फंड बना सकता है।

सीख: छोटे-छोटे अनावश्यक खर्चों (Leaking Buckets) को रोककर उन्हें निवेश करना लंबे समय में लाखों की संपत्ति बना सकता है।

**प्रश्न 6:** अमित की मासिक इनहैंड सैलरी ₹50,000 है। वह अपनी जीवनशैली पर ₹25,000 खर्च करता है (किराया, बिल आदि), ₹15,000 मनोरंजन और बाहर खाने पर खर्च करता है, और बाकी ₹10,000 की बचत करता है। क्या अमित 50/30/20 के आदर्श नियम का पालन कर रहा है?

**उत्तर**

आदर्श नियम (50% Needs, 30% Wants, 20% Savings)

ज़रूरतें (Needs, 50%): ₹50,000 का 50% = ₹25,000 (अमित: ₹25,000 सही)

चाहतें (Wants, 30%): ₹50,000 का 30% = ₹15,000 (अमित: ₹15,000 सही)

बचत (Savings, 20%): ₹50,000 का 20% = ₹10,000 (अमित: ₹10,000 सही)

सीख: अमित एक संतुलित वित्तीय बुनियाद पर है। बचत को 'अनिवार्य खर्च' मानकर सबसे पहले खुद को भुगतान (Pay Yourself First) करना धन निर्माण की पहली सीढ़ी है ।

## 7.8 प्रश्नोत्तर परीक्षा (Quiz)

Q1. बजट को किताब में क्या कहा गया है?

(A) पैसों का हिसाब-किताब

(B) निवेशकों के लिए ईंधन जो चक्रवृद्धि इंजन चलाता है

(C) सिर्फ खर्च कम करने का तरीका

(D) कर बचाने का टूल

Q2. बजट बनाने का सबसे पहला कदम क्या है?

(A) निवेश शुरू करना (B) अपनी आय और खर्च की पूरी जानकारी रखना

(C) ऋण लेना (D) बीमा खरीदना

Q3. 50/30/20 नियम में 50% हिस्सा किसके लिए है?

(A) इच्छा वाले खर्च (B) जरूरी खर्च

(C) बचत और निवेश (D) कर

Q4. 50/30/20 नियम में 30% हिस्सा किसके लिए है?

(A) जरूरी खर्च (B) ऋण चुकाना

(C) बचत और निवेश (D) इच्छा वाले खर्च

Q5. 50/30/20 नियम में 20% हिस्सा किसके लिए है?

(A) मनोरंजन
(B) बचत, निवेश और ऋण चुकाना
(C) किराया और बिल
(D) खाना-पीना

Q6. "Pay Yourself First" का अर्थ क्या है?
(A) पहले दूसरों को पैसा देना
(B) पहले अपनी बचत/निवेश अलग करना
(C) पहले बिल भरना
(D) पहले खर्च करना

Q7. बजट में सबसे बड़ी गलती क्या होती है?
(A) खर्च ट्रैक न करना
(B) बहुत ज्यादा बचत करना
(C) निवेश न करना
(D) बीमा न लेना

Q8. बजट बनाने का सबसे अच्छा टूल क्या है?
(A) सिर्फ दिमाग में रखना
(B) कागज-पेन या ऐप से हर खर्च लिखना
(C) साल में एक बार हिसाब करना
(D) सिर्फ बैंक स्टेटमेंट देखना

Q9. इमरजेंसी फंड कितने महीने के खर्च के बराबर होना चाहिए?
(A) 1-3 महीने
(B) 6-12 महीने
(C) 24 महीने
(D) 3 महीने से कम

Q10. अच्छा ऋण (Good Debt) का उदाहरण क्या है?
(A) क्रेडिट कार्ड पर शॉपिंग
(B) होम लोन या एजुकेशन लोन
(C) कार लोन लग्जरी गाड़ी के लिए
(D) पर्सनल लोन छुट्टी के लिए

Q11. बुरा ऋण (Bad Debt) की पहचान क्या है?
(A) कम ब्याज दर
(B) ऐसी चीज पर लिया जो मूल्य नहीं बढ़ाती
(C) लंबी अवधि
(D) कर लाभ देता हो

Q12. Debt Snowball विधि क्या है?
(A) सबसे बड़े ऋण पहले चुकाना
(B) सबसे छोटे ऋण पहले चुकाना (मनोबल बढ़ाने के लिए)
(C) सभी ऋण बराबर चुकाना
(D) नए ऋण लेकर पुराने चुकाना

Q13. Debt Avalanche विधि क्या है?
(A) सबसे छोटा ऋण पहले
(B) सबसे ज्यादा ब्याज वाला ऋण पहले चुकाना
(C) सभी ऋण एक साथ
(D) सिर्फ मिनिमम पेमेंट करना

Q14. क्रेडिट कार्ड का पूरा बिल न चुकाने पर क्या होता है?
(A) रिवर्स चक्रवृद्धि शुरू हो जाती है
(B) ब्याज माफ हो जाता है
(C) क्रेडिट स्कोर बढ़ता है
(D) कोई फर्क नहीं पड़ता

Q15. CIBIL स्कोर को बेहतर करने का सबसे तेज तरीका क्या है?
(A) नया क्रेडिट कार्ड लेना
(B) ऋण बंद करना
(C) समय पर सभी बिल और EMI चुकाना
(D) क्रेडिट लिमिट बढ़ाना

Q16. बजट में लचीलापन क्यों जरूरी है?
(A) जिंदगी बदलती रहती है
(B) हमेशा एक ही रहता है

(C) सिर्फ शुरुआत में | (D) सिर्फ अंत में

Q17. Zero-Based Budget का मतलब क्या है?

(A) कोई बजट नहीं | (B) हर रुपया को कोई न कोई काम सौंपना

(C) सिर्फ जरूरी खर्च | (D) सिर्फ बचत

Q18. Envelope System क्या है?

(A) अलग-अलग खर्च के लिए नकद लिफाफों में रखना

(B) क्रेडिट कार्ड इस्तेमाल करना

(C) सिर्फ डिजिटल पेमेंट

(D) बैंक में सब रखना

Q19. बजट सफल बनाने की सबसे बड़ी कुंजी क्या है?

(A) सख्त नियम | (B) नियमित समीक्षा और अनुशासन

(C) दूसरों से तुलना | (D) बहुत ज्यादा बचत

Q20. किताब के अनुसार बजट कोई बंधन नहीं बल्कि क्या है?

(A) स्ट्रेटेजिक टूल जो आपको वित्तीय स्वतंत्रता की ओर ले जाता है

(B) सिर्फ खर्च कम करने का तरीका

(C) सिर्फ अमीर लोगों के लिए

(D) समय की बर्बादी

**Answer Key**

| Q | 1 | 2 | 3 | 4 | 5 | 6 | 7 | 8 | 9 | 10 | 11 | 12 | 13 | 14 | 15 | 16 | 17 | 18 | 19 | 20 |
|---|---|---|---|---|---|---|---|---|---|---|---|---|---|---|---|---|---|---|---|---|
| Ans. | B | B | B | D | B | B | A | B | B | B | B | B | B | A | C | A | B | A | B | A |

# Chapter 8 बचत की शक्ति

**"बचत भविष्य की स्वतंत्रता की पहली किस्त है। छोटी-छोटी नियमित बचत, अनुशासन के साथ मिलकर, लंबी अवधि में एक विशाल पूंजी का निर्माण कर आपके बड़े सपनों को साकार करती है।"**

अक्सर लोग मानते हैं कि निवेश ही धन निर्माण की शुरुआत है, लेकिन सच यह है कि बिना 'बचत' के निवेश का इंजन कभी शुरू ही नहीं हो सकता। बचत वह कच्चा माल है जिससे आपकी संपत्ति की इमारत खड़ी होती है। यह अध्याय आपको दुनिया के सबसे शक्तिशाली वित्तीय मंत्र—'पे योरसेल्फ फर्स्ट' (**Pay Yourself First**)—से परिचित कराएगा, जो सिखाता है कि बचत खर्च करने के बाद बचा हुआ हिस्सा नहीं, बल्कि आपकी कमाई का पहला हक होना चाहिए।

इस चैप्टर में हम 'इमरजेंसी फंड' की अनिवार्यता पर चर्चा करेंगे, जो आपके 6-12 महीने के खर्चों को कवर कर किसी भी अनपेक्षित वित्तीय संकट (जैसे नौकरी जाना या मेडिकल इमरजेंसी) के समय आपकी ढाल बनता है। आप बचत को 'ऑटोमेशन' पर डालने की कला और उन छोटी-छोटी आदतों के बारे में जानेंगे जो समय के साथ एक विशाल निवेश कोष में बदल जाती हैं। यह अध्याय केवल कंजूसी करना नहीं, बल्कि रणनीतिक रूप से पूंजी जुटाना सिखाता है, जो आपकी वित्तीय सुरक्षा और भविष्य की खुशहाली की पहली और सबसे मजबूत सीढ़ी है।

## 8.1 "पे योरसेल्फ फर्स्ट" (PYF) रणनीति

"पे योरसेल्फ फर्स्ट" (PYF) एक शक्तिशाली बचत रणनीति है जिसमें वेतन मिलते ही व्यक्ति अपनी आय का एक हिस्सा बचत या निवेश में डाल देता है, न कि खर्च करने के बाद बचे हुए पैसे को बचाता है। इस सिद्धांत का मूल मंत्र यह है कि बचत को सर्वोच्च प्राथमिकता (Priority) दें, इसे किसी भी अन्य महत्वपूर्ण बिल की तरह ही एक अनिवार्य व्यय (Mandatory Expense) माना जाना चाहिए। इस कार्यप्रणाली को लागू करने के लिए, अपनी आय का एक निश्चित प्रतिशत (उदाहरण के लिए 20%) सीधे बचत/निवेश खाते में स्वचालित (Automate) कर देना चाहिए। बजट समायोजन का अगला चरण यह है कि जो पैसा बचता है, उसी में अपनी बाकी जरूरतों और इच्छाओं को पूरा करने के लिए एक उचित बजट बनाया जाए।

## 8.2 इमरजेंसी फंड: वित्तीय सुरक्षा की नींव

एक इमरजेंसी फंड आपकी फाइनेंशियल सिक्योरिटी के लिए अत्यंत ज़रूरी है। इस फंड का प्राथमिक लक्ष्य आपकी 6-12 महीने के आवश्यक मासिक खर्चों के बराबर रकम जमा करना है। इस राशि को लिक्विड एसेट्स (आसानी से निकाले जा सकने वाले पैसे) में रखा जाना चाहिए, जैसे कि सेविंग्स अकाउंट, लिक्विड म्यूचुअल फंड या स्वीप-इन फिक्स्ड डिपॉजिट, ताकि ज़रूरत पड़ने पर इसे तुरंत इस्तेमाल किया जा सके। इस फंड का सबसे बड़ा महत्व यह है कि यह जॉब लॉस, मेडिकल इमरजेंसी या अन्य अप्रत्याशित खर्चों (Unexpected Expenses) के समय आपको क्रेडिट कार्ड या पर्सनल लोन जैसे महंगे कर्ज लेने से बचाता है, जिससे आपकी वित्तीय स्थिति मजबूत रहती है।

## 8.3 स्वचालित वित्त प्रबंधन

अपने वित्त को ऑटोमेट करना वित्तीय अनुशासन बनाए रखने और निरंतरता (Consistency) सुनिश्चित करने की सबसे शक्तिशाली रणनीति है। यह रणनीति विभिन्न स्वचालित उपकरणों के माध्यम से लागू की जाती है, जिनमें से प्रत्येक का एक विशिष्ट उद्देश्य और लाभ होता है।

**SIP (सिस्टमैटिक इन्वेस्टमेंट प्लान)** का मुख्य उद्देश्य म्यूचुअल फंड में निवेश के माध्यम से दीर्घकालिक धन सृजन करना है। इसका प्रमुख लाभ रुपया लागत औसत और चक्रवृद्धि ब्याज की शक्ति का लाभ उठाना है।

**RD (रिकरिंग डिपॉजिट)** अल्प से मध्यम अवधि के लक्ष्य, जैसे कि वेकेशन या गैजेट खरीदना, प्राप्त करने के लिए उपयुक्त है। इसका लाभ निश्चित, गारंटीड ब्याज और कम जोखिम (Low Risk) प्रदान करना है।

**स्वचालित बिल भुगतान** आवश्यक भुगतानों (Essential Payments) जैसे EMI, किराया और अन्य बिलों के लिए महत्वपूर्ण हैं। ये नियत तारीख (Due Date) चूकने से बचाते हैं, जिससे लेट फीस (Late Fees) और क्रेडिट स्कोर खराब होने से बचाव होता है।

## 8.4 पैसा बचाने के दो अलग दृष्टिकोण

मितव्ययिता (Frugality) और कंजूसी (Stinginess) दोनों में पैसे बचाना शामिल है, लेकिन उनकी प्रेरणा और जीवनशैली पर उनके प्रभाव में बुनियादी अंतर होता है।

### प्रेरणा

मितव्ययिता की प्रेरणा दीर्घकालिक वित्तीय लक्ष्यों, जैसे वित्तीय स्वतंत्रता, के लिए मूल्य को अधिकतम करना होता है। इसका उद्देश्य बुद्धिमानी से खर्च करके भविष्य के लिए बचत करना है। इसके विपरीत, कंजूसी धन संचय का एक अस्वास्थ्यकर जुनून है या पैसे खोने का अत्यधिक डर है, जो अक्सर तर्कहीन होता है।

### जीवनशैली

मितव्ययी व्यक्ति संतुलित जीवनशैली जीते हैं। वे गुणवत्ता और टिकाऊपन को प्राथमिकता देते हैं और सोच-समझकर खरीदारी करते हैं, जिससे वे खुद को किसी चीज़ से वंचित महसूस नहीं करते। दूसरी ओर, कंजूस व्यक्ति अत्यधिक परहेज़ करते हैं और अक्सर ज़रूरी बुनियादी ज़रूरतों, जैसे उचित पोषण और चिकित्सा सहायता, से भी समझौता कर लेते हैं।

### सामाजिक प्रभाव

मितव्ययी लोग अक्सर उदार हो सकते हैं और अपने बजट के अनुसार सामाजिक जीवन जीते हैं, जिससे उनके रिश्ते संतुलित रहते हैं। इसके विपरीत, कंजूसी रिश्तों और सामाजिक सद्भाव को नुकसान पहुँचाती है क्योंकि व्यक्ति साझा गतिविधियों या दूसरों पर खर्च करने से बचता है, जिससे सामाजिक अलगाव हो सकता है।

## 8.5 आयु-आधारित बचत माइलस्टोन

50/30/20 नियम एक लोकप्रिय और सरल बजट दिशानिर्देश है जिसका उद्देश्य आय को प्रभावी ढंग से प्रबंधित करना है। इस नियम के तहत, आपकी कुल आय को तीन मुख्य श्रेणियों में विभाजित किया जाता है: 50% आवश्यकताएँ (Needs) होती हैं, जिनमें किराया, भोजन और बिल जैसे अनिवार्य खर्च शामिल हैं। अगला 30% हिस्सा आपकी इच्छाओं (Wants) के लिए आवंटित किया जाता है, जैसे मनोरंजन, बाहर खाना और छुट्टियाँ, जो विवेकाधीन व्यय हैं।

शेष 20% हिस्सा बचत और ऋण चुकौती के लिए समर्पित होना चाहिए; यह वह महत्वपूर्ण हिस्सा है जिसमें आपका इमरजेंसी फंड और सेवानिवृत्ति के लिए निवेश शामिल है।

इसके अतिरिक्त, सेवानिवृत्ति की योजना के लिए कुछ विशिष्ट आयु-आधारित माइलस्टोन निर्धारित किए गए हैं ताकि यह सुनिश्चित हो सके कि आप सही रास्ते पर हैं। ये लक्ष्य आपके वार्षिक वेतन के गुणकों (multiples of annual salary) के रूप में परिभाषित किए गए हैं। आदर्श रूप से, आपको 30 वर्ष की आयु तक अपने वार्षिक वेतन का कम से कम 1 गुना बचा लेना चाहिए। यह लक्ष्य 40 वर्ष की आयु तक 3 गुना, 50 वर्ष की आयु तक 6 गुना, और सेवानिवृत्ति के करीब 60 वर्ष की आयु तक 8 गुना तक बढ़ जाना चाहिए। ये मील के पत्थर आपको अपनी बचत की प्रगति को ट्रैक करने में मदद करते हैं।

## 8.6 अचानक मिली आय का प्रबंधन

अचानक मिले पैसे का आवंटन (Managing Windfalls) एक महत्वपूर्ण वित्तीय रणनीति है, जिसमें बोनस या विरासत जैसी अप्रत्याशित आय (unforeseen income) को दीर्घकालिक वित्तीय सुरक्षा के लिए रणनीतिक रूप से उपयोग करने पर ध्यान केंद्रित किया जाता है। इस आय को प्राथमिकता के आधार पर पाँच मुख्य कार्यों में आवंटित किया जाना चाहिए।

सर्वोच्च प्राथमिकता उन उच्च-ब्याज वाले ऋणों को समाप्त करने की है, जो तत्काल वित्तीय स्वतंत्रता और गारंटीड रिटर्न प्रदान करती है। अगला कदम इमरजेंसी फंड (Emergency Fund) बनाना या उसे बढ़ाना है, जिससे वित्तीय सुरक्षा जाल मजबूत होता है। इसके बाद, सेवानिवृत्ति बचत जैसे NPS (National Pension System) में योगदान को अधिकतम करना चाहिए, जिससे कर-लाभ (Tax Benefits) और चक्रवृद्धि की शक्ति को बढ़ाया जा सके। चौथे चरण में, मुद्रास्फीति (Inflation) को मात देने के लिए दीर्घकालिक लक्ष्यों हेतु निवेश को विविध (Diversify) करना और धन सृजन (Wealth Creation) करना शामिल है। अंत में, प्रेरणा बनाए रखने और बिना किसी अपराधबोध (Guilt-Free Spending) के आनंद लेने के लिए, कुल अप्रत्याशित आय का एक छोटा सा हिस्सा (5-10%) खर्च या एन्जॉय किया जा सकता है।

## 8.7 वित्तीय सरप्लस बढ़ाने के तरीके

वित्तीय सरप्लस (बचत) बढ़ाना वित्तीय सुरक्षा और धन सृजन के लिए महत्वपूर्ण है। इसे प्राप्त करने के तीन प्रमुख तरीके हैं, जिनमें आय के अतिरिक्त स्रोत बनाना, कर-कुशल बचत साधनों का उपयोग करना, और खपत को सचेत रूप से कम करना शामिल है।

### आय के अतिरिक्त स्रोत: साइड हसल

साइड हसल (Side Hustle) आपकी मुख्य नौकरी या आय के प्राथमिक स्रोत के अलावा आय का एक अतिरिक्त स्रोत है। यह अवधारणा आपकी कुल आय में वृद्धि करती है, जिससे आपकी वित्तीय सुरक्षा बढ़ती है और ऋणों का भुगतान तेजी से होता है। यह वित्तीय स्थिरता प्राप्त करने का एक सक्रिय तरीका है।

### टैक्स-फायदे वाली बचत

टैक्स-फायदे वाली बचत योजनाएं सरकार द्वारा समर्थित बचत कार्यक्रम हैं जो कर छूट प्रदान करती हैं। भारत में, PPF (पब्लिक प्रॉविडेंट फंड) और SSY (सुकन्या समृद्धि योजना) जैसी योजनाएँ लोकप्रिय हैं। इन योजनाओं की एक प्रमुख विशेषता इनका Triple EEE Status (छूट-छूट-छूट स्थिति) है, जिसका अर्थ है कि योगदान (जो कि कटौती योग्य है), अर्जित ब्याज (Interest Accrued), और मैच्योरिटी पर मिलने वाली राशि (Maturity Amount) — तीनों ही पुरानी टैक्स व्यवस्था में कर-मुक्त होते हैं। PPF विशेष रूप से लंबी अवधि के लक्ष्यों के लिए उपयुक्त है क्योंकि इसकी मैच्योरिटी अवधि 15 साल है।

**कम खर्च, अधिक मानसिक शांति**

मिनिमलिज़्म एक जीवनशैली दर्शन है जो अनावश्यक खर्च (Unnecessary Spending) और अव्यवस्था (Clutter) से बचने पर केंद्रित है। इस जीवनशैली को अपनाकर, व्यक्ति सचेत रूप से कम उपभोग करना चुनता है, जिससे महत्वपूर्ण बचत होती है और मानसिक शांति (Mental Peace) मिलती है। खपत में कमी का सीधा असर बचत दर पर पड़ता है, क्योंकि कम खर्च करने से आय का एक बड़ा हिस्सा निवेश या बचत के लिए उपलब्ध हो जाता है।

## 8.8 बचतकर्ता से निवेशक: एक वित्तीय यात्रा

बचतकर्ता से निवेशक बनना एक महत्वपूर्ण वित्तीय यात्रा (Financial Journey) है, जहाँ एक व्यक्ति साधारण बचत (Saving) के स्तर से आगे बढ़कर चक्रवृद्धि (Compounding) की शक्ति का लाभ उठाता है और लंबी अवधि का धन (Long-Term Wealth) बनाता है। यह बदलाव मुख्य रूप से उद्देश्यों, जोखिम सहनशीलता और अपनाए गए वित्तीय साधनों में अंतर के माध्यम से परिभाषित होता है।

एक बचतकर्ता (Saver) का प्राथमिक मुख्य उद्देश्य वित्तीय सुरक्षा सुनिश्चित करना और आपात स्थितियों के लिए तैयार रहना होता है। वे कम जोखिम लेना पसंद करते हैं और उच्च सुरक्षा को प्राथमिकता देते हैं। इसके विशिष्ट उदाहरण बैंक बचत खाता और लिक्विड फंड हैं, जो पूंजी की सुरक्षा पर ध्यान केंद्रित करते हैं।

इसके विपरीत, एक निवेशक का मुख्य लक्ष्य पैसे को बढ़ाना और लंबी अवधि में संपत्ति का निर्माण करना होता है। निवेशक उच्च जोखिम लेने के इच्छुक होते हैं क्योंकि वे उच्च संभावित पुरस्कार (High Potential Rewards) की तलाश में रहते हैं। इस श्रेणी के उदाहरणों में स्टॉक, बॉन्ड, और म्यूचुअल फंड (SIP के माध्यम से) शामिल हैं, जो विकास-उन्मुख होते हैं।

* * * * *

**"बचत करना केवल कंजूसी नहीं, बल्कि अपने भविष्य के लिए 'स्वतंत्रता' खरीदना है। आपकी आय यह तय नहीं करती कि आप कितने अमीर बनेंगे, बल्कि आपकी बचत की आदत यह तय करती है कि आप कितने समय तक अमीर बने रहेंगे।"**

## 8.9 व्यावहारिक प्रश्नों के उत्तर

**प्रश्न 1:** मनीष की सैलरी ₹40,000 है। वह पहले सारे खर्चे करता है और अंत में जो बचता है उसे बचाता है। औसत रूप से वह केवल ₹2,000 बचा पाता है। दूसरी ओर, सुरेश ₹40,000 कमाता है और "पे योरसेल्फ फर्स्ट" नियम अपनाते हुए सैलरी आते ही ₹8,000 निवेश कर देता है। 20 साल बाद 12% रिटर्न के साथ दोनों की संपत्ति में कितना अंतर होगा?

**उत्तर:**

मनीष और सुरेश दोनों के लिए निवेश की अवधि और रिटर्न की दर समान है, लेकिन निवेश की राशि अलग है। मासिक चक्रवृद्धि (monthly compounding) के लिए हम मासिक ब्याज दर का उपयोग करेंगे।

मनीष का मासिक निवेश ($P_m$): ₹2,000

सुरेश का मासिक निवेश ($P_s$): ₹8,000

वार्षिक रिटर्न की दर (R): 12%

मासिक रिटर्न की दर (r): (12/12)/100 = 0.01

कुल महीने ($n$): 20×12 = 240

हम 'फ्यूचर वैल्यू ऑफ एन्युइटी' (Future Value of an Annuity) के सूत्र का उपयोग करेंगे:

$$FV = P \times \frac{(1+r)^n - 1}{r}$$

मनीष के लिए: $FV_m = 2000 \times \frac{(1+0.01)^{240}-1}{0.01}$ = ₹19,78,510

सुरेश के लिए: $FV_s = 8000 \times \frac{(1+0.01)^{240}-1}{0.01}$ = ₹79,14,040

दोनों की कुल संपत्ति के बीच के अंतर = 79,14,040 – 19,78,510 = ₹59,35,530

20 साल बाद मनीष की संपत्ति ₹19,78,511 होगी और सुरेश की संपत्ति ₹79,14,043 होगी। इस प्रकार, दोनों के बीच कुल ₹59,35,530 (₹59.35 लाख) का अंतर होगा।

सीख: बचत करने का इरादा और बचत करने की प्रणाली (System) में जमीन-आसमान का फर्क होता है।

**प्रश्न 2:** दो सहकर्मी, अजय और विजय, दोनों ₹1,00,000 महीना कमाते हैं। अजय अपनी आय का 10% बचाता है, जबकि विजय अपनी जीवनशैली को नियंत्रित कर 40% बचाता है। यदि दोनों को अपने वर्तमान खर्चों को कवर करने के लिए एक कॉर्पस बनाना है, तो विजय, अजय की तुलना में कितने साल पहले रिटायर हो सकता है?

**उत्तर:**

यह प्रश्न फाइनेंशियल इंडिपेंडेंस, रिटायर अर्ली **(FIRE)** आंदोलन के सिद्धांतों पर आधारित है, जिसमें बचत दर और आवश्यक वर्षों के बीच का संबंध इस्तेमाल होता है। समस्या को हल करने के लिए, हमें यह मान लेना होगा कि दोनों समान जीवन शैली बनाए रखते हैं और अपने रिटायरमेंट के बाद के खर्चों को कवर करने के लिए एक निश्चित कॉर्पस (आमतौर पर वार्षिक खर्चों का 25 गुना) जमा करना चाहते हैं।

चरण 1: आय, बचत और व्यय की गणना

दोनों सहकर्मियों की आय ₹1,00,000 प्रति माह है।

अजय:

मासिक आय = ₹1,00,000

बचत = 10% = ₹10,000 प्रति माह

मासिक व्यय = ₹1,00,000 - ₹10,000 = ₹90,000 प्रति माह

वार्षिक व्यय = ₹90,000×12 = ₹10,80,000

विजय:

मासिक आय = ₹1,00,000

बचत = 40% = ₹40,000 प्रति माह

मासिक व्यय = ₹1,00,000 - ₹40,000 = ₹60,000 प्रति माह

वार्षिक व्यय = ₹60,000×12 = ₹7,20,000

चरण 2: आवश्यक रिटायरमेंट कॉर्पस की गणना

आमतौर पर, आवश्यक कॉर्पस वार्षिक खर्चों का 25 गुना माना जाता है (4% सुरक्षित निकासी नियम के आधार पर)।

अजय के लिए आवश्यक कॉर्पस:

₹10,80,000×25 = ₹2,70,00,000 (2.7 करोड़ रुपये)

विजय के लिए आवश्यक कॉर्पस:

₹7,20,000×25=₹1,80,00,000 (1.8 करोड़ रुपये)

चरण 3: आवश्यक वर्षों की गणना

यह गणना मानती है कि बचत को निवेश किया जाता है और समय के साथ बढ़ता है। यह एक जटिल गणितीय गणना है (चक्रवृद्धि ब्याज और मुद्रास्फीति को ध्यान में रखते हुए), लेकिन हम इसे सरलीकृत रूप में बचत दर-आधारित अनुमानों का उपयोग करके हल कर सकते हैं, क्योंकि प्रश्न एक विशिष्ट संख्या की अपेक्षा करता है।

अजय के लिए आवश्यक वर्ष:

अजय को ₹2.7 करोड़ का कॉर्पस बनाने के लिए ₹1.2 लाख वार्षिक बचाता है।

विजय के लिए आवश्यक वर्ष:

विजय को ₹1.8 करोड़ का कॉर्पस बनाने के लिए ₹4.8 लाख वार्षिक बचाता है।

विशिष्ट FIRE कैलकुलेटर फ़ार्मुलों के अनुसार (जो वृद्धि दर और मुद्रास्फीति को शामिल करते हैं), उच्च बचत दर से रिटायरमेंट की उम्र काफी कम हो जाती है।

10% बचत दर पर, आमतौर पर पारंपरिक 60-65 वर्ष की आयु में या उससे भी अधिक समय लगता है।

40% बचत दर पर, कोई व्यक्ति लगभग 22-25 वर्षों में रिटायर हो सकता है।

चरण 4: वर्षों में अंतर

सटीक वर्षों की संख्या निवेश पर रिटर्न और मुद्रास्फीति दरों पर निर्भर करती है, जो प्रश्न में नहीं दी गई हैं। हालांकि, सामान्य वित्तीय नियोजन दिशानिर्देशों के आधार पर:

विजय, अपनी 40% बचत दर के कारण, अजय की तुलना में काफी साल पहले (लगभग 15-20 साल पहले) रिटायर हो सकता है। जितनी जल्दी आप बचत करना शुरू करते हैं, मासिक बचत की उतनी ही कम आवश्यकता होती है।

सीख: आपकी "बचत दर" (Savings Rate) आपकी आय से कहीं ज्यादा महत्वपूर्ण है। उच्च बचत दर वित्तीय स्वतंत्रता के समय को नाटकीय रूप से कम कर देती है।

**प्रश्न 3:** रीना ने अपने खर्चों का ऑडिट किया और पाया कि वह ₹500 का जिम मेंबरशिप (जो वह नहीं जाती), ₹300 का ओटीटी सब्सक्रिप्शन (जो वह नहीं देखती) और ₹1,200 का बाहर का खाना जो टाला जा सकता था, पर खर्च कर रही है। यदि वह इन ₹2,000 को बचाकर 15% रिटर्न वाले फंड में डाले, तो 15 साल बाद उसकी यह "बचत" कितनी होगी?

**उत्तर:**

यदि रीना हर महीने ₹2,000 की बचत करती है और उसे 15% वार्षिक रिटर्न वाले फंड में निवेश करती है, तो 15 साल बाद उसकी कुल राशि लगभग ₹13,53,726 (13.53 लाख रुपये) होगी।

इस गणना का विवरण नीचे दिया गया है:

मासिक निवेश (P): ₹2,000

समय अवधि (n): 15 वर्ष (180 महीने)

अपेक्षित रिटर्न (r): 15% वार्षिक (1.25% मासिक)

कुल निवेशित राशि: ₹3,60,000

$$FV = P \times \frac{(1 + r)^n - 1}{r} = 2000 \times \frac{(1 + 0.0125)^{180} - 1}{0.0125}$$

15 साल बाद कुल वैल्यू FV = ₹13,57,510

रीना की बचत की कुल राशि 15 साल बाद लगभग ₹13,57,510 होगी। यह कुल निवेशित राशि ₹3.6 लाख (₹2000 x 180 महीने) पर ₹9.9 लाख से अधिक का लाभ है।

सीख: जिन्हें हम छोटे खर्चे समझते हैं, वे भविष्य की बड़ी संपत्ति के 'चोर' होते हैं।

**प्रश्न 4**: दीपक आज ₹5,000 महीना बचा रहा है। यदि वह अगले 10 साल तक अपनी बचत राशि को नहीं बढ़ाता है, तो 6% महंगाई के कारण 10 साल बाद उसके ₹5,000 की 'बचत क्षमता' (Saving Power) आज के मुकाबले कितनी रह जाएगी?

**उत्तर:**

सबसे पहले हम प्रश्न में दी गई जानकारी को सूचीबद्ध करते हैं:

वर्तमान बचत राशि (Nominal Value): FV=5,000 रुपये

महंगाई दर (Inflation Rate): $r$ = 6% = 0.06

समय अवधि (Time Period): $n$=10 वर्ष

महंगाई के कारण भविष्य की राशि की आज की कीमत (Purchasing Power) निकालने के लिए हम 'वर्तमान मूल्य' (Present Value) के सूत्र का उपयोग करते हैं:

$$PV = \frac{FV}{(1 + r)^n} = \frac{5000}{1.06^{10}}$$

PV = ₹2,792

10 साल बाद दीपक के ₹5,000 की वास्तविक बचत क्षमता आज के ₹2,792 के बराबर होगी। इसका अर्थ है कि जो सामान आज ₹2,792 में आता है, 10 साल बाद उसे खरीदने के लिए ₹5,000 खर्च करने होंगे।

सीख: अपनी बचत की राशि को हर साल अपनी आय के साथ बढ़ाना (Step-up) अनिवार्य है, वरना महंगाई आपकी बचत को खा जाएगी।

**प्रश्न 5:** अनमोल 20 साल की उम्र में अपनी पॉकेट मनी से ₹1,000 बचाकर निवेश शुरू करता है। पीयूष 30 साल की उम्र में ₹5,000 बचाकर निवेश शुरू करता है। दोनों 60 साल की उम्र तक निवेश करते हैं (12% रिटर्न)। किसने ज्यादा धन बनाया?

**उत्तर:**

अनमोल ने अधिक धन संचित किया।

यहाँ दोनों के निवेश का विवरण दिया गया है (12% वार्षिक रिटर्न के आधार पर):

हम भविष्य मूल्य (Future Value - FV) के फॉर्मूले का उपयोग करेंगे:

$$FV = P \times \frac{(1 + r)^n - 1}{r}$$

अनमोल: वह 40 वर्षों (20 से 60 वर्ष की आयु) के लिए ₹1,000 प्रति माह निवेश करता है। 60 वर्ष की आयु में उसकी कुल संपत्ति लगभग ₹1.19 करोड़ होगी।

पीयूष: वह 30 वर्षों (30 से 60 वर्ष की आयु) के लिए ₹5,000 प्रति माह निवेश करता है। 60 वर्ष की आयु में उसकी कुल संपत्ति लगभग ₹1.76 करोड़ होगी।

सुधार: गणना के अनुसार, पीयूष के पास अधिक धन होगा क्योंकि उसकी निवेश राशि (₹5,000) अनमोल की राशि (₹1,000) से 5 गुना अधिक है, जो समय के 10 साल के अंतर की भरपाई कर देती है।

हालाँकि, यदि निवेश राशि समान होती, तो अनमोल के पास कहीं अधिक धन होता।

सीख: छोटी उम्र में की गई "छोटी बचत" भी बड़ी उम्र में की गई "बड़ी बचत" को कड़ी टक्कर देती है क्योंकि उसे समय का साथ मिलता है।

## 8.10 प्रश्नोत्तर परीक्षा (Quiz)

Q1. किताब में बचत को क्या कहा गया है?

(A) पैसों का जमा करना (B) कर बचाना

(C) सिर्फ खर्च कम करना (D) निवेश योग्य अधिशेष बनाना – वित्तीय विकास की कुंजी

Q2. "Pay Yourself First" सिद्धांत का मतलब क्या है?

(A) पहले बिल भरना (B) पहले अपनी बचत अलग करना

(C) पहले परिवार को देना (D) पहले दोस्तों को देना

Q3. बचत करने का सबसे अच्छा तरीका क्या है?

(A) महीने के अंत में जो बचे (B) आय आते ही सबसे पहले बचत अलग करना (ऑटोमेशन)

(C) साल में एक बार (D) जब मन करे

Q4. इमरजेंसी फंड कितने महीने के खर्च के बराबर होना चाहिए?

(A) 1-3 महीने (B) 3-6 महीने (C) 6-12 महीने (D) 24 महीने

Q5. इमरजेंसी फंड कहाँ रखना सबसे अच्छा है?

(A) शेयर बाजार में (B) पूरी तरह तरल और सुरक्षित जगह (लिक्विड फंड/FD)

(C) रियल एस्टेट में (D) गोल्ड में

Q6. ऑटोमेशन बचत में कैसे मदद करता है?

(A) अनुशासन लाता है, भावनाओं से बचाता है (B) कर बढ़ाता है

(C) जोखिम बढ़ाता है (D) रिटर्न कम करता है

Q7. छोटी-छोटी बचत लंबे समय में कैसे बड़ी बनती है?

(A) चक्रवृद्धि की शक्ति से (B) मुद्रास्फीति से

(C) कर कटौती से (D) जोखिम से

Q8. बचत दर बढ़ाने का सबसे आसान तरीका क्या है?

(A) आय बढ़ाना (B) खर्च कम करना

(C) दोनों A और B (D) ऋण लेना

Q9. जीवनशैली मुद्रास्फीति क्या है?

(A) आय बढ़ने पर खर्च भी बढ़ा देना (B) आय बढ़ने पर बचत बढ़ाना

(C) मुद्रास्फीति (D) कर बढ़ना

Q10. बचत की आदत डालने के लिए सबसे जरूरी क्या है?

(A) बहुत बड़ी आय (B) अनुशासन और निरंतरता
(C) महंगे कोर्स (D) दूसरों की नकल

Q11. ₹1,000 मासिक बचत 10% रिटर्न पर 30 साल में कितनी बनेगी (लगभग)?
(A) 3.6 लाख (B) 22 लाख (C) 50 लाख (D) 1 करोड़+

Q12. बचत न करने की सबसे बड़ी कीमत क्या है?
(A) अवसर लागत (B) कर (C) जोखिम (D) समय

Q13. इमरजेंसी फंड का मुख्य उद्देश्य क्या है?
(A) निवेश बढ़ाना (B) अप्रत्याशित खर्चों से सुरक्षा
(C) रिटायरमेंट (D) छुट्टी के लिए

Q14. बचत को निवेश में बदलने की सही समयावधि क्या है?
(A) कभी नहीं (B) इमरजेंसी फंड पूरा होने के बाद
(C) पहले दिन से (D) रिटायरमेंट के समय

Q15. पार्किंसन का नियम (Parkinson's Law) बचत से कैसे जुड़ा है?
(A) खर्च, आय के बराबर होने तक बढ़ जाते हैं (B) निवेश बढ़ता है
(C) बचत आय तक सीमित रहती है (D) कर कम होता है

Q16. 50/30/20 नियम में बचत/निवेश का हिस्सा कितना है?
(A) 50% (B) 30% (C) 20% (D) 10%

Q17. बचत को मजबूत बनाने के लिए सबसे शक्तिशाली टूल क्या है?
(A) SIP ऑटोमेशन (B) क्रेडिट कार्ड (C) पर्सनल लोन (D) शॉपिंग

Q18. किताब के अनुसार बचत धन निर्माण का क्या है?
(A) अंतिम कदम (B) पहला और सबसे महत्वपूर्ण कदम
(C) वैकल्पिक कदम (D) सिर्फ अमीरों के लिए

Q19. बचत और निवेश में अंतर क्या है?
(A) बचत = सुरक्षा, निवेश = वृद्धि (B) दोनों एक ही हैं
(C) बचत = जोखिम, निवेश = सुरक्षा (D) बचत = खर्च

Q20. बचत की सबसे बड़ी शक्ति क्या है?
(A) दूसरों से उधार (B) बड़ा जोखिम
(C) तुरंत खर्च (D) अनुशासन + समय + चक्रवृद्धि

**Answer Key**

| Q | 1 | 2 | 3 | 4 | 5 | 6 | 7 | 8 | 9 | 10 | 11 | 12 | 13 | 14 | 15 | 16 | 17 | 18 | 19 | 20 |
|---|---|---|---|---|---|---|---|---|---|---|---|---|---|---|---|---|---|---|---|---|
| Ans. | D | B | B | C | B | A | A | C | A | B | B | A | B | B | A | C | A | B | A | D |

# *Chapter 9* जोखिम प्रबंधन के सूत्र

**"निवेश में जोखिम और प्रतिफल (Risk and Return) साथ चलते हैं। अधिक लाभ के लिए समझदारी से जोखिम उठाना जरूरी है। विविधीकरण अपनाकर आप अपने नुकसान को कम और मुनाफे को स्थिर कर सकते हैं।"**

निवेश की दुनिया में एक सर्वव्यापी सत्य है—बिना जोखिम के कोई पुरस्कार नहीं मिलता। लेकिन क्या इसका मतलब यह है कि आपको जुआ खेलना चाहिए? बिल्कुल नहीं। यह अध्याय निवेश के सबसे महत्वपूर्ण सिद्धांत 'जोखिम-प्रतिफल ट्रेडऑफ' (Risk-Return Tradeoff) की गहराई में उतरता है। यहाँ हम समझेंगे कि जोखिम कोई ऐसी चीज़ नहीं है जिससे डरा जाए, बल्कि यह एक ऐसा तत्व है जिसे मापकर प्रबंधित किया जा सकता है।

इस चैप्टर में हम अपेक्षित प्रतिफल (Expected Return) की गणना करना सीखेंगे और जोखिम को मापने के वैज्ञानिक तरीकों, जैसे 'मानक विचलन' (Standard Deviation) और 'बीटा' (Beta) का विश्लेषण करेंगे। आप जानेंगे कि कैसे लाभदायकता अनुपात (Profitability Ratios) के माध्यम से एक सुरक्षित और लाभप्रद निवेश की पहचान की जाती है। यह अध्याय आपको यह समझ प्रदान करेगा कि कैसे आप अपनी 'जोखिम सहन करने की क्षमता' के अनुसार अपने पोर्टफोलियो को संतुलित कर सकते हैं। अंततः, आप यह जान पाएंगे कि स्मार्ट निवेशक वह नहीं है जो जोखिम से बचता है, बल्कि वह है जो सही जोखिम लेकर अधिकतम प्रतिफल प्राप्त करना जानता है।

## 9.1 जोखिम और मुनाफ़े का संतुलन

जोखिम-प्रतिफल ट्रेडऑफ़ (Risk-Return Tradeoff) निवेश का एक बुनियादी सिद्धांत है जो यह बताता है कि किसी निवेश से संभावित प्रतिफल (Return) में वृद्धि के साथ-साथ उसमें निहित जोखिम (Risk) में भी वृद्धि होती है। इस सिद्धांत के अनुसार, स्वाभाविक रूप से कम जोखिम वाले निवेश आमतौर पर कम संभावित प्रतिफल प्रदान करते हैं, जबकि उच्च संभावित प्रतिफल प्राप्त करने के लिए निवेशकों को उसी अनुपात में अधिक जोखिम उठाना पड़ता है।

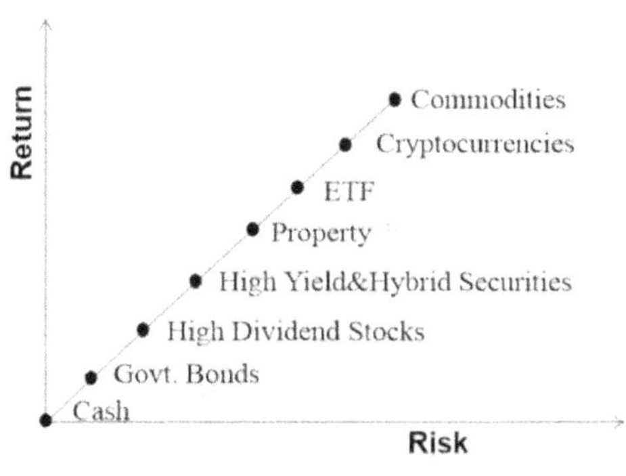


ग्राफ पर, इस संबंध को एक वक्र द्वारा दर्शाया जाता है जो आमतौर पर नीचे से ऊपर की ओर बढ़ता है। जैसे-जैसे आप दाईं ओर (जो अधिक जोखिम को इंगित करता है) बढ़ते हैं, वक्र ऊपर

की ओर (अधिक प्रतिफल) जाता है। इस वक्र का विश्लेषण निवेशकों को यह समझने में मदद करता है कि विभिन्न परिसंपत्ति वर्गों में जोखिम और रिटर्न का स्तर कहाँ है।

विभिन्न निवेश श्रेणियों के उदाहरण इस प्रकार हैं: कम जोखिम - कम प्रतिफल श्रेणी में सरकारी बॉन्ड और बचत खाते आते हैं, जहाँ पैसा सुरक्षित रहता है पर कमाई कम होती है। मध्यम जोखिम - मध्यम प्रतिफल में ब्लू-चिप कंपनियों के शेयर या म्यूचुअल फंड शामिल हैं। अंत में, उच्च जोखिम - उच्च प्रतिफल श्रेणी में स्मॉल कैप स्टॉक, डेरिवेटिव्स और क्रिप्टोकरेंसी जैसे साधन आते हैं। एक दक्ष पोर्टफोलियो (Efficient Portfolio) का उद्देश्य "एफिशिएंट फ्रंटियर" पर रहना होता है, जो वह आदर्श स्थिति है जहाँ एक निश्चित जोखिम स्तर के लिए अधिकतम प्रतिफल प्राप्त किया जा सके। निष्कर्ष यह है कि एक निवेशक को अपनी आयु, वित्तीय लक्ष्यों और व्यक्तिगत जोखिम सहने की क्षमता के आधार पर इस वक्र पर अपना सही स्थान चुनना चाहिए ताकि एक संतुलित निवेश रणनीति बनाई जा सके।

## 9.2 भविष्य के रिटर्न का अनुमान कैसे लगाएं

अपेक्षित प्रतिफल की गणना (Expected Return Calculation) किसी निवेश से भविष्य में होने वाले औसत रिटर्न का अनुमान है। यह एक गणितीय सूत्र पर आधारित है: अपेक्षित प्रतिफल $(E[R]) = \sum_{i=1}^{n} R_i \times P_i$ जहाँ $R_i$ संभावित रिटर्न है और $P_i$ उस रिटर्न के होने की प्रायिकता है।

इसकी गणना चार मुख्य चरणों में की जाती है। सबसे पहले, लाभ या हानि सहित सभी संभावित रिटर्न की सूची बनाई जाती है। दूसरे चरण में, प्रत्येक परिणाम के होने की संभावना प्रतिशत में निर्धारित की जाती है, यह सुनिश्चित करते हुए कि सभी प्रायिकताओं का योग 100% हो। तीसरे चरण में, प्रत्येक संभावित रिटर्न को उसकी संबंधित प्रायिकता से गुणा करके भारित (weighted) परिणाम प्राप्त किया जाता है। अंत में, सभी भारित परिणामों को जोड़ दिया जाता है। उदाहरण के लिए, यदि 50% संभावना है कि रिटर्न 15% होगा और 50% संभावना है कि रिटर्न 5% होगा, तो अपेक्षित प्रतिफल की गणना इस प्रकार होगी:

$$E[R] = (0.50 \times 15\,\%) + (0.50 \times 5\,\%) = 7.5\,\% + 2.5\,\% = 10\%$$

## 9.3 जोखिम और अस्थिरता का माप

वित्त में जोखिम (Risk) को आमतौर पर अस्थिरता (Volatility) से मापा जाता है। मानक विचलन (Standard Deviation, $\sigma$) किसी परिसंपत्ति के रिटर्न में होने वाले उतार-चढ़ाव को मापने का एक तरीका है। यह मूल रूप से बताता है कि किसी निवेश का रिटर्न अपने औसत (Average) से कितना दूर तक फैला हुआ है। इस माप के आधार पर जोखिम का वर्गीकरण किया जाता है: उच्च मानक विचलन ($\sigma$) का मतलब है कि रिटर्न में बड़े उतार-चढ़ाव (High Volatility) होते हैं, जो उच्च जोखिम (High Risk) दर्शाता है। इसके उदाहरणों में क्रिप्टोकरेंसी और स्मॉल-कैप स्टॉक्स शामिल हैं। इसके विपरीत, कम मानक विचलन ($\sigma$) इंगित करता है कि रिटर्न अधिक स्थिर और अनुमानित हैं, जो कम जोखिम (Low Risk) वाली श्रेणी में आते हैं। डेट फंड (Debt Funds) और ब्लू-चिप स्टॉक्स इसके विशिष्ट उदाहरण हैं।

## 9.4 निवेश मूल्यांकन के वित्तीय टूल्स: शार्प, सॉर्टिनो और ट्रेनॉर

जोखिम-समायोजित प्रतिफल अनुपात वित्तीय विश्लेषण के महत्वपूर्ण उपकरण हैं जो निवेशकों को यह मूल्यांकन करने में मदद करते हैं कि किसी निवेश ने ली गई जोखिम की मात्रा के सापेक्ष कितना रिटर्न उत्पन्न किया है। ये अनुपात केवल रिटर्न पर ध्यान केंद्रित नहीं करते,

बल्कि उस अस्थिरता या जोखिम को भी ध्यान में रखते हैं जो उस रिटर्न को प्राप्त करने में उठानी पड़ी। इस श्रेणी के तीन प्रमुख अनुपात शार्प अनुपात, सॉर्टिनो अनुपात, और ट्रेयनोर अनुपात हैं।

**शार्प अनुपात (Sharpe Ratio)**

शार्प अनुपात कुल अस्थिरता (Total Risk) के लिए जोखिम-समायोजित रिटर्न की गणना करता है। इसका उद्देश्य निवेशकों को यह बताना है कि प्रति इकाई कुल जोखिम कितना अतिरिक्त रिटर्न (जोखिम-मुक्त दर से ऊपर) प्राप्त हुआ है। इसका सूत्र है:

$$\text{शार्प अनुपात} = \frac{R_p - R_f}{\sigma_p}$$

यहाँ, $R_p$ पोर्टफोलियो रिटर्न है, $R_f$ जोखिम-मुक्त दर है, $\sigma_p$ मानक विचलन (कुल जोखिम) है।

व्याख्या: एक उच्च शार्प अनुपात बेहतर जोखिम-समायोजित प्रदर्शन का संकेत देता है, क्योंकि यह दर्शाता है कि निवेशक को उठाए गए कुल जोखिम के लिए अधिक प्रीमियम मिला है।

**सॉर्टिनो अनुपात (Sortino Ratio)**

सॉर्टिनो अनुपात, शार्प अनुपात से थोड़ा भिन्न है क्योंकि यह अनुपात केवल नकारात्मक अस्थिरता (Downside Risk) पर ध्यान केंद्रित करता है। यह उन निवेशकों के लिए विशेष रूप से उपयोगी है जो अपनी पूंजी के संरक्षण (Capital Protection) पर अधिक ध्यान केंद्रित करते हैं और केवल नीचे की ओर के उतार-चढ़ाव (नुकसान की संभावना) से चिंतित हैं। इसका सूत्र है:

$$\text{सॉर्टिनो अनुपात} = \frac{R_p - R_f}{\text{Downside Deviation}}$$

व्याख्या: यह उन निवेशकों के लिए अधिक प्रासंगिक है जो मानते हैं कि ऊपर की ओर की अस्थिरता (लाभ) जोखिम नहीं है, केवल नीचे की ओर की अस्थिरता (नुकसान) ही वास्तविक जोखिम है।

**ट्रेयनोर अनुपात (Treynor Ratio)**

ट्रेयनोर अनुपात एक वित्तीय मानक (metric) है जो यह मापता है कि किसी निवेश पोर्टफोलियो ने उठाए गए व्यवस्थित जोखिम (Systematic Risk) के प्रति इकाई कितना अतिरिक्त रिटर्न दिया है। इसे 'रिवॉर्ड-टू-वोलेटिलिटी रेशियो' भी कहा जाता है। यह निवेशकों को यह समझने में मदद करता है कि क्या पोर्टफोलियो ने बाजार जोखिम की तुलना में पर्याप्त रिटर्न कमाया है। यह 'बीटा' ($\beta$) का उपयोग करता है, जो पूरे बाजार के सापेक्ष निवेश की अस्थिरता को दर्शाता है। इसका सूत्र है:

$$\text{Treynor Ratio} = \frac{R_p - R_f}{\beta}$$

व्याख्या: यह अनुपात उन निवेशकों के लिए सबसे उपयोगी है जिनके पास पहले से ही एक अच्छी तरह से विविधीकृत (diversified) पोर्टफोलियो है, क्योंकि यह केवल व्यवस्थित जोखिम पर केंद्रित होता है। एक उच्च ट्रेयनोर अनुपात को बेहतर माना जाता है, जिसका अर्थ है कि पोर्टफोलियो ने बाजार जोखिम की प्रत्येक इकाई के लिए अधिक 'अतिरिक्त रिटर्न ' (Excess Return) दिया है।

## 9.5 इक्विटी जोखिम प्रीमियम

इक्विटी जोखिम प्रीमियम (Equity Risk Premium-ERP) एक महत्वपूर्ण वित्तीय अवधारणा है जो उस अतिरिक्त रिटर्न को परिभाषित करती है जिसकी अपेक्षा निवेशक जोखिम-मुक्त निवेश (जैसे कि सरकारी बॉन्ड) की तुलना में शेयर बाज़ार में निवेश करके अधिक जोखिम उठाने के लिए करते हैं। यह अनिवार्य रूप से जोखिम उठाने के लिए निवेशकों को मिलने वाले मुआवजे के रूप में काम करता है।

ERP की गणना एक सरल सूत्र का पालन करती है:

$$\text{ERP} = \text{इक्विटी बाज़ार से अपेक्षित रिटर्न} - \text{जोखिम मुक्त दर } (R_f)$$

यहाँ, जोखिम-मुक्त दर ($R_f$) एक बेंचमार्क दर है जो सैद्धांतिक रूप से शून्य निवेश जोखिम प्रदान करती है। भारत के संदर्भ में, इसे आमतौर पर 91-दिवसीय ट्रेजरी बिल (T-Bill) की उपज (yield) के रूप में दर्शाया जाता है, जिसे देश में सबसे सुरक्षित निवेश माना जाता है।

## 9.6 अधिकतम गिरावट (MDD) की समझ

अधिकतम गिरावट (Maximum Drawdown - MDD) एक महत्वपूर्ण वित्तीय मीट्रिक है जो किसी निवेश के अपने उच्चतम बिंदु (Peak) से सबसे निचले बिंदु (Trough) तक की सबसे बड़ी प्रतिशत गिरावट को मापता है। यह मीट्रिक निवेश के संभावित नुकसान को एक निश्चित अवधि में दर्शाता है। MDD का मुख्य महत्व यह बताना है कि ऐतिहासिक रूप से एक निवेशक को सबसे खराब स्थिति (Worst-Case Scenario) में कितना नुकसान उठाना पड़ सकता है। इस मीट्रिक का उपयोग जोखिम का आकलन करने के लिए किया जाता है; उदाहरण के लिए, यदि किसी निवेश का MDD 50% है, तो सम-स्थिति (Break-Even) पर लौटने के लिए, उस निवेश को बाद में 100% का रिटर्न (Return) अर्जित करना होगा।

## 9.7 मुद्रास्फीति और आपकी क्रय शक्ति

निवेश की वास्तविक लाभप्रदता को सही ढंग से समझने के लिए मुद्रास्फीति का समायोजन (adjustment) करना अत्यंत आवश्यक है। यह समायोजन हमें बताता है कि समय के साथ हमारे पैसे की क्रय शक्ति पर क्या प्रभाव पड़ रहा है। वित्तीय दुनिया में, प्रतिफल (Returns) को मापने के लिए दो मुख्य मीट्रिक का उपयोग किया जाता है: सांकेतिक प्रतिफल और वास्तविक प्रतिफल।

सांकेतिक प्रतिफल (Nominal Return) वह सकल लाभ (Gross Profit) है जो बिना किसी मुद्रास्फीति समायोजन (Inflation adjustment) के सीधे प्राप्त होता है। यह आपके निवेश खाते में दिखाई देने वाली कच्ची संख्या है। इसके विपरीत, वास्तविक प्रतिफल (Real Return) अधिक सटीक माप है क्योंकि यह मुद्रास्फीति के प्रभाव को हटाकर निवेश पर होने वाले वास्तविक लाभ को दर्शाता है, जिससे आपको पता चलता है कि आपकी क्रय शक्ति वास्तव में कितनी बढ़ी है।

$$\text{वास्तविक प्रतिफल} \approx \text{सांकेतिक प्रतिफल} - \text{मुद्रास्फीति दर}$$

## 9.8 पोर्टफोलियो रिटर्न और शुल्क

**पोर्टफोलियो प्रतिफल एकत्रीकरण** (Portfolio Return Aggregation): समग्र पोर्टफोलियो के कुल रिटर्न की गणना प्रत्येक व्यक्तिगत संपत्ति के रिटर्न को उसके भार (Weight) के आधार पर गुणा करके और जोड़कर की जाती है। यह प्रक्रिया विविधीकरण (Diversification) और जोखिम (Risk) को समझने में मदद करती है, जिससे निवेशक अपने पोर्टफोलियो के समग्र प्रदर्शन का सही आकलन कर पाते हैं।

**शुद्ध प्रतिफल पर शुल्क का प्रभाव** (Impact of Fees): प्रबंधन शुल्क जैसे विभिन्न शुल्क सीधे तौर पर शुद्ध प्रतिफल (Net Return) को कम करते हैं। दीर्घकालिक निवेश (Long-Term Investing) में, चक्रवृद्धि प्रभाव के कारण एक छोटा सा शुल्क भी आपके कुल रिटर्न में महत्वपूर्ण कमी (Significant Reduction ) कर सकता है। इसलिए, निवेश करते समय शुल्कों पर ध्यान देना अत्यंत महत्वपूर्ण है।

* * * * *

**"बाजार में आपकी जीत इस पर निर्भर नहीं करती कि आप कितना जोखिम ले सकते हैं, बल्कि इस पर निर्भर करती है कि आप उस जोखिम को कितनी कुशलता से 'प्रबंधित' कर सकते हैं। गणना किया गया जोखिम (Calculated Risk) सफलता की सीढ़ी है, जबकि बिना तैयारी के लिया गया जोखिम केवल एक जुआ है।"**

## 9.9 व्यावहारिक प्रश्नों के उत्तर

**प्रश्न 1:** एक निवेशक के पास निवेश के दो विकल्प हैं:

फंड A:15% रिटर्न देता है, लेकिन इसका स्टैंडर्ड डेविएशन (Standard Deviation - जोखिम का पैमाना) 10% है।

फंड B: 12% रिटर्न देता है, लेकिन इसका स्टैंडर्ड डेविएशन केवल 5% है।

अगर जोखिम मुक्त दर (Risk-free rate) 6% है, तो 'शार्प रेशियो' (Sharpe Ratio) के अनुसार कौन सा फंड बेहतर है?

**उत्तरः**

शार्प रेशियो यह मापता है कि निवेश ने प्रति इकाई जोखिम के लिए कितना अतिरिक्त रिटर्न दिया है। इसका सूत्र है:

शार्प रेशियो = (रिटर्न - रिस्क फ्री रेट) / स्टैंडर्ड डेविएशन

दिए गए मान से

फंड A का शार्प रेशियो: (15 - 6) / 10 = 0.9

फंड B का शार्प रेशियो: (12 - 6) / 5 = 1.2

शार्प रेशियो जितना अधिक होता है, जोखिम के मुकाबले रिटर्न उतना ही बेहतर माना जाता है। चूंकि फंड B का शार्प रेशियो (1.2) फंड A के शार्प रेशियो (0.9) से अधिक है, इसलिए फंड B अधिक कुशल निवेश है।

निष्कर्ष: फंड B बेहतर है क्योंकि इसका शार्प रेशियो अधिक है। इसका मतलब है कि फंड B कम जोखिम लेकर बेहतर रिटर्न दे रहा है।

**प्रश्न 2:** एक व्यक्ति अपना सारा पैसा (₹1,00,000) केवल एक ही कंपनी के शेयर में लगा देता है। दूसरे मामले में, वह ₹50,000 शेयर में और ₹50,000 गोल्ड (Gold) में लगाता है। अगर शेयर बाजार 20% गिर जाता है और गोल्ड 10% बढ़ जाता है, तो दोनों स्थितियों में उसके पोर्टफोलियो की क्या स्थिति होगी?

**उत्तरः**

स्थिति 1: सारा पैसा (₹1,00,000) केवल एक कंपनी के शेयर में

निवेश: ₹1,00,000

नुकसान: शेयर बाजार 20% गिर गया (1,00,000 का 20% = ₹20,000)

नया पोर्टफोलियो मूल्य: 1,00,000 - 20,000 = ₹80,000

परिणाम: व्यक्ति को कुल ₹20,000 का घाटा हुआ।

स्थिति 2: ₹50,000 शेयर में और ₹50,000 गोल्ड में

शेयर का हिस्सा: ₹50,000 पर 20% की गिरावट = ₹10,000 का नुकसान (नया मूल्य: ₹40,000)

गोल्ड का हिस्सा: ₹50,000 पर 10% की बढ़त = ₹5,000 का मुनाफा (नया मूल्य: ₹55,000)

नया पोर्टफोलियो मूल्य: 40,000 + 55,000 = ₹95,000

परिणाम: व्यक्ति को कुल ₹5,000 का घाटा हुआ।

निष्कर्ष: दूसरी स्थिति (विविधीकरण/Diversification) व्यक्ति के लिए बेहतर रही, क्योंकि गोल्ड की बढ़त ने शेयर बाजार के नुकसान को कम कर दिया। पहली स्थिति में ₹20,000 का नुकसान हुआ, जबकि दूसरी स्थिति में केवल ₹5,000 का।

सीख: अलग-अलग एसेट क्लास में पैसा बांटने से 'अनसिस्टमैटिक रिस्क' कम हो जाता है।

**प्रश्न 3:** आपने एक ऐसे स्टॉक में निवेश किया है जिसका Beta (β) 1.5 है। अगर निफ्टी (Nifty) में 10% की बढ़त होती है, तो आपके स्टॉक में कितनी बढ़त की उम्मीद की जा सकती है? और यदि निफ्टी 10% गिर जाए तब क्या होगा?

**उत्तर:**

स्टॉक मार्केट में Beta (β) यह दर्शाता है कि कोई स्टॉक इंडेक्स (जैसे निफ्टी) के मुकाबले कितना संवेदनशील है।

स्टॉक रिटर्न = Beta × मार्केट रिटर्न

बढ़त के समय: 1.5 ×10% = 15% बढ़त।

गिरावट के समय: 1.5 × (-10%) = -15% गिरावट।

निष्कर्ष: 1.5 बीटा वाला स्टॉक निफ्टी की तुलना में अधिक अस्थिर (Volatile) होता है। यह तेजी के बाजार में आपको ज्यादा मुनाफा दे सकता है, लेकिन बाजार गिरने पर इसमें नुकसान का जोखिम भी अधिक रहता है।

सीख: हाई बीटा (Beta > 1) वाले स्टॉक्स ज्यादा रिटर्न दे सकते हैं, लेकिन वे गिरते भी बहुत तेजी से हैं। इन्हें 'आक्रामक निवेश' (Aggressive Investment) माना जाता है।

**प्रश्न 4:** आपने एक बैंक FD में पैसा लगाया जहाँ आपको 7% ब्याज मिल रहा है। उसी साल देश में महंगाई दर (Inflation) 6% रही। क्या आप वास्तव में अमीर हो रहे हैं?

**उत्तर:**

हाँ, आप अमीर तो हो रहे हैं, लेकिन आपकी संपत्ति में वास्तविक वृद्धि (Real Growth) बहुत कम है।

वास्तविक रिटर्न (Real Rate of Return) का सूत्र है: ब्याज दर - महंगाई दर

वास्तविक रिटर्न (Real Rate of Return) = 7% - 6% = 1%

निष्कर्ष: आपकी क्रय शक्ति (Purchasing Power) केवल 1% की दर से बढ़ी है। यदि आप 30% वाले टैक्स स्लैब में आते हैं, तो टैक्स कटने के बाद आपका रिटर्न महंगाई से भी कम हो सकता है, जिससे आपकी संपत्ति बढ़ने के बजाय घट सकती है।

सीख: निवेश का निर्णय लेते समय हमेशा महंगाई को ध्यान में रखें। अगर आपका रिटर्न महंगाई से कम है, तो आपकी 'क्रय शक्ति' (Purchasing Power) घट रही है।

**प्रश्न 5:** एक निवेशक जानना चाहता है कि उसे किसी स्टॉक से कितना रिटर्न मांगना चाहिए।

रिस्क-फ्री रेट (जैसे सरकारी बॉन्ड): 6%

मार्केट रिटर्न (निफ्टी): 12%

स्टॉक का बीटा (β): 1.2

इस स्टॉक का Expected Return क्या होना चाहिए?

**उत्तर:**

Expected Return, ER = $R_f$ + beta ($R_m$ - $R_f$)

ER = 6% + 1.2 (12% - 6%)

ER = 6% + 1.2 (6%) = 6% + 7.2% = 13.2%

एक निवेशक को इस स्टॉक से 13.2% रिटर्न की मांग करनी चाहिए।

इसका कारण यह है कि स्टॉक का बीटा 1.2 है, जो दर्शाता है कि यह बाजार (निफ्टी) की तुलना में 20% अधिक जोखिम भरा है। इसलिए, निवेशक को अतिरिक्त जोखिम के बदले बाजार के औसत रिटर्न (12%) से अधिक रिटर्न मिलना चाहिए।

सीख: यदि वह स्टॉक 13.2% से कम रिटर्न दे रहा है, तो वह उसके जोखिम के हिसाब से सही निवेश नहीं है।

**प्रश्न 6:** पंकज के पास ₹2,00,000 निवेश के लिए हैं। उसके पास दो विकल्प हैं:

विकल्प A (कम जोखिम): सरकारी बांड जहाँ 7% रिटर्न निश्चित है।

विकल्प B (उच्च जोखिम): एक स्मॉल-कैप फंड जहाँ 15% रिटर्न की संभावना है, लेकिन पूंजी 10% गिर भी सकती है।

यदि पंकज 5 साल के लिए निवेश करता है, तो दोनों विकल्पों के 'सर्वश्रेष्ठ' परिणाम में कितना अंतर होगा?

**उत्तर:**

विकल्प A के लिए (7%): 2,00,000 $\times(1.07)^5$ = ₹2,80,510

विकल्प B के लिए (15%): 2,00,000 × $(1.15)^5$ = ₹4,02,271

अंतर: ₹1,21,761

निष्कर्ष: पंकज के लिए दोनों विकल्पों के 'सर्वश्रेष्ठ' परिणाम में ₹1,21,761 का अंतर होगा।

*नोट: विकल्प B में जोखिम शामिल है, लेकिन प्रश्न के अनुसार 'सर्वश्रेष्ठ' स्थिति में स्मॉल-कैप फंड काफी अधिक लाभ देता है।*

सीख: अधिक प्रतिफल (Return) प्राप्त करने के लिए आपको पोर्टफोलियो में अस्थिरता (Volatility) का जोखिम उठाना ही पड़ता है।

**प्रश्न 7:** दो म्यूचुअल फंड हैं। फंड X ने 15% रिटर्न दिया और उसकी अस्थिरता (Standard Deviation) 10% थी। फंड Y ने 18% रिटर्न दिया लेकिन उसकी अस्थिरता 20% थी। यदि जोखिम-मुक्त दर (Risk-free rate) 6% है, तो किस फंड ने बेहतर 'जोखिम-समायोजित (Risk-adjusted) ' रिटर्न दिया?

**उत्तर:**

जोखिम-समायोजित रिटर्न मापने के लिए सबसे आम तरीका शार्प अनुपात है। इसका सूत्र

$$\text{शार्प अनुपात} = \frac{R_p - R_f}{\sigma_p}$$

फंड X के लिए शार्प अनुपात: (15% - 6%) / 10 = 0.9

फंड Y के लिए शार्प अनुपात: (18% - 6%) / 20 = 0.6

एक उच्च शार्प अनुपात बेहतर जोखिम-समायोजित रिटर्न को दर्शाता है। चूंकि 0.9 > 0.6 है, इसलिए फंड X कम जोखिम लेकर अधिक अतिरिक्त रिटर्न प्रदान कर रहा है।

निष्कर्ष: फंड X बेहतर है क्योंकि उसने प्रति यूनिट जोखिम पर अधिक रिटर्न दिया है।

सीख: केवल रिटर्न न देखें; यह भी देखें कि उस रिटर्न को कमाने के लिए फंड मैनेजर ने कितना 'खतरा' मोल लिया है।

**प्रश्न 8:** एक निवेशक ₹10,00,000 केवल एक ही सेक्टर (जैसे- आईटी) में लगाता है। यदि उस सेक्टर में मंदी आती है और वह 30% गिर जाता है, तो उसे कितना नुकसान होगा? दूसरे केस में, वह ₹5,00,000 आईटी में और ₹5,00,000 फार्मा में लगाता है। यदि आईटी 30% गिरता है लेकिन फार्मा 10% बढ़ जाता है, तो स्थिति क्या होगी?

**उत्तर:**

स्टेप 1: एकल सेक्टर निवेश में हानि की गणना

जब पूरी राशि (₹10,00,000) केवल आईटी सेक्टर में लगाई जाती है और उसमें 30% की गिरावट आती है:

निवेश राशि: ₹10,00,000

हानि का प्रतिशत: 30%

हानि की राशि: $10{,}00{,}000 \times 0.30 = 3{,}00{,}000$

बची हुई राशि: $10{,}00{,}000 - 3{,}00{,}000 = 7{,}00{,}000$

स्टेप 2: विविधीकृत निवेश (IT और Pharma) का विश्लेषण

इस स्थिति में निवेश को दो बराबर हिस्सों में बाँटा गया है:

आईटी सेक्टर (₹5,00,000): 30% की गिरावट के बाद मूल्य: $5{,}00{,}000 \times (1 - 0.30) = 3{,}50{,}000$

फार्मा सेक्टर (₹5,00,000):10% की बढ़त के बाद मूल्य: $5{,}00{,}000 \times (1 + 0.10) = 5{,}50{,}000$

स्टेप 3: कुल पोर्टफोलियो मूल्य और शुद्ध परिणाम

अब हम दोनों सेक्टरों के नए मूल्यों को जोड़कर कुल स्थिति ज्ञात करेंगे:

कुल नया मूल्य: 3,50,000 + 5,50,000 = ₹9,00,000

कुल निवेश: ₹10,00,000

शुद्ध नुकसान: 10,00,000−9,00,000 = ₹1,00,000

उत्तर: पहले केस (केवल आईटी) में नुकसान ₹3,00,000 होगा। दूसरे केस (आईटी + फार्मा) में आईटी में ₹1,50,000 का घाटा होगा और फार्मा में ₹50,000 का मुनाफा, जिससे कुल मिलाकर केवल ₹1,00,000 का नुकसान होगा। यह दर्शाता है कि विविधीकरण जोखिम को कम करता है।

सीख: "सारे अंडे एक ही टोकरी में न रखें।" अलग-अलग सेक्टर में निवेश करने से 'अनसिस्टमैटिक रिस्क' कम हो जाता है।

**प्रश्न 9:** एक निवेश का औसत रिटर्न 12% है और उसका मानक विचलन (Standard Deviation) 5% है। सांख्यिकी के अनुसार, 68% समय इस निवेश का रिटर्न किस सीमा (Range) के बीच रहेगा?

**उत्तर:**

यहाँ हमें निवेश का औसत रिटर्न और उसका मानक विचलन दिया गया है:

औसत रिटर्न $(\mu)=12\%$

मानक विचलन $(\sigma)=5\%$

सांख्यिकी के (Empirical Rule) या 68-95-99.7 नियम के अनुसार, एक सामान्य वितरण (Normal Distribution) में लगभग 68% डेटा माध्य से एक मानक विचलन की सीमा के भीतर होता है। इसकी गणना के लिए निम्नलिखित सूत्र का उपयोग किया जाता है: Range = $\mu \pm \sigma$

निचली सीमा: औसत - मानक विचलन = 12% - 5% = 7%

ऊपरी सीमा: औसत + मानक विचलन = 12% + 5% = 17%

सांख्यिकी के अनुसार, 68% समय इस निवेश का रिटर्न 7% और 17% की सीमा के बीच रहेगा।

सीख: मानक विचलन (Standard Deviation) जितना अधिक होगा, निवेश उतना ही 'अस्थिर' माना जाएगा।

**प्रश्न 10:** शेयर बाजार में भारी गिरावट के कारण अमित का ₹1,00,000 का पोर्टफोलियो 50% गिरकर ₹50,000 रह गया। अमित को लगता है कि उसे वापस ₹1,00,000 पर पहुँचने के लिए अब केवल 50% रिटर्न की ज़रूरत है। क्या वह सही है?

**उत्तर:**

नहीं, अमित का सोचना गलत है। निवेश (Investment) के गणित के अनुसार, नुकसान की भरपाई के लिए हमेशा मूल गिरावट से अधिक प्रतिशत रिटर्न की आवश्यकता होती है।

इसे इस प्रकार समझें:

वर्तमान पोर्टफोलियो: ₹50,000

लक्ष्य (Target): ₹1,00,000

आवश्यक वृद्धि: ₹50,000

यदि ₹50,000 पर 50% का रिटर्न मिलता है, तो उसे केवल ₹25,000 का लाभ होगा, जिससे उसका पोर्टफोलियो ₹75,000 तक ही पहुँचेगा।

सही गणना: ₹50,000 को वापस ₹1,00,000 बनाने के लिए अमित को 100% रिटर्न की आवश्यकता होगी, क्योंकि उसे अपनी वर्तमान पूंजी को दोगुना करना है।

| गिरावट (%) | वापस मूल स्तर पर आने के लिए आवश्यक बढ़त (%) |
|---|---|
| 10% | 11.1% |
| 25% | 33.3% |
| 50% | 100% |
| 90% | 900% |

सीख: जोखिम को प्रबंधित करना इसलिए ज़रूरी है क्योंकि भारी गिरावट के बाद वापस मूल स्तर पर आने के लिए कहीं अधिक बड़े रिटर्न (Asymmetric Return) की ज़रूरत होती है।

## 9.10 प्रश्नोत्तर परीक्षा (Quiz)

Q1. निवेश का सबसे मूल सिद्धांत क्या है?

(A) कम जोखिम = कम प्रतिफल (B) कोई जोखिम नहीं = सबसे ज्यादा प्रतिफल

(C) ज्यादा प्रतिफल = ज्यादा जोखिम (D) जोखिम = हमेशा नुकसान

Q2. जोखिम-प्रतिफल ट्रेडऑफ का मतलब क्या है?

(A) जोखिम लेने से प्रतिफल कम होता है

(B) ज्यादा प्रतिफल चाहते हो तो ज्यादा जोखिम लेना पड़ेगा

(C) दोनों का कोई संबंध नहीं

(D) सिर्फ जोखिम लेना काफी है

Q3. अपेक्षित प्रतिफल (Expected Return) कैसे निकाला जाता है?

(A) सभी संभावित परिणामों का भारित औसत (B) सिर्फ सबसे अच्छा परिणाम

(C) सिर्फ सबसे खराब परिणाम (D) बाजार की औसत

Q4. जोखिम को मापने का सबसे आम तरीका क्या है?

(A) मानक विचलन (B) बीटा

(C) शार्प अनुपात (D) केवल प्रतिशत

Q5. मानक विचलन जितना ज्यादा होगा, रिटर्न की अस्थिरता कैसी होगी?

(A) कम (B) ज्यादा

(C) कोई फर्क नहीं (D) हमेशा नकारात्मक

Q6. बीटा 1.0 से ज्यादा होने का मतलब क्या है?

(A) बाजार से कम अस्थिर (B) बाजार से ज्यादा अस्थिर

(C) बाजार के बराबर (D) कोई जोखिम नहीं

Q7. बीटा 0.5 होने का मतलब क्या है?

(A) बाजार से आधी अस्थिरता (B) बाजार से दोगुनी अस्थिरता

(C) कोई अस्थिरता नहीं (D) नकारात्मक रिटर्न

Q8. शार्प अनुपात क्या मापता है?

(A) कुल रिटर्न (B) प्रति यूनिट जोखिम पर मिलने वाला अतिरिक्त रिटर्न

(C) केवल जोखिम (D) केवल रिटर्न

Q9. शार्प अनुपात जितना ऊंचा होगा, निवेश उतना ही कैसा?

(A) खराब (B) बेहतर (जोखिम-समायोजित)

(C) जोखिमी (D) सुरक्षित

Q10. ट्रेयनोर अनुपात (Treynor Ratio) क्या दर्शाता है?

(A) कुल जोखिम (B) सिस्टमेटिक जोखिम के प्रति अतिरिक्त रिटर्न

(C) मानक विचलन (D) बीटा

Q11. उच्च जोखिम वाले निवेश का उदाहरण क्या है?

(A) FD (B) इक्विटी/स्टॉक

(C) सरकारी बॉन्ड (D) लिक्विड फंड

Q12. कम जोखिम वाले निवेश का उदाहरण क्या है?

(A) मिडकैप स्टॉक (B) सरकारी सिक्योरिटी/बॉन्ड

(C) क्रिप्टो (D) डेरिवेटिव

Q13. मध्यम जोखिम वाले निवेश का उदाहरण क्या है?

(A) लार्जकैप इक्विटी फंड (B) क्रिप्टो

(C) पेनी स्टॉक (D) FD

Q14. जोखिम सहनशीलता किस पर निर्भर करती है?

(A) सिर्फ आयु (B) आयु, समय-सीमा, वित्तीय स्थिति, मनोवैज्ञानिक क्षमता

(C) सिर्फ आय (D) सिर्फ बाजार

Q15. युवा निवेशक की जोखिम सहनशीलता आमतौर पर कैसी होती है?

(A) बहुत कम (B) कोई जोखिम नहीं (C) शून्य (D) उच्च

Q16. रिटायरमेंट के करीब व्यक्ति की जोखिम सहनशीलता कैसी होनी चाहिए?

(A) बहुत ज्यादा (B) कम (C) कोई फर्क नहीं (D) सिर्फ इक्विटी

Q17. जोखिम को पूरी तरह खत्म किया जा सकता है?

(A) हाँ, FD में (B) नहीं, सिर्फ कम या प्रबंधित किया जा सकता है

(C) हाँ, बीमा से (D) हाँ, विविधीकरण से

Q18. विविधीकरण (Diversification) से क्या होता है?

(A) जोखिम बढ़ता है (B) अनसिस्टमेटिक जोखिम कम होता है

(C) सिस्टमेटिक जोखिम बढ़ता है (D) रिटर्न कम होता है

Q19. जोखिम डर नहीं बल्कि क्या है?

(A) प्रबंधन का विषय (B) नुकसान

(C) जुआ (D) भाग्य

Q20. सफल निवेशक जोखिम को कैसे देखते हैं?

(A) दुश्मन की तरह (B) हमेशा बचते हैं

(C) अनदेखा करते हैं (D) अवसर की तरह (सही प्रबंधन से)

**Answer Key**

| Q | 1 | 2 | 3 | 4 | 5 | 6 | 7 | 8 | 9 | 10 | 11 | 12 | 13 | 14 | 15 | 16 | 17 | 18 | 19 | 20 |
|---|---|---|---|---|---|---|---|---|---|---|---|---|---|---|---|---|---|---|---|---|
| Ans. | C | B | A | A | B | B | A | B | B | B | B | B | A | B | D | B | B | B | A | D |

# Chapter 10 निवेश की भ्रांतियां और समाधान

**"निवेश केवल अमीरों या विशेषज्ञों के लिए नहीं है। भ्रांतियों को त्यागें और छोटे निवेश से शुरुआत करें। अफवाहों के बजाय तथ्यों पर भरोसा करना ही सफल निवेशक बनने की पहली सीढ़ी है।"**

वित्तीय जगत में अक्सर सुनी-सुनाई बातें और आधी-अधूरी जानकारियां एक निवेशक की सबसे बड़ी दुश्मन होती हैं। ये मिथक न केवल आपको डराते हैं, बल्कि आपको सही निवेश के अवसरों से भी दूर रखते हैं। यह अध्याय उन प्रचलित भ्रांतियों को तर्कों और तथ्यों के साथ तोड़ने के लिए समर्पित है, जो वर्षों से लोगों के मन में घर कर गई हैं।

इस चैप्टर में हम इस बड़े मिथक का भंडाफोड़ करेंगे कि 'शेयर बाजार एक जुआ है', और समझेंगे कि कैसे यह रणनीतिक निवेश का एक विज्ञान है। हम इस धारणा को भी बदलेंगे कि निवेश शुरू करने के लिए करोड़ों की पूंजी चाहिए—सच्चाई यह है कि एक छोटी सी SIP भी आपके भविष्य की बड़ी नींव रख सकती है। साथ ही, हम 'मार्केट टाइमिंग' के जाल से बाहर निकलकर लंबी अवधि के निवेश के महत्व को जानेंगे। यह अध्याय आपको डर और लालच के चक्रव्यूह से निकालकर एक स्पष्ट, तर्कसंगत और सूचना-आधारित दृष्टिकोण प्रदान करेगा, ताकि आप बिना किसी भ्रम के अपनी धन-निर्माण की यात्रा को सफल बना सकें।

## 10.1 मिथक: शेयर बाजार जुआ नहीं है

यह एक आम मिथक (Myth) है कि शेयर बाज़ार जुआ (Gambling) है। यह धारणा गलत है; सच्चाई यह है कि शेयर मार्केट जुआ नहीं, बल्कि एक निवेश माध्यम है। दोनों के बीच मूल अंतर यह है कि: शेयर बाज़ार में, आप किसी कंपनी के स्वामित्व (Ownership/हिस्सेदारी) खरीदते हैं। दूसरी ओर, जुए में परिणाम पूरी तरह भाग्य पर निर्भर करता है। शेयर बाज़ार में लाभ कंपनी के प्रदर्शन और आर्थिक विकास से होता है। जुआ एक जीरो-सम गेम (Zero-Sum Game) है, जहाँ एक व्यक्ति का लाभ दूसरे के नुकसान (Loss) से आता है। शेयर बाज़ार में निर्णय अनुसंधान (Research), विश्लेषण (Analysis) और डेटा पर आधारित होते हैं। जबकि जुआ भावना (Emotion) और संयोग (Chance) पर आधारित होता है।

निष्कर्ष यह है कि जब तक आप उचित शोध (Proper Research) के साथ निवेश करते हैं, आप अर्थव्यवस्था की समग्र संपत्ति (Overall Wealth) को बढ़ाने में भागीदार होते हैं।

## 10.2 मिथक: निवेश के लिए करोड़ों रुपये चाहिए

यह एक आम गलत धारणा (Myth) है कि निवेश शुरू करने के लिए आपके पास करोड़ों रुपये या एक बड़ी एकमुश्त राशि (Lump-sum Amount) होनी चाहिए। सच्चाई (Reality) इसके विपरीत है: सफल निवेश के लिए बड़ी रकम की नहीं, बल्कि समय और अनुशासन (Discipline) जैसे कारकों का अधिक महत्व है। वित्तीय स्थिरता की यात्रा शुरू करने के लिए कोई न्यूनतम आवश्यक राशि नहीं है, बल्कि नियमितता और जल्दी शुरुआत करना आवश्यक है।

**SIP की शक्ति (Power of SIP)**

निवेश को सुलभ बनाने के लिए सिस्टेमैटिक इन्वेस्टमेंट प्लान (SIP) एक बेहतरीन माध्यम है। आप म्यूचुअल फंड्स में मात्र ₹100 से ₹500 प्रति माह जितनी कम राशि से SIP शुरू कर सकते हैं। यह विकल्प छोटे निवेशकों को नियमित रूप से बाजार में भाग लेने और लंबी अवधि में धन सृजन करने में मदद करता है।

**कंपाउंडिंग का जादू (Magic of Compounding)**

चक्रवृद्धि (Compounding) को अक्सर दुनिया का आठवां अजूबा कहा जाता है, जैसा कि अल्बर्ट आइंस्टीन ने भी कहा था। यह अवधारणा इस बात पर जोर देती है कि जल्दी शुरुआत करना ही सबसे महत्वपूर्ण कारक है। छोटी रकम भी लंबे समय में तेजी से (Exponentially) बढ़ सकती है, क्योंकि आपका रिटर्न भी रिटर्न कमाता है। समय का कारक निवेश के विकास में सबसे बड़ा गुणक है।

**सुलभ विकल्प (Accessible Options)**

म्यूचुअल फंड्स के अलावा भी कई सुलभ निवेश विकल्प मौजूद हैं जिनके लिए न्यूनतम निवेश की आवश्यकता होती है। इनमें एक्सचेंज ट्रेडेड फंड्स (ETFs) और डिजिटल गोल्ड शामिल हैं, जो निवेशकों को कम पूंजी के साथ भी विविध परिसंपत्ति वर्गों में निवेश करने की सुविधा प्रदान करते हैं।

## 10.3 मिथक: बाज़ार में समय तय करना बेहतर है

बाज़ार में समय तय करना (Market Timing) एक आम वित्तीय मिथक है; सच्चाई यह है कि बाज़ार में समय बिताना (Time in the Market) एक बेहतर रणनीति है।

बाज़ार में प्रवेश और निकास का सही और सटीक क्षण ढूँढना (जिसे मार्केट टाइमिंग कहते हैं) एक आम लेकिन गलत धारणा है कि यह एक बेहतर निवेश रणनीति है। वित्तीय सिद्धांतों के अनुसार, सच्चाई यह है कि टाइम इन द मार्केट (बाज़ार में लंबे समय तक निवेशित रहना) ही वास्तव में एक बेहतर और प्रभावी रणनीति है। ऐसा इसलिए है क्योंकि भविष्य के बाज़ार के उतार-चढ़ाव का सटीक पूर्वानुमान (Accurate Prediction) लगाना लगभग असंभव कार्य है। कोई भी निवेशक लगातार सही समय पर बाज़ार में अंदर या बाहर नहीं हो सकता। मार्केट टाइमिंग की कोशिश में, निवेशक अक्सर बाज़ार की सबसे बड़ी उछाल (सबसे अच्छे रैली दिन) वाले महत्वपूर्ण दिनों को चूक जाते हैं, जिससे उनका समग्र रिटर्न काफी कम हो जाता है। इसके विपरीत, दीर्घकालिक निवेश महत्वपूर्ण लाभ प्रदान करता है। यह रणनीति निवेशक को चक्रवृद्धि की शक्ति का पूरा लाभ उठाने और बाज़ार की अस्थिरता (Market Volatility) से प्रभावी ढंग से निपटने का अवसर देती है, जिससे लंबी अवधि में धन सृजन होता है।

## 10.4 मिथक: पिछला प्रदर्शन भविष्य की गारंटी देता है

यह एक आम गलत धारणा है कि किसी भी निवेश (Investment) या म्यूचुअल फंड का पिछला उच्च रिटर्न उसके भविष्य के प्रदर्शन (Future Performance) की गारंटी देता है। सच्चाई (Reality) यह है कि पिछला प्रदर्शन भविष्य के परिणामों की बिल्कुल भी गारंटी नहीं है। ऐसा इसलिए होता है क्योंकि बाज़ार की स्थितियाँ, आर्थिक कारक और प्रबंधन की गुणवत्ता समय के साथ लगातार बदलते रहते हैं। इसके अतिरिक्त, केवल पिछले प्रदर्शन पर आँख बंद करके ध्यान केंद्रित करने से निवेशक अक्सर उच्च जोखिम की अनदेखी कर सकते हैं, जिसके कारण भविष्य में नुकसान होने की संभावना रहती है। इसलिए, किसी भी निवेश का सही मूल्यांकन (Right Valuation) करते समय, निवेशकों को जोखिम प्रबंधन, वर्तमान मूल्यांकन, और भविष्य के रुझान जैसे अधिक महत्वपूर्ण कारकों पर सावधानीपूर्वक विचार करना चाहिए।

## 10.5 मिथक: पेनी स्टॉक आपको अमीर बनाते हैं

यह एक आम गलत धारणा है कि पेनी स्टॉक्स, जो बहुत कम कीमत वाले शेयर होते हैं, उनमें हाई रिटर्न मिलता है और ये जल्दी अमीर बनने का मौका हैं। हालांकि, सच्चाई यह है कि पेनी स्टॉक्स अत्यधिक जोखिमपूर्ण (Extremely Risky) होते हैं, और अधिकांश निवेशक अपना पूरा पैसा गँवा देते हैं। इन शेयरों की मुख्य विशेषता अत्यधिक अस्थिरता (Highly Volatile) है, जिसके कारण वे बड़े नुकसान (Massive Loss) दे सकते हैं। अक्सर, ये शेयर छोटी और मौलिक रूप से कमजोर (Fundamentally Weak) कंपनियों के होते हैं, जिनमें पारदर्शिता की भी कमी होती है। इसलिए, सलाह यह है कि पेनी स्टॉक्स में केवल उतना ही निवेश करें जितना आप खोने का जोखिम उठा सकते हैं; पूरी तरह से शोध (Thorough Research) करना अनिवार्य है।

## 10.6 मिथक: सोना सबसे सुरक्षित निवेश है

यह एक आम गलत धारणा (Myth) है कि सोना रिस्क-फ्री और सबसे सुरक्षित इन्वेस्टमेंट है। सच्चाई यह है कि गोल्ड जोखिम-मुक्त नहीं है; यह मुख्य रूप से एक डाइवर्सिफिकेशन टूल है, जो महंगाई के खिलाफ बचाव का काम करता है। सोने की कीमत में भी उतार-चढ़ाव (Volatility) होती है और यह हमेशा स्टॉक्स या बॉन्ड्स से बेहतर प्रतिफल (Return) नहीं देता है। यह सच है कि आर्थिक और राजनीतिक अस्थिरता के दौरान यह एक सुरक्षित पनाहगाह ("Safe Haven") के रूप में कार्य करता है और मूल्य का भंडार (Store of Value) बना रहता है, लेकिन इसे शून्य-जोखिम संपत्ति (Zero-Risk Asset) नहीं माना जा सकता। इसलिए, वित्तीय रणनीति के तौर पर, सोने को हमेशा एक विविध पोर्टफोलियो (Diverse Portfolio) के एक छोटे हिस्से के रूप में रखना ही बुद्धिमानी है।

## 10.7 मिथक: बहुत ज्यादा रिसर्च करने से बेहतर रिटर्न मिलते हैं

यह एक आम गलत धारणा (Myth) है कि ज्यादा से ज्यादा रिसर्च करने से गारंटीड बेहतर रिटर्न मिलते हैं। सच्चाई यह है कि निवेश में क्वालिटी रिसर्च यानी सही और प्रासंगिक जानकारी और अनुशासन (Discipline) मात्रा (Quantity) से अधिक महत्वपूर्ण हैं। अत्यधिक विश्लेषण (Analysis Paralysis) एक वास्तविक खतरा है, क्योंकि ओवर-रिसर्च से कन्फ्यूजन और पैनिक हो सकता है। इसके परिणामस्वरूप, आप तर्कसंगत निर्णय (Rational Decisions) लेने के बजाय गलत समय पर खरीद या बिक्री कर सकते हैं। सफल निवेश के लिए कुछ जरूरी चीजें हैं: अपनी इनवेस्टमेंट प्लान को समझना, फाइनेंशियल गोल्स तय करना, और केवल प्रासंगिक जानकारी (Relevant Information) पर ध्यान केंद्रित करना। अंत में, धैर्य (Patience) एक महत्वपूर्ण कारक है जो दीर्घकालिक धन बनाने के लिए आवश्यक है।

## 10.8 मिथक: IPO जल्दी अमीर बनने का मौका है

यह एक आम मिथक (Myth) या गलत धारणा है कि आरंभिक सार्वजनिक पेशकश (IPO) में निवेश करना जल्दी अमीर बनने का एक सुनिश्चित और गारंटीड तरीका है, जो त्वरित लाभ देता है। हालांकि, सच्चाई यह है कि IPO केवल निवेश का एक तरीका है, लेकिन यह उच्च जोखिम के साथ आता है और किसी भी गारंटी (No Guarantee) के बिना होता है। असुरक्षित प्रदर्शन (Uncertain Performance) एक प्रमुख कारक है; IPO लिस्टिंग के बाद शेयर प्राइस में हमेशा वृद्धि होगी, इसकी कोई गारंटी नहीं है। वास्तव में, कई IPO लिस्टिंग के दिन अपने इश्यू मूल्य से नीचे भी सूचीबद्ध होते हैं। इसलिए, उचित रिसर्च अत्यंत आवश्यक है। IPO में निवेश को भी अन्य निवेशों की तरह एक दीर्घकालिक निवेश के रूप में देखा जाना चाहिए, जिसके लिए कंपनी का गहन मूल्यांकन (Intensive Evaluation) आवश्यक है।

## 10.9 अन्य प्रमुख भ्रांतियाँ

निवेश की दुनिया में कई आम गलत धारणाएँ प्रचलित हैं, जिन्हें समझना आवश्यक है। एक प्रमुख मिथक यह है कि म्यूचुअल फंड हमेशा बाज़ार को मात देते हैं, जो कि गलत है। सच्चाई यह है कि कई एक्टिव म्यूचुअल फंड के लिए लंबी अवधि में बेंचमार्क इंडेक्स से बेहतर प्रदर्शन करना मुश्किल होता है, और अक्सर कम फीस वाले इंडेक्स फंड बेहतर या समान रिटर्न देते हैं।

दूसरी भ्रांति यह है कि उच्च लाभांश (High Dividend) का मतलब हमेशा एक अच्छा स्टॉक होता है; यह भी गलत है। कभी-कभी हाई डिविडेंड यील्ड गिरते शेयर मूल्य या कंपनी की कमजोर वित्तीय स्थिति का संकेत हो सकता है, जबकि ग्रोथ-उन्मुख कंपनियाँ अक्सर लाभांश कम देती हैं। एक और आम डर यह है कि बेयर मार्केट धन को नष्ट कर देते हैं; यह भी गलत है। वास्तव में, मंदी के बाजार (Bear Markets) दीर्घकालिक निवेशकों के लिए रियायती कीमतों (Discounted Prices) पर गुणवत्ता वाले स्टॉक खरीदने के अवसर होते हैं।

यह गलत धारणा है कि केवल उसी में निवेश करें जिसे आप समझते हैं। यह सोच आपको विविधीकरण (Diversification) और कई लाभदायक अवसरों से बाहर रख सकती है; उचित शोध (Research), विशेषज्ञ सलाह (Expert Advice) और विविधीकरण से आप अज्ञात क्षेत्रों में भी जोखिम का प्रबंधन (Risk Manage) कर सकते हैं।

* * * * *

**"निवेश के बारे में सबसे बड़ा जोखिम वह नहीं है जो आप नहीं जानते, बल्कि वह है जिसे आप 'सत्य' मानकर बैठे हैं पर वह वास्तव में भ्रम है। आधी-अधूरी जानकारी और बाजार की सुनी-सुनाई बातों (Myths) से बाहर निकलना ही सफल निवेशक बनने की दिशा में आपका पहला और सबसे महत्वपूर्ण कदम है।"**

## 10.10 व्यावहारिक प्रश्नों के उत्तर

**प्रश्न 1:** मिथक - "अमीर बनने के लिए बहुत सारे पैसे चाहिए" - पर आधारित प्रश्न ।

पंकज का मानना है कि निवेश केवल अमीर लोग करते हैं। वह हर महीने ₹1,000 की छोटी सी SIP 15% रिटर्न के साथ 30 साल के लिए शुरू करता है। दूसरी ओर, उसका अमीर दोस्त सुमित 20 साल तक इंतजार करता है और फिर ₹10,00,000 एकमुश्त (Lump sum) निवेश करता है। 30 साल के अंत में किसके पास अधिक पैसा होगा?

**उत्तर:**

30 साल के अंत में पंकज के पास सुमित की तुलना में काफी अधिक पैसा होगा।

यहाँ दोनों के निवेश का गणित है:

पंकज (छोटी शुरुआत की शक्ति):

मासिक निवेश: ₹1,000

समय: 30 साल

अनुमानित रिटर्न: 15%

कुल अनुमानित राशि: लगभग ₹70.10 लाख

सुमित (देर से निवेश का नुकसान):

एकमुश्त निवेश (Lump sum): ₹10,00,000

समय: केवल 10 साल (क्योंकि उसने 20 साल इंतजार किया)

अनुमानित रिटर्न: 15%

कुल अनुमानित राशि: लगभग ₹40.45 लाख

निष्कर्ष: पंकज ने कुल निवेश केवल ₹3,60,000 (1,000 × 12 × 30) किया, जबकि सुमित ने ₹10,00,000 लगाए। इसके बावजूद, पंकज के पास सुमित से लगभग ₹29.65 लाख अधिक होंगे। यह 'कंपाउंडिंग' और 'जल्दी निवेश शुरू करने' की ताकत को दर्शाता है।

सीख: निवेश की राशि से ज्यादा 'निवेश का समय' मायने रखता है। छोटे निवेश से भी बड़ी संपत्ति बनाई जा सकती है।

**प्रश्न 2:** मिथक - "मार्केट टाइमिंग ही सब कुछ है" - पर आधारित प्रश्न।

अमित 'मार्केट टाइमिंग' के चक्कर में सही समय का इंतजार करता है और साल के सबसे अच्छे 5 दिन निवेश से बाहर रहता है, जिससे उसका रिटर्न 12% से गिरकर 8% रह जाता है। यदि उसने ₹5,00,000 निवेश किए थे, तो 10 साल बाद उसे कितनी 'अनुशासन की कमी' की कीमत चुकानी पड़ी?

**उत्तर:**

इस गणना के आधार पर अमित को 'मार्केट टाइमिंग' की कोशिश में अनुशासन की कमी के कारण भारी नुकसान उठाना पड़ा।

1. 12% रिटर्न पर निवेश का मूल्य (यदि वह निवेशित रहता):

मूलधन (P): ₹5,00,000

ब्याज दर (r): 12% (0.12)

समय (n): 10 वर्ष

चक्रवृद्धि ब्याज के लिए सूत्र: $A = P(1 + r)^n$

कुल राशि: ≈ ₹15,52,900

2. 8% रिटर्न पर निवेश का मूल्य (5 सबसे अच्छे दिन चूकने के बाद):

ब्याज दर (r): 8% (0.08)

कुल राशि: ≈ ₹10,79,462

3. 'अनुशासन की कमी' की कीमत (नुकसान): ₹15,52,900 - ₹10,79,450 = ₹4,73,450

अमित को 'अनुशासन की कमी' के कारण लगभग ₹4,73,450 की कीमत चुकानी पड़ी।

निष्कर्ष: मार्केट टाइमिंग के चक्कर में केवल 5 महत्वपूर्ण दिन चूकने के कारण अमित को 10 साल बाद ₹4,73,450 का नुकसान उठाना पड़ा। यह उसके कुल संभावित लाभ का एक बड़ा हिस्सा है, जो दर्शाता है कि बाजार में 'बने रहना' (Time in the market) बाजार को 'भांपने' (Timing the market) से कहीं अधिक महत्वपूर्ण है।

सीख: बाजार में 'समय बिताने' (Time in the market) की तुलना में बाजार को 'समय देने' (Timing the market) की कोशिश करना घाटे का सौदा हो सकता है।

**प्रश्न 3:** मिथक - "सोना (Gold) हमेशा सबसे अच्छा निवेश है"- पर आधारित प्रश्न।

20 साल पहले रीना ने ₹1,00,000 का सोना खरीदा (8% औसत रिटर्न) और सीमा ने ₹1,00,000 इंडेक्स फंड में लगाए (13% औसत रिटर्न)। आज दोनों के पोर्टफोलियो की वैल्यू क्या होगी?

**उत्तर:**

20 साल के निवेश के बाद रीना और सीमा के पोर्टफोलियो की वैल्यू (चक्रवृद्धि ब्याज/Compounding के आधार पर):

रीना (सोना): ₹1,00,000 का निवेश 8% वार्षिक रिटर्न के साथ 20 साल में लगभग ₹4,66,096 हो गया।

सीमा (इंडेक्स फंड): ₹1,00,000 का निवेश 13% वार्षिक रिटर्न के साथ 20 साल में लगभग ₹11,52,308 हो गया।

निष्कर्ष: सीमा का पोर्टफोलियो रीना के पोर्टफोलियो से ₹6,86,212 अधिक है। यह दर्शाता है कि हालांकि सोना सुरक्षित निवेश माना जाता है, लेकिन लंबे समय में इंडेक्स फंड जैसे इक्विटी विकल्प अक्सर बेहतर रिटर्न देते हैं।

सीख: सोना सुरक्षा (Safety) के लिए अच्छा है, लेकिन लंबी अवधि में वेल्थ क्रिएशन के लिए इक्विटी जैसे एसेट क्लास का मुकाबला नहीं कर सकता।

**प्रश्न 4:** मिथक - "कम कीमत वाला स्टॉक (Penny Stock) सस्ता होता है"- पर आधारित प्रश्न ।

राहुल ₹10 वाले 'पेनी स्टॉक' के 1,000 शेयर खरीदता है (कुल ₹10,000)। विकास ₹1,000 वाले एक ब्लूचिप कंपनी के 10 शेयर खरीदता है (कुल ₹10,000)। 1 साल बाद पेनी स्टॉक 20% गिर जाता है और ब्लूचिप 15% बढ़ जाता है। दोनों की स्थिति क्या है?

**उत्तर:**

इस उदाहरण से स्पष्ट होता है कि स्टॉक की 'कीमत' (Price) से ज्यादा उसका 'मूल्य' (Value) और प्रदर्शन मायने रखता है।

यहाँ दोनों की स्थिति का विवरण है:

a. राहुल की स्थिति (पेनी स्टॉक)

राहुल ने कम कीमत के लालच में निवेश किया, लेकिन स्टॉक का प्रदर्शन खराब रहा।

प्रारंभिक निवेश: ₹10,000 (1,000 शेयर × ₹10)

गिरावट: 20% (यानी ₹10,000 का 20% = ₹2,000 का नुकसान)

1 साल बाद वर्तमान मूल्य: ₹8,000

निष्कर्ष: राहुल के पास शेयरों की संख्या (1,000) तो ज्यादा है, लेकिन उसके निवेश की कुल वैल्यू कम हो गई है।

b. विकास की स्थिति (ब्लूचिप स्टॉक)

विकास ने 'महंगे' दिखने वाले शेयर खरीदे, लेकिन कंपनी मजबूत होने के कारण उसे लाभ हुआ।

प्रारंभिक निवेश: ₹10,000 (10 शेयर × ₹1,000)

बढ़त: 15% (यानी ₹10,000 का 15% = ₹1,500 का लाभ)

1 साल बाद वर्तमान मूल्य: ₹11,500

निष्कर्ष: विकास के पास शेयर कम (मात्र 10) हैं, लेकिन उसका निवेश बढ़ गया है।

सीख: यह मिथक कि "पेनी स्टॉक सस्ता है" गलत है। स्टॉक की कम कीमत उसकी गुणवत्ता की गारंटी नहीं होती। विकास का ₹1,000 वाला शेयर राहुल के ₹10 वाले शेयर की तुलना में 'बेहतर निवेश' साबित हुआ क्योंकि उसने लाभ कमाया। निवेश करते समय शेयरों की संख्या के बजाय कंपनी की मजबूती और विकास की संभावना देखनी चाहिए।

**प्रश्न 5:** मिथक - "रिटर्न ही सबसे महत्वपूर्ण है"- पर आधारित प्रश्न ।

एक स्कीम 20% रिटर्न का वादा करती है लेकिन उसमें 2% का 'हिडन चार्ज' (व्यय अनुपात/टैक्स) है। दूसरी स्कीम 18% रिटर्न देती है लेकिन उसमें कोई अतिरिक्त चार्ज नहीं है। ₹10,00,000 के निवेश पर 5 साल बाद कौन सी स्कीम बेहतर होगी?

**उत्तर:**

दोनों योजनाओं की गणना के बाद परिणाम निम्नलिखित हैं:

1. स्कीम A (20% रिटर्न, 2% हिडन चार्ज):

यहाँ प्रभावी (Effective) रिटर्न दर 18% (20% - 2%) होगी।

5 साल बाद राशि: ₹10,00,000 × (1 + 0.18)5 = ₹22,87,758

2. स्कीम B (18% रिटर्न, कोई चार्ज नहीं):

यहाँ प्रभावी रिटर्न दर 18% है।

5 साल बाद राशि: ₹10,00,000 × (1 + 0.18)5 = ₹22,87,758

निष्कर्ष: गणितीय रूप से दोनों स्कीमें एक समान रिटर्न देंगी। हालांकि, व्यावहारिक रूप से स्कीम B बेहतर है क्योंकि:

इसमें पारदर्शिता है और कोई "हिडन चार्ज" नहीं है।

निवेश में 'कंपाउंडिंग' का लाभ तब अधिक मिलता है जब व्यय अनुपात (Expense Ratio) कम हो।

यह उदाहरण स्पष्ट करता है कि केवल "रिटर्न" के बड़े आंकड़े को देखने के बजाय शुद्ध रिटर्न (Net Return) पर ध्यान देना अधिक महत्वपूर्ण है।

सीख: विज्ञापित रिटर्न के बजाय 'हाथ में आने वाले रिटर्न' (Net of costs and taxes) पर ध्यान दें।

## 10.11 प्रश्नोत्तर परीक्षा (Quiz)

Q1. सबसे आम निवेश मिथक क्या है कि शेयर बाजार क्या है?

(A) पूरी तरह सुरक्षित (B) हमेशा नुकसान देता है

(C) केवल अमीरों के लिए (D) जुआ है

Q2. किताब में कहा गया है कि शेयर बाजार जुआ नहीं बल्कि क्या है?

(A) लॉटरी (B) व्यवसाय में हिस्सेदारी (निवेश)

(C) सट्टा (D) सिर्फ ट्रेडिंग

Q3. मिथक: "निवेश करने के लिए बहुत सारा पैसा (करोड़ों) पैसा चाहिए" – हकीकत क्या है?

(A) सच है (B) झूठ है – SIP से ₹500 से भी शुरू कर सकते हैं

(C) केवल 1 लाख से (D) केवल 10 लाख से

Q4. मिथक: "बाजार में टाइमिंग बहुत जरूरी है" – सही दृष्टिकोण क्या है?

(A) टाइम इन द मार्केट > टाइमिंग द मार्केट (B) टाइमिंग ही सबकुछ है

(C) कभी निवेश न करें (D) सिर्फ गिरावट में खरीदें

Q5. मिथक: "म्यूचुअल फंड में पैसा डूब जाता है" – सच क्या है?

(A) पूरी तरह डूब जाता है (B) SEBI रेगुलेटेड है, जोखिम है लेकिन डूबना नहीं

(C) बैंक से भी खराब (D) सिर्फ स्कैम है

Q6. मिथक: "गोल्ड हमेशा सबसे सुरक्षित निवेश है" – हकीकत?

(A) हमेशा सबसे अच्छा रिटर्न देता है (B) कोई जोखिम नहीं

(C) लंबी अवधि में इक्विटी से कम रिटर्न देता है (D) मुद्रास्फीति से ज्यादा बढ़ता है

Q7. मिथक: "FD सबसे अच्छा निवेश है" – क्यों गलत है?

(A) मुद्रास्फीति के बाद वास्तविक रिटर्न नकारात्मक हो सकता है

(B) हमेशा सबसे ज्यादा रिटर्न

(C) कोई कर नहीं

(D) पूरी तरह तरल

Q8. मिथक: "रियल एस्टेट में कभी नुकसान नहीं होता" – सच?

(A) हमेशा दोगुना होता है

(B) तरलता कम, रखरखाव खर्च, ब्लैक मनी का जोखिम

(C) कोई खर्च नहीं

(D) सबसे आसान निवेश

Q9. मिथक: "बीमा = निवेश" – सही बात क्या है?

(A) बीमा सुरक्षा है, निवेश अलग है (B) दोनों एक ही हैं

(C) ULIP सबसे अच्छा (D) बीमा से सबसे ज्यादा रिटर्न

Q10. मिथक: "पैसा दोगुना करने की स्कीम सबसे अच्छी है" – सच?

(A) ज्यादातर स्कैम होती हैं (B) हमेशा सच होती हैं

(C) SEBI अप्रूव्ड (D) सुरक्षित

Q11. मिथक: "महिलाएं निवेश में अच्छी नहीं होतीं" – क्या यह सच है?

(A) सच है

(B) पूरी तरह गलत – महिलाएं अक्सर बेहतर अनुशासन दिखाती हैं

(C) केवल पुरुष ही निवेश करें

(D) कोई फर्क नहीं

Q12. मिथक: "30 साल की उम्र के बाद निवेश शुरू करने में देर हो जाती है" – हकीकत?

(A) सच है

(B) कभी देर नहीं होती – आज से शुरू करें

(C) सिर्फ 20 की उम्र में

(D) 40 के बाद ही

Q13. मिथक: "पैसा बचाने से अमीर बना जा सकता है" – सही दृष्टिकोण?

(A) सिर्फ बचत काफी नहीं, निवेश जरूरी (B) बचत से ही अमीरी

(C) खर्च करें सब (D) कोई जरूरत नहीं

Q14. मिथक: "अमीर लोग ही निवेश करते हैं" – सच?

(A) निवेश करने से ही लोग अमीर बनते हैं (B) केवल जन्म से अमीर

(C) मध्यम वर्ग नहीं कर सकता (D) सिर्फ व्यापारी

Q15. मिथक: "बाजार ऊपर है तो अभी नहीं खरीदना चाहिए" – सही तरीका?

(A) हमेशा गिरावट का इंतजार करें (B) SIP से नियमित निवेश करें

(C) कभी न खरीदें (D) सिर्फ टॉप पर बेचें

Q16. मिथक: "निवेश सलाहकार हमेशा सही होता है" – सच?

(A) हमेशा फॉलो करें (B) खुद की समझ जरूरी, सलाहकार सिर्फ गाइड

(C) बिना सोचे फॉलो करें (D) कोई सलाहकार न लें

Q17. मिथक: "पैसा बाजार में डालकर भूल जाओ, खुद बढ़ेगा" – गलत क्यों?

(A) नियमित समीक्षा जरूरी (B) कभी न देखें

(C) सिर्फ 1 साल में चेक करें (D) सिर्फ टॉप पर बेचें

Q18. मिथक: "कर बचाने के लिए ही निवेश करें" – सही मकसद?

(A) कर बचत बोनस है, मुख्य मकसद धन वृद्धि (B) सिर्फ कर बचत

(C) कर बढ़ाने के लिए (D) कोई मकसद नहीं

Q19. सबसे बड़ा निवेश मिथक जिससे बचना चाहिए?

(A) लालच और डर से प्रेरित निर्णय (B) धैर्य रखना

(C) लंबी अवधि निवेश (D) SIP करना

Q20. किताब का मुख्य संदेश मिथकों के बारे में क्या है?

(A) कोई मिथक नहीं (B) सभी मिथक सच हैं

(C) तथ्यों पर आधारित निवेश करें, मिथकों से बचें (D) सिर्फ दूसरों की सुनें

**Answer Key**

| Q | 1 | 2 | 3 | 4 | 5 | 6 | 7 | 8 | 9 | 10 | 11 | 12 | 13 | 14 | 15 | 16 | 17 | 18 | 19 | 20 |
|---|---|---|---|---|---|---|---|---|---|---|---|---|---|---|---|---|---|---|---|---|
| Ans. | D | B | B | A | B | C | A | B | A | A | B | B | A | A | B | B | A | A | A | C |

# Chapter 11 निवेश विकल्प और रणनीतियाँ

**"एफडी, पीपीएफ से लेकर म्यूचुअल फंड और सोने तक, भारत में निवेश के अनेक अवसर हैं। अपने लक्ष्यों और जोखिम क्षमता के अनुसार सही विकल्प चुनना ही स्थायी संपत्ति बनाने की कुंजी है।"**

भारतीय वित्तीय बाजार आज संभावनाओं के एक नए युग में है, जहाँ हर प्रकार के निवेशक के लिए कुछ न कुछ मौजूद है। लेकिन सफलता इस बात पर निर्भर करती है कि आप अपने लक्ष्यों के लिए सही 'वाहन' का चुनाव कैसे करते हैं। यह अध्याय भारत में उपलब्ध निवेश के विभिन्न रास्तों का एक विस्तृत रोडमैप है, जो आपको पारंपरिक बचत से आगे निकलकर आधुनिक निवेश विकल्पों तक ले जाएगा।

इस चैप्टर में हम इक्विटी (स्टॉक और IPO), रियल एस्टेट और गोल्ड जैसे 'ग्रोथ एसेट्स' से लेकर बॉन्ड्स, FD और सरकारी योजनाओं जैसे 'सुरक्षित विकल्पों' का गहराई से विश्लेषण करेंगे। हम म्यूचुअल फंड्स, REITs और वैकल्पिक निवेश (Alternative Investments) की बारीकियों को समझेंगे और देखेंगे कि कैसे तरलता (Liquidity), जोखिम और रिटर्न के आधार पर एक संतुलित पोर्टफोलियो तैयार किया जाता है। यह अध्याय आपको यह समझने में मदद करेगा कि निवेश के इन औजारों का सही मिश्रण (Diversification) न केवल आपके जोखिम को कम करता है, बल्कि लंबी अवधि में धन सृजन की गति को भी तेज करता है।

## 11.1 धन सृजन के आधुनिक निवेश माध्यम

इक्विटी और उससे जुड़े निवेश विकल्प निवेशकों को धन सृजन के अवसर प्रदान करते हैं, हालांकि इनमें जोखिम का स्तर भिन्न होता है। इक्विटी में मुख्य रूप से किसी कंपनी में स्वामित्व (Ownership) शामिल होता है और यह उच्च विकास क्षमता प्रदान करता है, लेकिन इसमें बाज़ार की अस्थिरता (Market Volatility) का जोखिम भी अधिक होता है। विभिन्न संबद्ध विकल्पों को उनकी प्रकृति, आय के स्रोत और जोखिम प्रोफ़ाइल के आधार पर वर्गीकृत किया जा सकता है।

निवेश विकल्प और उनकी विशेषताएँ

**प्रत्यक्ष स्टॉक (Direct Stocks):** इस विकल्प में निवेशक किसी सूचीबद्ध कंपनी में सीधे स्वामित्व हासिल करता है। आय का मुख्य स्रोत पूंजीगत लाभ (Capital Gains) और लाभांश (Dividend) होते हैं। यह एक उच्च जोखिम वाला निवेश है, लेकिन इसमें उच्च तरलता (Liquidity) भी होती है क्योंकि इसे आसानी से खरीदा और बेचा जा सकता है।

**इनिशियल पब्लिक ऑफरिंग (IPO):** जब कोई कंपनी पहली बार सार्वजनिक होती है, तो उसे IPO कहा जाता है। इसमें आय लिस्टिंग के समय या बाद में मूल्य वृद्धि (Price Appreciation) से होती है। यह विकल्प उच्च जोखिम भरा होता है, क्योंकि लिस्टिंग पर प्रदर्शन की अनिश्चितता होती है।

**रियल एस्टेट इन्वेस्टमेंट ट्रस्ट (REITs):** REITs आय-उत्पादक वाणिज्यिक रियल एस्टेट (Income-Producing Commercial Real Estate) में निवेश का एक तरीका है। आय मुख्य रूप से किराये से (लाभांश के रूप में वितरित) और संपत्ति के मूल्य में वृद्धि से होती है। विविधीकरण के कारण इनमें कम जोखिम होता है और स्टॉक एक्सचेंज पर सूचीबद्ध होने के कारण उच्च तरलता होती है।

**इंफ्रास्ट्रक्चर इन्वेस्टमेंट ट्रस्ट्स (InvITs):** InvITs बुनियादी ढांचा परियोजनाओं (जैसे टोल रोड) में निवेश की अनुमति देते हैं। आय टोल/उपयोग शुल्क से नकदी प्रवाह (Cash Flow) के रूप में आती है। इनमें मध्यम जोखिम होता है और ये भी उच्च तरलता प्रदान करते हैं।

## 11.2 सुरक्षित निवेश के प्रमुख विकल्प

डेट इंस्ट्रूमेंट्स निवेशकों को दो मुख्य लाभ प्रदान करते हैं: पूंजी संरक्षण (Capital Preservation) और निश्चित आय (Fixed Income)। इन विकल्पों से जुड़ा जोखिम मुख्य रूप से जारीकर्ता की क्रेडिट रेटिंग (Credit Rating) पर निर्भर करता है। इस श्रेणी में विभिन्न प्रकार के निवेश साधन उपलब्ध हैं, जिनमें फिक्स्ड डिपॉजिट, सरकारी प्रतिभूतियां, बॉन्ड और नॉन-कंवर्टिबल डिबेंचर शामिल हैं।

### प्रमुख डेट साधन

**फिक्स्ड डिपॉजिट (FD)**: FD किसी बैंक या NBFC (गैर-बैंकिंग वित्तीय कंपनी) में एक निश्चित अवधि के लिए निश्चित ब्याज दर पर जमा किया गया पैसा है। यह एक सुरक्षित विकल्प माना जाता है, लेकिन अक्सर यह मुद्रास्फीति (Inflation) को मात देने में संघर्ष कर सकता है।

**सरकारी प्रतिभूतियां (G-Sec)**: ये भारत सरकार द्वारा जारी किए गए ऋण साधन हैं, जिन्हें ट्रेजरी बिल्स (Treasury Bills) या डेटेड बॉन्ड्स कहा जाता है। ये भारत में सबसे सुरक्षित निवेश माने जाते हैं, क्योंकि इनमें सरकार द्वारा डिफॉल्ट (Default Risk) का जोखिम शून्य होता है।

**बॉन्ड (Bonds)**: बॉन्ड के माध्यम से सरकार या कॉरपोरेट संस्थाओं को पैसा उधार दिया जाता है। कॉरपोरेट बॉन्ड्स में जोखिम उनकी क्रेडिट रेटिंग पर निर्भर करता है (जैसे AAA रेटेड बॉन्ड सबसे सुरक्षित होते हैं)।

**नॉन-कंवर्टिबल डिबेंचर (NCD)**: NCD कंपनियों द्वारा पूंजी जुटाने के लिए जारी किए गए ऋण साधन हैं। ये आमतौर पर फिक्स्ड डिपॉजिट (FD) की तुलना में अधिक रिटर्न प्रदान करते हैं। सिक्योर्ड NCDs में जोखिम कम होता है।

## 11.3 हाइब्रिड और वैकल्पिक निवेश के विभिन्न विकल्प

### हाइब्रिड विकल्प (Hybrid Options)

हाइब्रिड फंड एक संतुलित पोर्टफोलियो बनाने के लिए इक्विटी और ऋण (Debt) दोनों में निवेश करते हैं। इनका उद्देश्य इक्विटी से विकास क्षमता (Growth Potential) और ऋण से स्थिरता (Stability) दोनों का लाभ प्रदान करना है। एग्रेसिव फंड्स (Aggressive Funds) में इक्विटी का प्रतिशत ज्यादा होता है, जबकि कंजर्वेटिव फंड्स (Conservative Funds) में ऋण का प्रतिशत ज्यादा होता है। पोर्टफोलियो प्रबंधन सेवाएँ (PMS) उच्च निवल-मूल्य वाले व्यक्तियों (High net-worth individuals -HNIs) के लिए कस्टमाइज्ड मैनेजमेंट प्रदान करती हैं, जो म्यूचुअल फंड्स की तुलना में अधिक पर्सनलाइज्ड सर्विस होती है।

### वैकल्पिक निवेश (Alternative Investments)

ये पारंपरिक परिसंपत्ति वर्गों (Traditional Asset Classes जैसे स्टॉक/बॉन्ड) के अलावा विविधीकरण (Diversification) के लिए अच्छे विकल्प हैं।

**सोना और चांदी:** ये मुद्रास्फीति के खिलाफ बचाव (Hedge) का काम करते हैं। निवेश के तरीकों में गोल्ड ईटीएफ (Gold ETF), या भौतिक सोना (Physical Gold) शामिल हैं।

**रियल एस्टेट:** इससे किराये की आय (Rental Income) और दीर्घकालिक मूल्य वृद्धि (Long-Term Value Appreciation) मिलती है। इसमें तरलता कम (Low Liquidity) होती है और उच्च निवेश की आवश्यकता होती है।

**क्रिप्टोकरेंसी**: यह बहुत अधिक अस्थिरता (Very High Volatility) और उच्च जोखिम (High Risk) वाला निवेश है। इसमें संपूर्ण नुकसान की संभावना है। इसमें केवल उतना ही निवेश करें जितना आप खोने का जोखिम उठा सकते हैं।

## 11.4 इक्विटी निवेश और टैक्स के नियम

निवेश से होने वाले लाभ पर टैक्स (Tax) की दर मुख्य रूप से दो कारकों पर निर्भर करती है: होल्डिंग पीरियड - वह अवधि जिसके लिए निवेश रखा गया है) और एसेट क्लास (संपत्ति का प्रकार)। इक्विटी निवेश के संदर्भ में, ये निहितार्थ इस प्रकार हैं:

### इक्विटी पर पूंजीगत लाभ (Capital Gains on Equity)

**STCG (Short-Term Capital Gains):** यदि इक्विटी निवेश की अवधि 12 महीने से कम है, तो उससे होने वाले लाभ को शॉर्ट-टर्म कैपिटल गेन्स (STCG) माना जाता है।

**LTCG (Long-Term Capital Gains):** यदि इक्विटी निवेश की अवधि 12 महीने से अधिक है, तो उससे होने वाले लाभ को लॉन्ग-टर्म कैपिटल गेन्स (LTCG) माना जाता है।

### लाभांश (Dividend) कराधान

डिविडेंड डिस्ट्रिब्यूशन टैक्स (DDT - Dividend Distribution Tax) को समाप्त कर दिया गया है। अब, निवेशक को प्राप्त होने वाले लाभांश को सीधे इन्वेस्टर की कुल आय (Investor's Total Income) में जोड़ा जाता है, और उस पर निवेशक के पर्सनल इनकम टैक्स स्लैब (Personal Income Tax Slab) के अनुसार कर (Tax) लगता है।

## 11.5 तरलता के आधार पर निवेश विकल्पों का चयन

तरलता (Liquidity) जिसका अर्थ है कि पैसा कितनी जल्दी कैश में बदला जा सकता है, किसी भी निवेश निर्णय में एक महत्वपूर्ण कारक है। निवेशकों के लक्ष्यों और आवश्यकताओं के आधार पर, निवेशों को उनकी तरलता और संबंधित लॉक-इन अवधि के अनुसार वर्गीकृत किया जा सकता है।

### तरलता स्तर और विशेषताएँ

**उच्च तरलता** (High Liquidity): इस श्रेणी के निवेशों की लॉक-इन अवधि बहुत कम होती है, आमतौर पर 1 दिन से 1 वर्ष तक। ये उन निवेशकों के लिए आदर्श हैं जिन्हें तत्काल नकदी की आवश्यकताएँ (Emergency Fund) पूरी करनी होती हैं। प्रमुख उदाहरणों में Liquid Mutual Funds, Savings Account, और T-Bills शामिल हैं।

**मध्यम तरलता** (Medium Liquidity): इन निवेशों की लॉक-इन अवधि मध्यम होती है, आमतौर पर 1 वर्ष से 5 वर्ष के बीच। ये मध्यम अवधि के लक्ष्यों के लिए डिज़ाइन किए गए हैं। उदाहरण के तौर पर Bank FDs, Post Office Time Deposits, NSC, और ELSS आते हैं।

**निम्न तरलता** (Low Liquidity): इस श्रेणी में लॉक-इन अवधि सबसे लंबी होती है, जो 5 वर्ष से शुरू होकर 30 वर्ष या उससे अधिक तक जा सकती है। इनका मुख्य उद्देश्य लंबी अवधि का धन सृजन और रिटायरमेंट प्लानिंग होता है। उदाहरणों में PPF (15 साल लॉक-इन), NPS (60 वर्ष की आयु तक लॉक-इन), और रियल एस्टेट शामिल हैं।

## 11.6 निवेश के तरीके और प्रभावी रणनीतियाँ

निवेश के दो प्राथमिक तरीके हैं: प्रत्यक्ष बनाम अप्रत्यक्ष निवेश (Direct vs Indirect Investing)। प्रत्यक्ष निवेश में, आप सीधे एसेट (जैसे स्टॉक या रियल एस्टेट) खरीदते हैं और उन्हें

स्वयं मैनेज करते हैं। इसमें आपको अधिक नियंत्रण मिलता है, लेकिन साथ ही हाई रिस्क भी होता है। इसके विपरीत, अप्रत्यक्ष निवेश में आप म्यूचुअल फंड या ईटीएफ (ETF) जैसे मध्यस्थों (Intermediaries) के माध्यम से निवेश करते हैं, जहाँ पेशेवर मैनेजर आपके पैसे को मैनेज करते हैं। इस तरीके में ज़्यादा डाइवर्सिफिकेशन और कम इन्वॉल्वमेंट है।

रणनीतियों के संदर्भ में, सक्रिय बनाम निष्क्रिय रणनीतियाँ (Active vs Passive Strategies) प्रमुख हैं। सक्रिय (Active) रणनीति में, फंड मैनेजर बेंचमार्क से बेहतर रिटर्न देने के लिए सक्रिय स्टॉक पिकिंग और मैनेजमेंट करता है, जिसमें आमतौर पर ज़्यादा फीस और ज़्यादा रिस्क शामिल होता है। वहीं, निष्क्रिय (Passive) रणनीति में निवेश एक विशिष्ट मार्केट इंडेक्स (जैसे निफ्टी 50) की कॉपी करता है। यह कम लागत और स्थिर, बाज़ार जैसा रिटर्न देता है।

रुपया लागत औसत (Rupee Cost Averaging - RCA) एक महत्वपूर्ण निवेश रणनीति है। यह एक ऐसी प्रक्रिया है जिसमें आप सिस्टमैटिक इन्वेस्टमेंट प्लान (SIP) के माध्यम से नियमित अंतराल पर एक निश्चित राशि का निवेश करते हैं। इसका मुख्य फ़ायदा यह है कि यह मार्केट के उतार-चढ़ाव के असर को कम करता है और लंबे समय में आपकी औसत लागत को कम करता है।

अपतटीय निवेश (Offshore Investments) के लिए भारत में दो मुख्य रास्ते हैं। LRS (Liberalised Remittance Scheme) भारतीय रिज़र्व बैंक (RBI) की एक योजना है जो व्यक्तियों को एक वित्तीय वर्ष में USD 2,50,000 तक विदेश भेजने की अनुमति देती है। दूसरा विकल्प GIFT City (IFSC) है, जो भारत का अंतर्राष्ट्रीय वित्तीय सेवा केंद्र है और वैश्विक निवेशों के लिए कर-कुशल (Tax-Efficient) और संरचित मार्ग (Structured Route) प्रदान करता है।

अंत में, सरकार वरिष्ठ नागरिकों के लिए कुछ महत्वपूर्ण सरकारी योजनाएँ चलाती है। PMVVY (प्रधानमंत्री वय वंदना योजना) LIC द्वारा संचालित पेंशन योजना है। दूसरी SCSS (वरिष्ठ नागरिक बचत योजना) है, जो बैंकों और पोस्ट ऑफिस में संचालित बचत योजना है।

## 11.7 आधुनिक निवेश रणनीतियाँ: ESG और थीमैटिक

ESG (एनवायरनमेंटल, सोशल और गवर्नेंस) इन्वेस्टिंग एक मॉडर्न इन्वेस्टमेंट स्ट्रेटेजी है जो कंपनियों के एनवायरनमेंटल, सोशल और गवर्नेंस परफॉर्मेंस के आधार पर इन्वेस्टमेंट के फैसले लेती है। यह तरीका ज़िम्मेदार इन्वेस्टिंग को बढ़ावा देता है, जिसका मकसद फाइनेंशियल रिटर्न के साथ-साथ पॉजिटिव सोशल और एनवायरनमेंटल असर पैदा करना है।

थीमैटिक इन्वेस्टिंग एक और स्ट्रैटेजी है जो ट्रेडिशनल मार्केट सेक्टर के बजाय किसी खास बड़े ट्रेंड या मेगा-ट्रेंड पर फोकस करती है। उदाहरण के लिए, रिन्यूएबल एनर्जी या हेल्थकेयर जैसे टॉपिक, जहाँ इन्वेस्टर इन ट्रेंड से भविष्य की ग्रोथ का फायदा उठाना चाहते हैं।

इन इन्वेस्टमेंट से जुड़े रिस्क और संभावित रिटर्न को समझने के लिए रिस्क-रिटर्न मैट्रिक्स का इस्तेमाल किया जाता है। यह एक विज़ुअल टूल है जो किसी भी इन्वेस्टमेंट के संभावित रिटर्न को उसके अंदरूनी रिस्क के मुकाबले मापता है। यह मैट्रिक्स इन्वेस्टर्स को सोच-समझकर फैसले लेने में मदद करता है। अलग-अलग एसेट्स मैट्रिक्स पर अलग-अलग जगहों पर होते हैं: कैश में सबसे कम रिस्क और रिटर्न होता है, जबकि क्रिप्टोकरेंसी सबसे ज़्यादा रिस्क और संभावित रिटर्न वाली कैटेगरी में आती हैं, और सरकारी बॉन्ड, हाई-डिविडेंड स्टॉक, ETF और कमोडिटी जैसे दूसरे एसेट्स बीच में आते हैं।

* * * * *

**"निवेश के विकल्प अनेक हो सकते हैं, लेकिन सबसे बेहतरीन रणनीति वह है जो आपकी रातों की नींद न उड़ाए। बाजार के शोर को सुनकर नहीं, बल्कि अपनी वित्तीय क्षमता और लक्ष्यों के तालमेल से सही 'एसेट क्लास' चुनना ही एक चतुर निवेशक की असली पहचान है।"**

## 11.8 व्यावहारिक प्रश्नों के उत्तर

**प्रश्न 1:** राजेश 30% के टैक्स ब्रैकेट में आता है। उसके पास दो विकल्प हैं:

बैंक FD जहाँ 7.5% ब्याज मिलता है (जो पूरी तरह टैक्सेबल है)।

PPF जहाँ 7.1% ब्याज मिलता है (जो पूरी तरह टैक्स-फ्री है)।

राजेश के लिए "टैक्स के बाद" (Post-Tax) कौन सा विकल्प बेहतर है?

**उत्तर:**

राजेश के लिए PPF (7.1%) बेहतर विकल्प है।

इसका कारण नीचे दी गई गणना है:

बैंक FD (Post-Tax Return):

ब्याज दर: 7.5%

टैक्स ब्रैकेट: 30% (प्लस सरचार्ज/सेस को छोड़कर)

टैक्स के बाद रिटर्न = $7.5 \times (1 - 0.30) = 5.25\%$

PPF (Post-Tax Return):

ब्याज दर: 7.1%

चूंकि यह पूरी तरह टैक्स-फ्री है, इसका प्रभावी रिटर्न 7.1% ही रहेगा।

निष्कर्ष: FD पर टैक्स कटने के बाद राजेश को केवल 5.25% मिलेगा, जबकि PPF पर उसे 7.1% मिलेगा। इसलिए, PPF स्पष्ट रूप से अधिक लाभदायक है।

सीख: केवल 'रिटर्न' न देखें, टैक्स के बाद हाथ में आने वाले 'नेट रिटर्न' को देखें। ऊँचे टैक्स ब्रैकेट वालों के लिए PPF जैसे टैक्स-फ्री साधन FD से कहीं बेहतर हैं।

**प्रश्न 2:** अमित ने ₹50,00,000 में एक फ्लैट खरीदा। उसे हर महीने ₹15,000 किराया मिलता है और साल में ₹20,000 मेंटेनेंस और टैक्स में खर्च होते हैं। अमित की 'नेट रेंटल यील्ड' क्या है?

**उत्तर:**

अमित की नेट रेंटल यील्ड 3.2% है।

Step 1: कुल वार्षिक किराया (Gross Annual Rent) निकालना

सबसे पहले, हम पूरे वर्ष के दौरान प्राप्त कुल किराए की गणना करते हैं। चूंकि मासिक किराया ₹15,000 है, इसलिए: =15,000×12=1,80,000

Step 2: शुद्ध वार्षिक आय (Net Annual Income) की गणना

अब, कुल वार्षिक किराए में से मेंटेनेंस और टैक्स के खर्चों को घटाते हैं: =1,80,000 − 20,000 = 1,60,000

Step 3: नेट रेंटल यील्ड (Net Rental Yield) का प्रतिशत निकालना

नेट रेंटल यील्ड निकालने के लिए शुद्ध वार्षिक आय को फ्लैट की कुल कीमत से विभाजित करके 100 से गुणा करते हैं:

नेट रेंटल यील्ड (Net Rental Yield) = (1,60,000/50,00,000)×100 = 3.2%

अमित की नेट रेंटल यील्ड 3.2% है।

सीख: भारत में आवासीय रियल एस्टेट की रेंटल यील्ड अक्सर 2-4% के बीच होती है। असली लाभ संपत्ति की कीमत बढ़ने (Capital Appreciation) से आता है।

**प्रश्न 3:** सीमा ₹1,00,000 का सोना खरीदना चाहती है। उसके पास दो तरीके हैं: (A) फिजिकल गोल्ड (सिक्के) और (B) सॉवरेन गोल्ड बॉन्ड (SGB)। मान लें कि 8 साल बाद सोने की कीमत दोगुनी हो जाती है। SGB में उसे 2.5% सालाना अतिरिक्त ब्याज भी मिलता है। दोनों में कितना अंतर होगा?

**उत्तर:**

8 साल बाद दोनों विकल्पों के बीच का कुल अंतर ₹20,000 होगा।

यहाँ इसकी गणना दी गई है:

1. फिजिकल गोल्ड (सिक्के):

निवेश: ₹1,00,000

8 साल बाद सोने का मूल्य: ₹2,00,000 (कीमत दोगुनी होने पर)

कुल मैच्योरिटी राशि: ₹2,00,000

2. सॉवरेन गोल्ड बॉन्ड (SGB):

निवेश: ₹1,00,000

8 साल बाद सोने का मूल्य: ₹2,00,000

अतिरिक्त ब्याज (2.5% सालाना): ₹1,00,000 का 2.5% = ₹2,500 हर साल।

8 साल का कुल ब्याज: ₹2,500 × 8 = ₹20,000

कुल मैच्योरिटी राशि: ₹2,00,000 + ₹20,000 = ₹2,20,000

निष्कर्ष: SGB में निवेश करने पर सीमा को ₹20,000 का अतिरिक्त लाभ मिलेगा। इसके अलावा, SGB पर मैच्योरिटी के समय कोई कैपिटल गेन टैक्स नहीं देना पड़ता और फिजिकल गोल्ड की तरह मेकिंग चार्ज या लॉकर का खर्च भी नहीं होता।

सीख: SGB में निवेश करने पर सोने की बढ़ती कीमतों के साथ-साथ अतिरिक्त ब्याज और टैक्स छूट (Capital Gains पर) का फायदा मिलता है।

**प्रश्न 4:** राहुल और समीर दोनों ₹10,00,000 एक ही तरह के म्यूचुअल फंड में 10 साल के लिए निवेश करते हैं। दोनों को 15% का ग्रॉस रिटर्न मिलता है। राहुल Direct Plan चुनता है (0.5% चार्ज), जबकि समीर Regular Plan चुनता है (1.5% चार्ज)। 10 साल बाद उनके फंड में कितना अंतर होगा?

**उत्तरः**

10 साल के अंत में दोनों के फंड में ₹4,44,792 का अंतर होगा।

गणना:

राहुल (Direct Plan):

नेट रिटर्न: 14.5% (15% - 0.5% चार्ज)

10 साल बाद कुल राशि: ₹38,73,532

समीर (Regular Plan):

नेट रिटर्न: 13.5% (15% - 1.5% चार्ज)

10 साल बाद कुल राशि: ₹35,47,842 (अनुमानित)

निष्कर्ष: सिर्फ 1% अतिरिक्त शुल्क के कारण समीर को राहुल की तुलना में ₹4.44 लाख (लगभग) से अधिक का नुकसान होगा।

सीख: लंबे समय के निवेश में 'एक्सपेंस रेशियो' में छोटा सा अंतर भी आपकी संपत्ति में लाखों की कमी कर सकता है।

**प्रश्न 5:** एक व्यापारी के पास ₹20,00,000 का सरप्लस कैश है जिसे उसे 3 महीने बाद इस्तेमाल करना है। बैंक बचत खाते में उसे 3% सालाना ब्याज मिलता है। यदि वह उसे 'लिक्विड फंड' (Liquid Fund) में डालता है जहाँ 6% सालाना रिटर्न है, तो वह 3 महीने में कितना अतिरिक्त कमा लेगा?

**उत्तरः**

साधारण ब्याज के सूत्र का उपयोग करके बचत खाते के ब्याज

बचत खाता (3 महीने का ब्याज): 20,00,000 × 3% × (3/12)= ₹15,000 .

लिक्विड फंड (3 महीने का ब्याज): 20,00,000 ×6% × (3/12) = ₹30,000

अतिरिक्त कमाई निकालने के लिए हम लिक्विड फंड के रिटर्न में से बचत खाते के ब्याज को घटाएंगे

अतिरिक्त कमाई, ₹30,000 –₹15,000 = ₹15,000

व्यापारी लिक्विड फंड के माध्यम से 3 महीने में कुल ₹15,000 अतिरिक्त कमाएगा।

सीख: थोड़े समय के लिए भी खाली पड़े पैसे को सही ऋण साधन (Debt Instrument) में रखना आपकी आय बढ़ा सकता है।

## 11.9 प्रश्नोत्तर परीक्षा (Quiz)

Q1. किताब के अनुसार भारत में निवेश विकल्पों का चयन किस आधार पर करना चाहिए?

(A) सिर्फ सबसे ज्यादा रिटर्न

(B) सिर्फ दोस्तों की सलाह

(C) लक्ष्य, जोखिम सहनशीलता और समय-सीमा के आधार पर

(D) सिर्फ विज्ञापनों से

Q2. इक्विटी (Equity) का सबसे बड़ा लाभ क्या है?

(A) पूर्ण सुरक्षा

(B) लंबी अवधि में सबसे ज्यादा रिटर्न (12-16% CAGR)

(C) हर साल फिक्स्ड इनकम

(D) कोई जोखिम नहीं

Q3. इक्विटी का सबसे बड़ा जोखिम क्या है?

(A) बहुत कम तरलता
(B) उच्च अस्थिरता (Volatility)
(C) कोई रिटर्न नहीं
(D) कर बहुत ज्यादा

Q4. फिक्स्ड इनकम (Debt) का मुख्य लाभ क्या है?

(A) बहुत ज्यादा रिटर्न
(B) पूंजी संरक्षण और नियमित आय
(C) उच्च जोखिम
(D) बहुत कम तरलता

Q5. सरकारी बॉन्ड (G-Sec) को किताब में कितना सुरक्षित माना गया है?

(A) 50% सुरक्षित
(B) क्रिप्टो से कम
(C) 0% सुरक्षित
(D) लगभग 100% सुरक्षित

Q6. गोल्ड का मुख्य उद्देश्य क्या है?

(A) नियमित आय

(B) मुद्रास्फीति के खिलाफ हेज और विविधीकरण

(C) सबसे ज्यादा रिटर्न

(D) बहुत तरल निवेश

Q7. लंबी अवधि में गोल्ड का रिटर्न इक्विटी की तुलना में कैसा रहा है?

(A) बराबर
(B) ज्यादा
(C) कम
(D) नकारात्मक

Q8. रियल एस्टेट का सबसे बड़ा फायदा क्या है?

(A) बहुत ज्यादा तरलता
(B) किराये की आय + मूल्य वृद्धि
(C) कोई रखरखाव खर्च नहीं
(D) कोई कर नहीं

Q9. रियल एस्टेट का सबसे बड़ा नुकसान क्या है?

(A) बहुत कम तरलता और उच्च रखरखाव खर्च
(B) बहुत ज्यादा रिटर्न
(C) कोई जोखिम नहीं
(D) हर साल दोगुना

Q10. REITs का सबसे बड़ा लाभ क्या है?

(A) रियल एस्टेट में निवेश बिना प्रॉपर्टी खरीदे
(B) बहुत कम रिटर्न
(C) कोई डिविडेंड नहीं
(D) उच्च जोखिम

Q11. म्यूचुअल फंड का सबसे बड़ा फायदा क्या है?
(A) बहुत ज्यादा खर्च
(B) खुद सब मैनेज करना
(C) कोई रिटर्न नहीं
(D) प्रोफेशनल मैनेजमेंट + विविधीकरण

Q12. डायरेक्ट स्टॉक निवेश और म्यूचुअल फंड में मुख्य अंतर क्या है?
(A) म्यूचुअल फंड में प्रोफेशनल मैनेजर होता है
(B) स्टॉक में ज्यादा रिटर्न
(C) म्यूचुअल फंड में कोई विविधीकरण नहीं
(D) स्टॉक में कोई जोखिम नहीं

Q13. लिक्विड फंड का उपयोग मुख्य रूप से किसके लिए होता है?
(A) लंबी अवधि निवेश (B) इमरजेंसी फंड / शॉर्ट टर्म पार्किंग
(C) रिटायरमेंट (D) बच्चों की शादी

Q14. भारत में सबसे अच्छा हेज कौन-सा माना गया है?
(A) केवल गोल्ड (B) गोल्ड + इक्विटी + डेट का मिश्रण
(C) केवल क्रिप्टो (D) केवल रियल एस्टेट

Q15. वैकल्पिक निवेश (Alternative Investments) में क्या शामिल है?
(A) क्रिप्टो, प्राइवेट इक्विटी, वेंचर कैपिटल (B) केवल FD
(C) केवल PPF (D) केवल पोस्ट ऑफिस

Q16. क्रिप्टोकरेंसी को किताब में कितना जोखिमी बताया गया है?
(A) बहुत कम जोखिम
(B) अत्यधिक उच्च जोखिम और अस्थिरता
(C) कोई जोखिम नहीं
(D) FD से कम

Q17. निवेश पोर्टफोलियो में विविधता क्यों जरूरी है?
(A) सारा पैसा एक जगह डालने से जोखिम बढ़ता है
(B) सारा एक जगह डालने से ज्यादा रिटर्न
(C) कोई जरूरत नहीं
(D) सिर्फ इक्विटी ही काफी

Q18. उम्र के साथ इक्विटी आवंटन कैसे बदलना चाहिए?
(A) जवान = ज्यादा इक्विटी, बूढ़ा = कम इक्विटी
(B) हमेशा 100% इक्विटी

(C) हमेशा 100% डेट

(D) कोई बदलाव नहीं

Q19. भारत में सबसे लोकप्रिय निवेश विकल्प शुरुआती लोगों के लिए क्या है?

(A) डायरेक्ट स्टॉक

(B) म्यूचुअल फंड SIP

(C) रियल एस्टेट

(D) क्रिप्टो

Q20. किताब का मुख्य संदेश निवेश विकल्पों के बारे में क्या है?

(A) एक ही जगह सारा पैसा

(B) लक्ष्य और जोखिम के अनुसार विविध निवेश

(C) सिर्फ FD

(D) सिर्फ गोल्ड

**Answer Key**

| Q | 1 | 2 | 3 | 4 | 5 | 6 | 7 | 8 | 9 | 10 | 11 | 12 | 13 | 14 | 15 | 16 | 17 | 18 | 19 | 20 |
|---|---|---|---|---|---|---|---|---|---|---|---|---|---|---|---|---|---|---|---|---|
| Ans. | C | B | B | B | D | B | C | B | A | A | D | A | B | B | A | B | A | A | B | B |

# Chapter 12 निवेश जोखिम को समझना

**"जोखिम से भागना नहीं, उसे प्रबंधित करना सीखें। सही जानकारी और विविधीकरण से आप बाज़ार की अस्थिरता को खतरे के बजाय एक आकर्षक अवसर में बदल सकते हैं।"**

इन्वेस्टिंग की दुनिया में, 'रिस्क' सिर्फ़ नुकसान का डर नहीं है; यह उम्मीद के मुताबिक रिटर्न और असल नतीजों के बीच की अनिश्चितता है। एक समझदार इन्वेस्टर वह नहीं है जो रिस्क से दूर भागता है, बल्कि वह है जो इसके नेचर को पहचानता है और जानता है कि इसे अपने फायदे के लिए कैसे इस्तेमाल किया जाए। यह चैप्टर आपको रिस्क के दो मुख्य पहलुओं से इंट्रोड्यूस कराएगा जो हर इन्वेस्टर पर असर डालते हैं: सिस्टमैटिक रिस्क (जो पूरी इकॉनमी को हिला सकता है) और अनसिस्टमैटिक रिस्क (जो किसी खास कंपनी या सेक्टर तक ही सीमित है)।

इस चैप्टर में, हम रिस्क को मापने के साइंटिफिक पैरामीटर, जैसे 'बीटा' और 'स्टैंडर्ड डेविएशन' के बारे में और गहराई से जानेंगे। आप सीखेंगे कि इंटरेस्ट रेट, महंगाई और मार्केट के उतार-चढ़ाव आपके पोर्टफोलियो पर कैसे असर डालते हैं और उनसे बचने के लिए डाइवर्सिफिकेशन का इस्तेमाल कैसे करें। यह चैप्टर आपको एक आम इन्वेस्टर से एक प्रोफेशनल रिस्क मैनेजर में बदल देगा, जिससे आपको उतार-चढ़ाव के समय घबराने के बजाय रिस्क को मौके के तौर पर इस्तेमाल करना सीखने में मदद मिलेगी।

## 12.1 सिस्टमैटिक रिस्क: अर्थ और मुख्य विशेषताएं

सिस्टमैटिक रिस्क को मार्केट रिस्क या नॉन-डाइवर्सिफ़ाएबल रिस्क भी कहा जाता है। यह ऐसा रिस्क है जो सिर्फ़ किसी एक कंपनी पर ही नहीं, बल्कि पूरे फ़ाइनेंशियल मार्केट या इकॉनमी पर असर डालता है। इसकी खासियतों में यह शामिल है कि यह सरकारी पॉलिसी, इंटरेस्ट रेट में बदलाव, इन्फ़्लेशन या जियोपॉलिटिकल घटनाओं जैसे बाहरी फ़ैक्टर से पैदा होता है। इसके अलावा, यह नॉन-डाइवर्सिफ़ाएबल है; आप अपने पोर्टफ़ोलियो में डाइवर्सिफ़ाई करके इस रिस्क को पूरी तरह से खत्म नहीं कर सकते।

सिस्टमिक रिस्क कई तरह के होते हैं। इंटरेस्ट रेट रिस्क तब होता है जब रेट बढ़ने पर बॉन्ड की कीमतें गिरती हैं। इन्फ़्लेशन रिस्क ज़्यादा इन्फ़्लेशन के कारण आपकी खरीदने की ताकत कम कर देता है। पॉलिटिकल/रेगुलेटरी रिस्क में सरकारी पॉलिसी या टैक्सेशन में अचानक बदलाव शामिल होते हैं। इस रिस्क को अक्सर बीटा ($\beta$) का इस्तेमाल करके मापा जाता है। इसे मैनेज करने की स्ट्रेटेजी में एसेट एलोकेशन (अलग-अलग एसेट क्लास में इन्वेस्ट करना) और हेजिंग (फ़ाइनेंशियल इंस्ट्रूमेंट का इस्तेमाल करके इंश्योरेंस लेना) शामिल हैं।

## 12.2 नॉन-सिस्टमैटिक रिस्क

नॉन-सिस्टमैटिक रिस्क को कंपनी-स्पेसिफिक रिस्क या डाइवर्सिफ़ाएबल रिस्क भी कहा जाता है। यह एक ऐसा रिस्क है जो किसी खास कंपनी या इंडस्ट्री के लिए यूनिक होता है और पूरे मार्केट को प्रभावित नहीं करता है।

इस रिस्क की मुख्य खासियत यह है कि यह किसी फर्म की अंदरूनी गतिविधियों से पैदा होता है। इसके उदाहरणों में खराब मैनेजमेंट के फैसले, प्रोडक्ट रिकॉल, लेबर विवाद, या कानूनी मुद्दे शामिल हैं। सबसे ज़रूरी बात यह है कि यह एक डाइवर्सिफ़ाएबल रिस्क है। इसका मतलब है कि इस रिस्क को सही डाइवर्सिफ़िकेशन के ज़रिए कम या खत्म किया जा सकता है।

यह रिस्क एक अच्छी तरह से डाइवर्सिफ़ाइड पोर्टफोलियो में काम करता है, जिसमें कई तरह की एसेट्स शामिल होती हैं। अगर पोर्टफोलियो में कोई एक कंपनी खराब प्रदर्शन करती है, तो उसी पोर्टफोलियो में दूसरी कंपनी का अच्छा प्रदर्शन उस नुकसान को बैलेंस कर देता है, जिससे इन्वेस्टर के लिए कुल रिस्क कम हो जाता है।

## 12.3 इन्वेस्टमेंट रिस्क मापने के प्रमुख टूल्स

इन्वेस्टमेंट रिस्क को मापने और यह समझने के लिए कि कोई इन्वेस्टमेंट कितना वोलेटाइल या सेंसिटिव है, कई तरह के स्टैटिस्टिकल टूल्स का इस्तेमाल किया जाता है। इन मुख्य मेट्रिक्स में बीटा, अल्फा, स्टैंडर्ड डेविएशन और वेरिएंस शामिल हैं।

**बीटा** (β) एक ज़रूरी फ़ाइनेंशियल मेट्रिक है, जिसे मार्केट सेंसिटिविटी भी कहा जाता है। यह मापता है कि किसी खास स्टॉक की कीमत पूरे मार्केट के हलचल के प्रति कितनी सेंसिटिव या वोलेटाइल है। इसका मतलब समझना आसान है: अगर $\beta = 1.0$ है, तो स्टॉक की कीमत मार्केट के हिसाब से चलती है। अगर $\beta > 1.0$ है, तो स्टॉक मार्केट से ज़्यादा वोलेटाइल है (उदाहरण के लिए, $\beta = 1.5$ का मतलब है कि अगर मार्केट 10% बढ़ता है, तो स्टॉक 15% बढ़ सकता है)। अगर $\beta < 1.0$ है, तो स्टॉक मार्केट से कम वोलेटाइल है। नेगेटिव β का मतलब है कि स्टॉक मार्केट की उल्टी दिशा में चलता है।

**अल्फा (α)** एक एक्स्ट्रा रिटर्न मेट्रिक है। यह किसी इन्वेस्टमेंट के रिस्क-एडजस्टेड एक्स्ट्रा रिटर्न को दिखाता है। यह मापता है कि किसी इन्वेस्टमेंट ने अपने बेंचमार्क की तुलना में कितना बेहतर प्रदर्शन किया है। फ़ाइनेंशियल दुनिया में, इसे एक एक्टिव फ़ंड मैनेजर के स्किल को मापने का सबसे अच्छा तरीका माना जाता है। इसे α = (CAPM) फ़ॉर्मूले का इस्तेमाल करके कैलकुलेट किया जाता है। पॉज़िटिव $\alpha$ बताता है कि इन्वेस्टमेंट ने अपने बेंचमार्क से ज़्यादा रिटर्न दिया है।

**स्टैंडर्ड डेविएशन** और वेरिएंस स्टैटिस्टिकल माप हैं जो सीधे तौर पर वोलैटिलिटी को दिखाते हैं। वे बताते हैं कि किसी इन्वेस्टमेंट का रिटर्न उसके औसत से कितना फैला हुआ है। स्टैंडर्ड डेविएशन वेरिएंस का स्क्वायर रूट होता है। ज़्यादा स्टैंडर्ड डेविएशन का मतलब है ज़्यादा वोलैटिलिटी और ज़्यादा रिस्क।

## 12.4 निवेश जोखिम (Risk) कम करने की रणनीतियां

कोवेरिएंस और कोरिलेशन दो ज़रूरी स्टैटिस्टिकल टूल हैं जो फाइनेंशियल दुनिया में बहुत अहम हैं, खासकर पोर्टफोलियो डाइवर्सिफिकेशन के लिए। ये हमें यह समझने में मदद करते हैं कि समय के साथ दो अलग-अलग एसेट का रिटर्न एक-दूसरे के मुकाबले कैसे बदलता है।

### कोवेरिएंस की भूमिका

कोवेरिएंस (Covariance) यह मापता है कि दो एसेट एक साथ किस दिशा में बढ़ते हैं। इसकी वैल्यू पॉजिटिव या नेगेटिव हो सकती है, लेकिन यह सिर्फ़ दिशा बताती है, रिश्ते की मज़बूती नहीं।

**पॉजिटिव कोवेरिएंस:** इसका मतलब है कि दोनों एसेट एक ही दिशा में बढ़ते हैं; जब एक की वैल्यू बढ़ती है, तो दूसरे की वैल्यू भी बढ़ती है।

**नेगेटिव कोवेरिएंस:** इसका मतलब है कि दोनों एसेट उल्टी दिशाओं में बढ़ते हैं; जब एक की वैल्यू बढ़ती है, तो दूसरे की वैल्यू घटती है।

### कोरिलेशन की भूमिका

कोरिलेशन कोवेरिएंस का एक स्टैंडर्डाइज़्ड रूप है। कोवेरिएंस के उलट, कोरिलेशन की वैल्यू हमेशा -1 और +1 के बीच होती है। यह मेट्रिक न सिर्फ़ दिशा बल्कि लीनियर रिश्ते की मज़बूती भी बताता है।

**डाइवर्सिफिकेशन में इस्तेमाल**

इन्वेस्टर मुख्य रूप से इन टूल का इस्तेमाल कुल पोर्टफोलियो रिस्क को कम करने के लिए करते हैं। लक्ष्य अपने पोर्टफोलियो में ऐसे एसेट शामिल करना है जिनका कोरिलेशन कम या नेगेटिव हो। लॉजिक यह है कि अगर एक एसेट की वैल्यू गिरती है, तो नेगेटिव कोरिलेशन वाले एसेट की वैल्यू बढ़ सकती है, जिससे कुल पोर्टफोलियो रिस्क बैलेंस हो जाता है और कुल वोलैटिलिटी कम हो जाती है।

## 12.5 VaR और इंडिया VIX: रिस्क मापने के टूल्स

वैल्यू एट रिस्क और इंडिया VIX शेयर बाजार में जोखिम को मापने के दो सबसे महत्वपूर्ण पैरामीटर्स हैं। VaR एक पोर्टफोलियो-विशिष्ट टूल है जो गणितीय गणनाओं के आधार पर यह बताता है कि एक निवेशक को किसी खास समय) जैसे एक दिन या एक सप्ताह (में अधिकतम कितना वित्तीय घाटा हो सकता है। उदाहरण के तौर पर, यदि किसी का VaR 1 लाख रुपये है, तो इसका मतलब है कि बाजार की सामान्य परिस्थितियों में उसका नुकसान उस सीमा से बाहर जाने की संभावना बहुत कम है। यह टूल फंड मैनेजर्स को उनकी जोखिम सहने की क्षमता तय करने में मदद करता है।

इसके विपरीत, इंडिया VIX किसी व्यक्तिगत पोर्टफोलियो के बजाय पूरे बाजार के मनोविज्ञान को दर्शाता है। यह निफ्टी 50 इंडेक्स के ऑप्शंस की कीमतों पर आधारित होता है और अगले 30 दिनों की संभावित उथल-पुथल की गणना करता है। जब VIX 25 से ऊपर होता है, तो यह बाजार में भारी घबराहट और अनिश्चितता का संकेत देता है, जिससे कीमतों में बड़ी गिरावट की संभावना बढ़ जाती है। वहीं, कम VIX 15 से नीचे, बाजार में आत्मविश्वास और स्थिरता का प्रतीक है। संक्षेप में, जहाँ VaR यह बताता है कि "आपका कितना पैसा दांव पर है", वहीं VIX यह बताता है कि "बाजार का मूड कितना खराब या शांत है"।

## 12.6 निवेश के अन्य चार प्रमुख जोखिम

निवेशकों को प्रभावित करने वाले दूसरे बड़े जोखिमों को समझना ज़रूरी है, क्योंकि फाइनेंशियल प्लानिंग में कई तरह के जोखिम होते हैं। इन जोखिमों को मोटे तौर पर चार तरह से बांटा जा सकता है: कंसंट्रेशन रिस्क, लिक्विडिटी रिस्क, इवेंट रिस्क, और करेंसी रिस्क।

### कंसंट्रेशन रिस्क

कंसंट्रेशन रिस्क एक ही एसेट, सेक्टर या ज्योग्राफिकल लोकेशन पर ज़्यादा निर्भरता के कारण होने वाले नुकसान की संभावना है। यह मुख्य रूप से डाइवर्सिफिकेशन की कमी के कारण होता है। इस जोखिम को कम करने के लिए डाइवर्सिफिकेशन मुख्य रणनीति है, जिसका मतलब है कि अपने निवेश को कई अलग-अलग क्षेत्रों में फैलाना।

### लिक्विडिटी रिस्क

लिक्विडिटी रिस्क वह जोखिम है कि आप किसी निवेश (जैसे स्मॉल-कैप स्टॉक) को अच्छी कीमत पर आसानी से और जल्दी खरीद या बेच नहीं सकते। यह उन एसेट्स में ज़्यादा आम है जिन्हें कैश में बदलने में समय लगता है।

### इवेंट रिस्क

इवेंट रिस्क किसी अनिश्चित घटना के कारण होता है जो किसी निवेश के मूल्य पर काफी असर डाल सकती है। इन घटनाओं के उदाहरणों में चुनाव, बजट घोषणाएं, कॉर्पोरेट मर्जर, या प्रोडक्ट रिकॉल शामिल हैं।

### करेंसी रिस्क

करेंसी रिस्क, जो मुख्य रूप से मल्टीनेशनल कंपनियों (MNCs) को प्रभावित करता है, एक्सचेंज रेट में उतार-चढ़ाव के कारण संभावित वित्तीय नुकसान का जोखिम है। यह उन कंपनियों के लिए खास तौर पर प्रासंगिक है जो अंतरराष्ट्रीय व्यापार करती हैं।

## 12.7 डाइवर्सिफिकेशन: रिस्क कम करने का मूल मंत्र

डाइवर्सिफिकेशन रिस्क मैनेजमेंट का एक प्राइमरी और बेसिक तरीका है, जिसका मुख्य मकसद नॉन-सिस्टमैटिक रिस्क या कंपनी-स्पेसिफिक रिस्क को कम करना है। यह सिद्धांत मशहूर कहावत, "अपने सारे अंडे एक ही टोकरी में न रखें," पर आधारित है, क्योंकि यह पक्का करता है कि किसी एक इन्वेस्टमेंट से होने वाले नुकसान का पूरे पोर्टफोलियो पर ज़्यादा असर न पड़े।

### डाइवर्सिफिकेशन कैसे काम करता है

डाइवर्सिफिकेशन कई अलग-अलग एसेट क्लास (जैसे स्टॉक, बॉन्ड और रियल एस्टेट), इंडस्ट्री और ज्योग्राफिकल एरिया में इन्वेस्टमेंट फैलाकर किया जाता है। इसकी सफलता की कुंजी पोर्टफोलियो में ऐसे एसेट क्लास या सिक्योरिटीज़ को शामिल करना है जिनका कोरिलेशन कम या नेगेटिव हो। यह स्ट्रैटेजी यह पक्का करती है कि जब मार्केट में उतार-चढ़ाव के कारण कोई एक एसेट खराब प्रदर्शन करता है, तो दूसरा एसेट बेहतर प्रदर्शन करता है और नुकसान की भरपाई करता है। इससे कुल पोर्टफोलियो स्थिर रहता है और मार्केट की अस्थिरता से कम प्रभावित होता है।

### रिस्क प्रोफाइलिंग की भूमिका

डाइवर्सिफिकेशन स्ट्रैटेजी को लागू करने के लिए, रिस्क प्रोफाइलिंग प्रश्नावली जैसे टूल का इस्तेमाल किया जाता है। ये प्रश्नावली इन्वेस्टर की रिस्क लेने की क्षमता और फाइनेंशियल लक्ष्यों का आकलन करने में मदद करती हैं। इन आकलन के आधार पर, एक उपयुक्त और अच्छी तरह से डाइवर्सिफाइड इन्वेस्टमेंट स्ट्रैटेजी बनाई जा सकती है जो इन्वेस्टर के उद्देश्यों के साथ मेल खाती हो।

* * * * *

**"निवेश में जोखिम का अर्थ डर नहीं, बल्कि संभावनाओं का प्रबंधन है। बिना जोखिम के बड़ा लाभ एक भ्रम है, लेकिन बिना ज्ञान के लिया गया जोखिम एक जुआ है।"**

## 12.1 व्यावहारिक प्रश्नों के उत्तर

**प्रश्न 1:** रमेश ने ₹10,00,000 की एक FD की है जहाँ उसे 6% का सालाना ब्याज मिल रहा है। यदि उस साल देश में महंगाई दर (Inflation) 7% रहती है, तो 1 साल बाद रमेश के निवेश की वास्तविक क्रय शक्ति (Purchasing Power) क्या होगी?

**उत्तर:**

1 साल बाद रमेश के निवेश की वास्तविक क्रय शक्ति लगभग ₹9,90,654 होगी।

इसका कारण नीचे दी गई गणना है:

Step 1: 1 साल बाद निवेश का कुल मूल्य ज्ञात करना

सबसे पहले, हम 6% की वार्षिक ब्याज दर के आधार पर 1 साल बाद प्राप्त होने वाली कुल राशि (Future Value) की गणना करेंगे।

$FV = P \times (1 + r)$

यहाँ $P$ =10,00,000 (मूलधन) और r = 6% = 0.06 (ब्याज दर) है।

$FV = 10,00,000 \times (1+0.06) = 10,60,000$

रमेश के बैंक खाते में 1 साल बाद कुल ₹10,60,000 होंगे।

Step 2: महंगाई के अनुसार वास्तविक क्रय शक्ति की गणना

वास्तविक क्रय शक्ति यह दर्शाती है कि भविष्य की राशि की आज के मूल्य में क्या कीमत है। इसके लिए हम भविष्य की राशि को महंगाई दर ( r = 7% = 0.07) से समायोजित करते हैं।

$$\text{Real Value} = \frac{\text{FV}}{1 + \text{r}}$$

$$\text{Real Value} = \frac{10,60,000}{1 + 0.07} \approx ₹9,90,654$$

1 साल बाद रमेश के निवेश की वास्तविक क्रय शक्ति (purchasing power) लगभग ₹9,90,654 होगी। इसका अर्थ है कि ब्याज मिलने के बावजूद, महंगाई दर अधिक होने के कारण रमेश के पैसे की खरीदने की क्षमता में लगभग ₹9,345 की वास्तविक गिरावट आई है।

सीख: सुरक्षित निवेश (जैसे FD) में भी 'मुद्रास्फीति का जोखिम' होता है, जो धीरे-धीरे आपके पैसे की वैल्यू को खत्म कर देता है।

**प्रश्न 2:** सुरेश के पास ₹5,00,000 का पोर्टफोलियो है। उसने सारा पैसा 'रियल एस्टेट' सेक्टर के 3 अलग-अलग शेयरों में लगा दिया है। अचानक सरकार की नीतियों के कारण रियल एस्टेट सेक्टर 20% गिर जाता है। सुरेश के पोर्टफोलियो की स्थिति क्या होगी?

**उत्तर:**

सुरेश के पोर्टफोलियो की स्थिति इस प्रकार होगी:

नुकसान की गणना: ₹5,00,000 का 20% यानी ₹1,00,000 का नुकसान हुआ है।

पोर्टफोलियो का नया मूल्य: सुरेश के निवेश का मूल्य अब घटकर ₹4,00,000 रह जाएगा।

एकाग्रता जोखिम (Concentration Risk): सुरेश ने अपना सारा पैसा केवल एक ही सेक्टर (रियल एस्टेट) में लगाया था, जिसे 'सेक्टर एकाग्रता' कहते हैं। विविधीकरण (Diversification) की कमी के कारण, उस सेक्टर में गिरावट आते ही उसके पूरे पोर्टफोलियो पर भारी नकारात्मक असर पड़ा।

सीख: भले ही आपने अलग-अलग शेयर लिए हों, लेकिन यदि वे एक ही सेक्टर के हैं, तो आप 'एकाग्रता जोखिम' (Concentration Risk) उठा रहे हैं। विविधता (Diversification) अलग-अलग सेक्टर में होनी चाहिए।

**प्रश्न 3:** विकास ने एक जमीन (Real Estate) ₹20,00,000 में खरीदी। उसे अचानक मेडिकल इमरजेंसी के लिए ₹5,00,000 की तुरंत ज़रूरत पड़ी। चूंकि जमीन को बिकने में 6 महीने लग सकते थे, उसे मजबूरी में एक साहूकार से 24% सालाना ब्याज पर लोन लेना पड़ा। 6 महीने में उसने कितना अतिरिक्त ब्याज दिया?

**उत्तर:**

लोन की राशि: ₹5,00,000

ब्याज दर: 24% सालाना (2% प्रति माह)

6 महीने का ब्याज: ₹5,00,000 × 2% × 6 = ₹60,000

विकास ने 6 महीने की अवधि के लिए ₹60,000 का अतिरिक्त ब्याज दिया।

सीख: संपत्ति की कीमत कितनी भी हो, अगर आप उसे ज़रूरत के समय तुरंत कैश में नहीं बदल सकते, तो आप 'तरलता जोखिम' (Liquidity Risk) का सामना कर रहे हैं।

**प्रश्न 4:** मिस्टर खन्ना ने ₹1,00,000 का 5 साल का बांड खरीदा जिस पर उन्हें 9% ब्याज मिलता था। 5 साल बाद जब बांड मैच्योर हुआ, तो बाजार में ब्याज दरें गिरकर 6% रह गईं। अब उन्हें अगले 5 साल के लिए उसी पैसे पर हर साल कितना नुकसान होगा?

**उत्तर:**

मिस्टर खन्ना को अगले 5 वर्षों के लिए हर साल ₹3,000 का नुकसान होगा।

इसका कारण नीचे दी गई गणना है:

Step 1: पुरानी ब्याज दर पर वार्षिक आय की गणना

मिस्टर खन्ना ने ₹1,00,000 का निवेश 9% की दर पर किया था। साधारण ब्याज के सूत्र का उपयोग करते हुए, उनकी प्रति वर्ष की आय इस प्रकार थी:

प्रति वर्ष की आय =1,00,000×9/100=9,000

अतः, उन्हें पहले हर साल ₹9,000 मिलते थे।

Step 2: नई ब्याज दर पर वार्षिक आय की गणना

मैच्योरिटी के बाद, उन्होंने वही ₹1,00,000 अब 6% की गिरी हुई दर पर निवेश किए। अब उनकी नई वार्षिक आय होगी:

नई वार्षिक आय =1,00,000×6/100=6,000

अतः, अब उन्हें हर साल केवल ₹6,000 मिलेंगे।

Step 3: प्रति वर्ष होने वाले नुकसान की गणना

वार्षिक नुकसान पुरानी आय और नई आय के बीच का अंतर है:

सालाना नुकसान = 9,000 − 6,000 = ₹3,000

मिस्टर खन्ना को अगले 5 साल के लिए उसी पैसे पर हर साल ₹3,000 का नुकसान होगा।

सीख: जब आप अपने निवेश से मिलने वाले पैसे को फिर से निवेश करते हैं और तब ब्याज दरें कम हो जाती हैं, तो उसे 'पुनर्निवेश जोखिम' कहा जाता है।

**प्रश्न 5:** निखिलेश ने ₹1,00,000 एक अच्छे इंडेक्स फंड में निवेश किए। 3 महीने बाद बाजार में गिरावट आई और उसका पोर्टफोलियो ₹85,000 (15% नीचे) दिखने लगा। डर के मारे उसने सारा पैसा निकाल लिया। यदि वह 2 साल रुकता तो बाजार वापस 40% ऊपर चला जाता। निखिलेश ने अस्थिरता को 'स्थायी नुकसान' में कैसे बदला?

**उत्तर:**

निखिलेश ने अस्थिरता (volatility) को 'स्थायी नुकसान' (permanent loss) में निम्नलिखित तरीके से बदला:

पैनिक सेलिंग (Panic Selling): बाजार में गिरावट निवेश का एक हिस्सा है जिसे 'अस्थिरता' कहते हैं। जब तक निखिलेश ने फंड नहीं बेचा था, तब तक उसका ₹15,000 का नुकसान केवल कागजों

पर था (Notional Loss)। लेकिन डर के मारे पैसा निकालते ही वह नुकसान वास्तविक और 'स्थायी' हो गया।

चक्रवृद्धि ब्याज (Compounding) का अवसर खोना: यदि वह निवेशित रहता, तो उसे न केवल अपना मूल धन वापस मिलता, बल्कि 40% की रिकवरी के साथ उसका पोर्टफोलियो ₹1,40,000 हो जाता। समय से पहले बाहर निकलने के कारण उसने इस लाभ का अवसर खो दिया।

भावनात्मक निर्णय: निवेश एक लंबी अवधि की प्रक्रिया है। निखिलेश ने बाजार के उतार-चढ़ाव (Volatility) को जोखिम समझ लिया, जबकि वास्तविक जोखिम बाजार से बाहर निकलना था।

निष्कर्ष: शेयर बाजार में अस्थिरता अस्थायी होती है, लेकिन उस अस्थिरता के दौरान गलत निर्णय लेना नुकसान को स्थायी बना देता है।

सीख: बाजार की अस्थायी गिरावट (Volatility) जोखिम नहीं है, बल्कि उस गिरावट के दौरान घबराकर (Panic Selling) बेचना असली जोखिम है।

## 12.2 प्रश्नोत्तर परीक्षा (Quiz)

Q1. निवेश में जोखिम का सही अर्थ क्या है?

(A) हमेशा नुकसान होना

(B) सिर्फ बाजार गिरना

(C) अपेक्षित रिटर्न और वास्तविक रिटर्न के बीच अनिश्चितता

(D) कर बढ़ना

Q2. किताब में जोखिम को क्या कहा गया है?

(A) दुश्मन (B) अवसर जो सही प्रबंधन से लाभ दे सकता है

(C) जुआ (D) भाग्य

Q3. जोखिम दो मुख्य प्रकार के होते हैं –

(A) अच्छा और बुरा (B) सिस्टमेटिक और अनसिस्टमेटिक

(C) बड़ा छोटा (D) स्थिर और अस्थिर

Q4. सिस्टमेटिक जोखिम (Systematic Risk) क्या है?

(A) कंपनी-विशिष्ट जोखिम

(B) पूरे बाजार या अर्थव्यवस्था को प्रभावित करने वाला जोखिम

(C) सिर्फ एक स्टॉक का जोखिम

(D) कर से संबंधित

Q5. सिस्टमेटिक जोखिम का उदाहरण नहीं है –

(A) ब्याज दर जोखिम (B) मुद्रास्फीति जोखिम

(C) कंपनी घोटाला (D) मंदी (Recession)

Q6. अनसिस्टमेटिक जोखिम क्या है?

(A) पूरे बाजार का जोखिम (B) कंपनी या सेक्टर-विशिष्ट जोखिम

(C) मुद्रास्फीति (D) ब्याज दर परिवर्तन

Q7. अनसिस्टमेटिक जोखिम को कैसे कम किया जा सकता है?

(A) विविधीकरण (Diversification) से (B) सिर्फ FD में डालकर

(C) सिर्फ एक स्टॉक में डालकर (D) बीमा लेकर

Q8. सिस्टमेटिक जोखिम को पूरी तरह कम नहीं किया जा सकता, इसे कैसे प्रबंधित करते हैं?

(A) एसेट एलोकेशन और हेजिंग से (B) सब कुछ बेचकर

(C) सिर्फ गोल्ड में डालकर (D) कोई तरीका नहीं

Q9. ब्याज दर जोखिम (Interest Rate Risk) किसे सबसे ज्यादा प्रभावित करता है?

(A) इक्विटी को (B) बॉन्ड/डेट निवेश को

(C) गोल्ड को (D) रियल एस्टेट को

Q10. मुद्रास्फीति जोखिम (Inflation Risk) सबसे ज्यादा किसे प्रभावित करता है?

(A) फिक्स्ड इनकम निवेश को (B) इक्विटी को

(C) गोल्ड को (D) क्रिप्टो को

Q11. मार्केट जोखिम (Market Risk) का दूसरा नाम क्या है?

(A) सिस्टमेटिक जोखिम (B) अनसिस्टमेटिक जोखिम

(C) क्रेडिट जोखिम (D) लिक्विडिटी जोखिम

Q12. लिक्विडिटी जोखिम (Liquidity Risk) का अर्थ क्या है?

(A) जरूरत पर पैसा न निकल पाना (B) बहुत ज्यादा रिटर्न

(C) कर बढ़ना (D) मूल्य बढ़ना

Q13. क्रेडिट जोखिम (Credit Risk) किसमें सबसे ज्यादा होता है?

(A) सरकारी बॉन्ड में (B) कॉर्पोरेट बॉन्ड या कंपनी FD में

(C) इक्विटी में (D) गोल्ड में

Q14. बीटा (Beta) क्या मापता है?

(A) कुल जोखिम

(B) सिस्टमेटिक जोखिम (बाजार के सापेक्ष अस्थिरता)

(C) अनसिस्टमेटिक जोखिम

(D) मुद्रास्फीति

Q15. बीटा 1.2 का मतलब क्या है?

(A) बाजार से 20% कम अस्थिर (B) बाजार से 20% ज्यादा अस्थिर

(C) कोई अस्थिरता नहीं (D) नकारात्मक रिटर्न

Q16. मानक विचलन (Standard Deviation) क्या मापता है?

(A) केवल सिस्टमेटिक जोखिम (B) कुल अस्थिरता (वोलेटिलिटी)

(C) केवल अनसिस्टमेटिक जोखिम (D) कर

Q17. पोर्टफोलियो में जितने ज्यादा एसेट क्लास जोड़ेंगे, अनसिस्टमेटिक जोखिम –

(A) बढ़ता है (B) घटता है

(C) स्थिर रहता है (D) दोगुना हो जाता है

Q18. जोखिम को पूरी तरह खत्म करना –

(A) संभव है (B) असंभव है, केवल प्रबंधन संभव है

(C) सिर्फ FD से संभव (D) सिर्फ बीमा से संभव

Q19. किताब का मुख्य संदेश जोखिम के बारे में क्या है?
(A) जोखिम से डरें और बचें
(B) जोखिम समझें, मापें और सही तरीके से प्रबंधित करें
(C) सारा पैसा FD में डालें
(D) जोखिम लें बिना सोचे
Q20. सफल निवेशक जोखिम को कैसे देखते हैं?
(A) डर की तरह
(B) अनदेखा करते हैं
(C) जुए की तरह
(D) प्रबंधन योग्य अवसर की तरह

**Answer Key**

| Q | 1 | 2 | 3 | 4 | 5 | 6 | 7 | 8 | 9 | 10 | 11 | 12 | 13 | 14 | 15 | 16 | 17 | 18 | 19 | 20 |
|---|---|---|---|---|---|---|---|---|---|---|---|---|---|---|---|---|---|---|---|---|
| Ans. | C | B | B | B | C | B | A | A | B | A | A | A | B | B | B | B | B | B | B | D |

# *Chapter 13* क्रेडिट एवं ऋण प्रबंधन

**"कर्ज़ एक दोधारी तलवार है; समझदारी से इस्तेमाल करने से पैसा बनता है, जबकि लापरवाही आपको कर्ज़ में फंसा देती है। अनुशासन और समय पर पेमेंट करना फाइनेंशियल सिक्योरिटी की चाबी है।"**

कर्ज़ एक दोधारी तलवार है—अगर समझदारी से मैनेज किया जाए, तो यह आपकी दौलत बनाने में तेज़ी ला सकता है, लेकिन अगर इसका गलत इस्तेमाल किया जाए, तो यह आपके फाइनेंशियल भविष्य को भी कमज़ोर कर सकता है। यह चैप्टर कर्ज़ की साइकोलॉजी और 'अच्छे कर्ज़' और 'बुरे कर्ज़' के बीच ज़रूरी अंतर समझाएगा। जहाँ होम लोन और एजुकेशन लोन जैसे एसेट आपके भविष्य को सुरक्षित कर सकते हैं, वहीं क्रेडिट कार्ड और पर्सनल लोन जैसे ज़्यादा ब्याज वाले कर्ज़ आपको 'रिवर्स कंपाउंडिंग' के दलदल में धकेल सकते हैं।

इस चैप्टर में, हम CIBIL स्कोर की बारीकियों, स्मार्ट उधार लेने की स्ट्रेटेजी और कर्ज़ के जाल से निकलने के प्रैक्टिकल तरीकों पर बात करेंगे। आप सीखेंगे कि अपनी क्रेडिट रेटिंग बनाए रखते हुए कर्ज़ का इस्तेमाल कैसे करें। यह चैप्टर न केवल आपको कर्ज़ के बोझ से बचाएगा, बल्कि आपको अपने पैसे पर पूरा कंट्रोल पाने और फाइनेंशियल इंडिपेंडेंस की ओर एक सुरक्षित कदम उठाने का कॉन्फिडेंस भी देगा।

## 13.1 स्मार्ट कर्ज प्रबंधन के सूत्र

कर्ज़ का अंदाज़ा इस आधार पर लगाया जाता है कि इससे आपकी नेट वर्थ बढ़ेगी या नहीं। इस सिद्धांत के आधार पर, कर्ज़ को मोटे तौर पर दो कैटेगरी में बांटा जा सकता है: 'अच्छा कर्ज़' और 'बुरा कर्ज़', इनके बीच का फ़र्क उनके मकसद, वैल्यू और इंटरेस्ट रेट पर निर्भर करता है।

### अच्छा कर्ज़ (Good Debt)

अच्छा कर्ज़ वह होता है जिसका मकसद एसेट बनाना या इनकम जेनरेट करना होता है। इस तरह का कर्ज़ नेट वर्थ बढ़ाता है, जैसे होम या एजुकेशन लोन। आम तौर पर, अच्छे लोन पर इंटरेस्ट रेट कम होते हैं और अक्सर टैक्स बेनिफिट भी मिलते हैं।

### बुरा कर्ज़ (Bad Debt)

इसके उलट, बुरा कर्ज़ इस्तेमाल के लिए या ऐसी चीज़ें खरीदने के लिए लिया जाता है जिनकी वैल्यू जल्दी खत्म हो जाती है। इन लोन की कोई टिकाऊ वैल्यू नहीं होती जैसे गैजेट या छुट्टियों के लिए लोन। बुरे कर्ज़ पर अक्सर बहुत ज़्यादा इंटरेस्ट रेट होते हैं, जैसे क्रेडिट कार्ड कर्ज़ या पे-डे लोन।

### अच्छे कर्ज़ के उदाहरण

**होम लोन:** प्रॉपर्टी की वैल्यू अक्सर समय के साथ बढ़ती है।

**एजुकेशन लोन:** हायर एजुकेशन से इनकम की संभावना बढ़ती है।

**बिज़नेस लोन:** इनकम जेनरेट करने के लिए बिज़नेस द्वारा लिया गया लोन।

### खराब कर्ज़ के उदाहरण

**क्रेडिट कार्ड कर्ज़:** गैर-ज़रूरी खर्चों के लिए लिया गया ज़्यादा ब्याज वाला लोन।

**कंज्यूमेबल्स लोन:** कम कीमत वाले सामान (जैसे इलेक्ट्रॉनिक्स, लग्ज़री आइटम) के लिए लिया गया लोन।

## 13.2 फाइनेंशियल हेल्थ मापने का सही फॉर्मूला-DTI

डेट-टू-इनकम रेश्यो (DTI) आपकी फाइनेंशियल हेल्थ का एक मुख्य इंडिकेटर है। यह आपकी टोटल मंथली डेट पेमेंट को आपकी ग्रॉस मंथली इनकम के हिस्से के तौर पर मापता है। DTI रेश्यो इस तरह कैलकुलेट किया जाता है:

$$\text{DTI Ratio} = \frac{\text{कुल मासिक ऋण भुगतान (EMI)}}{\text{कुल मासिक सकल आय}} \times 100$$

आइडियली, टारगेट रेंज DTI < 35% होनी चाहिए। 35% से कम DTI यह दिखाता है कि आपकी इनकम के मुकाबले आपका कर्ज़ मैनेज किया जा सकता है। इसका मुख्य फ़ायदा यह है कि लेंडर आपको एक भरोसेमंद बॉरोअर मानते हैं, जिससे इंटरेस्ट रेट कम होते हैं और लोन की शर्तें बेहतर होती हैं।

EMI अफ़ोर्डेबिलिटी का एक ज़रूरी नियम यह है कि आपकी कुल EMI (मौजूदा और नई) आपकी महीने की इनकम के 50% से ज़्यादा नहीं होनी चाहिए। कई बैंक 40% से कम DTI पसंद करते हैं। अपना DTI बेहतर बनाने के लिए, ज़्यादा इंटरेस्ट वाले कर्ज़ों पर टारगेटेड पेमेंट करें खासकर पहले क्रेडिट कार्ड का कर्ज़ चुकाना, और अपनी इनकम बढ़ाने के नए तरीके खोजें।

## 13.3 CIBIL स्कोर

CIBIL स्कोर (या कोई भी क्रेडिट स्कोर) किसी व्यक्ति की क्रेडिट योग्यता को मापता है और यह 300 से 900 तक होता है। आम तौर पर, 750 से ज़्यादा स्कोर को अच्छा स्कोर माना जाता है, जो लेंडर्स को एक पॉज़िटिव सिग्नल भेजता है।

CIBIL स्कोर पर असर डालने वाले खास फैक्टर्स में से, पेमेंट हिस्ट्री सबसे ज़रूरी है (लगभग 30-35%)। EMI और क्रेडिट कार्ड बिल का समय पर पेमेंट आपकी क्रेडिट योग्यता को मज़बूत करता है। दूसरा खास फैक्टर क्रेडिट यूटिलाइज़ेशन रेश्यो (CUR) (लगभग 25-30%) है, जहाँ कुल उपलब्ध क्रेडिट का 30% से कम इस्तेमाल करना सबसे अच्छा माना जाता है। इसके अलावा, आपकी क्रेडिट हिस्ट्री कितनी लंबी है, यह भी मायने रखता है; आपका सबसे पुराना लोन अकाउंट जितना पुराना और अच्छी तरह से मैनेज किया हुआ होगा, उतना ही अच्छा होगा। क्रेडिट मिक्स भी एक फैक्टर है, जिसमें अनसिक्योर्ड लोन (क्रेडिट कार्ड/पर्सनल लोन) और सिक्योर्ड लोन (होम/कार लोन) का अच्छा मिक्स अच्छा माना जाता है। आखिर में, कम समय में कई लोन एप्लीकेशन (नई पूछताछ या हार्ड पूछताछ) से बचना चाहिए, क्योंकि इससे तुरंत फंड की ज़रूरत का पता चलता है।

अपना CIBIL स्कोर सुधारने के कुछ असरदार तरीके हैं, जिसमें अपना CUR 30% से कम रखना शामिल है। रेगुलर फाइनेंशियल डिसिप्लिन बनाए रखने के लिए ऑटोमेटेड पेमेंट सेट अप करके समय पर पेमेंट पक्का करें, क्योंकि एक भी डिफ़ॉल्ट आपके स्कोर पर बहुत बुरा असर डाल सकता है। अपनी क्रेडिट हिस्ट्री की लंबाई बनाए रखने के लिए पुराने, अच्छे से मैनेज किए गए अकाउंट बंद न करें। अपनी CIBIL रिपोर्ट रेगुलर चेक करना और CIBIL पोर्टल पर किसी भी गलती या अंतर पर विवाद करना भी ज़रूरी है।

## 13.4 कर्ज़ चुकाने की दो प्रमुख रणनीतियां

अगर आप पर कई कर्ज़ हैं, तो उन्हें चुकाने के दो मुख्य तरीके हैं: डेट स्नोबॉल मेथड और डेट एवलांच मेथड। इन दोनों तरीकों में से चुनना आपके पर्सनल मोटिवेशन और फाइनेंशियल लक्ष्यों पर निर्भर करता है।

### डेट स्नोबॉल मेथड(Debt Snowball Method)

डेट स्नोबॉल मेथड सबसे छोटे कर्ज़ को पहले चुकाने पर फोकस करके काम करता है। एक बार जब वह कर्ज़ पूरी तरह से चुका दिया जाता है, तो पेमेंट की रकम अगले सबसे छोटे कर्ज़ में जोड़ दी जाती है। इस तरीके का मुख्य फ़ायदा यह है कि यह साइकोलॉजिकल मोमेंटम देता है, क्योंकि आप छोटे कर्ज़ों को जल्दी चुकाकर जल्दी फ़ायदा उठाते हैं, जिससे इस प्रोसेस पर टिके रहना आसान हो जाता है। हालाँकि, एक नुकसान यह है कि आप एवलांच मेथड की तुलना में कुल मिलाकर ज़्यादा ब्याज दे सकते हैं।

### डेट एवलांच मेथड (Debt Avalanche Method)

डेट एवलांच मेथड फाइनेंशियली सबसे ज़्यादा कुशल तरीका है। इस तरीके में, आप सभी कर्ज़ों पर कम से कम पेमेंट करते हैं, लेकिन कोई भी एक्स्ट्रा पैसा सबसे ज़्यादा ब्याज दर वाले कर्ज़ पर लगाते हैं। इसका मुख्य फ़ायदा यह है कि यह आपके कुल ब्याज पेमेंट को कम करता है, जिससे लंबे समय में पैसे बचते हैं। नुकसान यह है कि इस तरीके के नतीजे दिखने में ज़्यादा समय लग सकता है, जिससे मोटिवेशन कम हो सकता है। निष्कर्ष: चुनाव आपकी अपनी स्थिति के आधार पर किया जाना चाहिए। अगर आपको कर्ज़ चुकाने के लिए सही रास्ते पर बने रहने के लिए मोटिवेशन चाहिए, तो स्नोबॉल तरीका चुनें। अगर आपका मुख्य लक्ष्य ज़्यादा से ज़्यादा ब्याज बचाना है और आप अनुशासित हैं, तो एवलांच तरीका चुनें।

## 13.5 लोन चुकाने के स्मार्ट तरीके

जब किसी व्यक्ति पर कर्ज़ का बोझ बहुत ज़्यादा हो जाता है, तो उसकी फ़ाइनेंशियल हालत को मैनेज करने के लिए कई खास तरीके इस्तेमाल किए जा सकते हैं। इनमें से एक खास तरीका है कर्ज़ को एक साथ लाना। कर्ज़ को एक साथ लाने में, कई ज़्यादा ब्याज वाले कर्ज़ (जैसे क्रेडिट कार्ड बिल या पर्सनल लोन) को मिलाकर एक नया लोन बनाया जाता है, जिसका मकसद कम ब्याज दर पाना होता है। इसका मुख्य फ़ायदा यह है कि इससे महीने के पेमेंट का प्रोसेस आसान हो जाता है और कुल ब्याज लागत कम हो सकती है। इस तरीके को लागू करने के लिए पर्सनल लोन, बैलेंस ट्रांसफ़र क्रेडिट कार्ड, या होम इक्विटी लाइन ऑफ क्रेडिट HELOC जैसे तरीकों का इस्तेमाल किया जा सकता है।

एक और ज़रूरी तरीका है रीफ़ाइनेंसिंग। रीफ़ाइनेंसिंग का मतलब है अपने मौजूदा लोन (आमतौर पर होम या कार लोन) को एक नए लोन से बदलना जो बेहतर ब्याज दर या शर्तें देता हो। इसका मुख्य फ़ायदा महीने की EMI कम करना या लोन की कुल अवधि कम करना हो सकता है। इसके अलावा, बैलेंस ट्रांसफ़र एक खास तरीका है जिसमें ज़्यादा ब्याज वाले क्रेडिट कार्ड का बकाया बैलेंस एक नए क्रेडिट कार्ड में ट्रांसफ़र किया जाता है जो कम या ज़ीरो ब्याज दर देता है। हालांकि, यह ध्यान रखना ज़रूरी है कि बैलेंस ट्रांसफर ऑफ़र अक्सर सिर्फ़ एक प्रमोशनल पीरियड तक ही चलते हैं, इसलिए टर्म खत्म होने से पहले बैलेंस चुकाने का प्लान बनाना ज़रूरी है।

## 13.6 BNPL के वित्तीय जोखिम और सावधानियां

"अभी खरीदें, बाद में पे करें (Buy Now, Pay Later-BNPL)" फ़ीचर से कस्टमर तुरंत खरीदारी कर सकते हैं, लेकिन इसमें कई गंभीर फ़ाइनेंशियल रिस्क होते हैं। पहला रिस्क कर्ज़ जमा होना है, क्योंकि BNPL ज़्यादा खर्च करने के लिए उकसा सकता है, जिससे आसानी से कई छोटे-छोटे कर्ज़ जमा हो सकते हैं। दूसरा बड़ा रिस्क बड़ी फ़ीस है; देर से पेमेंट करने पर ज़्यादा पेनल्टी फ़ीस लग सकती है, जो अक्सर नॉर्मल इंटरेस्ट रेट से ज़्यादा होती है। आखिर में, क्रेडिट स्कोर पर असर पड़ता है, क्योंकि देर से पेमेंट करने से आपके क्रेडिट स्कोर पर बुरा असर पड़ सकता है, जिससे भविष्य में लोन मिलना मुश्किल हो जाता है।

लोन अगेंस्ट सिक्योरिटीज़ (LAS) एक अलग तरह का फ़ाइनेंशियल इंस्ट्रूमेंट है। यह एक सिक्योर्ड लोन है जिसमें इन्वेस्टर अपने शेयर, बॉन्ड या म्यूचुअल फ़ंड को बिना बेचे गिरवी रखकर लोन ले सकते हैं। इस लोन का एक बड़ा फ़ायदा यह है कि यह ओवरड्राफ़्ट फ़ैसिलिटी के रूप में आता है, और कस्टमर सिर्फ़ इस्तेमाल की गई असल रकम पर ही इंटरेस्ट देते हैं। इसके इंटरेस्ट रेट अक्सर अनसिक्योर्ड पर्सनल लोन से कम होते हैं। LAS का इस्तेमाल सोच-समझकर करना चाहिए; इसका इस्तेमाल मुख्य रूप से शॉर्ट-टर्म फ़ाइनेंशियल ज़रूरतों को पूरा करने के लिए किया जाना चाहिए, न कि लॉन्ग-टर्म इन्वेस्टमेंट पोर्टफ़ोलियो को रिस्क में डालने या खत्म करने के लिए।

## 13.7 सिक्योर्ड और अनसिक्योर्ड लोन में अंतर

पर्सनल लोन (अनसिक्योर्ड या पर्सनल लोन) और गोल्ड लोन (सिक्योर्ड या गोल्ड लोन) दो अलग-अलग तरह के लोन हैं, जो व्यक्ति की खास ज़रूरतों और फाइनेंशियल स्थिति पर निर्भर करते हैं। दोनों के बीच मुख्य अंतर उनके नेचर, इंटरेस्ट रेट, प्रोसेस और ज़रूरतों पर आधारित हैं।

### इंटरेस्ट रेट

गोल्ड लोन में आमतौर पर इंटरेस्ट रेट कम होते हैं क्योंकि वे सिक्योर्ड लोन होते हैं जहाँ लोन लेने वाला लोन के लिए कोलैटरल के तौर पर सोना गिरवी रखता है। इससे बैंक का रिस्क कम हो जाता है। इसके उलट, पर्सनल लोन अनसिक्योर्ड होते हैं क्योंकि बैंक के पास कोई कोलैटरल नहीं होता है, इसलिए डिफ़ॉल्ट के ज़्यादा रिस्क के कारण उनके इंटरेस्ट रेट ज़्यादा होते हैं।

### प्रोसेस और ज़रूरतें

गोल्ड लोन लेने का प्रोसेस अक्सर बहुत तेज़ होता है और इसमें कम डॉक्यूमेंटेशन की ज़रूरत होती है, क्योंकि पहली ज़रूरत सोना गिरवी रखना होती है। दूसरी ओर, पर्सनल लोन प्रोसेस होने में धीमे होते हैं, और बैंक लोन अप्रूव करने से पहले अच्छे क्रेडिट स्कोर और स्टेबल इनकम पक्का करने सहित सख्त एलिजिबिलिटी क्राइटेरिया का पालन करते हैं।

### कौन सा लोन चुनें?

यह चुनाव आपकी ज़रूरतों के हिसाब से होना चाहिए:

अगर आपके पास गिरवी के तौर पर सोना है और आपको कम ब्याज दर पर तुरंत पैसे चाहिए, तो गोल्ड लोन चुनें।

अगर आपको ज़्यादा पैसे चाहिए, ज़्यादा समय में चुकाना है और आपका क्रेडिट स्कोर बहुत अच्छा है, तो पर्सनल लोन चुनें।

## 13.8 नेटवर्थ पर कर्ज़ का प्रभाव

नेट वर्थ आपकी फाइनेंशियल हेल्थ का सबसे बड़ा पैमाना है। यह आपके टोटल एसेट्स और टोटल लायबिलिटीज (टोटल लायबिलिटीज/डेब्ट) के बीच का अंतर है, जिसे इस फ़ॉर्मूले से दिखाया जाता है:

नेटवर्थ = टोटल एसेट्स - टोटल लायबिलिटीज/डेब्ट

डेब्ट सीधे आपकी लायबिलिटीज को बढ़ाता है। इस तरह, बहुत ज़्यादा बैड डेब्ट आपकी नेट वर्थ को नेगेटिव बना सकता है। इसका सीधा सा मतलब है कि अपने सभी एसेट्स बेचने के बाद भी, आपके पास अपनी लायबिलिटीज चुकाने के लिए काफ़ी पैसे नहीं बचेंगे, जिसका मतलब है कि आप पर अभी भी बकाया डेब्ट रहेगा।

इसके अलावा, इंटरेस्ट का बोझ भविष्य में पैसा बनाने की आपकी क्षमता को कम करता है। क्रेडिट कार्ड या पर्सनल लोन पर ज़्यादा इंटरेस्ट वह पैसा है जिसे आप वैसे बचा सकते थे या इन्वेस्ट कर सकते थे। इस पैसे को इंटरेस्ट के रूप में चुकाने से भविष्य में पैसा बनाने की आपकी क्षमता कम हो जाती है।

## 13.9 ऋण चूक चक्रों से बचना

कर्ज़ के डिफ़ॉल्ट साइकिल से बचने के लिए ज़िम्मेदारी से उधार लेना और अनुशासन की ज़रूरत होती है। इसकी बुनियाद में कुछ खास कदम शामिल हैं। सबसे पहले, आपको अपना बजट बनाना चाहिए और उसका सख्ती से पालन करना चाहिए, जिसके लिए अपनी इनकम और खर्चों को रेगुलर ट्रैक करना ज़रूरी है। एक और ज़रूरी कदम है एक इमरजेंसी फंड बनाना, जो 3-6 महीने के ज़रूरी खर्चों के लिए फाइनेंशियल सेफ्टी नेट दे। तीसरा, समझदारी से उधार लें; कोई भी कर्ज़ लेने से पहले, ईमानदारी से अपनी रीपेमेंट कैपेसिटी का अंदाज़ा लगाएँ।

मुश्किल समय में भी कुछ प्रोएक्टिव कदम उठाने चाहिए। पहला कदम है नया कर्ज़ लेना पूरी तरह से बंद करना। दूसरा, अगर आप कोई पेमेंट मिस करने वाले हैं, तो तुरंत अपने लेंडर से संपर्क करें और टेम्परारी राहत या लोन रीस्ट्रक्चरिंग पर बात करें। तीसरा, अगर स्थिति गंभीर है, तो प्रोफेशनल गाइडेंस लें, जिसमें किसी सर्टिफाइड क्रेडिट काउंसलर या फाइनेंशियल एडवाइजर से पर्सनलाइज़्ड सलाह शामिल है। आखिर में, रेगुलर चेकअप करें; गलतियों के लिए अपनी CIBIL रिपोर्ट को रेगुलर देखें।

* * * * *

**"कर्ज एक दुधारी तलवार है; यदि यह आपकी संपत्ति (Asset) बनाने में मदद करे तो यह 'लीवरेज' है, अन्यथा यह आपके भविष्य को काटने वाली 'बेड़ियाँ' हैं।"**

## 13.10 व्यावहारिक प्रश्नों के उत्तर

**प्रश्न 1:** पंकज ₹5,00,000 का पर्सनल लोन 15% ब्याज पर लेकर एक विदेशी ट्रिप पर जाता है। वहीं, सुमित ₹5,00,000 का एजुकेशन लोन 9% पर लेकर एक प्रोफेशनल कोर्स करता है, जिससे उसकी सालाना आय ₹2,00,000 बढ़ जाती है। 1 साल बाद दोनों की वित्तीय स्थिति में क्या अंतर होगा?

**उत्तर:**

एक साल बाद पंकज और सुमित की वित्तीय स्थिति में मुख्य अंतर निम्नलिखित है:

1. पंकज की स्थिति (पर्सनल लोन):

ब्याज का बोझ: 15% की दर से ₹5,00,000 पर एक साल का ब्याज ₹75,000 होगा।

एसेट: यह ट्रिप एक खर्च की चीज़ है जिससे कोई फाइनेंशियल रिटर्न नहीं मिला।

कुल प्रभाव: पंकज पर ₹5.75 लाख का कर्ज (मूलधन + ब्याज) है और उनकी आय में कोई वृद्धि नहीं हुई है।

2. सुमित की स्थिति (एजुकेशन लोन):

ब्याज का बोझ: 9% की दर से ₹5,00,000 पर एक साल का ब्याज ₹45,000 होगा।

आय में वृद्धि: कोर्स के कारण उनकी सालाना आय ₹2,00,000 बढ़ गई।

शुद्ध लाभ (Net Gain): बढ़ी हुई इनकम में से इंटरेस्ट घटाने के बाद, सुमित को पहले साल में ही ₹1,55,000 (₹2,00,000 - ₹45,000) का एक्स्ट्रा फाइनेंशियल गेन हुआ।

निष्कर्ष: एक साल बाद, पंकज कर्ज़ में फँस गया क्योंकि उसके खर्चे बढ़ गए हैं लेकिन उसकी इनकम स्थिर है। इसके उलट, सुमित की नेट वर्थ बढ़ रही है क्योंकि उसने अपनी कमाई की क्षमता बढ़ाने के लिए "अच्छे कर्ज़" का इस्तेमाल किया है। सुमित का लोन एक इन्वेस्टमेंट है, जबकि पंकज का लोन एक खर्च है।

सीख: जो कर्ज आपकी नेट वर्थ या आय बढ़ाता है वह 'अच्छा' है, और जो केवल खर्च बढ़ाता है वह 'बुरा' है।

**प्रश्न 2:** विजय का क्रेडिट कार्ड बिल ₹100,000 है। बैंक उसे सिर्फ़ ₹5,000 (कम से कम बकाया रकम) देने का ऑप्शन देता है। अगर कार्ड पर इंटरेस्ट रेट 42% सालाना (3.5% हर महीने) है और विजय सिर्फ़ कम से कम रकम देता है, तो अगले महीने उसके बिल में कितना इंटरेस्ट जुड़ेगा?

**उत्तर:**

अगर विजय ₹1,00,000 के कुल बिल में से सिर्फ़ ₹5,000 का मिनिमम पेमेंट करता है, तो अगले महीने उसके बिल में जोड़ा गया इंटरेस्ट इस तरह कैलकुलेट किया जाएगा:

अनपेड बैलेंस: ₹1,00,000 - ₹5,000 = ₹95,000

महीने का इंटरेस्ट रेट: 42% सालाना / 12 महीने = 3.5% हर महीने

इंटरेस्ट कैलकुलेशन: ₹95,000 का 3.5%

$95,000 \times (3.5/100) = 3,325$

₹3,325 अगले महीने विजय के बिल में सिर्फ़ इंटरेस्ट के तौर पर जोड़े जाएँगे।

ध्यान दें: बैंक असल कैलकुलेशन के लिए 'एवरेज डेली बैलेंस' का इस्तेमाल करते हैं और बकाया रकम पर GST (18%) भी लगता है, जिससे यह रकम और बढ़ सकती है।

सीख: कम से कम रकम देने से आप कभी भी कर्ज़-मुक्त नहीं हो जाएंगे, क्योंकि आप जो पैसा देते हैं, उसका ज़्यादातर हिस्सा ब्याज में चला जाता है।

**प्रश्न 3:** रीना पर दो कर्ज हैं: (1) क्रेडिट कार्ड लोन: ₹50,000 (ब्याज 40%) और (2) कार लोन: ₹4,00,000 (ब्याज 9%)। उसके पास अतिरिक्त ₹10,000 प्रति माह हैं। मनोवैज्ञानिक रूप से "स्नोबॉल" पद्धति के अनुसार उसे पहले कौन सा कर्ज चुकाना चाहिए और क्यों?

**उत्तर:**

"स्नोबॉल" मेथड के अनुसार, रीना को सबसे पहले अपना क्रेडिट कार्ड लोन (₹50,000) चुकाना चाहिए।

इस मेथड के पीछे का कारण यह है:

सबसे छोटी रकम पर ध्यान दें: स्नोबॉल मेथड में, सबसे कम कुल रकम वाला कर्ज़ सबसे पहले चुकाया जाता है, चाहे इंटरेस्ट रेट कुछ भी हो। यहाँ, क्रेडिट कार्ड लोन (₹50,000) कार लोन (₹400,000) से बहुत छोटा है।

साइकोलॉजिकल जीत: जब रीना कुछ महीनों में हर महीने एक्स्ट्रा ₹10,000 देकर अपना पूरा क्रेडिट कार्ड कर्ज़ चुका देगी, तो उसे बहुत अच्छा लगेगा। यह मेंटल सैटिस्फैक्शन उसे अगला बड़ा कर्ज़ (कार लोन) चुकाने के लिए मोटिवेटेड और डिसिप्लिन्ड रखेगा।

मोमेंटम और एक्साइटमेंट: जैसे ही छोटा कर्ज़ चुका दिया जाता है, वह कर्ज़ रीना की लिस्ट से पूरी तरह हट जाता है। इससे उसे "जल्दी रिज़ल्ट" मिलते हैं, जो लंबे समय तक कर्ज़-मुक्त रहने के सफ़र में मोटिवेशन बनाए रखने के लिए ज़रूरी हैं। मैथमेटिकली (एवलांच मेथड के अनुसार) पहले 40% इंटरेस्ट वाला कर्ज़ चुकाना सही लगता है, लेकिन स्नोबॉल मेथड पूरी तरह से बिहेवियर में बदलाव और मेंटल मोटिवेशन पर आधारित है, इसलिए ₹50,000 के लोन को प्रायोरिटी दी जाती है।

सीख: छोटा कर्ज जल्दी खत्म होने से "वित्तीय जीत" का अहसास होता है, जो बड़े कर्ज को चुकाने के लिए मोटिवेशन देता है।

**प्रश्न 4:** अमित ने ₹30,00,000 का होम लोन 9% ब्याज पर 20 साल के लिए लिया है। यदि वह हर महीने अपनी EMI के साथ सिर्फ ₹5,000 अतिरिक्त (Pre-payment) चुकाता है, तो वह अपने लोन की अवधि में कितनी बचत करेगा?

**उत्तर:**

यदि अमित ₹30,00,000 का लोन 9% ब्याज पर 20 साल के लिए लेता है और हर महीने ₹5,000 अतिरिक्त चुकाता है, तो उसका गणित इस प्रकार होगा:

(होम लोन कैलकुलेटर का इस्तेमाल करके)

1. बिना अतिरिक्त भुगतान के (सामान्य स्थिति):

मासिक EMI की गणना इस सूत्र से की जाती है:

$$\mathrm{EMI} = \frac{\mathrm{P} \times \mathrm{r} \times (1+\mathrm{r})^{\mathrm{n}}}{(1+\mathrm{r})^{\mathrm{n}} - 1}$$

EMI: ₹26,992

कुल ब्याज: ₹34,78,037

कुल भुगतान: ₹64,78,037

अवधि: 240 महीने (20 साल)

2. ₹5,000 मासिक अतिरिक्त भुगतान (Pre-payment) के साथ:

कुल मासिक भुगतान: ₹31,992 (EMI + ₹5,000)

कुल ब्याज: ₹21,98,907

कुल भुगतान: ₹51,98,907

नई अवधि: लगभग 162 महीने (लगभग 13.5 साल)

अमित की कुल बचत:

ब्याज में बचत: ₹12,79,130 (लगभग ₹12.79 लाख)

समय की बचत: 78 महीने (लगभग 6.5 साल पहले लोन खत्म हो जाएगा)

निष्कर्ष: सिर्फ ₹5,000 अतिरिक्त निवेश करके अमित अपने लोन की अवधि को 6.5 साल कम कर सकता है और करीब ₹12.8 लाख का ब्याज बचा सकता है।

सीख: लोन के शुरुआती वर्षों में किया गया छोटा सा प्री-पेमेंट आपके लाखों रुपये का ब्याज बचा सकता है।

**प्रश्न 5:** सीमा के पास दो क्रेडिट कार्ड हैं जिनकी कुल लिमिट ₹2,00,000 है। इस महीने उसने ₹1,60,000 खर्च कर दिए। उसका CUR क्या है और क्या यह उसके क्रेडिट स्कोर के लिए अच्छा है? (आदर्श CUR 30% से कम होना चाहिए)।

**उत्तर:**

1. क्रेडिट उपयोग अनुपात (Credit Utilization Ratio-CUR) की गणना:
CUR निकालने का सूत्र है: (कुल खर्च / कुल क्रेडिट लिमिट) × 100

कुल लिमिट = ₹2,00,000

कुल खर्च = ₹1,60,000

गणना: (1,60,000 / 2,00,000) × 100 = 80%

सीमा का CUR 80% है।

2. क्या यह क्रेडिट स्कोर के लिए अच्छा है?

नहीं, यह उसके क्रेडिट स्कोर के लिए अच्छा नहीं है।

कारण: आदर्श CUR 30% से कम होना चाहिए। सीमा का CUR (80%) इस सीमा से बहुत अधिक है।

प्रभाव: बहुत अधिक क्रेडिट उपयोग यह दर्शाता है कि व्यक्ति अपनी क्रेडिट लिमिट पर बहुत अधिक निर्भर है (Credit Hungry), जिससे क्रेडिट स्कोर कम हो सकता है।

सीख: क्रेडिट लिमिट का कम हिस्सा इस्तेमाल करना बैंक की नज़र में आपको एक जिम्मेदार उधारकर्ता (Responsible Borrower) बनाता है।

## 13.11 प्रश्नोत्तर परीक्षा (Quiz)

Q1. किताब में ऋण को क्या कहा गया है?

(A) सिर्फ बुराई

(B) हमेशा अच्छा

(C) डबल-एज्ड स्वॉर्ड – सही इस्तेमाल से धन बनाता है

(D) निवेश का विकल्प

Q2. अच्छा ऋण (Good Debt) कौन-सा है?

(A) क्रेडिट कार्ड पर शॉपिंग
(B) होम लोन, एजुकेशन लोन, बिजनेस लोन

(C) कार लोन लग्जरी गाड़ी के लिए
(D) पर्सनल लोन छुट्टी के लिए

Q3. बुरा ऋण (Bad Debt) की पहचान क्या है?

(A) मूल्य बढ़ाने वाली संपत्ति पर लिया गया

(B) मूल्य घटाने वाली चीज पर लिया गया (उपभोग)

(C) लंबी अवधि वाला

(D) कम ब्याज वाला

Q4. रिवर्स चक्रवृद्धि (Reverse Compounding) सबसे ज्यादा कहाँ होती है?

(A) बचत में (B) क्रेडिट कार्ड और महंगे ऋण में

(C) SIP में (D) FD में

Q5. क्रेडिट कार्ड का पूरा बिल न चुकाने पर ब्याज दर कितनी होती है?

(A) 8-10% सालाना (B) 12%

(C) 0% (D) 36-48% सालाना

Q6. CIBIL स्कोर क्या दर्शाता है?

(A) आपकी आय (B) आपकी क्रेडिट योग्यता (300-900)

(C) आपका निवेश (D) आपका खर्च

Q7. अच्छा CIBIL स्कोर कितना माना जाता है?

(A) 500 से कम (B) 750 से ऊपर

(C) 600 (D) 300

Q8. स्मार्ट उधार का पहला नियम क्या है?

(A) जितना हो सके उतना लोन लो

(B) कभी न चुकाओ

(C) सिर्फ उतना लोन लो जितना आसानी से चुका सको

(D) केवल क्रेडिट कार्ड यूज करो

Q9. होम लोन लेते समय सबसे जरूरी क्या देखना चाहिए?

(A) सबसे कम ब्याज दर (B) कुल ब्याज भार और EMI अपनी आय के 35-40% से कम

(C) सबसे लंबी अवधि (D) सबसे ज्यादा राशि

Q10. Debt-to-Income Ratio कितना होना चाहिए?

(A) 80% से ज्यादा (B) 50-60%

(C) 35-40% से कम (D) 100%

Q11. Debt Snowball विधि क्या है?

(A) सबसे बड़े ऋण पहले (B) सबसे छोटे ऋण पहले चुकाना (मनोबल के लिए)

(C) सभी को बराबर (D) नया लोन लेकर पुराना चुकाना

Q12. Debt Avalanche विधि क्या है?

(A) सबसे छोटे ऋण पहले (B) सबसे ज्यादा ब्याज वाला ऋण पहले चुकाना

(C) सभी मिनिमम पेमेंट (D) केवल EMI

Q13. क्रेडिट कार्ड का सबसे सुरक्षित इस्तेमाल क्या है?

(A) हर महीने पूरा बिल चुकाना (B) मिनिमम पेमेंट करना

(C) कैश निकालना (D) कई कार्ड लेना

Q14. पर्सनल लोन का ब्याज दर आमतौर पर कितना होता है?

(A) 6-8% (B) 10-18% या उससे ज्यादा

(C) 0% (D) FD जितना

Q15 एजुकेशन लोन को अच्छा ऋण क्यों माना जाता है?

(A) आय बढ़ाने की क्षमता रखता है (B) छुट्टी के लिए
(C) शॉपिंग के लिए (D) लग्जरी कार के लिए

Q16. बिजनेस लोन को अच्छा ऋण तब माना जाता है जब –
(A) वह आय उत्पन्न करने वाली संपत्ति बनाए (B) सिर्फ खर्च के लिए
(C) बहुत महंगा हो (D) कभी न चुकाना पड़े

Q17. किताब में ऋण को पूरी तरह खत्म करने की सलाह दी गई है या नहीं?
(A) हाँ, बिल्कुल कभी नहीं लेना (B) नहीं – स्मार्ट तरीके से इस्तेमाल करें
(C) हाँ, केवल होम लोन (D) सिर्फ क्रेडिट कार्ड

Q18. ऋण चुकाते समय सबसे पहले क्या चुकाना चाहिए?
(A) सबसे सस्ता लोन (B) सबसे महंगा (उच्च ब्याज वाला) लोन
(C) सबसे पुराना लोन (D) सबसे नया लोन

Q19. क्रेडिट कार्ड से कैश निकालने पर क्या होता है?
(A) बहुत महंगा पड़ता है (उच्च ब्याज + चार्ज) (B) फ्री होता है
(C) क्रेडिट स्कोर बढ़ता है (D) कोई फर्क नहीं

Q20. किताब का मुख्य संदेश ऋण के बारे में क्या है?
(A) केवल क्रेडिट कार्ड यूज करें
(B) कभी ऋण न लें
(C) जितना हो सके उतना लोन लें
(D) ऋण डबल-एज्ड स्वॉर्ड है – स्मार्ट इस्तेमाल से धन बनता है, गलत इस्तेमाल से बर्बादी

**Answer Key**

| Q | 1 | 2 | 3 | 4 | 5 | 6 | 7 | 8 | 9 | 10 | 11 | 12 | 13 | 14 | 15 | 16 | 17 | 18 | 19 | 20 |
|---|---|---|---|---|---|---|---|---|---|---|---|---|---|---|---|---|---|---|---|---|
| Ans. | C | B | B | B | D | B | B | C | B | C | B | B | A | B | A | A | B | B | A | D |

# Chapter 14 इन्वेस्टमेंट साइकोलॉजी

**"निवेश केवल गणित नहीं, बल्कि भावनाओं का नियंत्रण है। डर और लालच पर काबू पाकर ही आप सही समय पर सही निर्णय ले सकते हैं, जो लंबे समय में धन सृजन में सहायक होता है।"**

निवेश की दुनिया में आपकी सबसे बड़ी संपत्ति आपका बैंक बैलेंस नहीं, बल्कि आपका व्यवहार है। जैसा कि अक्सर कहा जाता है, "सफल इन्वेस्टिंग 80% साइकोलॉजी और सिर्फ 20% टेक्निक है।" यह चैप्टर हमारे लॉजिकल फैसलों और हमारी भावनाओं के बीच से पर्दा हटाता है। हम अक्सर मानते हैं कि हम लॉजिकल फैसले ले रहे हैं, लेकिन असल में, लॉस एवर्जन (नुकसान का डर), एंकरिंग और ओवरकॉन्फिडेंस जैसे साइकोलॉजिकल बायस हमें गुमराह कर देते हैं।

इस चैप्टर में, हम समझेंगे कि लोग गिरते हुए मार्केट में डर के मारे क्यों बेच देते हैं और बढ़ते हुए मार्केट में लालच में फंस जाते हैं। आप सीखेंगे कि अपने दिमाग पर कंट्रोल करके और इन कॉग्निटिव कमियों को पहचानकर, आप न सिर्फ बड़े नुकसान से बच सकते हैं, बल्कि मार्केट की अस्थिरता का फायदा भी उठा सकते हैं। यह चैप्टर आपको एक अनुशासित इन्वेस्टर बनने के लिए मेंटल ट्रेनिंग देगा, ताकि आप भावनाओं के शोर से ऊपर उठकर सही, तथ्यों पर आधारित फैसले ले सकें।

## 14.1 लॉस एवर्सन: एक मनोवैज्ञानिक पूर्वाग्रह

लॉस एवर्सन (Loss Aversion) प्रॉस्पेक्ट थ्योरी (Prospect Theory) का एक मुख्य हिस्सा है, जिसे डेनियल कहनेमन और आमोस ट्वर्स्की ने विकसित किया था। यह सिद्धांत बताता है कि लोग अपने निवेश के परिणामों का मूल्यांकन कुल संपत्ति के आधार पर नहीं, बल्कि एक संदर्भ बिंदु (Reference Point) के हिसाब से करते हैं। लॉस एवर्सन का मूल अर्थ है कि ₹10,000 के नुकसान (Loss) का दर्द, ₹10,000 के मुनाफे (Profit) की खुशी से लगभग दुगुना होता है।

यह पूर्वाग्रह (Bias) निवेश पर महत्वपूर्ण असर डालता है। नुकसान से बचने के लिए निवेशक अक्सर घाटे में चल रहे निवेशों को यह सोचकर नहीं बेचते कि वे कभी न कभी ब्रेक-ईवन पर आ जाएँगे। इसी तरह, जल्दी मुनाफा बुक करने की प्रवृत्ति के कारण, छोटे प्रॉफिट वाले निवेशों को बाज़ार के डर से जल्दी बेच दिया जाता है, जिससे लंबी अवधि (Long-Term) में होने वाले बड़े मुनाफे से चूक जाते हैं। इस प्रवृत्ति से बचने का तरीका है कि अपने वित्तीय लक्ष्यों (Financial Goals) पर ध्यान केंद्रित करें और विविधीकरण (Diversification) का उपयोग करें ताकि किसी एक निवेश के खराब प्रदर्शन का समग्र पोर्टफोलियो पर असर कम हो।

## 14.2 एंकरिंग और डूबी लागत भ्रांति

ये दोनों पूर्वाग्रह (biases) व्यक्तियों को तर्कहीन निर्णय (Irrational Decisions) लेने के लिए मजबूर करते हैं। यह समझना आवश्यक है कि इन संज्ञानात्मक त्रुटियों से कैसे बचा जाए ताकि वित्तीय निर्णय तर्कसंगत हों।

### एंकरिंग (Anchoring)

एंकरिंग एक संज्ञानात्मक पूर्वाग्रह है जिसमें व्यक्ति किसी स्टॉक के भविष्य के प्रदर्शन (Future Performance) का विश्लेषण करने के बजाय, उसे उसके मूल खरीद

मूल्य (शुरुआती खरीद मूल्य) से तुलना करते हैं। यह शुरुआती खरीद मूल्य एक लंगर (Anchor) बन जाता है, जिससे बाद के सभी मूल्यांकन प्रभावित होते हैं। इसका एक विशिष्ट उदाहरण यह है कि यदि आपने ₹100 में एक स्टॉक खरीदा और अब उसकी कीमत ₹60 हो गई है, तो आप उसे बेचने से मना कर सकते हैं। आप ₹100 के 'एंकर' पर वापस आने का इंतजार करते हैं, भले ही उस कंपनी के फंडामेंटल्स खराब हो गए हों और यह एक खराब निवेश निर्णय हो।

### डूबी हुई लागत भ्रांति (Sunk Cost Fallacy)

दूसरी ओर, डूबी हुई लागत भ्रांति (Sunk Cost Fallacy) तब होती है जब कोई व्यक्ति एक खराब प्रदर्शन करने वाले निवेश (Poor Performing Investment) को इसलिए पकड़े रहता है क्योंकि उसने पहले से ही उसमें समय, पैसा या प्रयास लगा दिया है। ये लागतें अब 'डूबी हुई' (Sunk) हैं, यानी इन्हें वापस नहीं पाया जा सकता। इस भ्रांति से बचने के लिए एक स्मार्ट निर्णय (Smart Decision) यह है कि निवेश को बनाए रखने या बेचने का निर्णय पूरी तरह से उसकी भविष्य की क्षमता पर आधारित होना चाहिए, न कि केवल पिछली लागत (Past Cost) पर।

## 14.3 भीड़ के पीछे भागने की मानसिकता और उसके परिणाम

हर्ड मेंटैलिटी (Herd Mentality) और FOMO (फियर ऑफ मिसिंग आउट) वित्तीय बाज़ारों में भीड़ के पीछे भागने के खतरों को दर्शाते हैं। यह एक संज्ञानात्मक पूर्वाग्रह है जो निवेशकों के तर्कसंगत निर्णय लेने की क्षमता को प्रभावित करता है।

हर्ड मेंटैलिटी (झुंड मानसिकता) विशेष रूप से बुल मार्केट (तेजी का बाज़ार) के दौरान बहुत आम हो जाती है। यह अपने स्वतंत्र विश्लेषण (Independent Analysis) के बजाय भीड़ (Crowd) को फॉलो करने की प्रवृत्ति है। इसका मुख्य कारण FOMO (Fear of Missing Out - कुछ खो जाने का डर) है, जो निवेशकों को बाजार की लहर का आँख बंद करके अनुसरण करने के लिए प्रेरित करता है।

FOMO के कारण विशेष रूप से IPO (आरंभिक सार्वजनिक पेशकश) और मीम स्टॉक्स (Meme Stocks) में भावनात्मक निवेश होता है। आईपीओ के मामले में, मीडिया का प्रचार (Media Hype) और प्रारंभिक लाभ की कहानियाँ निवेशकों को कंपनी के फंडामेंटल्स (बुनियादी सिद्धांतों) को देखे बिना, ऊँचे मूल्य पर निवेश करने के लिए प्रेरित करती हैं। इसी तरह, मीम स्टॉक्स में सोशल मीडिया की चर्चाओं और वायरल कहानियों के कारण लोग त्वरित लाभ कमाने के लिए भावनात्मक निवेश करते हैं।

इस तरह के भावनात्मक और भीड़-संचालित निवेश का अक्सर नकारात्मक नतीजा होता है: निवेशक अक्सर उच्च मूल्य पर खरीदारी करते हैं और जब कीमत गिरती है तो घबराकर बेच देते हैं (Panic Selling)।

इस जाल से बचने का तरीका एक ठोस निवेश योजना (Solid Investment Plan) बनाना और उस पर टिके रहना है। निवेशकों को सोशल मीडिया के शोर को बंद करना चाहिए और DYOR (Do Your Own Research - अपना खुद का शोध करें) के सिद्धांत का पालन करना चाहिए, ताकि तर्कसंगत और सूचित निर्णय लिए जा सकें।

## 14.4 सिर्फ अपनी पसंद की खबरें सुनने के नुकसान

कन्फर्मेशन बायस (Confirmation Bias) का मतलब है सिर्फ़ वही जानकारी ढूंढना और मानना जो आपके मौजूदा विचारों या विश्वासों को सपोर्ट करती है, और विरोधाभासी सबूतों को नज़रअंदाज़ करना। उदाहरण के लिए, रिसर्च में, इस बायस का मतलब है कि अगर आप पहले से मानते हैं कि स्टॉक X एक अच्छा इन्वेस्टमेंट है, तो आप सिर्फ़ पॉजिटिव न्यूज़ आर्टिकल और एक्सपर्ट की राय पढ़ेंगे, जबकि नेगेटिव रिपोर्ट को नज़रअंदाज़ कर देंगे। इस बायस का खतरा

यह है कि यह आपको पूरी तस्वीर देखने से रोकता है, जिससे अंडर-डाइवर्सिफिकेशन हो सकता है और आप खराब इन्वेस्टमेंट को बहुत लंबे समय तक पकड़े रह सकते हैं। इससे बचने के लिए, एक्टिव रूप से ऐसी जानकारी ढूंढें जो आपके विश्वासों को चुनौती दे और एक बैलेंस्ड नज़रिया अपनाएं।

## 14.5 हालिया और पश्चाताप पूर्वाग्रह की समझ

ये दोनों पूर्वाग्रह (Biases) समय (Time) और स्मृति (Memory) से जुड़े हुए हैं, जो निवेशकों के निर्णय लेने की प्रक्रिया को महत्वपूर्ण रूप से प्रभावित करते हैं।

**हालिया पूर्वाग्रह** (Recency Bias)

हालिया पूर्वाग्रह तब होता है जब निर्णय लेते समय लंबी अवधि के डेटा की बजाय हाल की घटनाओं (Recent Events) और प्रदर्शन (Performance) को अधिक महत्व दिया जाता है। एक विशिष्ट उदाहरण यह है कि यदि किसी म्यूचुअल फंड ने पिछले 6 महीने में बहुत अच्छा प्रदर्शन (Perform) किया है, तो आप उसमें निवेश (Invest) कर देते हैं, भले ही उसका दीर्घकालिक ट्रैक रिकॉर्ड औसत रहा हो। यह अल्पकालिक परिणामों के आधार पर गलत निर्णय लेने का कारण बन सकता है।

**पश्चाताप पूर्वाग्रह** (Hindsight Bias)

पश्चाताप पूर्वाग्रह किसी घटना के घटित होने के बाद यह मानने की प्रवृत्ति है कि आपको पहले से ही पता था कि ऐसा ही होगा ("I knew it all along" वाला अहसास)। इस पूर्वाग्रह का मुख्य नुकसान यह है कि यह व्यक्ति को अति-आत्मविश्वासी (Overconfident) बनाता है और आप पिछली गलतियों (Past Mistakes) से सीख नहीं पाते, क्योंकि आप निर्णय लेते समय मौजूद वास्तविक अनिश्चितताओं (Original Uncertainties) को भूल जाते हैं। इससे बचाव के लिए, अपने निर्णयों (Decisions) और तर्क (Reasoning) को एक निवेश जर्नल (Investment Journal) में रिकॉर्ड करना चाहिए, ताकि बाद में मूल विचार प्रक्रिया (Original Thinking Process) का मूल्यांकन (Evaluate) किया जा सके।

## 14.6 अति-आत्मविश्वास और एंडोमेंट प्रभाव: निवेश के खतरे

ये पूर्वाग्रह (Biases) स्व-धारणा (Self-Perception) को विकृत (Distort) करते हैं, जिससे वित्तीय निर्णय लेने में तर्कहीनता आती है।

**अति आत्मविश्वास (Overconfidence)**

अति आत्मविश्वास का अर्थ है अपनी क्षमताओं (abilities) और बाज़ार की भविष्यवाणी करने की सटीकता (accuracy) को ज़रूरत से ज़्यादा आंकना (Overestimate)। इसका नतीजा अक्सर अत्यधिक ट्रेडिंग (Excessive Trading) होता है (ज्यादा बार खरीदना-बेचना), जिससे लेन-देन की लागतें (Transaction Costs) बढ़ती हैं और शुद्ध प्रतिफल (Returns) कम होते हैं। निवेशक अंडर-डाइवर्सिफिकेशन (Under-Diversification) भी करते हैं, यह सोचकर कि वे कुछ 'गारंटीड' स्टॉक्स को पहचान सकते हैं।

**एंडोमेंट प्रभाव (Endowment Effect)**

एंडोमेंट प्रभाव एक परिसंपत्ति (Asset) को केवल इसलिए उच्च मूल्य (Higher Value) देना है क्योंकि वह पहले से ही आपके पोर्टफोलियो का हिस्सा बन चुकी है (भावनात्मक लगाव)। इस पूर्वाग्रह के असर के कारण निवेशक अक्सर घाटे में चल रहे स्टॉक्स को बेचना नहीं चाहते, क्योंकि वे उसे 'अपनी' संपत्ति मानते हैं और नुकसान को वास्तविक बनाने (Loss Realize) से बचते हैं। इस पूर्वाग्रह से बचाव के लिए, निवेशकों को भावनात्मक रूप से अलग (Emotionally

Detached) रहना चाहिए और खुद से पूछना चाहिए: "अगर यह स्टॉक मेरे पास नहीं होता, तो क्या मैं इसे आज इस कीमत पर खरीदता?"

## 14.7 मानसिक लेखांकन की समझ

मानसिक लेखांकन (Mental Accounting) एक संज्ञानात्मक पूर्वाग्रह (Bias) है जो व्यक्तियों को पैसे को उसके स्रोत के आधार पर अलग-अलग मानसिक 'खातों' (Mental 'Accounts') में विभाजित करने के लिए प्रेरित करता है। इस पूर्वाग्रह के कारण, लोग अक्सर बोनस, लॉटरी जीत या अन्य अप्रत्याशित आय को 'मुफ़्त पैसा' (Free Money) मानकर तर्कहीन वित्तीय निर्णय (Irrational Financial Decisions) ले लेते हैं। उदाहरण के लिए, कोई व्यक्ति बोनस के पैसे को 'मुफ़्त' मानकर उसे उच्च-जोखिम वाले निवेश (High-Risk Investments), जैसे कि सट्टेबाजी, में लगा सकता है या अनावश्यक (Unnecessary) खर्च कर सकता है, जबकि उसी समय अपनी मुख्य वेतन आय (Salary) को बहुत अनुशासित (Disciplined) तरीके से बचत करता है। यह व्यवहार एक ही प्रकार के पैसे के लिए दो अलग-अलग मानकों को लागू करता है, जिससे समग्र वित्तीय स्वास्थ्य प्रभावित होता है।

इस पूर्वाग्रह से बचने का सही तरीका (Correct Approach) यह स्वीकार करना है कि सभी पैसा विनिमयीय है (All Money is Fungible)। पैसे का स्रोत (Source) चाहे कुछ भी हो—चाहे वह वेतन हो, बोनस हो, या विरासत—उसका मूल्य समान होता है। वित्तीय अनुशासन बनाए रखने के लिए, सभी प्रकार के पैसे को अपनी समग्र वित्तीय योजना के अनुसार ही प्रबंधित (Manage) करना चाहिए, और स्रोत के आधार पर उसके साथ अलग व्यवहार नहीं करना चाहिए।

## 14.8 उपलब्धता पूर्वाग्रह (Availability Bias) और निवेश

उपलब्धता पूर्वाग्रह (Availability Bias) एक संज्ञानात्मक पूर्वाग्रह है जिसमें व्यक्ति आसानी से उपलब्ध (Easily Available) या भावनात्मक (Emotional) जानकारी पर अत्यधिक निर्भर होकर निर्णय (Making Decisions) लेते हैं। यह पूर्वाग्रह अक्सर मीडिया सुर्खियों (Media Headlines) के आधार पर निर्णय लेने की प्रवृत्ति को दर्शाता है, जहाँ हाल की या ज्वलंत जानकारी को अधिक महत्व दिया जाता है, भले ही वह पूरी तस्वीर प्रस्तुत न करती हो।

**मीडिया का प्रभाव**

बाजार में मंदी (Market Downturn) के दौरान, मीडिया सुर्खियाँ अक्सर डरावनी (Scary) हो जाती हैं और नकारात्मक कहानियों (Negative Stories) को बार-बार दिखाया जाता है। यह निरंतर नकारात्मक कवरेज निवेशकों में भावनात्मक प्रतिक्रिया (Emotional Reaction) को बढ़ाता है, जिससे वे घबराहट में अपने निवेश (Investors Panic in Sell) बेच देते हैं। यह तर्कसंगत सोच के बजाय तात्कालिक, आसानी से उपलब्ध जानकारी पर आधारित निर्णय होता है, जो अक्सर हानिकारक होता है।

**बचने के उपाय**

इस पूर्वाग्रह से बचने और बेहतर वित्तीय निर्णय लेने के लिए, कुछ उपाय आवश्यक हैं। सबसे पहले, वित्तीय समाचारों के उपभोग (Consumption) को सीमित करें ताकि भावनात्मक प्रभाव कम हो। दूसरा, केवल सुर्खियों (Headline) की जगह कंपनी के मौलिक विश्लेषण (Fundamental Analysis) पर ध्यान केंद्रित करें, जिसमें कंपनी की वास्तविक वित्तीय स्थिति और प्रदर्शन का गहन अध्ययन शामिल हो। अंत में, जानकारी के स्रोतों में विविधता (Diversity) लाएँ, ताकि आपको एक संतुलित और व्यापक दृष्टिकोण मिल सके।

## 14.9 डिस्पोजिशन इफेक्ट: एक वित्तीय पूर्वाग्रह

डिस्पोजिशन इफ़ेक्ट एक महत्वपूर्ण वित्तीय पूर्वाग्रह (Bias) है जो बताता है कि निवेशक लाभ कमाने वाले (विनर्स) शेयरों को बहुत जल्दी बेच देते हैं और घाटे में चल रहे (लूजर्स) निवेशों को लंबे समय तक बनाए रखते हैं। यह व्यवहार मुख्य रूप से 'लॉस एवर्सन' से संबंधित है, जहाँ नुकसान का दर्द लाभ की खुशी से अधिक महसूस होता है, और यह अक्सर निवेश प्रदर्शन को बहुत नकारात्मक रूप से प्रभावित करता है।

**डिस्पोजिशन इफ़ेक्ट क्या है?**

यह प्रभाव दो मुख्य कार्यों के रूप में प्रकट होता है:

**विनर्स को जल्दी बेचना:** निवेशक संभावित विनर्स को जल्दी बेचकर लाभ को सुरक्षित (Secure Gain) करना चाहते हैं, क्योंकि उन्हें यह डर होता है कि कमाया हुआ प्रॉफ़िट वापस खो जाएगा।

**लूजर्स को बनाए रखना:** निवेशक अंडरपरफॉर्मिंग इन्वेस्टमेंट्स को लंबे समय तक होल्ड करते हैं ताकि नुकसान को वास्तविक रूप (Realize Loss) देने के दर्द से बच सकें।

**नुकसान और बचाव**

इस पूर्वाग्रह का नुकसान यह है कि आप उन स्टॉक्स का लाभ (Benefit) नहीं ले पाते जिनमें लंबी अवधि में विकास की क्षमता होती है, और इसके विपरीत, आप गिरने वाले स्टॉक्स में फंसे रहते हैं। इस व्यवहार से बचाव के लिए, यह समझना महत्वपूर्ण है कि किसी भी स्टॉक का भविष्य का प्रदर्शन उसके मूल खरीद मूल्य (Entry Price) पर निर्भर नहीं करता है। निवेश का निर्णय हमेशा भविष्य की क्षमता (Future Potential) और कंपनी के मूल सिद्धांतों (Fundamentals) पर आधारित होना चाहिए, न कि भावनात्मक पूर्वाग्रहों पर।

## 14.10 रूल्स-बेस्ड इन्वेस्टिंग: बायसेस पर काबू

ओवरकमिंग बायसेस: रूल्स-बेस्ड इन्वेस्टिंग को अपनाना आवश्यक है क्योंकि बायसेस (Biases) पर काबू पाने का एकमात्र तरीका सिस्टमैटिक और रूल्स-बेस्ड अप्रोच अपनाना है। नियमों को लागू करने के लिए कुछ प्रमुख कदम हैं। सबसे पहले, एक IPS (Investment Policy Statement) यानी एक लिखित रूल बुक बनाना चाहिए, जिसमें आपके गोल्स, रिस्क टॉलरेंस, और एसेट एलोकेशन (Asset Allocation) स्पष्ट रूप से परिभाषित (Clearly Defined) हों। यह दस्तावेज़ भावनात्मक निर्णयों (Emotional Decisions) के खिलाफ एक ढाल के रूप में कार्य करता है। दूसरा महत्वपूर्ण नियम स्टॉप-लॉस रूल्स (Stop-Loss Rules) हैं, जिसका अर्थ है कि एक्ज़िट स्ट्रैटेजी (Exit Strategy) पहले से परिभाषित करें (जैसे, अगर स्टॉक 10% गिरे तो बेच देना)। इसके लिए ऑटोमेटेड स्टॉप-लॉस ऑर्डर्स का इस्तेमाल करना चाहिए। तीसरा कदम डाइवर्सिफिकेशन है, जिससे किसी एक एसेट क्लास या सेक्टर में ओवर-एक्सपोज़र (Over-Exposure) से बचा जा सके। अंततः, अनुशासन (Discipline) ही कुंजी है। जब आप इन नियमों पर टिके रहते हैं, तो आप मनोविज्ञान (Psychology) पर नहीं, बल्कि प्रक्रिया पर भरोसा करते हैं।

* * * * *

**"बाजार में आपकी सफलता 20% आपकी तकनीकी जानकारी पर और 80% आपके व्यवहार पर निर्भर करती है। अपनी भावनाओं पर नियंत्रण ही सबसे बड़ा निवेश कौशल है।"**

## 14.11 व्यावहारिक प्रश्नों के उत्तर

**प्रश्न 1:** पंकज के पास दो शेयर हैं। 'शेयर A' में उसे ₹20,000 का लाभ हो रहा है, और 'शेयर B' में उसे ₹20,000 का नुकसान हो रहा है। वह लाभ वाले 'शेयर A' को बेच देता है ताकि लाभ सुरक्षित हो सके, लेकिन 'शेयर B' को इस उम्मीद में रखे रहता है कि कभी तो कीमत वापस आएगी। अगले 6 महीने में शेयर A और 30% बढ़ जाता है और शेयर B और 30% गिर जाता है। पंकज को इस मनोवैज्ञानिक गलती की क्या कीमत चुकानी पड़ी?

**उत्तर:**

पंकज को हुई मनोवैज्ञानिक गलती की कुल कीमत शेयर A पर छोड़ा गया 30% लाभ और शेयर B पर झेली गई अतिरिक्त 30% हानि का योग है, जिसे गणितीय रूप से $0.30 \times (V_A + V_B)$ द्वारा दर्शाया जा सकता है (जहाँ $V_A$ और $V_B$ निर्णय के समय शेयरों का बाजार मूल्य था)।

Step 1: शेयर A की अवसर लागत (Opportunity Cost) की गणना

पंकज ने 'शेयर A' को ₹20,000 के लाभ पर बेच दिया। यदि वह इसे अपने पास रखता, तो उसे अगले 6 महीनों में 30% का अतिरिक्त लाभ होता। मान लीजिए कि बेचते समय शेयर A का बाजार मूल्य $V_A$ था। अतः, पंकज द्वारा छोड़ा गया संभावित लाभ (अवसर लागत) है:

छूटा हुआ लाभ (Missed Profit) = $0.30\times V_A$

Step 2: शेयर B की अतिरिक्त हानि की गणना

पंकज ने 'शेयर B' को ₹20,000 के नुकसान के बावजूद बेचे बिना अपने पास रखा। अगले 6 महीनों में इसकी कीमत 30% और गिर गई। मान लीजिए कि उस समय शेयर B का बाजार मूल्य $V_B$ था। अतः, उसे होने वाली अतिरिक्त वास्तविक हानि है:

अतिरिक्त नुकसान (Additional Loss) = $0.30 \times V_B$

Step 3: कुल मनोवैज्ञानिक लागत का निर्धारण

पंकज की इस गलती को व्यवहारिक वित्त (Behavioral Finance) में डिस्पोजिशन इफेक्ट (Disposition Effect) कहा जाता है, जहाँ निवेशक लाभ वाले शेयरों को जल्दी बेच देते हैं और घाटे वाले शेयरों को लंबे समय तक रोके रखते हैं। उसकी इस मनोवैज्ञानिक त्रुटि की कुल कीमत दोनों स्थितियों का योग है:

Total Cost = $(0.30 \times V_A) + (0.30 \times V_B)$

पंकज को इस मनोवैज्ञानिक गलती की कीमत शेयर A पर मिलने वाले 30% अतिरिक्त लाभ को खोने और शेयर B पर 30% की और अधिक हानि सहने के रूप में चुकानी पड़ी। यदि निर्णय के समय दोनों शेयरों का कुल बाजार मूल्य $(V_A + V_B)$ था, तो उसकी कुल आर्थिक लागत उस मूल्य का 30% है।

सीख: हम अक्सर लाभ को जल्दी काट देते हैं और नुकसान को पकड़ कर बैठते हैं। इसे 'डिस्पोजिशन इफेक्ट' कहते हैं।

**प्रश्न 2:** बाजार अपने चरम (Peak) पर है और हर कोई निवेश कर रहा है। सुमित 'फोमो' (FOMO - छूट जाने का डर) के कारण ₹5,00,000 तब निवेश करता है जब मार्केट का P/E रेशियो 30 है (महंगा)। 1 साल बाद मार्केट अपने औसत P/E 20 पर आ जाता है और सुमित का निवेश 33% गिर जाता है। यदि सुमित ने संयम रखकर बाजार के शांत होने का इंतजार किया होता, तो वह कितने रुपये की गिरावट से बच सकता था?

**उत्तर:**

यदि सुमित ने संयम रखा होता, तो वह ₹1,65,000 की पूरी गिरावट से बच सकता था।

इसकी गणना नीचे दी गई है:

कुल निवेश: ₹5,00,000

बाजार में गिरावट: 33%

नुकसान की राशि: 5,00,000×33%=1,65,000

निष्कर्ष: चूँकि सुमित ने बाजार के महंगे (P/E 30) होने पर 'FOMO' में निवेश किया, उसे ₹1,65,000 का घाटा हुआ। यदि वह बाजार के शांत होने और औसत P/E (20) पर आने का इंतजार करता, तो उसके निवेश की वैल्यू सुरक्षित रहती और वह इस ₹1,65,000 के नुकसान से पूरी तरह बच सकता था।

सीख: जब हर कोई लालची हो, तब आपको सतर्क रहना चाहिए। दूसरों की देखा-देखी निवेश करना अक्सर ऊंचे स्तर पर फंसने का कारण बनता है।

**प्रश्न 3:** राहुल को एक कंपनी पसंद है। वह इंटरनेट पर केवल वही लेख पढ़ता है जो उस कंपनी की तारीफ करते हैं और उन रिपोर्टों को नज़रअंदाज़ कर देता है जो कंपनी के बढ़ते कर्ज की चेतावनी दे रही हैं। वह उसमें ₹2,00,000 निवेश करता है। 2 साल बाद कर्ज के कारण कंपनी दिवालिया हो जाती है और शेयर की वैल्यू 90% गिर जाती है।

**उत्तर:**

यह स्थिति पुष्टि पूर्वाग्रह (Confirmation Bias) का एक सटीक उदाहरण है।

इस घटना के मुख्य बिंदु निम्नलिखित हैं:

पुष्टि पूर्वाग्रह (Confirmation Bias): राहुल ने केवल उन्हीं जानकारियों पर ध्यान दिया जो उसके पहले से बने हुए विश्वास (कि कंपनी अच्छी है) की पुष्टि करती थीं। उसने नकारात्मक लेकिन महत्वपूर्ण तथ्यों (कर्ज की चेतावनी) को पूरी तरह नजरअंदाज कर दिया।

परिणाम: अपनी पसंद के पक्ष में चयनात्मक (selective) होने के कारण राहुल ने जोखिम का सही आकलन नहीं किया।

वित्तीय हानि: ₹2,00,000 का निवेश 90% गिरकर केवल ₹20,000 रह गया।

सीख: निवेश करने से पहले किसी भी कंपनी के सकारात्मक और नकारात्मक दोनों पहलुओं का निष्पक्ष विश्लेषण करना आवश्यक है।

**प्रश्न 4:** एक शेयर की कीमत ₹500 थी। अब वह गिरकर ₹400 पर आ गया है। अमित उसे इसलिए खरीदता है क्योंकि उसे लगता है कि यह "सस्ता" है (उसका दिमाग ₹500 की कीमत पर 'एंकर' हो गया है)। लेकिन कंपनी के फंडामेंटल बिगड़ चुके हैं और उसकी असली वैल्यू अब केवल ₹200 है। यदि अमित ₹1,00,000 निवेश करता है और शेयर अपनी असली वैल्यू ₹200 पर पहुँच जाता है, तो उसे कितना नुकसान होगा?

**उत्तर:**

यदि अमित ₹1,00,000 निवेश करता है, तो उसे होने वाले नुकसान की गणना है:

खरीदे गए शेयरों की संख्या: अमित ₹400 की कीमत पर ₹1,00,000 निवेश करता है।

शेयरों की संख्या = 1,00,000/400 = 250 शेयर

निवेश की वर्तमान वैल्यू (जब शेयर ₹200 पर पहुँच जाता है):

वैल्यू = 250 ×200=50,000

कुल नुकसान की गणना:

नुकसान = शुरुआती निवेश - वर्तमान वैल्यू

नुकसान = ₹1,00,000 – ₹50,000 = ₹50,000

अमित को ₹50,000 का नुकसान होगा। उसका 50% निवेश डूब जाएगा क्योंकि उसने "एंकरिंग बायस" (Anchoring Bias) के कारण गिरते हुए शेयर को उसकी वास्तविक वैल्यू समझे बिना खरीदा।

सीख: पिछली ऊंची कीमत को आधार बनाकर यह न सोचें कि शेयर सस्ता है। कीमत और मूल्य (Price vs Value) के अंतर को समझें।

**प्रश्न 5:** एक निवेशक ₹10,00,000 लगाता है। पहले 2 साल बाजार 15% गिरता है, वह डरकर पैसे निकाल लेता है। अगले 3 साल बाजार 20% सालाना बढ़ता है, वह अफसोस में बाहर बैठा रहता है। यदि वह पूरे 5 साल निवेशित रहता, तो उसके पास कितना पैसा होता?

**उत्तर:**

यदि निवेशक पूरे 5 साल तक निवेशित रहता, तो उसके पास ₹12,48,480 होते।

Step 1: पहले 2 वर्षों के बाद निवेश का मूल्य ज्ञात करना

निवेशक ने $P$ = ₹10,00,000 से शुरुआत की। पहले 2 वर्षों तक बाजार सालाना 15% गिरा। चक्रवृद्धि मूल्य ह्रास (compounded depreciation) के सूत्र का उपयोग करते हुए:

$V_2 = P \times (1 - r_1)^n$

$V_2$ = ₹10,00,000 $\times (1 - 0.15)^2$ =7,22,500

$V_2$ = ₹7,22,500

Step 2: अगले 3 वर्षों के विकास की गणना करना

अगले 3 वर्षों के लिए, बाजार सालाना 20% की दर से बढ़ा। अब हम $V_2$ को मूलधन मानकर $r_2$ = 20% और $n$ = 3 के लिए गणना करेंगे:

$V_5 = P \times (1 + r_2)^n$

$V_5$ = ₹7,22,500$\times (1 + 0.20)^3$ = ₹12,48,480

$V_5$ = ₹12,48,480

यदि निवेशक पूरे 5 साल तक निवेशित रहता, तो उसके निवेश का कुल मूल्य ₹12,48,480 होता।

सीख: "बाजार में समय बिताना, बाजार को समय देने (Timing) से ज्यादा महत्वपूर्ण है।" भावनाएं आपकी सबसे बड़ी दुश्मन हो सकती हैं।

## 14.12 प्रश्नोत्तर परीक्षा (Quiz)

Q1. किताब के अनुसार सफल निवेश कितने प्रतिशत मनोविज्ञान पर निर्भर करता है?

(A) 20% (B) 50% (C) 80% (D) 100%

Q2 निवेश मनोविज्ञान में सबसे बड़ा दुश्मन क्या है?

(A) बाजार का गिरना (B) हमारी अपनी भावनाएँ और बायस

(C) ब्रोकर (D) सरकार

Q3 लॉस एवर्शन (Loss Aversion) बायस क्या है?

(A) लाभ कमाने की जल्दी (B) नुकसान से दोगुना डर लगना

(C) हमेशा खरीदना (D) हमेशा बेचना

Q4 एंकरिंग बायस (Anchoring Bias) का मतलब क्या है?

(A) पहले सुनी कीमत पर अटक जाना (B) नई जानकारी को नजरअंदाज करना

(C) बहुत ज्यादा खरीदना (D) बहुत कम बेचना

Q5 ओवरकॉन्फिडेंस बायस से क्या होता है?

(A) बहुत कम ट्रेड करना (B) जरूरत से ज्यादा ट्रेड करना और जोखिम लेना

(C) कभी न खरीदना (D) हमेशा सही होना

Q6 हर्ड मेंटालिटी (Herd Mentality) क्या है?

(A) अकेले निर्णय लेना (B) भीड़ का पीछा करना – सब खरीद रहे हैं तो मैं भी

(C) विपरीत करना (D) कोई निर्णय न लेना

Q7 कन्फर्मेशन बायस क्या है?

(A) सिर्फ अपनी राय की पुष्टि करने वाली जानकारी देखना

(B) नई जानकारी स्वीकार करना

(C) सब बेच देना

(D) सब खरीद लेना

Q8 FOMO का पूरा नाम क्या है?

(A) Fear Of Money Out (B) Fear Of Missing Out

(C) Future Of Money Opportunity (D) Fast Opportunity Money Out

Q9 FOMO से सबसे ज्यादा नुकसान कब होता है?

(A) बुल मार्केट के टॉप पर खरीदने में (B) बेयर मार्केट में बेचने में

(C) SIP करने में (D) FD में

Q10 रिग्रेट एवर्शन (Regret Aversion) क्या है?

(A) गलती करने का डर – इसलिए कोई निर्णय न लेना (B) हमेशा खरीदना

(C) हमेशा बेचना (D) बहुत ज्यादा जोखिम लेना

Q11 मेंटल अकाउंटिंग बायस क्या है?

(A) अलग-अलग पैसे को अलग मानना (जुआ का पैसा अलग, बचत अलग)

(B) सब पैसे एक समान मानना

(C) कोई हिसाब न रखना

(D) बहुत ज्यादा हिसाब रखना

Q12 इमोशनल गैप क्या है?

(A) खरीदते समय खुशी, बेचते समय दुख (B) लालच और डर के बीच का अंतर

(C) भावनाएँ और लॉजिक के बीच का फर्क (D) लाभ और हानि

Q13 किताब में कहा गया है कि बाजार में सबसे ज्यादा नुकसान किससे होता है?

(A) बाजार गिरने से (B) अपने गलत भावनात्मक निर्णयों से

(C) ब्रोकर चार्ज से (D) कर से

Q14 भावनाओं पर काबू पाने का सबसे अच्छा तरीका क्या है?

(A) नियम-आधारित निवेश योजना बनाना और उसका पालन करना

(B) रोज भावनाओं के हिसाब से ट्रेड करना
(C) टीवी न्यूज देखकर निर्णय लेना
(D) दोस्तों की सलाह लेना

Q15 रुल बेस्ड इन्वेस्टिंग का मतलब क्या है?
(A) पहले से तय नियमों पर चलना (SIP, रीबैलेंसिंग) (B) रोज नया नियम बनाना
(C) कोई नियम नहीं (D) सिर्फ टिप्स पर चलना

Q16 सबसे अच्छा निवेश निर्णय कब लिया जाता है?
(A) बहुत खुश या बहुत दुखी होने पर (B) शांत दिमाग और लॉजिक से
(C) बाजार बंद होने पर (D) रात में

Q17 बाजार गिरने पर ज्यादातर लोग क्या करते हैं?
(A) खरीदते हैं (B) डरकर बेच देते हैं
(C) SIP जारी रखते हैं (D) नया निवेश शुरू करते हैं

Q18 बाजार टॉप पर ज्यादातर लोग क्या करते हैं?
(A) बेचते हैं (B) लालच में और खरीदते हैं
(C) रुक जाते हैं (D) SIP बंद कर देते हैं

Q19 किताब का मुख्य संदेश निवेश मनोविज्ञान पर क्या है?
(A) भावनाएँ ही सबकुछ हैं
(B) 80% व्यवहार, 20% तकनीक – भावनाओं पर काबू रखें
(C) सिर्फ तकनीक काफी है
(D) भावनाएँ अनदेखा करें

Q20 सफल निवेशक बनने के लिए सबसे जरूरी क्या है?
(A) भावनाओं पर नियंत्रण और अनुशासित व्यवहार (B) सबसे ज्यादा जानकारी
(C) सबसे तेज ट्रेडिंग (D) सबसे ज्यादा जोखिम

**Answer Key**

| Q | 1 | 2 | 3 | 4 | 5 | 6 | 7 | 8 | 9 | 10 | 11 | 12 | 13 | 14 | 15 | 16 | 17 | 18 | 19 | 20 |
|---|---|---|---|---|---|---|---|---|---|---|---|---|---|---|---|---|---|---|---|---|
| Ans. | C | B | B | A | B | B | A | B | A | A | A | C | B | A | A | B | B | B | B | A |

# *Chapter 15* वित्तीय अनुशासन और मानसिकता

**"सही मानसिकता और कड़ा अनुशासन ही वित्तीय सफलता की नींव हैं। भावनाओं के बजाय तर्क से निर्णय लेना और निवेश में निरंतरता बनाए रखना आपको साधारण से असाधारण अमीर बना सकता है।"**

धन निर्माण की यात्रा में सबसे बड़ी बाधा बाजार की गिरावट या खराब अर्थव्यवस्था नहीं, बल्कि स्वयं के मन की चंचलता और अनुशासन की कमी होती है। यह अध्याय आपकी वित्तीय यात्रा का वह 'कमांड सेंटर' है, जहाँ हम विश्लेषण (Analysis) के शोर से हटकर व्यवहार (Behavior) की शक्ति पर ध्यान केंद्रित करेंगे। आपने अब तक जो भी गणित और रणनीतियाँ सीखी हैं, वे तभी फलदायी होंगी जब उनके पीछे एक लोहे जैसा अटूट अनुशासन होगा।

इस चैप्टर में हम 'लंबी अवधि की सोच' के दर्शन को समझेंगे और देखेंगे कि कैसे SIP और Rupee Cost Averaging जैसे साधन आपको बाजार के उतार-चढ़ाव के दौरान भावनाओं के जाल में फंसने से बचाते हैं। आप सीखेंगे कि 'बाजार के शोर' (Market Noise) को नजरअंदाज कर अपने लक्ष्यों पर कैसे अडिग रहा जाता है। यह अध्याय आपको यह विश्वास दिलाएगा कि धन निर्माण कोई जादुई चमत्कार नहीं, बल्कि निरंतरता और सही मानसिकता का परिणाम है। यहाँ से आप एक साधारण पाठक के रूप में नहीं, बल्कि एक प्रबुद्ध और अनुशासित निवेशक के रूप में अपनी नई यात्रा शुरू करेंगे।

## 15.1 सफल निवेश की नींव: 80% बिहेवियर, 20% एनालिसिस

सफल निवेश का सार केवल जटिल गणितीय मॉडल या वित्तीय विवरणों के विश्लेषण (Analysis) में नहीं है, बल्कि एक अनुशासित व्यवहार (Behavior) बनाए रखने और अपनी भावनाओं पर नियंत्रण रखने में है। यह सिद्धांत इस बात पर जोर देता है कि निवेश में सफलता 80% व्यवहार से और केवल 20% तकनीकी ज्ञान से आती है। आपकी बुद्धिमत्ता से ज्यादा महत्वपूर्ण यह है कि आप चुनौतीपूर्ण बाजार स्थितियों में कैसा आचरण करते हैं।

**1. 80% व्यवहार बनाम 20% विश्लेषण**

अधिकांश लोगों का मानना है कि सफल निवेशक बनने के लिए भारी-भरकम बैलेंस शीट पढ़ना या जटिल वित्तीय फॉर्मूलों में महारत हासिल करना आवश्यक है। हालांकि, वास्तविकता यह है कि तकनीकी ज्ञान और विश्लेषण कुल सफलता में केवल 20% योगदान देते हैं। असली सफलता 80% आपके व्यवहार और मानसिक अनुशासन से प्राप्त होती है। जब बाजार में अनिश्चितता होती है, तो आपका शांत रहना और तर्कसंगत निर्णय लेना ही मायने रखता है।

**2. वित्तीय साक्षरता की परिभाषा**

वित्तीय साक्षरता का अर्थ केवल यह जानना नहीं है कि कौन सा स्टॉक खरीदना है, बल्कि इसका वास्तविक अर्थ सही समय पर सही निर्णय लेना है। यह मुख्य रूप से दो प्रमुख भावनाओं—डर और लालच—पर नियंत्रण पाने से संबंधित है। जब बाजार तेजी से गिरता है, तो नुकसान के डर (Fear) से घबराकर बेचना एक गलत निर्णय है। इसी तरह, जब बाजार नई

ऊंचाइयों पर होता है, तो लाभ कमाने के लालच (Greed) में आकर महंगे दामों पर खरीदना भी एक गलत निर्णय है। इन मानवीय भावनाओं पर काबू पाना ही वास्तविक वित्तीय शिक्षा है।

**3. मानसिक अनुशासन**

बाजार में उतार-चढ़ाव (Volatility) एक सामान्य प्रक्रिया है। मानसिक अनुशासन का मतलब बाजार की अस्थिरता को देखकर अपनी पूर्व-निर्धारित निवेश योजना को नहीं बदलना है। इसका अर्थ यह है कि जब समाचार चैनल और सोशल मीडिया पर घबराहट (Panic) फैली हो, तब भी आपको अपनी बुद्धि का उपयोग करके शांत रहना चाहिए और अपने निवेश पोर्टफोलियो को बेवजह नहीं छेड़ना चाहिए। योजना पर टिके रहना और भावनाओं को निर्णय प्रक्रिया से बाहर रखना महत्वपूर्ण है।

**4. दीर्घकालिक सोच**

बाजार में हर दिन कोई न कोई खबर आती है जिसे अक्सर 'शोर' (Noise) कहा जाता है। यह शोर अल्पकालिक (Short-term) निवेशकों को आसानी से विचलित या डरा सकता है। दीर्घकालिक सोच (Long-Term Thinking) का माइंडसेट इस शोर से मुक्ति दिलाता है। यदि आपका लक्ष्य अगले 20 वर्षों में धन सृजन करना है, तो आज बाजार 2% ऊपर या नीचे जाने से आपके भविष्य के वित्तीय लक्ष्यों पर कोई खास असर नहीं पड़ेगा। यह दृष्टिकोण आपको दैनिक तनाव और बार-बार स्क्रीन देखने की आदत से बचाता है, जिससे आप एक अनुशासित निवेशक बने रहते हैं।

निष्कर्ष यह है कि एक सफल निवेशक बनने के लिए आपको गणितज्ञ होने की ज़रूरत नहीं है, बल्कि आपको एक धैर्यवान व्यक्ति बनने की ज़रूरत है। पैसा आपकी जानकारी (IQ) से नहीं, बल्कि आपके धैर्य (Patience) और अनुशासन (Discipline) से बढ़ता है।

## 15.2 रुपी कॉस्ट एवरेजिंग (RCA) की शक्ति

**1. रुपी कॉस्ट एवरेजिंग (RCA) की अवधारणा**

रुपी कॉस्ट एवरेजिंग (RCA) एक महत्वपूर्ण निवेश रणनीति है जिसे उन निवेशकों के लिए डिज़ाइन किया गया है जो अक्सर बाजार में गलत समय (जब बाजार महंगा हो) पर निवेश करने से डरते हैं। यह रणनीति इस मनोवैज्ञानिक डर को पूरी तरह से समाप्त कर देती है। RCA के अंतर्गत, निवेशक को बाजार के अल्पकालिक उतार-चढ़ाव की चिंता करने की आवश्यकता नहीं होती है। इसके बजाय, एक निवेशक एक निश्चित अंतराल पर (उदाहरण के लिए, हर महीने की एक निश्चित तारीख को) एक तय और स्थिर राशि का निवेश करता है, चाहे बाजार की स्थिति कुछ भी हो। यह एक अनुशासित तरीका है जो समय के साथ निवेश को औसत करता है।

**2. SIP और RCA का कार्य तंत्र (Mechanism)**

सिस्टेमैटिक इन्वेस्टमेंट प्लान (SIP) वह लोकप्रिय माध्यम है जो व्यवहार में RCA के सिद्धांत को लागू करता है। SIP दो मुख्य बाजार स्थितियों में बहुत प्रभावी ढंग से काम करता है:

**जब बाजार गिरता है:** बाजार में मंदी के दौरान या जब किसी म्यूचुअल फंड की नेट एसेट वैल्यू (NAV) कम होती है, तो निवेशक की उसी निश्चित निवेश राशि (जैसे ₹5,000) में फंड की अधिक यूनिट्स खरीदी जाती हैं। इस स्थिति को स्मार्ट निवेशक 'सस्ते में खरीदारी' (Buying Low) मानते हैं।

**जब बाजार बढ़ता है:** इसके विपरीत, जब बाजार में तेजी होती है और NAV अधिक होती है, तो उसी निश्चित राशि में कम यूनिट्स खरीदी जाती हैं। इस प्रक्रिया का अंतिम परिणाम यह होता है कि लंबी अवधि में, प्रति यूनिट खरीदने की औसत लागत (Average Cost) बाजार के विभिन्न स्तरों पर संतुलित हो जाती है। इस प्रकार, निवेशक को बाजार के चरम बिंदुओं को पकड़ने या 'मार्केट

टाइम' करने (सही समय का इंतजार करने) की जटिल और अक्सर असंभव कोशिश करने की जरूरत नहीं पड़ती।

**3. अनुशासन (Discipline) का महत्व**

SIP की सफलता में अनुशासन (Discipline) एक महत्वपूर्ण भूमिका निभाता है।

**भावनाओं पर नियंत्रण:** अक्सर निवेशक भावनात्मक निर्णय लेते हैं। वे डर के मारे गिरते बाजार में अपना पैसा बेचकर निकाल लेते हैं, या लालच में आकर महंगे बाजार में बहुत ज्यादा पैसा लगा देते हैं। SIP इस 'इमोशनल निवेश' को स्वचालित रूप से समाप्त कर देता है।

**ऑटोमेशन (Automation):** निवेश की निरंतरता सुनिश्चित करने के लिए SIP एक स्वचालित प्रक्रिया है, जिसमें पैसा बैंक खाते से अपने आप कट जाता है, जिससे मानवीय हस्तक्षेप की आवश्यकता नहीं रहती।

**कंपाउंडिंग (Compounding) का लाभ:** चूंकि आप लगातार और नियमित रूप से निवेश करते रहते हैं, इसलिए आपको समय के साथ चक्रवृद्धि ब्याज (Compounding) या 'ब्याज पर ब्याज' का जबरदस्त और घातांकीय (exponential) फायदा मिलता है, जिससे लंबी अवधि में बड़ी संपत्ति का निर्माण होता है।

**निष्कर्ष:** संक्षेप में, SIP + RCA का मतलब है कि निवेशक "बाजार की चिंता छोड़ो और बस निवेश जारी रखो।" यह तकनीक विशेष रूप से उन व्यक्तियों के लिए सबसे उपयुक्त है जो शेयर बाजार की तकनीकी बारीकियों को नहीं जानते हैं, लेकिन लंबी अवधि के क्षितिज के साथ धन (Wealth) का निर्माण करना चाहते हैं।

## 15.3 भावनाओं पर नियंत्रण: रिवेंज ट्रेडिंग और FOMO से बचना

सफल निवेश के लिए केवल गणितीय या तकनीकी विश्लेषण (चार्ट) की जानकारी पर्याप्त नहीं है; बल्कि अपनी भावनाओं पर नियंत्रण रखना भी अनिवार्य है। एक सफल निवेशक वह होता है जो बाजार के उतार-चढ़ाव के बावजूद शांत रहता है और अपनी पूर्व-निर्धारित निवेश योजना (Strategy) पर दृढ़ता से टिका रहता है। दो प्रमुख भावनात्मक जाल जिनसे निवेशकों को बचना चाहिए, उनमें पहला **'रिवेंज ट्रेडिंग'** है, जिसका अर्थ है बाज़ार से "बदला" लेने की कोशिश करना। जब किसी ट्रेड में घाटा (Loss) होता है, तो स्वाभाविक रूप से गुस्सा और हताशा पैदा होती है। गलती यह है कि इस घाटे को तुरंत वसूल करने के चक्कर में निवेशक बिना सोचे-समझे और अधिक जोखिम (Extra Risk) लेकर बड़े ट्रेड करने लगता है। एक अनुशासित निवेशक का सही तरीका उस घाटे को व्यापार का हिस्सा मानकर स्वीकार करना, गलतियों से सीखना और अगली बार सही मौके का इंतजार करना होता है।

दूसरा बड़ा जाल '**FOMO**' (Fear Of Missing Out - "पीछे छूट जाने का डर") है। यह स्थिति तब बनती है जब किसी स्टॉक की कीमत तेजी से बढ़ती है और हर जगह उसी की चर्चा होती है, जिससे यह डर लगता है कि कहीं एक बड़ा मौका छूट न जाए। इस डर में आकर निवेशक अक्सर 'टिप' के भरोसे या बिना शोध किए बहुत ऊंचे दाम (High Price) पर शेयर खरीद लेते हैं, जो बाद में अक्सर गिरकर भारी नुकसान देता है। इससे बचने का सही तरीका यह है कि टिप-आधारित निवेश न करें और यह समझें कि बाजार में अवसरों की कमी नहीं है; यदि एक मौका छूट भी गया है, तो दूसरे क्वालिटी एसेट्स (Quality Assets) हमेशा उपलब्ध रहेंगे। अंततः, ट्रेडिंग और निवेश में अनुशासन (Discipline) और धैर्य (Patience) ही सबसे बड़े हथियार हैं। गुस्से या डर जैसी भावनाओं में लिया गया कोई भी फैसला हमेशा वित्तीय हानि की ओर ले जाता है।

## 15.4 रिस्क मैनेजमेंट: पोजीशन साइजिंग और स्टॉप-लॉस

शेयर बाजार में सफलता की संभावना को बढ़ाने के लिए कुछ महत्वपूर्ण जोखिम प्रबंधन नियमों का पालन करना अनिवार्य है। इन नियमों में मुख्य रूप से पूंजी का सही आवंटन (Position Sizing) और नुकसान को रोकने की सीमा (Stop-Loss) शामिल हैं। पोजीशन साइजिंग का अर्थ है कि आपको अपने पूरे निवेश योग्य पैसे को एक ही स्टॉक में नहीं लगाना चाहिए। यह नियम बताता है कि आपको अपनी कुल राशि का केवल एक निश्चित हिस्सा (आमतौर पर कुल पूंजी का 2% से 5% के बीच) ही एक विशेष ट्रेड में निवेश करना चाहिए। उदाहरण के लिए, यदि आपके पास निवेश के लिए ₹1,00,000 हैं, तो आप किसी भी एक कंपनी के शेयर ₹5,000 से ज्यादा के नहीं खरीदेंगे। इसका सबसे बड़ा लाभ विविधता (Diversification) है, जो सुनिश्चित करता है कि यदि कुछ कंपनियां खराब प्रदर्शन करती हैं, तब भी आपकी 90-95% पूंजी सुरक्षित रहेगी।

दूसरा महत्वपूर्ण नियम स्टॉप-लॉस (Stop-Loss) है, जो एक 'सुरक्षा कवच' की तरह काम करता है और आपके घाटे को एक निश्चित स्तर से आगे नहीं बढ़ने देता। यह एक पूर्व-निर्धारित कीमत (Pre-set Price) होती है; यदि स्टॉक की कीमत गिरकर उस स्तर पर आती है, तो आपका सौदा स्वचालित रूप से कट जाता है और आप बाजार से बाहर हो जाते हैं। शेयर बाजार में भावनाएं (डर और लालच) अक्सर गलत निर्णय करवाती हैं, जैसे कि इस उम्मीद में स्टॉक को पकड़े रहना कि "शायद कल दाम बढ़ जाए," जिससे छोटा नुकसान बहुत बड़ा बन जाता है। एक अनुशासित निवेशक इन भावनाओं को अलग रखकर स्टॉप-लॉस का पालन करता है।

इन दोनों नियमों का सख्ती से पालन करने का मतलब है कि आप बाजार में "जुआ" नहीं खेल रहे, बल्कि एक "सिस्टम" के साथ काम कर रहे हैं। पोजीशन साइजिंग तय करती है कि आप कितना मैदान में उतरेंगे, और स्टॉप-लॉस तय करता है कि आप कब मैदान छोड़ देंगे ताकि आपकी पूंजी सुरक्षित रहे। इन नियमों को सख्ती से लागू करने पर शेयर बाजार में आपकी सफलता की संभावना काफी बढ़ जाती है।

## 15.5 इन्वेस्टमेंट जर्नल: अपनी गलतियों को सीखने का हथियार

निवेश जर्नल (Investment Journal) केवल रिकॉर्ड रखने वाली एक सामान्य किताब नहीं है, बल्कि यह आत्म-जवाबदेही (Self-Accountability) का एक महत्वपूर्ण माध्यम है। जब कोई निवेशक अपने वित्तीय फैसलों को लिखता है, तो वह खुद के प्रति ईमानदार बनता है। यह प्रक्रिया उन्हें यह समझने में मदद करती है कि उन्होंने कोई विशेष निवेश क्यों किया था, जिससे भविष्य में वे अपनी गलतियों के लिए दूसरों को दोष देने के बजाय अपनी निवेश रणनीति में सुधार कर सकते हैं और उसे परिष्कृत (Refine) कर सकते हैं।

यह जर्नल (Journal) आवश्यक है क्योंकि यह निवेशकों को तर्क (Logic) और भावनाओं (Emotions) के बीच के अंतर को पहचानने में मदद करता है। अक्सर, निवेशक बाज़ार के उतार-चढ़ाव को देखकर डर (Fear) या लालच (Greed) जैसी भावनाओं में आकर गलत निर्णय ले लेते हैं। जर्नल यह स्पष्ट करता है कि कौन सा फैसला तर्क और गहन शोध (Research) पर आधारित था, और कौन सा निर्णय 'FOMO' (Fear of Missing Out - छूट जाने का डर) जैसी भावनाओं के कारण लिया गया था, जिससे भविष्य में भावनात्मक निर्णयों से बचा जा सके।

जर्नल एंट्री (Journal Entry) में कई मुख्य बातों को शामिल करना चाहिए। पहला है निवेश का विवरण (Details), जिसमें यह लिखा जाता है कि क्या खरीदा गया (स्टॉक, म्यूचुअल फंड आदि), किस कीमत पर, और कितनी मात्रा में, जो पोर्टफोलियो का डेटा होता है। दूसरा, तर्क (Reasoning) सबसे महत्वपूर्ण हिस्सा है; इसमें लिखें कि आप उस निवेश से क्या उम्मीद कर रहे थे, जैसे कि क्या यह 5 साल का दीर्घकालिक निवेश था या केवल 10% मुनाफे के लिए एक

अल्पकालिक योजना। तीसरा, अपनी मानसिक स्थिति (Emotional State) का ईमानदारी से उल्लेख करें। यदि आप घबराहट में निवेश कर रहे थे, तो जर्नल भविष्य में आपको याद दिलाएगा कि ऐसी भावनात्मक स्थिति में लिए गए फैसले अक्सर गलत होते हैं।

जर्नल (Journal) लिखने का असली फायदा नियमित समीक्षा (Review & Growth) में निहित है। जब आप अपने पुराने, नुकसान वाले फैसलों को नियमित रूप से (जैसे हर महीने) पढ़ते हैं, और यह पाते हैं कि वे भावना में बहकर लिए गए थे, तो आप अगली बार अधिक तर्कसंगत (Rational) फैसला लेने के लिए मानसिक रूप से तैयार होते हैं। यह सतत प्रक्रिया आपकी ग्रोथ माइंडसेट (Growth Mindset) को बढ़ाती है, जिससे आप गलतियों को असफलता के बजाय सीखने का एक मूल्यवान अवसर मानते हैं।

## 15.6 डर और लालच (Fear vs. Greed) का संतुलन

बाजार कभी भी एक सीधी रेखा में ऊपर नहीं जाता, वह लहरों की तरह चलता है जिसे इन पाँच चरणों में समझा जा सकता है। पहला चरण Recovery (सुधार) है, जो मंदी के बाद आता है जहाँ बाजार धीरे-धीरे संभलना शुरू करता है। इस दौरान ज्यादातर निवेशक डरे हुए होते हैं, लेकिन स्मार्ट निवेशक खरीदारी शुरू करते हैं। इसके बाद Expansion (तेजी) का चरण आता है, जहाँ अर्थव्यवस्था मजबूत होती है, कंपनियों का मुनाफा बढ़ता है और निवेशकों का भरोसा बढ़ने के साथ बाजार ऊपर जाने लगता है। तीसरा चरण Peak (शीर्ष) होता है; यह वह समय है जब बाजार अपने उच्चतम स्तर पर होता है, चारों तरफ उत्साह (Euphoria) होता है और लोग भारी मुनाफा देख रहे होते हैं। इसके बाद Contraction (गिरावट) शुरू होती है, जहाँ कीमतें गिरने लगती हैं और जो लोग Peak पर निवेश करते हैं, वे घबराने लगते हैं। अंत में, Trough (निचला स्तर) आता है, जहाँ गिरावट रुक जाती है, बाजार सबसे निचले बिंदु पर होता है, और यहाँ डर अपने चरम पर होता है।

मशहूर निवेशक वारेन बफेट का एक प्रसिद्ध कथन है जो इस चक्रीय भावना को संतुलित करने का तरीका बताता है: "जब दूसरे लालची हों तो डरो, और जब दूसरे डरे हुए हों तो लालची बनो।" इसका मतलब है कि Peak पर सावधानी (लालच से बचें) बरतनी चाहिए। जब बाजार बहुत ऊपर हो और हर कोई निवेश करना चाहता हो (Greed का समय), तब आपको नया बड़ा निवेश करने से बचना चाहिए, क्योंकि बाजार कभी भी गिर सकता है। इसके विपरीत, Trough पर अवसर (डर से बचें) होता है। जब बाजार गिरा हुआ होता है और लोग नुकसान के डर से पैसा निकाल लेते हैं, असल में, यही वह समय है जब अच्छे शेयर्स 'सेल' या डिस्काउंट पर मिल रहे होते हैं।

### पोर्टफोलियो पुनर्संतुलन (Portfolio Rebalancing)

पोर्टफोलियो पुनर्संतुलन निवेश को अनुशासित (Disciplined) रखने का एक तरीका है। मान लीजिए आपने एक एसेट एलोकेशन तय किया है कि आप 60% पैसा शेयर बाजार (Equity) में और 40% फिक्स्ड इनकम (Debt) में रखेंगे। यह क्यों जरूरी है? अगर शेयर बाजार बहुत तेजी से बढ़ता है, तो आपका 60% वाला इक्विटी हिस्सा बढ़कर 75% हो सकता है, जिससे आपका जोखिम (Risk) बढ़ जाता है। Rebalancing में आप बढ़े हुए 15% इक्विटी हिस्से को बेचकर (Profit Booking) उसे वापस Debt में डाल देते हैं। इसका फायदा यह है कि यह आपको मजबूर करता है कि आप महंगे में बेचें (Sell High) और सस्ते में खरीदें (Buy Low)। यह एक मैकेनिकल प्रोसेस है जो आपकी भावनाओं (Emotions) को निवेश निर्णयों से दूर रखती है।

## 15.7 भीड़ के विपरीत चलना

निवेश की दुनिया में, विपरीत सोच (Contrarian Mindset) का अर्थ है बाजार की सामान्य 'भेड़चाल' (Crowd) के विपरीत चलना। एक कॉन्ट्रेरियन इन्वेस्टर वह व्यक्ति होता है जो भावनात्मक भीड़ का हिस्सा नहीं बनता। जब अधिकांश लोग बाजार में डर (Fear) महसूस कर रहे होते हैं, तब वह साहसी बनकर अवसर खोजता है, और जब सब लालची (Greed) हो रहे होते हैं, तब वह सावधान हो जाता है। यह मानसिकता सुनिश्चित करती है कि निवेशक तर्कसंगत निर्णय लें, न कि भावनात्मक।

यह सिद्धांत बाजार की ऊंचाई (Market Peak) पर सतर्कता बरतने पर जोर देता है। जब शेयर बाजार बहुत ऊपर होता है और हर कोई मुनाफे के उत्साह में स्टॉक खरीद रहा होता है, तो कॉन्ट्रेरियन इन्वेस्टर समझ जाता है कि बाजार में एक 'बुलबुला' (Bubble) बन सकता है। वह उस समय खरीदारी करने के बजाय मुनाफा सुरक्षित करने या निवेश कम करने की सोचता है। वहीं, बाजार की गिरावट (Market Bottom) पर अवसर ढूंढना इस सोच का दूसरा पहलू है। जब बाजार गिरता है और हर तरफ डर (Panic) का माहौल होता है, लोग घाटे के डर से अपने शेयर बेचने लगते हैं। एक कॉन्ट्रेरियन इन्वेस्टर इसी समय को खरीदारी का सबसे अच्छा मौका मानता है, क्योंकि अच्छे शेयर उसे सस्ती कीमतों पर मिल जाते हैं। वारेन बफे के शब्दों में इसे ऐसे समझा जा सकता है: "जब दूसरे लालची हों तो डरो, और जब दूसरे डर रहे हों तो लालची बनो"।

**ग्रोथ माइंडसेट (Growth Mindset) का महत्व**

यह हिस्सा निवेश में मानसिक शक्ति (Mental Toughness) और मनोविज्ञान (Psychology) के महत्व को रेखांकित करता है। 'ग्रोथ माइंडसेट' वाला व्यक्ति चुनौतियों को अवसरों के रूप में देखता है। अगर मार्केट नीचे गिरता है (Drawdown) या पोर्टफोलियो में घाटा दिखता है, तो एक साधारण व्यक्ति घबरा जाएगा, लेकिन ग्रोथ माइंडसेट वाला व्यक्ति इसे अपनी रणनीति सुधारने या कम कीमत पर और शेयर जोड़ने का अवसर मानता है। यह माइंडसेट सिखाता है कि निवेश में 'नुकसान' वास्तव में सीखने की फीस है। यदि आप अपनी गलतियों से सीखकर आगे बढ़ते हैं, तो आप भविष्य में बड़े नुकसान से बच सकते हैं। जो निवेशक भावनात्मक रूप से मजबूत रहता है और हर गिरावट में खुद को हारने वाला (Failure) मानने के बजाय खुद को एक छात्र (Learner) मानता है, वहीं लंबे समय (Long Run) में सफल होता है।

## 15.8 धैर्य और कंपाउंडिंग की अद्भुत शक्ति

निवेश की दुनिया में 'धैर्य' (Patience) केवल एक साधारण गुण नहीं है, बल्कि एक अत्यंत शक्तिशाली हथियार है जो निवेशकों को दीर्घकालिक सफलता की ओर ले जाता है। यह एक ऐसा प्रतिस्पर्धी लाभ (Competitive Advantage) है जो अधिकांश बाजार सहभागियों के पास नहीं होता, क्योंकि बाजार में हर कोई जल्दी पैसा कमाना चाहता है। जब बाजार में उतार-चढ़ाव आते हैं, तो धैर्यवान निवेशक शांत रहते हैं, जबकि अन्य 90% लोग घबराकर अपने शेयर बेच देते हैं। यह शांत स्वभाव ही अंत में सबसे ज्यादा मुनाफा कमाने में मदद करता है, जिससे धैर्य एक 'सुपरपावर' बन जाता है।

धैर्य रखने का दूसरा सबसे बड़ा फायदा 'कंपाउंडिंग' (Power of Compounding) की शक्ति का उपयोग करना है। अल्बर्ट आइंस्टीन ने कंपाउंडिंग को 'दुनिया का आठवां अजूबा' कहा था, लेकिन यह तभी काम करता है जब इसे पर्याप्त समय मिले। ठीक वैसे ही जैसे एक छोटे बीज को एक विशाल, फलदायी पेड़ बनने में कई साल लगते हैं, आपके निवेश किए गए पैसे को भी बढ़ने के लिए समय की आवश्यकता होती है। यदि कोई निवेशक बार-बार अपना निवेश निकालता रहता है, तो चक्रवृद्धि का महत्वपूर्ण चक्र टूट जाता है। इसके अतिरिक्त, जल्दी और आसानी से पैसा कमाने (Quick Buck) के चक्कर में पड़ने वाले लोग अक्सर सट्टेबाजी में संलग्न हो

जाते हैं, जिससे न केवल संभावित रिटर्न खो जाता है, बल्कि अक्सर उनका मूल धन (Capital) भी डूब जाता है।

धैर्य निवेशकों को बड़ी गलतियों (Impulsive Decisions) से बचाता है जो अक्सर बाजार की चरम स्थितियों के कारण होती हैं। यह इंसानी स्वभाव है कि जब बाजार बहुत ऊपर जाता है, तो हम लालच (Greed) में आ जाते हैं और आँख बंद करके खरीदते हैं; और जब बाजार गिरता है, तो हम डर (Fear) के मारे अपने पैसे निकाल लेते हैं। इन भावनात्मक और बिना सोचे-समझे लिए गए फैसलों से भारी नुकसान हो सकता है। इमोशनल कंट्रोल का गुण, जो धैर्य से आता है, निवेशक को सिखाता है कि बाजार की गिरावट से डरना नहीं है और न ही बहुत ज्यादा उछाल पर अत्यधिक उत्साहित होना है। यह एक सुरक्षा कवच प्रदान करता है, जिससे निवेशक बाजार के 'Extreme Points' (जैसे कि बुलबुले बनने पर खरीदना या मंदी के निचले स्तर पर बेचना) पर गलत निर्णय लेने से बच जाते हैं, और उनका पोर्टफोलियो सुरक्षित रहता है।

## 15.9 लिखित निवेश नियम:IPS

एक निवेश नीति विवरण (Investment Policy Statement - IPS) एक अत्यंत महत्वपूर्ण और औपचारिक (Formal), लिखित दस्तावेज़ (Written Document) है। यह अनिवार्य रूप से आपके और आपके निवेशों के बीच एक "नियम पुस्तिका" (Rule Book) के रूप में काम करता है । इसका प्राथमिक उद्देश्य यह सुनिश्चित करना है कि बाजार के उतार-चढ़ाव या भावनात्मक दबाव के बावजूद, आपके सभी निवेश निर्णय एक पूर्व-निर्धारित और तर्कसंगत योजना के अनुसार ही लिए जाएं।

### IPS के मुख्य घटक

इस दस्तावेज़ में कई मुख्य अनुभाग होते हैं जो आपकी पूरी निवेश यात्रा का मार्गदर्शन करते हैं :

**वित्तीय लक्ष्य** (Financial Goals): यहाँ आपके भविष्य के सभी लक्ष्य स्पष्ट रूप से सूचीबद्ध होते हैं, जिनके लिए आप निवेश कर रहे हैं। उदाहरणों में सेवानिवृत्ति, नई कार खरीदना, या बच्चों की उच्च शिक्षा शामिल हो सकते हैं।

**जोखिम सहनशीलता** (Risk Tolerance): यह महत्वपूर्ण हिस्सा परिभाषित करता है कि आप बाजार की अस्थिरता (Volatility) के दौरान कितना जोखिम या संभावित नुकसान उठाने के लिए मानसिक और आर्थिक दोनों स्तरों पर तैयार हैं।

**परिसंपत्ति आवंटन** (Asset Allocation): यह बताता है कि आपके कुल निवेश पोर्टफोलियो को विभिन्न परिसंपत्ति वर्गों (Asset Classes) के बीच किस विशिष्ट अनुपात में बांटा जाएगा। एक आम उदाहरण 60% इक्विटी (शेयर बाजार), 30% डेट (ऋण पत्र), और 10% गोल्ड का अनुपात हो सकता है।

**प्रदर्शन बेंचमार्क** (Performance Benchmarks): ये वे मानक या सूचकांक हैं जिनके आधार पर आपके निवेशों के प्रदर्शन का समय-समय पर निष्पक्ष मूल्यांकन किया जाता है, ताकि यह मापा जा सके कि आप अपने लक्ष्यों की दिशा में सही जा रहे हैं या नहीं।

### अनुशासन बनाए रखने में भूमिका

IPS का सबसे बड़ा लाभ यह है कि यह आपको निवेश में अनुशासन बनाए रखने में मदद करता है । यह भावनात्मक निर्णयों पर रोक लगाता है; जब बाजार में उथल-पुथल होती है, तो निवेशक अक्सर डर या लालच जैसी भावनाओं में बहकर गलत समय पर खरीदारी या बिक्री कर बैठते हैं । IPS इस दौरान एक "लंगर" (Anchor) या मार्गदर्शक सिद्धांत के रूप में कार्य करता है, जो आपको उस तर्कसंगत योजना की याद दिलाता है जो आपने शांति के समय में सोची-समझी थी। चूंकि सभी नियम पहले से लिखित होते हैं, यह दस्तावेज़ भावनात्मक फैसलों को दरकिनार कर आपको अपनी मूल योजना पर टिके रहने के लिए बाध्य करता है।

*****

**“अमीर बनना एक गणितीय प्रक्रिया है, लेकिन अमीर बने रहना एक मानसिक युद्ध। आपकी 'नेटवर्थ' तब तक नहीं बढ़ सकती जब तक आपकी 'सेल्फ-वर्थ' दिखावे के खर्चों से ऊपर न उठ जाए। अनुशासन वह पुल है जो आपकी आज की इच्छाओं और कल की वित्तीय स्वतंत्रता के बीच की दूरी को मिटाता है।”**

## 15.10 व्यावहारिक प्रश्नों के उत्तर

**प्रश्न 1**: पंकज बहुत बुद्धिमान है और बाजार को ट्रैक करता है। वह ₹20,000 निवेश करता है, लेकिन जब बाजार गिरता है तो रुक जाता है और जब बढ़ता है तब फिर शुरू करता है। वह 20 साल में केवल 8 साल निवेशित रहा (15% रिटर्न)। दूसरी ओर, औसत दर्जे के निवेश कौशल वाला सुमित बिना रुके हर महीने ₹5,000 की SIP 20 साल तक जारी रखता है (12% रिटर्न)। अंत में किसके पास अधिक धन होगा?

**उत्तर:**

इस तुलना में सुमित के पास पंकज की तुलना में काफी अधिक धन होगा।

यहाँ गणना का विवरण दिया गया है:

1.पंकज की स्थिति (लम्पसम निवेश+मार्केट टाइमिंग): पंकज ने केवल एक बार ₹20,000 का निवेश किया। भले ही उन्हें 15% का उच्च रिटर्न मिला, लेकिन वह केवल 8 साल तक निवेशित रहे।

कुल निवेश: ₹20,000

अवधि: 8 वर्ष

रिटर्न दर: 15%

अंतिम राशि: लगभग ₹61,180

2. सुमित की स्थिति (अनुशासित SIP):

सुमित ने 20 साल तक बिना रुके हर महीने ₹5,000 का निवेश किया। कंपाउंडिंग की शक्ति और निवेश की लंबी अवधि ने यहाँ बड़ा अंतर पैदा किया।

मासिक निवेश: ₹5,000

कुल निवेश: ₹12,00,000 (₹5,000 × 12 महीने × 20 साल)

अवधि: 20 वर्ष

रिटर्न दर: 12%

अंतिम राशि: लगभग ₹49,95,740 (करीब 50 लाख रुपये)

तुलना: पंकज के पास लगभग ₹61,180 होंगे, जबकि सुमित के पास लगभग ₹49,95,740 होंगे।

निष्कर्ष: सुमित की जीत का मुख्य कारण निवेश की निरंतरता और बड़ी निवेश राशि है। पंकज ने बाजार को "टाइम" करने की कोशिश की और कम समय तक निवेशित रहे, जबकि सुमित ने बाजार में "समय" बिताया।

सीख: बाजार में 'परफेक्ट' होने से बेहतर है 'निरंतर' (Consistent) होना। अनुशासन हमेशा बुद्धिमत्ता को मात देता है।

**प्रश्न 2:** अजय की आय हर साल 10% बढ़ती है। वह अपने अनुशासन का परिचय देते हुए अपनी जीवनशैली के खर्चों को केवल 5% ही बढ़ाता है और बाकी अतिरिक्त आय को अपने निवेश में

जोड़ देता है (Step-up SIP)। यदि उसका शुरुआती निवेश ₹10,000 था, तो 3 साल बाद उसकी मासिक निवेश राशि क्या होगी?

**उत्तर:**

3 साल बाद अजय की मासिक निवेश राशि ₹11,576.25 होगी।

इसकी गणना नीचे दी गई है:

1. प्रारंभिक स्थिति (Year 0):

निवेश: ₹10,000

2. पहला साल (Year 1):

आय में वृद्धि: 10% (माना ₹100 की आय पर ₹10 बढ़े)

खर्च में वृद्धि: 5% (माना ₹100 के खर्च पर ₹5 बढ़े)

निवेश में वास्तविक वृद्धि: आय वृद्धि - खर्च वृद्धि = 5%

नया निवेश: 10,000 + 5% = ₹10,500

3. दूसरा साल (Year 2):

निवेश में वृद्धि: 10,500 का 5% = ₹525

नया निवेश: 10,500 + 525 = ₹11,025

4. तीसरा साल (Year 3):

निवेश में वृद्धि: 11,025 का 5% = ₹551.25

नया निवेश: 11,025 + 551.25 = ₹11,576.25

संक्षिप्त सूत्र: 10,000×(1.05)3= ₹11,576.25

सीख: अपनी बढ़ती आय के अनुपात में खर्च न बढ़ाना (Delaying Gratification) ही अमीर बनने का सबसे तेज़ रास्ता है।

**प्रश्न 3:** रीना के पास ₹50,00,000 का निवेश है जो 10% रिटर्न देता है। उसका सालाना खर्च ₹4,00,000 है। रीना एक लग्जरी कार खरीदना चाहती है जिसकी ईएमआई (EMI) ₹1,00,000 सालाना होगी। क्या रीना का माइंडसेट उसे यह कार लेने की अनुमति देगा यदि वह 'वित्तीय स्वतंत्र' रहना चाहती है?

**उत्तर:**

रीना का माइंडसेट उसे यह कार लेने की अनुमति नहीं देगा क्योंकि कार खरीदने के बाद उसकी कुल आय और कुल खर्च बराबर हो जाएंगे, जिससे उसके पास भविष्य की मुद्रास्फीति (inflation) या आपात स्थिति के लिए कोई सुरक्षा मार्जिन (margin of safety) नहीं बचेगा।

Step 1: निवेश से वार्षिक आय की गणना

सबसे पहले हमें यह देखना होगा कि रीना के ₹50,00,000 के निवेश पर उसे हर साल कितना रिटर्न मिलता है।

वार्षिक आय = निवेश × रिटर्न की दर

वार्षिक आय = 50,00,000×10/100 = 5,00,000

रीना की कुल वार्षिक आय ₹5,00,000 है।

Step 2: कार खरीदने के बाद कुल वार्षिक खर्च की गणना

रीना का वर्तमान खर्च ₹4,00,000 है और कार की ईएमआई (EMI) ₹1,00,000 सालाना होगी।

कुल खर्च = वर्तमान खर्च + कार की ईएमआई

कुल खर्च = 4,00,000+1,00,000=5,00,000

कार खरीदने के बाद रीना का कुल वार्षिक खर्च ₹5,00,000 होगा।

Step 3: 'वित्तीय स्वतंत्रता' के माइंडसेट से विश्लेषण

वित्तीय स्वतंत्रता (Financial Independence) का अर्थ केवल खर्चों को पूरा करना नहीं है, बल्कि एक सुरक्षित भविष्य सुनिश्चित करना भी है।

आय और व्यय का संतुलन: यहाँ रीना की आय (₹5,00,000) और उसका खर्च (₹5,00,000) बिल्कुल बराबर हैं। इसका मतलब है कि उसके पास ₹0 की बचत बचेगी।

मुद्रास्फीति (Inflation): यदि वह अपने निवेश का सारा रिटर्न खर्च कर देती है, तो उसका मूलधन (₹50 लाख) समय के साथ अपनी क्रय शक्ति खो देगा क्योंकि वह पुनर्निवेश (reinvest) नहीं कर पा रही है।

जोखिम: यदि रिटर्न 10% से कम हो जाता है या कोई आपातकालीन खर्च आता है, तो रीना वित्तीय संकट में पड़ सकती है।

एक 'वित्तीय स्वतंत्र' माइंडसेट वाला व्यक्ति इस कार को खरीदने की अनुमति नहीं देगा। यद्यपि वह तकनीकी रूप से इसे वहन कर सकती है, लेकिन ऐसा करने से उसकी वित्तीय सुरक्षा समाप्त हो जाएगी और वह अपनी पूंजी को बढ़ाने या मुद्रास्फीति से लड़ने में सक्षम नहीं रहेगी। एक सुरक्षित वित्तीय स्थिति के लिए उसके खर्च उसकी आय के 70-80% से अधिक नहीं होने चाहिए।

सीख: अमीर माइंडसेट 'संपत्ति' खरीदता है, जबकि गरीब माइंडसेट 'दिखावा' (Liabilities) खरीदता है।

**प्रश्न 4:** बाजार में 20% की गिरावट आई है। राहुल बहुत तनाव में है और अपना निवेश बेचना चाहता है। वह '10-10-10' नियम अपनाता है और खुद से पूछता है: "क्या इस गिरावट का असर 10 मिनट, 10 महीने या 10 साल बाद भी रहेगा?" यदि वह 10 साल के विज़न के साथ ₹10,00,000 को 12% रिटर्न पर छोड़ देता है, तो उसकी वैल्यू क्या होगी?

**उत्तर:**

यदि राहुल 10 साल के विजन के साथ अपने ₹10,00,000 के निवेश को 12% वार्षिक रिटर्न पर छोड़ देता है, तो उसकी भविष्य की वैल्यू ₹31,05,848 होगी।

इस गणना का विवरण:

मूल निवेश (Principal): ₹10,00,000

अनुमानित वार्षिक रिटर्न (Rate): 12%

समय अवधि (Time): 10 वर्ष

कुल अनुमानित वैल्यू: ₹31,05,848

कुल अनुमानित लाभ: ₹21,05,848

निष्कर्ष: '10-10-10' नियम राहुल को यह समझने में मदद करता है कि बाजार की वर्तमान 20% की गिरावट 10 साल के लंबे समय में नगण्य हो जाएगी और उसका धैर्य उसके पैसे को तीन गुना से अधिक बढ़ा सकता है।

सीख: तात्कालिक शोर (Noise) को नज़रअंदाज़ करने का अनुशासन ही लंबी अवधि में बड़ी वेल्थ बनाता है।

**प्रश्न 5:** एक व्यक्ति के पास ₹1 करोड़ का घर है (रहने के लिए) और ₹10 लाख का बैंक बैलेंस। दूसरे व्यक्ति के पास ₹40 लाख का घर है और ₹70 लाख का निवेश (Shares/FD)। वित्तीय अनुशासन और 'वेल्थ क्रिएशन' के माइंडसेट से कौन अधिक सुरक्षित है?

**उत्तर:**

वित्तीय अनुशासन और 'वेल्थ क्रिएशन' के माइंडसेट से दूसरा व्यक्ति (जिसके पास ₹40 लाख का घर और ₹70 लाख का निवेश है) अधिक सुरक्षित और समृद्ध है।

स्पष्टीकरण:

सम्पत्ति की प्रकृति (Asset Type):- पहले व्यक्ति की ₹1 करोड़ की संपत्ति रहने का घर है, जो एक 'डेड एसेट' (Dead Asset) की तरह कार्य करता है क्योंकि यह जेब में पैसा डालने के बजाय रखरखाव और टैक्स के रूप में पैसा खर्च कराता है। इसके विपरीत, दूसरे व्यक्ति के ₹70 लाख के निवेश (Shares/FD) सक्रिय रूप से आय उत्पन्न कर रहे हैं।

तरलता (Liquidity): आपातकालीन स्थिति में दूसरे व्यक्ति के पास ₹70 लाख की 'लिक्विडिटी' है जिसे तुरंत इस्तेमाल किया जा सकता है। पहले व्यक्ति के पास केवल ₹10 लाख हैं; ₹1 करोड़ के घर को जरूरत पड़ने पर तुरंत बेचना या उससे पैसे निकालना अत्यंत कठिन है।

चक्रवृद्धि का लाभ (Power of Compounding): ₹70 लाख का निवेश समय के साथ बढ़कर बहुत बड़ी राशि बन सकता है। निवेश माइंडसेट वाला व्यक्ति भविष्य की 'पैसिव इनकम' पर ध्यान देता है, जबकि केवल बड़े घर में पैसा फंसाने वाला व्यक्ति "Asset Rich, Cash Poor" की स्थिति में रहता है।

अतः, दूसरा व्यक्ति वित्तीय रूप से अधिक लचीला और भविष्य के प्रति सुरक्षित है।

सीख: 'डेड एसेट्स' (जैसे बहुत महंगा घर जिसमें आप रहते हैं) के बजाय 'उत्पादक एसेट्स' में पैसा लगाना सही माइंडसेट है।

## 15.11 प्रश्नोत्तर परीक्षा (Quiz)

Q1. किताब में कहा गया है कि सफल निवेश कितने प्रतिशत व्यवहार (Behavior) पर निर्भर करता है?

(A) 20% (B) 50%

(C) 80% (D) 100%

Q2. निवेश में सबसे बड़ी ताकत क्या है?

(A) सबसे ज्यादा जानकारी (B) अनुशासन और धैर्य

(C) सबसे तेज ट्रेडिंग (D) सबसे ज्यादा जोखिम

Q3. SIP का सबसे बड़ा फायदा क्या है?

(A) बहुत ज्यादा रिटर्न (B) Rupee Cost Averaging + अनुशासन

(C) टैक्स बचत (D) कोई जोखिम नहीं

Q4. Rupee Cost Averaging से क्या होता है?

(A) हमेशा ऊपर खरीदना (B) उतार-चढ़ाव में औसत कीमत कम करना

(C) हमेशा नीचे खरीदना (D) सिर्फ टॉप पर खरीदना

Q5. बाजार गिरने पर SIP करने से क्या होता है?

(A) ज्यादा यूनिट मिलती हैं (B) कम यूनिट मिलती हैं

(C) कोई फर्क नहीं | (D) SIP बंद हो जाती है

Q6. लंबी अवधि की सोच का मतलब क्या है?

(A) रोज ट्रेड करना | (B) हर महीने बदलना

(C) 1 साल में अमीर बनना | (D) 10-15-20 साल तक निवेश रखना

Q7. बाजार के शोर (Noise) से बचने का सबसे अच्छा तरीका क्या है?

(A) रोज न्यूज देखना | (B) SIP जारी रखना और पोर्टफोलियो कम देखना

(C) दोस्तों की बात मानना | (D) हर दिन ट्रेड करना

Q8. रीबैलेंसिंग क्यों जरूरी है?

(A) एसेट एलोकेशन को लक्ष्य के अनुसार बनाए रखने के लिए

(B) ज्यादा ट्रेड करने के लिए

(C) कर बचाने के लिए

(D) सिर्फ इक्विटी बेचने के लिए

Q9. नियमित समीक्षा कितनी बार करनी चाहिए?

(A) रोज | (B) साल में एक या दो बार

(C) कभी नहीं | (D) हर हफ्ते

Q10. "Time in the Market" क्यों बेहतर है?

(A) टाइमिंग से ज्यादा महत्वपूर्ण है लंबे समय तक निवेशित रहना

(B) टाइमिंग ही सबकुछ है

(C) कम समय में ज्यादा लाभ

(D) रोज ट्रेडिंग

Q11. भावनाओं पर काबू रखने का सबसे अच्छा तरीका क्या है?

(A) FOMO में खरीदना | (B) न्यूज देखकर निर्णय

(C) नियम आधारित निवेश योजना | (D) डर में बेचना

Q12. बुल मार्केट में सबसे बड़ी गलती क्या होती है?

(A) SIP जारी रखना | (B) लालच में ज्यादा जोखिम लेना

(C) रीबैलेंसिंग करना | (D) धैर्य रखना

Q13. बेयर मार्केट में सबसे अच्छा व्यवहार क्या है?

(A) सब बेच देना | (B) SIP जारी रखना और अच्छे एसेट खरीदना

(C) नया लोन लेना | (D) निवेश बंद करना

Q14. वॉरेन बफेट का मशहूर कोट क्या है?

(A) "जब दूसरे लालची हों तो डरो और जब दूसरे डरे हुए हों तो लालची बनो"

(B) "ऊंचे दाम पर खरीदो, कम दाम पर बेचो"

(C) "रोज़ाना ट्रेड करो"

(D) "खबरों पर नज़र रखो"

Q15. माइंडसेट में सबसे जरूरी बदलाव क्या है?

(A) खर्च करने वाला से निवेशक बनना | (B) अमीर बनने की जल्दी

(C) दूसरों से तुलना (D) शॉर्टकट ढूंढना

Q16. डिसिप्लिन का सबसे बड़ा दुश्मन क्या है?

(A) SIP करना (B) बाजार का ऊपर जाना

(C) भावनाएँ और आवेग (D) लंबी अवधि निवेश

Q17. किताब में कहा गया है कि 80% लोग क्यों असफल होते हैं?

(A) अनुशासन की कमी से (B) जानकारी की कमी से

(C) पैसे की कमी से (D) भाग्य खराब होने से

Q18. सबसे शक्तिशाली फाइनेंशियल टूल क्या है?

(A) क्रेडिट कार्ड (B) अनुशासन + समय + चक्रवृद्धि

(C) पर्सनल लोन (D) डे ट्रेडिंग

Q19. सफल निवेशक बनने के लिए सबसे जरूरी गुण क्या है?

(A) धैर्य और अनुशासन (B) बहुत ज्यादा IQ

(C) रोज ट्रेडिंग (D) न्यूज देखना

Q20. किताब का मुख्य संदेश माइंडसेट के बारे में क्या है?

(A) शॉर्टकट अपनाएं

(B) सिर्फ तकनीक काफी है

(C) भावनाएँ चलाएं

(D) माइंडसेट ही धन निर्माण का ब्लूप्रिंट है – अनुशासन और धैर्य से सब संभव

**Answer Key**

| Q | 1 | 2 | 3 | 4 | 5 | 6 | 7 | 8 | 9 | 10 | 11 | 12 | 13 | 14 | 15 | 16 | 17 | 18 | 19 | 20 |
|---|---|---|---|---|---|---|---|---|---|---|---|---|---|---|---|---|---|---|---|---|
| Ans. | C | B | B | B | A | D | B | A | B | A | C | B | B | A | A | C | A | B | A | D |

# *Chapter 16* शेयर बाजार की बुनियादी समझ

**"स्टॉक खरीदना मतलब किसी कंपनी में हिस्सेदारी पाना है। इक्विटी की सही समझ और व्यावसायिक विकास में भागीदारी ही लंबी अवधि में पूंजी को कई गुना बढ़ाने का सबसे शक्तिशाली माध्यम है।"**

स्टॉक मार्केट में निवेश करना केवल स्क्रीन पर बदलते नंबरों का खेल नहीं है, बल्कि यह देश की सबसे बेहतरीन कंपनियों में 'साझेदार' बनने का एक सुनहरा अवसर है। जब आप एक शेयर खरीदते हैं, तो आप उस व्यवसाय के विकास, लाभ और भविष्य के हिस्सेदार बन जाते हैं। यह अध्याय आपको इक्विटी निवेश की दुनिया के उन तकनीकी और कानूनी पहलुओं से परिचित कराएगा, जो हर निवेशक के लिए जानना अनिवार्य है।

इस चैप्टर में हम कंपनी पूंजी के विभिन्न चरणों—जैसे ऑथराइज्ड और इश्यूड कैपिटल—की बारीकियों को समझेंगे। साथ ही, हम कॉरपोरेट एक्शन्स जैसे बोनस शेयर, स्टॉक स्प्लिट और राइट्स इश्यू के पीछे के गणित और उनके निवेशकों पर पड़ने वाले प्रभाव का विश्लेषण करेंगे। आप जानेंगे कि एक शेयरधारक के रूप में आपके पास क्या अधिकार और जिम्मेदारियाँ होती हैं। यह अध्याय आपकी बुनियादी समझ को इतना पुख्ता कर देगा कि आप बाजार के उतार-चढ़ाव के बीच भी एक समझदार मालिक की तरह निर्णय ले सकेंगे। इक्विटी भले ही संपत्ति निर्माण का सबसे तेज इंजन है, लेकिन इसकी पूरी शक्ति का लाभ उठाने के लिए इसके सिद्धांतों को समझना ही पहली शर्त है।

## 16.1 इक्विटी शेयर: स्वामित्व और अधिकार

इक्विटी शेयर किसी कंपनी में स्वामित्व (Ownership) का प्रतिनिधित्व करते हैं, जिसका अर्थ है कि इक्विटी शेयरधारक कंपनी के आंशिक मालिक होते हैं। यह स्वामित्व अधिकारों और जिम्मेदारियों (या जोखिमों) के एक विशिष्ट सेट के साथ आता है, जिन्हें प्रमुख पहलुओं के आधार पर समझा जा सकता है।

**स्वामित्व के पहलू:** स्वामित्व के संदर्भ में, शेयरधारकों के पास महत्वपूर्ण अधिकार होते हैं, जिनमें मतदान अधिकार (Voting Rights) शामिल हैं, जो उन्हें कंपनी के प्रबंधन निर्णयों में भाग लेने की अनुमति देते हैं। हालांकि, इस अधिकार के साथ उच्च जोखिम उठाना भी एक जिम्मेदारी है, क्योंकि लाभांश (Dividend) की राशि अनिश्चित होती है और इसकी कोई गारंटी नहीं होती।

**वित्तीय पहलू:** वित्तीय दृष्टि से, शेयरधारकों को लाभ में हिस्सेदारी (लाभांश) का अधिकार होता है। इसके अतिरिक्त, परिसमापन (Liquidation) की स्थिति में, उन्हें सभी ऋणदाताओं के भुगतान के बाद, शेष परिसंपत्तियों पर दावा करने का अधिकार होता है (हालांकि वे सबसे अंत में आते हैं)। इससे जुड़ा जोखिम अनिश्चित लाभांश है, क्योंकि यह पूरी तरह से कंपनी के लाभ पर निर्भर करता है।

**देनदारी का पहलू:** देनदारी के मामले में, शेयरधारकों को अपने शेयरों को आसानी से हस्तांतरित (Transfer) या बेचने का अधिकार होता है। सबसे महत्वपूर्ण बात यह है कि उनकी देनदारी सीमित (Limited Liability) होती है, जिसका अर्थ है कि वे केवल उस पूंजी की सीमा तक ही जिम्मेदार हैं जो उन्होंने निवेश की है, इससे ज्यादा नहीं।

## 16.2 कंपनी शेयर कैपिटल के तीन चरण

कंपनी की शेयर पूंजी को आम तौर पर तीन मुख्य और क्रमिक चरणों में विभाजित किया जाता है, जो कंपनी अधिनियम के तहत परिभाषित हैं। पहला चरण ऑथराइज्ड कैपिटल (Authorised Capital) है। यह वह अधिकतम पूंजी है जिसे एक कंपनी अपने मेमोरेंडम ऑफ एसोसिएशन (MoA) के तहत कानूनी रूप से जारी कर सकती है। यह राशि कंपनी के लिए एक ऊपरी सीमा निर्धारित करती है, और कंपनी इस निर्धारित सीमा से अधिक शेयर कानूनी रूप से जारी नहीं कर सकती है।

दूसरा चरण जारी की गई कैपिटल (Issued Capital) है। यह ऑथराइज्ड कैपिटल का वह हिस्सा होता है जिसे कंपनी ने वास्तव में निवेशकों को खरीदने के लिए ऑफर किया है। कंपनी की जारी की गई कैपिटल हमेशा उसकी ऑथराइज्ड कैपिटल के बराबर या उससे कम होती है।

अंतिम चरण पेड-अप कैपिटल है। यह जारी किए गए शेयरों के बदले शेयरधारकों द्वारा वास्तव में कंपनी को चुकाई गई धनराशि होती है। पेड-अप कैपिटल हमेशा जारी की गई कैपिटल के बराबर या उससे कम होती है। यह पूंजी कंपनी की वास्तविक वित्तीय स्थिरता और बाजार में उसकी स्थिति का प्रतीक मानी जाती है।

## 16.3 स्टॉक मूल्यांकन के तीन प्रमुख आधार

स्टॉक मूल्यांकन (Stock Valuation) के लिए तीन प्रमुख मूल्य होते हैं, जिनमें से प्रत्येक एक अलग उद्देश्य और दृष्टिकोण प्रस्तुत करता है:

**1. फेस वैल्यू (Face Value)**

यह वह निश्चित, नाममात्र मूल्य (Nominal Value) है जो शेयर जारी करते समय तय किया जाता है (जैसे ₹10)। यह मूल्य प्रकृति में स्थिर (Static) होता है, यानी इसमें कोई परिवर्तनशीलता नहीं होती है। इसका महत्व मुख्य रूप से कानूनी और लेखांकन उद्देश्यों (Legal and Accounting Purposes) के लिए होता है, और यह बाजार में वास्तविक स्टॉक मूल्य को नहीं दर्शाता है।

**2. बुक वैल्यू (Book Value)**

बुक वैल्यू प्रति शेयर कंपनी की शुद्ध संपत्ति मूल्य (Net Asset Value) को दर्शाती है, जिसकी गणना कंपनी की कुल संपत्ति में से कुल देनदारियों को घटाकर की जाती है। यह वित्तीय परिणामों के आधार पर धीमी गति से बदलता (Slowly Changes) है। इसका महत्व कंपनी के आंतरिक मूल्य (Intrinsic Value) या परिसमापन मूल्य (Liquidation Value) को मापने में होता है।

**3. मार्केट वैल्यू (Market Value)**

यह शेयर बाजार में मांग और आपूर्ति (Demand and Supply) पर आधारित वर्तमान ट्रेडिंग कीमत (Current Trading Price) है। यह अत्यधिक गतिशील होता है और लगातार बदलता रहता है। मार्केट वैल्यू स्टॉक का वास्तविक बाजार मूल्यांकन (Actual Market Valuation) और सार्वजनिक धारणा (Public Perception) दर्शाती है।

इन मूल्यों का उपयोग अक्सर P/B रेश्यो (प्राइस-टू-बुक रेश्यो) जैसे वित्तीय अनुपातों की गणना में किया जाता है, जिसका सूत्र है:

$$\text{P/B रेश्यो} = \left(\frac{\text{प्रति शेयर बाज़ार मूल्य}}{\text{प्रति शेयर बुक वैल्यू}}\right)$$

यह अनुपात निवेशकों को यह समझने में मदद करता है कि बाजार कंपनी के बहीखाते के मूल्य की तुलना में उसे कितना अधिक या कम महत्व दे रहा है।

## 16.4 शेयर समायोजन: मुख्य अवधारणा

शेयर समायोजन (Share Adjustments) ऐसे कॉर्पोरेट एक्शन हैं जो कंपनी के बकाया शेयरों की संख्या या मूल्य को समायोजित करते हैं। इन क्रियाओं का मुख्य उद्देश्य तरलता बढ़ाना या शेयरों की कीमत को निवेशकों के लिए किफायती बनाना होता है, लेकिन महत्वपूर्ण बात यह है कि इन सभी कार्रवाइयों में कंपनी का कुल मार्केट कैपिटलाइज़ेशन (बाजार पूंजीकरण) अपरिवर्तित रहता है।

**बोनस इश्यू (Bonus Issue)**

बोनस इश्यू में, कंपनी अपने मौजूदा शेयरधारकों को कंपनी के संचित रिज़र्व (reserves) से मुफ्त में अतिरिक्त शेयर देती है। इसका उद्देश्य मौजूदा शेयरधारकों को पुरस्कृत करना और स्टॉक में तरलता (liquidity) बढ़ाना होता है। इस प्रक्रिया के प्रभाव से, शेयरधारकों के पास शेयरों की संख्या बढ़ जाती है, लेकिन प्रति शेयर कीमत घट जाती है, जबकि शेयर का अंकित मूल्य (face value) अपरिवर्तित रहता है।

**स्टॉक स्प्लिट (Stock Split)**

स्टॉक स्प्लिट में एक मौजूदा शेयर को कई छोटे शेयरों में विभाजित किया जाता है (जैसे 1:2 के अनुपात में)। इसका उद्देश्य स्टॉक को छोटे निवेशकों के लिए अधिक किफायती बनाना होता है, जिससे खुदरा भागीदारी (retail participation) बढ़ती है। इस क्रिया से शेयरों की संख्या कई गुना बढ़ जाती है, और शेयरों का अंकित मूल्य (face value) भी उसी अनुपात में घट जाता है, जबकि कुल मार्केट कैप समान रहता है।

**रिवर्स स्प्लिट (Reverse Split)**

रिवर्स स्प्लिट स्टॉक स्प्लिट का ठीक उल्टा होता है। इसमें कई मौजूदा शेयरों को मिलाकर एक बड़ा शेयर बनाया जाता है (जैसे 10:1 के अनुपात में)। यह आमतौर पर तब किया जाता है जब शेयर की कीमत बहुत कम हो जाती है, और इसका उद्देश्य शेयर की कीमत को बढ़ाकर स्टॉक एक्सचेंज की लिस्टिंग आवश्यकताओं को पूरा करना या कंपनी की प्रतिष्ठा बढ़ाना होता है। इस कार्रवाई के बाद, शेयरों की कुल संख्या घट जाती है, प्रति शेयर कीमत और अंकित मूल्य बढ़ जाता है, और मार्केट कैप अपरिवर्तित रहता है।

## 16.5 पूंजी जुटाने के तरीके

कंपनियों के पास पूंजी जुटाने के कई तरीके उपलब्ध हैं, जिनमें से दो प्रमुख हैं: राइट्स इश्यू और प्रेफरेंशियल अलॉटमेंट।

**राइट्स इश्यू (Rights Issue):** यह तरीका सभी मौजूदा शेयरधारकों को लक्षित करता है, जिसमें उन्हें उनके मौजूदा स्वामित्व अनुपात में अतिरिक्त शेयर खरीदने का अधिकार दिया जाता है। इन शेयरों की कीमत आमतौर पर बाजार मूल्य से रियायती होती है। इस तरीके का प्राथमिक उद्देश्य पूंजी जुटाना है, साथ ही यह सुनिश्चित करना है कि मौजूदा शेयरधारकों की स्वामित्व हिस्सेदारी कंपनी में बनी रहे।

**प्रेफरेंशियल अलॉटमेंट (Preferential Allotment):** इस विधि के तहत, पूंजी कुछ चुनिंदा निवेशकों, जैसे प्रमोटर या रणनीतिक भागीदार, को आवंटित की जाती है। इन शेयरों की कीमत विशिष्ट शर्तों पर पहले से तय की जाती है। इस आवंटन का मुख्य उद्देश्य त्वरित पूंजी जुटाना और कंपनी के लिए मजबूत रणनीतिक साझेदारी बनाना होता है।

## 16.6 लाभांश और बायबैक: एक परिचय

लाभांश (Dividends) और बायबैक किसी कंपनी द्वारा अपने शेयरधारकों को मूल्य वापस करने के दो मुख्य तरीके हैं।

**लाभांश (Dividends)**

लाभांश वह राशि है जो एक कंपनी अपने मुनाफे में से शेयरधारकों के बीच वितरित करती है। यह आय भुगतान दो मुख्य प्रकार के होते हैं: अंतरिम डिविडेंड और फाइनल डिविडेंड। अंतरिम डिविडेंड आमतौर पर वित्तीय वर्ष के बीच में (जैसे तिमाही या छमाही आधार पर) भुगतान किया जाता है और यह एक त्वरित आय भुगतान होता है। इसके विपरीत, फाइनल डिविडेंड वित्तीय वर्ष के अंत में, वार्षिक वित्तीय नतीजों की घोषणा के बाद दिया जाता है, जो मुख्य लाभांश भुगतान होता है।

पेआउट रेश्यो (Payout Ratio) एक महत्वपूर्ण मीट्रिक है जो यह दर्शाता है कि कंपनी अपनी कुल शुद्ध आय का कितना प्रतिशत लाभांश के रूप में वितरित कर रही है। एक कम पेआउट रेश्यो इंगित करता है कि कंपनी अपने अधिकांश मुनाफे को व्यवसाय में पुनर्निवेश (Reinvestment) कर रही है, जो भविष्य के विकास का संकेत है। वहीं, एक उच्च पेआउट रेश्यो आय-केंद्रित निवेशकों के लिए आकर्षक होता है, लेकिन यह विकास के लिए कम निवेश क्षमता का भी संकेत देता है।

**बायबैक (पुनर्खरीद) के तरीके**

बायबैक, या शेयरों की पुनर्खरीद, तब होती है जब एक कंपनी अपने ही बकाया शेयरों को बाजार से वापस खरीदती है। ऐसा करने से बकाया शेयरों की कुल संख्या कम हो जाती है, जिससे अक्सर प्रति शेयर आय (EPS) बढ़ती है और शेयरधारकों को मूल्य वापस मिलता है। बायबैक के दो मुख्य तरीके हैं:

**टेंडर ऑफर** (Tender Offer): इस विधि में, कंपनी एक निश्चित प्रीमियम कीमत पर शेयर वापस लेने का एक बाध्यकारी प्रस्ताव देती है। शेयरधारकों के पास इस प्रस्ताव को स्वीकार या अस्वीकार करने का विकल्प होता है।

**ओपन मार्केट** (Open Market): इस तरीके में, कंपनी स्टॉक एक्सचेंज से प्रचलित बाजार भाव पर धीरे-धीरे शेयर खरीदती है। यह तरीका अधिक लचीला होता है क्योंकि कंपनी अपनी सुविधानुसार समय-समय पर खरीदारी कर सकती है।

## 16.7 कर्मचारी भागीदारी योजनाएं

कर्मचारी भागीदारी योजनाएँ (Employee Participation Schemes) कंपनियों द्वारा कर्मचारियों को स्वामित्व देने और उन्हें कंपनी की सफलता में सीधे तौर पर जोड़ने के लिए डिज़ाइन की गई हैं। छवि में दो प्रमुख योजनाओं की प्रकृति और लाभों का विस्तृत विवरण दिया गया है।

**ESOPs (कर्मचारी स्टॉक विकल्प योजनाएँ)**

ESOPs कर्मचारियों को भविष्य में एक निश्चित मूल्य पर कंपनी के शेयर खरीदने का एक विकल्प (Option) प्रदान करते हैं। इन योजनाओं की प्रकृति यह है कि कर्मचारी तत्काल शेयर नहीं खरीदते, बल्कि उन्हें एक अधिकार मिलता है जिसे वे एक निश्चित वेस्टिंग पीरियड के बाद प्रयोग (Exercise) कर सकते हैं। इस योजना में लाभ का आधार भविष्य में शेयर की कीमत में होने वाली संभावित वृद्धि (पूंजी लाभ) है; यदि शेयर का बाजार मूल्य उस निश्चित मूल्य से ऊपर चला जाता है जिस पर खरीदने का विकल्प दिया गया था, तो कर्मचारी को लाभ होता है। इन विकल्पों का प्रयोग आमतौर पर वेस्टिंग पीरियड समाप्त होने के बाद ही किया जा सकता है।

**स्वेट इक्विटी (Sweat Equity)**

स्वेट इक्विटी पूरी तरह से अलग प्रकृति की योजना है। इसमें कर्मचारियों को उनके कौशल (Skill), बौद्धिक संपदा (Intellectual Property) या कड़ी मेहनत (जो कि गैर-नकद योगदान है) के बदले में सीधे तौर पर शेयर दिए जाते हैं। यह अनिवार्य रूप से कंपनी में किए गए अमूल्य योगदान का प्रतिफल (Reward) होता है। ESOPs के विपरीत, इन शेयरों में आमतौर पर 3 साल की लॉक-इन अवधि (Lock-in Period) होती है, जिसका अर्थ है कि कर्मचारी इन शेयरों को तीन साल तक बेच या हस्तांतरित नहीं कर सकते।

## 16.8 कंपनी शेयरहोल्डिंग के मुख्य प्रकार

कंपनी की शेयरधारिता को मुख्य रूप से दो प्रमुख प्रकारों में वर्गीकृत किया जाता है: प्रमोटर होल्डिंग और पब्लिक होल्डिंग, जिनमें से प्रत्येक की अपनी विशेषताएँ और अंतर्निहित जोखिम होते हैं।

**प्रमोटर होल्डिंग**: इस प्रकार की होल्डिंग में कंपनी के संस्थापक, प्रबंधन और शुरुआती निवेशक शामिल होते हैं। इसका प्राथमिक महत्व कंपनी के प्रबंधन में नियंत्रण और स्थिरता बनाए रखना है। हालांकि, इससे जुड़े जोखिम भी हैं; यदि यह हिस्सेदारी बहुत अधिक होती है, तो यह बाजार में एकाधिकार (Monopoly) और कम लिक्विडिटी (तरलता) का कारण बन सकती है।

**पब्लिक होल्डिंग**: इसमें आम जनता, FIIs (विदेशी संस्थागत निवेशक), DIIs (घरेलू संस्थागत निवेशक), और म्यूचुअल फंड्स जैसे बाहरी निवेशक शामिल होते हैं। पब्लिक होल्डिंग का महत्व कंपनी में बाहरी निवेश लाने और शेयरों में तरलता (Liquidity) बढ़ाने में है। इसका मुख्य जोखिम यह है कि यदि पब्लिक होल्डिंग कम हो, तो कंपनी में अस्थिरता आ सकती है और प्रबंधन पर बाहरी निगरानी (oversight) कम हो जाती है।

**गिरवी रखे शेयरों का जोखिम (Pledged Shares)**

जब प्रमोटर ऋण लेने के लिए अपने शेयर संपार्श्विक (Collateral) के रूप में गिरवी रखते हैं, तो यह बाजार में निवेशकों के बीच चिंता का एक प्रमुख कारण बन जाता है। इस प्रथा से एक महत्वपूर्ण जोखिम उत्पन्न होता है: यदि शेयर की कीमत बाजार में गिरती है, तो ऋणदाता (lender) प्रमोटर को मार्जिन कॉल जारी कर सकता है, जिसमें अतिरिक्त संपार्श्विक या ऋण चुकाने की मांग की जाती है। यदि प्रमोटर ऋण चुकाने में विफल रहता है, तो ऋणदाता उन गिरवी रखे शेयरों को सीधे बाजार में बेच सकता है। इस जबरन बिक्री के परिणामस्वरूप, प्रमोटर का कंपनी पर नियंत्रण कम होता है, और बाजार में शेयरों की आपूर्ति बढ़ने से शेयर की कीमत में और गिरावट आती है।

## 16.9 विदेशी शेयरों में निवेश का सरल माध्यम

डिपॉजिटरी रिसीट्स (DRs) ऐसे वित्तीय साधन हैं जो घरेलू निवेशकों को विदेशी स्टॉक एक्सचेंज पर सीधे व्यापार किए बिना विदेशी कंपनियों के शेयरों में निवेश करने की अनुमति देते हैं। ये प्राप्तियां एक मध्यस्थ के रूप में कार्य करती हैं, जिससे प्रक्रिया सरल हो जाती है।

ये रिसीट्स मुख्य रूप से दो प्रकार की होती हैं, जिन्हें लक्षित बाजार, ट्रेडिंग स्थान और मुद्रा के आधार पर वर्गीकृत किया जाता है:

**अमेरिकन डिपॉजिटरी रिसीट्स (ADRs):** ये विशेष रूप से अमेरिकी निवेशकों के लिए लक्षित होती हैं। ADRs का ट्रेडिंग स्थान अमेरिकी स्टॉक एक्सचेंज (जैसे NYSE, NASDAQ) होता है। इन रिसीट्स में केवल अमेरिकी डॉलर (USD) में ही व्यापार किया जा सकता है।

**ग्लोबल डिपॉजिटरी रिसीट्स (GDRs)**: ये वैश्विक निवेशकों के लिए डिज़ाइन की गई हैं। GDRs गैर-अमेरिकी अंतर्राष्ट्रीय एक्सचेंजों, जैसे लंदन या लक्ज़मबर्ग, पर ट्रेड की जाती हैं। इनमें USD, EUR या अन्य परिवर्तनीय मुद्राओं में व्यापार करने की सुविधा होती है।

## 16.10 डीलिस्टिंग और रिवाइवल

**डीलिस्टिंग** का अर्थ है शेयरों को स्टॉक एक्सचेंज से हटाना। इसके पीछे दो मुख्य कारण हो सकते हैं: पहला, स्वैच्छिक (Voluntary), जो आमतौर पर निजीकरण (privatization) के लिए किया जाता है; और दूसरा, अनिवार्य (Mandatory), जो कंपनी द्वारा नियमों का पालन न करने पर होता है। डीलिस्टिंग का तात्कालिक प्रभाव यह होता है कि संबंधित शेयरों की लिक्विडिटी खत्म हो जाती है, जिससे निवेशकों के लिए उन्हें खरीदना या बेचना मुश्किल हो जाता है।

**रिवाइवल** (Revival) एक ऐसी प्रक्रिया है जिसका उद्देश्य डीलिस्टेड कंपनी की वित्तीय स्थिति सुधारना और उसे फिर से स्टॉक एक्सचेंज पर लिस्ट कराना होता है। इस प्रक्रिया को सफल बनाने के लिए कुछ मुख्य तरीके अपनाए जाते हैं: इनमें वित्तीय पुनर्गठन (Financial Restructuring), प्रबंधन में बदलाव (Management Change), और सभी आवश्यक नियामक अनुपालन (Regulatory Compliance) को सुनिश्चित करना शामिल है।

* * * * *

**"शेयर बाजार कोई सट्टा घर नहीं, बल्कि देश की अर्थव्यवस्था का वह दर्पण है जहाँ आप अपनी सूझबूझ से महान कंपनियों के सह-मालिक (Co-owner) बन सकते हैं। यहाँ 'भाव' (Price) वह है जो आप चुकाते हैं, लेकिन 'मूल्य' (Value) वह है जो आप भविष्य में प्राप्त करते हैं। बाजार की लहरों से मत डरिए, बस अपनी नाव 'ज्ञान' की लकड़ी से बनाइए।"**

## 16.11 व्यावहारिक प्रश्नों के उत्तर

**प्रश्न 1:** 'विजन टेक' नाम की एक स्टार्टअप कंपनी है जिसकी कुल पूंजी (Total Equity) 5,00,000 शेयरों में बंटी है। आपने इस कंपनी के 10,000 शेयर खरीदे हैं। कंपनी में आपकी कितने प्रतिशत हिस्सेदारी (Ownership %) है?

**उत्तर:**

हिस्सेदारी (Ownership) % = (आपके शेयर / कुल शेयर) ×100

गणना: (10,000 / 5,00,000) ×100 = 2%

सीख: शेयर खरीदने का मतलब है कि आप कंपनी के उतने प्रतिशत हिस्से के मालिक बन गए हैं।

**प्रश्न 2:** एक कंपनी की बैलेंस शीट के अनुसार उसकी 'बुक वैल्यू' (किताबी कीमत) ₹150 प्रति शेयर है। लेकिन बाजार में लोग उसके भविष्य को देखते हुए उसे ₹450 पर खरीदने को तैयार हैं। उसका Price-to-Book (P/B) Ratio क्या होगा और यह क्या दर्शाता है?

**उत्तर:**

उस कंपनी का Price-to-Book (P/B) Ratio 3.0 होगा।

इसकी गणना इस प्रकार की जाती है:

P/B Ratio = बाजार मूल्य (Market Price) / बुक वैल्यू (Book Value)

P/B Ratio = ₹450 / ₹150 = 3.0

यह अनुपात क्या दर्शाता है:

बाजार की उम्मीदें: P/B Ratio 3.0 यह दर्शाता है कि निवेशक कंपनी की नेट एसेट्स (शुद्ध संपत्ति) के हर 1 रुपये के बदले 3 रुपये देने को तैयार हैं। यह कंपनी की भविष्य में वृद्धि (Growth) और लाभ कमाने की क्षमता पर निवेशकों के भरोसे को दिखाता है।

ओवरवैल्यूएशन या प्रीमियम: आमतौर पर, 1 से अधिक का P/B अनुपात यह संकेत देता है कि स्टॉक अपनी बुक वैल्यू से प्रीमियम पर ट्रेड कर रहा है। ₹450 की कीमत यह बताती है कि बाजार कंपनी की ब्रांड वैल्यू, मैनेजमेंट और भविष्य के प्रोजेक्ट्स को उसकी वर्तमान भौतिक संपत्ति से अधिक आंक रहा है।

संपत्ति की गुणवत्ता: यह दर्शाता है कि कंपनी के पास ऐसी 'अदृश्य संपत्तियां' (Intangible Assets) या संभावनाएं हैं जो बैलेंस शीट की किताबी कीमत में नहीं दिख रही हैं।

सीख: इसका मतलब है कि निवेशक कंपनी की वास्तविक संपत्ति से 3 गुना ज्यादा कीमत चुकाने को तैयार हैं। अध्याय के अनुसार, यह कंपनी की ब्रांड वैल्यू और भविष्य की ग्रोथ की उम्मीद को दर्शाता है।

**प्रश्न 3:** आपके पास 'ABC लिमिटेड' के 200 शेयर हैं जिनकी कीमत ₹600 प्रति शेयर है। कंपनी ने 1:1 के बोनस शेयर की घोषणा की। बोनस के बाद आपके पास कितने शेयर होंगे और एक शेयर की अनुमानित कीमत क्या होगी?

**उत्तर:**

बोनस शेयर जारी होने के बाद की स्थिति निम्नलिखित होगी:

कुल शेयरों की संख्या: 1:1 बोनस का अर्थ है कि आपको प्रत्येक 1 शेयर के बदले 1 अतिरिक्त शेयर मिलेगा। आपके पास पहले से 200 शेयर हैं, इसलिए आपको 200 और शेयर मिलेंगे। आपके पास कुल 400 शेयर होंगे।

एक शेयर की अनुमानित कीमत: बोनस शेयर जारी होने पर कंपनी का मार्केट कैपिटलाइजेशन वही रहता है, लेकिन शेयरों की संख्या बढ़ जाती है। इसलिए शेयर की कीमत अनुपात में कम हो जाती है।

गणना: ₹600 / 2 = ₹300 प्रति शेयर।

बोनस के बाद आपके पास 400 शेयर होंगे और एक शेयर की अनुमानित कीमत ₹300 होगी।

सीख: बोनस शेयर से आपकी कुल संपत्ति तुरंत नहीं बढ़ती, लेकिन शेयरों की संख्या बढ़ने से भविष्य में डिविडेंड का फायदा ज्यादा मिलता है।

**प्रश्न 4:** एक कंपनी के पास कुल 1,00,000 शेयर हैं। कंपनी ने अपने मेहनती कर्मचारियों को 10,000 'स्वेट इक्विटी' (Sweat Equity) शेयर जारी किए। अब पुराने शेयरधारकों की हिस्सेदारी पर क्या असर पड़ेगा?

**उत्तर:**

जब कोई कंपनी नए 'स्वेट इक्विटी' शेयर जारी करती है, तो पुराने शेयरधारकों की हिस्सेदारी (ownership percentage) कम हो जाती है। इसे वित्तीय भाषा में 'शेयर डाइल्यूशन' (Share Dilution) कहा जाता है।

प्रश्न के अनुसार इसका गणितीय असर इस प्रकार होगा:

जारी करने से पहले: कुल शेयर 1,00,000 थे। यदि किसी पुराने शेयरधारक के पास 10,000 शेयर थे, तो उसकी हिस्सेदारी 10% थी।

जारी करने के बाद: अब कुल शेयरों की संख्या बढ़कर 1,10,000 (1,00,000 + 10,000) हो गई है।

हिस्सेदारी पर असर: अब उसी पुराने शेयरधारक के पास शेयर तो 10,000 ही हैं, लेकिन कुल शेयर 1,10,000 हो गए हैं। उसकी नई हिस्सेदारी घटकर लगभग 9.09% रह जाएगी।

मुख्य प्रभाव:

स्वामित्व में कमी: पुराने शेयरधारकों का कंपनी पर मालिकाना हक प्रतिशत में कम हो जाता है।

वोटिंग पावर: उनकी निर्णय लेने की शक्ति (Voting Power) भी आनुपातिक रूप से कम हो जाती है।

प्रति शेयर आय (EPS): कंपनी का लाभ अब अधिक शेयरों में बंटता है, जिससे प्रति शेयर आय कम हो सकती है।

सीख: इसे 'इक्विटी डाइल्यूशन' कहते हैं। जब कंपनी नए शेयर जारी करती है, तो पुराने मालिकों की हिस्सेदारी का प्रतिशत थोड़ा कम हो जाता है।

**प्रश्न 5:** एक कंपनी बंद (Liquidate) हो रही है। कंपनी के पास सब कर्ज चुकाने के बाद ₹10 लाख बचे हैं। कंपनी के पास 'प्रेफरेंस शेयरहोल्डर्स' का ₹8 लाख का दावा है और 'इक्विटी शेयरहोल्डर्स' का ₹5 लाख का। पैसा किसे मिलेगा?

**उत्तर:**

इस स्थिति में पैसे का वितरण इस तरीके से होगा:

प्रेफरेंस शेयरहोल्डर्स (Preference Shareholders): नियमों और विनियमों के अनुसार के अनुसार, Preference Shares को भुगतान में 'वरीयता' (Priority) मिलती है। इसलिए, उपलब्ध ₹10 लाख में से सबसे पहले प्रेफरेंस शेयरहोल्डर्स का पूरा ₹8 लाख चुकाया जाएगा।

इक्विटी शेयरहोल्डर्स (Equity Shareholders): प्रेफरेंस शेयरहोल्डर्स को भुगतान करने के बाद बचे हुए ₹2 लाख (₹10 लाख - ₹8 लाख) इक्विटी शेयरहोल्डर्स को मिलेंगे।

निष्कर्ष: प्रेफरेंस शेयरहोल्डर्स को उनके पूरे ₹8 लाख मिलेंगे, जबकि इक्विटी शेयरहोल्डर्स को उनके ₹5 लाख के दावे के बदले केवल बचे हुए ₹2 लाख ही मिल पाएंगे।

सीख: इक्विटी शेयरहोल्डर्स 'Residual Owners' होते हैं, यानी उन्हें सबसे अंत में बचा हुआ हिस्सा मिलता है, लेकिन कंपनी के मुनाफे में उनका हक असीमित होता है।

**प्रश्न 6:** दो कंपनियां एक ही सेक्टर में हैं। कंपनी A का शेयर मूल्य ₹500 है और उसका प्रति शेयर आय (EPS) ₹25 है। कंपनी B का शेयर मूल्य ₹800 है और उसका EPS ₹80 है। केवल P/E अनुपात के आधार पर कौन सा शेयर "सस्ता" लग रहा है?

**उत्तर:**

P/E अनुपात के आधार पर, कंपनी B का शेयर "सस्ता" है क्योंकि इसका P/E अनुपात 10 है, जो कंपनी A के P/E अनुपात (20) से कम है।

Step 1: कंपनी A के P/E अनुपात की गणना

P/E (मूल्य-से-आय) अनुपात की गणना शेयर की कीमत को प्रति शेयर आय (EPS) से विभाजित करके की जाती है:

P/E Ratio = Share Price/ EPS

कंपनी A के लिए: $P/E_A = 500/ 25 = 20$

Step 2: कंपनी B के P/E अनुपात की गणना

इसी प्रकार, कंपनी B के लिए P/E अनुपात की गणना इस प्रकार है:

कंपनी B के लिए: $P/E_B$ = 800/ 80 = 10

Step 3: परिणामों की तुलना

P/E अनुपात यह बताता है कि निवेशक कंपनी द्वारा कमाए गए प्रत्येक 1 रुपये के लिए कितना भुगतान करने को तैयार हैं। कम P/E अनुपात का अर्थ है कि शेयर अपनी कमाई की तुलना में कम कीमत पर उपलब्ध है, जिसे अक्सर "सस्ता" या 'अंडरवैल्यूड' माना जाता है। चूँकि कंपनी B का P/E (10), कंपनी A के P/E (20) की तुलना में आधा है, इसलिए कंपनी B बेहतर मूल्य प्रदान करती है।

केवल P/E अनुपात के आधार पर, कंपनी B का शेयर "सस्ता" लग रहा है।

सीख: कंपनी B का शेयर मूल्य अधिक होने के बावजूद, वह कंपनी A से सस्ती है क्योंकि आपको ₹1 कमाने के लिए केवल ₹10 निवेश करने पड़ रहे हैं, जबकि A में ₹20।

**प्रश्न 7:** एक बैंक की बुक वैल्यू प्रति शेयर ₹200 है। वर्तमान में उसका शेयर बाजार में ₹150 पर ट्रेड कर रहा है। इसका P/B अनुपात क्या है और यह क्या संकेत देता है?

**उत्तर:**

बैंक का P/B अनुपात 0.75 है, जो यह संकेत देता है कि शेयर अपने बुक वैल्यू से कम कीमत पर ट्रेड कर रहा है और यह निवेश के लिए एक अंडरवैल्यूड (undervalued) अवसर हो सकता है।

Step 1: P/B अनुपात के सूत्र की पहचान

प्राइस-टू-बुक (P/B) अनुपात की गणना बाजार मूल्य को प्रति शेयर बुक वैल्यू से विभाजित करके की जाती है। इसका सूत्र इस प्रकार है:

P/B Ratio = Market Price per Share/Book Value per Share

Step 2: दिए गए मानों का उपयोग करके गणना

प्रश्न के अनुसार, बाजार मूल्य (Market Price) ₹150 है और बुक वैल्यू (Book Value) ₹200 है।

P/B Ratio = 150/200 = 0.75

Step 3: अनुपात का विश्लेषण और संकेत

P/B अनुपात का 0.75 होना निम्नलिखित संकेत देता है:

अंडरवैल्यूएशन: चूंकि अनुपात 1 से कम है, इसका मतलब है कि निवेशक बैंक की शुद्ध संपत्ति के प्रत्येक ₹1 के लिए केवल ₹0.75 का भुगतान कर रहे हैं।

बाजार की धारणा: यह संकेत दे सकता है कि स्टॉक वर्तमान में सस्ता है, या बाजार को बैंक की संपत्ति की गुणवत्ता या भविष्य की कमाई की क्षमता पर संदेह है।

बैंक का P/B अनुपात 0.75 है। यह संकेत देता है कि स्टॉक अपने अंकित मूल्य (Intrinsic Value) की तुलना में रियायती दर पर उपलब्ध है, जिसे तकनीकी रूप से अंडरवैल्यूड माना जाता है।

सीख: P/B अनुपात हमें यह समझने में मदद करता है कि हम कंपनी की नेट एसेट्स के लिए कितना प्रीमियम दे रहे हैं।

**प्रश्न 8:** सुमित ने ₹1,000 की कीमत पर एक कंपनी के 100 शेयर खरीदे। कंपनी ने साल के अंत में ₹25 प्रति शेयर का डिविडेंड (लाभांश) घोषित किया। सुमित की 'डिविडेंड यील्ड' क्या है?

**उत्तर:**

स्टेप 1: कुल निवेशित राशि की गणना करें

सुमित ने ₹1,000 प्रति शेयर की कीमत पर 100 शेयर खरीदे।

कुल निवेशित राशि =1,000×100 =₹100000

स्टेप 2: कुल लाभांश (डिविडेंड) आय की गणना करें

कंपनी ने ₹25 प्रति शेयर का लाभांश घोषित किया।

कुल लाभांश (डिविडेंड)= 100×25 = ₹2500

स्टेप 3: डिविडेंड यील्ड की गणना करें

डिविडेंड यील्ड की गणना वार्षिक लाभांश को शेयर के खरीद मूल्य से विभाजित करके और प्रतिशत में व्यक्त करके की जाती है।

सुमित की डिविडेंड यील्ड =(2500/100000)×100 = 2.5

सुमित की डिविडेंड यील्ड 2.5% है।

सीख: डिविडेंड यील्ड शेयर बाजार से मिलने वाली एक 'नियमित आय' की तरह है, जैसे बैंक FD का ब्याज।

**प्रश्न 9:** एक कंपनी के पास शेयरधारकों की कुल इक्विटी (Shareholders' Equity) ₹10 करोड़ है। कंपनी ने इस साल ₹2 करोड़ का शुद्ध लाभ (Net Profit) कमाया। कंपनी का ROE क्या है?

**उत्तर:**

कंपनी का ROE 20% है।

Step 1: इक्विटी पर रिटर्न (ROE) की गणना

इक्विटी पर रिटर्न (ROE) की गणना करने के लिए, हम शुद्ध लाभ को शेयरधारकों की कुल इक्विटी से विभाजित करते हैं और परिणाम को प्रतिशत में बदलने के लिए 100 से गुणा करते हैं। इसका सूत्र निम्नलिखित है:

$$ROE = \frac{\text{Net Profit}}{\text{Shareholders' Equity}} \times 100$$

Step 2: मानों का प्रतिस्थापन और गणना

प्रश्न में दिए गए मान इस प्रकार हैं: शुद्ध लाभ (Net Profit) = ₹2 करोड़, शेयरधारकों की इक्विटी (Shareholders' Equity) = ₹10 करोड़

अब इन मानों को सूत्र में रखने पर:

ROE = (2 / 10) ×100 = 20%

कंपनी का ROE (Return on Equity) 20% है।

सीख: ROE यह बताता है कि कंपनी शेयरधारकों के पैसे का उपयोग कितनी कुशलता से लाभ कमाने के लिए कर रही है। 15-20% से ऊपर का ROE आमतौर पर अच्छा माना जाता है।

**प्रश्न 10:** एक कंपनी के बाजार में 1 करोड़ शेयर हैं और एक शेयर की कीमत ₹2,500 है। भारतीय सेबी (SEBI) के मानकों के अनुसार, क्या यह कंपनी लार्ज-कैप (Large-cap), मिड-कैप या स्मॉल-कैप की श्रेणी में आएगी? (मान लें लार्ज कैप > ₹20,000 करोड़)।

**उत्तर:**

यह कंपनी स्मॉल-कैप (Small-cap) की श्रेणी में आएगी।

इसकी गणना इस प्रकार है:

मार्केट कैपिटलाइजेशन (Market Cap) का फॉर्मूला:

मार्केट कैपिटलाइजेशन = कुल शेयरों की संख्या × एक शेयर की कीमत

Market Cap = 1 करोड़ शेयर × ₹2,500 = ₹2,500 करोड़

भारतीय सेबी (SEBI) के मानकों और बाजार के वर्गीकरण के अनुसार:

लार्ज-कैप: ₹20,000 करोड़ से अधिक मार्केट कैप।

मिड-कैप: ₹5,000 करोड़ से ₹20,000 करोड़ के बीच।

स्मॉल-कैप: ₹5,000 करोड़ से कम।

चूंकि इस कंपनी का मार्केट कैप केवल ₹2,500 करोड़ है, इसलिए यह स्मॉल-कैप श्रेणी में आती है।

सीख: मार्केट कैप से हमें कंपनी के आकार और उसमें निहित जोखिम का पता चलता है। लार्ज-कैप कंपनियां आमतौर पर अधिक स्थिर होती हैं।

## 16.12 प्रश्नोत्तर परीक्षा (Quiz)

Q1. स्टॉक (इक्विटी शेयर) खरीदने का मतलब क्या है?

(A) कंपनी को लोन देना
(B) कंपनी का बॉन्ड खरीदना
(C) कंपनी से किराया लेना
(D) कंपनी में हिस्सेदारी (Ownership) खरीदना

Q2. इक्विटी शेयरधारक को सबसे बड़ा अधिकार क्या मिलता है?

(A) फिक्स्ड ब्याज
(B) कंपनी के मुनाफे में हिस्सा + वोटिंग राइट
(C) हमेशा पैसा वापस
(D) कोई अधिकार नहीं

Q3. Authorized Capital क्या है?

(A) कंपनी ने जारी किए शेयर
(B) कंपनी अधिकतम कितने शेयर जारी कर सकती है
(C) कंपनी ने बेचे शेयर
(D) कंपनी का कुल कर्ज

Q4. Issued Capital क्या है?

(A) अधिकतम संभावित शेयर
(B) प्रमोटर के पास शेयर
(C) जनता के पास शेयर
(D) कंपनी ने वास्तव में जारी किए शेयर

Q5. Paid-up Capital क्या है?

(A) जारी शेयरों पर पूरी राशि मिल चुकी
(B) सिर्फ आवेदन राशि
(C) कुल अधिकृत पूंजी
(D) सिर्फ प्रमोटर की पूंजी

Q6. Face Value (अंकित मूल्य) क्या होता है?

(A) बाजार मूल्य
(B) शेयर का मूल अंकित मूल्य (जैसे ₹10)
(C) लाभांश
(D) बोनस शेयर

Q7. Bonus Share क्या है?

(A) मुफ्त में अतिरिक्त शेयर मिलना (B) शेयर बेचना
(C) शेयर स्प्लिट (D) डिविडेंड

Q8. Stock Split का मुख्य उद्देश्य क्या है?
(A) शेयर की कीमत कम करके तरलता बढ़ाना
(B) कंपनी का मुनाफा बढ़ाना
(C) प्रमोटर होल्डिंग बढ़ाना
(D) कर बचाना

Q9. Rights Issue क्या है?
(A) नए लोगों को शेयर
(B) मौजूदा शेयरधारकों को सस्ते में अतिरिक्त शेयर का अधिकार
(C) बोनस शेयर
(D) IPO

Q10. Dividend क्या है?
(A) कंपनी का कर्ज (B) मुनाफे का हिस्सा शेयरधारकों को देना
(C) शेयर की कीमत (D) बोनस शेयर

Q11. Preference Shares में क्या खासियत होती है?
(A) वोटिंग राइट (B) फिक्स्ड डिविडेंड + इक्विटी से पहले भुगतान
(C) कोई डिविडेंड नहीं (D) सबसे ज्यादा जोखिम

Q12. Equity Shares को Preference Shares से क्या फायदा है?
(A) फिक्स्ड डिविडेंड (B) कंपनी की ग्रोथ में पूरा हिस्सा
(C) हमेशा पैसा वापस (D) कोई जोखिम नहीं

Q13. Promoter Holding ज्यादा होने का मतलब आमतौर पर क्या होता है?
(A) कंपनी खराब है (B) प्रमोटर का भरोसा ज्यादा
(C) जनता को ज्यादा शेयर (D) कंपनी बिकने वाली है

Q14. Free Float क्या है?
(A) प्रमोटर के पास शेयर (B) जनता के हाथ में ट्रेड होने वाले शेयर
(C) कुल अधिकृत शेयर (D) लॉक-इन शेयर

Q15. Market Capitalization कैसे निकलती है?
(A) Face Value × कुल शेयर
(B) वर्तमान शेयर कीमत × कुल जारी शेयर
(C) केवल प्रमोटर शेयर
(D) केवल बोनस शेयर

Q16. Large Cap, Mid Cap, Small Cap का आधार क्या है?
(A) मार्केट कैपिटलाइजेशन (B) कंपनी की आयु
(C) प्रमोटर होल्डिंग (D) डिविडेंड

Q17. इक्विटी निवेश का सबसे बड़ा जोखिम क्या है?

(A) पूंजी डूबना
(B) कीमत में उतार-चढ़ाव (Volatility)
(C) कोई डिविडेंड नहीं
(D) कर

Q18. इक्विटी निवेश का सबसे बड़ा फायदा लंबी अवधि में क्या है?
(A) फिक्स्ड रिटर्न
(B) सबसे ज्यादा रिटर्न (12-16% CAGR)
(C) कोई जोखिम नहीं
(D) हर साल डिविडेंड

Q19. किताब में इक्विटी को क्या कहा गया है?
(A) विकास का इंजन
(B) सबसे सुरक्षित निवेश
(C) सिर्फ जुआ
(D) सिर्फ ट्रेडिंग

Q20. नया निवेशक इक्विटी में कैसे शुरू करे?
(A) डायरेक्ट स्टॉक से
(B) पूरा पैसा एक स्टॉक में
(C) पहले बेसिक समझ बनाकर, फिर SIP या इंडेक्स फंड से
(D) पहले डे ट्रेडिंग से

**Answer Key**

| Q | 1 | 2 | 3 | 4 | 5 | 6 | 7 | 8 | 9 | 10 | 11 | 12 | 13 | 14 | 15 | 16 | 17 | 18 | 19 | 20 |
|---|---|---|---|---|---|---|---|---|---|---|---|---|---|---|---|---|---|---|---|---|
| Ans. | D | B | B | D | A | B | A | A | B | B | B | B | B | B | B | A | B | B | A | C |

# *Chapter 17* शेयर बाजार की कार्यप्रणाली

**"शेयर बाज़ार एक ऐसा मंच है जहाँ एक्सचेंज, ब्रोकर्स और रेगुलेटर्स मिलकर पारदर्शिता सुनिश्चित करते हैं। इसकी कार्यप्रणाली को समझकर ही आप सुरक्षित और सही तरीके से निवेश की शुरुआत कर सकते हैं।"**

शेयर बाज़ार को अक्सर एक जटिल भूलभुलैया समझा जाता है, लेकिन वास्तव में यह एक अत्यंत व्यवस्थित और पारदर्शी मंच है जहाँ कंपनियां अपनी प्रगति के लिए पूंजी जुटाती हैं और निवेशक अपनी संपत्ति बढ़ाते हैं। यह अध्याय आपको बाज़ार के 'इंजन रूम' के भीतर ले जाएगा, ताकि आप समझ सकें कि एक ऑर्डर बटन दबाने से लेकर आपके डीमैट खाते में शेयर आने तक की प्रक्रिया कैसे काम करती है।

इस चैप्टर में हम प्राइमरी मार्केट (IPO और FPO) और सेकेंडरी मार्केट (कैश और डेरिवेटिव्स) के बीच के महत्वपूर्ण अंतर को समझेंगे। साथ ही, हम भारतीय स्टॉक एक्सचेंज—NSE और BSE—की भूमिका, ट्रेडिंग ऑर्डर्स के प्रकार और निवेशकों की सुरक्षा सुनिश्चित करने वाले नियामक (SEBI) उपायों का गहराई से विश्लेषण करेंगे। यह अध्याय बाज़ार के कामकाज के प्रति आपके डर को खत्म कर उसे आत्मविश्वास में बदल देगा, जिससे आप एक जागरूक निवेशक के रूप में सुरक्षित और सफल निर्णय लेने में सक्षम होंगे।

## 17.1 प्राइमरी मार्केट: IPO, FPO और OFS

प्राथमिक बाजार (Primary Market) वह स्थान है जहाँ कंपनियाँ पहली बार नई प्रतिभूतियाँ (Securities) जारी करके निवेशकों से सीधे पूँजी (Capital) जुटाती हैं। यह द्वितीयक बाजार (Secondary Market, जैसे स्टॉक एक्सचेंज) से अलग है, जहाँ मौजूदा प्रतिभूतियों का व्यापार होता है। प्राथमिक बाजार में, पूंजी जुटाने के तीन मुख्य तरीके हैं: IPO, FPO और OFS, जिनमें से प्रत्येक की अपनी विशेषताएँ और उद्देश्य हैं।

**IPO (आरंभिक सार्वजनिक पेशकश)**

यह तब होता है जब एक निजी (Unlisted) कंपनी पहली बार आम जनता के लिए अपने शेयर जारी करके सार्वजनिक (Public) होती है। IPO का प्राथमिक उद्देश्य सूचीबद्ध होना और व्यापार के विस्तार के लिए प्रारंभिक पूंजी जुटाना होता है। इस प्रक्रिया से जुटाई गई आय सीधे कंपनी को जाती है, जिससे कंपनी के पूंजी आधार (Capital Base) में विस्तार और वृद्धि होती है।

**FPO (अनुवर्ती पेशकश)**

FPO एक Follow-on पेशकश है जो पहले से ही सूचीबद्ध (Listed) कंपनी द्वारा अतिरिक्त शेयर जारी करने के लिए की जाती है। इसका मुख्य उद्देश्य आमतौर पर कंपनी के विस्तार के लिए अतिरिक्त पूंजी जुटाना होता है। FPO से प्राप्त आय भी सीधे कंपनी को मिलती है, जिससे कंपनी का पूंजी आधार बढ़ता है।

**OFS (बिक्री हेतु प्रस्ताव)**

OFS एक तकनीकी रूप से सरल तरीका है जहाँ पहले से सूचीबद्ध कंपनी के मौजूदा शेयरधारक (आमतौर पर प्रमोटर या बड़े निवेशक) अपनी हिस्सेदारी कम (Dilute) करने के लिए जनता को शेयर बेचते हैं। इसका उद्देश्य नए शेयर जारी करके पूंजी जुटाना नहीं है, बल्कि

स्वामित्व (Ownership) का हस्तांतरण करना है। इसलिए, इस बिक्री से प्राप्त आय कंपनी को नहीं, बल्कि शेयर बेचने वाले शेयरधारक को सीधे जाती है। इस मामले में, कंपनी का कुल पूंजी आधार अपरिवर्तित रहता है, केवल स्वामित्व बदलता है।

## 17.2 सेकेंडरी मार्केट के प्रमुख सेग्मेंट: कैश, F&O और करेंसी ट्रेडिंग

सेकेंडरी मार्केट एक महत्वपूर्ण वित्तीय बाज़ार है जहाँ पहले से जारी की गई प्रतिभूतियाँ (Securities) निवेशकों के बीच खरीदी-बेची जाती हैं। प्राथमिक बाज़ार के विपरीत, यहाँ होने वाले व्यापार से सीधे कंपनी की पूँजी (Capital) अप्रभावित रहती है, क्योंकि शेयरों का आदान-प्रदान मौजूदा निवेशकों के बीच होता है। इस बाज़ार को मुख्य रूप से तीन प्रमुख सेगमेंट में विभाजित किया जाता है:

**कैश सेगमेंट (इक्विटी):** इस सेगमेंट में शेयरों की सीधी खरीद-बिक्री होती है। निवेशक सीधे तौर पर कंपनी के वास्तविक मालिक बनते हैं। यहाँ निवेश का प्राथमिक उद्देश्य कंपनी के लाभ से लाभांश (Dividend) अर्जित करना और शेयर की कीमत बढ़ने पर पूँजीगत लाभ (Capital Gains) कमाना होता है।

**F&O (फ्यूचर्स एंड ऑप्शंस):** यह डेरिवेटिव्स (Derivatives) का एक विशेष सेगमेंट है। यहाँ शेयरों के भविष्य के मूल्यों पर आधारित अनुबंधों (Contracts) का व्यापार होता है। इस सेगमेंट का उपयोग मुख्य रूप से दोहरे उद्देश्यों के लिए किया जाता है: पहला, हेजिंग (Hedging) यानी जोखिम को कम करना, और दूसरा, कीमतों में उतार-चढ़ाव का लाभ उठाकर सट्टेबाजी (Speculation) करना।

**करेंसी सेगमेंट (मुद्रा):** इस सेगमेंट में विभिन्न देशों की मुद्राओं के जोड़ों (Currency Pairs), जैसे USD/INR, का व्यापार होता है। इसका मुख्य उपयोग निर्यातकों और आयातकों को मुद्रा विनिमय दर में होने वाले जोखिमों (Risk) से बचाना है।

समग्र रूप से, द्वितीयक बाज़ार का मुख्य कार्य तरलता (Liquidity) प्रदान करना है—यानी निवेशकों को आसानी से अपनी प्रतिभूतियों को नकदी में बदलने की सुविधा देना। साथ ही, यह मांग और आपूर्ति (Demand and Supply) के आधार पर प्रतिभूतियों का उचित मूल्य खोज (Price Discovery) सुनिश्चित करता है।

## 17.3 भारत के दो प्रमुख स्टॉक एक्सचेंज: BSE और NSE

बीएसई (बॉम्बे स्टॉक एक्सचेंज) और एनएसई (नेशनल स्टॉक एक्सचेंज) भारत के दो प्रमुख स्टॉक एक्सचेंज हैं। ये दोनों भारतीय पूंजी बाजार में महत्वपूर्ण भूमिका निभाते हैं, लेकिन इनकी स्थापना, प्रमुखता और कार्यप्रणाली में कुछ मुख्य अंतर हैं।

ऐतिहासिक रूप से, बीएसई एशिया का सबसे पुराना स्टॉक एक्सचेंज है, जिसकी स्थापना 1875 में हुई थी। इसके विपरीत, एनएसई की स्थापना 1992 में हुई थी और इसने इलेक्ट्रॉनिक ट्रेडिंग में अग्रणी भूमिका निभाई। बीएसई का प्रमुख इंडेक्स सेंसेक्स (Sensex) है, जिसमें 30 प्रमुख कंपनियाँ शामिल होती हैं, जबकि एनएसई का प्रमुख इंडेक्स निफ्टी 50 (Nifty 50) है, जिसमें 50 कंपनियाँ शामिल होती हैं।

लिस्टेड कंपनियों की संख्या के मामले में, बीएसई में लगभग 5000 से अधिक कंपनियाँ सूचीबद्ध हैं, जो एनएसई की लगभग 1800 से अधिक कंपनियों की तुलना में काफी अधिक है। हालांकि, ट्रेडिंग वॉल्यूम के मामले में एनएसई का प्रभुत्व है, जहाँ ट्रेडिंग वॉल्यूम आमतौर पर बीएसई से ज़्यादा होता है। यह प्रभुत्व एनएसई की उच्च लिक्विडिटी (तरलता) को दर्शाता है। बीएसई मुख्य रूप से लिस्टिंग की संख्या पर केंद्रित है, जबकि एनएसई ट्रेडिंग वॉल्यूम और डेरिवेटिव्स बाजार पर अधिक ध्यान केंद्रित करता है।

## 17.4 ट्रेडिंग ऑर्डर्स के प्रमुख प्रकार

ट्रेडिंग ऑर्डर विभिन्न प्रकार के होते हैं, जो निवेशक की आवश्यकताओं के आधार पर निष्पादन की गति, मूल्य नियंत्रण और जोखिम प्रबंधन की अलग-अलग विशेषताएँ प्रदान करते हैं। यह वर्गीकरण ट्रेडर्स को बाजार में प्रवेश करने या बाहर निकलने के लिए सबसे उपयुक्त रणनीति चुनने में मदद करता है।

**मार्केट ऑर्डर**

मार्केट ऑर्डर तुरंत निष्पादित (executed) होते हैं, जिसका अर्थ है कि लेनदेन अगले उपलब्ध बाजार मूल्य पर तुरंत होता है। इस प्रकार के ऑर्डर में मूल्य पर कोई नियंत्रण नहीं होता है; कीमत की गारंटी नहीं होती है, लेकिन यह सबसे तेज निष्पादन की गारंटी देता है। जोखिम प्रबंधन के दृष्टिकोण से, यह सुनिश्चित करता है कि ट्रेड जल्दी हो जाए, लेकिन स्लिपेज (इच्छित मूल्य और वास्तविक निष्पादन मूल्य के बीच का अंतर) का जोखिम होता है।

**लिमिट ऑर्डर**

लिमिट ऑर्डर केवल तभी निष्पादित होता है जब बाजार में निर्दिष्ट कीमत या उससे बेहतर कीमत उपलब्ध हो। यह निवेशक को मूल्य पर पूरा नियंत्रण (कीमत की गारंटी) देता है। हालांकि, इसमें एक जोखिम यह होता है कि यदि बाजार कभी भी उस निर्दिष्ट कीमत तक नहीं पहुँचता है, तो ऑर्डर निष्पादित नहीं होगा।

**SL-M (स्टॉप-लॉस मार्केट) ऑर्डर**

स्टॉप-लॉस मार्केट ऑर्डर तब तक निष्क्रिय रहता है जब तक कि ट्रिगर मूल्य (Trigger Price) हिट नहीं हो जाता। ट्रिगर हिट होने पर, यह तुरंत एक मार्केट ऑर्डर बन जाता है और अगले उपलब्ध मूल्य पर निष्पादित होता है। इसमें मूल्य नियंत्रण कम होता है (स्लिपेज संभव है), लेकिन यह नुकसान को तेजी से सीमित करता है, जो जोखिम प्रबंधन में सहायक है।

**SL-L (स्टॉप-लॉस लिमिट) ऑर्डर**

स्टॉप-लॉस लिमिट ऑर्डर भी ट्रिगर मूल्य हिट होने पर सक्रिय होता है, लेकिन यह एक लिमिट ऑर्डर बन जाता है। यह ऑर्डर केवल निर्दिष्ट लिमिट प्राइस पर या उससे बेहतर होने पर ही निष्पादित होता है। यह एसएल-एम की तुलना में अधिक नियंत्रण प्रदान करता है (लिमिट प्राइस पर निष्पादन), लेकिन निष्पादन की गारंटी कम होती है, क्योंकि यदि कीमत लिमिट स्तर से तेजी से नीचे या ऊपर चली जाती है, तो ऑर्डर निष्पादित नहीं होगा।

## 17.5 वित्तीय बाज़ार के नियामक और सुरक्षा उपाय

नियामक और प्रक्रियागत उपाय वित्तीय बाज़ारों में स्थिरता, सुरक्षा और पारदर्शिता सुनिश्चित करने के लिए डिज़ाइन किए गए आवश्यक तंत्र हैं। इन उपायों में मुख्य रूप से सेटलमेंट साइकिल, सर्किट ब्रेकर, और विभिन्न निगरानी उपाय शामिल हैं।

**सेटलमेंट साइकिल (T+1)**

T+1 सेटलमेंट का अर्थ है कि ट्रेड की तारीख (T) के बाद केवल एक कारोबारी दिन (+1) में शेयरों और पैसों का सेटलमेंट पूरा हो जाता है। यह एक महत्वपूर्ण प्रगति है जिसके कई लाभ हैं, जिनमें जोखिम में कमी, बाजार में लिक्विडिटी (तरलता) में वृद्धि, और पूंजीगत दक्षता शामिल है।

**सर्किट ब्रेकर (Circuit Breaker)**

सर्किट ब्रेकर अत्यधिक अस्थिरता (Volatility) को रोकने के लिए व्यापार को अस्थायी रूप से रोकने का एक स्वचालित तंत्र है। यह विभिन्न स्तरों पर सक्रिय होता है। लेवल 1 पर, इंडेक्स

में 10% की गिरावट होने पर व्यापार अस्थायी रूप से रुक जाता है। लेवल 2 पर, 15% की गिरावट पर व्यापार अधिक लंबी अवधि के लिए रुकता है। यदि गिरावट 20% तक पहुँचती है (लेवल 3), तो व्यापार शेष दिन के लिए पूरी तरह से स्थगित कर दिया जाता है।

**निगरानी उपाय (ASM, GSM, T2T)**

बाजार की अखंडता और निवेशकों की सुरक्षा सुनिश्चित करने के लिए विभिन्न निगरानी उपाय (Surveillance Measures) भी लागू किए गए हैं:

**ASM (Additional Surveillance Measure):** इस उपाय का उद्देश्य असामान्य मूल्य/वॉल्यूम वाले शेयरों पर निगरानी रखना है। इसके तहत, 100% अपफ्रंट मार्जिन और सख्त मूल्य बैंड जैसे प्रतिबंध लागू किए जाते हैं।

**GSM (Graded Surveillance Measure):** यह तंत्र बाजार की अखंडता और निवेशक सुरक्षा पर केंद्रित है। इसके तहत, मार्जिन ट्रेडिंग और इंट्राडे ट्रेडिंग जैसी गतिविधियों को प्रतिबंधित किया जा सकता है।

**T2T (Trade-to-Trade):** इस उपाय का मुख्य उद्देश्य सट्टेबाजी (Speculation) को रोकना है। T2T सेगमेंट में, केवल डिलीवरी अनिवार्य होती है, और इंट्राडे ट्रेडिंग की अनुमति नहीं होती है।

## 17.6 बल्क और ब्लॉक डील

बल्क और ब्लॉक डील संस्थागत निवेशकों द्वारा किए गए बड़े सौदे हैं जिनके अपने अलग-अलग नियम और प्रक्रियाएँ होती हैं।

**बल्क डील (Bulk Deal)** एक ऐसी प्रक्रिया है जिसमें कंपनी के 0.5% से अधिक शेयरों का सौदा सामान्य ट्रेडिंग घंटों (normal trading hours) में होता है। यह सौदा रियल-टाइम में दिखाई देता है और बाजार कीमत पर तत्काल असर डालता है।

**ब्लॉक डील (Block Deal)** बड़ी मात्रा में होती है, जिसके लिए न्यूनतम ₹5 करोड़ का मूल्य निर्धारित है। यह एक विशेष, अलग विंडो (separate window) में होती है, जिससे बाजार पर तत्काल असर कम होता है।

## 17.7 इंडेक्स संरचना और रीबैलेंसिंग

इंडेक्स संरचना और एडजस्टमेंट (Index structure and adjustments) के दो मुख्य पहलू हैं: इंडेक्स कंपोजिशन और रीवैलेंसिंग, साथ ही कॉर्पोरेट एक्शन के बाद किए जाने वाले समायोजन।

**इंडेक्स कंपोजिशन** यह तय करता है कि किसी विशेष इंडेक्स (जैसे कि निफ्टी 50) में कौन सी कंपनियाँ शामिल होंगी। यह चयन प्रक्रिया मुख्य रूप से फ्री-फ्लोट मार्केट कैपिटलाइजेशन के आधार पर होती है, जिसका अर्थ है केवल वे शेयर जो वास्तव में बाजार में ट्रेड करने योग्य (ट्रेडिंग के लिए उपलब्ध) हैं, उन्हीं को गणना में लिया जाता है।

**रीवैलेंसिंग इंडेक्स** में शामिल कंपनियों के वज़न (भार) को नियमित अंतराल पर समायोजित करने की प्रक्रिया है। यह सुनिश्चित करने के लिए किया जाता है कि इंडेक्स हमेशा बाज़ार की मौजूदा और बदलती हुई स्थितियों को सटीक रूप से दर्शाता रहे।

**कॉर्पोरेट एक्शन एडजस्टमेंट**

कॉर्पोरेट एक्शन एडजस्टमेंट का तात्पर्य डिविडेंड, बोनस शेयर जारी करने, या स्टॉक स्प्लिट जैसी घटनाओं के बाद शेयर की कीमत और ऐतिहासिक डेटा को समायोजित करना है। इन समायोजनों का प्राथमिक उद्देश्य यह सुनिश्चित करना है कि ऐतिहासिक प्राइस चार्ट और रिटर्न कैलकुलेशन हमेशा सटीक और विश्वसनीय बने रहें, जिससे निवेशक सही निर्णय ले सकें।

## 17.8 शेयरों का डिजिटलीकरण: डीमैट और रीमैट

शेयर बाजार में, निवेश प्रक्रिया को सुव्यवस्थित करने और सुरक्षा बढ़ाने के लिए कुछ प्रमुख प्रक्रियाएं हैं, जिनमें डीमैट, रीमैट और शॉर्ट डिलीवरी शामिल हैं।

**डीमैट (Dematerialisation)** वह प्रक्रिया है जिसके द्वारा निवेशकों के पास मौजूद भौतिक शेयर प्रमाणपत्रों (Physical Share Certificates) को इलेक्ट्रॉनिक रूप में परिवर्तित किया जाता है। यह डिजिटलीकरण प्रक्रिया ट्रेडिंग को अधिक सुरक्षित बनाती है और भौतिक प्रमाणपत्रों से जुड़ी चोरी, क्षति या जालसाजी जैसी समस्याओं को समाप्त करके इसे आसान बनाती है।

**रीमैट (Rematerialisation)** डीमैट प्रक्रिया का ठीक उल्टा है। इसमें इलेक्ट्रॉनिक रूप में रखे गए शेयरों को निवेशक के अनुरोध पर वापस भौतिक प्रमाणपत्रों में बदला जाता है, हालांकि आधुनिक ट्रेडिंग परिवेश में इसकी आवश्यकता बहुत कम होती है।

## 17.9 स्टॉक नीलामी प्रक्रिया और समाधान

शॉर्ट डिलीवरी तब होती है जब एक विक्रेता अपने द्वारा बेचे गए शेयरों को तय समय-सीमा (भारत में वर्तमान में T+1 दिन) तक खरीदार को डिलीवर करने में विफल रहता है। यह स्थिति अक्सर तब उत्पन्न होती है जब विक्रेता के पास वास्तव में बेचने के समय शेयर उपलब्ध नहीं होते हैं या कोई परिचालन त्रुटि होती है। इस कमी को पूरा करने और खरीदार के हितों की रक्षा के लिए, स्टॉक एक्सचेंज एक नीलामी प्रक्रिया आयोजित करता है। इस नीलामी में, एक्सचेंज अन्य विक्रेताओं से आवश्यक शेयर खरीदकर मूल खरीदार को प्रदान करता है। इस प्रक्रिया के परिणामस्वरूप, जो विक्रेता शेयर डिलीवर करने में विफल रहा था (चूककर्ता विक्रेता), उसे एक्सचेंज द्वारा निर्धारित दंड या जुर्माना भरना पड़ता है।

* * * * *

**"शेयर बाजार की कार्यप्रणाली को समझना एक अदृश्य इंजन को समझने जैसा है। यह केवल 'खरीदने और बेचने' का स्थान नहीं है, बल्कि एक अत्यंत अनुशासित व्यवस्था है जहाँ पारदर्शिता, तकनीक और नियम मिलकर आपके भरोसे को निवेश में बदलते हैं। एक जागरूक निवेशक वह है जो केवल स्क्रीन पर नाचते अंकों को नहीं, बल्कि उनके पीछे की जटिल और सुरक्षित प्रक्रिया को पहचानता है।"**

## 17.10 व्यावहारिक प्रश्नों के उत्तर

**प्रश्न 1:** एक निवेशक रिलायंस का शेयर खरीदना चाहता है। ट्रेडिंग टर्मिनल पर 'बिड' (खरीद मूल्य) ₹2,500.50 और 'आस्क' (बिक्री मूल्य) ₹2,501.00 दिखाई दे रहा है। इस शेयर का 'स्प्रेड' कितना है और यह क्या दर्शाता है?

**उत्तर:**

स्प्रेड सूत्र: आस्क प्राइस - बिड प्राइस

गणना: ₹2,501.00 - ₹2,500.50 = ₹0.50

स्प्रेड क्या दर्शाता है?

लेन-देन की लागत: स्प्रेड वह अतिरिक्त लागत है जो एक निवेशक को शेयर खरीदते या बेचते समय चुकानी पड़ती है। NSE India जैसे एक्सचेंजों पर यह बिचौलियों या मार्केट मेकर्स के लिए लाभ के रूप में कार्य करता है।

लिक्विडिटी (तरलता): कम स्प्रेड (जैसे यहाँ ₹0.50) यह दर्शाता है कि शेयर में अधिक लिक्विडिटी है और इसमें खरीदारों व विक्रेताओं की संख्या अधिक है।

बाजार की स्थिति: स्प्रेड जितना कम होता है, निवेशक के लिए उस शेयर में ट्रेड करना उतना ही सस्ता और आसान होता है। अधिक स्प्रेड आमतौर पर कम ट्रेडिंग वाले शेयरों में देखा जाता है।

सीख: स्प्रेड जितना कम होता है, शेयर उतना ही 'लिक्विड' (आसानी से खरीदने-बेचने योग्य) माना जाता है। यह लेनदेन की एक छिपी हुई लागत (Cost) है।

**प्रश्न 2:** अमित ने सोमवार दोपहर 2 बजे ₹50,000 के शेयर खरीदे। भारतीय बाज़ार के 'T+1' सेटलमेंट नियम के अनुसार, अमित के डीमैट खाते में ये शेयर किस दिन और कब तक क्रेडिट होंगे? (मान लें कि बीच में कोई छुट्टी नहीं है)।

**उत्तर:**

T (ट्रेडिंग डे): सोमवार

+1 (सेटलमेंट डे): मंगलवार

निष्कर्ष: शेयर मंगलवार शाम तक या बुधवार सुबह तक डीमैट खाते में आ जाएंगे।

सीख: आधुनिक तकनीक के कारण भारत दुनिया के उन चुनिंदा देशों में है जहाँ सेटलमेंट बहुत तेज़ी से (24 घंटे के भीतर) होता है।

**प्रश्न 3:** सीमा ने ₹800 की कीमत पर एक कंपनी के 500 शेयर खरीदे। उसका ब्रोकर 'डिलीवरी' पर 0.1% ब्रोकरेज शुल्क लेता है। सीमा को कुल कितना ब्रोकरेज चुकाना होगा?

**उत्तर:**

सबसे पहले, हमें सीमा द्वारा खरीदे गए शेयरों का कुल खरीद मूल्य ज्ञात करना होगा। कुल मूल्य = शेयरों की संख्या × प्रति शेयर मूल्य

कुल (मूल्य)टर्नओवर= 500 शेयर × ₹800 = ₹4,00,000

ब्रोकरेज शुल्क कुल खरीद मूल्य पर 0.1% की दर से लगाया जाता है।

ब्रोकरेज (0.1%): ₹4,00,000 का 0.1% = ₹400

सीमा को कुल ₹400 का ब्रोकरेज शुल्क चुकाना होगा।

सीख: निवेशक को केवल शेयर की कीमत ही नहीं, बल्कि उस पर लगने वाले कर (STT, GST) और ब्रोकरेज की गणना भी करनी चाहिए।

**प्रश्न 4:** एक शेयर की ऑर्डर बुक में सबसे ऊपर ₹100 पर 100 शेयर बेचने के लिए उपलब्ध हैं। अगला विक्रेता ₹102 पर 200 शेयर बेच रहा है। यदि राहुल 'मार्केट ऑर्डर' डालकर 300 शेयर खरीदता है, तो उसे प्रति शेयर औसत कीमत क्या पड़ेगी?

**उत्तर:**

पहले 100 शेयर: ₹100 पर = ₹10,000

अगले 200 शेयर: ₹102 पर = ₹20,400

कुल राशि: ₹30,400

औसत कीमत: ₹30,400 / 300 = ₹101.33

राहुल को प्रति शेयर ₹101.33 की औसत कीमत चुकानी होगी।

सीख: बड़े ऑर्डर देते समय 'मार्केट ऑर्डर' से औसत कीमत बढ़ सकती है। इसे नियंत्रित करने के लिए 'लिमिट ऑर्डर' बेहतर होता है।

**प्रश्न 5:** एक शेयर कल ₹500 पर बंद हुआ था। एक्सचेंज ने उस पर 10% की 'अपर सर्किट' सीमा लगाई है। आज कंपनी के बारे में बहुत अच्छी खबर आती है। वह अधिकतम किस कीमत तक जा सकता है जहाँ ट्रेडिंग अपने आप रुक जाएगी?

**उत्तर:**

बेस प्राइस: ₹500

सर्किट सीमा (10%): ₹500 का 10% = ₹50

अपर सर्किट लेवल: ₹500 + ₹50 = ₹550

जैसे ही शेयर इस कीमत (₹550) पर पहुँचेगा, एक्सचेंज पर ट्रेडिंग अपने आप रुक जाएगी।

सीख: सर्किट ब्रेकर का उपयोग बाज़ार में अत्यधिक उतार-चढ़ाव को रोकने और छोटे निवेशकों के हितों की रक्षा के लिए किया जाता है।

## 17.11 प्रश्नोत्तर परीक्षा (Quiz)

Q1. शेयर बाजार का मुख्य उद्देश्य क्या है?

(A) सिर्फ ट्रेडिंग करना

(B) कंपनियों को पूंजी जुटाने और निवेशकों को हिस्सेदारी देने का प्लेटफॉर्म

(C) सिर्फ सरकार को टैक्स देना

(D) केवल ब्रोकर कमाना

Q2. प्राइमरी मार्केट में क्या होता है?

(A) पुराने शेयर खरीद-बिक्री
(B) डेरिवेटिव ट्रेडिंग
(C) नई पूंजी जुटाई जाती है (IPO, FPO, Rights)
(D) केवल डिबेंचर

Q3. सेकेंडरी मार्केट में क्या होता है?

(A) कंपनी नई पूंजी जुटाती है

(B) निवेशक एक-दूसरे से शेयर खरीदते-बेचते हैं (NSE/BSE)

(C) केवल IPO

(D) केवल बॉन्ड

Q4. IPO का पूरा नाम क्या है?

(A) Initial Public Offer
(B) Indian Public Offer
(C) Investment Public Offer
(D) International Public Offer

Q5. FPO का मतलब क्या है?

(A) First Public Offer
(B) Follow-on Public Offer
(C) Final Public Offer
(D) Foreign Public Offer

Q6. भारत के दो मुख्य स्टॉक एक्सचेंज कौन-से हैं?

(A) SBI और HDFC
(B) NYSE और NASDAQ
(C) RBI और SEBI
(D) NSE और BSE

Q7. NSE का पूरा नाम क्या है?

(A) National Stock Exchange
(B) New Stock Exchange

(C) National Share Exchange (D) Nepal Stock Exchange

Q8. BSE का पूरा नाम क्या है?

(A) Bombay Share Exchange (B) Bombay Stock Exchange

(C) Bengaluru Stock Exchange (D) British Stock Exchange

Q9. कैश मार्केट में क्या ट्रेड होता है?

(A) केवल फ्यूचर (B) शेयर की तुरंत डिलीवरी और पेमेंट

(C) केवल ऑप्शन (D) केवल कमोडिटी

Q10. F&O सेगमेंट में क्या ट्रेड होता है?

(A) केवल कैश शेयर (B) केवल बॉन्ड

(C) फ्यूचर और ऑप्शन (डेरिवेटिव) (D) केवल गोल्ड

Q11. T+1 सेटलमेंट का मतलब क्या है?

(A) ट्रेड के 1 दिन बाद शेयर और पैसा सेटल (B) 1 महीने बाद

(C) उसी दिन (D) 2 दिन बाद

Q12. ऑर्डर के मुख्य प्रकार कौन-से हैं?

(A) मार्केट ऑर्डर और लिमिट ऑर्डर (B) केवल मार्केट

(C) केवल स्टॉप लॉस (D) केवल ब्रैकेट

Q13. स्टॉप लॉस ऑर्डर का उद्देश्य क्या है?

(A) ज्यादा कीमत पर खरीदना (B) नुकसान सीमित करना

(C) हमेशा लाभ लेना (D) ट्रेडिंग बंद करना

Q14. SEBI का मुख्य काम क्या है?

(A) शेयर प्रिंट करना (B) केवल IPO अप्रूव करना

(C) केवल टैक्स लेना (D) निवेशकों की सुरक्षा और मार्केट को रेगुलेट करना

Q15. डीमैट अकाउंट किसके लिए जरूरी है?

(A) शेयर इलेक्ट्रॉनिक रूप में रखने के लिए (B) केवल FD के लिए

(C) केवल म्यूचुअल फंड (D) केवल बचत खाता

Q16. ट्रेडिंग अकाउंट किससे खोला जाता है?

(A) बैंक से (B) स्टॉक ब्रोकर से

(C) RBI से (D) SEBI से

Q17. Index जैसे Nifty 50 और Sensex क्या दर्शाते हैं?

(A) केवल एक कंपनी (B) मार्केट की समग्र स्थिति

(C) केवल छोटी कंपनियां (D) केवल विदेशी शेयर

Q18. Circuit Breaker का उद्देश्य क्या है?

(A) मार्केट को तेजी से बढ़ाना (B) केवल खरीदना

(C) अत्यधिक उतार-चढ़ाव रोकने के लिए ट्रेडिंग रोकना (D) केवल बेचना

Q19. किताब में शेयर बाजार को क्या कहा गया है?

(A) जुआ

(B) पूंजी जुटाने और निवेश का व्यवस्थित प्लेटफॉर्म
(C) सिर्फ अमीरों का खेल
(D) केवल डे ट्रेडिंग

Q20. नया निवेशक शेयर बाजार में कैसे शुरू करे?
(A) पूरा पैसा एक दिन में
(B) केवल F&O से
(C) बिना डीमैट के
(D) डीमैट + ट्रेडिंग अकाउंट खोलकर, पहले ज्ञान लेकर और SIP/लॉन्ग टर्म से

**Answer Key**

| Q | 1 | 2 | 3 | 4 | 5 | 6 | 7 | 8 | 9 | 10 | 11 | 12 | 13 | 14 | 15 | 16 | 17 | 18 | 19 | 20 |
|---|---|---|---|---|---|---|---|---|---|---|---|---|---|---|---|---|---|---|---|---|
| Ans. | B | C | B | A | B | D | A | B | B | C | A | A | B | D | A | B | B | C | B | D |

# *Chapter 18* शेयर बाज़ार के प्रमुख मध्यस्थ

**"ब्रोकर, डिपॉजिटरी और बैंक जैसे मध्यस्थ निवेशकों को बाज़ार से जोड़ते हैं। इनकी भूमिका लेन-देन को सुगम, सुरक्षित और पारदर्शी बनाना है, जिससे निवेश प्रक्रिया सरल और त्रुटिहीन बनी रहती है।"**

शेयर बाज़ार केवल खरीदारों और विक्रेताओं का मिलन स्थल नहीं है, बल्कि यह एक विशाल तंत्र है जो कई भरोसेमंद मध्यस्थों (Intermediaries) के सहयोग से चलता है। ये मध्यस्थ बाज़ार की जटिल प्रक्रियाओं को आपके लिए सरल, सुरक्षित और पारदर्शी बनाते हैं। यह अध्याय उन सभी महत्वपूर्ण कड़ियों को उजागर करेगा जो पर्दे के पीछे रहकर आपके एक छोटे से निवेश को सुरक्षित रूप से अंजाम देती हैं।

इस चैप्टर में हम फुल-सर्विस और डिस्काउंट ब्रोकर्स के बीच के अंतर और उनके ब्रोकरेज मॉडल का गहराई से विश्लेषण करेंगे। हम डिपॉजिटरी (NSDL/CDSL), क्लियरिंग हाउस और निवेशकों के सबसे बड़े रक्षक—SEBI (सेबी) की नियामक भूमिका को समझेंगे। आप जानेंगे कि कैसे ये संस्थाएं मिलकर यह सुनिश्चित करती हैं कि बाज़ार में धोखाधड़ी न हो और आपका पैसा व शेयर पूरी तरह सुरक्षित रहें। यह जानकारी आपको अपनी निवेश यात्रा के लिए सही भागीदारों का चुनाव करने में सक्षम बनाएगी, जिससे आपका निवेश अनुभव सुगम और चिंतामुक्त होगा।

## 18.1 स्टॉकब्रोकर के प्रकार

स्टॉकब्रोकर निवेशकों के लिए शेयर खरीदने और बेचने की सुविधा प्रदान करते हैं, और उन्हें मुख्य रूप से दो श्रेणियों में विभाजित किया जा सकता है: फुल-सर्विस ब्रोकर और डिस्काउंट ब्रोकर।

**सेवाएँ और शुल्क:** फुल-सर्विस ब्रोकर व्यापक सेवाएँ प्रदान करते हैं, जिनमें व्यक्तिगत सलाह, रिसर्च रिपोर्ट और पोर्टफोलियो प्रबंधन शामिल है, लेकिन इनकी फीस अधिक होती है (अक्सर संपत्ति के प्रतिशत के रूप में)। इसके विपरीत, डिस्काउंट ब्रोकर सीमित सेवाएँ (केवल ऑनलाइन ट्रेडिंग प्लेटफॉर्म) प्रदान करते हैं, जिससे उनकी लागत बहुत कम और फ्लैट ब्रोकरेज (Affordable) होती है।

**लक्षित निवेशक:** फुल-सर्विस ब्रोकर नौसिखिए निवेशकों या उन लोगों के लिए उपयुक्त हैं जिन्हें गहन मार्गदर्शन की आवश्यकता होती है। वहीं, डिस्काउंट ब्रोकर अनुभवी, सक्रिय और स्व-निर्देशित (DIY) ट्रेडर्स को लक्षित करते हैं।

**ब्रोकरेज मॉडल**

ब्रोकरेज शुल्क तीन मुख्य मॉडलों पर आधारित होते हैं:

**ज़ीरो ब्रोकरेज:** यह मॉडल इक्विटी डिलीवरी के लिए ₹0 शुल्क लेता है और लंबी अवधि के निवेशकों के लिए उपयुक्त है।

**फ्लैट-फीस:** इस मॉडल में प्रति ट्रेड एक निश्चित राशि ली जाती है और यह सक्रिय/बड़े ट्रेड करने वाले ट्रेडर्स के लिए उपयुक्त है।

**परसेंटेज-आधारित:** इस मॉडल में टर्नओवर का प्रतिशत शुल्क के रूप में लिया जाता है और यह उन निवेशकों के लिए डिज़ाइन किया गया है जो व्यक्तिगत सलाह चाहते हैं।

## 18.2 डिपॉजिटरी और उनके पार्टिसिपेंट्स

### डिपॉजिटरीज़ (CDSL और NSDL)

डिपॉजिटरीज़, जैसे कि NSDL (नेशनल सिक्योरिटीज डिपॉजिटरी लिमिटेड) और CDSL (सेंट्रल डिपॉजिटरी सर्विसेज लिमिटेड), शेयरों के लिए एक बैंक की तरह कार्य करती हैं। इनका मुख्य कार्य प्रतिभूतियों (Securities) को भौतिक रूप के बजाय इलेक्ट्रॉनिक रूप में सुरक्षित रखना है।

इन दोनों प्रमुख डिपॉजिटरीज़ की कुछ विशिष्टताएँ हैं। NSDL को NSE और IDBI/UTI जैसी संस्थाओं ने प्रवर्तित (Promoted) किया है, जबकि CDSL को BSE और प्रमुख बैंकों (SBI, HDFC) द्वारा प्रवर्तित किया गया है। खाता प्रारूप के संदर्भ में, NSDL में खाता एक 14 अक्षरों का कोड होता है जो 'IN' से शुरू होता है, जबकि CDSL में यह एक 16 अंकों का संख्यात्मक कोड होता है।

डिपॉजिटरीज़ के मुख्य कार्य कई हैं, जिनमें विभौतिकीकरण (Dematerialisation) यानी भौतिक शेयरों को इलेक्ट्रॉनिक में बदलना, इलेक्ट्रॉनिक निपटान (Electronic settlement) और कॉर्पोरेट कार्रवाई (Corporate Action) का प्रसंस्करण (Processing) शामिल है।

### डिपॉजिटरी पार्टिसिपेंट्स (DPs)

डिपॉजिटरी पार्टिसिपेंट्स (DPs) की भूमिका डिपॉजिटरी (NSDL/CDSL) के एजेंट के रूप में होती है, जो सीधे निवेशक के साथ जुड़ते हैं। उनके कार्यों में निवेशकों के लिए डीमैट (Dematerialised) खाते खोलना, भौतिक शेयरों को इलेक्ट्रॉनिक रूप में बदलना, और प्रतिभूतियों के हस्तांतरण की सुविधा देना शामिल है। DPs के रूप में बैंक, स्टॉकब्रोकर और वित्तीय संस्थान कार्य कर सकते हैं।

## 18.3 क्लीयरिंग और सेटलमेंट की प्रक्रिया

वित्तीय बाज़ार में क्लियरिंग और पूंजी प्रबंधन (Clearing and Capital Management) अत्यंत महत्वपूर्ण कार्य हैं, जो बाजार की स्थिरता और सुरक्षा सुनिश्चित करते हैं। इस प्रक्रिया में दो मुख्य संस्थाएँ शामिल होती हैं: क्लियरिंग कॉर्पोरेशन और कस्टोडियन/फंड अकाउंटेंट।

### क्लियरिंग कॉर्पोरेशन (ICCL और NSCCL)

क्लियरिंग कॉर्पोरेशन (ICCL और NSCCL) बाज़ार के "बैकबोन" के रूप में कार्य करते हैं, जो ट्रेड क्लियरिंग, सेटलमेंट और रिस्क मैनेजमेंट सुनिश्चित करते हैं। उनका सबसे महत्वपूर्ण कार्य काउंटरपार्टी गारंटी (Counterparty Guarantee) प्रदान करना है। इसका अर्थ है कि वे हर ट्रेड में खरीदार के लिए विक्रेता और विक्रेता के लिए खरीदार के रूप में कार्य करते हैं, जिससे एक पक्ष के डिफॉल्ट का जोखिम समाप्त हो जाता है। वे क्लियरिंग और सेटलमेंट (Clearing and Settlement) की प्रक्रिया का प्रबंधन भी करते हैं, जिसके तहत खरीदार के डीमैट खाते में शेयर और विक्रेता के बैंक खाते में पैसे (T+1 दिन तक) पहुंचाए जाते हैं। इसके अतिरिक्त, वे जोखिम प्रबंधन (Risk Management) के लिए मार्जिन आवश्यकताएँ और सेटलमेंट गारंटी फंड बनाए रखते हैं ताकि किसी भी डिफॉल्ट से निपटा जा सके। भारत में NSCCL (NSE की सहायक कंपनी) और ICCL (BSE की सहायक कंपनी) दो प्रमुख क्लियरिंग कॉर्पोरेशन हैं।

### कस्टोडियन और फंड अकाउंटेंट

कस्टोडियन एक वित्तीय संस्था है जो ग्राहकों की ओर से सिक्योरिटीज को सुरक्षित रखती है और उनके लेनदेन (ट्रेड्स) को निपटाने में मदद करती है, जिसे अक्सर "आपकी संपत्ति का रखवाला" कहा जाता है। दूसरी ओर, फंड अकाउंटेंट (Fund Accountant) म्यूचुअल फंड

जैसे निवेश फंडों के सभी वित्तीय लेनदेन का रिकॉर्ड रखता है और NAV (Net Asset Value) की सटीक गणना करता है, जो अनिवार्य रूप से "आपके निवेश फंड का अकाउंटेंट" होता है।

## 18.4 वित्तीय बाज़ार के नियामक और सलाहकार

नियामक और सलाहकार मध्यस्थ वित्तीय बाजारों में महत्वपूर्ण भूमिका निभाते हैं, जो निवेशकों के हितों की रक्षा करने, व्यवस्थित विकास को बढ़ावा देने और पारदर्शिता सुनिश्चित करने के लिए डिज़ाइन किए गए हैं।

**SEBI (भारतीय प्रतिभूति और विनिमय बोर्ड)**

सेबी (SEBI) भारत में प्रतिभूति और विनिमय बोर्ड के रूप में कार्य करता है। इसकी प्राथमिक भूमिका निवेशकों के हितों की रक्षा करना और भारतीय पूंजी बाजार के व्यवस्थित विकास को बढ़ावा देना है। सेबी के पास बाजार के बिचौलियों को पंजीकृत करने, धोखाधड़ी की जाँच करने और नियमों का उल्लंघन करने वालों के खिलाफ दंडात्मक कार्रवाई करने की महत्वपूर्ण शक्तियाँ हैं। बाजार में पारदर्शिता, प्रकटीकरण (disclosure), और उचित आचरण संहिता सुनिश्चित करने के लिए सेबी विभिन्न नियम जारी करता है।

**मर्चेंट बैंकर और अंडरराइटर**

मर्चेंट बैंकर आईपीओ (IPO) लाने वाली कंपनियों के लिए सलाहकार के रूप में कार्य करते हैं। वे पूंजी संरचना का निर्धारण करने, प्रॉस्पेक्टस तैयार करने और पूरी इश्यू प्रक्रिया का प्रबंधन करने में महत्वपूर्ण होते हैं। वहीं, अंडरराइटर एक अलग भूमिका निभाते हैं; वे कंपनी के शेयरों को खरीदने की गारंटी देते हैं, खासकर यदि आईपीओ कम सब्सक्राइब होता है, जिससे कंपनी को न्यूनतम पूंजी मिलने का आश्वासन मिलता है।

**क्रेडिट रेटिंग एजेंसियां (CRAS)**

क्रेडिट रेटिंग एजेंसियां (CRAS), जिनके उदाहरणों में CRISIL, CARE, और ICRA शामिल हैं, कंपनियों और उनके द्वारा जारी किए गए ऋणों (बॉन्ड) की साख (Creditworthiness) का आकलन करती हैं। वे इन संस्थाओं को रेटिंग (जैसे AAA, BBB) प्रदान करती हैं, जो निवेशकों को निवेश से जुड़े डिफ़ॉल्ट जोखिम (default risk) को समझने में मदद करती है।

**प्रॉक्सी एडवाइजरी फर्म**

प्रॉक्सी एडवाइजरी फर्म संस्थागत निवेशकों को कंपनियों के बोर्ड प्रस्तावों (board proposals) और कॉर्पोरेट गवर्नेंस मुद्दों पर गहन रिसर्च और मतदान की सलाह देने में विशेषज्ञ होती हैं। वे ऐसा इसलिए करती हैं ताकि बाजार में पारदर्शिता और कंपनियों में जवाबदेही बढ़ाई जा सके।

## 18.5 निवेशक सुरक्षा और नियामक प्रक्रियाएं

भारतीय वित्तीय बाज़ार में पारदर्शिता, सुरक्षा और निवेशकों के हितों की रक्षा सुनिश्चित करने के लिए कई नियामक प्रक्रियाएँ और शिकायत निवारण तंत्र मौजूद हैं। इन प्रक्रियाओं में KYC (Know Your Customer) और क्लाइंट ऑनबोर्डिंग एक महत्वपूर्ण प्रारंभिक चरण है। KYC का प्राथमिक उद्देश्य धोखाधड़ी और मनी लॉन्ड्रिंग जैसी अवैध गतिविधियों को रोकने के लिए निवेशक की पहचान और जानकारी की पुष्टि करना है। इस प्रक्रिया को सुविधाजनक बनाने के लिए, KRA (KYC Registration Agency) / CKYC (सेंट्रल KYC) जैसे SEBI द्वारा स्थापित केंद्रीकृत सिस्टम मौजूद हैं, जिससे निवेशकों को बार-बार KYC प्रक्रिया से नहीं गुजरना पड़ता। इसके अतिरिक्त, ऑनबोर्डिंग प्रक्रिया को सरल और तेज बनाने के लिए आधार-बेस्ड e-KYC और Video KYC (V-KYC) जैसे डिजिटल तरीकों को भी अपनाया जा रहा है।

निवेशकों की शिकायतों के निवारण के लिए SCORES (SEBI Complaint Redressal System) एक केंद्रीय ऑनलाइन प्लेटफ़ॉर्म है। यह SEBI द्वारा संचालित किया जाता है जहाँ निवेशक स्टॉक मार्केट से जुड़ी अपनी शिकायतें विभिन्न संस्थाओं, जैसे कंपनियों या ब्रोकर्स, के खिलाफ दर्ज कर सकते हैं। हाल ही में शुरू किए गए SCORES 2.0 में त्वरित उत्तर सुनिश्चित करने के लिए फर्स्ट और सेकंड लेवल रिव्यू, और ऑनलाइन विवाद निवारण (ODR) जैसे उन्नत विकल्प प्रदान किए गए हैं।

इनके अलावा, स्टॉक एक्सचेंज स्वयं भी सेल्फ-रेगुलेटरी संगठनों (SROs) के रूप में कार्य करते हैं। स्टॉक एक्सचेंज (जैसे NSE/BSE) अपने सदस्यों (ब्रोकर-डीलरों) के लिए आचार संहिता और ट्रेडिंग नियमों जैसे नियम बनाते और लागू करते हैं। यह दोहरी नियामक व्यवस्था SEBI की देखरेख में बाजार की अखंडता और निष्पक्षता सुनिश्चित करती है, जिससे सभी बाजार सहभागियों के लिए एक सुरक्षित ट्रेडिंग वातावरण बनता है।

* * * * *

**"शेयरबाज़ार के मध्यस्थ केवल सर्विस प्रोवाइडर नहीं हैं, वे बाज़ार की सुरक्षा प्रणाली (Safety Net) हैं। एक जागरूक निवेशक के रूप में आपको पता होना चाहिए कि आप किसे और क्यों फीस दे रहे हैं।"**

## 18.6 व्यावहारिक प्रश्नों के उत्तर

**प्रश्न 1:** राहुल के पास दो अलग-अलग कंपनियों के शेयर हैं। वह एक ही दिन में दोनों कंपनियों के शेयर बेच देता है। उसका डिपॉजिटरी पार्टिसिपेंट (DP) प्रत्येक 'डेबिट' लेनदेन पर ₹15.50 + 18% GST का शुल्क लेता है। राहुल के कुल मुनाफे में से कितनी राशि इन शुल्कों के रूप में कटेगी?

**उत्तर:**

प्रति लेनदेन शुल्क: ₹15.50 + 18% GST (₹2.79) = ₹18.29

कुल लेनदेन: 2 (दो अलग कंपनियां)

कुल कटौती: ₹18.29 × 2 = ₹36.58

सीख: डिपॉजिटरी (CDSL/NSDL) आपके शेयरों को डिजिटल रूप में सुरक्षित रखती है, और जब आप शेयर बेचते हैं, तो डीपी शुल्क प्रति कंपनी के अनुसार लगता है, चाहे आप 1 शेयर बेचें या 1000।

**प्रश्न 2:** सुमित के पास ₹1,00,000 हैं। उसका ब्रोकर उसे 'इंट्राडे' ट्रेडिंग के लिए 5 गुना (5x) मार्जिन की सुविधा देता है। सुमित पूरे मार्जिन का उपयोग करके ₹5,00,000 के शेयर खरीदता है। यदि शेयर की कीमत 2% गिर जाती है, तो सुमित की अपनी मूल पूंजी (₹1,00,000) पर कितने प्रतिशत का नुकसान होगा?

**उत्तर:**

कुल ट्रेड वैल्यू: ₹5,00,000

2% की गिरावट: ₹10,000 का नुकसान

सुमित की पूंजी पर असर: (₹10,000 / ₹1,00,000) ×100 = 10%

निष्कर्ष: 5 गुना मार्जिन (Leverage) होने के कारण, शेयर की कीमत में मात्र 2% की गिरावट ने सुमित की वास्तविक पूंजी को 10% कम कर दिया।

सीख: ब्रोकर द्वारा दिया गया मार्जिन मुनाफे को बढ़ा सकता है, लेकिन यह नुकसान को भी कई गुना बढ़ा देता है। इसे 'लिवरेज जोखिम' कहते हैं।

**प्रश्न 3:** एक म्यूचुअल फंड हाउस (AMC) ₹1,000 करोड़ का फंड मैनेज कर रहा है। सुरक्षा नियमों के अनुसार, ये शेयर AMC के पास नहीं बल्कि एक 'कस्टोडियन' के पास रखे जाते हैं। यदि कस्टोडियन अपनी सेवा के लिए 0.01% सालाना शुल्क लेता है, तो फंड को सालाना कितना शुल्क चुकाना होगा?

**उत्तर:**

फंड की वैल्यू: ₹1,000 करोड़

कस्टोडियन शुल्क (0.01%): ₹1,000 करोड़ × 0.0001 = ₹10 लाख

अतः, फंड को सालाना ₹10 लाख का शुल्क चुकाना होगा।

सीख: कस्टोडियन एक स्वतंत्र संस्था है जो बड़े निवेशकों और म्यूचुअल फंड्स की संपत्ति की सुरक्षा सुनिश्चित करती है ताकि धोखाधड़ी की संभावना न रहे।

**प्रश्न 4:** एक कंपनी 10% का डिविडेंड घोषित करती है। कंपनी के 10 लाख शेयरधारक हैं। कंपनी का RTA (Registrar and Transfer Agent जैसे KFintech या CAMS) इस डेटा को प्रोसेस करने के लिए प्रति शेयरधारक ₹0.50 का शुल्क लेता है। कंपनी को इस कॉर्पोरेट एक्शन के लिए RTA को कितनी फीस देनी होगी?

**उत्तर:**

शेयरधारकों की संख्या: 10,00,000

प्रति शेयरधारक शुल्क: ₹0.50

कुल RTA फीस = 10,00,000 × 0.50 = ₹5,00,000

RTA शुल्क आमतौर पर शेयरधारकों की संख्या पर आधारित होता है, न कि डिविडेंड की राशि या शेयरों की संख्या पर।

सीख: RTA कंपनी और शेयरधारकों के बीच रिकॉर्ड रखने और डिविडेंड/बोनस वितरण का महत्वपूर्ण काम करते हैं।

**प्रश्न 5:** अमित ने ₹2,00,000 के शेयर बेचे, लेकिन जिस व्यक्ति ने खरीदे थे, उसके खाते में पैसे कम होने के कारण वह भुगतान नहीं कर पाया। ऐसी स्थिति में 'क्लियरिंग कॉर्पोरेशन' (NSCCL/ICCL) की क्या भूमिका होगी?

**उत्तर:**

इस स्थिति में 'क्लियरिंग कॉर्पोरेशन' (जैसे NSCCL या ICCL) 'सेंट्रल काउंटरपार्टी' (CCP) के रूप में कार्य करता है और 'सेटिस्मेंट गारंटी' (Settlement Guarantee) प्रदान करता है।

अमित के मामले में क्लियरिंग कॉर्पोरेशन की भूमिका इस प्रकार होगी:

भुगतान की गारंटी: यदि खरीदार पैसे देने में विफल रहता है, तो क्लियरिंग कॉर्पोरेशन यह सुनिश्चित करता है कि विक्रेता (अमित) को उसका पैसा समय पर मिले।

जोखिम प्रबंधन: कॉर्पोरेशन खरीदार के डिफॉल्ट होने का जोखिम खुद उठाता है और अपने 'सेटलमेंट गारंटी फंड' (SGF) का उपयोग करके अमित को ₹2,00,000 का भुगतान करता है।

कानूनी मध्यस्थ: यह खरीदार और विक्रेता के बीच एक कड़ी के रूप में कार्य करता है, जहाँ यह हर खरीदार के लिए विक्रेता और हर विक्रेता के लिए खरीदार बन जाता है, जिससे व्यक्तिगत डिफॉल्ट का असर दूसरे पक्ष पर नहीं पड़ता।

संक्षेप में, अमित को चिंता करने की आवश्यकता नहीं है; क्लियरिंग कॉर्पोरेशन सौदे को पूरा करने की गारंटी देता है।

सीख: क्लियरिंग कॉर्पोरेशन बाज़ार में "काउंटर-पार्टी रिस्क" को खत्म करता है, जिससे निवेशकों का भरोसा बना रहता है कि उनका पैसा या शेयर कहीं नहीं फंसेंगे।

## 18.7 प्रश्नोत्तर परीक्षा (Quiz)

Q1. शेयर बाजार के मध्यस्थों का मुख्य काम क्या है?

(A) सिर्फ पैसा कमाना

(B) बाजार को सुचारू, सुरक्षित और पारदर्शी बनाना

(C) केवल IPO लॉन्च करना

(D) केवल ट्रेडिंग रोकना

Q2. ब्रोकर दो मुख्य प्रकार के होते हैं –

(A) फुल-सर्विस और डिस्काउंट ब्रोकर (B) केवल फुल-सर्विस

(C) केवल डिस्काउंट (D) केवल बैंक ब्रोकर

Q3. फुल-सर्विस ब्रोकर क्या देते हैं?

(A) केवल कम ब्रोकरेज

(B) रिसर्च, सलाह, IPO, म्यूचुअल फंड आदि पूरी सेवा

(C) कोई सलाह नहीं

(D) केवल डे ट्रेडिंग

Q4. डिस्काउंट ब्रोकर की खासियत क्या है?

(A) महंगी सर्विस (B) बहुत कम ब्रोकरेज + केवल एक्जीक्यूशन

(C) कोई डीमैट नहीं (D) केवल F&O

Q5. Zerodha, Groww, Upstox जैसे ब्रोकर किस कैटेगरी में आते हैं?

(A) फुल-सर्विस (B) बैंक ब्रोकर

(C) डिस्काउंट ब्रोकर (D) विदेशी ब्रोकर

Q6. डीमैट अकाउंट किसके पास खोला जाता है?

(A) ब्रोकर के पास

(B) डिपॉजिटरी पार्टिसिपेंट (DP) के जरिए (CDSL/NSDL)

(C) सीधे SEBI से

(D) केवल बैंक से

Q7. भारत में दो मुख्य डिपॉजिटरी कौन-सी हैं?

(A) NSE और BSE (B) CDSL और NSDL

(C) RBI और SEBI (D) SBI और ICICI

Q8. डिपॉजिटरी का काम क्या है?

(A) शेयर खरीद-बेचना (B) शेयरों को इलेक्ट्रॉनिक रूप में सुरक्षित रखना
(C) केवल ब्रोकरेज लेना (D) केवल IPO अप्लाई करना

Q9. क्लियरिंग हाउस का मुख्य काम क्या है?
(A) ट्रेड की गारंटी देना और सेटलमेंट करना
(B) केवल शेयर प्रिंट करना
(C) केवल ब्रोकर चुनना
(D) केवल टैक्स लेना

Q10. भारत में क्लियरिंग कॉर्पोरेशन कौन-सी है?
(A) Indian Clearing Corporation (ICCL) और NSE Clearing Ltd.
(B) केवल SEBI
(C) केवल RBI
(D) केवल SBI

Q11. SEBI का पूरा नाम और मुख्य भूमिका क्या है?
(A) Stock Exchange Board of India
(B) Securities and Exchange Board of India
(C) State Bank of India
(D) Share Exchange Board of India

Q12. स्टॉक ब्रोकर चुनते समय सबसे जरूरी क्या देखना चाहिए?
(A) केवल सबसे कम ब्रोकरेज
(B) भरोसेमंदता, सर्विस, चार्ज, टेक्नोलॉजी सब मिलाकर
(C) केवल विज्ञापन
(D) केवल लोकेशन

Q13. 3-in-1 अकाउंट क्या होता है?
(A) केवल डीमैट
(B) बैंक + डीमैट + ट्रेडिंग अकाउंट एक साथ
(C) केवल ट्रेडिंग
(D) केवल सेविंग

Q14. डीमैट अकाउंट के मुख्य फायदे क्या हैं?
(A) पेपरलेस, सुरक्षित, तेज ट्रांसफर (B) बहुत ज्यादा खर्च
(C) शेयर खोने का डर (D) केवल फिजिकल सर्टिफिकेट

Q15. AMC का मतलब क्या है डीमैट में?
(A) Annual Maintenance Charge (B) Active Money Charge
(C) Account Making Charge (D) Advance Money Charge

Q16. DP चार्ज क्या है?
(A) केवल ब्रोकरेज (B) केवल क्रेडिट चार्ज
(C) केवल AMC (D) हर ट्रेड पर डेबिट चार्ज

Q17. ब्रोकरेज मॉडल में फ्लैट ब्रोकरेज का फायदा क्या है?

(A) बड़े ट्रेड पर सस्ता पड़ता है (B) छोटे ट्रेड पर महंगा

(C) कोई फायदा नहीं (D) केवल डिलीवरी पर

Q18. SEBI निवेशकों की सुरक्षा के लिए क्या-क्या करता है?

(A) रेगुलेशन, शिकायत निवारण, जागरूकता (B) केवल टैक्स लेना

(C) केवल IPO रोकना (D) केवल ब्रोकर बंद करना

Q19. किताब में मध्यस्थों को क्या कहा गया है?

(A) सिर्फ पैसा कमाने वाले

(B) बाजार की रीढ़ – सुरक्षा और सुविधा देने वाले

(C) अनावश्यक

(D) केवल सरकार के एजेंट

Q20. नया निवेशक ब्रोकर चुनते समय सबसे पहले क्या करे?

(A) सबसे सस्ता ब्रोकर चुन ले

(B) केवल बैंक वाला

(C) बिना रिसर्च कोई भी

(D) SEBI रजिस्टर्ड, भरोसेमंद और अपनी जरूरत के अनुसार ब्रोकर चुने

**Answer Key**

| Q | 1 | 2 | 3 | 4 | 5 | 6 | 7 | 8 | 9 | 10 | 11 | 12 | 13 | 14 | 15 | 16 | 17 | 18 | 19 | 20 |
|---|---|---|---|---|---|---|---|---|---|---|---|---|---|---|---|---|---|---|---|---|
| Ans. | B | A | B | B | C | B | B | B | A | A | B | B | B | A | A | C | A | A | B | D |

# Chapter 19 शेयर बाज़ार की शब्दावली

**"बुल, बियर, लाभांश और पोर्टफोलियो जैसे शब्दों को समझना बाज़ार की भाषा सीखने जैसा है। शब्दावली का सही ज्ञान आपको जटिल वित्तीय खबरों को समझने और बेहतर निर्णय लेने में सक्षम बनाता है।"**

शेयर बाज़ार की अपनी एक अनूठी भाषा है। यदि आप इस बाज़ार में एक सफल निवेशक बनना चाहते हैं, तो आपको इसकी शब्दावली को केवल रटना नहीं, बल्कि उसे आत्मसात करना होगा। ये शब्द केवल तकनीकी शब्द नहीं हैं, बल्कि बाज़ार के संकेतों, भावनाओं और अवसरों को समझने की कुंजी हैं। यह अध्याय आपको निवेश की इस विशिष्ट भाषा में माहिर बनाने के लिए डिज़ाइन किया गया है।

इस चैप्टर में हम बाज़ार की बुनियादी धारणाओं—जैसे बुल और बेयर मार्केट—से लेकर लेनदेन की बारीकियों, जैसे बिड/आस्क स्प्रेड और सर्किट ब्रेकर तक को कवर करेंगे। हम IPO, FPO और QIP जैसे पूंजी जुटाने के माध्यमों और डिविडेंड यील्ड व फेस वैल्यू जैसे महत्वपूर्ण पैमानों का सरल भाषा में विश्लेषण करेंगे। यह अध्याय आपको बाज़ार की जटिल चर्चाओं को समझने और उनमें आत्मविश्वास के साथ भाग लेने के योग्य बनाएगा। जब आप शब्दावली को गहराई से समझते हैं, तो आप जानकारी के शोर (Noise) और वास्तविक आंकड़ों (Data) के बीच का अंतर पहचान पाते हैं, जिससे गलतियों की गुंजाइश कम हो जाती है और आपके निर्णय अधिक सटीक हो जाते हैं।

## 19.1 बाज़ार का व्यवहार और ट्रेडर के प्रकार

वित्तीय बाज़ार में, निवेशकों और बाज़ार की स्थितियों को उनके व्यवहार और दृष्टिकोण के आधार पर वर्गीकृत किया जाता है। बुल (Bull) वह निवेशक होता है जो बाज़ार में कीमतों में बढ़ोतरी की उम्मीद रखता है, और जब ऐसे निवेशकों की संख्या अधिक होती है, तो कहा जाता है कि बाज़ार तेजी (Bull Market) में है। इसके विपरीत, बेयर (Bear) वह निवेशक है जो कीमतों में गिरावट की उम्मीद करता है, और ऐसे निवेशकों के हावी होने पर बाज़ार मंदी (Bear Market) में चला जाता है। एक विशिष्ट प्रकार का ट्रेडर स्टैग (Stag) कहलाता है, जो आईपीओ (IPO) में आवेदन करके, लिस्टिंग के दिन ही मुनाफे के लिए तुरंत बेच देता है और लंबी अवधि का निवेशक नहीं होता। अंत में, वुल्फ (Wolf) उस बाज़ार वातावरण का वर्णन करता है जो अत्यधिक अस्थिर हो, जहाँ केवल कुछ चुनिंदा स्टॉक ही तेज़ी से बढ़ते हैं जबकि समग्र बाज़ार कमजोर होता है, जो एक जोखिम भरा बाज़ार वातावरण माना जाता है।

## 19.2 पूंजी जुटाने के माध्यम: IPO, FPO और QIP

कोई भी कंपनी विभिन्न तरीकों से पूंजी जुटा सकती है, जिनमें से प्रत्येक का एक विशिष्ट उद्देश्य होता है। आरंभिक सार्वजनिक पेशकश (IPO) तब होती है जब एक निजी कंपनी द्वारा पहली बार जनता को शेयर बेचे जाते हैं और वह सूचीबद्ध होती है। इसके बाद, एक पहले से सूचीबद्ध कंपनी द्वारा अतिरिक्त शेयर जनता को जारी करना अनुवर्ती सार्वजनिक पेशकश (FPO) कहलाता है। योग्य संस्थागत प्लेसमेंट (QIP) एक सूचीबद्ध कंपनी द्वारा योग्य संस्थागत खरीदारों (QIB) को तेज़ी से शेयर बेचने का एक तरीका है। बिक्री के लिए प्रस्ताव (OFS) में, मौजूदा बड़े शेयरधारक (प्रमोटर) स्टॉक एक्सचेंज के माध्यम से अपने शेयर बेचते हैं, जिसमें

धनराशि विक्रेता को जाती है, कंपनी को नहीं। IPO/FPO में बैंक खाते में राशि को ब्लॉक करना और आवंटन होने पर ही डेबिट करना अवरुद्ध राशि द्वारा समर्थित आवेदन (ASBA) कहलाता है।

**ऑफ़र दस्तावेज़**

पूंजी जुटाने की प्रक्रिया में विभिन्न दस्तावेज़ों का उपयोग किया जाता है। प्रारंभिक ड्राफ्ट (DRHP) सेबी की टिप्पणियाँ और अनुमोदन प्राप्त करने के लिए दायर किया जाता है, जिसमें अंतिम मूल्य/शेयर संख्या शामिल नहीं होती। लगभग अंतिम (RHP) दस्तावेज़ IPO के दौरान निवेशकों को सूचित करने के लिए उपयोग किया जाता है, जिसमें मूल्य बैंड और कुल निर्गम आकार शामिल होता है। सामान्य/अंतिम प्रॉस्पेक्टस RHP का अंतिम संस्करण है जिसमें निर्धारित अंतिम मूल्य और आवंटन विवरण होता है।

## 19.3 स्टॉक मूल्यांकन के प्रमुख मैट्रिक्स

स्टॉक मूल्यांकन मैट्रिक्स (Stock Valuation Metrics) वित्तीय विश्लेषण के महत्वपूर्ण उपकरण हैं जिनका उपयोग किसी कंपनी के शेयर के वास्तविक मूल्य और आकर्षकता को मापने के लिए किया जाता है। ये अनुपात निवेशकों को कंपनी की लाभप्रदता, लाभांश भुगतान क्षमता और बाजार में उसके शेयर के मूल्यांकन के बारे में महत्वपूर्ण जानकारी प्रदान करते हैं। प्रमुख आय और लाभांश अनुपात, साथ ही मूल्य-आधारित अनुपात, नीचे दिए गए हैं।

### आय और लाभांश अनुपात (Income and Dividend Ratios)

**EPS (प्रति शेयर आय - Earnings Per Share):** यह किसी कंपनी की लाभप्रदता (Profitability) का मुख्य संकेतक है। इसकी गणना कंपनी के शुद्ध लाभ (Net Profit) को बकाया शेयरों की कुल संख्या से विभाजित करके की जाती है:

$$\text{EPS} = \frac{\text{शुद्ध लाभ(Net Profit)}}{\text{बकाया शेयरों की कुल संख्या}}$$

एक उच्च EPS आमतौर पर एक बेहतर प्रदर्शन करने वाली और अधिक लाभदायक कंपनी का संकेत देता है।

**DPS (प्रति शेयर लाभांश - Dividend Per Share):** यह मीट्रिक दर्शाता है कि प्रत्येक शेयरधारक को वितरित लाभ का कितना हिस्सा प्राप्त हुआ है। इसकी गणना इस प्रकार की जाती है:

$$\text{DPS} = \frac{\text{कुल भुगतान किया गया लाभांश}}{\text{बकाया शेयरों की कुल संख्या}}$$

यह उन निवेशकों के लिए विशेष रूप से प्रासंगिक है जो नियमित आय (Regular Income) की तलाश में हैं।

### मूल्य-आधारित मूल्यांकन अनुपात (Price-Based Valuation Ratios)

**P/E (मूल्य-से-आय अनुपात - Price-to-Earnings Ratio):** यह अनुपात शेयर का बाजार मूल्य उसकी आय (Earnings) के सापेक्ष कितना है, यह बताता है। इसकी गणना इस प्रकार होती है:

$$\text{PE ratio} = \frac{\text{शेयर मूल्य}}{\text{EPS}}$$

एक उच्च P/E का अर्थ अक्सर यह होता है कि बाजार भविष्य में उच्च आय वृद्धि (High Earnings Growth) की उम्मीद कर रहा है।

**P/B (मूल्य-से-पुस्तक अनुपात - Price-to-Book Ratio):** यह अनुपात कंपनी की भौतिक संपत्तियों (Physical Assets) के सापेक्ष शेयर का मूल्यांकन करता है। सूत्र है:

$$\text{P/B Ratio} = \frac{\text{शेयर मूल्य}}{\text{Book Value(BV)}}$$

1 से कम का P/B संभावित रूप से एक कम मूल्यांकित (Undervalued) शेयर का संकेत दे सकता है।

**PEG (P/E-से-वृद्धि अनुपात - PEG Ratio):** यह अनुपात P/E को विकास दर (Growth Rate) के सापेक्ष समायोजित करता है। इसका सूत्र है:

$$\text{PEG} = \frac{\text{PE Ratio}}{\text{वार्षिक आय वृद्धि दर (\%)}}$$

1 का PEG अनुपात आमतौर पर उचित मूल्यांकन (Fair Valuation) माना जाता है, जबकि 1 से कम का PEG शेयर के कम मूल्यांकन और 1 से अधिक का PEG शेयर के अधिक मूल्यांकन का संकेत हो सकता है।

## 19.4 लाभप्रदता और दक्षता अनुपात

**लाभप्रदता और दक्षता अनुपात (Profitability and efficiency ratios)**

कंपनी की उस दक्षता को दर्शाते हैं कि वह अपनी उपलब्ध पूंजी का उपयोग करके कितना लाभ कमाती है। इन अनुपातों के माध्यम से निवेशक यह समझ सकते हैं कि कंपनी अपने संसाधनों का कितनी अच्छी तरह प्रबंधन कर रही है। इन अनुपातों को तीन मुख्य मीट्रिक में वर्गीकृत किया जा सकता है:

**ROE** (इक्विटी पर रिटर्न): यह अनुपात शेयरधारकों द्वारा कंपनी में निवेशित पूंजी पर अर्जित लाभ को मापता है। इसका सूत्र है:

$$\text{ROE} = \frac{\text{शुद्ध लाभ(Net Proftit)}}{\text{शेयरधारकों की इक्विटी}}$$

यह मीट्रिक विशेष रूप से शेयरधारकों के निवेशित धन पर प्रतिफल जानने के लिए महत्वपूर्ण है।

**ROCE** (नियोजित पूंजी पर प्रतिफल): यह अनुपात कंपनी द्वारा नियोजित कुल पूंजी (इक्विटी + ऋण) के कुशल उपयोग का संकेत देता है। इसका उद्देश्य यह मूल्यांकन करना है कि कंपनी अपनी समग्र पूंजी संरचना का उपयोग करके कितनी कुशलता से परिचालन आय (Earnings Before Interest and Taxes-EBIT) उत्पन्न कर रही है। इसका सूत्र है:

$$\text{ROCE} = \frac{\text{EBIT}}{\text{नियोजित पूंजी (Equity + Debt.)}}$$

**ROA** (परिसंपत्तियों पर प्रतिफल): यह मीट्रिक कंपनी के कुल आर्थिक संसाधनों (परिसंपत्तियों) के उपयोग की दक्षता को मापता है। यह दर्शाता है कि प्रबंधन उपलब्ध परिसंपत्तियों का उपयोग करके शुद्ध लाभ उत्पन्न करने में कितना प्रभावी है। इसका सूत्र है:

$$\text{ROA} = \frac{\text{शुद्ध लाभ(Net Proftit)}}{\text{कुल परिसंपत्तियाँ}}$$

## 19.5 लाभांश और कॉर्पोरेट कार्यों का विश्लेषण

लाभांश अनुपात किसी कंपनी के वित्तीय स्वास्थ्य और शेयरधारक रिटर्न को मापने के लिए महत्वपूर्ण मीट्रिक हैं। **डिविडेंड यील्ड** (Dividend Yield) शेयर की कीमत के मुकाबले

डिविडेंड से होने वाले रिटर्न (आय) को मापती है। इसकी गणना प्रति शेयर वार्षिक डिविडेंड को प्रति शेयर बाजार मूल्य से विभाजित करके और 100 से गुणा करके की जाती है,

$$\text{डिविडेंड यील्ड (Dividend Yield)\%} = \frac{\text{प्रति शेयर वार्षिक डिविडेंड}}{\text{प्रति शेयर बाजार मूल्य}} \times 100$$

**पेआउट रेशियो** (Payout Ratio) शुद्ध आय का वह हिस्सा है जो शेयरधारकों को लाभांश के रूप में वितरित किया गया है। इसका सूत्र है

$$\text{पेआउट रेशियो (Payout Ratio) \%} = \frac{\text{कुल भुगतान किया गया डिविडेंड}}{\text{कुल शुद्ध आय}} \times 100$$

### शेयर संबंधी कॉर्पोरेट कार्रवाई

कंपनियाँ विभिन्न उद्देश्यों के लिए कॉर्पोरेट कार्रवाई करती हैं। बोनस रेश्यो मौजूदा शेयरों के अनुपात में कंपनी के रिज़र्व से मुफ्त अतिरिक्त शेयर जारी करना है, जिसका उद्देश्य रिज़र्व का पूंजीकरण और शेयर की कीमत कम करना होता है। स्प्लिट रेश्यो (Split Ratio) एक मौजूदा शेयर को एक निश्चित अनुपात में कई शेयरों में विभाजित करना है (जिससे अंकित मूल्य कम होता है), जिसका उद्देश्य शेयर की तरलता बढ़ाना और छोटे निवेशकों के लिए उसे सुलभ बनाना है।

### शब्दावली और बाजार मूल्य की स्थिति

शेयर मूल्यांकन में कुछ शब्दावली महत्वपूर्ण हैं। फेस वैल्यू (Face Value) शेयर का मूल, दर्ज मूल्य है जो सर्टिफिकेट पर लिखा होता है और यह स्थिर रहता है। जब शेयर अपनी फेस वैल्यू से ज़्यादा कीमत पर बिकता है (बाजार मूल्य > फेस वैल्यू) , तो उसे प्रीमियम (Premium) पर बिकना कहा जाता है। यदि शेयर अपनी फेस वैल्यू से कम कीमत पर बिकता है (बाजार मूल्य < फेस वैल्यू) , तो उसे डिस्काउंट पर बिकना कहा जाता है।

## 19.6 ट्रेडिंग मैकेनिज्म और बाज़ार की तरलता

तरलता (Liquidity) और ट्रेडिंग मैकेनिज़्म (Trading Mechanisms) वित्तीय बाज़ार के महत्वपूर्ण पहलू हैं जो यह निर्धारित करते हैं कि परिसंपत्तियों को कितनी आसानी से खरीदा और बेचा जा सकता है। इन तंत्रों को समझने के लिए कुछ प्रमुख शब्दावलियाँ आवश्यक हैं।

### प्रमुख शब्दावलियाँ और अवधारणाएँ

#### फ्री फ्लोट (Free Float)

फ्री फ्लोट उन शेयरों को संदर्भित करता है जो आम जनता और निवेशकों के लिए बाजार में आसानी से ट्रेड करने हेतु उपलब्ध होते हैं, इसमें प्रमोटर या आंतरिक निवेशकों के शेयर शामिल नहीं होते हैं। यह अवधारणा इंडेक्स वेटेज (Index Weightage) की गणना और स्टॉक की तरलता का एक महत्वपूर्ण संकेतक है।

#### इम्पैक्ट कॉस्ट (Impact Cost)

इम्पैक्ट कॉस्ट आपके बड़े ऑर्डर के कारण शेयर की कीमत में होने वाले अस्थाई बदलाव को मापती है। यह शेयर की तरलता मापने का एक तरीका है; कम इम्पैक्ट कॉस्ट उच्च तरलता का संकेत देती है, जिसका अर्थ है कि बड़े ऑर्डर भी कीमत को महत्वपूर्ण रूप से नहीं हिलाते हैं।

#### मार्जिन और लेवरेज

मार्जिन ब्रोकर से उधार ली गई वह राशि है जिससे आप अपने पास मौजूद पूंजी से ज्यादा शेयर खरीद सकते हैं (जिसे MTF - Margin Trading Facility भी कहते हैं)। लेवरेज उस

उधार का गुणक है (जैसे 4x) जो जोखिम का एक मुख्य संकेतक है। मार्जिन और लेवरेज दोनों ही मुनाफे और नुकसान, दोनों को बढ़ाते हैं।

**प्लेज (Pledge)**

प्लेज का अर्थ है अपनी मौजूदा सिक्योरिटीज (शेयरों) को ब्रोकर के पास गिरवी रखकर मार्जिन सुविधा प्राप्त करना। यह तरीका अतिरिक्त ट्रेडिंग पूंजी जुटाने के लिए उपयोग किया जाता है।

**शॉर्ट सेलिंग (Short Selling)**

शॉर्ट सेलिंग उधार लिए गए शेयरों को इस उम्मीद में बेचने की रणनीति है कि भविष्य में उनकी कीमत गिरेगी, और बाद में उन्हें कम कीमत पर वापस खरीद लिया जाएगा। यह मंदी के बाज़ार में लाभ कमाने की एक रणनीति है।

**सिक्योरिटीज लेंडिंग (Securities Lending)**

यह वह तंत्र है जो शॉर्ट सेलिंग को संभव बनाता है। इसमें शेयरों के मालिक (निवेशक) अपने ब्रोकर को अपने शेयर एक शुल्क (fee) के बदले उधार देते हैं, जिसका उपयोग शॉर्ट सेलर्स द्वारा किया जाता है।

## 19.7 बाज़ार सुरक्षा और अस्थिरता नियंत्रण तंत्र

बाज़ार सुरक्षा सुनिश्चित करने के लिए कुछ प्रमुख तंत्र हैं जो अस्थिरता को नियंत्रित करते हैं। सर्किट ब्रेकर एक बाज़ार-व्यापी या स्टॉक-विशिष्ट उपाय है जिसका उद्देश्य अत्यधिक गिरावट या उछाल पर ट्रेडिंग रोकना और घबराहट को रोकना है। हॉल्ट एक स्टॉक-विशिष्ट, अस्थायी निलंबन है जो किसी महत्वपूर्ण समाचार या ऑर्डर असंतुलन के कारण होता है। सस्पेंशन नियामक नियमों के उल्लंघन या गंभीर जांच के कारण लंबी अवधि के लिए ट्रेडिंग को रोकता है।

गवर्नेंस और कंपनी संरचना से संबंधित शब्दावली में इंडेक्स वेटेज शामिल है, जो किसी स्टॉक का इंडेक्स (जैसे निफ्टी) पर सापेक्षिक प्रभाव या भार है। फ्री-फ्लोट मेथड इंडेक्स गणना की एक विधि है जो केवल सार्वजनिक रूप से उपलब्ध शेयरों के मूल्य के आधार पर इंडेक्स वेटेज तय करती है।

कॉर्पोरेट गवर्नेंस के तहत AGM (वार्षिक आम बैठक) का आयोजन कंपनी के वित्तीय प्रदर्शन पर चर्चा करने, डिविडेंड और निदेशकों पर मतदान करने के लिए किया जाता है। EGM (असाधारण आम बैठक) AGM के अलावा, तत्काल/अप्रत्याशित महत्वपूर्ण मामलों पर निर्णय लेने के लिए बुलाई जाती है। पोस्टल बैलट मतदान की एक विधि है जो शेयरधारकों को बैठकों में भाग लिए बिना डाक या ई-वोटिंग द्वारा महत्वपूर्ण प्रस्तावों पर मतदान करने की अनुमति देती है।

* * * * *

**"बाजार की शब्दावली केवल शब्दों का समूह नहीं, बल्कि वह भाषा है जिसमें पैसा बात करता है। जब तक आप 'बुल', 'बियर', 'मार्केट कैप' और 'लिक्विडिटी' जैसे शब्दों के असली अर्थ को नहीं समझते, तब तक आप बाजार में केवल एक पर्यटक हैं, निवेशक नहीं। शब्दों पर पकड़ बनाइए, क्योंकि स्पष्ट शब्दावली ही स्पष्ट निर्णय की जननी है।"**

## 19.8 व्यावहारिक प्रश्नों के उत्तर

**प्रश्न: 1:**'ABC लिमिटेड' नाम की एक कंपनी है। बाजार में इसके कुल 10 लाख शेयर हैं। आज इसके एक शेयर की कीमत ₹550 है। एक आम निवेशक यह जानना चाहता है कि इस कंपनी की

कुल वैल्यू (Market Cap) क्या है और यह किस कैटेगरी (Small, Mid, or Large Cap) में आ सकती है?

**उत्तरः**

सूत्र: Market Cap = कुल शेयर × प्रति शेयर कीमत

MCap = 10,00,000 × 550 = ₹55,00,00,000 (55 करोड़ रुपये)

सीख: चूंकि इसका मार्केट कैप 5,000 करोड़ से कम है, इसलिए यह एक Small-cap कंपनी कहलाएगी। मार्केट कैप हमें बताता है कि कंपनी बाजार में कितनी बड़ी है।

**प्रश्न 2:** आपने 'XYZ कंपनी' के 100 शेयर ₹1500 के भाव पर खरीदे। कंपनी ने घोषणा की कि वह अपनी ₹10 की फेस वैल्यू (Face Value) पर 200% का डिविडेंड देगी। आपको कुल कितना डिविडेंड मिलेगा?

**उत्तरः**

नियम: डिविडेंड हमेशा 'फेस वैल्यू' पर दिया जाता है, मार्केट प्राइस पर नहीं।

प्रति शेयर डिविडेंड: ₹10 का 200% = ₹20

कुल डिविडेंड: 100 शेयर × ₹20 = ₹2,000

सीख: शेयर की कीमत चाहे ₹1500 हो या ₹2000, डिविडेंड का कैलकुलेशन फेस वैल्यू से ही होता है।

**प्रश्न 3:** दो दोस्त दो अलग-अलग कंपनियों में निवेश करना चाहते हैं।

कंपनी A का शेयर ₹500 का है और वह साल में ₹50 प्रति शेयर कमाती है (EPS)।

कंपनी B का शेयर ₹1000 का है और वह साल में ₹100 प्रति शेयर कमाती है (EPS)।

किस कंपनी का P/E Ratio कम है और सस्ता माना जाएगा?

**उत्तरः**

सूत्र: P/E Ratio = शेयर की कीमत/प्रति शेयर कमाई (EPS)

कंपनी A: P/E Ratio = 500 / 50 = 10

कंपनी B: P/E Ratio = 1000 / 100 = 10

सीख: कीमत अलग होने के बावजूद, दोनों कंपनियां निवेश के नजरिए से समान रूप से 'सस्ती' या 'महंगी' हैं क्योंकि दोनों का P/E 10 है। सिर्फ शेयर की कीमत देखकर सस्ता-महंगा तय नहीं होता।

**प्रश्न 4:** आपके पास 'Reliable Corp' के 50 शेयर हैं जिनकी कीमत ₹4,000 प्रति शेयर है। कंपनी ने 1:5 के स्टॉक स्प्लिट की घोषणा की। स्प्लिट के बाद आपके पास कितने शेयर होंगे और एक शेयर की नई कीमत क्या होगी?

**उत्तरः**

शेयरों की संख्या: 1 शेयर के बदले 5 शेयर मिलेंगे। अतः 50 × 5 = 250 शेयर।

शेयर की कीमत: कुल वैल्यू वही रहती है, इसलिए कीमत 5 गुना कम हो जाएगी। ₹4,000 / 5 = ₹800

सीख: स्टॉक स्प्लिट से आपकी कुल संपत्ति नहीं बदलती (2 लाख पहले भी थे, 2 लाख अब भी हैं), बस शेयरों की संख्या बढ़ जाती है ताकि छोटे निवेशक भी उसे खरीद सकें।

**प्रश्न 5:** आप एक 'Penny Stock' (बहुत छोटी कंपनी) खरीदना चाहते हैं। स्क्रीन पर 'Bid Price' (खरीदार की कीमत) ₹10.00 दिख रही है और 'Ask Price' (विक्रेता की कीमत) ₹10.50 दिख रही है। यदि आप तुरंत 1,000 शेयर खरीदते हैं और अगले ही पल उन्हें बेचना चाहते हैं, तो आपको कितना नुकसान होगा?

**उत्तर:**

खरीदने की कीमत (Ask): 1,000 ×10.50 = ₹10,500

बेचने की कीमत (Bid): 1,000 ×10.00 = ₹10,000

नुकसान (Spread): ₹10,500 - ₹10,000 = ₹500

इसे Bid-Ask Spread का जोखिम कहा जाता है, जो पेनी स्टॉक्स में बहुत अधिक होता है।

सीख: इसे 'लिक्विडिटी रिस्क' कहते हैं। जिन शेयरों में खरीदार और विक्रेता के बीच बड़ा अंतर (Spread) होता है, वहां छोटे निवेशकों को तुरंत व्यापार करने में नुकसान हो सकता है।

**प्रश्न 6:** विजय ने एक कंपनी के 100 शेयर ₹600 की औसत कीमत पर खरीदे (कुल निवेश ₹60,000)। कंपनी 1:1 के अनुपात में 'बोनस शेयर' घोषित करती है। बोनस मिलने के बाद विजय के पास कितने शेयर होंगे और उसकी प्रति शेयर 'औसत खरीद लागत' (Average Cost) क्या हो जाएगी?

**उत्तर:**

शेयरों की संख्या: 100 (पुराने) + 100 (बोनस) = 200 शेयर

कुल निवेश: ₹60,000 (बोनस मुफ्त मिलता है, इसलिए निवेश वही रहता है)

नई औसत लागत: ₹60,000 / 200 = ₹300 प्रति शेयर

सीख: बोनस इश्यू से पोर्टफोलियो की कुल वैल्यू तुरंत नहीं बदलती, लेकिन शेयरों की संख्या बढ़ जाती है और प्रति शेयर लागत कम हो जाती है।

**प्रश्न 7:** सीमा के पास एक कंपनी के 50 शेयर हैं जिसकी फेस वैल्यू ₹10 है और वर्तमान मार्केट प्राइस ₹2,000 है। कंपनी अपने शेयर को 1:5 के अनुपात में 'स्प्लिट' (Split) कर देती है। स्प्लिट के बाद सीमा के पास कितने शेयर होंगे और नई फेस वैल्यू क्या होगी?

**उत्तर:**

स्टॉक स्प्लिट का अनुपात 1:5 है, जिसका अर्थ है कि निवेशक के पास मौजूद प्रत्येक 1 शेयर अब 5 शेयरों में बदल जाएगा।

शेयरों की संख्या: 50 × 5 = 250 शेयर

स्टॉक स्प्लिट के दौरान, कंपनी की कुल शेयर पूंजी को समान रखने के लिए फेस वैल्यू (Face Value) को उसी अनुपात में विभाजित किया जाता है जिस अनुपात में शेयर बढ़ते हैं।

नई फेस वैल्यू: ₹10 / 5 = ₹2

अनुमानित मार्केट प्राइस: ₹2,000 / 5 = ₹400

सीख: स्टॉक स्प्लिट का मुख्य उद्देश्य शेयर की कीमत कम करके उसे छोटे निवेशकों के लिए 'अफोर्डेबल' बनाना और बाज़ार में लिक्विडिटी बढ़ाना है।

**प्रश्न 8:** एक कंपनी के कुल 10 लाख शेयर हैं और एक शेयर की कीमत ₹500 है। कंपनी के प्रमोटर्स (मालिकों) के पास 60% शेयर हैं जो बाज़ार में ट्रेडिंग के लिए उपलब्ध नहीं हैं। कंपनी का 'फुल मार्केट कैप' और 'फ्री-फ्लोट मार्केट कैप' क्या है?

**उत्तर:**

फुल मार्केट कैप की गणना कंपनी के सभी जारी किए गए शेयरों के कुल मूल्य के आधार पर की जाती है। फुल मार्केट कैप: 10,00,000 × ₹500 = ₹50 करोड़

फ्री-फ्लोट वे शेयर होते हैं जो बाजार में ट्रेडिंग के लिए उपलब्ध होते हैं। चूंकि प्रमोटर्स के पास 60% शेयर हैं, इसलिए फ्री-फ्लोट शेयर होंगे:Free-float % = 100% – 60% = 40%

फ्री-फ्लोट शेयर (जनता के पास): 10,00,000 का 40% = 4,00,000 शेयर

फ्री-फ्लोट मार्केट कैप की गणना केवल उन शेयरों के आधार पर की जाती है जो सार्वजनिक रूप से ट्रेड किए जा सकते हैं।

फ्री-फ्लोट मार्केट कैप: 4,00,000 × ₹500 = ₹20 करोड़

कंपनी का फुल मार्केट कैप ₹50 करोड़ है और फ्री-फ्लोट मार्केट कैप ₹20 करोड़ है।

सीख: स्टॉक एक्सचेंज के इंडेक्स (जैसे निफ्टी या सेंसेक्स) की गणना आमतौर पर 'फ्री-फ्लोट मार्केट कैप' के आधार पर की जाती है, न कि कुल मार्केट कैप पर।

**प्रश्न 9:** एक 'बुल मार्केट' (तेजी) के दौरान अमित का पोर्टफोलियो ₹1,00,000 से बढ़कर ₹1,25,000 हो जाता है। अगले ही साल 'बेयर मार्केट' (मंदी) आती है और उसका पोर्टफोलियो 20% गिर जाता है। क्या अमित अभी भी मुनाफे में है?

**उत्तर:**

बुल मार्केट के बाद वैल्यू: ₹1,25,000

बेयर मार्केट की गिरावट (20%): ₹1,25,000 का 20% = ₹25,000

अंतिम वैल्यू: ₹1,25,000 - ₹25,000 = ₹1,00,000

सीख: बाज़ार के चक्र (Cycles) को समझना ज़रूरी है। तेजी में बढ़ा हुआ मुनाफा मंदी में बहुत जल्दी खत्म हो सकता है यदि पोर्टफोलियो का सही प्रबंधन न किया जाए।

## 19.9 प्रश्नोत्तर परीक्षा (Quiz)

Q1. बुल मार्केट (Bull Market) क्या कहलाता है?

(A) जब बाजार लगातार गिर रहा हो

(B) जब बाजार स्थिर हो

(C) जब बाजार लगातार बढ़ रहा हो (20%+ वृद्धि)

(D) जब केवल एक स्टॉक बढ़े

Q2. बेयर मार्केट (Bear Market) क्या कहलाता है?

(A) जब बाजार लगातार बढ़ रहा हो
(B) जब बाजार में 20% या उससे ज्यादा गिरावट हो

(C) जब बाजार स्थिर हो
(D) जब केवल डिविडेंड मिले

Q3. IPO का पूरा नाम क्या है?

(A) Indian Public Offer
(B) Initial Public Offer

(C) Investment Public Offer (D) International Public Offer

Q4. FPO का मतलब क्या है?

(A) First Public Offer (B) Follow-on Public Offer

(C) Final Public Offer (D) Foreign Public Offer

Q5. QIP का पूरा नाम क्या है?

(A) Quick Investment Plan (B) Qualified Institutional Placement

(C) Quality Investment Plan (D) Quarterly Investment Plan

Q6. बिड (Bid) का मतलब क्या है?

(A) बेचने की सबसे ऊँची कीमत

(B) बाजार मूल्य

(C) खरीदने की सबसे ऊँची कीमत जिस पर कोई खरीदना चाहता है

(D) फेस वैल्यू

Q7. आस्क (Ask/Offer) का मतलब क्या है?

(A) खरीदने की सबसे कम कीमत

(B) बेचने की सबसे कम कीमत जिस पर कोई बेचना चाहता है

(C) औसत कीमत

(D) पिछले दिन की कीमत

Q8. बिड-आस्क स्प्रेड जितना कम होगा –

(A) तरलता कम (B) तरलता ज्यादा (खरीद-बिक्री आसान)

(C) जोखिम ज्यादा (D) कोई फर्क नहीं

Q9. सर्किट ब्रेकर (Circuit Limit) का उद्देश्य क्या है?

(A) बाजार को तेजी से बढ़ाना (B) अत्यधिक उतार-चढ़ाव रोकना

(C) केवल खरीदना (D) केवल बेचना

Q10. डिविडेंड यील्ड कैसे निकलती है?

(A) शेयर कीमत ÷ सालाना डिविडेंड

(B) (सालाना डिविडेंड ÷ शेयर कीमत) × 100

(C) मार्केट कैप ÷ डिविडेंड

(D) फेस वैल्यू ÷ डिविडेंड

Q11. P/E रेशियो (Price to Earnings) क्या बताता है?

(A) कंपनी कितनी सस्ती या महंगी है (B) कंपनी का कुल मुनाफा

(C) केवल डिविडेंड (D) केवल मार्केट कैप

Q12. मार्केट ऑर्डर क्या है?

(A) किसी भी कीमत पर खरीदना/बेचना (B) निश्चित कीमत पर

(C) स्टॉप लॉस (D) केवल लिमिट

Q13. लिमिट ऑर्डर क्या है?

(A) किसी भी कीमत पर (B) निश्चित या बेहतर कीमत पर ही खरीदना/बेचना

(C) केवल मार्केट क्लोज पर (D) केवल IPO में

Q14. स्टॉप लॉस ऑर्डर का काम क्या है?

(A) नुकसान सीमित करना (B) हमेशा लाभ लेना

(C) ज्यादा कीमत पर खरीदना (D) ट्रेडिंग रोकना

Q15. लॉन्ग पोजीशन का मतलब क्या है?

(A) शेयर बेचना (B) शेयर खरीदकर रखना (बढ़ने की उम्मीद)

(C) शॉर्ट सेल (D) केवल डिविडेंड लेना

Q16. शॉर्ट सेलिंग क्या है?

(A) शेयर खरीदना (B) उधार शेयर बेचकर बाद में सस्ते में खरीदना

(C) केवल लॉन्ग (D) केवल F&O

Q17. इंट्राडे ट्रेडिंग में पोजीशन कब बंद करनी पड़ती है?

(A) महीने के अंत में (B) उसी दिन मार्केट बंद होने से पहले

(C) अगले दिन (D) कभी नहीं

Q18. डिलीवरी ट्रेडिंग में शेयर कब तक रख सकते हैं?

(A) उसी दिन (B) जितने दिन चाहो (लॉन्ग टर्म भी)

(C) केवल 1 महीना (D) केवल 1 साल

Q19. किताब में इन टर्म्स (terms) को क्या कहा गया है?

(A) सिर्फ अंग्रेजी शब्द (B) निवेश की भाषा – इन्हें समझना जरूरी है

(C) अनावश्यक (D) केवल ट्रेडर के लिए

Q20. नया निवेशक इन शब्दों को कैसे सीखे?

(A) एक दिन में (B) केवल न्यूज से

(C) कभी नहीं सीखना (D) धीरे-धीरे प्रैक्टिस और पढ़ाई से

**Answer Key**

| Q | 1 | 2 | 3 | 4 | 5 | 6 | 7 | 8 | 9 | 10 | 11 | 12 | 13 | 14 | 15 | 16 | 17 | 18 | 19 | 20 |
|---|---|---|---|---|---|---|---|---|---|---|---|---|---|---|---|---|---|---|---|---|
| Ans. | C | B | B | B | B | C | B | B | B | B | A | A | B | A | B | B | B | B | B | D |

# *Chapter 20* मार्केट सेंटीमेंट को समझना

**"बाज़ार की धारणा निवेशकों के सामूहिक मनोविज्ञान को दर्शाती है। डर और लालच के संकेतों को पहचानकर, आप बाज़ार के उतार-चढ़ाव का सही अनुमान लगा सकते हैं और लाभ के अवसर खोज सकते हैं।"**

शेयर बाज़ार केवल आंकड़ों और बैलेंस शीट से नहीं चलता, बल्कि यह निवेशकों की सामूहिक भावनाओं—डर और लालच—से संचालित होता है। कभी-कभी बाज़ार की 'धारणा' (Sentiment) बुनियादी तथ्यों (Fundamentals) से कहीं अधिक शक्तिशाली हो जाती है। यह अध्याय आपको बाज़ार के उस 'मूड' को मापने का विज्ञान सिखाएगा, जो अक्सर बड़े बदलावों का पूर्वाभास देता है। एक बुद्धिमान निवेशक वही है जो भीड़ के पीछे भागने के बजाय बाज़ार के मनोविज्ञान को पढ़ना जानता है।

इस चैप्टर में हम CNN फियर एंड ग्रीड इंडेक्स, इंडिया VIX (जो बाज़ार की घबराहट को मापता है), और पुट-कॉल रेशियो (PCR) जैसे महत्वपूर्ण टूल्स का गहराई से विश्लेषण करेंगे। साथ ही, हम एडवांस-डिक्लाइन लाइन के माध्यम से बाज़ार की आंतरिक मजबूती को समझेंगे। यह अध्याय आपको यह पहचानने की शक्ति देगा कि बाज़ार कब अत्यधिक उत्साहित (Over-optimistic) है और कब अत्यधिक डरा हुआ है। इन संकेतों को समझकर आप न केवल गलत समय पर निवेश से बच पाएंगे, बल्कि बाज़ार की अस्थिरता के बीच निवेश के बेहतरीन अवसर भी खोज पाएंगे।

## 20.1 शेयर बाजार का मनोविज्ञान

स्टॉक मार्केट को अक्सर नंबरों, बैलेंस शीट और चार्ट का खेल माना जाता है, लेकिन इसके अंदर एक लगातार साइकोलॉजिकल लड़ाई चलती रहती है। यह लड़ाई लॉजिक और इमोशन के बीच होती है। एक तरफ, लॉजिक कहता है कि इन्वेस्टमेंट कंपनी के प्रॉफिट और भविष्य की संभावनाओं के आधार पर होना चाहिए, जबकि दूसरी तरफ, इंसानी इमोशन रातों-रात अमीर बनने या सब कुछ खोने के डर से चलते हैं। जब भी मार्केट में कोई बड़ा मूवमेंट होता है, तो यह सिर्फ इकोनॉमिक डेटा की वजह से नहीं होता, बल्कि लाखों इन्वेस्टर उस डेटा को कैसे देखते हैं, इस पर निर्भर करता है। यही वजह है कि मार्केट कभी अच्छी खबरों के बावजूद गिरता है और कभी बुरी खबरों के बीच भी संभल जाता है।

### मार्केट सेंटीमेंट

मार्केट सेंटिमेंट, जिसे" मार्केट सेंटिमेंट "भी कहते हैं, इन्वेस्टर्स की कलेक्टिव साइकोलॉजी को दिखाता है जो मार्केट की दिशा तय करता है। सीधे शब्दों में कहें तो, यह किसी खास समय पर मार्केट में चल रहा" मूड "है। अगर ज़्यादातर इन्वेस्टर्स को लगता है कि भविष्य में कीमतें बढ़ेंगी, तो मार्केट सेंटिमेंट" बुलिश "होता है। इसके उलट, अगर निराशा है और लोग बेच रहे हैं, तो सेंटिमेंट" बेयरिश "होता है। सेंटिमेंट हमेशा डेटा से मैच नहीं करता; यह अक्सर भविष्य के बारे में उम्मीदों, अफवाहों और डर से बढ़ता है। एक सफल इन्वेस्टर वह होता है जो सिर्फ चार्ट नहीं देखता, बल्कि मार्केट की इस अनदेखी" पल्स "को पहचानता है।

### बाजार की चाल में 'डर' और 'लालच' की भूमिका

स्टॉक मार्केट को चलाने वाले दो सबसे बड़े ड्राइवर डर और लालच हैं।

**लालच :**जब मार्केट ऊपर जाता है, तो इन्वेस्टर्स को FOMO (फीयर ऑफ़ मिसिंग आउट (महसूस होता है। वे ज़्यादा प्रॉफ़िट के लिए बिना सोचे-समझे ऊँची कीमतों पर शेयर खरीदना शुरू कर देते हैं। यह लालच बबल्स बनाता है, जहाँ स्टॉक की कीमतें उनकी असली कीमत से कहीं ज़्यादा हो जाती हैं।

**डर :**जब मार्केट गिरने लगता है, तो डर हावी हो जाता है। इन्वेस्टर्स घबराकर अपने अच्छे स्टॉक्स भी कम कीमतों पर बेच देते हैं, इस डर से कि मार्केट ज़ीरो हो जाएगा।

पूरा मार्केट साइकिल इन दो इमोशंस के बीच झूलता रहता है। समझदार इन्वेस्टर्स जानते हैं कि जब मार्केट में बहुत ज़्यादा लालच होता है, तो सावधानी बरतने का समय होता है, और जब बहुत ज़्यादा डर होता है, तो यह खरीदने का मौका हो सकता है।

### निवेश और भावनाओं का खेल

निवेश की दुनिया में एक पुरानी कहावत है— "*कीमत वह है जो आप चुकाते हैं, और वैल्यू वह है जो आपको मिलती है।*" आदर्श रूप में, शेयर की कीमत उसकी आंतरिक वैल्यू (Intrinsic Value) के आसपास होनी चाहिए। लेकिन मार्केट सेंटीमेंट इस संतुलन को बिगाड़ देता है।

जब सेंटीमेंट बहुत सकारात्मक होता है, तो लोग किसी औसत कंपनी के लिए भी बहुत अधिक कीमत चुकाने को तैयार हो जाते हैं, जो कि उसकी असली वैल्यू से कहीं ज्यादा होती है। वहीं, जब सेंटीमेंट नकारात्मक होता है, तो शानदार कंपनियां भी अपनी असली वैल्यू से बहुत कम कीमत पर उपलब्ध होती हैं। भावनाओं का यह असर ही बाजार में 'ओवरवैल्यूड' (महंगे (और 'अंडरवैल्यूड' (सस्ते (शेयरों की स्थिति पैदा करता है। एक निवेशक के रूप में आपकी सफलता इस बात पर निर्भर करती है कि क्या आप भावनाओं के शोर को हटाकर शेयर की असली वैल्यू को देख पा रहे हैं या नहीं।

## 20.2 मार्केट सेंटीमेंट के तीन आधार

मार्केट का सेंटिमेंट मुख्य रूप से तीन दिशाओं में काम करता है। इन पिलर्स को समझना बहुत ज़रूरी है क्योंकि मार्केट की हर चाल—चाहे वह निफ्टी हो या कोई छोटा स्टॉक—इन तीन मूड के आस-पास घूमती है।

**बुलिश सेंटिमेंट :जब उम्मीदें बहुत ज़्यादा होती हैं**

बुलिश सेंटिमेंट वह स्थिति होती है जब मार्केट उम्मीद से भरा होता है। इस फेज़ में, इन्वेस्टर्स को लगता है कि इकॉनमी मज़बूत है, कंपनियाँ बेहतरीन रिज़ल्ट देंगी, और भविष्य अच्छा है। जब सेंटिमेंट बुलिश होता है, तो इन्वेस्टर्स हर छोटी गिरावट को खरीदने के मौके के तौर पर देखते हैं। इस दौरान, पॉज़िटिव खबरों का गहरा असर होता है, जबकि नेगेटिव खबरों को अक्सर नज़रअंदाज़ कर दिया जाता है। स्टॉक की कीमतें लगातार नई ऊंचाई पर पहुँचती हैं। यह वह समय होता है जब मार्केट में लिक्विडिटी बढ़ती है, और हर कोई मौजूदा स्थिति का फ़ायदा उठाना चाहता है। हालाँकि, बहुत ज़्यादा बुलिश सेंटिमेंट कभी-कभी खुशी में बदल जाता है, जो यह संकेत दे सकता है कि मार्केट अपने पीक के करीब है।

**बेयरिश सेंटिमेंट :जब निराशा हावी हो जाती है**

बेयरिश सेंटिमेंट इसका उल्टा होता है, जहाँ मार्केट पर निराशा और डर हावी हो जाता है। इस स्थिति में, इन्वेस्टर्स का भरोसा डगमगा जाता है। उनका मानना है कि जल्द ही आर्थिक मंदी आएगी या कॉर्पोरेट प्रॉफ़िट कम हो जाएगा। मंदी वाले मार्केट में, सेलिंग प्रेशर इतना ज़्यादा होता है कि सबसे अच्छी खबर भी कीमतों को ऊपर नहीं ले जा पाती। इन्वेस्टर सुरक्षित इन्वेस्टमेंट) जैसे सोना या फ़िक्स्ड डिपॉज़िट (की तरफ़ झुक जाते हैं। कीमतें लगातार निचले लेवल पर पहुँचती हैं।

मंदी के सेंटिमेंट की खास बात यह है कि यह अक्सर तेज़ी के सेंटिमेंट से ज़्यादा तेज़ी से फैलता है, क्योंकि डर हमेशा लालच से ज़्यादा ताकतवर होता है।

**साइडवेज़/न्यूट्रल सेंटिमेंट :मार्केट की अनिश्चितता**

मार्केट सेंटिमेंट हमेशा सिर्फ़ ऊपर या नीचे नहीं होता; कभी-कभी मार्केट" वेट एंड वॉच " मोड में चला जाता है। इसे साइडवेज़ या न्यूट्रल सेंटिमेंट कहते हैं। इस दौरान, इन्वेस्टर किसी बड़ी घटना, जैसे चुनाव के नतीजे, RBI पॉलिसी, या ग्लोबल संकट के साफ़ होने का इंतज़ार करते हैं। न तो खरीदार) बुल्स (और न ही बेचने वाले) बेयर (पूरी तरह से हावी होते हैं। मार्केट एक छोटी रेंज में फंसा रहता है। न्यूट्रल सेंटिमेंट एक तरह का" साइकोलॉजिकल पॉज़ "है, जहाँ मार्केट अपने अगले बड़े कदम के लिए एनर्जी इकट्ठा कर रहा होता है। यह एक ट्रेडर के लिए बहुत मुश्किल समय हो सकता है, क्योंकि दिशा साफ़ न होने पर गलत फ़ैसले लेने की संभावना बढ़ जाती है।

## 20.3 बाजार के महत्वपूर्ण सेंटिमेंट टूल्स

केवल यह जान लेना पर्याप्त नहीं है कि बाजार का मूड क्या है; एक प्रोफेशनल ट्रेडर और निवेशक के लिए इसे डेटा के माध्यम से मापना अनिवार्य है। भारतीय शेयर बाजार में कुछ ऐसे महत्वपूर्ण टूल्स हैं, जो हमें स्पष्ट रूप से बताते हैं कि बाजार की 'नब्ज' क्या कह रही है।

**India VIX**

'इंडिया विक्स' (Volatility Index) को बाजार का 'फियर गेज' यानी डर को मापने वाला यंत्र कहा जाता है। यह निफ्टी ऑप्शंस की कीमतों के आधार पर अगले 30 दिनों में बाजार में होने वाली अपेक्षित उतार-चढ़ाव) Volatility) को दर्शाता है। सरल शब्दों में, जब India VIX बढ़ता है, तो इसका मतलब है कि निवेशकों में डर और अनिश्चितता बढ़ रही है, और बाजार में बड़ी गिरावट आ सकती है। इसके विपरीत, जब VIX घटता है, तो यह बाजार में शांति और स्थिरता का संकेत होता है। आमतौर पर, 15 से नीचे का VIX संतोषजनक माना जाता है, जबकि 20 से ऊपर जाने पर यह बाजार में संभावित उथल-पुथल की चेतावनी देता है।

**Put-Call Ratio (PCR)**

पुट-कॉल रेशियो एक बेहद शक्तिशाली 'सेंटीमेंट इंडिकेटर' है। 'पुट' (Put) विकल्प तब खरीदे जाते हैं जब लोग मंदी की उम्मीद करते हैं, और 'कॉल' (Call) तब खरीदे जाते हैं जब तेजी की उम्मीद हो। जब PCR 1 से अधिक होता है, तो इसका मतलब है कि बाजार में पुट की खरीदारी ज्यादा हो रही है, जो अत्यधिक मंदी का संकेत हो सकता है। हालांकि, अनुभवी ट्रेडर्स इसे एक 'कॉन्ट्रेरियन इंडिकेटर' की तरह भी इस्तेमाल करते हैं; यदि PCR 1.5 या 1.6 के करीब पहुंच जाए, तो इसका मतलब है कि बाजार 'ओवरसोल्ड' (Oversold) है और यहाँ से रिकवरी आ सकती है। वहीं, 0.6 या 0.7 से नीचे का PCR 'ओवरबॉट' (Overbought) स्थिति का संकेत देता है।

**Advance-Decline Ratio**

यह इंडिकेटर बाजार की 'चौड़ाई' (Market Breadth) को मापता है। यह बताता है कि नेशनल स्टॉक एक्सचेंज) NSE) पर कितने शेयर बढ़कर) Advance) बंद हुए और कितने गिरकर )Decline)। यदि इंडेक्स) जैसे निफ्टी (ऊपर जा रहा है, लेकिन गिरने वाले शेयरों की संख्या बढ़ने वालों से ज्यादा है, तो समझ लीजिए कि बाजार की इस रैली में दम नहीं है और यह केवल कुछ बड़े हैवीवेट शेयरों) जैसे रिलायंस या एचडीएफसी बैंक (के कारण ऊपर है। एक स्वस्थ और मजबूत तेजी वही है जहाँ 'एडवांस-डिक्लाइन रेशियो' सकारात्मक हो, यानी बाजार के अधिकांश छोटे-बड़े शेयर तेजी में भाग ले रहे हों।

**FII & DII डेटा**

भारतीय बाजार मुख्य रूप से 'स्मार्ट मनी' यानी विदेशी संस्थागत निवेशकों) FIIs) और घरेलू संस्थागत निवेशकों) DIIs जैसे म्यूचुअल फंड्स (के पैसे से संचालित होता है। प्रतिदिन NSE/BSE द्वारा जारी किया जाने वाला यह डेटा हमें बताता है कि बड़े प्लेयर्स बाजार को लेकर क्या सोच रहे हैं। यदि FIIs लगातार बिकवाली कर रहे हैं, तो यह बाजार के सेंटीमेंट को कमजोर करता है, भले ही रिटेल निवेशक खरीदारी कर रहे हों। इन बड़े हाथियों की चाल को ट्रैक करना इसलिए जरूरी है क्योंकि इनके पास रिसर्च की बड़ी टीमें और भारी पूंजी होती है, जो बाजार का रुख मोड़ने की ताकत रखती है।

## 20.4 निवेशक की मनोवैज्ञानिक चुनौतियाँ

बाजार में पैसा केवल गणित से नहीं, बल्कि अनुशासन और आत्म-नियंत्रण से बनता है। 'बिहेवियरल फाइनेंस' हमें यह सिखाता है कि निवेशक हमेशा तर्कसंगत) Rational) निर्णय नहीं लेते, बल्कि अक्सर अपनी भावनाओं और मनोवैज्ञानिक त्रुटियों के शिकार हो जाते हैं।

**भीड़ का हिस्सा बनना (Herd Mentality)**

इंसानी स्वभाव है कि वह समूह में सुरक्षित महसूस करता है। शेयर बाजार में इसे 'हर्ड मेंटालिटी' या भेड़-चाल कहा जाता है। जब कोई खास सेक्टर या स्टॉक चर्चा में आता है और हर कोई उसे खरीद रहा होता है, तो रिटेल निवेशक बिना किसी रिसर्च के उस भीड़ का हिस्सा बन जाते हैं। वे यह नहीं सोचते कि क्या वह स्टॉक अपनी सही कीमत पर है या नहीं। इतिहास गवाह है कि जब भीड़ किसी एक दिशा में भागती है, तो अक्सर वह गिरावट के मुहाने पर खड़ी होती है। एक सफल निवेशक बनने के लिए भीड़ से अलग हटकर सोचना और स्वतंत्र विश्लेषण करना अनिवार्य है। जैसा कि कहा जाता है— "यदि आप वही कर रहे हैं जो सब कर रहे हैं, तो आपको वही मिलेगा जो सबको मिल रहा है।"

**पुष्टि पूर्वाग्रह)Confirmation Bias)**

'कंफर्मेशन बायस' एक खतरनाक मनोवैज्ञानिक जाल है। जब हम किसी शेयर को खरीद लेते हैं, तो हमारा दिमाग केवल उन्हीं खबरों और विश्लेषणों को ढूंढता है जो हमारे निर्णय को सही ठहराते हैं। हम उन नकारात्मक संकेतों या चेतावनियों को नजरअंदाज कर देते हैं जो हमें उस शेयर से बाहर निकलने की सलाह दे रहे होते हैं। उदाहरण के लिए, यदि आपने किसी डूबती हुई कंपनी का शेयर लिया है, तो आप केवल उन यूट्यूब वीडियो या लेखों पर भरोसा करेंगे जो उसे 'मल्टीबैगर' बता रहे हों। यह पक्षपातपूर्ण सोच हमें हकीकत देखने से रोकती है और अंततः बड़े नुकसान का कारण बनती है। एक बुद्धिमान निवेशक हमेशा अपने निवेश के खिलाफ तर्कों )Opposing views) को भी ध्यान से सुनता है।

**FOMO (छूट जाने का डर(**

'FOMO' (Fear of Missing Out) आधुनिक दौर की एक बड़ी मनोवैज्ञानिक समस्या है। जब हम देखते हैं कि हमारे पड़ोसी या दोस्त किसी स्टॉक से 50% मुनाफा कमा चुके हैं, तो हमें डर लगने लगता है कि हम पीछे छूट रहे हैं। यह डर हमें उस समय खरीदारी करने पर मजबूर करता है जब स्टॉक पहले ही बहुत महंगा हो चुका होता है। 'FOMO' के कारण निवेशक अक्सर बाजार के शिखर) Top) पर प्रवेश करते हैं और फिर जब बाजार गिरता है, तो वे फंस जाते हैं। यह समझना जरूरी है कि बाजार में अवसरों की कभी कमी नहीं होती; एक बस छूट जाने का मतलब यह नहीं कि अगली बस नहीं आएगी। अनुशासन का मतलब है अपनी बारी का इंतजार करना और भावनाओं के दबाव में आकर गलत समय पर एंट्री न लेना।

## 20.5 ब्रेकिंग न्यूज़ और सेंटीमेंट ट्रैप

शेयर बाजार खबरों का भूखा होता है। कोई भी नई सूचना, चाहे वह देश के भीतर की हो या वैश्विक, बाजार के सेंटीमेंट को कुछ ही सेकंडों में बदल सकती है। लेकिन एक सफल निवेशक के रूप में हमें यह समझना होगा कि हर खबर निवेश के लायक नहीं होती।

**ब्रेकिंग न्यूज का प्रभाव :बजट, चुनाव और वैश्विक घटनाओं का तात्कालिक असर**

बजट, आम चुनाव के नतीजे या युद्ध जैसी वैश्विक घटनाएं बाजार में 'वॉलाटिलिटी' (उतार-चढ़ाव (का तूफान लेकर आती हैं। उदाहरण के लिए, Union Budget 2024 के दौरान टैक्स नियमों में बदलाव की खबर मात्र से ही बाजार में भारी बिकवाली या खरीदारी देखी गई। ऐसी 'ब्रेकिंग न्यूज' अक्सर बाजार में एक तात्कालिक प्रतिक्रिया) Knee-jerk reaction) पैदा करती हैं। इन घटनाओं के दौरान सेंटीमेंट भावनाओं से संचालित होता है, तथ्यों से नहीं। एक लंबी अवधि का निवेशक इन घटनाओं को केवल शोर की तरह देखता है, जबकि एक ट्रेडर इनके जरिए छोटे समय में मुनाफा कमाने की कोशिश करता है। यहाँ महत्वपूर्ण यह है कि आप खबर के आने पर नहीं, बल्कि खबर के आने की 'उम्मीद' पर बाजार की चाल को समझें।

**मीडिया का शोर :टीवी चैनल्स और सोशल मीडिया) Telegram/Twitter) से कैसे बचें**

आज के दौर में सूचना की कमी नहीं, बल्कि सूचना की अधिकता एक समस्या है। बिजनेस न्यूज चैनल्स, X (Twitter) के ट्रेंड्स और 'टेलीग्राम' के टिप्स ग्रुप्स चौबीसों घंटे 'सेंसशनल' खबरें फैलाते हैं। मीडिया का काम दर्शकों की संख्या बढ़ाना है, न कि आपका पोर्टफोलियो। अक्सर जब तक कोई खबर सोशल मीडिया के जरिए आप तक पहुँचती है, बड़े खिलाड़ी उस पर पहले ही प्रतिक्रिया दे चुके होते हैं और शेयर की कीमत बदल चुकी होती है। इस शोर से बचने का सबसे अच्छा तरीका है कि आप अपने निवेश के 'फिल्टर्स' सेट करें और केवल विश्वसनीय स्रोतों जैसे NSE India Official Website या आधिकारिक कंपनी घोषणाओं पर ही भरोसा करें।

**सेंटीमेंट ट्रैप: अच्छी खबरों के बीच बाजार का गिरना और बुरी खबरों के बीच संभलना**

बाजार अक्सर वह नहीं करता जो आम लोग सोचते हैं। इसे ही 'सेंटीमेंट ट्रैप' कहते हैं। कई बार किसी कंपनी के शानदार नतीजे आने के बाद भी उसका शेयर गिर जाता है—इसे 'Sell on News' कहा जाता है, क्योंकि बाजार ने उस अच्छी खबर को पहले ही कीमत में शामिल कर लिया था। इसी तरह, कभी-कभी बहुत बुरी खबरों के बीच भी बाजार नहीं गिरता, जिसका मतलब है कि सारा डर पहले ही खत्म हो चुका है और अब केवल रिकवरी बाकी है। यह समझना बहुत जरूरी है कि बाजार भविष्य की घटनाओं को आज ही देख लेता है। यदि आप केवल आज की हेडलाइन पढ़कर ट्रेड ले रहे हैं, तो आप संभवतः उस 'ट्रैप' में फंस रहे हैं जिसे स्मार्ट निवेशक पहले ही भांप चुके हैं।

## 20.6 भीड़ के विपरीत निवेश का साहस

एक 'कॉन्टेरियन' निवेशक वह होता है जो बाजार के प्रचलित रुख के विपरीत दिशा में ट्रेड करता है। यह रणनीति सुनने में सरल लगती है, लेकिन इसके लिए बहुत अधिक धैर्य और साहस की आवश्यकता होती है क्योंकि आपको उस समय खरीदारी करनी होती है जब पूरी दुनिया बेच रही हो।

**"जब सब डरे हुए हों तब लालची बनें और जब सब लालची हों तब डरें "**— वॉरेन बफे के सिद्धांत का क्रियान्वयन

दुनिया के सबसे महान निवेशक वॉरेन बफे का यह मंत्र कॉन्टेरियन इन्वेस्टिंग की नींव है। इसका क्रियान्वयन तब होता है जब बाजार में 'Panic' की स्थिति हो। उदाहरण के तौर पर, 2020 में COVID-19 के दौरान जब निफ्टी बुरी तरह गिर रहा था, तब चारों ओर डर का माहौल

था। उस समय 'लालची' बनने का अर्थ था—अच्छी कंपनियों के शेयर सस्ते दामों पर खरीदना। इसके विपरीत, जब बाजार अपने उच्चतम स्तर पर हो और हर कोई शेयर बाजार से पैसा बनाने की बातें कर रहा हो) अत्यधिक लालच(, तब एक समझदार निवेशक अपना मुनाफा समेटता है और 'डरता' है कि कहीं बाजार ओवरवैल्यूड तो नहीं हो गया। यह सिद्धांत हमें सिखाता है कि बाजार की चरम सीमाओं) Extremes) का फायदा कैसे उठाया जाए।

**अत्यधिक आशावाद और अत्यधिक निराशावाद की पहचान कैसे करें?**

बाजार के इन चरम बिंदुओं को पहचानने के लिए कुछ स्पष्ट संकेत होते हैं:

**अत्यधिक आशावाद** : जब साधारण लोग) जो शेयर बाजार से नहीं जुड़े हैं (भी टिप्स मांगने लगें, जब हर आईपीओ) IPO) कई गुना ओवरसब्सक्राइब होने लगे, और जब खराब फंडामेंटल वाली कंपनियों के शेयर भी रोज अपर सर्किट छुएं, तो समझ लीजिए कि बाजार में 'यूफोरिया' या अत्यधिक आशावाद है। तकनीकी रूप से, जब India VIX बहुत निचले स्तर) 10-12) पर आ जाए, तो यह बाजार में अत्यधिक आत्मविश्वास का संकेत है, जो अक्सर गिरावट से पहले देखा जाता है।

**अत्यधिक निराशावाद** : जब समाचारों में केवल 'मंदी' और 'बाजार के डूबने' की चर्चा हो, जब अच्छे शेयर अपने 52-सप्ताह के निचले स्तर पर मिल रहे हों, और आम निवेशक नुकसान के डर से बाजार छोड़ रहे हों। डेटा के लिहाज से, यदि Put-Call Ratio (PCR) 1.5 से ऊपर निकल जाए और Fear & Greed Index "Extreme Fear" दिखाने लगे, तो यह अत्यधिक निराशावाद की पहचान है। यही वह समय होता है जब लंबी अवधि के लिए बेहतरीन संपत्ति बनाने का मौका मिलता है।

## 20.7 स्मार्ट इन्वेस्टिंग: डेटा और भावनाएं

मार्केट सेंटीमेंट को समझना एक कला है, लेकिन इस पर अमल करना एक विज्ञान। इस चैप्टर के अंत में हमें यह समझना होगा कि सेंटीमेंट अकेला आपको सफल नहीं बना सकता; इसे अन्य विश्लेषणों के साथ जोड़ना अनिवार्य है।

**सेंटीमेंट + फंडामेंटल + टेक्निकल का संगम**

एक सफल निवेश निर्णय केवल इस आधार पर नहीं लिया जा सकता कि बाजार का 'मूड' कैसा है। असली शक्ति इन तीन विश्लेषणों के मिलन में है:

**फंडामेंटल एनालिसिस** :यह आपको बताता है कि क्या खरीदना है) कंपनी की मजबूती(।

**तकनीकी विश्लेषण**) Technical): यह आपको बताता है कि कब खरीदना है) चार्ट और ट्रेंड(।

**सेंटीमेंट एनालिसिस** :यह आपको बताता है कि बाकी लोग क्या सोच रहे हैं और क्या बाजार में 'अति' (Extremes) हो रही है।

उदाहरण के लिए, यदि किसी कंपनी के फंडामेंटल्स मजबूत हैं) Profit बढ़ रहा है(, तकनीकी चार्ट पर सपोर्ट दिख रहा है, और मार्केट सेंटीमेंट 'अत्यधिक डर' का है, तो यह निवेश के लिए सबसे सुरक्षित और बेहतरीन अवसर होता है। केवल भावनाओं के पीछे भागना जुआ है, लेकिन डेटा के साथ भावनाओं को पढ़ना 'स्मार्ट इन्वेस्टिंग' है।

**एक सफल ट्रेडर और निवेशक के लिए अनुशासन का महत्व**

बाजार की नब्ज पहचानने की पूरी प्रक्रिया तब तक व्यर्थ है जब तक आपके पास अनुशासन (Discipline) न हो। बाजार का सेंटीमेंट हर घंटे बदल सकता है, और यह आपकी भावनाओं को उकसाएगा कि आप अपने प्लान से भटक जाएं। एक अनुशासित निवेशक वह है जो बाजार की 'शोर' (Noise) के बीच भी अपनी रणनीति पर टिका रहता है।

अनुशासन का अर्थ है—लालच के समय अपनी प्रॉफिट बुकिंग की योजना पर टिके रहना और डर के समय अपने स्टॉप-लॉस या लंबी अवधि के विजन को न भूलना। याद रखें, शेयर बाजार में पैसा

कमाना उतना कठिन नहीं है जितना कि उस पैसे को बचाए रखना, और यह केवल भावनाओं पर नियंत्रण और कड़े अनुशासन से ही संभव है। मार्केट सेंटीमेंट आपको हवा का रुख बता सकता है, लेकिन उस हवा में अपनी नाव को सही दिशा में ले जाने का काम आपका अनुशासन ही करेगा।

* * * * *

**"बाज़ार की धारणा को मापना वैसा ही है जैसे समुद्र की लहरों को देखना। अगर आप लहरों के साथ बहेंगे तो डूब सकते हैं, लेकिन अगर आप हवा का रुख (Sentiment) पहचान लें, तो आप अपनी नाव को सुरक्षित और सही दिशा में ले जा सकते हैं।"**

## 20.8 व्यावहारिक प्रश्नों के उत्तर

**प्रश्न 1:** निफ्टी इंडेक्स में वर्तमान में 1,50,000 'पुट' (Put) ऑप्शंस और 1,00,000 'कॉल' (Call) ऑप्शंस खुले हुए हैं। बाज़ार का PCR क्या है और यह धारणा (Sentiment) के बारे में क्या संकेत देता है?

**उत्तरः**

PCR सूत्र: कुल पुट ओपन इंटरेस्ट / कुल कॉल ओपन इंटरेस्ट

पुट ऑप्शंस = 1,50,000

कॉल ऑप्शंस = 1,00,000

PCR = 1,50,000 / 1,00,000 = 1.5

तेजी का संकेत (Bullish Sentiment): 1.5 का PCR यह दर्शाता है कि बाज़ार में कॉल की तुलना में पुट राइटिंग (विक्रेता) अधिक है। आमतौर पर, 1.0 से ऊपर का PCR 'बुलिश' माना जाता है क्योंकि ट्रेडर्स को उम्मीद है कि बाज़ार ऊपर जाएगा या एक निश्चित स्तर से नीचे नहीं गिरेगा।

सावधानी: हालांकि 1.5 एक मजबूत तेजी का संकेत है, लेकिन यदि PCR 1.7 या उससे ऊपर चला जाता है, तो इसे 'ओवरबॉट' (Overbought) माना जा सकता है, जिससे मुनाफावसूली या सुधार की संभावना बढ़ जाती है।

सीख: PCR हमें यह बताता है कि बाज़ार में ट्रेडर्स किस तरफ सबसे ज्यादा दांव लगा रहे हैं।

**प्रश्न 2:** बाज़ार में भारी गिरावट आई है और 'फियर एंड ग्रीड इंडेक्स' गिरकर 15 (Extreme Fear) पर आ गया है। अमित के पास ₹1,00,000 निवेश के लिए हैं। यदि वह 'कॉन्ट्रैरियन' (Contrarian) माइंडसेट अपनाता है, तो उसे इस समय क्या करना चाहिए?

**उत्तरः**

यदि अमित एक 'कॉन्ट्रैरियन' (Contrarian) मानसिकता अपनाता है, तो उसे इस समय खरीदारी (Invest) करनी चाहिए। कॉन्ट्रैरियन निवेश का मूल सिद्धांत है: "जब सब डरे हुए हों तब लालची बनें, और जब सब लालची हों तब डरें।"

अमित को निम्नलिखित कदम उठाने चाहिए:

पूंजी का निवेश करें: फियर एंड ग्रीड इंडेक्स का 15 (Extreme Fear) पर होना यह दर्शाता है कि बाजार में घबराहट के कारण अच्छी कंपनियों के शेयर भी कम कीमतों पर उपलब्ध हैं। अमित को अपने ₹1,00,000 का उपयोग अच्छी गुणवत्ता वाले स्टॉक्स या इंडेक्स फंड्स खरीदने के लिए करना चाहिए।

किश्तों में निवेश (STP/SIP): हालांकि यह खरीदारी का समय है, अमित अपनी पूरी राशि को 2-3 हिस्सों में बांटकर निवेश कर सकता है ताकि यदि बाजार थोड़ा और गिरे, तो उसे बेहतर औसत मूल्य (Average Price) मिल सके।

दीर्घकालिक नजरिया: कॉन्ट्रैरियन निवेशक बाजार की अस्थायी गिरावट का लाभ उठाते हैं क्योंकि उन्हें भरोसा होता है कि लंबी अवधि में बाजार वापस ऊपर आएगा।

निष्कर्ष: अमित के लिए यह "बिकवाली" (Sell) करने का नहीं, बल्कि "सस्ते में खरीदने" (Buy the Dip) का सबसे अच्छा अवसर है।

सीख: "जब सब डरे हुए हों तब लालची बनें।" बाज़ार की नकारात्मक धारणा अक्सर खरीदारी का सबसे अच्छा अवसर होती है।

**प्रश्न 3:** वर्तमान में 'इंडिया विक्स' (India VIX) 12 से बढ़कर 25 हो गया है। सुमित का ₹10,00,000 का पोर्टफोलियो है। विक्स में इस बढ़त का उसके पोर्टफोलियो की 'अस्थिरता' (Volatility) पर क्या प्रभाव पड़ेगा?

**उत्तर:**

जब इंडिया विक्स (India VIX) 12 से बढ़कर 25 हो जाता है, तो सुमित के ₹10,00,000 के पोर्टफोलियो पर निम्नलिखित प्रभाव पड़ेंगे:

अस्थिरता में वृद्धि (Increased Volatility): इंडिया विक्स को 'फियर गेज' (Fear Gauge) कहा जाता है। इसका 12 से 25 होना यह दर्शाता है कि बाजार में घबराहट बढ़ गई है। सुमित का पोर्टफोलियो अब पहले की तुलना में बहुत अधिक ऊपर-नीचे (ज्यादा उतार-चढ़ाव) होगा।

पोर्टफोलियो वैल्यू में गिरावट का जोखिम: ऐतिहासिक रूप से, जब विक्स बढ़ता है, तो निफ्टी और अन्य प्रमुख सूचकांकों में गिरावट आती है। 25 का स्तर बाजार में तेज गिरावट या 'करेक्शन' का संकेत देता है, जिससे सुमित के ₹10 लाख के निवेश की वैल्यू कम हो सकती है।

प्रीमियम और लागत में बढ़ोत्तरी: यदि सुमित अपने पोर्टफोलियो को हेज (सुरक्षित) करने के लिए पुट ऑप्शन (Put Options) खरीदना चाहता है, तो उसे अब बहुत अधिक प्रीमियम देना होगा क्योंकि विक्स बढ़ने से ऑप्शन की कीमतें बढ़ जाती हैं।

मानसिक दबाव: बाजार में अनिश्चितता के कारण सुमित को अपने निवेश पर अल्पकालिक (Short-term) घाटा दिख सकता है, जिससे निवेशकों में पैनिक सेलिंग की संभावना बढ़ जाती है।

निष्कर्ष: विक्स का 25 पहुंचना सुमित के पोर्टफोलियो के लिए अत्यधिक जोखिम और अस्थिरता का संकेत है। उसे इस समय कोई भी आक्रामक खरीदारी करने के बजाय बाजार के स्थिर होने का इंतजार करना चाहिए।

सीख: विक्स को "फियर गेज" (Fear Gauge) भी कहा जाता है। जब विक्स ऊंचा होता है, तो विकल्प (Options) महंगे हो जाते हैं और बाज़ार में घबराहट बढ़ जाती है।

**प्रश्न 4:** आज सेंसेक्स की 30 कंपनियों में से 20 कंपनियां बढ़त (Advance) के साथ बंद हुईं और 10 कंपनियां गिरावट (Decline) के साथ। आज का A/D रेशियो क्या है और यह बाज़ार की 'चौड़ाई' (Breadth) के बारे में क्या कहता है?

**उत्तर:**

आज का A/D (Advance/Decline) रेशियो और उसका विश्लेषण नीचे दिया गया है:

1. A/D रेशियो की गणना:

A/D रेशियो का सूत्र है: बढ़ने वाले शेयर (Advances) ÷ गिरने वाले शेयर (Declines)

बढ़ने वाली कंपनियां = 20, गिरने वाली कंपनियां = 10

A/D रेशियो = 20 / 10 = 2:1 (या 2.0)

2. 'बाज़ार की चौड़ाई' (Market Breadth) का अर्थ: 2.0 का A/D रेशियो यह दर्शाता है कि बाज़ार की 'चौड़ाई' सकारात्मक (Positive Breadth) है।

व्याख्या: जब रेशियो 1 से ऊपर होता है, तो इसका मतलब है कि बाज़ार में गिरावट के मुकाबले बढ़त व्यापक है। चूँकि सेंसेक्स की अधिकांश कंपनियां (दो-तिहाई) हरे निशान में बंद हुई हैं, यह संकेत देता है कि बाज़ार की रैली केवल कुछ चुनिंदा शेयरों तक सीमित नहीं है, बल्कि इसमें निवेशकों की व्यापक भागीदारी है। इसे एक मजबूत और स्वस्थ बाज़ार

सीख: केवल इंडेक्स के बढ़ने को न देखें; यह भी देखें कि क्या अधिकांश शेयर भी साथ में बढ़ रहे हैं।

**प्रश्न 5**: निफ्टी का 200-दिनों का मूविंग एवरेज (200-DMA) ₹18,000 पर है। वर्तमान में निफ्टी ₹21,600 पर ट्रेड कर रहा है। निफ्टी अपने औसत से कितने प्रतिशत ऊपर है और यह क्या संकेत देता है?

**उत्तर:**

निफ्टी अपने 200-दिनों के औसत (200-DMA) से 20% ऊपर ट्रेड कर रहा है।

इसकी गणना इस प्रकार है: ((21,600 - 18,000) / 18,000) ×100 = 20%

यह क्या संकेत देता है?

मजबूत बुलिश ट्रेंड (Strong Bullish Trend): जब इंडेक्स अपने 200-DMA से काफी ऊपर होता है, तो यह बाजार में एक मजबूत दीर्घकालिक सकारात्मक रुझान (Long-term Uptrend) को दर्शाता है।

ओवरएक्सटेंडेड (Overextended) स्थिति: ऐतिहासिक रूप से, जब निफ्टी अपने 200-DMA से 15-20% ऊपर चला जाता है, तो इसे 'ओवरएक्सटेंडेड' माना जाता है। इसका मतलब है कि बाजार में बहुत तेजी आ चुकी है और यहाँ से एक करेक्शन (Correction) या प्रॉफिट बुकिंग की संभावना बढ़ जाती है।

महंगा वैल्यूएशन: यह संकेत देता है कि निवेशक वर्तमान में प्रीमियम पर खरीदारी कर रहे हैं, जिससे नए निवेश के लिए रिस्क-रिवॉर्ड रेशियो कम अनुकूल हो सकता है।

सीख: धारणा जब बहुत अधिक 'उत्साही' (Euphoric) हो जाती है, तो बाज़ार अपने औसत की ओर वापस खिंचा चला आता है (Mean Reversion)।

## 20.9 प्रश्नोत्तर परीक्षा (Quiz)

Q1. बाजार की धारणा (Market Sentiment) का मतलब क्या है?

(A) कंपनी के फंडामेंटल्स (B) केवल P/E रेशियो

(C) केवल न्यूज (D) निवेशकों का सामूहिक मनोभाव – डर या लालच

Q2. किताब में बाजार धारणा को क्या कहा गया है?

(A) फंडामेंटल्स से ज्यादा महत्वपूर्ण

(B) फंडामेंटल्स से परे – अल्पकालिक कीमतों को चलाने वाली ताकत

(C) बेकार चीज

(D) केवल लॉन्ग टर्म के लिए

Q3. 'स्मार्ट मनी' (Smart Money) मुख्य रूप से किन निवेशकों के पैसे को कहा जाता है?

(A) रिटेल निवेशक (B) FIIs और DIIs

(C) छात्र और कर्मचारी (D) केवल सरकारी बैंक

Q4. बाज़ार के 'अत्यधिक आशावाद' (Extreme Optimism) की पहचान क्या है?

(A) India VIX का 10-12 के निचले स्तर पर होना

(B) समाचारों में केवल मंदी की चर्चा होना

(C) अच्छे शेयरों का 52-सप्ताह के निचले स्तर पर होना

(D) PCR का 1.5 से ऊपर होना

Q5. 'कन्फर्मेशन बायस' (Confirmation Bias) निवेशक को क्या करने पर मजबूर करता है?

(A) केवल नकारात्मक संकेतों को देखना

(B) केवल उन खबरों को ढूँढना जो उनके निर्णय को सही ठहराती हैं

(C) भीड़ के विपरीत निवेश करना

(D) अपना सारा पैसा सोने में निवेश करना

Q6. India VIX को क्या कहा जाता है?

(A) Fear Gauge (B) Greed Gauge

(C) Volatility Index (D) दोनों A और C

Q7. India VIX जितना ऊंचा होगा –

(A) बाजार शांत (B) बाजार में ज्यादा अस्थिरता और डर

(C) बाजार हमेशा बढ़ेगा (D) कोई फर्क नहीं

Q8. पुट-कॉल रेशियो (Put-Call Ratio) ज्यादा होने का मतलब क्या है?

(A) निवेशक बुलिश हैं (B) निवेशक बेयरिश (डरे हुए) हैं

(C) Neutral (D) केवल कॉल खरीद रहे हैं

Q9. पुट-कॉल रेशियो 1.5 से ऊपर होने पर बाजार आमतौर पर –

(A) बहुत ऊपर जाता है (B) नीचे जाने या करेक्शन की संभावना

(C) स्थिर रहता है (D) कोई प्रभाव नहीं

Q10. एडवांस-डिक्लाइन लाइन (Advance-Decline Line) क्या बताती है?

(A) केवल P/E (B) केवल Nifty की दिशा

(C) केवल वॉल्यूम (D) कितने स्टॉक बढ़े vs कितने गिरे

Q11. एडवांस-डिक्लाइन लाइन ऊपर जा रही हो लेकिन Nifty गिर रहा हो तो क्या कहते हैं?

(A) Bullish Divergence (B) Bearish Divergence

(C) Neutral (D) कोई मतलब नहीं

Q12. FII का पूरा नाम क्या है?

(A) Foreign Institutional Investors (B) Fast Indian Investors

(C) Financial Investment India (D) Foreign Individual Investors

Q13. FII लगातार खरीद रहे हों तो बाजार धारणा कैसी होती है?

(A) बेयरिश (B) बुलिश (C) Neutral (D) कोई प्रभाव नहीं

Q14. DII का पूरा नाम क्या है?

(A) Direct Indian Investors (B) Domestic Institutional Investors

(C) Daily Investment India (D) Debt Indian Investors

Q15. ऑप्शन चेन में सबसे ज्यादा OI कहाँ हो तो बुलिश सिग्नल?

(A) पुट में (B) कॉल में (C) दोनों में बराबर (D) कोई OI नहीं

Q16. Open Interest (OI) ज्यादा होना क्या दर्शाता है?

(A) उस स्ट्राइक पर मजबूत सपोर्ट/रेजिस्टेंस (B) कोई मतलब नहीं

(C) हमेशा खरीदना (D) हमेशा बेचना

Q17. Volume ज्यादा होने का मतलब क्या है?

(A) ट्रेंड की पुष्टि (B) हमेशा खरीदना

(C) हमेशा बेचना (D) कोई मतलब नहीं

Q18. किताब में बाजार धारणा को कब सबसे ज्यादा उपयोगी बताया गया है?

(A) लॉन्ग टर्म निवेश में (B) शॉर्ट टर्म टाइमिंग और करेक्शन समझने में

(C) केवल IPO में (D) केवल FD में

Q19. सबसे अच्छा निवेशक बाजार धारणा को कैसे इस्तेमाल करता है?

(A) भीड़ के साथ चलता है

(B) भीड़ के विपरीत (Contrarian) – डर में खरीदता, लालच में बेचता है

(C) हमेशा न्यूज फॉलो करता है

(D) धारणा को पूरी तरह नजरअंदाज करता है

Q20. किताब का मुख्य संदेश बाजार धारणा पर क्या है?

(A) धारणा ही सबकुछ है

(B) केवल धारणा पर ट्रेड करें

(C) फंडामेंटल्स मजबूत हों तो धारणा अस्थायी होती है – उसे समझें लेकिन गुलाम न बनें

(D) धारणा कभी न देखें

**Answer Key**

| Q | 1 | 2 | 3 | 4 | 5 | 6 | 7 | 8 | 9 | 10 | 11 | 12 | 13 | 14 | 15 | 16 | 17 | 18 | 19 | 20 |
|---|---|---|---|---|---|---|---|---|---|---|---|---|---|---|---|---|---|---|---|---|
| Ans. | D | B | B | A | B | D | B | B | B | D | B | A | B | B | A | A | A | B | B | C |

# *Chapter 21* कंपनी का मौलिक विश्लेषण

**"कंपनी की वित्तीय सेहत, लाभ और विकास की संभावनाओं को समझना ही मूलभूत विश्लेषण है। मजबूत फंडामेंटल्स वाली कंपनियों को चुनना ही लंबी अवधि में सुरक्षित और सफल निवेश की गारंटी है।"**

बाजार की कीमतों में उतार-चढ़ाव तो क्षणिक शोर है, लेकिन एक कंपनी के 'फंडामेंटल्स' वह ठोस सच्चाई हैं जो लंबी अवधि में उसकी किस्मत का फैसला करते हैं। एक सफल निवेशक केवल शेयर का भाव नहीं देखता, बल्कि वह उस व्यवसाय की गहराई को समझता है। यह अध्याय आपको किसी कंपनी के बाहरी आवरण को हटाकर उसके आंतरिक स्वास्थ्य को जांचने का हुनर सिखाएगा। यह निवेश की वह नींव है, जिसके बिना धन निर्माण की इमारत ढह सकती है।

इस चैप्टर में हम कंपनी के बिजनेस मॉडल का बारीकी से विश्लेषण करेंगे और यह जानेंगे कि क्या उस कंपनी के पास कोई 'प्रतिस्पर्धी लाभ' (Competitive Advantage या Moat) है जो उसे अपने प्रतिद्वंद्वियों से आगे रखता है। हम बिजनेस मॉडल कैनवास जैसे शक्तिशाली टूल्स का उपयोग करना सीखेंगे ताकि आप किसी भी कंपनी की कार्यक्षमता को एक नज़र में समझ सकें। यह अध्याय आपको यह पहचानने में सक्षम बनाएगा कि कौन सी कंपनियां केवल कागजों पर अच्छी हैं और कौन सी वास्तव में भविष्य की 'मल्टीबैगर' बनने का माद्दा रखती हैं। मजबूत फंडामेंटल ही वह ढाल हैं जो बाज़ार की अस्थिरता में आपके निवेश को सुरक्षा प्रदान करते हैं।

## 21.1 बिज़नेस मॉडल कैनवास की रूपरेखा

यह खंड किसी कंपनी के परिचालन, रणनीति और दीर्घकालिक स्थिरता के पीछे के मूलभूत सिद्धांतों का विश्लेषण करता है। यह समझने के लिए कि कोई कंपनी कैसे काम करती है, पैसा कमाती है और बाजार में अपनी स्थिति बनाए रखती है, हम तीन प्रमुख क्षेत्रों पर ध्यान केंद्रित करते हैं: बिज़नेस मॉडल कैनवास, इकोनॉमिक मोट (आर्थिक खाई), और प्रवेश बाधाएँ व विकल्प।

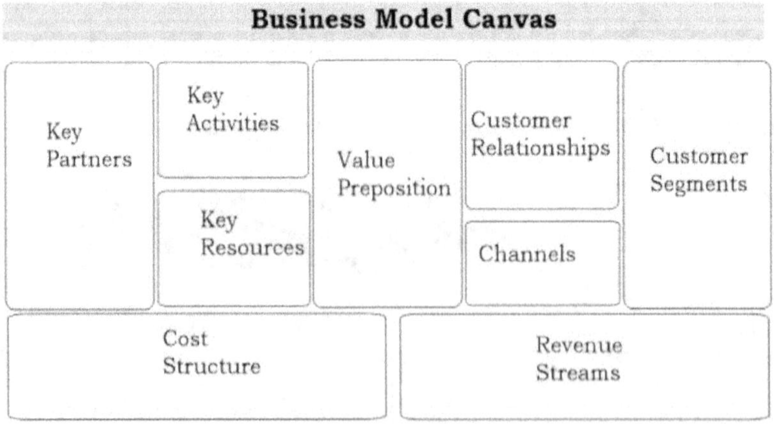

### 1. बिज़नेस मॉडल कैनवास (Business Model Canvas - BMC)

बिज़नेस मॉडल कैनवास (BMC) एक शक्तिशाली विज़ुअल टूल है जो किसी भी कंपनी के संपूर्ण बिज़नेस मॉडल को समझने में मदद करता है। यह 9 मुख्य खंडों में विभाजित है, जिनमें से प्रमुख नीचे दिए गए हैं:

**राजस्व धाराएँ** (Revenue Streams): यह खंड सबसे महत्वपूर्ण है क्योंकि यह लाभ की नींव रखता है। यह विश्लेषण करता है कि कंपनी वास्तव में पैसे कैसे कमाती है, जैसे कि सदस्यता शुल्क, उत्पाद बिक्री, या विज्ञापन।

**लागत संरचना** (Cost Structure): यह निर्धारित करती है कि कंपनी कितनी लाभदायक होगी। इसमें यह पहचाना जाता है कि व्यवसाय चलाने के लिए मुख्य खर्च क्या हैं, और क्या ये लागतें स्थिर (Fixed) हैं या परिवर्तनीय (Variable)।

**मूल्य प्रस्ताव** (Value Proposition): यह वह अनूठा उत्तर या समाधान है जो कंपनी अपने ग्राहकों को प्रदान करती है। यह वह मुख्य कारण है कि ग्राहक किसी विशेष कंपनी को चुनते हैं, जिससे वह प्रतिस्पर्धियों से अलग पहचान बनाती है।

**ग्राहक खंड** (Customer Segments): यह लक्षित दर्शकों की पहचान करता है। सही ग्राहक खंड पर ध्यान केंद्रित करना सफलता के लिए महत्वपूर्ण है ताकि उत्पाद या सेवा सही बाजार तक पहुँच सके।

**प्रमुख संसाधन** (Key Resources): ये वे आवश्यक चीजें हैं जो व्यवसाय को सफल बनाने के लिए चाहिए, जैसे बौद्धिक संपदा (IP), भौतिक संपत्तियाँ, या कुशल लोग।

### 2. इकोनॉमिक मोट (Economic Moat)

"इकोनॉमिक मोट" एक रूपक है जो कंपनी के चारों ओर एक 'आर्थिक खाई' का वर्णन करता है। यह खाई कंपनी को लंबे समय तक प्रतिस्पर्धा से बचाती है और प्रतिस्पर्धी लाभ प्रदान करती है। प्रमुख प्रकार की खाईयाँ हैं:

**ब्रांड** (Brand): ग्राहकों का भरोसा और वफादारी ब्रांड को एक मोट बनाती है। यह ग्राहकों को अधिक मूल्य चुकाने के लिए प्रेरित करता है (एक क्लासिक उदाहरण Apple है)।

**नेटवर्क प्रभाव** (Network Effect): यह तब होता है जब उपयोगकर्ताओं की संख्या बढ़ने से उत्पाद का मूल्य अन्य उपयोगकर्ताओं के लिए भी बढ़ जाता है (Amazon और Facebook इसके प्रमुख उदाहरण हैं)।

**स्विचिंग लागत** (Switching Costs): ये वे समय, पैसा, या प्रयास हैं जो ग्राहकों को एक कंपनी से दूसरी कंपनी के उत्पाद या सेवा पर स्विच करने में लगते हैं। उच्च स्विचिंग लागत ग्राहकों को बनाए रखती है।

### 3. प्रवेश बाधाएँ और विकल्प (Entry Barriers & Options)

यह खंड बाजार की गतिशीलता को समझाता है। प्रवेश बाधाएँ वे कारक हैं जो नई कंपनियों को बाजार में आसानी से आने से रोकते हैं, जैसे कि पेटेंट, लाइसेंस, या स्केल का लाभ। मज़बूत बाधाएँ मौजूदा कंपनियों के लिए स्थिर मुनाफे को सुनिश्चित करती हैं।

इसके विपरीत, विकल्प (Options) कंपनी के भविष्य के विकास के अवसर हैं। ये भविष्य की कमाई की क्षमता को बढ़ाते हैं और इसमें नए बाजारों में प्रवेश करना, अनुसंधान और विकास (R&D) में निवेश करना, या अन्य कंपनियों का अधिग्रहण करना शामिल हो सकता है।

## 21.2 उद्योग और प्रतिस्पर्धी विश्लेषण

उद्योग और प्रतिस्पर्धी विश्लेषण (Industry and Competitive Analysis) एक महत्वपूर्ण प्रक्रिया है जो किसी कंपनी के बाहरी वातावरण (External Environment) और उस उद्योग की आकर्षकता (Industry Attractiveness) का मूल्यांकन करती है। यह विश्लेषण कंपनी को अपनी स्थिति और प्रतिस्पर्धी परिदृश्य को समझने में मदद करता है। इस विश्लेषण के तीन मुख्य स्तंभ हैं: पोर्टर का पाँच बलों का विश्लेषण, प्रतिस्पर्धी स्थिति मैट्रिक्स (CPM), और ग्राहक व आपूर्तिकर्ता पर निर्भरता।

### पोर्टर का पाँच बलों का विश्लेषण (Porter's Five Forces Analysis)

यह मॉडल उद्योग की प्रतिस्पर्धात्मक तीव्रता (Competitive Intensity) और लाभप्रदता (Profitability) का मूल्यांकन करता है। इसमें पाँच मुख्य बल शामिल हैं:

**1. प्रतिद्वंद्विता की तीव्रता (Rivalry):** यह मौजूदा प्रतिस्पर्धियों के बीच मौजूद आक्रामक प्रतिस्पर्धा के स्तर को मापता है।

**2. नए प्रवेशकों का खतरा (New Entrants):** यह इस बात का मूल्यांकन करता है कि नए खिलाड़ियों के लिए बाजार में प्रवेश करना कितना आसान या मुश्किल है।

**3. स्थानापन्न उत्पादों का खतरा (Substitutes):** यह विश्लेषण करता है कि उत्पादों के विकल्प (Alternatives) कितनी आसानी से उपलब्ध हैं।

**4. आपूर्तिकर्ताओं की सौदेबाजी की शक्ति (Supplier Power):** यह मापता है कि आपूर्तिकर्ता कीमतें कितनी बढ़ा सकते हैं।

**5. खरीदारों की सौदेबाजी की शक्ति (Buyer Power):** यह आकलन करता है कि ग्राहक कीमतें कितनी कम करवा सकते हैं।

**निष्कर्ष:** यदि ये पाँचों बल कमजोर हों, तो वह उद्योग अधिक आकर्षक और लाभदायक (Profitable) माना जाता है।

### प्रतिस्पर्धी स्थिति मैट्रिक्स (Competitive Profile Matrix - CPM)

CPM एक स्ट्रेटेजिक टूल है जो किसी कंपनी की मुख्य सफलता के कारकों) KSFs) पर उसकी स्थिति की तुलना उसके मुख्य प्रतिस्पर्धियों से करता है। इस मेथोडोलॉजी में KSFs को वेटेज देना, हर फैक्टर पर हर फर्म को रेटिंग देना और वेटेड स्कोर कैलकुलेट करना शामिल है। इसका महत्व यह बताने में है कि कंपनी अपनी ताकत और कमजोरियों के मामले में इंडस्ट्री में कहाँ खड़ी है।

### ग्राहक और आपूर्तिकर्ता पर निर्भरता

निर्भरता का स्तर भी जोखिम का संकेतक है। उच्च ग्राहक निर्भरता (High Customer Dependency) तब होती है जब अधिकांश राजस्व कुछ ही ग्राहकों से आता है, जिससे ग्राहक के चले जाने का जोखिम अधिक होता है। इसी प्रकार, उच्च आपूर्तिकर्ता निर्भरता (High Supplier Dependency) तब होती है जब कच्चे माल के लिए कुछ ही आपूर्तिकर्ताओं पर निर्भर होते हैं, जिससे लागत बढ़ने या आपूर्ति बाधित होने का जोखिम होता है।

## 21.3 सफल कंपनी के आंतरिक स्तंभ

किसी भी कंपनी की दीर्घकालिक सफलता और स्थिरता उसके आंतरिक नेतृत्व, नैतिक मूल्यों और नवाचार क्षमताओं पर निर्भर करती है। यह मूल्यांकन पाँच प्रमुख स्तंभों के आधार पर किया जाता है:

## 1. प्रबंधन की गुणवत्ता

कंपनी के प्रबंधन की प्रभावशीलता और गुणवत्ता उसकी दिशा और निष्पादन क्षमता को निर्धारित करती है। इसमें तीन मुख्य तत्व हैं:

**विज़न** (Vision): यह भविष्य के लिए एक स्पष्ट, प्रेरक खाका और रणनीतिक दिशा प्रदान करता है। एक मजबूत विज़न प्रबंधन को यह जानने में मदद करता है कि कंपनी कहाँ जा रही है और वहाँ तक कैसे पहुँचना है।

**निष्पादन** (Execution): विज़न बनाना पर्याप्त नहीं है; उसे ज़मीन पर उतारने की क्षमता, उचित योजना बनाना और उस योजना के प्रति जवाबदेही सुनिश्चित करना निष्पादन कहलाता है। यह विज़न को वास्तविकता में बदलता है।

**ईमानदारी** (Integrity): नैतिक आचरण और हितधारकों (Stakeholders) के साथ पूर्ण पारदर्शिता बनाए रखना महत्वपूर्ण है। ईमानदारी कंपनी की साख बनाती है और निवेशकों का भरोसा जीतती है।

## 2. प्रमोटर की पृष्ठभूमि और ट्रैक रिकॉर्ड

कंपनी के संस्थापकों (प्रमोटर्स) का इतिहास और विश्वसनीयता कंपनी के भविष्य के लिए एक मजबूत संकेतक है:

**विश्वसनीयता और नैतिकता:** प्रमोटर की व्यक्तिगत विश्वसनीयता और नैतिक मूल्यों का आकलन किया जाता है।

**ट्रैक रिकॉर्ड:** पिछली व्यावसायिक सफलता या विफलता का इतिहास और उन अनुभवों से सीखने की क्षमता यह बताती है कि वे भविष्य की चुनौतियों का सामना कैसे करेंगे।

**प्रतिष्ठा:** बाज़ार और नियामक निकायों (जैसे SEBI) के साथ एक स्वच्छ और बेदाग रिकॉर्ड उनकी विश्वसनीयता को और मजबूत करता है।

## 3. कॉर्पोरेट गवर्नेंस स्कोर

यह स्कोर एक महत्वपूर्ण माप है जो दर्शाता है कि कंपनी कितनी अच्छी तरह से निष्पक्षता, पारदर्शिता और जवाबदेही के सिद्धांतों का पालन करती है।

**महत्व:** एक उच्च गवर्नेंस स्कोर न केवल निवेशकों का विश्वास बढ़ाता है, बल्कि यह कंपनी के दीर्घकालिक जोखिमों (जैसे धोखाधड़ी या कानूनी मुद्दों) को भी कम करता है।

**संबंधित पक्ष लेनदेन (RPTs):** इन सौदों (जहाँ प्रमोटर या संबंधित व्यक्ति शामिल होते हैं) की विशेष रूप से जाँच की जाती है ताकि यह सुनिश्चित हो सके कि वे कंपनी के व्यापक हित में हैं, न कि केवल प्रबंधन के व्यक्तिगत लाभ के लिए।

## 4. नवाचार और R&D पाइपलाइन

किसी भी कंपनी के भविष्य के विकास (Growth) के लिए नवाचार उसका इंजन है।

**नवाचार:** नए उत्पादों या सेवाओं को सफलतापूर्वक बाज़ार में लॉन्च करने की प्रक्रिया ही नवाचार है।

**R&D पाइपलाइन:** यह नए विचारों को विकसित करने, परीक्षण करने और व्यवस्थित रूप से बाज़ार में उतारने की एक सुनियोजित प्रक्रिया है। यह भविष्य की कमाई और प्रतिस्पर्धी बढ़त का आधार बनती है।

## 5. स्केलेबिलिटी और पूंजी दक्षता

यह कारक कंपनी की विकास क्षमता और संसाधनों के प्रबंधन को मापता है:

**स्केलेबिलिटी** (Scalability): यह कंपनी की वह क्षमता है जिससे वह कम अतिरिक्त लागत पर तेज़ी से राजस्व बढ़ा सकती है। यह तेजी से विस्तार (Expansion) की क्षमता को दर्शाता है।

**पूंजी दक्षता** (Capital Efficiency): इसका मतलब है पूंजी का कुशलतापूर्वक और प्रभावी ढंग से उपयोग करना। इसे आमतौर पर ROE (Return on Equity - इक्विटी पर रिटर्न) और ROCE (Return on Capital Employed - नियोजित पूंजी पर रिटर्न) जैसे वित्तीय मीट्रिक्स के माध्यम से मापा जाता है।

*****

**"शेयर खरीदना केवल एक 'टिकर' खरीदना नहीं, बल्कि एक चलते-फिरते व्यापार में हिस्सेदारी खरीदना है। व्यवसाय की मजबूती को समझें, भाव तो केवल एक परछाई है।"**

## 21.4 व्यावहारिक प्रश्नों के उत्तर

**प्रश्न 1:** 'कंपनी A' की एक साल की कुल बिक्री (Revenue) ₹500 करोड़ है। सभी खर्चे, ब्याज और टैक्स घटाने के बाद कंपनी का शुद्ध लाभ (Net Profit) ₹75 करोड़ बचता है। कंपनी का शुद्ध लाभ मार्जिन प्रतिशत में क्या है?

**उत्तर:**

सूत्र: शुद्ध लाभ मार्जिन(NPM) = (शुद्ध लाभ / कुल बिक्री) × 100

शुद्ध लाभ मार्जिन (Net Profit Margin) = (75 / 500) ×100 = 15%

सीख: यह मार्जिन बताता है कि कंपनी अपनी बिक्री के हर ₹100 पर कितना पैसा बचा पाती है। उच्च मार्जिन वाली कंपनियां प्रतिस्पर्धा में बेहतर टिकी रहती हैं।

**प्रश्न 2:** एक मैन्युफैक्चरिंग कंपनी के पास कुल ₹200 करोड़ की अपनी पूंजी (Shareholders' Equity) है। कंपनी ने विस्तार के लिए बैंक से ₹100 करोड़ का कर्ज (Debt) लिया हुआ है। कंपनी का Debt-to-Equity अनुपात क्या है?

**उत्तर:**

ऋण-इक्विटी अनुपात (Debt-to-Equity Ratio) यह दर्शाता है कि कंपनी के पास अपनी पूंजी (Equity) के मुकाबले कितना कर्ज (Debt) है। इसका सूत्र निम्नलिखित है:

Debt-to-Equity अनुपात = कुल कर्ज / कुल इक्विटी

Debt-to-Equity Ratio =100 / 200 = 0.5

मैन्युफैक्चरिंग कंपनी का Debt-to-Equity अनुपात 0.5 है। इसका अर्थ है कि कंपनी के पास प्रत्येक ₹1 की इक्विटी के लिए ₹0.50 का कर्ज है।

सीख: यह अनुपात बताता है कि कंपनी कर्ज पर कितनी निर्भर है। आमतौर पर 1 से कम का अनुपात सुरक्षित माना जाता है। बहुत अधिक कर्ज कंपनी को दिवालियापन के जोखिम में डाल सकता है।

**प्रश्न 3:** एक रिटेल कंपनी के पास वर्तमान संपत्ति (Current Assets - जैसे स्टॉक और कैश) ₹50 करोड़ है और उसकी वर्तमान देनदारियाँ (Current Liabilities - जैसे शॉर्ट टर्म लोन और बिल) ₹30 करोड़ हैं। कंपनी की वर्किंग कैपिटल क्या है?

**उत्तर:**

वर्किंग कैपिटल का फॉर्मूला है:

वर्किंग कैपिटल = वर्तमान संपत्ति (Current Assets) - वर्तमान देनदारियाँ (Current Liabilities)

वर्किंग कैपिटल = 50 - 30 = 20 करोड़

रिटेल कंपनी की वर्किंग कैपिटल (Working Capital) ₹20 करोड़ है।

सीख: वर्किंग कैपिटल यह दर्शाती है कि कंपनी के पास अपने रोज़मर्रा के कामकाज चलाने के लिए पर्याप्त पैसा है या नहीं।

**प्रश्न 4:** 'कंपनी B' ने इस साल ₹100 करोड़ का शुद्ध लाभ कमाया है। बाजार में कंपनी के कुल 5 करोड़ शेयर मौजूद हैं। कंपनी का EPS क्या होगा?

**उत्तर:**

प्रति शेयर आय (EPS) की गणना करने के लिए हम कंपनी के कुल शुद्ध लाभ को उसके कुल बकाया शेयरों की संख्या से विभाजित करते हैं। इसका सूत्र निम्नलिखित है:

EPS = शुद्ध लाभ / शेयरों की कुल संख्या

EPS = 100 / 5 = ₹20 प्रति शेयर

कंपनी B का EPS ₹20 है। इसका अर्थ है कि कंपनी ने अपने प्रत्येक शेयर पर ₹20 का लाभ कमाया है।

सीख: EPS यह बताता है कि कंपनी का हर एक शेयर अपने मालिक के लिए कितना मुनाफा कमा रहा है। बढ़ता हुआ EPS कंपनी की तरक्की का संकेत है।

**प्रश्न 5:** एक कंपनी के पास कुल संपत्ति (Total Assets) ₹400 करोड़ की है। उस साल कंपनी ने ₹800 करोड़ की बिक्री की। कंपनी का एसेट टर्नओवर अनुपात क्या है?

**उत्तर:**

एसेट टर्नओवर अनुपात यह मापता है कि एक कंपनी अपनी संपत्ति का उपयोग करके कितनी कुशलता से बिक्री उत्पन्न कर रही है। इसका सूत्र इस प्रकार है:

एसेट टर्नओवर अनुपात = कुल बिक्री / कुल संपत्ति

Asset Turnover Ratio = 800 / 400 = 2

कंपनी का एसेट टर्नओवर अनुपात 2 है। इसका अर्थ है कि कंपनी अपनी संपत्ति के प्रत्येक ₹1 के लिए ₹2 की बिक्री उत्पन्न कर रही है।

सीख: यह अनुपात बताता है कि कंपनी अपनी संपत्ति का उपयोग कितनी कुशलता से बिक्री बढ़ाने के लिए कर रही है।

## 21.5 प्रश्नोत्तर परीक्षा (Quiz)

Q1. कंपनी के मूलभूत सिद्धांत (Fundamentals) क्या बताते हैं?

(A) केवल शेयर की कीमत (B) कंपनी के स्वास्थ्य – बिजनेस, मैनेजमेंट और वित्तीय स्थिति

(C) केवल मार्केट सेंटिमेंट (D) केवल टेक्निकल चार्ट

Q2. किताब में फंडामेंटल एनालिसिस को क्या कहा गया है?

(A) शॉर्ट टर्म ट्रेडिंग के लिए

(B) कंपनी की असली ताकत समझने का तरीका – लॉन्ग टर्म निवेश के लिए

(C) केवल डे ट्रेडिंग

(D) चार्ट देखने का तरीका

Q3. बिजनेस मॉडल क्या है?

(A) कंपनी पैसे कैसे कमाती है (B) कंपनी का ऑफिस

(C) कंपनी का विज्ञापन (D) केवल प्रोडक्ट

Q4. Moat (प्रतिस्पर्धी लाभ) का मतलब क्या है?

(A) कंपनी के चारों तरफ पानी की खाई

(B) कंपनी को प्रतियोगियों से अलग और मजबूत बनाए रखने वाला लाभ

(C) केवल ब्रांड नेम

(D) केवल कम कीमत

Q5. Economic Moat के मुख्य प्रकार कितने हैं?

(A) 2 (B) 10

(C) 5 मुख्य (ब्रांड, नेटवर्क, कॉस्ट, स्विचिंग, स्केल) (D) कोई नहीं

Q6. बिजनेस मॉडल कैनवास में कितने ब्लॉक होते हैं?

(A) 5 (B) 9 (C) 12 (D) 15

Q7. सबसे मजबूत Moat कौन-सा माना जाता है?

(A) ब्रांड Moat (कोका-कोला, एप्पल जैसा) (B) कम कीमत

(C) केवल बड़ा साइज (D) केवल सरकारी लाइसेंस

Q8. नेटवर्क इफेक्ट Moat का सबसे अच्छा उदाहरण क्या है?

(A) रिलायंस जियो, फेसबुक, UPI (B) केवल कोल्ड ड्रिंक कंपनी

(C) केवल साबुन कंपनी (D) केवल साइकिल कंपनी

Q9. Switching Cost Moat का मतलब क्या है?

(A) केवल कीमत (B) कंपनी बदलना आसान

(C) कोई कॉस्ट नहीं (D) ग्राहक बदलना बहुत महंगा/मुश्किल पड़ता है

Q10. Cost Advantage Moat किसमें सबसे ज्यादा होता है?

(A) जो सबसे सस्ता प्रोड्यूस कर सके (D-Mart, ITC) (B) सबसे महंगा प्रोडक्ट

(C) केवल लग्जरी ब्रांड (D) केवल टेक कंपनी

Q11. Management Quality कैसे जांची जाती है?

(A) प्रमोटर बैकग्राउंड, कॉर्पोरेट गवर्नेंस, कैपिटल एलोकेशन (B) केवल विज्ञापन

(C) केवल सैलरी (D) केवल ऑफिस का साइज

Q12. अच्छे मैनेजमेंट की पहचान क्या है?

(A) प्रमोटर सैलरी बहुत ज्यादा (B) शेयरधारकों के हित में फैसले, कम सैलरी, हाई ROE

(C) बहुत ज्यादा कर्ज (D) केवल डिविडेंड न देना

Q13. Porter's Five Forces का उपयोग क्या है?

(A) कंपनी के सेक्टर की ताकत/कमजोरी समझना (B) केवल कीमत तय करना

(C) केवल मार्केटिंग (D) केवल HR

Q14. सबसे मजबूत Moat वाला सेक्टर कौन-सा है?

(A) रिटेल फूड
(B) केवल स्टील
(C) रियल एस्टेट
(D) FMCG, फार्मा, IT सर्विसेज (ब्रांड + नेटवर्क)

Q15. किताब में Moat को क्या कहा गया है?

(A) कंपनी की सुरक्षा खाई – जितनी चौड़ी, उतनी मजबूत कंपनी
(B) सिर्फ पानी की खाई
(C) कोई जरूरत नहीं
(D) केवल ब्रांड नेम

Q16. Warren Buffett Moat को क्यों इतना महत्व देते हैं?

(A) मजबूत Moat वाली कंपनी लंबे समय तक मुनाफा कमाती रहती है
(B) सिर्फ कीमत कम करने के लिए
(C) केवल डिविडेंड के लिए
(D) केवल शॉर्ट टर्म

Q17. Moat कमजोर होने के संकेत क्या हैं?

(A) बहुत ज्यादा कर्ज
(B) बहुत ज्यादा डिविडेंड
(C) मार्जिन घटना, कॉम्पिटिटर का मार्केट शेयर बढ़ना
(D) केवल प्रमोटर होल्डिंग

Q18. Business Model Canvas का सबसे महत्वपूर्ण हिस्सा क्या है?

(A) Value Proposition – ग्राहक को क्या खास मिलता है
(B) केवल कीमत
(C) केवल विज्ञापन
(D) केवल डिस्ट्रीब्यूशन

Q19. किताब का मुख्य संदेश कंपनी मूलभूत पर क्या है?

(A) केवल चार्ट देखो
(B) मजबूत बिजनेस मॉडल + चौड़ा Moat + अच्छा मैनेजमेंट = लंबी सफलता
(C) केवल P/E देखो
(D) केवल पिछले रिटर्न

Q20. नया निवेशक फंडामेंटल्स शुरू करने के लिए क्या करे?

(A) केवल टिप्स पर
(B) सीधा स्टॉक खरीद ले
(C) पहले Moat और बिजनेस मॉडल समझे, फिर निवेश करे
(D) केवल न्यूज पर

**Answer Key**

| Q | 1 | 2 | 3 | 4 | 5 | 6 | 7 | 8 | 9 | 10 | 11 | 12 | 13 | 14 | 15 | 16 | 17 | 18 | 19 | 20 |
|---|---|---|---|---|---|---|---|---|---|---|---|---|---|---|---|---|---|---|---|---|
| Ans. | B | B | A | B | C | B | A | A | D | A | A | B | A | D | A | A | C | A | B | C |

# *Chapter 22* आर्थिक एवं सेक्टर विश्लेषण

**"देश की अर्थव्यवस्था और उद्योग के रुझानों का विश्लेषण निवेश के बड़े अवसर प्रदान करता है। आर्थिक चक्र और सेक्टर की मजबूती को समझकर ही आप भविष्य के मल्टीबैगर स्टॉक्स की पहचान कर सकते हैं।"**

एक बेहतरीन कंपनी भी एक डूबती हुई अर्थव्यवस्था या संघर्ष करते हुए उद्योग में सफल नहीं हो सकती। निवेश की दुनिया में कंपनी का विश्लेषण करने से पहले उस 'बड़े चित्र' (Big Picture) को समझना अनिवार्य है जिसमें वह कंपनी सांस लेती है। यह अध्याय आपको माइक्रो से मैक्रो की ओर ले जाता है, जहाँ आप सीखेंगे कि कैसे वैश्विक और राष्ट्रीय आर्थिक घटनाक्रम आपके पोर्टफोलियो की दिशा बदल सकते हैं। यह 'टॉप-डाउन' निवेश दृष्टिकोण का सबसे महत्वपूर्ण हिस्सा है।

इस चैप्टर में हम राष्ट्रीय आय के प्रमुख संकेतकों—जैसे GDP, GVA, IIP और PMI—का विश्लेषण करेंगे और समझेंगे कि ये आंकड़े बाज़ार की चाल को कैसे प्रभावित करते हैं। हम राजकोषीय और मौद्रिक नीतियों के प्रभाव, मुद्रास्फीति और ब्याज दरों के चक्र को समझने की कला सीखेंगे। यह अध्याय आपको यह पहचानने की दृष्टि देगा कि किस समय कौन सा उद्योग (जैसे आईटी, फार्मा या बैंकिंग) विकास के लिए तैयार है। अर्थव्यवस्था की इस गहरी समझ के साथ, आप केवल एक स्टॉक चुनने वाले निवेशक नहीं, बल्कि एक ऐसे रणनीतिकार बनेंगे जो बाज़ार के ज्वार-भाटे को पहचानकर सही समय पर सही दांव लगाना जानता है।

## 22.1 अर्थव्यवस्था के प्रमुख संकेतक

यह सेक्शन अर्थव्यवस्था के आकार, विकास दर और औद्योगिक स्वास्थ्य को मापने के लिए उपयोग किए जाने वाले प्रमुख संकेतकों पर केंद्रित है। राष्ट्रीय आय के महत्वपूर्ण मापकों में जीडीपी (Gross Domestic Product-GDP), जीवीए (Gross Value Added-GVA), और क्षेत्रीय योगदान शामिल हैं। जीडीपी (सकल घरेलू उत्पाद) एक निश्चित समयावधि में देश में उत्पादित सभी अंतिम वस्तुओं और सेवाओं का कुल मौद्रिक मूल्य है, जो अर्थव्यवस्था के आकार और स्वास्थ्य का सबसे आम संकेतक माना जाता है। जीवीए (सकल मूल्य-वर्धन) उत्पादन प्रक्रिया में एक विशिष्ट क्षेत्र द्वारा किया गया मूल्य-वर्धन मापता है। यह जीडीपी से अधिक सटीक माप है क्योंकि यह दोहरी गणना से बचाता है और क्षेत्र-विशिष्ट प्रदर्शन को स्पष्ट रूप से दर्शाता है। क्षेत्रीय योगदान अर्थव्यवस्था के तीन मुख्य क्षेत्रों (प्राथमिक, द्वितीयक, तृतीयक) का जीवीए में हिस्सा है। भारत में, सेवा क्षेत्र (Tertiary) लगभग 55% के साथ सबसे बड़ा योगदानकर्ता है, जो देश की कृषि-आधारित से सेवा-प्रधान अर्थव्यवस्था में बदलाव की कहानी कहता है।

औद्योगिक गतिविधि का मूल्यांकन करने के लिए, तीन प्रमुख संकेतक है: औद्योगिक उत्पादन सूचकांक (IIP), परचेजिंग मैनेजर्स इंडेक्स (PMI), और क्षमता उपयोग (Capacity Utilisation)। IIP विनिर्माण, खनन और बिजली जैसे क्षेत्रों में भौतिक उत्पादन की मात्रा में अल्पावधि परिवर्तन को मापता है, जो औद्योगिक क्षेत्र की वृद्धि दर और प्रदर्शन का एक प्रमुख पैमाना है। PMI (परचेजिंग मैनेजर्स इंडेक्स) विनिर्माण और सेवा क्षेत्रों में प्रबंधकों की व्यावसायिक धारणाओं पर आधारित एक सर्वेक्षण है। यह एक ज़रूरी लीडिंग इंडिकेटर है: 50 से ऊपर का वैल्यू इकोनॉमिक बढ़ोतरी दिखाता है और 50 से कम वैल्यू संकुचन दिखाता है। क्षमता उपयोग वास्तविक उत्पादन और संभावित अधिकतम उत्पादन क्षमता का अनुपात है। उच्च

उपयोग (जैसे 80%+) मजबूत मांग, भविष्य में निवेश की संभावना और संभावित मुद्रास्फीति दबावों का संकेत देता है।

## 22.2 आर्थिक नीतियों के मुख्य स्तंभ

यह सेक्शन उन महत्वपूर्ण उपकरणों पर केंद्रित है जिनका उपयोग सरकार और केंद्रीय बैंक अर्थव्यवस्था को नियंत्रित करने के लिए करते हैं। इन नीतियों के दो मुख्य स्तंभ हैं: मौद्रिक नीति (Monetary Policy) और राजकोषीय नीति (Fiscal Policy)।

**मौद्रिक नीति (Monetary Policy) और ब्याज दर चक्र**

भारतीय रिजर्व बैंक (RBI) मौद्रिक नीति के माध्यम से अर्थव्यवस्था में नकदी (तरलता) और मुद्रास्फीति (Inflation) को नियंत्रित करता है। इसमें दो मुख्य दरें शामिल हैं। रेपो दर (Repo Rate) वह दर है जिस पर RBI बैंकों को पैसा उधार देता है। जब रेपो दर बढ़ती है, तो बैंकों के लिए ऋण महंगे हो जाते हैं, जिससे अर्थव्यवस्था की गति धीमी होती है और मुद्रास्फीति नियंत्रित होती है। इसके विपरीत, रिवर्स रेपो दर (Reverse Repo Rate) वह दर है जिस पर RBI बैंकों से अतिरिक्त नकदी जमा करता है। रिवर्स रेपो दर बढ़ने पर, बैंक अपना पैसा RBI के पास जमा करने को प्रोत्साहित होते हैं, जिससे बाज़ार से अतिरिक्त नकदी सोख ली जाती है।

**राजकोषीय नीति (Fiscal Policy) और घाटा प्रबंधन**

राजकोषीय नीति सरकार के खर्च और आय से संबंधित है। राजकोषीय घाटा (Fiscal Deficit) तब होता है जब सरकार का कुल खर्च उसकी कुल आय (उधार को छोड़कर) से अधिक होता है। इसकी गणना **राजकोषीय घाटा = कुल व्यय - (कुल प्राप्तियां - उधार)** के रूप में की जाती है। इस घाटे को पूरा करने के लिए सरकार विभिन्न स्रोतों, जैसे बॉन्ड बाज़ार, भविष्य निधि और विदेशी स्रोतों से उधार लेती है, जिसे उधार कार्यक्रम कहा जाता है। उच्च राजकोषीय घाटा राष्ट्रीय ऋण को बढ़ाता है और बाज़ार में ब्याज दरों पर दबाव डाल सकता है।

**बजट घोषणाओं का प्रभाव**

सरकार द्वारा वार्षिक बजट घोषणाएँ एक वित्तीय रोडमैप हैं जो अर्थव्यवस्था के हर क्षेत्र को प्रभावित करती हैं। आर्थिक प्रोत्साहन के रूप में करों में कटौती या बुनियादी ढांचे पर सरकारी खर्च से समग्र मांग और निवेश बढ़ता है। क्षेत्रीय स्तर पर, विशिष्ट उद्योगों (जैसे- ऑटोमोबाइल, फार्मा) को सब्सिडी या शुल्क के माध्यम से लक्षित प्रोत्साहन दिए जाते हैं। सरकार खर्च बढ़ाकर या घटाकर समग्र मांग का प्रबंधन करके अर्थव्यवस्था को स्थिर करने का भी प्रयास करती है।

## 22.3 वैश्विक आर्थिक चालक और बाजार चक्र

यह खंड वैश्विक आर्थिक चालकों (Global Economic Drivers) और बाज़ार के आंतरिक चक्रों की जाँच करता है। अर्थव्यवस्था को प्रभावित करने वाले मुख्य कारकों में मुद्रा की चाल (Money Flow) शामिल है, जो अर्थव्यवस्था में उपलब्ध मुद्रा आपूर्ति को दर्शाती है और ब्याज दरों व निवेश को प्रभावित करती है। इसके साथ ही, व्यापार संतुलन (Balance of Trade - BoT) भी एक महत्वपूर्ण संकेतक है, जो वस्तुओं और सेवाओं के निर्यात मूल्य तथा आयात मूल्य का अंतर होता है। जब ट्रेड सरप्लस (अधिशेष) होता है, तो निर्यात आयात से अधिक होता है, जिससे मुद्रा मजबूत होती है। ट्रेड डेफिसिट (घाटा) आयात पर निर्भरता या उच्च घरेलू मांग का संकेत देता है।

वैश्विक संकेत भी बाज़ारों को महत्वपूर्ण रूप से प्रभावित करते हैं। फेडरल रिज़र्व (Fed, US) की ब्याज दर नीतियाँ वैश्विक पूंजी प्रवाह और उभरती अर्थव्यवस्थाओं से पूंजी पलायन को प्रभावित करती हैं। यूरोपीय सेंट्रल बैंक (ECB) यूरोजोन में मूल्य स्थिरता बनाए रखने पर केंद्रित है, और इसकी नीतियाँ वैश्विक व्यापार व आपूर्ति श्रृंखलाओं को प्रभावित करती हैं। चीन की आर्थिक

वृद्धि दर वैश्विक कमोडिटी बाजारों, आपूर्ति श्रृंखलाओं और व्यापार संतुलन का एक प्रमुख चालक है।

बाज़ार में सेक्टर जीवन चक्र (Sector Life Cycle) भी देखा जाता है, जिसमें विभिन्न चरण होते हैं। विकास (Growth) चरण में बिक्री तेजी से बढ़ती है, प्रतिस्पर्धा बढ़ती है, लाभप्रदता चरम पर होती है, और फोकस बाजार में पैठ बनाने पर होता है। परिपक्वता (Maturity) चरण में बिक्री धीमी व स्थिर हो जाती है, प्रतिस्पर्धा बहुत तीव्र (मूल्य-आधारित) होती है, लाभप्रदता स्थिर या घटती है, और फोकस दक्षता व बाजार हिस्सेदारी बनाए रखने पर होता है। गिरावट (Decline) चरण में बिक्री और लाभप्रदता दोनों घटती हैं, प्रतिस्पर्धा भी घटती है, और फोकस लागत में कटौती करके बाहर निकलने पर होता है।

अंत में, कमोडिटी मूल्य चक्र भी महत्वपूर्ण है, जो कच्चे माल (तेल, धातु, कृषि) की कीमतों में होने वाले आवर्ती पैटर्न को संदर्भित करता है। इसके कारक मांग-आपूर्ति, वैश्विक आर्थिक विस्तार और सीज़नैलिटी हैं, और इसके चरण विस्तार, चरम, संकुचन और निम्नतम होते हैं। यह चक्र मुद्रास्फीति को प्रभावित करता है और ऊर्जा/धातु क्षेत्रों में कंपनियों के लिए जोखिम व अवसर पैदा करता है।

## 22.4 भारत के प्रमुख आर्थिक सुधार

### नियामक परिवर्तन (GST और IBC)

भारतीय अर्थव्यवस्था में हाल के नियामक परिवर्तन (Regulatory changes) व्यापार करने में सुगमता और वित्तीय अनुशासन सुनिश्चित करने में महत्वपूर्ण रहे हैं। वस्तु एवं सेवा कर (GST) को लागू करने से पहले मौजूद कई अप्रत्यक्ष करों को एकीकृत करके "एक राष्ट्र, एक कर" की अवधारणा को साकार किया गया है। इसका सीधा प्रभाव व्यापार प्रक्रियाओं के सरलीकरण और कर अनुपालन (Tax compliance) को बेहतर बनाने पर पड़ा है। इसी तरह, दिवाला और दिवालियापन संहिता (IBC) संकटग्रस्त कंपनियों के लिए एक समयबद्ध समाधान प्रक्रिया (Time-bound resolution process) प्रदान करती है। यह ढांचा बैंकों को गैर-निष्पादित परिसंपत्तियों (NPAs) को प्रभावी ढंग से प्रबंधित करने में मदद करता है और देश में एक स्वस्थ ऋण संस्कृति (Credit culture) के निर्माण में योगदान देता है।

### PLI योजना और सेक्टर को बढ़ावा

घरेलू विनिर्माण (Domestic manufacturing) को प्रोत्साहन देने और आयात निर्भरता (Import dependency) को कम करने के उद्देश्य से प्रोडक्शन-लिंक्ड इंसेंटिव (PLI) योजना शुरू की गई थी। इस योजना के तहत, कंपनियों को वृद्धिशील बिक्री (Incremental sales) पर वित्तीय प्रोत्साहन (Financial incentives) प्रदान किए जाते हैं। इस नीति का प्रभाव इलेक्ट्रॉनिक्स, फार्मास्यूटिकल्स और ऑटोमोबाइल जैसे प्रमुख क्षेत्रों में स्पष्ट रूप से दिखाई देता है, जहाँ इसने भारी निवेश को आकर्षित किया है और बड़े पैमाने पर रोज़गार सृजन (Job creation) को बढ़ावा दिया है।

### इंफ्रास्ट्रक्चर और कैपेक्स चक्र

सरकार और निजी क्षेत्र द्वारा नए बुनियादी ढांचे (Infrastructure) के निर्माण और उन्नयन में भारी निवेश के कारण एक मजबूत पूंजीगत व्यय (CapEx) चक्र चल रहा है। इस निवेश में सड़क, बंदरगाह, और बिजली परियोजनाओं का विकास शामिल है। यह उच्च कैपेक्स चक्र अर्थव्यवस्था में समग्र मांग (Aggregate demand) को बढ़ाता है, जिससे सीमेंट और स्टील जैसे उद्योगों को सीधा लाभ होता है। यह प्रक्रिया रोज़गार सृजन करती है, जो अंततः आर्थिक वृद्धि को गति प्रदान करती है।

* * * * *

**"एक बेहतरीन कंपनी भी एक डूबते हुए उद्योग को नहीं बचा सकती। निवेश करने से पहले हमेशा यह देखें कि हवा का रुख (Economic Trend) किस ओर है और कौन सा सेक्टर भविष्य का लीडर बनने वाला है।"**

## 22.5 व्यावहारिक प्रश्नों के उत्तर

**प्रश्न 1:** पिछले साल देश की GDP ₹2,00,000 करोड़ थी। इस साल यह बढ़कर ₹2,14,000 करोड़ हो गई है। ऑटोमोबाइल सेक्टर की एक प्रमुख कंपनी की आय (Revenue) भी GDP की विकास दर के समान बढ़ी है। यदि पिछले साल उस कंपनी की आय ₹500 करोड़ थी, तो इस साल उसकी अनुमानित आय क्या होगी?

**उत्तर:**

विकास = ₹2,14,000 - ₹2,00,000 = ₹14,000 करोड़

GDP विकास दर(%) वृद्धि = (14,000/2,00,000) × 100 = 7%

चूंकि कंपनी की आय भी GDP की दर (7%) से बढ़ी है:

आय में वृद्धि = ₹500 करोड़ का 7% = ₹35 करोड़

कंपनी की नई आय = ₹500 + ₹35 = ₹535 करोड़

इस साल कंपनी की अनुमानित आय ₹535 करोड़ होगी।

सीख: जब देश की अर्थव्यवस्था तेजी से बढ़ती है, तो अधिकांश उद्योगों की आय में भी वृद्धि होती है। निवेशक अक्सर उन क्षेत्रों को चुनते हैं जो GDP से भी तेज गति से बढ़ रहे हों।

**प्रश्न 2:** भारतीय रिजर्व बैंक (RBI) महंगाई को नियंत्रित करने के लिए 'रेपो रेट' (Repo Rate) में 0.50% की वृद्धि करता है। 'रियल्टी कंपनी X' पर ₹1,000 करोड़ का कर्ज है। यदि बैंक उस पर ब्याज दर 9% से बढ़ाकर 9.5% कर देता है, तो कंपनी के सालाना मुनाफे (EBT) पर कितना अतिरिक्त बोझ पड़ेगा?

**उत्तर:**

पिछला सालाना ब्याज: ₹1,000 करोड़ × 9% = ₹90 करोड़

नया सालाना ब्याज: ₹1,000 करोड़ × 9.5% = ₹95 करोड़

अतिरिक्त खर्च: ₹5 करोड़

कंपनी के सालाना मुनाफे (EBT - Earnings Before Tax) पर ₹5 करोड़ का अतिरिक्त बोझ पड़ेगा।

सीख: रियल एस्टेट और ऑटोमोबाइल जैसे 'ब्याज-संवेदनशील' (Interest-sensitive) उद्योगों पर ब्याज दरों में वृद्धि का नकारात्मक असर पड़ता है क्योंकि उनके कर्ज और ग्राहकों की ईएमआई (EMI) महंगी हो जाती है।

**प्रश्न 3:** स्टील सेक्टर एक 'चक्रीय' उद्योग है। मंदी के दौरान स्टील की मांग गिरने से कंपनी का 'कैपेसिटी यूटिलाइजेशन' (उत्पादन क्षमता का उपयोग) 90% से गिरकर 60% रह जाता है। यदि कंपनी की कुल क्षमता 10 लाख टन है और स्टील का भाव ₹50,000 प्रति टन है, तो मांग में इस कमी के कारण कंपनी की बिक्री में कितनी गिरावट आएगी?

**उत्तर:**

90% पर बिक्री: 9 लाख टन × ₹50,000 = ₹4,500 करोड़

60% पर बिक्री: 6 लाख टन × ₹50,000 = ₹3,000 करोड़

बिक्री में कुल गिरावट = ₹4,500 करोड़ - ₹3,000 करोड़ = ₹1,500 करोड़

मांग में इस कमी के कारण कंपनी की बिक्री में ₹1,500 करोड़ की गिरावट आएगी।

सीख: चक्रीय उद्योगों में निवेश करते समय आर्थिक चक्र (Economic Cycle) को समझना ज़रूरी है। मंदी के संकेत मिलते ही इन शेयरों में जोखिम बढ़ जाता है।

**प्रश्न 4:** एक भारतीय आईटी कंपनी अपनी 80% कमाई अमेरिका (USD) से करती है। पिछले साल $1 = ₹80 था। इस साल रुपया कमजोर होकर $1 = ₹83 हो गया है। यदि कंपनी ने $1 करोड़ की सेवाएं प्रदान की हैं, तो केवल मुद्रा के उतार-चढ़ाव के कारण कंपनी को रुपयों में कितना अतिरिक्त लाभ होगा?

**उत्तर:**

पिछले साल की आय (₹ में): 1 करोड़ × 80 = ₹80 करोड़

इस साल की आय (₹ में): 1 करोड़ × 83 = ₹83 करोड़

मुद्रा के उतार-चढ़ाव के कारण हुआ अतिरिक्त लाभ

अतिरिक्त लाभ = ₹83 करोड़ - ₹80 करोड़ = ₹3 करोड़

सीख: निर्यात करने वाले उद्योगों (जैसे IT और Pharma) के लिए रुपये का कमजोर होना फायदेमंद होता है, जबकि आयात करने वालों के लिए नुकसानदेह।

**प्रश्न 5:** टेलीकॉम सेक्टर का कुल बाज़ार (Total Addressable Market) ₹2,00,000 करोड़ का है। 'कंपनी ए' के पास इसका 35% हिस्सा है। 'कंपनी बी' अपनी नई तकनीक के दम पर अगले साल अपना बाज़ार हिस्सा 5% बढ़ाने का लक्ष्य रखती है। यदि कुल बाज़ार का आकार वही रहता है, तो 'कंपनी बी' की आय में कितनी वृद्धि होगी?

**उत्तर:**

चूंकि कुल बाज़ार का आकार स्थिर (₹2,00,000 करोड़) रहता है, तो 5% अतिरिक्त बाज़ार हिस्सेदारी का अर्थ है:

5% बाज़ार हिस्से की वैल्यू: ₹2,00,000 करोड़ × 5% = ₹10,000 करोड़

अगले साल 'कंपनी बी' की आय में ₹10,000 करोड़ की वृद्धि होगी।

सीख: उद्योग के विश्लेषण में यह देखना ज़रूरी है कि कौन सी कंपनी अपने प्रतिस्पर्धियों से बाज़ार हिस्सा (Market Share) छीन रही है।

## 22.6 प्रश्नोत्तर परीक्षा (Quiz)

Q1. टॉप-डाउन एनालिसिस में सबसे पहले क्या देखा जाता है?

(A) कंपनी के फंडामेंटल्स
(B) मैक्रो इकॉनमी और उद्योग की स्थिति
(C) केवल शेयर कीमत
(D) केवल P/E रेशियो

Q2. GDP का पूरा नाम क्या है?

(A) Gross Development Product
(B) Gross Domestic Product
(C) Global Domestic Product
(D) Government Development Plan

Q3. GDP में GVA क्या होता है?

(A) Gross Value Added (B) Gross Value Appreciation
(C) Government Value Added (D) Global Value Added

Q4. भारत में GDP ग्रोथ का सबसे अच्छा संकेतक क्या है?
(A) केवल सर्विस सेक्टर (B) केवल स्टॉक मार्केट
(C) केवल एग्रीकल्चर (D) IIP + PMI + GST कलेक्शन

Q5. IIP का पूरा नाम क्या है?
(A) Index of Industrial Production
(B) Indian Investment Plan
(C) International Industrial Production
(D) Index of Inflation Production

Q6. PMI (Purchasing Managers' Index) 50 से ऊपर होने का मतलब क्या है?
(A) मंदी (B) विस्तार (C) स्थिर (D) कोई मतलब नहीं

Q7. भारत की अर्थव्यवस्था को सबसे ज्यादा योगदान कौन देता है?
(A) एग्रीकल्चर (B) इंडस्ट्री (C) सर्विस सेक्टर (D) गोल्ड

Q8. मॉनसून का सबसे ज्यादा असर किस सेक्टर पर पड़ता है?
(A) IT (B) एग्रीकल्चर और FMCG
(C) बैंकिंग (D) रियल एस्टेट

Q9. ब्याज दरें घटने से सबसे ज्यादा फायदा किस सेक्टर को होता है?
(A) IT (B) ऑटो, रियल एस्टेट, बैंक (C) FMCG (D) फार्मा

Q10. सरकारी खर्च बढ़ने से सबसे ज्यादा फायदा किसे?
(A) इन्फ्रास्ट्रक्चर, सीमेंट, स्टील (B) IT (C) फार्मा (D) गोल्ड

Q11. क्रूड ऑयल की कीमत बढ़ने से सबसे ज्यादा नुकसान किसे?
(A) बैंक (B) IT (C) फार्मा (D) पेंट, एविएशन, टायर, केमिकल

Q12. रुपया कमजोर होने से सबसे ज्यादा फायदा किस सेक्टर को?
(A) IT, फार्मा, टेक्सटाइल (एक्सपोर्टर) (B) ऑयल मार्केटिंग कंपनियां
(C) एविएशन (D) पेंट

Q13. रुपया मजबूत होने से सबसे ज्यादा फायदा किसे?
(A) इंपोर्टर (ऑयल, इलेक्ट्रॉनिक्स) (B) एक्सपोर्टर
(C) FMCG (D) बैंक

Q14. CAPEX साइकिल में सबसे पहले कौन-सा सेक्टर चलता है?
(A) कैपिटल गुड्स, इन्फ्रा, सीमेंट (B) FMCG
(C) IT (D) कंज्यूमर ड्यूरेबल

Q15. Porter's Five Forces में सबसे खतरनाक फोर्स क्या है?
(A) नए प्रतियोगियों का प्रवेश (B) मौजूदा प्रतियोगिता
(C) खरीदारों की सौदेबाजी (D) सप्लायर की शक्ति

Q16. भारत में सबसे मजबूत सेक्टर कौन-सा माना जाता है?

(A) स्टील
(B) रियल एस्टेट
(C) IT सर्विसेज और फार्मा (हाई मार्जिन + ग्लोबल डिमांड)
(D) टेक्सटाइल

Q17. साइक्लिकल सेक्टर कौन-सा है?
(A) FMCG (B) ऑटो, बैंक, रियल एस्टेट (C) IT (D) फार्मा

Q18. डिफेंसिव सेक्टर कौन-सा है?
(A) ऑटो (B) FMCG, फार्मा, यूटिलिटी (C) बैंक (D) मेटल

Q19. किताब का मुख्य संदेश उद्योग विश्लेषण पर क्या है?
(A) कंपनी से पहले मैक्रो और उद्योग देखो – सही समय पर सही सेक्टर
(B) केवल कंपनी देखो
(C) केवल चार्ट देखो
(D) केवल न्यूज देखो

Q20. टॉप-डाउन एनालिसिस का सबसे बड़ा फायदा क्या है?
(A) केवल स्मॉल कैप
(B) हर कंपनी में निवेश
(C) केवल लार्ज कैप
(D) सही सेक्टर और सही समय पर निवेश – ज्यादा रिटर्न, कम जोखिम

**Answer Key**

| Q | 1 | 2 | 3 | 4 | 5 | 6 | 7 | 8 | 9 | 10 | 11 | 12 | 13 | 14 | 15 | 16 | 17 | 18 | 19 | 20 |
|---|---|---|---|---|---|---|---|---|---|---|---|---|---|---|---|---|---|---|---|---|
| Ans. | B | B | A | D | A | B | C | B | B | A | D | A | A | A | B | C | B | B | A | D |

# *Chapter 23* कंपनी प्रबंधन और व्यवसाय की परख

**"प्रबंधन की कुशलता, कॉर्पोरेट गवर्नेंस और ब्रांड वैल्यू जैसे अनदेखे कारक कंपनी की सफलता तय करते हैं। केवल आंकड़ों पर नहीं, बल्कि कंपनी के कार्य करने के तरीकों पर भरोसा करना भी जरूरी है।"**

संख्याएं और बैलेंस शीट हमें केवल यह बताते हैं कि कंपनी ने अब तक क्या किया है, लेकिन 'गुणात्मक कारक' (Qualitative Factors) हमें यह बताते हैं कि कंपनी भविष्य में क्या कर सकती है। अक्सर एक निवेशक बैलेंस शीट के अंकों में इतना उलझ जाता है कि वह कंपनी की उस 'अदृश्य शक्ति' को देखना भूल जाता है जो उसे वास्तव में महान बनाती है। यह अध्याय आपको उन अमूर्त संपत्तियों (Intangible Assets) की गहराई में ले जाएगा जिन्हें मापना कठिन है, लेकिन जो लंबी अवधि में सफलता की असली गारंटी होती हैं।

इस चैप्टर में हम कंपनी की ब्रांड इक्विटी और कस्टमर लॉयल्टी के महत्व को समझेंगे। हम NPS (नेट प्रमोटर स्कोर) जैसे आधुनिक पैमानों के माध्यम से ग्राहकों की संतुष्टि को मापना और कंपनी के मजबूत वितरण नेटवर्क (Distribution Network) की शक्ति का विश्लेषण करना सीखेंगे। आप जानेंगे कि कैसे एक ईमानदार मैनेजमेंट और मजबूत वर्क कल्चर किसी भी आर्थिक संकट में कंपनी की ढाल बनते हैं। यह अध्याय आपको केवल एक 'गणितज्ञ' के बजाय एक 'दूरदर्शी निवेशक' बनाएगा, जो आंकड़ों के पीछे छिपी कंपनी की असली गुणवत्ता और उसके भविष्य के 'मल्टीबैगर' बनने की क्षमता को पहचान पाएगा।

## 23.1 कंपनी की बाहरी पहचान और ब्रांड इक्विटी

यह सेक्शन किसी कंपनी की बाहरी पहचान और उसके कस्टमर्स के साथ रिश्तों के ज़रूरी पहलुओं का गहराई से एनालिसिस करता है, जो इन्वेस्टमेंट एनालिसिस के लिए ज़रूरी फैक्टर हैं। कंपनी की ब्रांड इक्विटी (Brand Equity) एक प्रसिद्ध ब्रांड नाम द्वारा उत्पाद या सेवा में जोड़ा गया अतिरिक्त मूल्य है, जिसमें प्रतिष्ठा और वफादारी जैसे अमूर्त गुण शामिल होते हैं। निवेश विश्लेषण में इस इक्विटी का बड़ा महत्व है क्योंकि यह कंपनी को उच्च मार्जिन बनाए रखने और मूल्य निर्धारण की शक्ति प्रदान करता है; मजबूत ब्रांड इक्विटी वाले ग्राहक आसानी से प्रतिस्पर्धियों के पास नहीं जाते। इसी से जुड़ा एक और कारक ब्रांड रिकॉल (Brand Recall) है, जिसका अर्थ है कि ग्राहक बिना किसी संकेत के किसी उत्पाद श्रेणी में एक विशिष्ट ब्रांड का नाम याद कर पाता है (शीर्ष ब्रांड)। यह क्षमता मजबूत ब्रांड जागरूकता और सफल मार्केटिंग प्रयासों का संकेत देती है, जिससे भविष्य में नए उत्पादों के लॉन्च को भी आसानी मिलती है।

ब्रांड के अलावा, ग्राहक निष्ठा (Customer Loyalty) और नेट प्रमोटर स्कोर (NPS) भी महत्वपूर्ण हैं। ग्राहक निष्ठा ग्राहक का किसी ब्रांड के साथ लंबे समय तक बने रहने और बार-बार खरीदारी करने का स्वाभाविक झुकाव है। इसका महत्व यह है कि यह कंपनी के लिए एक स्थिर राजस्व धारा प्रदान करती है और नए ग्राहक प्राप्त करने की लागत (CAC - Customer Acquisition Cost) को कम करती है। नेट प्रमोटर स्कोर (NPS) ग्राहकों से यह पूछकर मापा जाता है कि वे दूसरों को कंपनी की सिफारिश करने की कितनी संभावना रखते हैं (आमतौर पर 0-10 के पैमाने पर)। 9-10 स्कोर वाले प्रमोटर कहलाते हैं, 7-8 वाले पैसिव, और 0-6 वाले

डेट्रैक्टर। उच्च एनपीएस भविष्य की ग्रोथ और मजबूत ब्रांड इक्विटी का एक शक्तिशाली अग्रगामी (Leading) संकेतक माना जाता है।

अंत में, एक मजबूत और कुशल वितरण नेटवर्क उत्पाद को ग्राहकों तक समय पर और लागत प्रभावी ढंग से पहुँचाना सुनिश्चित करता है। इसमें दो मुख्य पहलू हैं: बाज़ार तक पहुँच यह सुनिश्चित करती है कि उत्पाद दूरदराज के ग्राहकों तक भी पहुँचे। लागत दक्षता (Cost Efficiency) का मतलब है कि सुव्यवस्थित लॉजिस्टिक्स और भंडारण से जुड़ी लागतें कम हों, जिससे अंततः लाभ मार्जिन में वृद्धि होती है। यह एक महत्वपूर्ण प्रतिस्पर्धी लाभ है, क्योंकि एक मजबूत वितरण नेटवर्क वाली कंपनियाँ अक्सर बाजार में बड़ी हिस्सेदारी हासिल करने में सफल होती हैं।

## 23.2 कंपनी की आंतरिक मजबूती के मुख्य आधार

यह सेक्शन किसी कंपनी के इंटरनल स्ट्रक्चर, लीडरशिप और इनोवेशन क्षमताओं का मूल्यांकन करता है। यह मुख्य रूप से चार खास एरिया पर फोकस करता है जो किसी भी ऑर्गनाइज़ेशन की सस्टेनेबिलिटी और भविष्य की ग्रोथ के लिए बहुत ज़रूरी हैं।

### 1. पेटेंट पोर्टफोलियो और IP

**बौद्धिक संपदा (IP):** कंपनी की सबसे मूल्यवान अमूर्त संपत्ति (Intangible Assets) मानी जाती है, जिसमें पेटेंट, ट्रेडमार्क और कॉपीराइट शामिल हैं। ये संपत्तियाँ कंपनी को बाज़ार में एक प्रतिस्पर्धात्मक लाभ प्रदान करती हैं, क्योंकि मजबूत पेटेंट प्रतिस्पर्धियों को समान उत्पादों को बनाने से रोकते हैं, जिससे कंपनी को एक प्रकार का बाज़ार में एकाधिकार मिलता है। मूल्यांकन के दृष्टिकोण से, IP से रॉयल्टी के रूप में आय हो सकती है और यह कंपनी की अनुसंधान और विकास (R&D) क्षमताओं को भी दर्शाता है।

### 2. मानव पूंजी और संस्कृति

**मानव पूंजी (Human Capital):** कर्मचारियों के सामूहिक कौशल, ज्ञान और अनुभव को संदर्भित करती है। इसके विश्लेषण में कर्मचारी प्रतिधारण (Retention) दरें और टर्नओवर दर का मूल्यांकन किया जाता है; कम टर्नओवर दर एक स्थिर कार्यस्थल का संकेत है।

**संस्कृति (Culture):** संगठन के साझा मूल्यों, विश्वासों और व्यवहारों की समग्र प्रकृति है। इसका महत्व यह है कि एक सकारात्मक, नवाचार-उन्मुख और पारदर्शी संस्कृति प्रदर्शन को बढ़ाती है और कंपनी को बाजार में अधिक चुस्त (Agile) बनाती है।

### 3. उत्तराधिकार योजना का महत्त्व

उत्तराधिकार योजना यह सुनिश्चित करती है कि जब प्रमुख नेता या प्रबंधक सेवानिवृत्त हों, तब भी कंपनी के पास नेतृत्व की भूमिकाओं को भरने के लिए तैयार व्यक्तियों का एक पूल उपलब्ध हो। यह नेतृत्व निरंतरता सुनिश्चित करती है, जिससे नेतृत्व में परिवर्तन के दौरान सुचारू संचालन संभव होता है। यह जोखिम प्रबंधन का एक संकेत भी है, जो प्रबंधन की गहराई और भविष्य के जोखिमों के प्रति उनकी तत्परता को दर्शाता है, जिससे मजबूत योजना निवेशकों के विश्वास को बढ़ाती है।

### 4. कंपनी की स्पष्ट दिशा और उद्देश्य

यह कारक कंपनी के दीर्घकालिक लक्ष्य (Vision) और वर्तमान उद्देश्य (Mission) का स्पष्ट होना और आपस में तालमेल बिठाना सुनिश्चित करता है। यह संरेखण (alignment) एक स्पष्ट दिशा प्रदान करता है, जो सभी को बताता है कि कंपनी कहाँ जा रही है और क्यों। यह निर्णय लेने में मदद करता है, क्योंकि संरेखण कठिन समय में सही रणनीतिक निर्णय लेने का एक मजबूत आधार बनता है।

## 23.3 कंपनी की स्थिरता और जोखिम प्रबंधन

यह सेक्शन किसी कंपनी स्थिरता (Stability), लचीलापन (Resilience) और संभावित खतरों के प्रति अनुकूलन क्षमता (Adaptability) का आकलन करता है। एक मजबूत जोखिम और स्थिरता ढांचा सुनिश्चित करता है कि कंपनी अप्रत्याशित चुनौतियों का सामना कर सके।

**1. ESG अनुपालन और रेटिंग**

ESG (पर्यावरण, सामाजिक, शासन) एक गैर-वित्तीय मीट्रिक है जो कंपनी के नैतिक और टिकाऊ प्रदर्शन को मापता है। पर्यावरणीय कारकों में पर्यावरण के प्रति कंपनी का दृष्टिकोण शामिल है; सामाजिक कारक कंपनी के कर्मचारियों और समुदाय के साथ संबंधों को देखते हैं; और शासन (Governance) में बोर्ड संरचना, कार्यकारी वेतन और पारदर्शिता शामिल है। इसका महत्व यह है कि मजबूत ESG प्रदर्शन नियामक जोखिम को कम करता है, प्रतिष्ठा को बढ़ाता है और निवेशकों को आकर्षित करता है, जिससे टिकाऊ वित्तीय सफलता सुनिश्चित होती है।

**2. नियामक जोखिम**

नियामक जोखिम नए कानूनों, विनियमों या मौजूदा नियमों की व्याख्या में परिवर्तन के कारण कंपनी के संचालन या वित्तीय प्रदर्शन पर संभावित नकारात्मक प्रभाव है। वित्त, स्वास्थ्य सेवा और ऊर्जा जैसे अत्यधिक विनियमित उद्योग स्वाभाविक रूप से अधिक नियामक जोखिम रखते हैं। इस जोखिम के प्रबंधन में प्रबंधन की गुणवत्ता महत्वपूर्ण है, क्योंकि यह नियामक परिवर्तनों का पूर्वानुमान लगाने और उनका प्रबंधन करने की क्षमता को दर्शाती है।

**3. आपूर्ति श्रृंखला लचीलापन (Supply Chain Resilience)**

आपूर्ति श्रृंखला लचीलापन यह मापता है कि कंपनी किसी भी व्यवधान (Disruption), जैसे महामारी, आपदा या भू-राजनीति, के बाद अपनी आपूर्ति श्रृंखला की कितनी जल्दी और प्रभावी ढंग से ठीक (Recover) हो पाती है। विविधीकरण (Diversification) यानी विभिन्न आपूर्तिकर्ताओं और भौगोलिक स्थानों पर निर्भरता जोखिम को कम करती है। यह अप्रत्याशित लागतों और राजस्व हानि को कम करके दीर्घकालिक स्थिरता और लाभप्रदता सुनिश्चित करता है।

**4. मुकदमेबाजी और आकस्मिक देनदारियाँ**

मुकदमेबाजी (Litigation) कंपनी के खिलाफ या कंपनी द्वारा दायर किए गए मौजूदा या संभावित कानूनी मुकदमे हैं। आकस्मिक देनदारियाँ (Contingent Liabilities) संभावित दायित्व हैं जो भविष्य में किसी अनिश्चित घटना के होने या न होने पर निर्भर करते हैं (जैसे चल रहे मुकदमों के संभावित नुकसान)। इनका मूल्यांकन वित्तीय विवरणों के नोट्स में किया जाता है, और बड़े मुकदमे कंपनी के भविष्य के मुनाफे और प्रतिष्ठा पर महत्वपूर्ण प्रभाव डाल सकते हैं।

**5. संकट प्रबंधन इतिहास**

कंपनी का संकट प्रबंधन इतिहास यह दर्शाता है कि उसने अतीत में अप्रत्याशित प्रतिकूल परिस्थितियों (संकट, उत्पाद रिकॉल) से कैसे निपटा है। लचीलापन की माप प्रतिक्रिया की गति, पारदर्शिता और प्रभावी समाधानों से होती है, जो बताती है कि कंपनी भविष्य के जोखिमों को संभालने में कितनी सक्षम है। एक मजबूत संकट प्रबंधन इतिहास यह सुनिश्चित करता है कि कंपनी अनिश्चितताओं में भी अच्छा प्रदर्शन कर सकती है, जिससे निवेशक विश्वास बढ़ता है।

* * * * *

**"एक शानदार व्यवसाय और एक औसत व्यवसाय के बीच का अंतर अक्सर उसका 'प्रबंधन' (Management) होता है। निवेश करते समय केवल बैलेंस शीट के आंकड़ों को न देखें, बल्कि उन हाथों को पहचानें जो कंपनी का स्टेयरिंग थामे हुए हैं। यदि प्रबंधन की नीयत और नीति साफ है, तो एक साधारण व्यापार भी असाधारण ऊंचाइयों को छू सकता है, क्योंकि अंततः आप 'व्यापार' में नहीं, 'इंसानों की काबिलियत' में निवेश करते हैं।"**

## 23.4 व्यावहारिक प्रश्नों के उत्तर

**प्रश्न 1:** 'कंपनी A' और 'कंपनी B' दोनों का मुनाफा पिछले 5 वर्षों से 20% की दर से बढ़ रहा है। लेकिन जांच करने पर पता चलता है कि 'कंपनी A' के प्रमोटर्स ने अपने रिश्तेदारों को बाजार भाव से बहुत अधिक कीमत पर ठेके (Contracts) दिए हैं, जबकि 'कंपनी B' का कॉर्पोरेट गवर्नेंस रिकॉर्ड बेदाग है। एक निवेशक के रूप में आप किसे चुनेंगे और क्यों?

**उत्तर:**

'कंपनी B' को चुनना सही होगा।

निवेश के लिए कई कारकों पर विचार करना महत्वपूर्ण है। इन कारकों में शामिल हैं:

वित्तीय प्रदर्शन: कंपनी के राजस्व, लाभ, ऋण स्तर और नकदी प्रवाह की जांच करना।

उद्योग का विश्लेषण: जिस उद्योग में कंपनी काम करती है, उसके विकास की संभावनाओं और चुनौतियों को समझना।

प्रबंधन टीम: प्रबंधन की क्षमता, अनुभव और ट्रैक रिकॉर्ड का मूल्यांकन करना।

प्रतिस्पर्धी माहौल: कंपनी के प्रतिस्पर्धियों और बाजार में उसकी स्थिति का आकलन करना।

मूल्यांकन: कंपनी के शेयर का वर्तमान मूल्य उसकी कमाई और संपत्ति के मुकाबले कितना है, यह निर्धारित करना।

तर्क: प्रमोटर्स (प्रबंधन टीम) द्वारा अपने करीबियों को फायदा पहुँचाना (Related Party Transactions) खराब कॉर्पोरेट गवर्नेंस का संकेत है। भले ही मुनाफा बढ़ रहा हो, लेकिन भविष्य में ऐसा मैनेजमेंट छोटे शेयरधारकों के हितों को नुकसान पहुँचा सकता है।

सीख: "नंबर झूठ बोल सकते हैं, लेकिन मैनेजमेंट का चरित्र लंबे समय में छिप नहीं सकता।"

**प्रश्न 2:** 'कंपनी X' एक ऐसा उत्पाद बनाती है जिसका पेटेंट उसके पास है और कोई दूसरी कंपनी उसे 10 साल तक नहीं बना सकती। दूसरी ओर, 'कंपनी Y' वैसा ही सामान बनाती है जैसा बाजार में 50 अन्य कंपनियां बना रही हैं। मंदी के समय किस कंपनी के पास अपनी कीमतें बनाए रखने की ताकत (Pricing Power) होगी?

**उत्तर**:

मंदी के समय 'कंपनी X' के पास अपनी कीमतें बनाए रखने की ताकत (Pricing Power) होगी।

इसके मुख्य कारण निम्नलिखित हैं:

एकाधिकार (Monopoly): पेटेंट होने के कारण 'कंपनी X' उस उत्पाद की एकमात्र विक्रेता है। प्रतिस्पर्धा न होने की वजह से ग्राहक को वह सामान उसी कंपनी से खरीदना पड़ेगा।

प्रतिस्पर्धा का अभाव: इसके विपरीत, 'कंपनी Y' का उत्पाद बाजार में मौजूद 50 अन्य कंपनियों जैसा ही है। यदि 'कंपनी Y' मंदी में कीमतें नहीं घटाती, तो ग्राहक तुरंत दूसरी कंपनी के सस्ते विकल्प पर चले जाएंगे।

बाजार नियंत्रण: 'कंपनी X' के पास "प्राइस मेकर" (Price Maker) बनने की क्षमता है, जबकि 'कंपनी Y' एक "प्राइस टेकर" (Price Taker) है जिसे बाजार की दरों के अनुसार चलना पड़ेगा।

सीख: उन कंपनियों को खोजें जिनके पास ब्रांड, पेटेंट या कम लागत का ऐसा लाभ हो जिसे प्रतिस्पर्धी आसानी से न तोड़ सकें।

**प्रश्न 3:** एक स्मार्टफोन कंपनी अपने फोन की कीमत ₹50,000 से बढ़ाकर ₹55,000 कर देती है, फिर भी उसके स्टोर के बाहर लंबी लाइनें लगी रहती हैं। दूसरी कंपनी को अपनी बिक्री बढ़ाने के लिए 20% का डिस्काउंट देना पड़ रहा है। गुणात्मक रूप से यह क्या दर्शाता है?

**उत्तर:**

यह स्थिति मुख्य रूप से ब्रांड इक्विटी (Brand Equity) और उपभोक्ता व्यवहार (Consumer Behavior) के निम्नलिखित गुणात्मक पहलुओं को दर्शाती है:

लोचहीन मांग (Inelastic Demand): पहली कंपनी के लिए मांग 'बेलोचदार(Inelastic)' है। इसका मतलब है कि ग्राहक ब्रांड के इतने वफादार हैं कि कीमत बढ़ने का उसकी मांग पर कोई नकारात्मक असर नहीं पड़ रहा है।

ब्रांड वैल्यू और प्रतिष्ठा (Brand Prestige): पहली कंपनी ने खुद को एक 'प्रीमियम स्टेटस सिंबल' के रूप में स्थापित कर लिया है। यहाँ उत्पाद की उपयोगिता से अधिक उसकी ब्रांड इमेज मायने रखती है।

प्रतिस्पर्धी लाभ (Competitive Advantage): दूसरी कंपनी के पास 'विभेदक कारक' (Unique Selling Proposition) की कमी है। उसे ग्राहकों को आकर्षित करने के लिए केवल कीमत (डिस्काउंट) का सहारा लेना पड़ रहा है, जो दर्शाता है कि बाजार में उसकी पकड़ कमजोर है।

मूल्य बनाम कीमत (Value vs. Price): पहली कंपनी के ग्राहक ₹55,000 में भी 'वैल्यू' देख रहे हैं, जबकि दूसरी कंपनी के उत्पाद को ग्राहक उसकी मूल कीमत पर 'ओवरप्राइस्ड' मान रहे हैं।

संक्षेप में, यह मजबूत ब्रांड निष्ठा (Brand Loyalty) और बाजार में एकाधिकार जैसी स्थिति (Dominant Market Position) का स्पष्ट उदाहरण है।

सीख: ब्रांड केवल एक नाम नहीं, बल्कि मुनाफे की सुरक्षा का एक कवच है।

**प्रश्न 4:** 'सॉफ्टवेयर कंपनी S' एक बार प्रोग्राम बनाती है और उसे लाखों लोगों को बेच सकती है बिना अपना खर्च बढ़ाए। वहीं, 'कंस्ट्रक्शन कंपनी C' को अपनी कमाई दोगुनी करने के लिए दोगुनी मशीनें और मजदूर लगाने पड़ते हैं। कौन सा बिज़नेस मॉडल अधिक 'स्केलेबल' (Scalable) है?

**उत्तर:**

सॉफ्टवेयर कंपनी S का बिज़नेस मॉडल अधिक 'स्केलेबल' (Scalable) है।

कारण:

कम सीमांत लागत (Low Marginal Cost): सॉफ्टवेयर कंपनी को एक बार प्रोग्राम बनाने के बाद उसकी अतिरिक्त कॉपियाँ बेचने के लिए नगण्य खर्च करना पड़ता है।

संसाधनों की निर्भरता: इसके विपरीत, कंस्ट्रक्शन कंपनी C को अपना उत्पादन बढ़ाने के लिए मशीनरी और श्रम (Labor) पर भारी निवेश करना पड़ता है, जिससे उसका खर्च भी कमाई के साथ बढ़ता जाता है।

सीख: हमेशा वह बिज़नेस मॉडल देखें जो कम मेहनत और निवेश में बड़े स्तर पर फैल सके।

**प्रश्न 5:** 'कंपनी P' के प्रमोटर्स अपनी हिस्सेदारी लगातार बढ़ा रहे हैं और आज उनके पास 70% शेयर हैं। 'कंपनी Q' के प्रमोटर्स धीरे-धीरे अपने शेयर बेच रहे हैं और उनकी हिस्सेदारी अब केवल 15% रह गई है। एक निवेशक के रूप में यह आपके भरोसे को कैसे प्रभावित करेगा?

**उत्तर:**

एक निवेशक के रूप में, इन दोनों स्थितियों का भरोसे पर निम्नलिखित प्रभाव पड़ेगा:

1. कंपनी P (70% प्रमोटर हिस्सेदारी):

उच्च विश्वास: प्रमोटरों द्वारा अपनी हिस्सेदारी बढ़ाना इस बात का संकेत है कि उन्हें कंपनी के भविष्य और विकास पर पूरा भरोसा है।

हितों का संरेखण (Alignment of Interests): जब प्रमोटरों के पास बड़ी हिस्सेदारी होती है, तो उनके और आम निवेशकों के हित एक समान होते हैं, क्योंकि कंपनी की सफलता से उन्हें सबसे अधिक लाभ होता है।

सकारात्मक संकेत: इसे बाजार में एक बहुत ही सकारात्मक संकेत (Bullish Signal) माना जाता है।

2. कंपनी Q (15% प्रमोटर हिस्सेदारी):

सतर्कता और संदेह: प्रमोटरों का लगातार अपनी हिस्सेदारी बेचना एक 'रेड फ्लैग' (चेतावनी) हो सकता है। यह संकेत देता है कि शायद उन्हें कंपनी के भविष्य में कोई बड़ी समस्या दिख रही है।

प्रतिबद्धता की कमी: इतनी कम हिस्सेदारी (15%) यह दर्शाती है कि प्रमोटरों का कंपनी के संचालन या उसके भविष्य में अब अधिक जुड़ाव नहीं रह गया है।

जोखिम: ऐसी कंपनियों में निर्णय लेने की शक्ति बाहरी लोगों या संस्थागत निवेशकों के पास चली जाती है, जिससे कंपनी की दिशा अस्थिर हो सकती है।

निष्कर्ष: एक निवेशक के रूप में, मेरा भरोसा कंपनी P पर अधिक होगा। हालांकि, निवेश से पहले प्रमोटरों द्वारा शेयर गिरवी (Pledging) रखने की स्थिति और अन्य वित्तीय मानकों की जांच करना अनिवार्य है।

सीख: प्रमोटर्स के कार्यों (Action) पर नज़र रखना उनके शब्दों को सुनने से ज्यादा महत्वपूर्ण है।

## 23.5 प्रश्नोत्तर परीक्षा (Quiz)

Q1. गुणात्मक विश्लेषण (Qualitative Analysis) का मुख्य फोकस क्या है?

(A) केवल नंबर और रेशियो

(B) केवल पिछले 1 साल का रिटर्न

(C) कंपनी की अमूर्त (Intangible) ताकतें – ब्रांड, मैनेजमेंट, Moat

(D) केवल चार्ट पैटर्न

Q2. किताब में गुणात्मक कारकों को क्या कहा गया है?

(A) कम महत्वपूर्ण

(B) कंपनी की आत्मा – ये बताते हैं कि कंपनी लंबे समय तक टिकेगी या नहीं

(C) केवल मार्केटिंग

(D) केवल सेक्टर

Q3. सबसे मजबूत Moat में से एक है –

(A) ब्रांड इक्विटी (जैसे कोका-कोला, एप्पल) (B) केवल कम कीमत

(C) केवल छोटा साइज (D) केवल नया प्रोडक्ट

Q4. कस्टमर लॉयल्टी को कैसे मापा जाता है?

(A) सिर्फ़ बिक्री से (B) बार-बार खरीदारी, NPS, कम चर्न रेट

(C) सिर्फ़ विज्ञापन खर्च से (D) सिर्फ़ कीमत से

Q5. नेट प्रमोटर स्कोर) NPS) जितना ज़्यादा होगा, उतनी ही ज़्यादा संभावना है कि:

(A) ग्राहक कंपनी से असंतुष्ट हैं (B) ग्राहक कंपनी को दूसरों को रिकमेंड करेंगे
(C) कोई फर्क नहीं पड़ता (D) कंपनी घाटे में चल रही है

Q6. एक मज़बूत डिस्ट्रीब्यूशन नेटवर्क बनाने के लिए वह कितना मज़बूत होना चाहिए?
(A) सिर्फ़ ऑनलाइन
(B) ज़रूरी नहीं
(C) सिर्फ़ शहरों में
(D) इतना बड़ा कि कॉम्पिटिटर उसे कॉपी न कर सकें) जैसे HUL, ITC)

Q7. मैनेजमेंट क्वालिटी का सबसे बड़ा इंडिकेटर क्या है?
(A) प्रमोटर की बहुत ज़्यादा सैलरी
(B) प्रमोटर का कंपनी में हिस्सा + अच्छा कॉर्पोरेट गवर्नेंस
(C) बहुत ज़्यादा कर्ज़
(D) सिर्फ़ डिविडेंड न देना

Q8. अच्छा मैनेजमेंट क्या करता है?
(A) शेयरधारकों का पैसा अपने में खर्च
(B) Capital Allocation में समझदारी – ROE/ROCE ऊँचा रखना
(C) केवल प्रमोशन
(D) केवल बोनस लेना

Q9. Corporate Governance खराब होने के संकेत क्या हैं?
(A) रिलेटेड पार्टी ट्रांजेक्शन, प्रमोटर प्लेज शेयर (B) बहुत ज्यादा डिविडेंड
(C) बहुत कम सैलरी (D) बहुत कम कर्ज

Q10. विज़न और लीडरशिप का सबसे अच्छा उदाहरण इनमें से कौन सा है?
(A) सिर्फ़ लागत कम करने पर ध्यान देना
(B) सिर्फ़ शॉर्ट-टर्म मुनाफ़े पर ध्यान देना
(C) रतन टाटा, नारायण मूर्ति और धीरूभाई अंबानी जैसे लोगों की सोच
(D) सिर्फ़ एडवरटाइजिंग पर ध्यान देना

Q11. Company Culture का असर सबसे ज्यादा कहाँ दिखता है?
(A) कर्मचारी टर्नओवर, इनोवेशन, लंबी सफलता (B) केवल सैलरी
(C) केवल ऑफिस (D) केवल विज्ञापन

Q12. Innovation Capability का सबसे अच्छा उदाहरण कौन-सी कंपनी है?
(A) नोकिया (पुरानी) (B) एप्पल, रिलायंस जियो, टेस्ला
(C) केवल सरकारी कंपनी (D) केवल छोटी कंपनी

Q13. Regulatory Environment का सबसे ज्यादा असर किस सेक्टर पर पड़ता है?
(A) फार्मा, बैंकिंग, टेलीकॉम (B) FMCG (C) गोल्ड (D) रियल एस्टेट

Q14. ESG (Environment, Social, Governance) आजकल क्यों महत्वपूर्ण है?
(A) केवल मार्केटिंग (B) निवेशक और ग्राहक दोनों इसे देखते हैं – लंबी टिकाऊ सफलता
(C) कोई जरूरत नहीं (D) केवल सरकारी नियम

Q15. किताब में गुणात्मक कारकों को कितना महत्व दिया गया है?

(A) 20%

(B) केवल शुरुआत में

(C) कोई महत्व नहीं

(D) बहुत ज्यादा – ये बताते हैं कि कंपनी 10-20 साल तक चलेगी या नहीं

Q16. ब्रांड Moat का सबसे मजबूत उदाहरण भारत में कौन-सा है?

(A) पतंजलि (B) एशियन पेंट्स, हिंदुस्तान यूनिलीवर, ITC

(C) केवल नई कंपनी (D) केवल लोकल ब्रांड

Q17. Customer Switching Cost सबसे ज्यादा कहाँ होता है?

(A) साबुन खरीदने में (B) बैंक बदलने, सॉफ्टवेयर बदलने में

(C) केवल दूध खरीदने में (D) कोई कॉस्ट नहीं

Q18. किताब में गुणात्मक विश्लेषण को क्या कहा गया है?

(A) नंबर से पहले की जांच

(B) कंपनी की आत्मा और भविष्य की ताकत समझने का तरीका

(C) केवल पिछले रिटर्न

(D) केवल चार्ट

Q19. Warren Buffett गुणात्मक कारकों में सबसे ज्यादा क्या देखते हैं?

(A) केवल P/E (B) Moat + Management Quality + Simple Business

(C) केवल ग्रोथ (D) केवल डिविडेंड

Q20. नया निवेशक गुणात्मक विश्लेषण कैसे शुरू करे?

(A) पहले कंपनी के बिजनेस, ब्रांड, मैनेजमेंट को समझे – नंबर बाद में

(B) सीधा नंबर देख ले

(C) केवल टिप्स पर

(D) केवल पिछले 1 साल

**Answer Key**

| Q | 1 | 2 | 3 | 4 | 5 | 6 | 7 | 8 | 9 | 10 | 11 | 12 | 13 | 14 | 15 | 16 | 17 | 18 | 19 | 20 |
|---|---|---|---|---|---|---|---|---|---|---|---|---|---|---|---|---|---|---|---|---|
| Ans. | C | B | A | B | B | D | B | B | A | C | A | B | A | B | D | B | B | B | B | A |

# *Chapter 24* कंपनी का वित्तीय विश्लेषण

**"बैलेंस शीट, लाभ-हानि विवरण और वित्तीय अनुपातों का विश्लेषण ही मात्रात्मक जांच है। कंपनी के वास्तविक आंकड़ों और प्रदर्शन को मापकर ही उसके आंतरिक मूल्य और भविष्य की स्थिरता का सटीक आंकलन किया जाता है।"**

अगर गुणात्मक कारक किसी कंपनी की 'कहानी' सुनाते हैं, तो मात्रात्मक कारक उस कहानी की सच्चाई को 'आंकड़ों' की कसौटी पर परखते हैं। निवेश की दुनिया में एक कहावत है—'आंकड़े झूठ नहीं बोलते।' यह अध्याय आपको कंपनी के वित्तीय बयानों की भूलभुलैया से निकलकर वास्तविक प्रदर्शन को मापने का सटीक नजरिया प्रदान करेगा। यह फंडामेंटल एनालिसिस की वह 'रीढ़' है, जो आपके निवेश निर्णयों को केवल अनुमानों से हटाकर ठोस तथ्यों पर आधारित करती है।

इस चैप्टर में हम आय विवरण (Income Statement) की गहराइयों में उतरेंगे और राजस्व (Revenue), EBITDA और PAT (शुद्ध लाभ) जैसे पैमानों का विश्लेषण करेंगे। आप CAGR (चक्रवृद्धि वार्षिक वृद्धि दर) के माध्यम से राजस्व वृद्धि को मापने और बैलेंस शीट की सेहत को जांचने की कला सीखेंगे। यह अध्याय आपको सिखाएगा कि कैसे कंपनी के कैश फ्लो और कर्ज के स्तर का आकलन किया जाता है। इन मात्रात्मक औजारों के साथ, आप किसी भी कंपनी का 'सटीक मूल्यांकन' करने में सक्षम होंगे, जिससे आप बाजार के झांसे में आने से बचेंगे और केवल उन्हीं व्यवसायों में पूंजी लगाएंगे जिनका वित्तीय ट्रैक रिकॉर्ड उनकी सफलता की गवाही देता है।

## 24.1 आय विवरण और वित्तीय स्वास्थ्य का विश्लेषण

आय विवरण (Income Statement Analysis) किसी कंपनी की एक विशिष्ट अवधि में लाभप्रदता (Profitability) को मापने का एक महत्वपूर्ण वित्तीय उपकरण है। इस विश्लेषण में उपयोग किए जाने वाले प्रमुख मैट्रिक्स (Metrics) कंपनी के वित्तीय स्वास्थ्य की गहरी समझ प्रदान करते हैं।

**वित्तीय प्रदर्शन के मुख्य संकेतक**

राजस्व (Revenue), जिसे 'टॉपलाइन' (Topline) या 'बिक्री' (Sales) भी कहा जाता है, विकास क्षमता का प्राथमिक संकेतक है और बाज़ार में उत्पादों/सेवाओं की मांग को दर्शाता है। EBITDA (अर्निंग बिफोर इंटरेस्ट, टैक्स, डेप्रिसिएशन और अमोर्टाइजेशन) की गणना राजस्व में से COGS (बेचे गए माल की लागत) और परिचालन व्यय (Operating expenses) को घटाकर की जाती है; यह परिचालन प्रदर्शन पर केंद्रित है और ऋण व कर प्रभावों को हटाकर विभिन्न कंपनियों के बीच तुलना करने में मदद करता है। अंत में, PAT (कर-पश्चात लाभ), जिसे 'बॉटमलाइन' (Bottomline) या शुद्ध आय (Net Income) भी कहते हैं, वह अंतिम लाभ है जो शेयरधारकों के लिए उपलब्ध है और लाभांश (Dividend) देने की क्षमता इसी पर निर्भर करती है।

**राजस्व वृद्धि के प्रमुख मापदंड**

राजस्व के अलावा, राजस्व वृद्धि रुझान (Revenue Growth Trends) कंपनी के विकास पथ को दर्शाते हैं। CAGR (कंपाउंड एनुअल ग्रोथ रेट) लंबी अवधि की औसत वार्षिक वृद्धि दर को मापता है और उतार-चढ़ाव को सुचारू करता है। YoY (ईयर-ओवर-ईयर) चालू अवधि के राजस्व की तुलना पिछले वर्ष की समान अवधि से करता है, जिससे मौसमी उतार-चढ़ाव

(Seasonal Fluctuations) को दूर करके वास्तविक वृद्धि पता चलती है। QoQ (क्वार्टर-ओवर-क्वार्टर) एक तिमाही की तुलना ठीक पिछली तिमाही से करता है, जिससे अल्पकालिक गति (Short-term Momentum) और हालिया व्यावसायिक परिवर्तनों का प्रभाव मापा जाता है।

### मार्जिन रुझान और कंपनी की दक्षता

मार्जिन रुझान (Margin Trends) लाभप्रदता को प्रतिशत के रूप में मापते हैं, जो कंपनी की दक्षता को दर्शाते हैं। सकल मार्जिन (Gross Margin) उत्पादन दक्षता और मूल्य निर्धारण शक्ति (Pricing Power) को दर्शाता है; इसका बढ़ता रुझान बेहतर लागत प्रबंधन या अधिक कीमत वसूलने की क्षमता का संकेत है। EBITDA मार्जिन मुख्य परिचालन दक्षता (operating efficiency) को मापता है, और इसका बढ़ता रुझान दर्शाता है कि कंपनी अपने मुख्य परिचालन खर्चों को राजस्व की तुलना में बेहतर ढंग से नियंत्रित कर रही है। शुद्ध मार्जिन (Net Margin) सभी खर्चों के बाद कंपनी के समग्र वित्तीय स्वास्थ्य का व्यापक माप है। विश्लेषण में, यदि सकल मार्जिन बढ़ रहा है लेकिन शुद्ध मार्जिन गिर रहा है, तो समस्या ब्याज, करों या अप्रत्यक्ष खर्चों में हो सकती है, जिससे यह पता चलता है कि कंपनी के मुख्य परिचालन के अलावा अन्य क्षेत्रों में लागत बढ़ रही है।

## 24.2 बैलेंस शीट: एक परिचय और संरचना

### बैलेंस शीट और लेखांकन समीकरण

बैलेंस शीट किसी कंपनी की वित्तीय स्थिति का एक विशेष समय पर लिया गया स्नैपशॉट (Snapshot) है। यह कंपनी की कुल संपत्ति (Assets), देनदारियों (Liabilities) और मालिकों की इक्विटी (Equity) के बीच संबंध को दर्शाता है। इस संबंध को एक आधारभूत लेखांकन समीकरण (Accounting Equation) द्वारा संक्षेप में प्रस्तुत किया जाता है:

संपत्ति = देनदारियां + इक्विटी

यह समीकरण आवश्यक रूप से यह बताता है कि कंपनी के पास जो कुछ भी है (संपत्ति) उसे या तो ऋण के माध्यम से (देनदारियाँ) वित्तपोषित किया गया है या मालिकों के निवेश और संचित मुनाफे (इक्विटी) के माध्यम से।

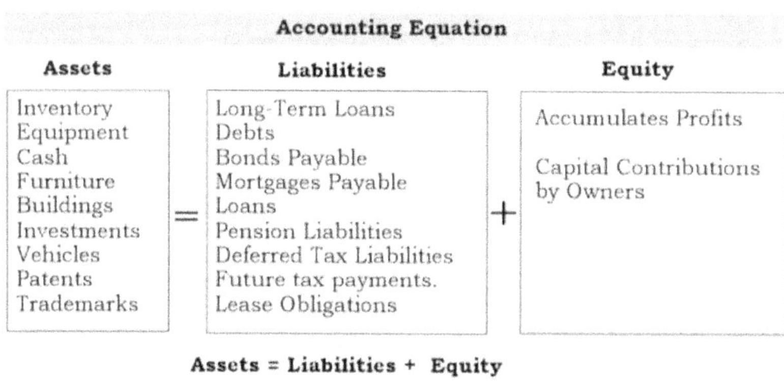


### बैलेंस शीट के मुख्य घटक

**संपत्ति** (Assets): ये वे संसाधन हैं जो कंपनी के पास हैं और जिनसे भविष्य में आर्थिक लाभ होने की उम्मीद है। इनमें मूर्त (Tangible) और अमूर्त (Intangible) दोनों तरह की वस्तुएँ शामिल हैं,

जैसे नकदी (Cash), इन्वेंट्री (Inventory), मशीनरी (Equipment), फर्नीचर, भवन, वाहन, निवेश, पेटेंट और ट्रेडमार्क।

**चालू संपत्ति** (Current Assets): ये वे संपत्तियाँ हैं जिन्हें आमतौर पर एक वर्ष के भीतर नकदी में आसानी से बदला जा सकता है।

**देनदारियाँ** (Liabilities): ये कंपनी के वित्तीय दायित्व या ऋण हैं जो इसे दूसरों को चुकाने हैं। इनमें दीर्घकालिक ऋण (Long-Term Loans), बांड देय (Bonds Payable), बंधक देय (Mortgages Payable), पेंशन देनदारियां, डेफर्ड कर (deferred tax) देनदारियां और पट्टे पर दायित्व शामिल हैं।

**चालू देनदारियाँ** (Current Liabilities): ये वे दायित्व हैं जिन्हें कंपनी को एक वर्ष के भीतर चुकाना होता है।

**इक्विटी** (Equity): इसे निवल संपत्ति (Net Worth) भी कहा जाता है। यह देनदारियों को चुकाने के बाद शेयरधारकों का बचा हुआ हिस्सा होता है। इसमें मालिकों द्वारा किया गया प्रारंभिक पूंजी योगदान (Capital Contributions by Owners) और कंपनी द्वारा समय के साथ बनाए रखा गया संचित लाभ (Accumulated Profits) शामिल होता है।

**कार्यशील पूंजी और परिचालन दक्षता**

**कार्यशील पूंजी** (Working Capital) एक महत्वपूर्ण मीट्रिक है जो कंपनी की अल्पकालिक वित्तीय स्थिरता, विशेष रूप से एक वर्ष के भीतर अपनी अल्पकालिक देनदारियों को पूरा करने की क्षमता को मापती है। इसकी गणना इस प्रकार की जाती है:

**कार्यशील पूंजी = चालू संपत्तियां - चालू देनदारियां**

कार्यशील पूंजी प्रबंधन में कुछ प्रमुख कारक शामिल हैं:

**इन्वेंट्री** (Inventory): कुशल प्रबंधन तेजी से बिक्री और टर्नओवर सुनिश्चित करता है।

**प्राप्य खाते** (Accounts Receivable): ग्राहकों से जल्दी पैसा वसूलना नकदी प्रवाह के लिए महत्वपूर्ण है।

**देय खाते** (Accounts Payable): आपूर्तिकर्ताओं को भुगतान की शर्तों का प्रबंधन नकदी प्रवाह को अनुकूलित करता है।

**नकद रूपांतरण चक्र** (Cash Conversion Cycle, CCC): यह दिन मापता है कि इन्वेंट्री को नकदी में बदलने और भुगतान करने में कितना समय लगता है। यह परिचालन दक्षता का एक प्रमुख संकेतक है।

**ऋण अनुसूची और वित्तीय जोखिम**

ऋण अनुसूची (Debt Schedule) बकाया ऋणों, उनकी विशिष्ट ब्याज दरों और पुनर्भुगतान की तारीखों का एक विस्तृत विवरण है। यह दस्तावेज़ निवेशकों और विश्लेषकों के लिए अत्यंत महत्वपूर्ण है क्योंकि यह कंपनी की साख (Creditworthiness) और अंतर्निहित वित्तीय जोखिम का आकलन करने में मदद करता है। विश्लेषक यह सुनिश्चित करने के लिए इस अनुसूची की गहन जाँच करते हैं कि कंपनी अपने दैनिक परिचालन नकदी प्रवाह से अपने सभी ऋण दायित्वों को समय पर और प्रभावी ढंग से पूरा करने में सक्षम है या नहीं।

## 24.3 नकदी प्रवाह और पूंजी दक्षता का विश्लेषण

यह खंड किसी कंपनी की वास्तविक नकदी उत्पन्न करने और उपलब्ध पूंजी का कुशलतापूर्वक उपयोग करने की क्षमता को दर्शाता है। वित्तीय विश्लेषण में ये दो अवधारणाएँ

कंपनी के स्वास्थ्य के मूल्यांकन के लिए महत्वपूर्ण हैं, क्योंकि लाभप्रदता के साथ-साथ नकदी प्रबंधन भी आवश्यक है।

### 1. कैश फ्लो स्टेटमेंट (Cash Flow Statement)

कैश फ्लो स्टेटमेंट नकदी प्रवाह को तीन मुख्य गतिविधियों में विभाजित करता है, जो दर्शाते हैं कि नकदी कहाँ से आ रही है और कहाँ जा रही है:

**परिचालन गतिविधियाँ** (CFO - Cash Flow from Operations): यह मुख्य व्यवसाय (Core Business) से उत्पन्न होने वाली नकदी है। एक टिकाऊ (Sustainable) विकास के लिए सकारात्मक CFO सबसे महत्वपूर्ण है, क्योंकि यह कंपनी के दिन-प्रतिदिन के संचालन से नकदी उत्पन्न करने की क्षमता को दर्शाता है।

**निवेश गतिविधियाँ** (CFI - Cash Flow from Investing): इसमें दीर्घकालिक संपत्ति (Long-Term Assets), जैसे कि संयंत्र, संपत्ति, और उपकरण (CapEx), की खरीद या बिक्री से जुड़ी नकदी शामिल होती है। यह कंपनी के भविष्य की वृद्धि (Future Growth) के लिए निवेश को दर्शाता है।

**वित्तपोषण गतिविधियाँ** (CFF - Cash Flow from Financing): यह ऋण (Debt), इक्विटी (Equity), और लाभांश (Dividends) से संबंधित नकदी है। इसमें ऋण लेना, ऋण चुकाना, शेयर जारी करना या वापस खरीदना शामिल है।

एक उत्पादक और स्वस्थ कंपनी के लिए आदर्श नकदी प्रवाह पैटर्न यह है कि CFO सकारात्मक हो, CFI नकारात्मक हो (क्योंकि कंपनी भविष्य में निवेश कर रही है), और CFF भी नकारात्मक हो (क्योंकि कंपनी कर्ज चुका रही है या शेयरधारकों को लाभांश दे रही है)।

### 2. फ्री कैश फ्लो (FCF) उत्पादन

फ्री कैश फ्लो (FCF) वह महत्वपूर्ण नकदी है जो कंपनी अपने सभी परिचालन खर्चों और पूंजीगत व्यय (CapEx) को पूरा करने के बाद बचा पाती है। इसे निम्न सूत्र से मापा जाता है:

FCF = परिचालन से नकदी प्रवाह(CFO) - पूंजीगत व्यय(CapEx)

FCF का महत्व यह है कि यह कंपनी के वास्तविक वित्तीय लचीलेपन (Financial Flexibility) को प्रदान करता है। इस नकदी का उपयोग ऋण चुकाने, शेयरधारकों को लाभांश (Dividends) देने, या नए प्रोजेक्ट्स में पुनर्निवेश (Reinvestment) करने के लिए किया जा सकता है।

### 3. नियोजित पूंजी पर रिटर्न (ROCE)

नियोजित पूंजी पर रिटर्न (ROCE) एक दक्षता मीट्रिक है जो मापता है कि प्रबंधन निवेशित पूंजी का कितनी कुशलता से उपयोग कर रहा है। नियोजित पूंजी (Capital Employed) शेयरधारक इक्विटी और दीर्घकालिक ऋण का कुल योग है, यानी वह कुल धनराशि जो कंपनी में निवेश की गई है। ROCE की गणना इस प्रकार की जाती है:

$$\text{ROCE} = \frac{\text{EBIT}}{\text{नियोजित पूंजी}} \times 100$$

जहां, नियोजित पूंजी = कुल परिसंपत्तियां (Total Assets) – वर्तमान देनदारियां (Current Liabilities)

EBIT (ब्याज और कर से पूर्व आय) कंपनी के परिचालन लाभ को दर्शाता है।

महत्व: उच्च ROCE इंगित करता है कि कंपनी अपनी पूंजी का उपयोग बहुत कुशलता से कर रही है और अपने निवेश पर अच्छा रिटर्न (Return) कमा रही है। यह मीट्रिक उन कंपनियों की पहचान करने में मदद करता है जिनके पास मजबूत प्रतिस्पर्धी लाभ हैं।

## 24.4 कंपनी की रिपोर्ट समझने के 5 आसान तरीके:

**1. मानक प्रारूप (Ind AS और अनुसूची III)**

भारत में सभी बड़ी कंपनियों के लिए एक ही" फॉर्मेट) "Ind AS) में रिपोर्ट बनाना ज़रूरी है।

**क्यों ज़रूरी है**? सोचिए अगर एक कंपनी अपना मुनाफा किलो में लिखे और दूसरी लीटर में, तो आप तुलना कैसे करेंगे?

**फायदा:** एक मानक फॉर्मेट होने से आप Reliance और Tata के आंकड़ों को साथ रखकर आसानी से देख सकते हैं कि कौन बेहतर प्रदर्शन कर रहा है। यह पारदर्शिता) Transparency) लाता है।

**2. सेगमेंट रिपोर्टिंग) व्यापार के अलग-अलग हिस्से(**

बड़ी कंपनियाँ अक्सर कई तरह के काम करती हैं। सेगमेंट रिपोर्टिंग उस" पर्दे "को हटाती है जो पूरी कंपनी के पीछे छिपा होता है।

**उदाहरण:** मान लीजिए एक कंपनी बिस्किट भी बेचती है और स्टील भी। कुल मिलाकर कंपनी मुनाफे में दिख रही है, लेकिन सेगमेंट रिपोर्ट देखने पर पता चला कि बिस्किट से तो बहुत कमाई हो रही है पर स्टील वाला हिस्सा भारी नुकसान में है।

**फायदा:** इससे विश्लेषक को पता चलता है कि भविष्य में कंपनी का कौन सा हिस्सा उसे डुबो सकता है या ऊँचाइयों पर ले जा सकता है।

**3. खातों पर नोट्स (Notes to Accounts)**

यह रिपोर्ट का सबसे" जासूसी "वाला हिस्सा है। मुख्य बैलेंस शीट में तो सिर्फ नंबर होते हैं, लेकिन उन नंबरों की कहानी यहाँ लिखी होती है।

**क्या छिपा होता है?** यहाँ कंपनी बताती है कि उस पर कितने कोर्ट केस) Contingencies) चल रहे हैं, या क्या उसने अपने ही किसी रिश्तेदार की कंपनी के साथ कोई गुप्त डील (Related Party Transactions) की है।

**फायदा:** यहाँ पढ़ने से आपको कंपनी के उन" छिपे हुए जोखिमों "का पता चलता है जो मुख्य टेबल में नज़र नहीं आते।

**4. ऑडिटर की राय (Auditor's Report)**

ऑडिटर एक" बाहरी जज "की तरह होता है जो कंपनी के खातों को चेक करता है।

**क्लीन ओपिनियन) Unmodified):** इसका मतलब है कि जज ने कह दिया है कि" हिसाब-किताब एकदम साफ है।"

**क्वालिफाइड ओपिनियन (Qualified):** यह 'चेतावनी' है। इसका मतलब है कि ऑडिटर को कुछ गड़बड़ मिली है या उसे पूरी जानकारी नहीं दी गई।

**महत्व:** अगर किसी कंपनी को 'क्वालिफाइड ओपिनियन' मिला है, तो निवेशकों को बहुत सावधान हो जाना चाहिए क्योंकि वहां धोखाधड़ी की संभावना हो सकती है।

**5. लेखांकन नीति में बदलाव (Accounting Policy Change)**

कंपनियाँ कभी-कभी अपना मुनाफा" बढ़ा-चढ़ाकर "दिखाने के लिए हिसाब लिखने का तरीका बदल देती हैं।

**उदाहरण:** मान लीजिए कंपनी अपनी मशीनों की वैल्यू हर साल 10% कम) Depreciation) दिखाती थी, लेकिन अचानक उसने इसे 5% कर दिया। इससे कागजों पर उसका खर्चा कम दिखेगा और मुनाफा ज़्यादा, जबकि असलियत में कुछ नहीं बदला।

**फायदा:** एक स्मार्ट निवेशक यह देखता है कि क्या कंपनी ने पिछले साल के मुकाबले इस साल "गोलमाल "करने के लिए नियम तो नहीं बदले।

**मुख्य बात:**

एक अच्छी कंपनी वह है जिसकी रिपोर्ट पारदर्शी हो, जिसका ऑडिटर खुश हो, और जिसके नोट्स में कोई बड़ा खतरा न छिपा हो।

* * * * *

**"वित्तीय विवरण (Financial Statements) एक कंपनी के रिपोर्ट कार्ड होते हैं, जहाँ आंकड़े कभी झूठ नहीं बोलते। एक कुशल निवेशक वह है जो लाभ (Profit) के शोर के पीछे छिपकर 'कैश फ्लो' की सच्चाई देख सके। जब आप बैलेंस शीट, पीएंडएल और कैश फ्लो के बीच के रिश्तों को समझना शुरू करते हैं, तब आप बाजार के सट्टेबाज नहीं, बल्कि एक वित्तीय जासूस बन जाते हैं।"**

## 24.5 व्यावहारिक प्रश्नों के उत्तर

**प्रश्न 1:** 'ग्रोथ इंडिया लिमिटेड' के पास शेयरधारकों की कुल पूंजी (Shareholders' Equity) ₹500 करोड़ है। साल के अंत में कंपनी ने ₹75 करोड़ का शुद्ध लाभ (Net Profit) कमाया। कंपनी का ROE क्या है?

**उत्तर:**

रिटर्न ऑन इक्विटी) ROE) का फ़ॉर्मूला है:

ROE = (नेट प्रॉफ़िट / इक्विटी (× 100

नेट प्रॉफ़िट₹ = 75 करोड़, टोटल इक्विटी₹ = 500 करोड़

ROE = (75 / 500) × 100 = 15%

ग्रोथ इंडिया लिमिटेड का ROE 15% है।

सीख: ROE बताता है कि कोई कंपनी शेयरहोल्डर्स के पैसे का इस्तेमाल करके कितना प्रॉफ़िट कमा रही है। 15-20% का ROE इन्वेस्टमेंट के लिए अच्छा माना जाता है।

**प्रश्न 2:** एक कंपनी पर कुल कर्ज (Debt) ₹200 करोड़ है और उसकी इक्विटी ₹400 करोड़ है। इस कंपनी का Debt-to-Equity अनुपात क्या होगा?

**उत्तर:**

डेट-टू-इक्विटी रेश्यो का फ़ॉर्मूला है:

डेट-टू-इक्विटी = टोटल डेट / इक्विटी

डेट/इक्विटी = 200 / 400 = 0.5

इसका मतलब है कि कंपनी के पास अपनी हर₹ 1 इक्विटी पर₹ 0.50 का डेट है।

सीख: 1 से कम रेश्यो को सेफ़ माना जाता है। यह बताता है कि कंपनी का डेट का बोझ उसकी इक्विटी से कम है।

**प्रश्न 3:** 'स्मार्ट टेक' ने साल भर में ₹100 करोड़ का मुनाफा कमाया। बाजार में कंपनी के कुल 2 करोड़ शेयर हैं। एक शेयर पर कितनी कमाई हुई?

**उत्तर:**

प्रति शेयर आय का फ़ॉर्मूला है:

प्रति शेयर आय) EPS) = कुल मुनाफ़ा / शेयरों की संख्या

कुल मुनाफ़ा₹ = 100 करोड़, शेयरों की कुल संख्या = 2 करोड़

EPS = ₹100 करोड़ / 2 करोड़ शेयर₹ = 50 प्रति शेयर

स्मार्ट टेक की प्रति शेयर आय) EPS) ₹50 है।

सीख: यह दर्शाता है कि कंपनी के मुनाफे का कितना हिस्सा हर शेयर के लिए आता है।

**प्रश्न 4:** एक रिटेल कंपनी की अल्पकालिक संपत्तियां (Current Assets) ₹50 लाख हैं और उसकी अल्पकालिक देनदारियां (Current Liabilities) ₹25 लाख हैं। कंपनी का करंट रेशियो क्या है?

**उत्तर:**

करंट रेश्यो का फ़ॉर्मूला है:

करंट रेश्यो = करंट एसेट्स / करंट लायबिलिटीज़

करंट रेश्यो = 50 / 25 = 2.0

इसका मतलब है कि कंपनी के पास हर₹ 1 लायबिलिटीज़ को चुकाने के लिए₹ 2 के एसेट्स मौजूद हैं।

सीख: 2 का अनुपात आदर्श माना जाता है। यह बताता है कि कंपनी अपनी तुरंत की देनदारियां चुकाने के लिए पूरी तरह सक्षम है।

**प्रश्न 5:** एक रेस्टोरेंट चेन की कुल बिक्री (Sales) ₹10 करोड़ हुई, लेकिन सभी खर्चे और टैक्स काटने के बाद उसके पास ₹1.5 करोड़ बचे। मार्जिन कितना है?

**उत्तर:**

नेट प्रॉफ़िट मार्जिन पता करने के लिए, हम यह फ़ॉर्मूला इस्तेमाल करते हैं:

नेट प्रॉफ़िट मार्जिन) NPM) = (नेट प्रॉफ़िट/टोटल सेल्स (× 100

टोटल सेल्स10₹ = , नेट प्रॉफ़िट) 1.5₹ = यह सभी खर्चों और टैक्स के बाद बची हुई रकम है।(

नेट प्रॉफ़िट मार्जिन (10 / 1.5) = × %15 = 100

रेस्टोरेंट चेन का नेट प्रॉफ़िट मार्जिन %15 है।

सीख: नेट प्रॉफ़िट मार्जिन हमें बताता है कि ऑपरेटिंग कॉस्ट, इंटरेस्ट और टैक्स जैसे सभी खर्चों को शामिल करने के बाद, कंपनी अपने टोटल रेवेन्यू का कितना परसेंट नेट प्रॉफ़िट कमाती है।

**प्रश्न 6:** एक कपड़े की दुकान साल भर में ₹12 लाख का सामान बेचती है और औसतन वह ₹2 लाख का स्टॉक (Inventory) हमेशा रखती है। उसका स्टॉक साल में कितनी बार बिकता है?

**उत्तर:**

स्टॉक कितनी बार बिकता है, यह जानने के लिए हम इन्वेंट्री टर्नओवर अनुपात के सूत्र का उपयोग करते हैं:

इन्वेंटरी टर्नओवर रेश्यो = सेल्स/एवरेज इन्वेंटरी

टोटल सेल्स) एनुअल सेल्स₹ :(12 लाख, एवरेज इन्वेंटरी₹ :2 लाख

इन्वेंट्री टर्नओवर रेश्यो = 12 / 2 = 6 गुना

कपड़े की दुकान का स्टॉक साल में 6 बार बिकता है। इसका अर्थ है कि दुकान अपनी औसत इन्वेंट्री को साल भर में छह बार पूरी तरह से बेचकर बदल देती है।

सीख: टर्नओवर जितना ज्यादा होगा, कंपनी उतनी ही कुशलता से अपना सामान बेच रही है।

**प्रश्न 7:** एक शेयर की कीमत ₹1,000 है और कंपनी साल में ₹40 का डिविडेंड देती है। एक निवेशक को निवेश पर कितने प्रतिशत ब्याज (Yield) मिल रहा है?

**उत्तर:**

डिविडेंड यील्ड (Dividend Yield) की गणना करने के लिए हम इस सूत्र का उपयोग करते हैं:

Dividend Yield = (Dividend per share/Market Price) × 100

प्रश्न के अनुसार, शेयर की वर्तमान कीमत = ₹1,000, वार्षिक डिविडेंड = ₹40

Dividend Yield = (40 / 1000) × 100 = 4%

निवेशक को अपने निवेश पर कुल 4% का वार्षिक ब्याज (Yield) प्राप्त हो रहा है।

सीख: यह बैंक FD के ब्याज की तरह है जो आपको शेयर की कीमत बढ़ने के अतिरिक्त मिलता है।

**प्रश्न 8:** एक फैक्ट्री में कुल ₹1,000 करोड़ लगे हैं (इक्विटी + कर्ज)। कंपनी का ऑपरेटिंग प्रॉफिट (EBIT) ₹250 करोड़ है। ROCE क्या है?

**उत्तर:**

ROCE (Return on Capital Employed) = (EBIT/Total Capital Employed) ×100

EBIT (ऑपरेटिंग प्रॉफिट) = ₹250 करोड़, कुल पूंजी (इक्विटी + कर्ज) = ₹1,000 करोड़

ROCE (Return on Capital Employed) = (250 / 1000) ×100 = 25%

फैक्ट्री का ROCE 25% है।

सीख: ROCE यह देखता है कि कंपनी ने कुल उपलब्ध पूंजी (अपना पैसा + उधार का पैसा) का कितना कुशल उपयोग किया है।

**प्रश्न 9:** एक बैंक की बुक वैल्यू (किताबी कीमत) ₹200 प्रति शेयर है। बाजार में उसका शेयर ₹300 पर ट्रेड कर रहा है। P/B रेशियो क्या होगा?

**उत्तर:**

P/B (प्राइस-टू-बुक) रेशियो की गणना बाजार मूल्य (Market Price) को प्रति शेयर बुक वैल्यू (Book Value) से विभाजित करके की जाती है। इसका सूत्र इस प्रकार है:

P/B रेशियो = बाजार मूल्य/ प्रति शेयर बुक वैल्यू

प्रश्न के अनुसार, बाजार मूल्य ₹300 है और बुक वैल्यू ₹200 है। इन मानों को सूत्र में रखने पर:

P/B Ratio = 300 / 200 = 1.5

बैंक का P/B रेशियो 1.5 है। इसका अर्थ है कि शेयर अपनी किताबी कीमत के 1.5 गुना पर ट्रेड कर रहा है।

सीख: आमतौर पर बैंकिंग और मैन्युफैक्चरिंग सेक्टर में यह रेशियो देखा जाता है। 1 से कम का P/B शेयर को सस्ता (Undervalued) होने का संकेत दे सकता है।

**प्रश्न 10:** एक कंपनी को साल में ₹20 करोड़ का ब्याज (Interest) चुकाना है। उसका ऑपरेटिंग प्रॉफिट (EBIT) ₹100 करोड़ है। उसका कवरेज रेशियो क्या है?

**उत्तर:**

ब्याज कवरेज अनुपात (Interest Coverage Ratio) यह दर्शाता है कि एक कंपनी अपने ऑपरेटिंग प्रॉफिट (EBIT) का उपयोग करके कितनी आसानी से अपने ऋण पर ब्याज का भुगतान कर सकती है। इसका सूत्र निम्नलिखित है:

Interest Coverage Ratio = EBIT /Interest Expense

ऑपरेटिंग प्रॉफिट (EBIT) = ₹100 करोड़, ब्याज (Interest) = ₹20 करोड़

Interest Coverage Ratio = 100 / 20 = 5

कंपनी का कवरेज रेशियो 5 है। इसका तात्पर्य है कि कंपनी का ऑपरेटिंग प्रॉफिट उसके ब्याज खर्च का 5 गुना है, जो एक स्वस्थ वित्तीय स्थिति को दर्शाता है।

सीख: इसका मतलब है कि कंपनी के पास ब्याज चुकाने के लिए जरूरत से 5 गुना ज्यादा मुनाफा है। यह कर्ज वाली कंपनियों के लिए बहुत जरूरी चेक है।

**प्रश्न 11:** 'कंपनी A' की बिक्री 3 साल पहले ₹100 करोड़ थी। आज वह बढ़कर ₹172.8 करोड़ हो गई है। कंपनी की बिक्री की CAGR (Compound Annual Growth Rate) क्या है?

**उत्तर:**

CAGR की गणना करने के लिए हम निम्नलिखित सूत्र का उपयोग करते हैं:

$$\text{अंतिम मूल्य} = \text{प्रारंभिक मूल्य}\ (1 + \text{CAGR})^t$$

$$172.8 = 100\ (1 + \text{CAGR})^3$$

गणना करने पर CAGR = 20%

कंपनी A की बिक्री की CAGR 20% है।

सीख: CAGR यह बताता है कि कंपनी हर साल औसतन किस गति से बढ़ रही है।

**प्रश्न 12:** एक कंपनी की कुल बिक्री ₹200 करोड़ है। कच्चे माल और कर्मचारियों का खर्च ₹140 करोड़ है। कंपनी का OPM % क्या है?

**उत्तर:**

सबसे पहले, हम कुल बिक्री में से परिचालन खर्चों (कच्चे माल और कर्मचारियों का खर्च) को घटाकर परिचालन लाभ (Operating Profit) ज्ञात करते हैं।

ऑपरेटिंग प्रॉफिट =₹200 करोड़ - ₹140 करोड़ = ₹60 करोड़

OPM % निकालने के लिए परिचालन लाभ को कुल बिक्री से विभाजित किया जाता है और फिर 100 से गुणा किया जाता है।

OPM = (60/200) ×100 = 30%

कंपनी का OPM 30% है।

सीख: यह मार्जिन कंपनी की मुख्य बिज़नेस कुशलता को दर्शाता है।

**प्रश्न 13:** कंपनी के पास ₹50 करोड़ की करंट एसेट्स (कैश, स्टॉक) हैं और ₹25 करोड़ की करंट लायबिलिटीज (कर्ज जो 1 साल में चुकाना है) हैं। चालू अनुपात क्या है?

**उत्तर:**

चालू अनुपात (current ratio) ज्ञात करने के लिए हम निम्नलिखित सूत्र का उपयोग करते हैं:

चालू अनुपात = चालू संपत्तियां (Current Assets) / चालू देनदारियां (Current Liabilities)

चालू अनुपात = 50 / 25 = 2:1

सीख: 2 का अनुपात आदर्श माना जाता है। यह बताता है कि कंपनी अपने अल्पकालिक कर्ज चुकाने में सक्षम है।

**प्रश्न 14:** एक गारमेंट कंपनी साल भर में ₹400 करोड़ का माल बेचती है और उसके गोदाम में हमेशा औसतन ₹40 करोड़ का स्टॉक रहता है। उसका इन्वेंटरी टर्नओवर क्या है?

**उत्तर:**

इन्वेंटरी टर्नओवर अनुपात यह मापता है कि एक कंपनी ने अपनी इन्वेंटरी को कितनी बार बेचा और बदला है। इसका सूत्र है:

इन्वेंटरी टर्नओवर अनुपात = कुल बिक्री/औसत स्टॉक

कुल बिक्री = ₹400 करोड़, औसत स्टॉक = ₹40 करोड़

इन्वेंटरी टर्नओवर अनुपात = 400 / 40 = 10 बार

गारमेंट कंपनी का इन्वेंटरी टर्नओवर 10 है।

सीख: टर्नओवर जितना ज्यादा होगा, कंपनी उतनी ही तेज़ी से अपना माल बेच रही है और पैसा रोटेट कर रही है।

**प्रश्न 15:** कंपनी का EBIT (ब्याज और टैक्स से पहले लाभ) ₹30 करोड़ है। कंपनी में लगी कुल पूंजी (इक्विटी + कर्ज) ₹150 करोड़ है। ROCE क्या होगा?

**उत्तर:**

ROCE (Return on Capital Employed) की गणना करने के लिए हम ब्याज और कर से पहले के लाभ (EBIT) को कुल नियोजित पूंजी (Capital Employed) से विभाजित करते हैं। इसका सूत्र निम्नलिखित है:

Return on Capital Employed = (EBIT/ Capital Employed)×100

ROCE =(30 / 150) ×100 = 20%

कंपनी का ROCE 20% है।

सीख: यह सबसे महत्वपूर्ण रेशियो है। यदि ROCE बैंक की ब्याज दर से अधिक है, तभी कंपनी वेल्थ बना रही है।

**प्रश्न 16:** कंपनी ₹100 करोड़ का लाभ (EBIT) कमाती है और उसे बैंक को ₹20 करोड़ का ब्याज चुकाना है। उसका ब्याज कवरेज अनुपात क्या है?

**उत्तर:**

ब्याज कवरेज अनुपात (Interest Coverage Ratio) यह मापता है कि एक कंपनी अपने बकाया ऋण पर ब्याज का भुगतान कितनी आसानी से कर सकती है। इसका सूत्र

Interest Coverage Ratio = EBIT/Interest Expense

ब्याज कवरेज अनुपात = 100 / 20 = 5

सीख: यह रेशियो जितना अधिक होगा, कंपनी के लिए अपना कर्ज चुकाना उतना ही आसान होगा। 3 से कम का रेशियो जोखिम भरा माना जाता है।

**प्रश्न 17:** कंपनी की कुल नेट वर्थ (संपत्ति - देनदारियाँ) ₹500 करोड़ है और बाजार में कुल 10 करोड़ शेयर हैं। प्रति शेयर बुक वैल्यू क्या है?

**उत्तर:**

बुक वैल्यू प्रति शेयर = कुल नेट वर्थ / कुल शेयरों की संख्या

कुल नेट वर्थ = ₹500 करोड़, कुल शेयर = 10 करोड़

बुक वैल्यू प्रति शेयर = ₹500 करोड़ / 10 करोड़ = ₹50

अतः, कंपनी की प्रति शेयर बुक वैल्यू ₹50 है।

सीख: यह बताता है कि यदि आज कंपनी बंद हो जाए, तो सैद्धांतिक रूप से हर शेयरधारक को क्या मिलेगा।

**प्रश्न 18:** कंपनी ने ₹10 प्रति शेयर का मुनाफा (EPS) कमाया और उसमें से ₹3 का डिविडेंड दिया। पेआउट रेशियो क्या है?

**उत्तर:**

पेआउट रेशियो (Payout Ratio) या डिविडेंड पेआउट रेशियो (DPR) बताता है कि कंपनी अपनी कुल कमाई (नेट इनकम) का कितना प्रतिशत हिस्सा शेयरधारकों को लाभांश (डिविडेंड) के रूप में भुगतान करती है|

पेआउट रेशियो (Payout Ratio) = (डिविडेंड प्रति शेयर ÷ अर्निंग प्रति शेयर) × 100

डिविडेंड प्रति शेयर (DPS) = ₹3, अर्निंग प्रति शेयर (EPS) = ₹10

पेआउट रेशियो = (3 / 10) ×100 = 30%

सीख: यह दिखाता है कि कंपनी अपने मुनाफे का कितना हिस्सा शेयरधारकों को बांट रही है और कितना बिज़नेस में दोबारा निवेश कर रही है।

**प्रश्न 19:** एक कंपनी ने मशीनरी और प्लांट में ₹100 करोड़ लगाए हैं और उनसे ₹500 करोड़ की सालाना बिक्री कर रही है। एसेट टर्नओवर क्या है?

**उत्तर:**

एसेट टर्नओवर = Net Sales/ Total Assets

एसेट टर्नओवर = 500 / 100 = 5

इसका अर्थ यह है कि कंपनी अपनी मशीनरी और प्लांट में निवेश किए गए प्रत्येक 1 रुपये के बदले 5 रुपये की बिक्री (रिवेन्यू) उत्पन्न कर रही है।

सीख: यह दर्शाता है कि कंपनी अपनी अचल संपत्तियों का उपयोग कितनी कुशलता से कर रही है।

**प्रश्न 20:** कंपनी का ऑपरेटिंग कैश फ्लो ₹80 करोड़ है। कंपनी ने नई मशीनों (Capex) पर ₹30 करोड़ खर्च किए। कंपनी के पास कितना फ्री कैश फ्लो बचा?

**उत्तर:**

फ्री कैश फ्लो (FCF) = ऑपरेटिंग कैश फ्लो - कैपिटल एक्सपेंडिचर (Capex)

फ्री कैश फ्लो (FCF) = ₹80 करोड़ - ₹30 करोड़ = ₹50 करोड़

कंपनी के पास ₹50 करोड़ का फ्री कैश फ्लो (Free Cash Flow) बचा है।

सीख: असली अमीर कंपनी वह है जिसके पास सारा खर्च करने के बाद 'फ्री कैश' बचता है। इसी पैसे से डिविडेंड दिया जाता है या कर्ज चुकाया जाता है।

## 24.6 प्रश्नोत्तर परीक्षा (Quiz)

Q1. मात्रात्मक विश्लेषण (Quantitative Analysis) का मुख्य आधार क्या है?

(A) केवल ब्रांड और मैनेजमेंट

(B) केवल चार्ट

(C) केवल मार्केट सेंटिमेंट

(D) कंपनी के वित्तीय विवरणों के नंबर और रेशियो

Q2. तीन मुख्य वित्तीय विवरण कौन-से हैं?

(A) P&L, Balance Sheet, Cash Flow

(B) केवल P&L

(C) केवल Balance Sheet

(D) केवल Annual Report

Q3. Profit & Loss Statement में सबसे ऊपर क्या होता है?

(A) PAT

(B) Revenue from Operations (राजस्व)

(C) EBITDA

(D) Depreciation

Q4. EBITDA का पूरा नाम क्या है?

(A) Earnings Before Interest, Tax, Depreciation & Amortization

(B) Earnings Before Interest Tax Depreciation

(C) Earnings Before Income Tax Depreciation

(D) Earnings Before Investment Tax Depreciation

Q5. EBITDA मार्जिन जितना ऊंचा होगा –

(A) कंपनी उतनी कमजोर

(B) कोई फर्क नहीं

(C) कंपनी की ऑपरेटिंग लाभप्रदता उतनी बेहतर

(D) केवल टैक्स बचत

Q6. PAT का मतलब क्या है?

(A) Profit After Tax

(B) Profit After Total

(C) Profit And Tax

(D) Profit After Turnover

Q7. Revenue Growth का सबसे अच्छा मापक क्या है?

(A) सालाना ग्रोथ

(B) CAGR (Compound Annual Growth Rate)

(C) केवल इस साल का

(D) कोई मापक नहीं

Q8. अच्छी कंपनी में Revenue CAGR कितना होना चाहिए (लंबी अवधि)?

(A) 5% से कम (B) 12-15% या उससे ज्यादा

(C) कोई ग्रोथ नहीं (D) केवल 1 साल में 100%

Q9. Operating Profit Margin (OPM) अच्छा कितना माना जाता है?

(A) 5% से कम (B) कोई फर्क नहीं

(C) नेगेटिव (D) 15-20% या उससे ज्यादा

Q10. Balance Sheet में Assets क्या है?

(A) Liabilities + Equity (B) केवल कर्ज

(C) केवल शेयर कैपिटल (D) केवल कैश

Q11. Working Capital क्या है?

(A) Current Assets – Current Liabilities

(B) Total Assets – Total Liabilities

(C) केवल कैश

(D) केवल इन्वेंटरी

Q12. अच्छी कंपनी में Debt-to-Equity Ratio कितना होना चाहिए?

(A) 3 से ज्यादा (B) 1 से कम (या 0)

(C) 10 (D) कोई फर्क नहीं

Q13. ROE (Return on Equity) कितना अच्छा माना जाता है?

(A) 5-10% (B) नेगेटिव

(C) 15-20% या उससे ज्यादा (D) केवल 50%

Q14. ROCE (Return on Capital Employed) क्या मापता है?

(A) कुल पूंजी पर मिलने वाला रिटर्न (B) केवल इक्विटी पर

(C) केवल डेट पर (D) केवल कैश

Q15. Inventory Turnover Ratio जितना ऊंचा होगा –

(A) कंपनी उतनी कमजोर (B) इन्वेंटरी तेजी से बिक रही है (अच्छा)

(C) कोई फर्क नहीं (D) बहुत स्टॉक पड़ा है

Q16. Receivables Days (Debtor Days) कम होना क्या दर्शाता है?

(A) ग्राहक जल्दी पैसा दे रहे हैं (B) ग्राहक देर से दे रहे हैं

(C) कोई फर्क नहीं (D) कंपनी कर्ज दे रही है

Q17. Cash Conversion Cycle (CCC) कम होना क्या दर्शाता है?

(A) कंपनी की कार्यशील पूंजी दक्षता अच्छी (B) बहुत कर्ज

(C) कम सेल्स (D) कोई फर्क नहीं

Q18. Free Cash Flow (FCF) अच्छा क्यों माना जाता है?

(A) केवल ग्रोथ

(B) केवल अकाउंटिंग मुनाफा

(C) केवल डिविडेंड

(D) कंपनी के पास असली नकदी बची रहती है

Q19. किताब में मात्रात्मक विश्लेषण को क्या कहा गया है?

(A) कंपनी की हड्डी – नंबर झूठ नहीं बोलते

(B) केवल पिछले रिटर्न

(C) केवल चार्ट

(D) केवल सेंटिमेंट

Q20. नया निवेशक मात्रात्मक विश्लेषण कैसे शुरू करे?

(A) पहले Revenue Growth, Margins, ROE/ROCE, Debt देखे

(B) केवल P/E देख ले

(C) केवल पिछले 1 साल

(D) केवल टिप्स पर

**Answer Key**

| Q | 1 | 2 | 3 | 4 | 5 | 6 | 7 | 8 | 9 | 10 | 11 | 12 | 13 | 14 | 15 | 16 | 17 | 18 | 19 | 20 |
|---|---|---|---|---|---|---|---|---|---|---|---|---|---|---|---|---|---|---|---|---|
| Ans. | D | A | B | A | C | A | B | B | D | A | A | B | C | A | B | A | A | D | A | A |

# *Chapter 25* कंपनी के महत्वपूर्ण वित्तीय अनुपात

**"अनुपात विश्लेषण कंपनी की लाभप्रदता, कर्ज और कार्यकुशलता को मापने का पैमाना है। P/E और ROE जैसे अनुपातों को समझकर निवेशक कम समय में कंपनी के प्रदर्शन की सटीक तुलना कर सकते हैं।"**

वित्तीय अनुपात किसी कंपनी के जटिल वित्तीय बयानों को सरल और समझने योग्य संकेतों में बदलने की कला है। यदि बैलेंस शीट और आय विवरण एक मरीज की मेडिकल रिपोर्ट हैं, तो वित्तीय अनुपात उस रिपोर्ट का 'ब्लड टेस्ट' हैं जो कंपनी के स्वास्थ्य की सटीक जानकारी देते हैं। यह अध्याय आपको उन शक्तिशाली गणनाओं से परिचित कराएगा जो दो अलग-अलग आकार की कंपनियों के बीच तुलना करना संभव बनाती हैं और उनके वास्तविक वित्तीय चरित्र को उजागर करती हैं।

इस चैप्टर में हम कंपनी की अल्पकालिक भुगतान क्षमता मापने वाले तरलता अनुपात (Current & Quick Ratio), कर्ज के बोझ को मापने वाले सॉल्वेंसी अनुपात (Debt-to-Equity), और प्रबंधन की कार्यकुशलता को दर्शाने वाले दक्षता अनुपात (Efficiency Ratios) का गहराई से अध्ययन करेंगे। साथ ही, हम ROE (रिटर्न ऑन इक्विटी) और ROCE जैसे लाभदायकता अनुपातों के माध्यम से यह जानेंगे कि कंपनी अपने शेयरधारकों की पूंजी पर कितना मुनाफा कमा रही है। यह अध्याय आपको एक ऐसा 'वित्तीय चश्मा' प्रदान करेगा जिससे आप कंपनी के दावों के पीछे छिपी असली वित्तीय मजबूती या कमजोरी को स्पष्ट रूप से देख पाएंगे और बेहतर निवेश निर्णय ले सकेंगे।

## 25.1 तरलता अनुपात: अर्थ और महत्व

तरलता अनुपात (Liquidity Ratios) महत्वपूर्ण वित्तीय मीट्रिक हैं जो किसी कंपनी की अल्पकालिक देनदारियों (Short-term Obligations) को चुकाने की क्षमता को मापते हैं। ये अनुपात एक संकेतक के रूप में कार्य करते हैं कि कंपनी अपने तत्काल दायित्वों को पूरा करने के लिए अपनी परिसंपत्तियों को कितनी जल्दी और आसानी से नकदी में बदल सकती है। इन अनुपातों के माध्यम से कंपनी की वित्तीय स्थिरता और स्वास्थ्य का आकलन किया जाता है। मुख्य रूप से तीन प्रमुख तरलता अनुपात होते हैं: चालू अनुपात (Current Ratio), त्वरित अनुपात (Quick Ratio) और नकद अनुपात (Cash Ratio)।

**1. चालू अनुपात (Current Ratio)**

चालू अनुपात सबसे व्यापक रूप से उपयोग किया जाने वाला तरलता माप है। इसका उद्देश्य यह दर्शाना है कि कंपनी के पास अपनी अल्पकालिक देनदारियों को चुकाने के लिए पर्याप्त चालू संपत्तियाँ हैं या नहीं। इसका सूत्र है:

$$\text{चालू अनुपात (Current Ratio)} = \frac{\text{चालू संपत्तियाँ (Current Assets)}}{\text{चालू देनदारियाँ(Current Liabilities)}}$$

इस अनुपात का आदर्श मान (Ideal) आमतौर पर 2:1 माना जाता है। इसका अर्थ है कि कंपनी के पास प्रत्येक ₹1 की अल्पकालिक देनदारी के मुकाबले ₹2 की चालू संपत्ति होनी चाहिए, जो एक स्वस्थ और सुरक्षित स्थिति को दर्शाता है।

**2. त्वरित अनुपात (Quick Ratio) / अम्ल-परीक्षण (Acid-Test)**

त्वरित अनुपात, जिसे अम्ल-परीक्षण अनुपात भी कहते हैं, एक सख्त माप है क्योंकि यह इन्वेंट्री (Inventory) को छोड़कर, कंपनी की सबसे तरल (Liquid) संपत्तियों से भुगतान की तत्काल क्षमता दिखाता है। इन्वेंट्री को बाहर इसलिए किया जाता है क्योंकि इसे हमेशा जल्दी नकदी में नहीं बदला जा सकता। इसका सूत्र है:

$$\text{त्वरित अनुपात (Quick Ratio)} = \frac{\text{चालू संपत्तियाँ} - \text{इन्वेंटरी}}{\text{चालू देनदारियाँ}}$$

इसका आदर्श मान (Ideal) 1:1 है। यह अनुपात दर्शाता है कि कंपनी के पास अपनी तत्काल देनदारियों को चुकाने के लिए कम से कम बराबर मात्रा में अत्यधिक तरल संपत्ति मौजूद है।

**3. नकद अनुपात (Cash Ratio)**

नकद अनुपात तरलता का सबसे सख्त और रूढ़िवादी माप है। यह केवल तुरंत उपलब्ध नकदी से भुगतान की तत्काल क्षमता दर्शाता है, जिसमें नकदी और अल्पकालिक निवेश शामिल हैं। इसका सूत्र है:

$$\text{नकद अनुपात (Cash Ratio)} = \frac{\text{नकदी} + \text{अल्पकालिक निवेश}}{\text{चालू देनदारियाँ}}$$

इसका आदर्श मान (Ideal) आमतौर पर 0.5:1 (उद्योग पर निर्भर) माना जाता है। यह अनुपात कंपनी की सबसे चरम स्थिति में तत्काल भुगतान करने की क्षमता को प्रदर्शित करता है।

## 25.2 सॉल्वेंसी अनुपात और वित्तीय स्थिरता

सॉल्वेंसी अनुपात (Solvency Ratios) महत्वपूर्ण वित्तीय मीट्रिक हैं जो किसी कंपनी की दीर्घकालिक देनदारियों (Long-term Obligations) को चुकाने की क्षमता और अंतर्निहित वित्तीय जोखिम को मापने के लिए डिज़ाइन किए गए हैं। ये अनुपात निवेशकों को कंपनी की स्थिरता का आकलन करने में मदद करते हैं।

### प्रमुख सॉल्वेंसी अनुपात

**ऋण-इक्विटी अनुपात (Debt-to-Equity Ratio - D/E):** यह अनुपात मापता है कि कंपनी अपनी संपत्तियों के वित्तपोषण के लिए ऋण (Debt) बनाम इक्विटी (Equity) का उपयोग किस हद तक कर रही है। इसका सूत्र है:

$$\text{ऋण इक्विटी अनुपात (Debt to Equity Ratio)} = \frac{\text{कुल ऋण}}{\text{कुल इक्विटी}}$$

आमतौर पर, इसका आदर्श मान निम्न माना जाता है, हालांकि यह विशिष्ट उद्योग पर भी निर्भर करता है, क्योंकि एक उच्च अनुपात अधिक वित्तीय जोखिम का संकेत देता है।

**ब्याज कवरेज अनुपात (Interest Coverage Ratio):** यह अनुपात दर्शाता है कि कंपनी की कमाई (EBIT) उसके ब्याज भुगतान को कितनी आसानी से कवर कर सकती है। इसका सूत्र है:

$$\text{ब्याज कवरेज अनुपात (Interest Coverage Ratio)} = \frac{\text{EBIT}}{\text{ब्याज व्यय}}$$

इसका आदर्श मान उच्च (>2) होना चाहिए, जो यह सुनिश्चित करता है कि कंपनी अपने ऋण पर ब्याज का भुगतान आसानी से कर सकती है।

**ऋण सेवा कवरेज अनुपात (Debt Service Coverage Ratio - DSCR):** यह ब्याज और मूलधन (Principal) दोनों को चुकाने के लिए पर्याप्त नकदी प्रवाह का सबसे व्यापक माप है। इसका सूत्र है:

$$\text{ऋण सेवा कवरेज अनुपात (DSCR)} = \frac{\text{शुद्ध परिचालन आय}}{\text{कुल ऋण सेवा (मूलधन + ब्याज)}}$$

इस अनुपात का मान भी उच्च (>1) होना चाहिए, जो एक स्वस्थ ऋण सेवा क्षमता को दर्शाता है; आमतौर पर 1.25 और 1.5 के बीच का DSCR अच्छा माना जाता है।

## 25.3 लाभप्रदता अनुपात और वित्तीय प्रदर्शन

किसी भी कंपनी की राजस्व, संपत्ति या इक्विटी के सापेक्ष लाभ उत्पन्न करने की क्षमता को मापने के लिए महत्वपूर्ण वित्तीय मीट्रिक हैं। ये अनुपात निवेशकों को कंपनी के समग्र वित्तीय स्वास्थ्य और प्रदर्शन का व्यापक संकेतक प्रदान करते हैं, जिससे यह समझने में मदद मिलती है कि प्रबंधन संसाधनों का कितनी कुशलता से उपयोग कर रहा है।

### मार्जिन अनुपात (Margin Ratios)

कंपनी के लाभ मार्जिन का मूल्यांकन करने के लिए तीन मुख्य अनुपात हैं:

**सकल लाभ मार्जिन (Gross Profit Margin-GPM):** यह अनुपात उत्पादन दक्षता और कंपनी की मूल्य निर्धारण रणनीति को दर्शाता है। इसका सूत्र है:

$$\text{सकल लाभ मार्जिन (GPM)} = \frac{\text{सकल लाभ}}{\text{शुद्ध बिक्री}} \times 100$$

**परिचालन लाभ मार्जिन (Operating Profit Margin-OPM):** यह मुख्य व्यवसाय संचालन की दक्षता को इंगित करता है, ब्याज और करों से पहले की आय (EBIT) पर केंद्रित होता है। इसका सूत्र है:

$$\text{परिचालन लाभ मार्जिन (OPM)} = \frac{\text{परिचालन आय (EBIT)}}{\text{शुद्ध बिक्री}} \times 100$$

**शुद्ध लाभ मार्जिन (Net Profit Margin-NPM):** यह सभी व्ययों के बाद कंपनी की समग्र लाभप्रदता का एक व्यापक संकेतक है। इसका सूत्र है:

$$\text{शुद्ध लाभ मार्जिन (NPM)} = \frac{\text{शुद्ध लाभ}}{\text{शुद्ध बिक्री}} \times 100$$

### रिटर्न अनुपात (Return Ratios)

ये अनुपात दर्शाते हैं कि कंपनी अपनी पूंजी का उपयोग करके कितना प्रभावी ढंग से रिटर्न उत्पन्न कर रही है:

**इक्विटी पर रिटर्न (ROE):** यह शेयरधारकों के निवेश पर रिटर्न को मापता है और यह उन निवेशकों के लिए एक प्रमुख मीट्रिक है जो इक्विटी में निवेश करते हैं। इसका सूत्र है:

$$\text{इक्विटी पर रिटर्न (ROE)} = \frac{\text{शुद्ध लाभ}}{\text{शेयरधारकों की इक्विटी}} \times 100$$

**नियोजित पूंजी पर रिटर्न (ROCE):** यह कुल पूंजी (ऋण और इक्विटी दोनों) का उपयोग करके लाभ उत्पन्न करने की कंपनी की दक्षता को मापता है। इसका सूत्र है:

$$\text{नियोजित पूंजी पर रिटर्न (ROCE)} = \frac{\text{EBIT}}{\text{नियोजित पूंजी}} \times 100$$

## ड्यूपॉन्ट एनालिसिस (DuPont Analysis)

**ड्यूपॉन्ट एनालिसिस** (DuPont Analysis) एक वित्तीय उपकरण है जो किसी कंपनी के इक्विटी पर रिटर्न (ROE) की गहराई से जाँच करने के लिए उपयोग किया जाता है। यह तकनीक ROE को केवल एक संख्या के रूप में देखने के बजाय, उसे तीन मुख्य घटकों में विभाजित करती है: लाभप्रदता (Profitability), कार्यकुशलता (Asset Efficiency), और वित्तीय उत्तोलन (Financial Leverage)। इसका मुख्य उद्देश्य यह समझना है कि कंपनी का रिटर्न वास्तव में कहाँ से आ रहा है—क्या यह बेहतर सेल्स मार्जिन से है, संपत्तियों के कुशल उपयोग से है, या फिर अधिक कर्ज (Leverage) लेने के कारण है।

इसका विश्लेषण करने के लिए 3-स्टेप फ़ॉर्मूला का उपयोग किया जाता है:

**ROE = शुद्ध लाभ मार्जिन × परिसंपत्ति कारोबार × वित्तीय उत्तोलन**

यहाँ 'शुद्ध लाभ मार्जिन' यह दर्शाता है कि कंपनी अपनी कुल बिक्री पर कितना मुनाफा कमा रही है। 'परिसंपत्ति कारोबार' (Asset Turnover) यह बताता है कि कंपनी अपनी संपत्तियों का उपयोग करके कितनी कुशलता से राजस्व) Revenue) पैदा कर रही है। अंत में, 'वित्तीय उत्तोलन' (Financial Leverage) यह मापता है कि कंपनी अपनी संपत्तियों के वित्तपोषण के लिए शेयरधारकों के पैसे के मुकाबले कितना कर्ज ले रही है।

यह विश्लेषण निवेशकों के लिए बहुत महत्वपूर्ण है क्योंकि यह ROE में होने वाले बदलावों के असली कारणों को स्पष्ट करता है। उदाहरण के लिए, यदि किसी कंपनी का ROE बढ़ रहा है, तो ड्यूपॉन्ट एनालिसिस यह साफ कर देता है कि यह बढ़त कंपनी की बेहतर कार्यक्षमता के कारण है या केवल अत्यधिक ऋण) Debt) लेने की वजह से। इससे निवेशकों को कंपनी के वित्तीय स्वास्थ्य और भविष्य के जोखिमों को सही ढंग से समझने में मदद मिलती है, जिससे वे अधिक सटीक निवेश निर्णय ले सकते हैं।

## 25.4 परिचालन दक्षता के प्रमुख अनुपात

यह दर्शाते हैं कि कोई कंपनी अपनी संपत्ति और देनदारियों का कितनी कुशलता से उपयोग कर रही है। इन अनुपातों के माध्यम से कंपनी की परिचालन दक्षता (operational efficiency) का आकलन किया जाता है।

**एसेट टर्नओवर**: एसेट टर्नओवर अनुपात मापता है कि एक कंपनी अपनी कुल संपत्ति का उपयोग करके कितनी बिक्री (Revenue) उत्पन्न कर रही है।

इसकी गणना का सूत्र है:

$$\text{एसेट टर्नओवर (Asset Turnover)} = \frac{\text{कुल बिक्री}}{\text{औसत कुल संपत्ति}}$$

इस अनुपात का मान उच्च होना बेहतर माना जाता है, क्योंकि यह दर्शाता है कि कंपनी अपनी परिसंपत्तियों का अधिक कुशलता से उपयोग कर रही है।

**इन्वेंट्री डेज़** (Days Inventory Outstanding- DIO): इन्वेंट्री डेज़ (या DIO) औसत इन्वेंट्री को नकदी में बदलने में लगने वाले दिनों की संख्या है। यह मापता है कि कंपनी कितनी जल्दी अपना स्टॉक बेच पाती है। इसका सूत्र है:

$$\text{इन्वेंट्री डेज़ (DIO, Days Inventory Outstanding)} = \frac{\text{औसत इन्वेंटरी}}{\text{माल की बिक्री की लागत}} \times 365$$

इस अनुपात का मान कम होना बेहतर माना जाता है, क्योंकि यह तेज बिक्री और कुशल इन्वेंट्री प्रबंधन को दर्शाता है।

**रिसीवेबल डेज़** (DSO - Days Sales Outstanding): रिसीवेबल डेज़ (या DSO) औसत प्राप्य खातों (Accounts Receivable) को नकदी में बदलने में लगने वाले दिनों की संख्या है। यह दर्शाता है कि कंपनी अपने ग्राहकों से कितनी जल्दी भुगतान एकत्र करती है।

इसका सूत्र है:

$$\text{रिसीवेबल डेज़ (DSO − Days Sales Outstanding)} = \frac{\text{औसत प्राप्य खाते}}{\text{कुल क्रेडिट बिक्री}} \times 365$$

इस अनुपात का मान भी कम होना बेहतर माना जाता है, क्योंकि यह कुशल नकदी संग्रह को दर्शाता है।

### कैश कन्वर्ज़न साइकिल (CCC)

**कैश कन्वर्ज़न साइकिल** (CCC) कार्यशील पूंजी प्रबंधन की संपूर्ण दक्षता का एक व्यापक माप है। यह उन दिनों की संख्या है जो कंपनी को इन्वेंट्री खरीदने के लिए नकदी खर्च करने और ग्राहकों से बिक्री की नकदी वापस प्राप्त करने के बीच लगते हैं।

इसका सूत्र है:

कैश कन्वर्ज़न साइकिल CCC = DIO + DSO – DPO

Days Inventory Outstanding- DIO: सामान खरीदने से लेकर उसे बेचने में लगने वाले दिन। (कम होना चाहिए)

Days Sales Outstanding- DSO: सामान बेचने के बाद ग्राहकों से पैसा वसूलने में लगने वाले दिन। (कम होना चाहिए)

Days Payable Outstanding- DPO: कंपनी को अपने सप्लायर्स) विक्रेताओं (को भुगतान करने में मिलने वाला समय। )ज्यादा होना चाहिए(

महत्व: एक छोटा CCC बेहतर नकदी प्रवाह और कम पूंजी फंसने (Capital Tie-Up) को दर्शाता है, जो कंपनी के वित्तीय स्वास्थ्य के लिए अत्यंत बेहतर है।

## 25.5 प्रमुख मूल्यांकन अनुपात (Valuation Ratios)

मूल्यांकन अनुपात (Valuation Ratios) ऐसे महत्वपूर्ण वित्तीय मीट्रिक हैं जिनका उपयोग किसी कंपनी के बाजार मूल्य की तुलना उसके वित्तीय प्रदर्शन से करने के लिए किया जाता है। ये अनुपात निवेशकों को यह समझने में मदद करते हैं कि बाजार कंपनी का मूल्यांकन कैसे कर रहा है। मुख्य रूप से चार प्रमुख मूल्यांकन अनुपात होते हैं, जिनमें से प्रत्येक एक अलग दृष्टिकोण प्रदान करता है।

**P/E अनुपात** (Price-to-Earnings Ratio): यह अनुपात सबसे अधिक उपयोग किए जाने वाले अनुपातों में से एक है। इसका सूत्र प्रति शेयर बाजार मूल्य को प्रति शेयर आय (EPS) से विभाजित करके प्राप्त किया जाता है। यह अनुपात दर्शाता है कि निवेशक कंपनी की ₹1 कमाई के लिए कितना भुगतान करने को तैयार हैं। यह बाजार की अपेक्षाओं और विकास की संभावनाओं का एक प्रमुख संकेतक है।

$$\text{P/E अनुपात (Price to Earnings Ratio)} = \frac{\text{प्रति शेयर बाजार मूल्य}}{\text{प्रति शेयर आय (EPS)}}$$

**P/B अनुपात** (Price-to-Book Ratio): यह अनुपात कंपनी के बाजार मूल्य की तुलना उसके निवल परिसंपत्ति मूल्य (Net Asset Value) या प्रति शेयर बुक मूल्य से करता है। यह मूल्यांकन करता है कि कंपनी की भौतिक संपत्तियों के मुकाबले बाजार उसे कितना महत्व दे रहा है। P/B अनुपात उन उद्योगों में विशेष रूप से उपयोगी होता है जहाँ भौतिक संपत्तियाँ महत्वपूर्ण होती हैं, जैसे विनिर्माण।

$$\text{P/B अनुपात (Price to Book Ratio)} = \frac{\text{प्रति शेयर बाजार मूल्य}}{\text{प्रति शेयर बुक मूल्य}}$$

**EV/EBITDA अनुपात** (Enterprise Value to EBITDA Ratio): यह अनुपात ऋण और नकदी को ध्यान में रखकर कंपनी के समग्र मूल्य (एंटरप्राइज वैल्यू - EV) की तुलना उसकी कमाई (EBITDA) से करता है। यह एक अधिक व्यापक मूल्यांकन मीट्रिक है क्योंकि यह कंपनी के ऋण स्तरों पर विचार करता है, जिससे विभिन्न पूंजी संरचना वाली कंपनियों की तुलना करना आसान हो जाता है।

$$\text{EV/EBITDA अनुपात} = \frac{\text{एंटरप्राइज वैल्यू (EV)}}{\text{EBITDA}}$$

**PEG अनुपात** (P/E-to-Growth Ratio): PEG अनुपात P/E अनुपात को कंपनी की अपेक्षित आय वृद्धि दर के लिए समायोजित करता है। इसका सूत्र P/E अनुपात को आय वृद्धि दर (% में) से विभाजित करके प्राप्त किया जाता है। यह एक गतिशील मीट्रिक है जो मूल्यांकन में विकास की संभावनाओं को जोड़ता है। आमतौर पर, 1 से कम का PEG अनुपात अवमूल्यन (undervaluation) का संकेत दे सकता है, यह दर्शाता है कि स्टॉक की कीमत उसकी विकास दर के सापेक्ष सस्ती है।

$$\text{PEG Ratio} = \frac{\text{P/E Ratio}}{\text{आय वृद्धि दर (\% में)}}$$

## 25.6 आय की गुणवत्ता और वित्तीय जोखिम विश्लेषण

किसी कंपनी के वित्तीय स्वास्थ्य का आकलन केवल लाभ (Profit) देखकर नहीं किया जा सकता; इसके लिए आय की गुणवत्ता (Income Quality) और अंतर्निहित जोखिम (Risk) अनुपातों को समझना आवश्यक है। ये मीट्रिक निवेशक को कंपनी की स्थिरता और ईमानदारी के बारे में महत्वपूर्ण जानकारी प्रदान करते हैं।

### आय की गुणवत्ता के मापक

#### 1. CFO से PAT अनुपात (CFO to PAT Ratio)

यह अनुपात आय की गुणवत्ता को मापने का एक प्राथमिक संकेतक है। यह परिचालन नकदी प्रवाह (CFO - Cash Flow from Operations) की तुलना कर पश्चात लाभ (PAT - Profit After Tax) से करता है। इसकी गणना

$$\text{CFO to PAT Ratio} = \frac{\text{परिचालन नकदी प्रवाह}}{\text{कर पश्चात लाभ (PAT)}}$$

से की जाती है। यदि यह अनुपात 1 से अधिक (>1) है, तो यह मजबूत नकदी रूपांतरण (Strong Cash Conversion) दर्शाता है, जिसका अर्थ है कि कंपनी का रिपोर्ट किया गया लाभ वास्तविक नकदी में परिवर्तित हो रहा है, जो उच्च गुणवत्ता वाली आय का संकेत है।

#### 2. डिविडेंड पेआउट रेशियो (DPR)

यह मीट्रिक बताता है कि कंपनी अपनी शुद्ध आय (Net Income) का कितना हिस्सा शेयरधारकों को लाभांश (Dividend) के रूप में वितरित कर रही है। इसकी गणना

$$\text{DPR} = \frac{\text{कुल लाभांश}}{\text{शुद्ध आय}}$$

से की जाती है। यह आय-केंद्रित निवेशकों के लिए महत्वपूर्ण है, लेकिन एक बहुत कम अनुपात पुनर्निवेश की उच्च दर और भविष्य के विकास के अवसर भी संकेत कर सकता है।

## 25.7 वित्तीय सेहत और ईमानदारी की जाँच

**1. ऑल्टमैन जेड-स्कोर) Altman Z-Score): दिवालियेपन का पूर्वानुमान**

ऑल्टमैन जेड-स्कोर को किसी कंपनी की "उत्तरजीविता" (Survival) की जांच करने वाला टेस्ट माना जा सकता है। यह मॉडल पांच अलग-अलग वित्तीय अनुपातों का विश्लेषण करता है, जिनमें कार्यशील पूंजी (Working Capital), संचित लाभ (Retained Earnings), EBIT (ब्याज और कर से पहले की कमाई), बाजार मूल्य और बिक्री की कार्यक्षमता शामिल होती है। इन सबको मिलाकर एक अंतिम स्कोर निकाला जाता है। यदि यह स्कोर 1.8 से कम आता है, तो इसे 'डिस्ट्रेस ज़ोन' (Distress Zone) कहा जाता है। इसका मतलब है कि कंपनी की वित्तीय स्थिति बहुत खराब है और अगले दो सालों में उसके दिवालिया (Bankrupt) होने का बहुत अधिक जोखिम है।

**2. पियोट्रोस्की एफ-स्कोर) Piotroski F-Score): बुनियादी मजबूती की जांच**

पियोट्रोस्की एफ-स्कोर कंपनी की" बुनियादी मजबूती) "Financial Strength) को 0 से 9के पैमाने पर मापता है। इसमें 9 अलग-अलग मापदंडों को देखा जाता है, जैसे कि क्या कंपनी का रिटर्न ऑन एसेट्स सकारात्मक है, क्या कंपनी ने अपना कर्ज कम किया है, और क्या उसकी परिचालन दक्षता बढ़ी है। प्रत्येक मापदंड पूरा होने पर 1 अंक दिया जाता है। यदि किसी कंपनी का स्कोर 8 या 9 है, तो उसे निवेश के लिए बहुत सुरक्षित और आर्थिक रूप से मजबूत माना जाता है। इसके विपरीत, कम स्कोर यह संकेत देता है कि कंपनी के फंडामेंटल्स) Fundamentals) कमजोर हो रहे हैं।

**3. बेनीश एम-स्कोर (Beneish M-Score): धोखाधड़ी का पता लगाना**

बेनीश एम-स्कोर एक" फोरेंसिक "टूल की तरह काम करता है जिसका मुख्य उद्देश्य यह पता लगाना है कि कहीं कंपनी अपने मुनाफे के आंकड़ों में हेराफेरी (Earnings Manipulation) तो नहीं कर रही है। यह मॉडल 8 अलग-अलग अनुपातों का उपयोग करके यह जांचता है कि क्या कंपनी ने कागजों पर अपनी आय को जानबूझकर बढ़ा-चढ़ाकर दिखाया है या खर्चों को छुपाया है। यदि एम-स्कोर 1.78- से अधिक) जैसे 1.50- या (0 आता है, तो यह एक बहुत बड़ी 'रेड फ्लैग' या चेतावनी है। यह दर्शाता है कि कंपनी के लेखांकन में गड़बड़ी या धोखाधड़ी की उच्च संभावना है।

**निष्कर्ष:** संक्षेप में कहें तो, Z-स्कोर हमें बताता है कि कंपनी डूबेगी तो नहीं, F-स्कोर बताता है कि कंपनी कितनी शक्तिशाली है, और M-स्कोर यह सुनिश्चित करता है कि कंपनी जो आंकड़े दिखा रही है वह सच हैं या नहीं। एक चतुर निवेशक इन तीनों का उपयोग करके ही किसी कंपनी में निवेश का फैसला लेता है।

## 25.8 वित्तीय विश्लेषण: तुलनात्मक और ट्रेंड दृष्टिकोण

किसी कंपनी के वित्तीय स्वास्थ्य का सही और व्यापक मूल्यांकन करने के लिए एक व्यवस्थित या संरचित दृष्टिकोण (Structured Approach) अपनाना बेहद ज़रूरी होता है। इसके अंतर्गत मुख्य रूप से दो तकनीकों का उपयोग किया जाता है: तुलनात्मक विश्लेषण और ट्रेंड

विश्लेषण (Trend Analysis)। ये दोनों विधियाँ विश्लेषकों को केवल संख्याएँ देखने के बजाय कंपनी की असली आर्थिक स्थिति को गहराई से समझने में सक्षम बनाती हैं।

**तुलनात्मक विश्लेषण** के तहत 'पीयर और इंडस्ट्री तुलना' की जाती है, जो मुख्य रूप से वर्तमान समय सीमा पर केंद्रित होती है। इसका मुख्य उद्देश्य यह पता लगाना है कि एक विशिष्ट कंपनी अपने प्रतिद्वंद्वियों) Competitors) और पूरे उद्योग के औसत) Industry Average) के मुकाबले कैसा प्रदर्शन कर रही है। यह विश्लेषण यह समझने के लिए महत्वपूर्ण है कि बाजार में कंपनी की सापेक्ष स्थिति क्या है और क्या वह अपने क्षेत्र की अन्य कंपनियों से पिछड़ रही है या उनसे बेहतर प्रदर्शन कर रही है।

दूसरी ओर, **'ट्रेंड एनालिसिस'** एक लंबी अवधि के दृष्टिकोण की मांग करता है, जिसके लिए सामान्यतः 5 से 10 साल के डेटा की आवश्यकता होती है। इस विधि का महत्व समय के साथ कंपनी के विभिन्न वित्तीय अनुपातों के पैटर्न और रुझानों को पहचानना है। ऐतिहासिक डेटा का गहराई से अध्ययन करके, यह विश्लेषण कंपनी के प्रदर्शन में निरंतरता को उजागर करता है और यह समझने में मदद करता है कि भविष्य में कंपनी किस दिशा में जा सकती है।

अंततः, यह संरचित दृष्टिकोण किसी भी निवेशक या विश्लेषक को कंपनी के वित्तीय स्वास्थ्य का पूर्ण चित्र प्रदान करता है। जहाँ तुलनात्मक विश्लेषण हमें यह बताता है कि कंपनी आज दूसरों के मुकाबले कहाँ खड़ी है, वहीं ट्रेंड विश्लेषण यह स्पष्ट करता है कि कंपनी अपने स्वयं के इतिहास के मुकाबले कितनी प्रगति कर रही है।

*****

**"वित्तीय अनुपात (Financial Ratios) एक निवेशक के लिए 'एक्स-रे' की तरह होते हैं, जो कंपनी की बाहरी चमक-धमक के भीतर छिपी उसकी असली सेहत और मजबूती को उजागर करते हैं। ROE, P/E और Debt-to-Equity जैसे अनुपात केवल गणितीय आंकड़े नहीं हैं, बल्कि वे कंपनी की लाभप्रदता, मूल्यांकन और जोखिम की कहानी बयां करते हैं। इन पैमानों को समझे बिना निवेश करना, बिना नक्शे के गहरे समुद्र में उतरने जैसा है।"**

## 25.9 व्यावहारिक प्रश्नों के उत्तर

**प्रश्न 1:** एक सॉफ्टवेयर कंपनी ने ₹100 करोड़ का शुद्ध लाभ (Net Profit) दिखाया, लेकिन असल में उसके बैंक खाते में कामकाज से केवल ₹60 करोड़ (Cash Flow from Operations) आए। यह रेशियो क्या दर्शाता है?

**उत्तरः**

यह रेशियो अर्निंग्स क्वालिटी या कैश फ्लो टू नेट इनकम रेशियो को दर्शाता है, जो यह बताता है कि कंपनी द्वारा रिपोर्ट किया गया मुनाफा वास्तव में नकद में परिवर्तित हो रहा है या नहीं।

वित्तीय विश्लेषण में, केवल शुद्ध लाभ (Net Profit) देखना पर्याप्त नहीं होता। इस मामले में रेशियो की स्थिति निम्नलिखित है:

इस स्थिति में रेशियो Cash Flow from Operations / Net Profit = 60/100 = 0.6 है।

कम गुणवत्ता वाली कमाई: यदि यह रेशियो 1 से कम है (यहाँ 0.6 है), तो यह संकेत देता है कि कंपनी की कमाई की गुणवत्ता कमजोर है। इसका अर्थ है कि मुनाफे का एक बड़ा हिस्सा (₹40 करोड़) अभी बैंक खाते में नहीं आया है।

संभावित कारण

(1) बकाया भुगतान (Accounts Receivable): कंपनी ने सॉफ्टवेयर बेच दिया और मुनाफा दर्ज कर लिया, लेकिन ग्राहकों से अभी पैसा मिलना बाकी है।

(2) अक्रामक लेखांकन (Aggressive Accounting): कंपनी ऐसी आय को पहले ही दिखा रही है जो अभी तक नकद में प्राप्त नहीं हुई है।

(3) वर्किंग कैपिटल: कंपनी का पैसा कामकाज की अन्य प्रक्रियाओं में फंसा हो सकता है।

निष्कर्ष: एक सॉफ्टवेयर कंपनी के लिए 0.6 का रेशियो चिंता का विषय हो सकता है क्योंकि यह दर्शाता है कि कंपनी अपनी बिक्री को प्रभावी ढंग से नकद में नहीं बदल पा रही है।

सीख: अगर यह रेशियो 1 से काफी कम है, तो इसका मतलब है कि मुनाफा केवल कागजों पर है, असल कैश नहीं आ रहा। यह एक 'रेड फ्लैग' हो सकता है।

**प्रश्न 2:** कंपनी A का ऑपरेटिंग प्रॉफिट ₹50 लाख है और ब्याज ₹10 लाख है। कंपनी B का ऑपरेटिंग प्रॉफिट ₹50 लाख है लेकिन ब्याज ₹40 लाख है। मंदी आने पर किसे ज्यादा खतरा है?

**उत्तर:**

मंदी आने पर कंपनी B को सबसे अधिक खतरा है क्योंकि उसका ब्याज बोझ ऑपरेटिंग प्रॉफिट के मुकाबले बहुत अधिक है, जिससे उसके पास सुरक्षा का मार्जिन (Margin of Safety) बहुत कम बचता है।

जोखिम का आकलन करने के लिए हम Interest Coverage Ratio (ICR) का उपयोग करते हैं, जो यह बताता है कि कंपनी अपने लाभ से कितनी बार ब्याज का भुगतान कर सकती है। इसका सूत्र है: Interest Coverage Ratio = Operating Profit / Interest

कंपनी A के लिए: ICR = 50/10 = 5

कंपनी B के लिए: ICR = 50/40 = 1.25

मंदी (Recession) के दौरान मांग घटने से कंपनियों का ऑपरेटिंग प्रॉफिट कम हो जाता है।

कंपनी A: इसका अनुपात 5 है, जिसका अर्थ है कि यदि इसका लाभ 80% तक भी गिर जाए, तब भी यह अपना ब्याज चुका सकती है।

कंपनी B: इसका अनुपात केवल 1.25 है। यदि मंदी के कारण इसके ऑपरेटिंग प्रॉफिट में केवल 20% से अधिक की गिरावट आती है, तो यह अपने ब्याज का भुगतान करने में असमर्थ हो जाएगी और दिवालियापन (Insolvency) की स्थिति में पहुँच सकती है।

उच्च वित्तीय उत्तोलन (Financial Leverage) के कारण कंपनी B की वित्तीय स्थिति बहुत नाजुक है।

मंदी की स्थिति में कंपनी B को अधिक खतरा है। इसका कारण यह है कि कंपनी B का ब्याज कवरेज अनुपात केवल 1.25 है, जबकि कंपनी A का अनुपात 5 है। लाभ में थोड़ी सी भी कमी कंपनी B को अपने ऋण दायित्वों को पूरा करने में विफल कर सकती है।

सीख: मुनाफा गिरते ही कंपनी B अपना ब्याज नहीं चुका पाएगी और डिफॉल्ट कर सकती है।

**प्रश्न 3:** एक बैंक के पास ₹1,000 करोड़ की कुल संपत्ति है और वह साल में ₹10 करोड़ का शुद्ध लाभ कमाता है। बैंक का ROA क्या है?

**उत्तर:**

बैंक का ROA (Return on Assets) 1% है।

रिटर्न ऑन एसेट्स (ROA) यह दर्शाता है कि कोई बैंक अपनी संपत्ति का उपयोग करके कितना लाभ कमा रहा है। यहाँ दी गई जानकारी इस प्रकार है:

शुद्ध लाभ (Net Profit) = ₹10 करोड़, कुल संपत्ति (Total Assets) = ₹1,000 करोड़

ROA की गणना के लिए सूत्र है:

$$\text{ROA} = \frac{\text{शुद्ध लाभ (Net Profit)}}{\text{कुल संपत्ति (Total Assets)}} \times 100$$

$$\text{ROA} = \frac{10}{1000} \times 100 = 1\%$$

बैंक का ROA 1% है।

सीख: बैंकिंग क्षेत्र में 1% से ऊपर का ROA अच्छा माना जाता है।

**प्रश्न 4:** एक खिलौना बनाने वाली कंपनी का 'इन्वेंटरी डेज' 60 दिन है (सामान बनने में लगा समय) और 'रिसिवेबल डेज' 30 दिन है (उधार पैसा वापस आने में लगा समय)। अगर कंपनी अपने सप्लायर को 45 दिन में भुगतान करती है, तो उसका नेट वर्किंग कैपिटल साइकिल क्या है?

**उत्तर:**

नेट वर्किंग कैपिटल साइकिल (जिसे कैश कन्वर्जन साइकिल भी कहा जाता है) की गणना नीचे दिए गए सूत्र से की जाती है:

नेट वर्किंग कैपिटल साइकिल = इन्वेंटरी डेज + रिसिवेबल डेज - पेएबल डेज

दिया हुआ है, इन्वेंटरी डेज = 60 दिन, रिसिवेबल डेज = 30 दिन, पेएबल डेज (सप्लायर को भुगतान) = 45 दिन

नेट वर्किंग कैपिटल साइकिल = 60 + 30 - 45 = 45 दिन

अतः, कंपनी का नेट वर्किंग कैपिटल साइकिल 45 दिन है। इसका मतलब है कि कंपनी को अपने व्यवसाय के संचालन के लिए 45 दिनों तक की नकदी (Cash) का इंतजाम खुद करना पड़ता है।

सीख: कंपनी को अपना कामकाज चलाने के लिए 45 दिनों के खर्च का बैकअप रखना होगा।

**प्रश्न 5:** एक कंपनी ₹10 प्रति शेयर कमाती है (EPS) और ₹3 का डिविडेंड देती है। वह अपने मुनाफे का कितना हिस्सा बांट रही है?

**उत्तर:**

मुनाफे का वह हिस्सा जो शेयरधारकों को बांटा जाता है, उसे लाभांश भुगतान अनुपात कहा जाता है। इसकी गणना इस प्रकार की जाती है:

$$\text{लाभांश भुगतान अनुपात (Payout ratio)} = \frac{\text{Dividend}}{\text{EPS}} \times 100 = \frac{3}{10} \times 100$$

Payout ratio = 30%

कंपनी अपने मुनाफे का 30% हिस्सा बांट रही है।

सीख: बाकी का 70% पैसा कंपनी बिजनेस बढ़ाने के लिए दोबारा निवेश कर रही है।

**प्रश्न 6:** एक मैन्युफैक्चरिंग कंपनी ने ₹5 करोड़ की मशीनरी लगाई और उससे ₹15 करोड़ का माल बनाया। उसका फिक्स्ड एसेट टर्नओवर क्या है?

**उत्तर:**

इस मैन्युफैक्चरिंग कंपनी का फिक्स्ड एसेट टर्नओवर रेश्यो 3 है।

इसकी गणना इस प्रकार की जाती है:

फिक्स्ड एसेट टर्नओवर रेश्यो का सूत्र:

$$\text{फिक्स्ड एसेट टर्नओवर रेश्यो} = \frac{\text{कुल बिक्री (Net Sales)}}{\text{नेट फिक्स्ड एसेट्स (Net Fixed Assets)}}$$

$$\text{फिक्स्ड एसेट टर्नओवर रेश्यो} = \frac{15}{5} = 3$$

इसका अर्थ है कि कंपनी ने मशीनरी में निवेश किए गए प्रत्येक 1 रुपये के बदले 3 रुपये का राजस्व (माल) पैदा किया है।

सीख: यह भारी मशीनों वाली कंपनियों की कार्यक्षमता मापने का अच्छा तरीका है।

**प्रश्न 7:** एक स्टार्टअप कंपनी अभी घाटे में है (मुनाफा नहीं है), इसलिए P/E रेशियो नहीं निकल सकता। उसकी साल की बिक्री ₹100 करोड़ है और मार्केट कैप ₹500 करोड़ है। P/S रेशियो क्या होगा?

**उत्तर**:

इस स्टार्टअप कंपनी का P/S रेशियो 5 है।

इसकी गणना इस प्रकार की जाती है:

$$P/S \text{ रेशियो } = \frac{\text{मार्केट कैप}}{\text{कुल बिक्री}} = \frac{500}{100} = 5$$

P/S रेशियो (Price-to-Sales Ratio) का उपयोग अक्सर उन स्टार्टअप्स या कंपनियों के मूल्यांकन के लिए किया जाता है जो वर्तमान में मुनाफे में नहीं हैं, क्योंकि यह लाभ के बजाय कंपनी के राजस्व (बिक्री) पर आधारित होता है।

सीख: घाटे में चल रही कंपनियों की वैल्यूएशन चेक करने के लिए P/S रेशियो का इस्तेमाल होता है।

**प्रश्न 8:** एक कंपनी की कुल संपत्ति ₹100 करोड़ है और शेयरधारकों की इक्विटी ₹40 करोड़ है। उसका लिवरेज (Leverage) कितना है?

**उत्तर:**

वित्तीय विश्लेषण में लिवरेज (विशेष रूप से Equity Multiplier) की गणना निम्नलिखित सूत्र से की जाती है:

$$\text{लिवरेज} = \frac{\text{कुल संपत्ति (Total Assets)}}{\text{शेयरधारकों की इक्विटी (Shareholders' Equity)}}$$

कुल संपत्ति = ₹100 करोड़, शेयरधारकों की इक्विटी = ₹40 करोड़

$$\text{लिवरेज} = \frac{100}{40} = 2.5$$

उस कंपनी का लिवरेज 2.5 है। इसका अर्थ है कि कंपनी की प्रत्येक ₹1 की इक्विटी के लिए उसके पास ₹2.5 की संपत्ति है।

सीख: यह बताता है कि कंपनी ने अपने 1 रुपये के मुकाबले 2.5 रुपये की संपत्ति खड़ी की है (बाकी पैसा उधार का है)।

**प्रश्न 9:** एक फर्नीचर कंपनी ₹50 लाख का सामान बेचती है। उस सामान को बनाने की लागत (Raw Material + Labor) ₹30 लाख थी। कंपनी का GPM क्या है?

**उत्तर:**

फ़र्नीचर कंपनी का सकल लाभ मार्जिन (GPM) 40% है।

सकल लाभ (Gross Profit) = बिक्री राजस्व - लागत

सकल लाभ (Gross Profit) = ₹50 लाख - ₹30 लाख = ₹20 लाख

सकल लाभ मार्जिन (GPM) = (सकल लाभ/ बिक्री राजस्व)×100

सकल लाभ मार्जिन (GPM) = [20/ 50] ×100 = 40%

सीख: यह बताता है कि कंपनी अपने उत्पादन स्तर पर कितनी कुशल है।

**प्रश्न 10:** कंपनी के पास ₹100 करोड़ इक्विटी है और ₹50 करोड़ का बैंक लोन है। कंपनी का ब्याज और टैक्स से पहले का लाभ (EBIT) ₹30 करोड़ है। ROCE क्या है?

**उत्तर:**

कंपनी का ROCE (Return on Capital Employed) 20% है।

नियोजित पूंजी का अर्थ है व्यवसाय में निवेश किया गया कुल पैसा, जिसमें इक्विटी और ऋण (Debt) दोनों शामिल होते हैं।

Capital Employed = Equity + Bank Loan

Capital Employed = 100 + 50 =150

ROCE की गणना ब्याज और टैक्स से पहले के लाभ (EBIT) को कुल नियोजित पूंजी से विभाजित करके की जाती है।

ROCE = EBIT / (Equity + Debt)

ROCE = 30 / (100 + 50) = 30 / 150 = 20%

कंपनी का ROCE 20% है।

सीख: यह ROE से बेहतर पैमाना है क्योंकि यह कर्ज और इक्विटी दोनों पर रिटर्न देखता है।

**प्रश्न 11:** एक कंपनी का नेट प्रॉफिट मार्जिन 10% है, एसेट टर्नओवर 1.5 है, और इक्विटी मल्टीप्लायर (Leverage) 2.0 है। ड्यूपॉन्ट मॉडल के अनुसार इसका ROE क्या होगा?

**उत्तर:**

ड्यूपॉन्ट मॉडल (DuPont Model) के अनुसार, इक्विटी पर रिटर्न (ROE) की गणना निम्न सूत्र से की जाती है:

ROE = नेट प्रॉफिट मार्जिन × एसेट टर्नओवर × इक्विटी मल्टीप्लायर

गणना: ROE = 10% ×1.5 × 2.0 = 30%

अतः, ड्यूपॉन्ट मॉडल के अनुसार कंपनी का ROE 30% है।

सीख: ड्यूपॉन्ट विश्लेषण बताता है कि ROE बढ़ने का कारण अधिक मुनाफा है, अधिक बिक्री है या बहुत ज्यादा कर्ज (Leverage)।

**प्रश्न 12:** एक कंपनी का मार्केट कैप ₹1,000 करोड़ है। उस पर ₹200 करोड़ का कर्ज है और उसके पास ₹50 करोड़ कैश पड़ा है। उसे खरीदने के लिए असल में कितनी कीमत (EV) चुकानी होगी?

**उत्तर:**

कंपनी को खरीदने के लिए उसकी असल कीमत यानी एंटरप्राइज वैल्यू (Enterprise Value - EV) ₹1,150 करोड़ होगी।

मार्केट कैप: ₹1,000 करोड़, प्लस (+) कर्ज (Debt): ₹200 करोड़, माइनस (-) कैश (Cash): ₹50 करोड़

EV = Market Cap + Debt - Cash

EV=1000 + 200 - 50 = ₹1,150 करोड़

कारण: जब आप किसी कंपनी को खरीदते हैं, तो आप उसका कर्ज भी अपने नाम करते हैं, लेकिन कंपनी के पास मौजूद नकद (कैश) आपकी लागत को कम कर देता है।

सीख: EV कंपनी की असली कीमत है जो एक खरीदार को देनी पड़ती है।

**प्रश्न 13:** एक रियल एस्टेट कंपनी का EBIT ₹10 करोड़ है और उसे साल का ₹8 करोड़ ब्याज देना है। क्या यह सुरक्षित है?

**उत्तर:**

नहीं, यह स्थिति वित्तीय रूप से असुरक्षित है क्योंकि कंपनी का ब्याज कवरेज अनुपात (ICR) केवल 1.25 है, जो बहुत कम मार्जिन दर्शाता है।

ब्याज कवरेज अनुपात यह मापता है कि एक कंपनी अपने वर्तमान ईबीआईटी (EBIT) के साथ कितनी आसानी से अपने बकाया ऋण पर ब्याज का भुगतान कर सकती है।

ब्याज कवरेज अनुपात, ICR = EBIT/Interest

EBIT = ₹10 करोड़, ब्याज = ₹8 करोड़

Interest Coverage Ratio =10 / 8 = 1.25

रियल एस्टेट जैसे अस्थिर क्षेत्र में, 1.25 का अनुपात अत्यधिक जोखिम भरा माना जाता है। इसके मुख्य कारण निम्नलिखित हैं:

कम सुरक्षा मार्जिन: इसका मतलब है कि कंपनी की आय उसके ब्याज दायित्वों से केवल 1.25 गुना अधिक है। यदि रियल एस्टेट बाजार में मंदी आती है और EBIT में केवल 20% की गिरावट होती है, तो कंपनी अपना ब्याज चुकाने में असमर्थ हो जाएगी।

आदर्श मानक: आम तौर पर, 2.5 या उससे अधिक के अनुपात को सुरक्षित माना जाता है। 1.5 से नीचे का अनुपात वित्तीय संकट की संभावना को दर्शाता है।

यह स्थिति असुरक्षित है क्योंकि कंपनी के पास आय में कमी को सहने के लिए पर्याप्त सुरक्षा मार्जिन नहीं है।

सीख: यह बहुत जोखिम भरा है। अगर मुनाफा थोड़ा भी गिरा, तो कंपनी बैंक का ब्याज नहीं दे पाएगी। आदर्श रूप से यह 3 से ऊपर होना चाहिए।

**प्रश्न 14:** एक कंपनी ₹100 कमाती है और ₹30 डिविडेंड के रूप में बांट देती है। उसका रिटेंशन रेशियो क्या है?

**उत्तर:**

बचा हुआ पैसा = ₹70, रिटेंशन रेशियो = (70 / 100) ×100 = 70%

सीख: यह पैसा कंपनी के भविष्य की ग्रोथ और विस्तार के लिए काम आता है।

**प्रश्न 15:** 'कंपनी X' के शेयर की कीमत ₹1,200 है और उसका वार्षिक शुद्ध लाभ ₹100 करोड़ है। कंपनी के कुल 2 करोड़ शेयर हैं। कंपनी का P/E रेशियो क्या है?

**उत्तर:**

प्रति शेयर आय (EPS) = कुल लाभ / कुल शेयर=100/2 = ₹50

P/E रेशियो= शेयर की कीमत / EPS =1200 / 50 = 24

कंपनी X का P/E रेशियो 24 है।

सीख: यह बताता है कि निवेशक ₹1 की कमाई के लिए ₹24 देने को तैयार हैं।

**प्रश्न 16:** एक कंपनी पर ₹80 करोड़ का कुल कर्ज है और उसकी शेयरहोल्डर इक्विटी ₹200 करोड़ है। इसका Debt-to-Equity अनुपात क्या है?

**उत्तर:**

D/E अनुपात =80 / 200 = 0.4

सीख: 1 से कम का अनुपात आमतौर पर वित्तीय मजबूती का संकेत माना जाता है।

**प्रश्न 17:** एक शेयर का मूल्य ₹500 है। कंपनी ने साल में ₹15 प्रति शेयर का कुल डिविडेंड दिया है। डिविडेंड यील्ड क्या है?

**उत्तर:**

डिविडेंड यील्ड =(15 / 500) × 100 = 3%

सीख: यह आपके निवेश पर मिलने वाले "नकद ब्याज" की तरह है।

**प्रश्न 18:** कंपनी के पास ₹100 करोड़ की करंट एसेट्स हैं (जिसमें ₹30 करोड़ का स्टॉक शामिल है) और ₹35 करोड़ की करंट लायबिलिटीज हैं। क्विक रेशियो क्या होगा?

**उत्तर:**

क्विक एसेट्स = 100 - 30 = ₹70 करोड़।

क्विक रेशियो= 70 / 35 = 2:1

सीख: यह बताता है कि स्टॉक बेचे बिना कंपनी तुरंत अपना कर्ज चुका सकती है या नहीं।

**प्रश्न 19:** एक कंपनी के पास ₹10 लाख कैश है और ₹5 लाख का ऐसा स्टॉक (Inventory) है जो जल्दी नहीं बिक सकता। उसकी देनदारियां ₹8 लाख हैं। क्या वह तुरंत अपना कर्ज चुका सकती है?

**उत्तर:**

हाँ, कंपनी तुरंत अपना कर्ज चुका सकती है क्योंकि उसके पास ₹10 लाख का नकद उपलब्ध है, जो कि उसकी ₹8 लाख की कुल देनदारियों से अधिक है।

कंपनी के पास ₹10 लाख नकद (Cash) है। चूंकि प्रश्न में कहा गया है कि ₹5 लाख का स्टॉक (Inventory) जल्दी नहीं बिक सकता, इसलिए हम इसे तुरंत भुगतान के लिए उपलब्ध नहीं मानेंगे।

वित्तीय भाषा में, हम केवल त्वरित संपत्तियों (Quick Assets) पर विचार करते हैं, जो यहाँ ₹10 लाख है।

कंपनी की कुल देनदारियां (Liabilities) ₹8 लाख हैं। किसी भी कर्ज को तुरंत चुकाने की क्षमता जांचने के लिए हम त्वरित अनुपात (Quick Ratio) का उपयोग करते हैं:

Quick Ratio = (Current Assets - Inventory) / Current Liabilities

गणना: Quick Ratio = (15 - 5) / 8 = 1.25

चूंकि कंपनी का त्वरित अनुपात 1.25 है (जो कि आदर्श अनुपात 1:1 से अधिक है), और उसके पास मौजूद ₹10 लाख का कैश उसकी ₹8 लाख की देनदारियों को कवर करने के लिए पर्याप्त है, इसलिए कंपनी तुरंत अपना कर्ज चुकाने की स्थिति में है।

सीख: चूंकि रेशियो 1 से ज्यादा है, कंपनी की वित्तीय स्थिति मजबूत है।

**प्रश्न 20:** कंपनी ने कागजों पर ₹100 करोड़ का शुद्ध लाभ दिखाया है, लेकिन असल में कैश फ्लो स्टेटमेंट में केवल ₹60 करोड़ का ऑपरेटिंग कैश आया है। यह रेशियो क्या है?

**उत्तर:**

कंपनी का कैश फ्लो टू नेट इनकम रेशियो 0.6 (या 60%) है।

शुद्ध लाभ (Net Profit): ₹100 करोड़,

ऑपरेटिंग कैश फ्लो (Operating Cash Flow): ₹60 करोड़

शुद्ध लाभ और कैश फ्लो की तुलना करने के लिए 'कैश फ्लो टू नेट इनकम रेशियो' (जिसे कैश फ्लो क्वालिटी रेशियो भी कहा जाता है) का उपयोग किया जाता है। इसका सूत्र है: कैश फ्लो टू नेट इनकम रेशियो = ऑपरेटिंग कैश फ्लो / शुद्ध लाभ

कैश फ्लो टू नेट इनकम रेशियो = 60 / 100 = 0.6

कंपनी का कैश फ्लो टू नेट इनकम रेशियो 0.6 है। यह दर्शाता है कि कंपनी के कागजी लाभ का केवल 60% हिस्सा ही वास्तविक नकद (Cash) के रूप में प्राप्त हुआ है।

सीख: यदि यह रेशियो 1 से बहुत कम है, तो इसका मतलब है कि कंपनी का मुनाफा केवल कागजों पर है, हाथ में कैश नहीं आ रहा।

## 25.10 प्रश्नोत्तर परीक्षा (Quiz)

Q1. वित्तीय अनुपातों का मुख्य उद्देश्य क्या है?

(A) केवल कंपनी का नाम बदलना

(B) केवल चार्ट बनाना

(C) केवल पिछले रिटर्न देखना

(D) कंपनी के वित्तीय स्वास्थ्य को आसान नंबरों में समझना

Q2. Liquidity Ratios क्या मापते हैं?

(A) लंबी अवधि की स्थिरता (B) अल्पकालिक दायित्व चुकाने की क्षमता

(C) केवल मुनाफा (D) केवल ग्रोथ

Q3. Current Ratio का आदर्श रूप से कितना होना चाहिए?

(A) 1 से कम (B) 1.5-2 के आसपास

(C) 10 से ज्यादा (D) कोई फर्क नहीं

Q4. Quick Ratio (Acid Test) में क्या नहीं जोड़ा जाता?

(A) कैश (B) डिबेंचर (C) इन्वेंटरी (D) रिसीवेबल्स

Q5. Solvency Ratios क्या मापते हैं?

(A) अल्पकालिक तरलता (B) लंबी अवधि में कर्ज चुकाने की क्षमता

(C) केवल सेल्स (D) केवल डिविडेंड

Q6. Debt-to-Equity Ratio अच्छा कितना होना चाहिए?

(A) 3 से ज्यादा (B) कोई फर्क नहीं

(C) 10 (D) 1 से कम या 0.5 के आसपास

Q7. Interest Coverage Ratio जितना ऊंचा होगा –

(A) कंपनी उतनी कमजोर (B) ब्याज चुकाने की क्षमता उतनी मजबूत

(C) कोई फर्क नहीं (D) केवल टैक्स

Q8. Profitability Ratios में सबसे महत्वपूर्ण क्या है?

(A) ROE और ROCE (B) केवल सेल्स (C) केवल कर्ज (D) केवल कैश

Q9. ROE (Return on Equity) अच्छा कितना माना जाता है?

(A) 8-10% (B) 15-20% या उससे ज्यादा

(C) नेगेटिव (D) केवल 50%

Q10. ROCE (Return on Capital Employed) ROE से बेहतर क्यों है?

(A) कुल पूंजी (इक्विटी + डेट) पर रिटर्न मापता है (B) केवल इक्विटी

(C) केवल डेट (D) केवल कैश

Q11. Net Profit Margin (NPM) अच्छा कितना होना चाहिए?

(A) 2-5% (B) 10-20% या सेक्टर के अनुसार ज्यादा

(C) नेगेटिव (D) कोई फर्क नहीं

Q12. Operating Profit Margin (OPM) क्या दर्शाता है?

(A) मुख्य बिजनेस की लाभप्रदता (B) केवल टैक्स के बाद

(C) केवल डिविडेंड (D) केवल सेल्स

Q13. Efficiency Ratios में Inventory Turnover जितना ऊंचा –

(A) इन्वेंटरी तेज बिक रही (अच्छा) (B) स्टॉक पड़ा रहता है

(C) कोई फर्क नहीं (D) कंपनी बंद हो रही

Q14. Asset Turnover Ratio क्या बताता है?

(A) केवल कर्ज (B) केवल कैश

(C) कुल संपत्ति से कितनी सेल्स (D) केवल डिविडेंड

Q15. Receivables Days (Debtor Days) कम होना क्या दर्शाता है?

(A) ग्राहक जल्दी पैसा दे रहे (B) ग्राहक देर से दे रहे

(C) कोई फर्क नहीं (D) कंपनी कर्ज ले रही

Q16. DuPont Analysis क्या करता है?

(A) ROE को तीन भागों में तोड़ता है (Margin, Turnover, Leverage)

(B) केवल P/E

(C) केवल डिविडेंड

(D) केवल मार्केट कैप

Q17. PEG Ratio क्या है?

(A) केवल EPS

(B) केवल P/E

(C) P/E को ग्रोथ से डिवाइड

(D) केवल डिविडेंड

Q18. EV/EBITDA Ratio कब उपयोगी है?

(A) कर्ज वाली कंपनियों की तुलना में

(B) केवल कैश रिच कंपनी

(C) केवल बैंक

(D) केवल FMCG

Q19. किताब में वित्तीय अनुपातों को क्या कहा गया है?

(A) कंपनी के वित्तीय स्वास्थ्य का आईना

(B) केवल पिछले रिटर्न

(C) केवल चार्ट

(D) अनावश्यक

Q20. नया निवेशक अनुपात कैसे पढ़े?

(A) केवल टिप्स पर

(B) केवल P/E देख ले

(C) केवल पिछले 1 साल

(D) पहले Liquidity → Solvency → Profitability → Efficiency

**Answer Key**

| Q | 1 | 2 | 3 | 4 | 5 | 6 | 7 | 8 | 9 | 10 | 11 | 12 | 13 | 14 | 15 | 16 | 17 | 18 | 19 | 20 |
|---|---|---|---|---|---|---|---|---|---|---|---|---|---|---|---|---|---|---|---|---|
| Ans. | D | B | B | C | B | D | B | A | B | A | B | A | A | C | A | A | C | A | A | D |

# *Chapter 26* मूल्यांकन के सिद्धांत और विधियाँ

**"मूल्यांकन से यह पता चलता है कि किसी शेयर की कीमत उसके वास्तविक मूल्य से कम है या अधिक। सही मूल्यांकन विधियों का उपयोग करके आप महंगे शेयरों से बचकर सस्ते और मुनाफ़े वाले सौदे चुन सकते हैं।"**

निवेश की दुनिया में 'कीमत' वह है जो आप चुकाते हैं, और 'मूल्य' (Value) वह है जो आपको मिलता है। एक शानदार कंपनी भी एक बुरा निवेश साबित हो सकती है यदि आप उसके लिए बहुत अधिक कीमत चुकाते हैं। यह अध्याय निवेश की सबसे महत्वपूर्ण कला—'मूल्यांकन'—पर केंद्रित है, जो आपको यह तय करने में मदद करता है कि कोई स्टॉक अपनी वास्तविक कीमत से सस्ता मिल रहा है या महंगा। यह चैप्टर आपको 'ओवरपे' करने के जोखिम से बचाकर आपके लाभ को सुरक्षित करने का आधार प्रदान करता है।

इस चैप्टर में हम एब्सोल्यूट वैल्यूएशन (जैसे DCF - डिस्काउंटेड कैश फ्लो) के माध्यम से कंपनी के भविष्य के नकद प्रवाह की गणना करना सीखेंगे और रिलेटिव वैल्यूएशन (जैसे P/E और P/B रेशियो) के जरिए बाजार के अन्य विकल्पों से इसकी तुलना करेंगे। हम टर्मिनल वैल्यू जैसे उन्नत सिद्धांतों को भी समझेंगे जो लंबी अवधि के मूल्य निर्धारण में सहायक होते हैं। यह अध्याय आपको एक साधारण खरीदार से एक 'मूल्य निवेशक' (Value Investor) में बदल देगा, जो बाजार के शोर से दूर हटकर स्टॉक्स की अंतर्निहित शक्ति (Intrinsic Value) के आधार पर स्मार्ट और लाभदायक निर्णय लेने में सक्षम होगा।

## 26.1 एब्सोल्यूट वैल्यूएशन और DCF मॉडल

एब्सोल्यूट वैल्यूएशन वह मूल्यांकन विधि है जो किसी कंपनी के आंतरिक गुणों (Intrinsic Qualities) पर आधारित होती है। इस विधि में कंपनी का मूल्यांकन करते समय किसी भी बाहरी या प्रतिस्पर्धी कंपनी के मूल्यांकन को ध्यान में नहीं रखा जाता है। यह तरीका कंपनी के वास्तविक या आंतरिक मूल्य (Intrinsic Value) को निर्धारित करने का प्रयास करता है।

### डिस्काउंटेड कैश फ्लो (DCF) एनालिसिस

DCF (Discounted Cash Flow) मॉडल एब्सोल्यूट वैल्यूएशन की एक बहुत ही प्रसिद्ध और विश्वसनीय विधि है। इसका मुख्य उद्देश्य यह पता लगाना है कि आज के समय में किसी कंपनी या निवेश की असल कीमत यानी आंतरिक मूल्य (Intrinsic Value) क्या होनी चाहिए। यह मॉडल इस सिद्धांत पर काम करता है कि किसी भी निवेश की आज की कीमत उन सभी फायदों या नकद प्रवाह (Future Cash Flows) के बराबर होती है जो वह भविष्य में कमा कर देगा। सरल शब्दों में, यह भविष्य में मिलने वाले पैसे को आज के पैसे की वैल्यू में बदल देता है।

इस प्रक्रिया में, सबसे पहले कंपनी द्वारा भविष्य में उत्पन्न किए जाने वाले संभावित नकदी प्रवाह का अनुमान लगाया जाता है। चूंकि भविष्य में मिलने वाले₹ 100 की वैल्यू आज के₹ 100 से कम होती है) समय और जोखिम के कारण(, इसलिए उन भविष्य के नकदी प्रवाहों को एक उचित डिस्काउंट दर) Discount Rate) का उपयोग करके उनके वर्तमान मूल्य) Present Value) पर लाया जाता है। जब हम इन सभी वर्तमान मूल्यों को जोड़ देते हैं, तो हमें कंपनी की वह कीमत पता चलती है जो

एक निवेशक को आज देनी चाहिए। यदि यह गणना की गई कीमत शेयर की बाजार कीमत से अधिक है, तो माना जाता है कि शेयर सस्ता मिल रहा है।

DCF विश्लेषण की गहराई में जाने पर इसमें दो तरह के मुक्त नकदी प्रवाह (Free Cash Flow) का उपयोग किया जाता है। पहला है FCFF (Free Cash Flow to the Firm), जो पूरी कंपनी के लिए उपलब्ध नकदी को दर्शाता है, और दूसरा है FCFE (Free Cash Flow to Equity), जो केवल शेयरधारकों के लिए बची हुई नकदी को मापता है। इन दोनों के लिए अलग-अलग डिस्काउंट दरों का उपयोग किया जाता है ताकि यह सुनिश्चित हो सके कि निवेश का मूल्यांकन सटीक और जोखिमों को ध्यान में रखकर किया गया है।

**1. FCFF (Free Cash Flow to the Firm) - पूरी कंपनी के लिए नकदी**

FCFF वह नकदी प्रवाह है जो कंपनी के पास अपने सभी खर्चों और निवेशों) जैसे नई मशीनें खरीदना (के बाद बचता है। यह पैसा कर्जदाताओं (Debt holders) और शेयरधारकों (Equity holders) दोनों के लिए उपलब्ध होता है। सरल शब्दों में, यह पूरी कंपनी की कमाई क्षमता को दर्शाता है, चाहे पैसा उधार का हो या खुद का। इसका उपयोग तब किया जाता है जब हमें पूरी कंपनी की वैल्यू (Enterprise Value) निकालनी हो। इसे डिस्काउंट करने के लिए WACC (Weighted Average Cost of Capital) का उपयोग किया जाता है।

**2. FCFE (Free Cash Flow to Equity) - केवल शेयरधारकों के लिए नकदी**

FCFE वह शुद्ध नकदी है जो सभी खर्चों, निवेशों और कर्ज की अदायगी) Interest and Principal Repayment) के बाद बचती है। यह पैसा पूरी तरह से केवल शेयरधारकों) Common Stockholders) का होता है। इसमें से कंपनी या तो डिविडेंड दे सकती है या उसे वापस बिजनेस में लगा सकती है। यदि आप केवल एक शेयर की कीमत का अंदाजा लगाना चाहते हैं, तो FCFE सबसे बेहतर तरीका है। इसे डिस्काउंट करने के लिए Cost of Equity (Ke) का उपयोग किया जाता है।

FCFE एवं FCFF इन दोनों के बीच का सबसे बड़ा अंतर 'कर्ज) Debt)' का है। FCFF में ब्याज और कर्ज की किश्तें घटाने से पहले की स्थिति देखी जाती है, जबकि FCFE में यह सब चुकाने के बाद जो बचता है, उस पर ध्यान दिया जाता है। अगर किसी कंपनी पर बिल्कुल भी कर्ज नहीं है, तो उसका FCFF और FCFE एक समान होगा।

## 26.2 टर्मिनल वैल्यू

### टर्मिनल वैल्यू

Terminal Value, TV किसी भी DCF मॉडल (Discounted Cash Flow Model) का एक महत्वपूर्ण हिस्सा है। यह उस मान को दर्शाता है जो पूर्वानुमान अवधि (आमतौर पर 5 से 10 वर्ष) के बाद कंपनी के अनंत भविष्य के सभी नकदी प्रवाहों का मूल्य होता है। इस टर्मिनल वैल्यू की गणना करने के लिए दो प्रमुख विधियाँ हैं:

**1. गॉर्डन ग्रोथ मॉडल (GGM)**

गॉर्डन ग्रोथ मॉडल (GGM) यह मानता है कि कंपनी के नकदी प्रवाह एक स्थिर दर (g) से अनंत काल तक बढ़ते रहेंगे। इस मॉडल के लिए सूत्र (Formula) है:

$$TV = \frac{FCF_{n+1}}{WACC - g}$$

यह विधि सैद्धांतिक रूप से मजबूत है, क्योंकि यह एक सतत विकास का सिद्धांत प्रस्तुत करती है। हालाँकि, इसकी मुख्य कमी यह है कि 'g' (स्थिर विकास दर) का सटीक अनुमान लगाना अक्सर बहुत कठिन होता है।

**2. एग्जिट मल्टीपल मेथड**

एग्जिट मल्टीपल मेथड मानता है कि कंपनी को अंतिम वर्ष (n) में तुलनीय कंपनियों के बाजार मल्टीपल (जैसे P/E, EV/EBITDA) पर बेचा जाएगा। इस विधि का सूत्र है:

$$\text{Terminal Value,TV} = \text{Financial Metric} \times \text{Exit Multiple}$$

यह विधि अधिक बाजार-आधारित और यथार्थवादी है, क्योंकि यह वास्तविक बाजार डेटा का उपयोग करती है। लेकिन इसका नुकसान यह है कि यह बाजार के उतार-चढ़ाव पर अत्यधिक निर्भर करती है, जिससे मूल्यांकन में अस्थिरता आ सकती है।

## 26.3 पूंजी की लागत और इसका महत्व

पूंजी की लागत (Cost of Capital) किसी भी कंपनी के वित्तीय मूल्यांकन में एक महत्वपूर्ण मीट्रिक है। यह अनिवार्य रूप से वह न्यूनतम प्रतिफल दर (Minimum Rate of Return) है जो एक कंपनी को अपने निवेश प्रोजेक्ट्स पर अर्जित करनी चाहिए ताकि वह अपने निवेशकों के लिए मूल्य सृजित कर सके। पूंजी की लागत का सबसे व्यापक रूप से उपयोग किया जाने वाला माप भारित औसत पूंजी लागत (Weighted Average Cost of Capital - WACC) है। WACC सभी पूंजी स्रोतों, जैसे ऋण (Debt), इक्विटी (Equity), और पसंदीदा स्टॉक (Preferred Stock), की भारित औसत लागत है। इस WACC का उपयोग आमतौर पर FCFF (फर्म के लिए मुक्त नकदी प्रवाह) को डिस्काउंट करने के लिए किया जाता है, जिससे कंपनी के कुल मूल्य का अनुमान लगाया जा सके।

WACC का सूत्र और घटक WACC की गणना निम्नलिखित सूत्र का उपयोग करके की जाती है:

$$\text{WACC} = \frac{E}{V} \times R_e + \frac{D}{V} \times R_d \times (1 - T) + \frac{P}{V} \times R_P$$

इस सूत्र के प्रमुख घटक इस प्रकार हैं:

E/V, D/V, P/V: कंपनी की कुल पूंजी में बाजार मूल्य के आधार पर हिस्सा (भार)।

E: Market Value of Equity (कंपनी की इक्विटी/शेयरों का बाजार मूल्य(

D: Market Value of Debt (कंपनी के ऋण/कर्ज का बाजार मूल्य(

P: Market Value of Preferred Stock (कंपनी के प्रेफर्ड स्टॉक का बाजार मूल्य(

V: Total Value of Capital (कुल पूंजी मूल्य, V = E + D + P)

Re: यह इक्विटी की लागत है, जिसे अक्सर CAPM (पूंजी परिसंपत्ति मूल्य निर्धारण मॉडल) जैसे मॉडलों से प्राप्त किया जाता है, जो शेयरधारकों की अपेक्षित रिटर्न दर को दर्शाता है।

Rd: यह ऋण की लागत है, जो आमतौर पर ऋण पर दी जाने वाली ब्याज दर है।

(1-T): यह कर ढाल (Tax Shield) प्रभाव है। इस कारक का उपयोग इसलिए किया जाता है क्योंकि ब्याज भुगतान कर-कटौती योग्य (Tax-Deductible) होता है, जिससे ऋण की वास्तविक लागत कम हो जाती है।

$R_p$: यह पसंदीदा स्टॉक की लागत है।

## 26.4 रिलेटिव वैल्युएशन और मार्केट मल्टीपल्स

रिलेटिव वैल्यूएशन वह मूल्यांकन विधि है जो किसी कंपनी के मूल्य का आकलन करने के लिए तुलनीय कंपनियों (Comparable Companies) के बाजार मल्टीपल्स (Market Multiples) का उपयोग करती है। यह तरीका एब्सोल्यूट वैल्यूएशन के विपरीत है, क्योंकि यह बाजार डेटा पर निर्भर करता है। नीचे कुछ प्रमुख मल्टीपल्स, उनके सूत्र और उपयोगिता का विस्तृत विवरण दिया गया है:

**P/E (प्राइस-टू-अर्निंग्स) अनुपात**

यह सबसे लोकप्रिय मल्टीपल है। इसका सूत्र

$$\text{PE Ratio} = \frac{\text{Market Price per Share}}{\text{EPS}}$$

(प्रति शेयर बाजार मूल्य/प्रति शेयर आय) है। इसकी उपयोगिता निवेशकों को यह बताने में है कि वे आय के मुकाबले कितना भुगतान कर रहे हैं।

**P/B (प्राइस-टू-बुक) अनुपात**

इसका सूत्र

$$\text{P/B ratio} = \frac{\text{Market Price per Share}}{\text{Book Value per Share}}$$

(प्रति शेयर बाजार मूल्य/प्रति शेयर बुक वैल्यू) है। यह परिसंपत्ति-आधारित (Asset-heavy) उद्योगों (जैसे बैंक या विनिर्माण) के लिए विशेष रूप से उपयोगी है।

**EV/Sales (एंटरप्राइज वैल्यू/सेल्स)**

इस मल्टीपल का सूत्र

$$\frac{\text{Enterprise Value}}{\text{Total Sales (Revenue)}}$$

है। यह उन कंपनियों के लिए उपयोगी है जो अभी लाभदायक नहीं हैं या उच्च विकास दर पर हैं, क्योंकि यह बिक्री पर आधारित है, लाभ पर नहीं।

**PEG (पीईजी) अनुपात**

PEG अनुपात ग्रोथ एडजस्टमेंट करता है और P/E की कमी को दूर करता है। इसका सूत्र

$$\text{PEG ratio} = \frac{\text{P/E Ratio}}{\text{Earnings Growth Rate}}$$

है। एक PEG < 1 अंडरवैल्यूड हो सकता है, जो अक्सर निवेशकों के लिए एक आकर्षक संकेत होता है।

## 26.5 स्टॉक मूल्यांकन की विशिष्ट विधियां

किसी कंपनी या परिसंपत्ति का मूल्यांकन करने के लिए विभिन्न विशेष तकनीकें उपलब्ध हैं, जिनका उपयोग विशिष्ट परिस्थितियों में किया जाता है। ये तकनीकें मूल्यांकनकर्ता को कंपनी के आंतरिक मूल्य (**Intrinsic Value**) का अनुमान लगाने में मदद करती हैं।

**डिविडेंड डिस्काउंट मॉडल (DDM): एक परिचय**

डिविडेंड डिस्काउंट मॉडल (DDM) एक मूल्यांकन तकनीक है जिसका मुख्य उद्देश्य भविष्य में अपेक्षित लाभांशों (Dividends) के वर्तमान आंतरिक मूल्य (Present Intrinsic Value) की गणना करना है। यह सिद्धांत इस धारणा पर आधारित है कि एक स्टॉक का मूल्य उसके भविष्य के सभी लाभांशों का वर्तमान मूल्य है। इस मॉडल का सबसे आम रूप गॉर्डन ग्रोथ मॉडल (Gordon Growth Model) है, जो मानता है कि लाभांश एक स्थिर दर पर हमेशा बढ़ते रहेंगे। इसका सूत्र है(गॉर्डन ग्रोथ मॉडल):

$$\text{स्टॉक मूल्य} = \frac{D_1}{r - g}$$

जहाँ $D_1$ अगले वर्ष का अपेक्षित लाभांश है, r अपेक्षित रिटर्न दर है, और g लाभांश की स्थिर वृद्धि दर है।

## अर्निंग्स पावर वैल्यू-EPV

EPV (अर्निंग्स पावर वैल्यू ) स्टॉक वैल्यूएशन का एक ऐसा तरीका है जो भविष्य की किसी भी ग्रोथ) विकास (को शामिल नहीं करता। यह पूरी तरह से इस बात पर निर्भर करता है कि कंपनी 'आज' कितना पैसा कमा रही है। इसे एक 'रूढ़िवादी' (Conservative) दृष्टिकोण इसलिए माना जाता है क्योंकि यह भविष्य की अनिश्चितताओं और विकास के बड़े-बड़े दावों को दरकिनार कर देता है। इसका मुख्य उद्देश्य यह पता लगाना है कि यदि कंपनी भविष्य में बिल्कुल भी न बढ़े और केवल अपनी वर्तमान स्थिति को बनाए रखे (Sustainable Earnings), तब भी आज के हिसाब से उसकी असल कीमत क्या होनी चाहिए।

इसकी गणना के लिए एक सरल सूत्र (Formula) का उपयोग किया जाता है:

EPV = Adjusted Net Earnings / Capitalization Rate

यहाँ 'एडजस्टेड नेट अर्निंग्स' का मतलब कंपनी की उस सामान्यीकृत आय (Normalized Income) से है जिसमें से एक बार होने वाले असाधारण मुनाफे या खर्चों को हटा दिया गया है, ताकि कंपनी की वास्तविक कमाई करने की क्षमता का पता चल सके। वहीं, 'कैपिटलाइजेशन रेट' कंपनी की पूंजी की लागत (Cost of Capital) को दर्शाता है। यह भागफल हमें वह 'बेस वैल्यू' देता है जिसके नीचे कंपनी की कीमत नहीं गिरनी चाहिए यदि उसका बिजनेस स्थिर है।

यह तकनीक उन निवेशकों के लिए बहुत शक्तिशाली है जो जोखिम कम लेना चाहते हैं। चूँकि इसमें भविष्य की ग्रोथ का अनुमान नहीं लगाया जाता) जो अक्सर गलत साबित हो सकता है(, इसलिए यह निवेश के लिए एक 'मार्जिन ऑफ सेफ्टी' प्रदान करता है। यदि किसी कंपनी की मार्केट वैल्यू उसकी गणना की गई EPV से भी कम है, तो निवेशक उसे एक बहुत ही आकर्षक और सुरक्षित अवसर मानते हैं, क्योंकि उन्हें कंपनी की ग्रोथ के लिए कुछ भी अतिरिक्त भुगतान नहीं करना पड़ रहा है।

## SOTP (सम-ऑफ-द-पार्ट्स)

SOTP (सम-ऑफ़-द-पार्ट्स( मूल्यांकन की एक ऐसी तकनीक है जिसका उपयोग मुख्य रूप से उन बड़ी कंपनियों के लिए किया जाता है जिनके व्यापार कई अलग-अलग क्षेत्रों में फैले हुए हैं, जिन्हें 'कंग्लोमरेट' (Conglomerate) कहा जाता है। उदाहरण के लिए, यदि कोई एक ही कंपनी तेल, रिटेल और टेलीकॉम जैसे अलग-अलग क्षेत्रों में काम कर रही है, तो उसे एक इकाई के रूप में आंकना कठिन होता है। SOTP विधि इस समस्या का समाधान यह कह कर करती है कि कंपनी की हर व्यावसायिक इकाई) Business Unit) का मूल्यांकन अलग से किया जाना चाहिए और फिर अंत में उन सभी के मूल्यों को जोड़कर कंपनी की कुल वैल्यू निकाली जानी चाहिए।

इस विधि का एक सबसे बड़ा लाभ यह है कि यह 'होल्डिंग डिस्काउंट' की समस्या को दूर करने में मदद करती है। अक्सर शेयर बाजार ऐसी मिली-जुली कंपनियों को उनकी वास्तविक क्षमता से कम आंकता है क्योंकि निवेशक सभी व्यवसायों को एक ही नज़रिए से देखते हैं। SOTP के जरिए विश्लेषक प्रत्येक भाग की असली कीमत पहचान पाते हैं। इसकी गणना के लिए एक सूत्र दिया गया है: TEV = (Part 1 + Part 2 + ...) - Net Debt। यहाँ TEV का मतलब कुल एंटरप्राइज़ वैल्यू से है। इस प्रक्रिया में पहले सभी व्यक्तिगत विभागों की वैल्यू को जोड़ा जाता है और फिर उसमें से कंपनी पर मौजूद कुल शुद्ध ऋण) Net Debt) को घटा दिया जाता है ताकि शेयरधारकों के लिए वास्तविक मूल्य का पता चल सके।

यह विधि एक 'गिफ्ट बास्केट' के मूल्यांकन जैसी है, जहाँ आप पूरी बास्केट की एक कीमत लगाने के बजाय उसमें रखे हर उपहार की कीमत अलग-अलग जोड़ते हैं और फिर बास्केट पर लिए गए किसी उधार को घटा देते हैं। यह तरीका निवेशकों को यह स्पष्ट जानकारी देता है कि

कंपनी का कौन सा हिस्सा सबसे ज्यादा मूल्यवान है और कौन सा हिस्सा कंपनी पर बोझ बन रहा है।

### होल्डिंग कंपनियों के लिए NAV

होल्डिंग कंपनियों के लिए नेट एसेट वैल्यू) NAV) की गणना एक विशिष्ट वित्तीय प्रक्रिया है, क्योंकि ऐसी कंपनियों का अपना कोई सीधा उत्पादन या स्वतंत्र व्यवसाय नहीं होता। इनका मुख्य कार्य दूसरी कंपनियों, जिन्हें सहायक कंपनियां) Subsidiaries) कहा जाता है, में निवेश करना और उन्हें नियंत्रित करना होता है। इसलिए, एक होल्डिंग कंपनी का मूल्यांकन पूरी तरह से उन कंपनियों के मूल्य पर निर्भर करता है जिनमें उसने निवेश किया है। इसका मुख्य उद्देश्य होल्डिंग कंपनी का आंतरिक मूल्य) Intrinsic Value) पता लगाना है, ताकि यह समझा जा सके कि शेयर बाजार में उसकी कीमत सही है या नहीं।

इसकी गणना करने का तरीका काफी सीधा है, जिसे 'एसेट-बैकिंग मेथड' (Asset-Backing Method) कहा जाता है। इस प्रक्रिया में सबसे पहले होल्डिंग कंपनी की प्रत्येक सहायक कंपनी में उसके इक्विटी हिस्से) Equity Stake) के वर्तमान मूल्य को जोड़ा जाता है। उदाहरण के लिए, यदि कंपनी 'A' के पास कंपनी 'B' के 50% शेयर हैं, तो कंपनी 'B' की कुल वैल्यू का 50% हिस्सा जोड़ा जाएगा। इसके बाद, होल्डिंग कंपनी की अपनी जो भी देनदारियां) Liabilities) या कर्ज होता है, उसे कुल संपत्ति में से घटा दिया जाता है। जो अंतिम परिणाम बचता है, उसे ही उस होल्डिंग कंपनी की 'नेट एसेट वैल्यू' या NAV माना जाता है।

यह विश्लेषण निवेशकों के लिए इसलिए बहुत जरूरी है क्योंकि बाजार में होल्डिंग कंपनियों के शेयर अक्सर उनके वास्तविक NAV से काफी कम कीमत पर ट्रेड करते हैं, जिसे वित्तीय भाषा में 'होल्डिंग डिस्काउंट' कहा जाता है। NAV की गणना से निवेशकों को यह पता चल जाता है कि क्या वे होल्डिंग कंपनी का शेयर खरीदकर अप्रत्यक्ष रूप से उसकी शानदार सहायक कंपनियों में सस्ते में हिस्सेदारी पा रहे हैं। यह तकनीक विशेष रूप से तब उपयोगी होती है जब किसी कंपनी का ढांचा बहुत जटिल हो और उसकी कई लिस्टेड और अनलिस्टेड सहायक कंपनियां हों।

## रिप्लेसमेंट कॉस्ट वैल्यूएशन

रिप्लेसमेंट कॉस्ट वैल्यूएशन एक ऐसी तकनीक है जो मुख्य रूप से संपत्तियों के वर्तमान मूल्य को आंकने के लिए इस्तेमाल की जाती है। यह एक परिसंपत्ति-आधारित) Asset-based) विधि है, जिसका मूल उद्देश्य यह पता लगाना है कि यदि हमें किसी पुरानी या मौजूदा संपत्ति को आज के समय में बिल्कुल वैसी ही नई संपत्ति से बदलना हो, तो उसमें कितनी लागत आएगी। यह विधि इस बात पर ध्यान नहीं देती कि संपत्ति कितने साल पुरानी है या उसे कितने में खरीदा गया था, बल्कि यह आज की वर्तमान लागत) Current Cost) पर ध्यान केंद्रित करती है।

यह मूल्यांकन तकनीक विशेष रूप से बीमा उद्देश्यों) Insurance Purposes) के लिए बहुत उपयोगी साबित होती है। उदाहरण के लिए, यदि किसी कारखाने की मशीनरी को कोई नुकसान पहुँचता है, तो बीमा कंपनी यह देखती है कि उस मशीन को आज के बाजार भाव पर नया खरीदने या बदलने में कितना पैसा खर्च होगा। इसके अलावा, जहाँ किसी कंपनी के पास बहुत अधिक भौतिक संपत्तियां) जैसे बिल्डिंग, मशीनें या वाहन (होती हैं, वहाँ उनका वर्तमान बाजार मूल्य निर्धारित करने के लिए यह विधि सबसे सटीक मानी जाती है।

सरल शब्दों में, रिप्लेसमेंट कॉस्ट वैल्यूएशन हमें यह बताता है कि किसी संपत्ति को फिर से उसी क्षमता के साथ खड़ा करने के लिए आज की तारीख में कितनी पूंजी की आवश्यकता होगी। यह विधि निवेशकों और बीमा कंपनियों को मुद्रास्फीति) Inflation) और बदलती कीमतों के बीच किसी भी व्यवसाय की वास्तविक भौतिक मजबूती को समझने में मदद करती है।

## 26.6 वित्तीय मूल्यांकन और जोखिम प्रबंधन तकनीकें

वित्तीय मूल्यांकन में, जोखिमों को समझने और भविष्य की अपेक्षाओं का विश्लेषण करने के लिए कई तकनीकें (Techniques) हैं। ये तरीके निवेशकों को अनिश्चितता के बीच तर्कसंगत निर्णय लेने में मदद करते हैं।

**मार्जिन ऑफ सेफ्टी (MOS)**

मार्जिन ऑफ सेफ्टी (MOS) एक सुरक्षा कवच (Security Cushion) के रूप में कार्य करता है जो किसी संपत्ति के आंतरिक मूल्य (Intrinsic Value) और उसके वर्तमान बाजार मूल्य के बीच मौजूद होता है। इस विश्लेषण का मुख्य उद्देश्य बाजार के उतार-चढ़ाव (Market Fluctuations) या गलत अनुमानों के कारण होने वाली पूंजी हानि (Capital Loss) के जोखिम को कम करना है। यह सिद्धांत सुनिश्चित करता है कि निवेशक केवल तब खरीदारी करें जब बाजार मूल्य आंतरिक मूल्य से काफी कम हो, जिससे सुरक्षा का एक अतिरिक्त मार्जिन बन जाए।

**सेंसिटिविटी एनालिसिस (Sensitivity Analysis)**

सेंसिटिविटी एनालिसिस एक समय में केवल एक इनपुट (Single Input) (जैसे डिस्काउंट दर) को बदलकर, उस परिवर्तन का मूल्यांकन पर पड़ने वाले प्रभाव को देखती है। इस विश्लेषण का प्राथमिक उद्देश्य यह पहचानना है कि किसी मूल्यांकन के लिए सबसे संवेदनशील (Sensitive) या महत्वपूर्ण चर (Variable) कौन सा है। यह प्रबंधकों और निवेशकों को उन प्रमुख कारकों पर ध्यान केंद्रित करने में मदद करता है जो परिणामों को सबसे अधिक प्रभावित करते हैं।

**सिनेरियो एनालिसिस (Scenario Analysis)**

सिनेरियो एनालिसिस एक अधिक व्यापक दृष्टिकोण है, जहाँ एक साथ कई इनपुट बदलकर विभिन्न भविष्य की परिस्थितियों (जैसे मंदी या तेजी) में मूल्यांकन को मापा जाता है। इसका उद्देश्य संभावित भविष्य की स्थितियों (Potential Future Conditions) के लिए मूल्यांकन को परखना और विभिन्न परिदृश्यों के तहत लचीलेपन (Resilience) का परीक्षण करना है।

**रिवर्स DCF (Reverse DCF)**

रिवर्स DCF (डिस्काउंटेड कैश फ्लो) एक उल्टा दृष्टिकोण अपनाता है। यह वर्तमान बाजार मूल्य (Current Market Price) से शुरू होता है और यह निर्धारित करने के लिए पीछे की ओर काम करता है कि यह मूल्य किस निहित भविष्य की वृद्धि दर (Implied Future Growth Rate) का संकेत देता है। इस तकनीक का उद्देश्य यह निर्धारित करना है कि क्या बाजार की अपेक्षाएँ वास्तविक रूप से प्राप्त करने योग्य हैं या नहीं।

* * * * *

**"मूल्यांकन कोई सटीक विज्ञान नहीं है, यह एक अनुमान है। आपका लक्ष्य 'एकदम सटीक' होना नहीं है, बल्कि 'मोटे तौर पर सही' होना और 'बुरी तरह गलत' होने से बचना है। हमेशा एक से अधिक तरीकों का उपयोग करें।"**

## 26.7 व्यावहारिक प्रश्नों के उत्तर

**प्रश्न 1:** आईटी सेक्टर का औसत P/E रेशियो 25 है। 'टेक-महिंद्रा' जैसी कंपनी का EPS ₹40 है। सेक्टर की तुलना में इसकी 'फेयर वैल्यू' क्या होनी चाहिए?

**उत्तर:**

आईटी सेक्टर के औसत P/E रेशियो और कंपनी के EPS के आधार पर 'फेयर वैल्यू' (Fair Value) की गणना इस प्रकार की जाएगी:

फॉर्मूला: Fair Value = EPS× P/E = 40× 25

Fair Value = 1,000

निष्कर्ष: सेक्टर की तुलना में टेक-महिंद्रा की फेयर वैल्यू ₹1,000 होनी चाहिए।

यदि शेयर का वर्तमान बाजार मूल्य (CMP) ₹1,000 से कम है, तो इसे 'अंडरवैल्यूड' (सस्ता) माना जा सकता है।

यदि मूल्य ₹1,000 से अधिक है, तो इसे सेक्टर की तुलना में 'ओवरवैल्यूड' (महंगा) माना जा सकता है।

सीख: अगर शेयर ₹800 का है, तो वह अपने सेक्टर की तुलना में सस्ता है।

**प्रश्न 2:** बेंजामिन ग्राहम के अनुसार, यदि एक कंपनी का EPS (प्रति शेयर कमाई) ₹50 है और उसकी कोई ग्रोथ नहीं है, तो एक रूढ़िवादी निवेशक (Conservative investors) के रूप में आप उसका कितना मूल्य आंकेंगे (8.5 के मल्टीपल पर)?

**उत्तर:**

बेंजामिन ग्राहम के "द इंटेलिजेंट इन्वेस्टर" सिद्धांतों के अनुसार, बिना किसी वृद्धि (Zero Growth) वाली कंपनी के लिए 8.5 का मल्टीपल (P/E Ratio) आधार माना जाता है।

यदि कंपनी का EPS ₹50 है, तो उसका आंतरिक मूल्य (Intrinsic Value) इस प्रकार होगा:

मूल्य = EPS × 8.5 = 50 × 8.5 = ₹425

एक रूढ़िवादी निवेशक के रूप में, आप उस कंपनी का मूल्य ₹425 आंकेंगे।

सीख: यदि बाजार में यह शेयर ₹600 का मिल रहा है, तो यह 'ओवरवैल्यूड' है।

**प्रश्न 3:** आपने एक शेयर की गणना की और पाया कि उसकी असली कीमत (Intrinsic Value) ₹1,000 होनी चाहिए। आप 30% का 'मार्जिन ऑफ सेफ्टी' रखना चाहते हैं। आप किस अधिकतम कीमत पर इसे खरीदना पसंद करेंगे?

**उत्तर:**

30% मार्जिन ऑफ सेफ्टी के आधार पर, शेयर खरीदने की अधिकतम कीमत ₹700 होनी चाहिए।

1. आंतरिक मूल्य और मार्जिन की पहचान

सबसे पहले, हम प्रश्न में दिए गए आंकड़ों को स्पष्ट करते हैं:

शेयर का आंतरिक मूल्य (Intrinsic Value): ₹1,000

वांछित मार्जिन ऑफ सेफ्टी (Margin of Safety): 30%

2. अधिकतम खरीद मूल्य की गणना

मार्जिन ऑफ सेफ्टी का उद्देश्य निवेश में जोखिम को कम करना है। इसे प्राप्त करने के लिए, हम आंतरिक मूल्य में से मार्जिन प्रतिशत घटाते हैं।

खरीदने के लिए अधिकतम कीमत = 1,000 × (1−0.30) = ₹700

आपको इस शेयर को खरीदने के लिए अधिकतम ₹700 की कीमत चुकानी चाहिए।

सीख: मार्जिन ऑफ सेफ्टी आपको गलतियों और बाजार की अनिश्चितता से बचाता है।

**प्रश्न 4:** एक स्थिर कंपनी ₹10 का वार्षिक डिविडेंड देती है और आपको उम्मीद है कि यह हमेशा इतना ही रहेगा। यदि आप 10% रिटर्न (Discount Rate) चाहते हैं, तो आप इस शेयर के लिए कितना भुगतान करेंगे?

**उत्तरः**

स्थिर डिविडेंड वाली कंपनी के शेयर का मूल्य निकालने के लिए डिविडेंड डिस्काउंट मॉडल (Dividend Discount Model) का उपयोग किया जाता है।

चूँकि डिविडेंड भविष्य में भी स्थिर रहने की उम्मीद है (कोई वृद्धि नहीं), तो शेयर की कीमत की गणना इस सूत्र से होगी:

शेयर का मूल्य = वार्षिक डिविडेंड / आवश्यक रिटर्न दर (Discount Rate)

वार्षिक डिविडेंड= ₹10, रिटर्न दर (Discount Rate)= 10% (या 0.10)

शेयर का मूल्य = 10 / 0.10 = ₹100

अतः, यदि आप 10% रिटर्न चाहते हैं, तो आप इस शेयर के लिए ₹100 का भुगतान करेंगे।

**प्रश्न 5:** एक कंपनी ₹5 डिविडेंड देती है जो हर साल 5% बढ़ेगा। आपकी अपेक्षित रिटर्न दर 10% है। शेयर की वैल्यू क्या होगी?

**उत्तरः**

गॉर्डन ग्रोथ मॉडल (Gordon Growth Model) का उपयोग करने पर, शेयर का मूल्य ₹105 होगा।

दिया गया है: वर्तमान डिविडेंड ($D_0$) = ₹5, डिविडेंड वृद्धि दर ($g$) = 5% या 0.05, अपेक्षित रिटर्न दर ($r$) = 10% या 0.10

अगले वर्ष मिलने वाले डिविडेंड, $D_1 = D_0 \times (1 + g)$

$D_1 = 5 \times (1 + 0.05) = 5.25$

अतः, अगले वर्ष का डिविडेंड ₹5.25 होगा।

गॉर्डन ग्रोथ मॉडल (Gordon Growth Model) का सूत्र

शेयर का मूल्य,

$$P = \frac{D_1}{r - g}$$

शेयर का मूल्य, P = 5.25/(0.10-0.05) =105

कंपनी के शेयर का वर्तमान मूल्य ₹105 होगा।

**प्रश्न 6:** एक बैंक की बुक वैल्यू ₹250 है। पिछले 5 सालों का इसका औसत P/B रेशियो 1.2 रहा है। वर्तमान वैल्यू क्या होनी चाहिए?

**उत्तरः**

बैंक की वर्तमान वैल्यू ₹300 होनी चाहिए।

यहाँ हमारे पास दो मुख्य आंकड़े उपलब्ध हैं:

बुक वैल्यू (BV) = ₹250 , औसत प्राइस-टू-बुक (P/B) रेशियो = 1.2

किसी बैंक या कंपनी की उचित वर्तमान वैल्यू (Intrinsic or Fair Value) निकालने के लिए उसकी बुक वैल्यू को औसत P/B रेशियो से गुणा किया जाता है।

इसका गणितीय सूत्र इस प्रकार है:

Intrinsic or Fair Value = बुक वैल्यू ( BV) ×(P/B) रेशियो

Intrinsic or Fair Value = 250×1.2 =300

गणना के अनुसार, बैंक की वर्तमान वैल्यू ₹300 होनी चाहिए।

सीख: बैंकिंग और फाइनेंशियल कंपनियों के लिए यह वैल्यूएशन का सबसे सटीक तरीका माना जाता है।

**प्रश्न 7:** एक ई-कॉमर्स कंपनी अभी घाटे में है। उसकी सालाना सेल ₹500 करोड़ है और मार्केट कैप ₹2,000 करोड़ है। उस पर ₹100 करोड़ का कर्ज है। उसका EV/Sales रेशियो क्या है?

**उत्तर:**

एंटरप्राइज वैल्यू (EV) निकालने के लिए हम मार्केट कैप और कर्ज को जोड़ते हैं (चूंकि नकद की जानकारी नहीं दी गई है, इसे शून्य माना जाएगा)।

EV = Market Cap + Debt - Cash

EV =2,000 + 100 – 0 = 2,100

EV/Sales रेशियो ज्ञात करने के लिए एंटरप्राइज वैल्यू को सालाना सेल से विभाजित किया जाता है।

EV/Sales Ratio = Enterprise Value/Annual Sales

EV/Sales Ratio = 2,100/500 = 4.2

ई-कॉमर्स कंपनी का EV/Sales रेशियो 4.2 है।

सीख: नई और तेजी से बढ़ने वाली कंपनियों (Startups) के लिए यह अनुपात मूल्यांकन का आधार बनता है।

**प्रश्न 8:** एक कंपनी ₹100 करोड़ का मुनाफा कमाती है, लेकिन उसे मशीनरी बदलने के लिए हर साल ₹40 करोड़ खर्च (Capex) करने पड़ते हैं। मूल्यांकन के लिए आप किस राशि का उपयोग करेंगे?

**उत्तर:**

मूल्यांकन के लिए आपको ₹60 करोड़ की राशि का उपयोग करना चाहिए।

स्पष्टीकरण

किसी भी कंपनी के वास्तविक मूल्य का निर्धारण करने के लिए केवल शुद्ध लाभ (Net Profit) पर्याप्त नहीं होता है। इसके लिए फ्री कैश फ्लो (Free Cash Flow) का उपयोग किया जाता है।

Free Cash Flow = Operating Cash Flow - Capex

Free Cash Flow =100 – 40 = 60

महत्व: मशीनरी बदलने के लिए खर्च किए गए ₹40 करोड़ अनिवार्य पूंजीगत व्यय (Maintenance Capex) हैं। यह वह पैसा है जिसे कंपनी अपने पास नहीं रख सकती क्योंकि इसे व्यवसाय को चालू रखने के लिए खर्च करना ही पड़ता है।

निष्कर्ष: निवेशकों के लिए केवल वही पैसा वास्तविक मूल्य रखता है जो सभी आवश्यक खर्चों के बाद बचता है। इसे "ओनर्स अर्निंग्स" (Owner's Earnings) भी कहा जाता है। इसलिए, मूल्यांकन के लिए ₹60 करोड़ ही सही आधार है।

सीख: हमेशा 'फ्री कैश फ्लो' पर आधारित मूल्यांकन करें, न कि केवल कागजी मुनाफे पर।

**प्रश्न 9:** एक बंद होने वाली कंपनी के पास ₹100 करोड़ की जमीन और ₹50 करोड़ की मशीनें हैं। उस पर ₹80 करोड़ का कर्ज है। शेयरधारकों के लिए प्रति शेयर क्या बचेगा अगर कुल 1 करोड़ शेयर हैं?

**उत्तर:**

कुल संपत्ति (Total Assets): ₹100 करोड़ (जमीन) + ₹50 करोड़ (मशीनें) = ₹150 करोड़

शुद्ध संपत्ति (Net Assets): कुल संपत्ति में से कर्ज घटाने पर: ₹150 करोड़ - ₹80 करोड़ (कर्ज) = ₹70 करोड़

प्रति शेयर मूल्य (Value per Share): शुद्ध संपत्ति को कुल शेयरों की संख्या से भाग देने पर: ₹70 करोड़ / 1 करोड़ शेयर = ₹70

शेयरधारकों के लिए प्रति शेयर ₹70 बचेंगे।

सीख: यह वह 'फ्लोर प्राइस' है जिससे नीचे शेयर की कीमत आमतौर पर नहीं गिरनी चाहिए।

**प्रश्न 10:** एक शेयर का P/E 10 है। इसकी 'अर्निंग्स यील्ड' क्या है और क्या यह 7% की बैंक FD से बेहतर है?

**उत्तर:**

अर्निंग्स यील्ड, P/E रेशियो का उल्टा (Inverse) होती है। इसका सूत्र है:

$$\text{Earnings Yield} = \frac{1}{\text{P/E Ratio}} \times 100$$

यदि P/E 10 है, तो: $\text{Earnings Yield} = \frac{1}{10} \times 100 = 10$

Earnings Yield = 10%

गणितीय आधार पर 10% की अर्निंग्स यील्ड, 7% की बैंक FD से बेहतर है।

रिटर्न: शेयर आपको निवेश पर 10% की कमाई की दर दे रहा है, जबकि बैंक FD केवल 7% दे रही है।

जोखिम (Risk): हालांकि यील्ड अधिक है, लेकिन शेयर बाजार में निवेश जोखिम भरा होता है और इसकी कोई गारंटी नहीं होती, जबकि बैंक FD सुरक्षित मानी जाती है।

ग्रोथ: बैंक FD का रिटर्न फिक्स रहता है, लेकिन यदि कंपनी भविष्य में अच्छा प्रदर्शन करती है, तो शेयर की 'अर्निंग्स' और कीमत दोनों बढ़ सकती हैं।

निष्कर्ष: यदि आप थोड़ा जोखिम ले सकते हैं, तो 10% यील्ड वाला यह शेयर 7% की FD की तुलना में एक आकर्षक विकल्प है।

सीख: चूंकि 10% की यील्ड बैंक के 7% से ज्यादा है, इसलिए यह शेयर आकर्षक लग रहा है।

**प्रश्न 11:**'आईटी सेक्टर' का औसत PE अनुपात 25 है। 'कंपनी A' का प्रति शेयर आय (EPS) ₹40 है। सेक्टर के औसत के आधार पर इस कंपनी के शेयर का "उचित मूल्य" (Fair Value) क्या होना चाहिए?

**उत्तर:**

आईटी सेक्टर के औसत PE अनुपात के आधार पर 'कंपनी A' के शेयर का उचित मूल्य (Fair Value) ₹1,000 होना चाहिए।

उचित मूल्य = प्रति शेयर आय (EPS) × औसत PE अनुपात

उचित मूल्य(Fair Value)= ₹40 × 25 = ₹1,000

सीख: यदि शेयर बाज़ार में ₹800 पर मिल रहा है, तो यह 'अंडरवैल्यूड' है; यदि ₹1,200 पर है, तो 'ओवरवैल्यूड' है।

**प्रश्न 12:** एक कंपनी अगले साल ₹10 का डिविडेंड देने वाली है। निवेशकों की अपेक्षित रिटर्न दर (r) 12% है और डिविडेंड की विकास दर (g) 5% है। शेयर का आंतरिक मूल्य (Intrinsic Value) क्या होगा?

**उत्तर:**

गॉर्डन ग्रोथ मॉडल (Gordon Growth Model) का उपयोग करके शेयर का आंतरिक मूल्य इस प्रकार निकाला जा सकता है:

आंतरिक मूल्य (Intrinsic Value) = D / (r - g)

आंतरिक मूल्य (IV) = 10 / (0.12 - 0.05) = ₹142.85

सीख: यह मॉडल उन परिपक्व कंपनियों के लिए है जो नियमित रूप से बढ़ता हुआ डिविडेंड देती हैं।

**प्रश्न 13:** एक कंपनी का EPS ₹20 है और बुक वैल्यू ₹150 है। बेंजामिन ग्राहम के फॉर्मूले $\sqrt{22.5 \times \text{EPS} \times \text{BV}}$ के अनुसार इसका अधिकतम खरीद मूल्य क्या होना चाहिए?

**उत्तर:**

अधिकतम खरीद मूल्य =$\sqrt{22.5 \times 20 \times 150}$ = ₹259.80

सीख: यह रूढ़िवादी मूल्य है जिससे ऊपर एक वैल्यू निवेशक को शेयर नहीं खरीदना चाहिए।

**प्रश्न 14:** एक कंपनी का मार्केट कैप ₹500 करोड़ है। उस पर ₹100 करोड़ का कर्ज है और उसके पास ₹40 करोड़ कैश पड़ा है। कंपनी की EV क्या होगी?

**उत्तर:**

कंपनी की EV = मार्केट कैप + कर्ज - कैश → 500 + 100 - 40 = ₹560 करोड़

सीख: EV कंपनी को पूरी तरह से खरीदने की वास्तविक लागत को दर्शाता है।

**प्रश्न 15:** एक कंपनी की EV ₹800 करोड़ है और उसका EBITDA (परिचालन लाभ) ₹100 करोड़ है। उसका EV/EBITDA अनुपात क्या है?

**उत्तर:**

EV/EBITDA अनुपात = 800 / 100 = 8

यह अनुपात दर्शाता है कि कंपनी का कुल मूल्य (Enterprise Value) उसके वार्षिक परिचालन लाभ (EBITDA) का 8 गुना है।

सीख: पूंजी प्रधान उद्योगों (जैसे स्टील, सीमेंट) की तुलना करने के लिए यह PE रेशियो से बेहतर पैमाना है।

**प्रश्न 16:** आपने एक शेयर का आंतरिक मूल्य ₹500 निकाला है। यदि आप 20% का 'मार्जिन ऑफ सेफ्टी' रखना चाहते हैं, तो आप उसे अधिकतम किस कीमत पर खरीदेंगे?

**उत्तर:**

मार्जिन ऑफ सेफ्टी (Margin of Safety) का अर्थ है कि हम निवेश में जोखिम को कम करने के लिए किसी शेयर को उसके वास्तविक या आंतरिक मूल्य से कम कीमत पर खरीदते हैं।

अधिकतम खरीद कीमत = 500 ×(1 - 0.20) = ₹400

20% का 'मार्जिन ऑफ सेफ्टी' रखने के लिए, आपको शेयर को अधिकतम ₹400 पर खरीदना चाहिए।

सीख: सुरक्षा का मार्जिन हमें गणना की गलतियों और बाज़ार की अनिश्चितता से बचाता है।

**प्रश्न 17:** एक स्टार्टअप कंपनी अभी मुनाफे में नहीं है, लेकिन उसकी सालाना बिक्री ₹200 करोड़ है। बाज़ार में उसका कुल मूल्य (Market Cap) ₹600 करोड़ है। उसका P/S रेशियो क्या है?

**उत्तर:**

उस स्टार्टअप कंपनी का P/S (Price-to-Sales) रेशियो 3 है।

P/S रेशियो निकालने का सूत्र है:

$$\text{P/S Ratio} = \frac{\text{Market Cap}}{\text{Annual Sales}}$$

यहाँ: Market Cap = ₹600 करोड़, Annual Sales = ₹200 करोड़

P/S ratio = 600/200 = 3

P/S रेशियो का उपयोग विशेष रूप से उन स्टार्टअप्स या कंपनियों के मूल्यांकन के लिए किया जाता है जो अभी मुनाफे (Profit) में नहीं हैं, इसलिए उनका P/E रेशियो नहीं निकाला जा सकता।

सीख: घाटे में चल रही लेकिन तेज़ी से बढ़ रही कंपनियों के मूल्यांकन के लिए P/S का उपयोग होता है।

**प्रश्न 18:** एक पुरानी सीमेंट कंपनी के पास 10 लाख टन की क्षमता वाला प्लांट है। आज वैसा ही नया प्लांट लगाने की लागत ₹500 करोड़ है। यदि कंपनी का मार्केट कैप ₹300 करोड़ है, तो क्या यह अच्छा निवेश है?

**उत्तर:**

हाँ, यह एक अच्छा निवेश हो सकता है क्योंकि कंपनी का बाजार पूंजीकरण (Market Cap) उसकी प्रतिस्थापन लागत (Replacement Cost) से काफी कम है।

1. प्रतिस्थापन लागत और बाजार पूंजीकरण की तुलना

निवेश विश्लेषण में, प्रतिस्थापन लागत (Replacement Cost) वह राशि है जो आज बिल्कुल वैसा ही नया प्लांट लगाने में खर्च होगी। यहाँ नया प्लांट लगाने की लागत ₹500 करोड़ है, जबकि कंपनी का वर्तमान बाजार मूल्य (Market Cap) केवल ₹300 करोड़ है।

2. मूल्यांकन का विश्लेषण

यदि कोई निवेशक इस कंपनी को ₹300 करोड़ में पूरी तरह से खरीद लेता है, तो उसे ₹500 करोड़ की संपत्ति मिल रही है। गणितीय रूप से: = 500 – 300 = ₹200 करोड़

यह दर्शाता है कि कंपनी अपनी वास्तविक संपत्ति के मूल्य से 40% छूट पर ट्रेड कर रही है।

3. निष्कर्ष और सावधानी

इसे 'वैल्यू इन्वेस्टिंग' की दृष्टि से एक अवसर माना जाता है क्योंकि नया प्रतियोगी ₹500 करोड़ खर्च किए बिना इस क्षमता तक नहीं पहुँच सकता। हालांकि, निवेश से पहले कंपनी पर कर्ज (Debt), प्लांट की कार्यकुशलता और मैनेजमेंट की जांच करना भी आवश्यक है।

चूंकि कंपनी का बाजार पूंजीकरण (₹300 करोड़) उसकी प्रतिस्थापन लागत (₹500 करोड़) से कम है, इसलिए यह अंडरवैल्यूड (Undervalued) है और एक सकारात्मक निवेश का संकेत देती है।

सीख: यह विधि तब उपयोगी होती है जब बाज़ार में संपत्ति की वैल्यू बहुत कम हो जाती है।

**प्रश्न 19:** एक कंपनी का PE रेशियो 30 है और उसकी आय 15% की दर से बढ़ रही है। उसका PEG रेशियो क्या होगा?

**उत्तर:**

PEG रेशियो (Price/Earnings to Growth ratio) का उपयोग किसी स्टॉक के मूल्य का उसकी आय वृद्धि के संदर्भ में मूल्यांकन करने के लिए किया जाता है। इसका सूत्र निम्नलिखित है:

$$\text{PEG Ratio} = \frac{\text{P/E Ratio}}{\text{Annual Earnings Growth}}$$

$$\text{PEG Ratio} = \frac{30}{15} = 2$$

सीख: यदि PEG 1 से कम है, तो कंपनी अपनी ग्रोथ के मुकाबले सस्ती है। यहाँ 2 का मतलब है कि शेयर अपनी ग्रोथ के मुकाबले थोड़ा महंगा है।

**प्रश्न 20:** एक निवेशक भविष्य के कैश फ्लो का अनुमान लगाता है। यदि वह 'डिस्काउंट रेट' (WACC) 10% से बढ़ाकर 12% कर देता है, तो कंपनी के वर्तमान मूल्य (Present Value) पर क्या असर पड़ेगा?

**उत्तर:**

यदि 'डिस्काउंट रेट' (WACC) 10% से बढ़ाकर 12% कर दिया जाता है, तो कंपनी का वर्तमान मूल्य (Present Value) कम हो जाएगा।

वित्त (Finance) के सिद्धांतों के अनुसार, डिस्काउंट रेट और वर्तमान मूल्य के बीच विपरीत संबंध (inverse relationship) होता है। वर्तमान मूल्य की गणना के लिए हम भविष्य के कैश फ्लो को डिस्काउंट करते हैं। इसका मूल सूत्र है:

$$\text{PV} = \frac{\text{CF}}{(1 + \text{r})^{\text{n}}}$$

यहाँ $r$ डिस्काउंट रेट (WACC) को दर्शाता है। चूंकि $r$ समीकरण के हर (denominator) में स्थित है, इसलिए $r$ के बढ़ने पर PV का मान अनिवार्य रूप से घट जाता है।

सीख: भविष्य के पैसे की आज की कीमत ब्याज दरों पर निर्भर करती है। ब्याज दरें बढ़ने पर शेयरों का मूल्यांकन गिरता है।

## 26.8 प्रश्नोत्तर परीक्षा (Quiz)

Q1. मूल्यांकन (Valuation) का मुख्य उद्देश्य क्या है?

(A) केवल पिछले रिटर्न देखना

(B) कंपनी की सच्ची कीमत पता करना – ओवरपे न हो

(C) केवल चार्ट देखना

(D) केवल डिविडेंड देखना

Q2. किताब में मूल्यांकन (valuation) को क्या कहा गया है?

(A) जुआ (B) अनावश्यक

(C) ओवरपे से बचाने का सबसे शक्तिशाली टूल (D) केवल प्रोफेशनल के लिए

Q3. Absolute Valuation का सबसे लोकप्रिय तरीका क्या है?

(A) P/E (B) DCF (Discounted Cash Flow)

(C) P/B (D) Dividend Yield

Q4. DCF में कंपनी की कीमत कैसे निकलती है?

(A) भविष्य के फ्री कैश फ्लो को डिस्काउंट करके (B) केवल पिछले साल का मुनाफा

(C) केवल सेल्स (D) केवल मार्केट कैप

Q5. Discount Rate में आमतौर पर क्या शामिल होता है?

(A) केवल मुद्रास्फीति

(B) WACC (Weighted Average Cost of Capital)

(C) केवल रिस्क फ्री रेट

(D) केवल ग्रोथ रेट

Q6. Terminal Value DCF में क्यों जोड़ी जाती है?

(A) कंपनी हमेशा चलती रहेगी – उसके बाद का मूल्य (B) केवल 5 साल

(C) केवल टैक्स (D) कोई जरूरत नहीं

Q7. Relative Valuation में सबसे आम रेशियो क्या है?

(A) Current Ratio (B) ROE

(C) Debt-to-Equity (D) P/E

Q8. P/E Ratio कम होने का मतलब आमतौर पर क्या है?

(A) कंपनी महंगी (B) कंपनी सस्ती या कम ग्रोथ

(C) कोई फर्क नहीं (D) हमेशा खरीदना

Q9. PEG Ratio क्या है?

(A) P/E को EPS Growth से डिवाइड (B) केवल P/E

(C) केवल ग्रोथ (D) केवल डिविडेंड

Q10. PEG Ratio 1 से कम होने का मतलब क्या है?

(A) कंपनी सस्ती (ग्रोथ के हिसाब से) (B) महंगी

(C) कोई मतलब नहीं (D) हमेशा बेचना

Q11. P/B Ratio किस सेक्टर में सबसे उपयोगी है?

(A) टेक कंपनी (B) बैंक और फाइनेंशियल

(C) FMCG (D) फार्मा

Q12. EV/EBITDA Ratio कब सबसे अच्छा है?

(A) केवल FMCG (B) केवल कैश रिच

(C) केवल बैंक (D) कर्ज वाली कंपनियों की तुलना में

Q13. Dividend Discount Model (DDM) किसके लिए है?

(A) डिविडेंड देने वाली कंपनियां (B) ग्रोथ कंपनी

(C) केवल बैंक (D) केवल स्टार्टअप

Q14. Margin of Safety का मतलब क्या है?

(A) कीमत से 20-30% कम पर खरीदना (B) पूरी कीमत पर खरीदना

(C) कोई सेफ्टी नहीं (D) केवल बेचना

Q15. Intrinsic Value और Market Price में अंतर को क्या कहते हैं?

(A) हमेशा बराबर (B) कोई अंतर नहीं

(C) Margin of Safety (D) केवल टैक्स

Q16. Value Investing का मुख्य सिद्धांत क्या है?

(A) सस्ते में खरीदो, महंगे में बेचो (B) हमेशा महंगा खरीदो

(C) केवल ट्रेडिंग (D) केवल F&O

Q17. Warren Buffett मूल्यांकन में सबसे ज्यादा क्या देखते हैं?

(A) केवल P/E (B) DCF + Margin of Safety + Moat

(C) केवल चार्ट (D) केवल पिछले रिटर्न

Q18. किताब में कहा गया है कि अंडरवैल्यूड स्टॉक कैसे ढूंढें?

(A) DCF, P/E, PEG, EV/EBITDA से तुलना करके (B) केवल टिप्स पर

(C) केवल न्यूज पर (D) केवल पिछले 1 साल

Q19. मूल्यांकन का सबसे बड़ा फायदा क्या है?

(A) ओवरपे से बचना और अच्छा रिटर्न (B) हर कंपनी में निवेश

(C) केवल शॉर्ट टर्म (D) केवल डे ट्रेडिंग

Q20. नया निवेशक मूल्यांकन कैसे शुरू करे?

(A) केवल सेंटिमेंट पर (B) सीधा कोई स्टॉक खरीद ले

(C) केवल पिछले रिटर्न देखे (D) पहले P/E, PEG, DCF सीखे – फिर कंपनी चुनें

**Answer Key**

| Q | 1 | 2 | 3 | 4 | 5 | 6 | 7 | 8 | 9 | 10 | 11 | 12 | 13 | 14 | 15 | 16 | 17 | 18 | 19 | 20 |
|---|---|---|---|---|---|---|---|---|---|---|---|---|---|---|---|---|---|---|---|---|
| Ans. | B | C | B | A | B | A | D | B | A | A | B | D | A | A | C | A | B | A | A | D |

# *Chapter 27* बॉन्ड्स और ऋण साधन

**"बॉन्ड्स और डिबेंचर निश्चित आय के साधन हैं जहाँ आप सरकार या कंपनी को ऋण देते हैं। इनमें ब्याज दर और डिफॉल्ट जोखिम को समझकर ही सुरक्षित निवेश पोर्टफोलियो का निर्माण संभव है।"**

यदि इक्विटी निवेश आपके पोर्टफोलियो का 'इंजन' है, तो ऋण साधन (Debt Instruments) उसके 'ब्रेक और सस्पेंशन' हैं जो उथल-पुथल भरे बाजार में स्थिरता प्रदान करते हैं। बॉन्ड्स और डिबेंचर में निवेश करने का अर्थ है किसी सरकार या कंपनी को पैसा उधार देना, जिसके बदले में आपको नियमित आय और सुरक्षा का वादा मिलता है। यह अध्याय फिक्स्ड इनकम की दुनिया को डिकोड करता है, जहाँ पूंजी की सुरक्षा और नियमित रिटर्न (Regular Income) प्राथमिकता होती है।

इस चैप्टर में हम बॉन्ड की संरचना के बुनियादी स्तंभों—फेस वैल्यू, कूपन रेट और मैच्योरिटी—को विस्तार से समझेंगे। हम केवल ब्याज दर ही नहीं, बल्कि YTM (यिल्ड टू मैच्योरिटी) जैसे महत्वपूर्ण पैमानों का विश्लेषण करेंगे जो निवेश के वास्तविक रिटर्न को दर्शाते हैं। साथ ही, हम उन सूक्ष्म जोखिमों पर भी चर्चा करेंगे जो अक्सर फिक्स्ड इनकम में छिपे होते हैं, जैसे 'ब्याज दर जोखिम' और 'क्रेडिट रेटिंग' का महत्व। यह अध्याय आपको एक संतुलित (Balanced) और सुरक्षित पोर्टफोलियो बनाने की कला सिखाएगा, जिससे आप बाजार की अस्थिरता के बीच भी मानसिक शांति और वित्तीय स्थिरता बनाए रख सकें।

## 27.1 बॉन्ड की कार्यप्रणाली और घटक

बॉन्ड (Bond) मूल रूप से एक ऋण अनुबंध (Debt Contract) है, जो तब अस्तित्व में आता है जब कोई निवेशक किसी संस्था) जैसे सरकार या कंपनी (को पैसा उधार देता है। निवेश के नजरिए से बॉन्ड की कार्यप्रणाली को समझने के लिए इसके तीन मुख्य स्तंभों को जानना अत्यंत आवश्यक है :फेस वैल्यू, कूपन और मैच्योरिटी।

पहला प्रमुख घटक **फेस वैल्यू (Face Value)** है, जिसे 'मूल राशि' (Principal Amount) भी कहा जाता है। यह वह निश्चित रकम है जो बॉन्ड की अवधि समाप्त होने पर निवेशक को वापस कर दी जाती है। उदाहरण के लिए, यदि आप₹ 10,000 की फेस वैल्यू वाला बॉन्ड खरीदते हैं, तो अंत में आपको यही राशि मिलेगी। फेस वैल्यू का एक और बड़ा महत्व यह है कि निवेशक को मिलने वाले ब्याज की गणना हमेशा इसी आधार पर की जाती है।

दूसरा महत्वपूर्ण घटक **कूपन (Coupon)** है, जो वास्तव में बॉन्ड पर मिलने वाली निश्चित वार्षिक ब्याज दर है। यदि किसी बॉन्ड की कूपन दर 8% है, तो यह निवेशक के लिए एक नियमित आय) Regular Income) का स्रोत बन जाती है। यह ब्याज एक पूर्व निर्धारित समय अंतराल) जैसे सालाना या छमाही (पर निवेशक को मिलता रहता है, जिससे उसे अपने निवेश पर होने वाली कमाई का स्पष्ट अंदाजा रहता है।

तीसरा घटक **मैच्योरिटी (Maturity)** है। यह वह निश्चित तिथि होती है जब बॉन्ड की समय-सीमा पूरी हो जाती है। इस तारीख पर, उधार लेने वाली संस्था) कंपनी या सरकार (निवेशक को उसकी मूल फेस वैल्यू लौटा देती है। मैच्योरिटी की अवधि ही यह तय करती है कि निवेश कितने समय के लिए किया गया है और कब पैसा वापस मिलेगा।

संक्षेप में, ये तीनों तत्व—फेस वैल्यू, कूपन और मैच्योरिटी—मिलकर बॉन्ड की पूरी रूपरेखा तैयार करते हैं। इनके माध्यम से एक निवेशक को निवेश करने से पहले ही यह स्पष्ट हो जाता है कि उसे कितनी राशि लगानी है, उसे समय-समय पर कितना ब्याज मिलेगा और उसकी मूल राशि उसे कब वापस प्राप्त होगी।

## 27.2 बॉन्ड यील्ड: अर्थ और मुख्य प्रकार

बॉन्ड यील्ड (Bond Yield) का सरल अर्थ वह रिटर्न या मुनाफा है, जिसकी एक निवेशक किसी बॉन्ड में पैसा लगाकर उम्मीद करता है। यह केवल ब्याज दर) Coupon) नहीं है, बल्कि यह इस बात पर निर्भर करता है कि आपने बॉन्ड को किस कीमत पर खरीदा है। निवेश की दुनिया में बॉन्ड का सही मूल्यांकन करने के लिए इसके दो मुख्य प्रकारों को समझना बहुत ज़रूरी है:

**1. करंट यील्ड) Current Yield)**

करंट यील्ड रिटर्न मापने का सबसे सरल और त्वरित तरीका है। यह हमें बताता है कि बॉन्ड की मौजूदा बाजार कीमत के मुकाबले आपको सालाना कितना ब्याज मिल रहा है। इसे निकालने के लिए बॉन्ड से मिलने वाले वार्षिक ब्याज) Coupon) को उसकी वर्तमान बाजार कीमत से विभाजित) Divide) किया जाता है। इसका सूत्र) Formula) इस प्रकार है:

$$\text{Current Yield} = \frac{\text{Annual Coupon Payment}}{\text{Bond's Market Price}}$$

हालांकि यह गणना में आसान है, लेकिन इसकी एक बड़ी सीमा यह है कि यह केवल वर्तमान आय को देखता है। यह इस बात को पूरी तरह नजरअंदाज कर देता है कि भविष्य में बॉन्ड की मैच्योरिटी पर आपको कोई पूंजीगत लाभ) Capital Gain) होगा या हानि।

**2. यील्ड टू मैच्योरिटी) Yield to Maturity - YTM)**

यील्ड टू मैच्योरिटी) YTM) को बॉन्ड रिटर्न मापने का सबसे सटीक और व्यापक पैमाना माना जाता है। यह वह कुल अनुमानित रिटर्न है जो एक निवेशक को तब मिलता है जब वह बॉन्ड को उसकी परिपक्वता) Maturity) तक अपने पास रखता है। YTM की खासियत यह है कि यह न केवल नियमित ब्याज को शामिल करता है, बल्कि यह भी मानकर चलता है कि मिलने वाले ब्याज को उसी दर पर पुनर्निवेश) Reinvest) किया गया है।

YTM की गणना करते समय बॉन्ड की वर्तमान कीमत, कूपन दर, फेस वैल्यू और मैच्योरिटी तक बचे समय जैसे सभी महत्वपूर्ण कारकों को ध्यान में रखा जाता है। यही कारण है कि पेशेवर निवेशक बॉन्ड खरीदने से पहले हमेशा उसके YTM की जांच करते हैं, ताकि उन्हें अपने निवेश की वास्तविक लाभप्रदता) Profitability) का पता चल सके।

संक्षेप में, जहाँ करंट यील्ड आपको आज की कमाई बताता है, वहीं YTM आपको निवेश की पूरी अवधि के दौरान होने वाले कुल वास्तविक मुनाफे की जानकारी देता है।

## 27.3 ब्याज भुगतान के आधार पर बॉन्ड के प्रकार

बॉन्ड को उनके ब्याज भुगतान के तरीके के आधार पर मुख्य रूप से दो श्रेणियों में बांटा जाता है :कूपन बॉन्ड और ज़ीरो-कूपन बॉन्ड। इन दोनों की अपनी अलग विशेषताएं और निवेशकों के लिए अलग फायदे हैं।

**कूपन बॉन्ड**) Coupon Bonds) निवेश का एक ऐसा साधन है जो निवेशक को नियमित आय) Regular Income) की गारंटी देता है। इन बॉन्ड की सबसे बड़ी खूबी यह है कि इनमें पहले से तय समय अंतराल पर, जैसे हर छह महीने या साल भर में, ब्याज) कूपन (का भुगतान किया जाता है। इन्हें आमतौर पर इनके अंकित मूल्य) Face Value) के आसपास ही जारी किया जाता है।

हालांकि, कूपन बॉन्ड के साथ एक पुनर्निवेश जोखिम) Reinvestment Risk) जुड़ा होता है; इसका मतलब है कि यदि भविष्य में ब्याज दरें गिर जाती हैं, तो निवेशक को मिले हुए ब्याज के पैसे को उसी पुरानी ऊंची दर पर दोबारा निवेश करना मुश्किल हो सकता है।

दूसरी ओर, **ज़ीरो-कूपन बॉन्ड**) Zero-Coupon Bonds) पूरी तरह से अलग तरह से काम करते हैं। जैसा कि नाम से ही स्पष्ट है, इनमें समय-समय पर कोई ब्याज भुगतान नहीं मिलता है। निवेशक को पूरी निवेश अवधि के दौरान कोई भी नियमित आय नहीं होती। इन बॉन्ड की खासियत यह है कि इन्हें इनके अंकित मूल्य से भारी छूट) Discount) पर बेचा जाता है। उदाहरण के लिए, ₹100 की फेस वैल्यू वाला बॉन्ड आपको₹ 70 में मिल सकता है। मैच्योरिटी के समय, निवेशक को पूरी फेस वैल्यू₹) 100) वापस मिलती है। यह 'छूट' ही वास्तव में निवेशक का ब्याज या रिटर्न होता है।

संक्षेप में, कूपन बॉन्ड उन लोगों के लिए बेहतर हैं जिन्हें घर चलाने या खर्चों के लिए नियमित पैसों की जरूरत है, जबकि ज़ीरो-कूपन बॉन्ड उन निवेशकों के लिए आदर्श हैं जो लंबे समय के लिए एक बड़ी एकमुश्त राशि) Lump Sum) जमा करना चाहते हैं और जिन्हें बीच में नियमित आय की आवश्यकता नहीं है।

## 27.4 सरकारी और कॉर्पोरेट ऋण

वित्तीय बाज़ार में निवेश के दो सबसे प्रमुख साधन सरकारी और कॉर्पोरेट ऋण हैं। ये दोनों ही माध्यम संस्थाओं) सरकार या कंपनी (को पैसा जुटाने में मदद करते हैं और निवेशकों को नियमित आय और पूंजी बढ़ाने का अवसर देते हैं। इन दोनों के बीच मुख्य अंतर सुरक्षा, गारंटी और जोखिम के स्तर का होता है।

**1. सरकारी सिक्योरिटीज (G-Secs)**

सरकारी सिक्योरिटीज (G-Secs) को अक्सर "गिल्ट-एज्ड" (Gilt-edged) इंस्ट्रूमेंट्स कहा जाता है, क्योंकि ये सबसे सुरक्षित निवेश माने जाते हैं, क्योंकि इनमें सरकार की संप्रभु गारंटी होती है। इन्हें जारीकर्ता, अवधि और ब्याज की प्रकृति के आधार पर आगे उप-विभाजित किया जाता है:

**T-Bills (ट्रेजरी बिल):** ये केंद्र सरकार द्वारा जारी किए जाते हैं और अल्पावधि (1 वर्ष से कम) के लिए होते हैं। इनकी ब्याज की प्रकृति ज़ीरो-कूपन (Zero-Coupon) होती है, जिसका अर्थ है कि इन्हें छूट पर जारी किया जाता है और परिपक्वता पर अंकित मूल्य पर भुगतान किया जाता है, कोई नियमित ब्याज नहीं मिलता।

**सरकारी बॉन्ड:** ये भी केंद्र सरकार द्वारा जारी किए जाते हैं, लेकिन दीर्घावधि (1 वर्ष या अधिक) के लिए होते हैं। इनमें एक निश्चित अवधि पर नियमित कूपन भुगतान (Regular Coupon Payment) होता है।

**SDLs (राज्य विकास ऋण):** ये राज्य सरकारों द्वारा दीर्घावधि के लिए जारी किए जाते हैं और G-Secs की तरह ही एक निश्चित अवधि पर नियमित कूपन भुगतान प्रदान करते हैं।

**2. कॉर्पोरेट बॉन्ड और डिबेंचर**

ये साधन कंपनियों द्वारा पूंजी जुटाने के लिए जारी किए जाते हैं, और इनमें जोखिम का स्तर उनकी सुरक्षा (Security) पर निर्भर करता है। इन्हें दो मुख्य प्रकारों में वर्गीकृत किया गया है:

**सिक्योर्ड बॉन्ड (Secured Bonds):** ये कंपनी की संपत्ति से सुरक्षित (Collateral) होते हैं। इनमें कम जोखिम (Low Risk) होता है, क्योंकि डिफ़ॉल्ट होने पर निवेशक के लिए वसूली आसान होती है। सुरक्षा के कारण, इन पर आमतौर पर कम ब्याज (Coupon) दर मिलती है।

**अनसिक्योर्ड बॉन्ड/डिबेंचर (Unsecured Bonds/Debentures):** ये केवल कंपनी की साख (Creditworthiness) पर निर्भर करते हैं, इनके पीछे कोई विशिष्ट संपत्ति संपार्श्विक (Collateral) नहीं होती। इस कारण इनमें अधिक जोखिम (High Risk) होता है और जोखिम प्रीमियम के रूप में, इन पर आमतौर पर उच्च ब्याज (Coupon) दर मिलती है।

## 27.5 डिबेंचर के प्रकार

कंपनियाँ मुख्य रूप से दो प्रकार के डिबेंचर जारी करती हैं, जिन्हें उनकी रूपांतरण क्षमता) Convertibility) और निवेशकों की ज़रूरतों के आधार पर वर्गीकृत किया गया है। ये दोनों विकल्प निवेशकों को उनकी जोखिम क्षमता और रिटर्न की उम्मीद के अनुसार निवेश करने का अवसर देते हैं।

**परिवर्तनीय डिबेंचर) Convertible Debentures)** उन निवेशकों के लिए एक लचीला विकल्प हैं जो भविष्य में कंपनी की वृद्धि का हिस्सा बनना चाहते हैं। इनकी सबसे बड़ी विशेषता यह है कि एक निश्चित समय सीमा या शर्तों के पूरा होने पर, इन डिबेंचर को कंपनी के इक्विटी शेयरों) Equity Shares) में बदला जा सकता है। जब तक ये डिबेंचर के रूप में रहते हैं, निवेशक को नियमित ब्याज मिलता रहता है, लेकिन शेयरों में बदलने के बाद उन्हें पूंजीगत लाभ) Capital Gains) और कंपनी के मुनाफे में हिस्सेदारी मिलने की संभावना बढ़ जाती है। यह उन लोगों के लिए बेहतरीन है जो सुरक्षा के साथ-साथ इक्विटी बाजार के मुनाफे का भी लाभ उठाना चाहते हैं।

**गैर-परिवर्तनीय डिबेंचर) NCDs)** पूरी तरह से उन निवेशकों के लिए डिज़ाइन किए गए हैं जो स्थिरता और सुरक्षा को प्राथमिकता देते हैं। जैसा कि नाम से ही स्पष्ट है, इन डिबेंचर को कभी भी शेयरों में नहीं बदला जा सकता। इनकी मुख्य विशेषता यह है कि ये आमतौर पर बैंकों की सावधि जमा) FD) की तुलना में अधिक ब्याज दर प्रदान करते हैं। NCDs में निवेश करने का सबसे बड़ा लाभ यह है कि निवेशक को एक निश्चित और नियमित आय सुनिश्चित होती है और उनकी मूल पूंजी भी सुरक्षित रहती है। यहाँ निवेशक पर शेयर बाजार की अस्थिरता का कोई सीधा असर नहीं पड़ता, जिससे यह एक सुरक्षित निवेश विकल्प बन जाता है।

## 27.6 बॉन्ड मूल्यांकन के मुख्य मापदंड और कारक

बॉन्ड मूल्यांकन को प्रभावित करने वाले कुछ मुख्य मापदंड और जोखिम हैं। पहला मुख्य मापदंड ड्यूरेशन (Duration) और मॉडिफाइड ड्यूरेशन (Modified Duration) है। ड्यूरेशन एक बॉन्ड के नकदी प्रवाह को प्राप्त करने के लिए लगने वाले समय का भारित औसत है, जो ब्याज दर जोखिम का प्राथमिक माप माना जाता है। मॉडिफाइड ड्यूरेशन यह मापता है कि ब्याज दरों में 1% बदलाव से बॉन्ड की कीमत में कितने प्रतिशत बदलाव आएगा। उदाहरण के लिए, यदि मॉडिफाइड ड्यूरेशन 5 है, तो दरें 1% बढ़ने पर कीमत 5% गिर जाएगी।

दूसरा महत्वपूर्ण कारक कॉन्वेक्सिटी (Convexity) है। कॉन्वेक्सिटी मापती है कि ब्याज दरों में बदलाव होने पर बॉन्ड की ड्यूरेशन स्वयं कितनी बदल जाएगी (वक्रता)। इसका महत्व यह है कि यह ड्यूरेशन की रैखिक सीमा को ठीक करता है। पॉजिटिव कॉन्वेक्सिटी बॉन्डधारकों के लिए फायदेमंद होती है क्योंकि यह दरों में गिरावट पर अधिक लाभ और दरों में वृद्धि पर कम नुकसान सुनिश्चित करती है।

तीसरा पहलू ब्याज दर और पुनर्निवेश जोखिम (Interest Rate & Reinvestment Risk) है। ब्याज दर जोखिम ब्याज दरें बढ़ने पर बॉन्ड का मूल्य गिरने का जोखिम है, और लंबी ड्यूरेशन वाले बॉन्ड अधिक संवेदनशील होते हैं। पुनर्निवेश जोखिम बॉन्ड से मिले कूपन/मूलधन को कम ब्याज दर पर फिर से निवेश करने की मजबूरी का जोखिम है (जब दरें गिरती हैं)। महत्वपूर्ण बात यह है कि ये दोनों जोखिम विपरीत दिशाओं में काम करते हैं।

चौथा, क्रेडिट रेटिंग (Credit Rating) और डिफॉल्ट जोखिम भी मायने रखते हैं। क्रेडिट रेटिंग स्वतंत्र एजेंसियों द्वारा दिया गया स्कोर है जो जारीकर्ता की ऋण चुकाने की क्षमता (डिफॉल्ट जोखिम) का आकलन करता है (जैसे AAA = कम जोखिम)। निवेशक उच्च डिफॉल्ट जोखिम के लिए उच्च यील्ड (ब्याज) की मांग करते हैं।

बॉन्ड लैडरिंग (Bond Laddering) एक रणनीति है जिसमें अलग-अलग मैच्योरिटी वाले बॉन्ड खरीदकर पोर्टफोलियो बनाया जाता है। इसका लाभ ब्याज दर जोखिम को कम करना और नियमित नकदी प्रवाह (Cash Flow) सुनिश्चित करना है।

## 27.7 बॉन्ड निवेश के आधुनिक साधन

आज के दौर में बॉन्ड में निवेश करने के तरीके काफी बदल गए हैं और अब निवेशकों के पास कई आधुनिक विकल्प उपलब्ध हैं। इनमें से सबसे प्रमुख **बॉन्ड ईटीएफ** और **टारगेट मैच्योरिटी फंड) TMF)** हैं। बॉन्ड ईटीएफ स्टॉक एक्सचेंज पर लिस्टेड होते हैं और शेयरों की तरह ही खरीदे या बेचे जा सकते हैं। इनका मुख्य लाभ यह है कि ये एक साथ कई बॉन्ड के पोर्टफोलियो में निवेश करते हैं, जिससे निवेशक को कम लागत में अधिक तरलता) Liquidity) मिलती है। उदाहरण के तौर पर, भारत बॉन्ड ईटीएफ) Bharat Bond ETF) इसका एक बेहतरीन उदाहरण है।

वहीं, टारगेट मैच्योरिटी फंड) TMF) उन निवेशकों के लिए आदर्श हैं जो एक निश्चित समय के बाद अपने निवेश पर गारंटीशुदा रिटर्न चाहते हैं। इन फंडों की एक पूर्व-निर्धारित मैच्योरिटी तारीख होती है, और ये मुख्य रूप से सरकारी बॉन्ड या उच्च गुणवत्ता वाले कॉर्पोरेट बॉन्ड में निवेश करते हैं। यह छोटे निवेशकों के लिए बहुत सुलभ है क्योंकि इसमें मैच्योरिटी पर रिटर्न का लक्ष्य तय होता है, जिससे यह काफी हद तक सुरक्षित निवेश माना जाता है।

इनके अलावा, व्यक्तिगत निवेशकों के लिए भारत सरकार और आरबीआई ने आरबीआई रिटेल डायरेक्ट प्लेटफॉर्म) RBI Retail Direct Platform) की शुरुआत की है। यह प्लेटफॉर्म निवेशकों को सीधे सरकारी सिक्योरिटीज) G-Secs) में निवेश करने की सुविधा देता है। इसकी सबसे बड़ी खासियत यह है कि इसमें निवेश को 'सॉवरेन गारंटी' प्राप्त होती है, जो इसे सुरक्षा के मामले में बेजोड़ बनाती है। यह फिक्स्ड डिपॉजिट) FD) का एक शानदार और सुरक्षित विकल्प है, जो सुरक्षा के साथ साथ अच्छी तरलता भी प्रदान करता है।

संक्षेप में, ये आधुनिक साधन निवेश की प्रक्रिया को सरल, पारदर्शी और सुरक्षित बनाते हैं, जिससे एक आम निवेशक भी सरकारी और उच्च गुणवत्ता वाले बॉन्ड बाज़ार का लाभ उठा सकता है।

* * * * *

**"यदि इक्विटी (Equity) निवेश की दुनिया का 'जोश' है, तो बॉन्ड्स उसकी 'स्थिरता' हैं। बॉन्ड में निवेश करना केवल ब्याज कमाना नहीं, बल्कि अपनी पूंजी को सुरक्षा का कवच देना है। एक बुद्धिमान निवेशक वह है जो बाजार के तूफानों के बीच अपने पोर्टफोलियो को बॉन्ड्स के लंगर (Anchor) से बांधकर रखता है, ताकि उसकी संपत्ति की नाव कभी डगमगाए नहीं।"**

## 27.8 व्यावहारिक प्रश्नों के उत्तर

**प्रश्न 1**: आपने एक बॉन्ड खरीदा जिसकी फेस वैल्यू (Face Value) ₹1,000 है और उस पर 8% का सालाना ब्याज (Coupon) मिलता है। लेकिन आपने इसे बाजार से ₹950 में खरीदा। आपकी असल कमाई यानी Current Yield क्या होगी?

**उत्तर:**

वार्षिक ब्याज की गणना बॉन्ड की फेस वैल्यू (Face Value) पर की जाती है।

वार्षिक कूपन भुगतान = 1,000 × 0.08 = ₹80

Current Yield = (Annual Interest/Market Price)×100

Current Yield = (80 / 950) ×100 = 8.42%

सीख: अगर आप बॉन्ड को उसकी फेस वैल्यू से कम कीमत (Discount) पर खरीदते हैं, तो आपकी असल कमाई (Yield) कूपन रेट से ज्यादा होती है।

**प्रश्न 2:** आपके पास एक पुराना बॉन्ड है जो 9% ब्याज देता है। अचानक बाजार में नई ब्याज दरें बढ़कर 11% हो जाती हैं। अब अगर आप अपना 9% वाला बॉन्ड बाजार में बेचने जाएंगे, तो उसकी कीमत (Price) पर क्या असर पड़ेगा?

**उत्तर:**

"ब्याज दर और बॉन्ड की कीमत में उल्टा संबंध (Inverse Relationship) होता है।"

परिणाम: चूंकि नए बॉन्ड 11% दे रहे हैं, इसलिए कोई भी आपका 9% वाला बॉन्ड पुरानी कीमत पर नहीं खरीदेगा। आपको उसे कम कीमत (Discount) पर बेचना होगा।

सीख: जब बाजार में ब्याज दरें बढ़ती हैं, तो पुराने बॉन्ड्स की कीमतें गिर जाती हैं।

**प्रश्न 3:** एक डिबेंचर की फेस वैल्यू ₹1,000 है। यह 10% कूपन देता है और 2 साल में मैच्योर होगा। आज इसकी बाजार कीमत ₹980 है। 2 साल बाद यह ₹1,000 पर वापस (Redeem) होगा। आपकी कुल औसत वार्षिक कमाई (YTM) लगभग कितनी होगी?

**उत्तर:**

दिया हुआ है:

फेस वैल्यू (F): ₹1,000

कूपन दर (C): 10% (अर्थात ₹1,000 का 10% = ₹100 वार्षिक ब्याज)

बाजार मूल्य (P): ₹980

मैच्योरिटी अवधि (n): 2 साल

रिडेम्पशन वैल्यू (RV): ₹1,000

परिपक्वता तक प्राप्ति (Yield to Maturity - YTM) की गणना के लिए हम इस सन्निकटन (approximation) फॉर्मूले का उपयोग करते हैं:

YTM~ [Coupon+(FaceValue-Price)/Years]/Average Price

YTM~ [100 +(1000 - 980)/2]/990 = (100 + 10)/990 = 11.1%

डिबेंचर की अनुमानित कुल औसत वार्षिक कमाई (YTM) लगभग 11.11% होगी।

सीख: YTM आपको बताता है कि अगर आप बॉन्ड को अंत तक रखते हैं, तो ब्याज और कीमत के अंतर को मिलाकर आपकी कुल सालाना ग्रोथ क्या होगी।

**प्रश्न 4:** सरकार एक 'Zero Coupon Bond' जारी करती है जिसकी फेस वैल्यू ₹1,000 है और यह 5 साल बाद मैच्योर होगा। इसमें बीच में कोई ब्याज नहीं मिलता। अगर आप 7% का रिटर्न चाहते हैं, तो आज आपको इसके लिए अधिकतम कितना पैसा देना चाहिए?

**उत्तर:**

इस Zero Coupon Bond की गणना के लिए हम वर्तमान मूल्य (Present Value) के फॉर्मूले का उपयोग करते हैं:

$$PV = \frac{FV}{(1+r)^n}$$

जहाँ: FV (Face Value)= ₹1,000, r (अपेक्षित रिटर्न) = 7% या 0.07, n (समय)= 5 वर्ष

$$PV = \frac{1000}{(1+0.07)^5} = ₹713$$

7% का रिटर्न पाने के लिए आपको आज इस बॉन्ड के लिए अधिकतम ₹713 देने चाहिए।

सीख: जीरो कूपन बॉन्ड हमेशा भारी डिस्काउंट पर बेचे जाते हैं और मैच्योरिटी पर पूरी फेस वैल्यू दी जाती है।

**प्रश्न 5:** एक निवेशक 30% के टैक्स स्लैब में आता है। उसके पास दो विकल्प हैं:

टैक्स-फ्री बॉन्ड (Tax-Free Bond) जो 6% ब्याज देता है।

एक कॉर्पोरेट डिबेंचर जो 8% ब्याज देता है (जिस पर टैक्स लगेगा)।

उसके लिए कौन सा विकल्प बेहतर है?

**उत्तर:**

निवेशक के लिए 6% ब्याज वाला टैक्स-फ्री बॉन्ड चुनना बेहतर है।

कॉर्पोरेट डिबेंचर (टैक्स के बाद रिटर्न):

ब्याज दर: 8%, टैक्स स्लैब: 30%, टैक्स की राशि: 8% का 30% = 2.4%

शुद्ध रिटर्न (Net Return): 8% - 2.4% = 5.6%

टैक्स-फ्री बॉन्ड:

ब्याज दर: 6% (इस पर कोई टैक्स नहीं लगेगा)

निष्कर्ष: चूंकि कॉर्पोरेट डिबेंचर पर टैक्स कटने के बाद केवल 5.6% का लाभ मिल रहा है, जबकि टैक्स-फ्री बॉन्ड सीधे 6% का रिटर्न दे रहा है, इसलिए टैक्स-फ्री बॉन्ड में 0.4% अधिक लाभ है।

**प्रश्न 6.** एक बॉन्ड की फेस वैल्यू ₹1,000 है और उसकी कूपन दर (ब्याज) 8% सालाना है। यदि यह बॉन्ड बाज़ार में ₹950 की डिस्काउंट कीमत पर मिल रहा है, तो इसकी करंट यील्ड क्या होगी?

**उत्तर:**

सालाना ब्याज = ₹80, करंट यील्ड = (80 / 950)×100 = 8.42%

सीख: जब बॉन्ड अपनी फेस वैल्यू से कम दाम पर मिलता है, तो निवेशक की वास्तविक कमाई (Yield) कूपन दर से अधिक हो जाती है।

**प्रश्न 7.** बाज़ार में नई ब्याज दरें 7% से बढ़कर 9% हो जाती हैं। पुराने 7% वाले बॉन्ड की कीमत पर क्या असर पड़ेगा?

**उत्तर:**

जब बाजार में ब्याज दरें बढ़ती हैं, तो पुराने बॉन्ड्स (जिनमें ब्याज दर कम होती है) की कीमत घट जाती है।

इसके मुख्य कारण और प्रभाव:

कीमत में गिरावट: चूंकि नए बॉन्ड अब 9% का बेहतर रिटर्न दे रहे हैं, इसलिए कोई भी निवेशक पुराने 7% वाले बॉन्ड को उसकी पूरी कीमत (Face Value) पर नहीं खरीदना चाहेगा।

मांग में कमी: कम ब्याज देने वाले पुराने बॉन्ड निवेशकों के लिए कम आकर्षक हो जाते हैं, जिससे उनकी मांग घटती है और परिणामस्वरुप बाजार मूल्य भी गिर जाता है।

यील्ड (Yield) का समायोजन: पुराने बॉन्ड की कीमत तब तक गिरती है जब तक कि उसका प्रभावी रिटर्न (Current Yield) बाजार की नई 9% दर के बराबर न हो जाए।

निष्कर्ष: ब्याज दरों और बॉन्ड की कीमतों के बीच विपरीत संबंध (Inverse Relationship) होता है। इसलिए, दरें 7% से बढ़कर 9% होने पर पुराने बॉन्ड की कीमत कम हो जाएगी।

सीख: निवेशक नए 9% वाले बॉन्ड की ओर भागेंगे, जिससे पुराने (कम ब्याज वाले) बॉन्ड की मांग घटेगी और उसकी कीमत गिर जाएगी। इसे 'ब्याज दर जोखिम' कहते हैं।

**प्रश्न 8.** सुरेश एक जीरो-कूपन बॉन्ड ₹700 में खरीदता है, जिसकी फेस वैल्यू ₹1,000 है और यह 5 साल बाद मैच्योर होगा। 5 साल में उसका कुल लाभ कितना होगा?

**उत्तर:**

जीरो-कूपन बॉन्ड पर लाभ की गणना उसके अंकित मूल्य (फेस वैल्यू) और खरीद मूल्य के अंतर के रूप में की जाती है। यहाँ दी गई जानकारी इस प्रकार है:

अंकित मूल्य (Face Value) = ₹1,000

खरीद मूल्य (Purchase Price) = ₹700

कुल लाभ = 1000 – 700=300

सुरेश का 5 साल में कुल लाभ ₹300 होगा।

सीख: ये बॉन्ड नियमित ब्याज नहीं देते, बल्कि भारी डिस्काउंट पर बेचे जाते हैं और फेस वैल्यू पर भुनाए जाते हैं।

**प्रश्न 9.** 'कंपनी A' के डिबेंचर की रेटिंग AAA है और 'कंपनी B' की BBB है। किस कंपनी को बाज़ार से कर्ज उठाने के लिए अधिक ब्याज दर देनी होगी?

**उत्तर:**

कंपनी B को बाज़ार से कर्ज उठाने के लिए अधिक ब्याज दर देनी होगी।

इसका मुख्य कारण यह है कि क्रेडिट रेटिंग किसी कंपनी की कर्ज चुकाने की क्षमता को दर्शाती है:

AAA रेटिंग (कंपनी A): यह सबसे सुरक्षित रेटिंग मानी जाती है, जिसका अर्थ है कि कंपनी की वित्तीय स्थिति बहुत मजबूत है और निवेश में जोखिम बहुत कम है। कम जोखिम होने के कारण निवेशक कम ब्याज दर पर भी पैसा देने को तैयार हो जाते हैं।

BBB रेटिंग (कंपनी B): यह AAA की तुलना में कम रेटिंग है, जो अधिक निवेश जोखिम को दर्शाती है। निवेशक इस अतिरिक्त जोखिम की भरपाई के लिए कंपनी से अधिक ब्याज (Risk Premium) की मांग करते हैं।

सीख: कम क्रेडिट रेटिंग का मतलब है अधिक जोखिम, इसलिए निवेशकों को आकर्षित करने के लिए ऐसी कंपनियों को 'रिस्क प्रीमियम' के रूप में अधिक ब्याज देना पड़ता है।

**प्रश्न 10.** एक कंपनी ने 10% ब्याज पर बॉन्ड जारी किए, जिसमें 5 साल बाद 'कॉल ऑप्शन' है। यदि 5 साल बाद बाज़ार में ब्याज दरें गिरकर 6% रह जाती हैं, तो कंपनी क्या करेगी?

**उत्तर:**

कंपनी अपने 'कॉल ऑप्शन' (Call Option) का उपयोग करेगी और बॉन्ड्स को समय से पहले वापस खरीद (Redeem) लेगी।

सीख: कंपनियां महंगे कर्ज को खत्म करने के लिए कॉल ऑप्शन का इस्तेमाल करती हैं, जो निवेशक के लिए 'पुनर्निवेश जोखिम' पैदा करता है।

**प्रश्न 11.** एक डिबेंचर 9% का ब्याज दे रहा है और उस वर्ष महंगाई (Inflation) 6% है। निवेशक का वास्तविक रिटर्न क्या है?

**उत्तर:**

वास्तविक रिटर्न = नाममात्र रिटर्न (Nominal Return) - महंगाई दर (Inflation Rate)

वास्तविक रिटर्न = 9% - 6% = 3%

निवेशक का वास्तविक रिटर्न (Real Return) 3% है।

इसका अर्थ है कि निवेशक की क्रय शक्ति (Purchasing Power) में केवल 3% की वृद्धि हुई है।

सीख: यदि महंगाई दर ब्याज दर से ज्यादा हो जाए, तो बॉन्ड में निवेश करने से आपकी क्रय शक्ति घट जाती है।

**प्रश्न 12.** यदि कोई कंपनी दिवालिया हो जाती है, तो सबसे पहले किसे भुगतान मिलेगा—सुरक्षित डिबेंचर धारक को या असुरक्षित डिबेंचर धारक को?

**उत्तर:**

यदि कोई कंपनी दिवालिया (Insolvent) हो जाती है, तो सुरक्षित डिबेंचर धारक (Secured Debenture Holders) को सबसे पहले भुगतान मिलेगा।

सीख: सुरक्षित डिबेंचर कंपनी की संपत्तियों (Assets) से बंधे होते हैं, जिससे निवेश की सुरक्षा बढ़ जाती है।

## 27.9 प्रश्नोत्तर परीक्षा (Quiz)

Q1. बॉन्ड क्या है?

(A) कंपनी में हिस्सेदारी (B) स्टॉक

(C) कंपनी से लिया गया ऋण – फिक्स्ड ब्याज मिलता है (D) म्यूचुअल फंड

Q2. बॉन्ड का मुख्य लाभ क्या है?

(A) बहुत ज्यादा रिटर्न (B) पूंजी संरक्षण + नियमित ब्याज

(C) उच्च जोखिम (D) बहुत कम तरलता

Q3. Face Value (अंकित मूल्य) क्या है?

(A) बाजार मूल्य (B) बॉन्ड की मूल राशि (जैसे ₹1000)

(C) ब्याज दर (D) मैच्योरिटी

Q4. Coupon Rate क्या है?

(A) सालाना ब्याज दर (B) मैच्योरिटी पर मिलने वाली राशि

(C) बाजार मूल्य (D) कर

Q5. Maturity Date कब होती है?

(A) बॉन्ड जारी होने की तारीख

(B) बॉन्ड पर मूलधन + आखिरी ब्याज चुकाने की तारीख

(C) हर साल

(D) कभी नहीं

Q6. Zero Coupon Bond में क्या होता है?

(A) केवल इक्विटी

(B) बहुत ज्यादा ब्याज

(C) हर महीने ब्याज

(D) कोई ब्याज नहीं – डिस्काउंट पर खरीदकर मैच्योरिटी पर पूरा

Q7. Current Yield कैसे निकलती है?

(A) सालाना ब्याज ÷ वर्तमान बाजार मूल्य × 100

(B) केवल कूपन रेट

(C) केवल YTM

D) केवल फेस वैल्यू

Q8. YTM (Yield to Maturity) क्या है?

(A) केवल कूपन रेट

(B) बॉन्ड को मैच्योरिटी तक रखने पर कुल रिटर्न (ब्याज + कैपिटल गेन/लॉस)

(C) केवल कैपिटल गेन

(D) केवल टैक्स

Q9. ब्याज दर बढ़ने पर बॉन्ड की कीमत क्या करती है?

(A) बढ़ती है (B) घटती है

(C) स्थिर रहती है (D) दोगुनी हो जाती है

Q10. Interest Rate Risk सबसे ज्यादा किसे प्रभावित करता है?

(A) शॉर्ट टर्म बॉन्ड को (B) केवल इक्विटी

(C) लॉन्ग टर्म बॉन्ड बॉन्ड को (D) केवल गोल्ड

Q11. Credit Risk का मतलब क्या है?

(A) ब्याज दर बदलना (B) जारीकर्ता द्वारा डिफॉल्ट (पैसा न चुकाना)

(C) मुद्रास्फीति (D) तरलता

Q12. सरकारी बॉन्ड (G-Sec) में Credit Risk कितना है?

(A) बहुत ज्यादा (B) लगभग शून्य (Sovereign Guarantee)

(C) इक्विटी जितना (D) क्रिप्टो जितना

Q13. कॉर्पोरेट बॉन्ड में Credit Risk ज्यादा क्यों होता है?

(A) कंपनी डूब सकती है (B) सरकार गारंटी देती है

(C) कोई जोखिम नहीं (D) केवल टैक्स

Q14. Bond Rating किससे मिलती है?

(A) RBI (B) SEBI

(C) CRISIL, ICRA, CARE जैसी एजेंसियों से (D) केवल बैंक

Q15. Callable Bond क्या है?

(A) कंपनी पहले रिडीम कर सकती है (B) निवेशक पहले रिडीम कर सकता है

(C) कोई रिडेम्पशन नहीं (D) केवल जीरो कूपन

Q16. Puttable Bond क्या है?

(A) कंपनी पहले रिडीम करती है (B) निवेशक पहले रिडीम कर सकता है

(C) कोई विकल्प नहीं (D) केवल कॉर्पोरेट

Q17. Convertible Bond का फायदा क्या है?

(A) ब्याज + बाद में इक्विटी में बदलने का विकल्प (B) केवल ब्याज

(C) केवल इक्विटी (D) कोई फायदा नहीं

Q18. बॉन्ड में निवेश का सबसे अच्छा समय कब है?

(A) जब ब्याज दरें बहुत ऊंची हों (B) जब ब्याज दरें बहुत कम हों

(C) कोई फर्क नहीं (D) केवल मैच्योरिटी पर

Q19. किताब में बॉन्ड को पोर्टफोलियो में क्यों जरूरी बताया गया है?

(A) केवल रिटर्न के लिए (B) स्थिरता और पूंजी संरक्षण के लिए

(C) केवल जोखिम बढ़ाने के लिए (D) केवल टैक्स बचत

Q20. नया निवेशक बॉन्ड में कैसे शुरू करे?

(A) डायरेक्ट कॉर्पोरेट बॉन्ड (B) बिना समझे कोई भी

(C) पूरा पैसा एक बॉन्ड में (D) पहले G-Sec या अच्छी रेटिंग बॉन्ड/फंड से

**Answer Key**

| Q | 1 | 2 | 3 | 4 | 5 | 6 | 7 | 8 | 9 | 10 | 11 | 12 | 13 | 14 | 15 | 16 | 17 | 18 | 19 | 20 |
|---|---|---|---|---|---|---|---|---|---|---|---|---|---|---|---|---|---|---|---|---|
| Ans. | C | B | B | A | B | D | A | B | B | C | B | B | A | C | A | B | A | A | B | D |

# Chapter 28 सुरक्षित निवेश

**"निश्चित आय साधन पूंजी सुरक्षा और नियमित रिटर्न प्रदान करते हैं। सही साधनों के चुनाव और जोखिम प्रबंधन रणनीतियों को अपनाकर आप बाज़ार की अस्थिरता के बीच भी एक स्थिर आय स्रोत बना सकते हैं।"**

हर निवेशक की यात्रा में एक ऐसा पड़ाव आता है जहाँ पूंजी की सुरक्षा और रिटर्न की निश्चितता, बाजार के भारी मुनाफे से अधिक महत्वपूर्ण हो जाती है। 'निश्चित आय निवेश' (Fixed Income Investing) पोर्टफोलियो का वह मजबूत आधार है जो बाजार की सुनामी में भी आपको डूबने से बचाता है। यह अध्याय केवल पैसा बचाने के बारे में नहीं है, बल्कि यह आपकी मेहनत की कमाई को रणनीतिक रूप से ऐसी जगह तैनात करने के बारे में है जहाँ वह सुरक्षित रूप से बढ़ती रहे और आपको नियमित नकदी प्रवाह (Cash Flow) प्रदान करे।

इस चैप्टर में हम पारंपरिक बैंक FD (क्यूमुलेटिव बनाम नॉन-क्यूमुलेटिव) के बारीकियों से लेकर कंपनी डिपॉजिट और उनके साथ आने वाले क्रेडिट रिस्क का गहराई से विश्लेषण करेंगे। हम केवल साधनों को ही नहीं समझेंगे, बल्कि यह भी सीखेंगे कि बदलती ब्याज दरों के माहौल में अपने पोर्टफोलियो को कैसे व्यवस्थित किया जाए। आप ऐसी रणनीतियाँ बनाना सीखेंगे जो मुद्रास्फीति (Inflation) को मात देने और कर-पश्चात (After-tax) रिटर्न को अधिकतम करने में मदद करेंगी। यह अध्याय आपको एक सुरक्षित पोर्टफोलियो की नींव रखना सिखाएगा, जो आपको वित्तीय स्थिरता और मानसिक शांति दोनों प्रदान करेगा।

## 28.1 बैंक और कॉर्पोरेट सावधि जमा

### 1. सावधि जमा (Fixed Deposits) के प्रकार

सावधि जमा निवेश का एक सुरक्षित तरीका है जहाँ आप एक निश्चित अवधि के लिए पैसा जमा करते हैं। इसे मुख्य रूप से ब्याज भुगतान के तरीके के आधार पर दो भागों में बांटा गया है:

**क्यूमुलेटिव (Cumulative) FD: चक्रवृद्धि का लाभ**

- इस विकल्प में, अर्जित ब्याज को आपके मूलधन में वापस निवेश कर दिया जाता है।
- लाभ: क्योंकि ब्याज पर भी ब्याज मिलता है, इसलिए परिपक्वता पर मिलने वाली कुल राशि बहुत अधिक होती है।
- उपयोग: यह उन लोगों के लिए सबसे अच्छा है जो एक बड़ी राशि जोड़ना चाहते हैं, जैसे बच्चों की पढ़ाई या घर खरीदने के लिए।

**नॉन-क्यूमुलेटिव) Non-Cumulative) FD: नियमित आय**

- यहाँ ब्याज को निवेश नहीं किया जाता, बल्कि इसे मासिक, तिमाही या छमाही आधार पर निवेशक को भुगतान कर दिया जाता है।
- लाभ: यह एक साधारण ब्याज) Simple Interest) मॉडल की तरह काम करता है क्योंकि ब्याज की राशि खाते से निकाल ली जाती है।
- उपयोग: यह सेवा उन वरिष्ठ नागरिकों या निवेशकों के लिए आदर्श है जो अपने दैनिक खर्चों या पेंशन के रूप में नियमित आय चाहते हैं।

### 2. कॉर्पोरेट FD

जब आप अपना पैसा बैंकों के बजाय गैर-बैंकिंग वित्तीय कंपनियों (NBFC) या हाउसिंग फाइनेंस कंपनियों (HFC) में जमा करते हैं, तो इसे कॉर्पोरेट FD कहा जाता है।

**रिटर्न की अधिकता:** कंपनियाँ निवेशकों को आकर्षित करने के लिए बैंक FD की तुलना में 1% से 3% तक अधिक ब्याज देती हैं।

**क्रेडिट रिस्क) Credit Risk):** यह सबसे महत्वपूर्ण बिंदु है। बैंक में जमा₹ 5 लाख तक की राशि DICGC द्वारा बीमाकृत) Insured) होती है, लेकिन कॉर्पोरेट FD में ऐसा कोई बीमा नहीं होता। यदि कंपनी दिवालिया हो जाती है, तो आपका पैसा डूबने का खतरा रहता है।

**क्रेडिट रेटिंग का महत्व**: निवेश करने से पहले 'CRISIL' या 'ICRA' जैसी संस्थाओं द्वारा दी गई रेटिंग देखना अनिवार्य है:

**AAA रेटिंग:** सबसे सुरक्षित निवेश माना जाता है।

**AA या उससे कम:** इसमें जोखिम थोड़ा अधिक होता है, लेकिन ब्याज दरें और भी बेहतर हो सकती हैं।

## 28.2 पोस्ट ऑफिस योजनाएं

पोस्ट ऑफिस द्वारा संचालित योजनाएँ भारत सरकार द्वारा समर्थित होने के कारण निवेश के लिए अत्यधिक सुरक्षित मानी जाती हैं। ये योजनाएँ विभिन्न वित्तीय जरूरतों, जैसे नियमित आय, उच्च ब्याज दर या लंबी अवधि के निवेश, को पूरा करने के लिए डिज़ाइन की गई हैं।

**पोस्ट ऑफिस मासिक आय योजना -MIS**

यह योजना उन निवेशकों के लिए सबसे उपयुक्त है जिन्हें अपने निवेश पर हर महीने एक निश्चित आय की आवश्यकता होती है। कोई भी निवासी भारतीय इस योजना का लाभ उठा सकता है। वर्तमान में, इस पर लगभग 7.4% की वार्षिक ब्याज दर मिलती है, जिसका भुगतान मासिक आधार पर किया जाता है। इस योजना की कुल अवधि 5 साल है। इसका मुख्य लक्ष्य निवेशक की जमा पूँजी को सुरक्षित रखते हुए उसे नियमित मासिक रिटर्न प्रदान करना है।

**वरिष्ठ नागरिक बचत योजना -SCSS**

जैसा कि नाम से स्पष्ट है, यह योजना विशेष रूप से 60 वर्ष या उससे अधिक आयु के वरिष्ठ नागरिकों के लिए बनाई गई है। यह पोस्ट ऑफिस की सबसे आकर्षक योजनाओं में से एक है क्योंकि यह अन्य सुरक्षित विकल्पों की तुलना में उच्च ब्याज दर प्रदान करती है, जो वर्तमान में लगभग 8.2% है। इसका ब्याज हर तिमाही) तीन महीने (में दिया जाता है। इस योजना की मानक अवधि 5 साल है, जिसे मैच्योरिटी के बाद आगे भी बढ़ाया जा सकता है। अधिक रिटर्न के साथ-साथ इसमें टैक्स बचाने का लाभ भी मिलता है।

**किसान विकास पत्र-KVP**

किसान विकास पत्र उन लोगों के लिए एक बेहतरीन विकल्प है जो अपनी एकमुश्त राशि को लंबी अवधि के लिए निवेश कर उसे दोगुना करना चाहते हैं। कोई भी वयस्क भारतीय नागरिक इसमें निवेश कर सकता है। वर्तमान में इसकी ब्याज दर लगभग 7.5% (चक्रवृद्धि( है। इस योजना की अवधि 115 महीने) अर्थात 9 साल और 7 महीने( तय की गई है। इस अवधि के अंत में, निवेशक को उसके द्वारा जमा की गई मूल राशि का दोगुना वापस मिलता है।

## 28.3 टैक्स-बचत निवेश

टैक्स-बचत निवेश वे वित्तीय विकल्प हैं जो निवेशकों को दोहरी सुविधा प्रदान करते हैं : निवेश पर सुरक्षित रिटर्न और आयकर अधिनियम के तहत कर लाभ) Tax Benefits)। इन निवेशों

को उनकी लॉक-इन अवधि) वह समय जिसके पहले पैसा नहीं निकाला जा सकता(, मिलने वाले कर लाभ की प्रकृति और उन पर होने वाली टैक्स कटौती) TDS) के आधार पर अलग-अलग श्रेणियों में बांटा जाता है।

**पब्लिक प्रोविडेंट फंड) PPF)**

पीपीएफ भारत में सबसे लोकप्रिय लंबी अवधि के निवेश विकल्पों में से एक है। इसकी मुख्य विशेषता इसकी 15 साल की लंबी लॉक-इन अवधि है, जो इसे रिटायरमेंट जैसे लक्ष्यों के लिए आदर्श बनाती है। सबसे बड़ा फायदा इसका EEE (Exempt-Exempt-Exempt) स्टेटस है, जिसका अर्थ है कि निवेश की गई राशि, उस पर मिलने वाला ब्याज और मैच्योरिटी के समय मिलने वाली पूरी राशि टैक्स-फ्री होती है। साथ ही, इस योजना पर कोई TDS भी नहीं कटता।

**नेशनल सेविंग सर्टिफिकेट -NSC)**

एनएससी एक मध्यम अवधि का निवेश विकल्प है जिसकी लॉक-इन अवधि 5 साल की होती है। इसमें मिलने वाला लाभ कर-मुक्त होता है और ब्याज की गणना वार्षिक रूप से चक्रवृद्धि आधार पर की जाती है। हालांकि, मैच्योरिटी पर मिलने वाली राशि कर योग्य होती है, लेकिन निवेश के दौरान इस पर कोई TDS नहीं लगाया जाता है।

**टैक्स-सेविंग FD (निश्चित जमा(**

बैंकों द्वारा दी जाने वाली टैक्स-सेविंग FD में भी 5 साल की अनिवार्य लॉक-इन अवधि होती है। इसमें निवेश की गई मूल राशि आयकर की धारा 80C के तहत टैक्स छूट के दायरे में आती है। हालांकि, PPF के विपरीत, इस FD से होने वाली ब्याज आय पर TDS लगता है, यदि वह एक निश्चित सीमा से अधिक हो।

## 28.4 निवेश जोखिम पिरामिड

डेट म्यूचुअल फंड्स वित्तीय साधन हैं जो निवेशकों को बॉन्ड और मनी मार्केट इंस्ट्रूमेंट्स के विविध पोर्टफोलियो में अप्रत्यक्ष रूप से निवेश करने की सुविधा देते हैं। निवेश के संदर्भ में, इन फंडों के जोखिम स्तर को समझना महत्वपूर्ण है, जिसे एक इन्वेस्टमेंट रिस्क पिरामिड के माध्यम से स्पष्ट किया जा सकता है। इस पिरामिड के आधार (Base) में सबसे कम जोखिम वाली संपत्तियां, जैसे कैश और सरकारी बॉन्ड, शामिल हैं। मध्य स्तर (Middle) पर म्यूचुअल फंड्स, स्टॉक्स, रियल एस्टेट और बॉन्ड्स जैसी संपत्तियां हैं, जिनमें मध्यम जोखिम होता है। पिरामिड के शिखर (Summit) पर सबसे अधिक जोखिम वाले इंस्ट्रूमेंट्स, जैसे ऑप्शंस और फ्यूचर्स, स्थित हैं।

विभिन्न डेट फंड प्रकारों की अपनी विशिष्ट विशेषताएँ होती हैं, जो निवेश क्षितिज, मैकाले ड्यूरेशन और जोखिम स्तर के आधार पर भिन्न होती हैं:

**लिक्विड फंड्स**: ये फंड बहुत अल्पकालिक निवेश के लिए उपयुक्त हैं, जिनका निवेश क्षितिज कुछ दिनों/सप्ताह का होता है। इनकी अधिकतम मैकाले ड्यूरेशन 91 दिन होती है। ये बहुत कम जोखिम वाले होते हैं और इनका मुख्य लक्ष्य पूंजी संरक्षण होता है।

**अल्ट्रा-शॉर्ट ड्यूरेशन**: इन फंड्स का निवेश क्षितिज कुछ सप्ताह से 3-6 महीने तक होता है, और इनकी मैकाले ड्यूरेशन 3 से 6 महीने के बीच होती है। इनका जोखिम स्तर कम होता है और ये लिक्विड फंड्स से थोड़ा बेहतर रिटर्न प्रदान करते हैं।

**क्रेडिट रिस्क फंड्स:** ये फंड मध्यम से लंबी अवधि (1-3 वर्ष+) के निवेश क्षितिज के लिए होते हैं और इनकी ड्यूरेशन विभिन्न हो सकती है। इनमें मध्यम से उच्च जोखिम होता है, जिसका मुख्य कारण डिफ़ॉल्ट/चूक जोखिम है।

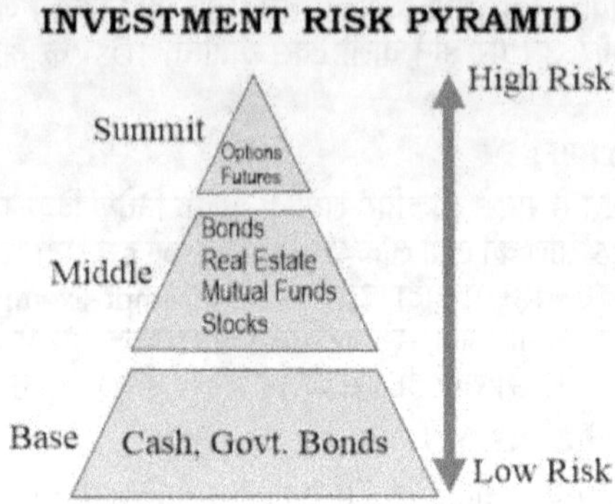


## 28.5 निश्चित आय के महत्वपूर्ण साधन

यह सेक्शन दो महत्वपूर्ण निश्चित आय साधनों (Fixed Income Instruments) पर केंद्रित है: आरबीआई फ्लोटिंग रेट सेविंग्स बॉन्ड (FRSB) और महंगाई से सुरक्षित बॉन्ड (IIBs), जो निवेशकों को अलग-अलग सुविधाएँ और सुरक्षा प्रदान करते हैं।

### आरबीआई फ्लोटिंग रेट सेविंग्स बॉन्ड) FRSB)

आरबीआई फ्लोटिंग रेट सेविंग्स बॉन्ड निवेश का एक अत्यंत सुरक्षित विकल्प है क्योंकि इसे भारत सरकार का पूर्ण समर्थन) 100% सुरक्षा (प्राप्त है। इसकी सबसे अनूठी विशेषता इसकी परिवर्तनीय ब्याज दर (Floating Interest Rate) है, जो स्थिर रहने के बजाय बाजार की स्थितियों के अनुसार हर छह महीने में बदलती रहती है। इसकी दर को नेशनल सेविंग सर्टिफिकेट की दर से जोड़ा गया है और यह उससे 0.35% अधिक होती है। हालांकि, कर के मामले में यह पूरी तरह से कर योग्य है, जिसका अर्थ है कि इससे मिलने वाला ब्याज निवेशक के इनकम टैक्स स्लैब के अनुसार टैक्स के दायरे में आता है। तरलता के लिहाज से इसमें एक कमी यह है कि इन्हें सेकेंडरी मार्केट में नहीं बेचा जा सकता।

### महंगाई से सुरक्षित बॉन्ड) IIBs)

महंगाई से सुरक्षित बॉन्ड) Inflation-Indexed Bonds - IIBs) का निर्माण विशेष रूप से निवेशकों को मुद्रास्फीति के कारण होने वाले नुकसान से बचाने के लिए किया गया है। इनकी कार्यप्रणाली बहुत अनोखी है क्योंकि इनमें बॉन्ड का मूलधन और ब्याज भुगतान दोनों को उपभोक्ता मूल्य सूचकांक) CPI) के साथ जोड़ दिया जाता है। इसका सरल अर्थ यह है कि जैसे-जैसे देश में महंगाई बढ़ती है, बॉन्ड का मूल्य और उस पर मिलने वाला ब्याज भी उसी अनुपात में बढ़ जाता है। इससे निवेशक की क्रय शक्ति सुरक्षित रहती है और उसे भविष्य में महंगाई के कारण अपने पैसे की वैल्यू कम होने का डर नहीं रहता।

## 28.6 निवेश पर टैक्स प्रबंधन: TDS और इंडेक्सेशन

### 1. टीडीएस और इंडेक्सेशन

निवेश से होने वाली आय पर टैक्स प्रबंधन के दो मुख्य तरीके हैं। टीडीएस) TDS) का अर्थ है 'स्रोत पर कर कटौती', जो मुख्य रूप से फिक्स्ड डिपॉजिट) FD) जैसे साधनों पर लागू होता है यदि ब्याज एक निश्चित सीमा से अधिक हो। हालांकि, कम आय वाले निवेशक फॉर्म 15G या 15H जमा करके इसे बचा सकते हैं। दूसरी ओर, इंडेक्सेशन एक शक्तिशाली कर-बचत रणनीति है जो महंगाई) Inflation) को ध्यान में रखकर आपके 'पूंजीगत लाभ' की गणना करती है। यह लाभ

मुख्य रूप से डेट म्यूचुअल फंड में 3 साल से अधिक के निवेश पर मिलता है, जिससे निवेशक को केवल वास्तविक लाभ पर टैक्स देना पड़ता है, न कि पूरी राशि पर।

### 2. निवेश के तीन स्तंभ) The Trade-Off)

एक सफल निवेशक को हमेशा तीन प्रमुख तत्वों के बीच संतुलन बनाना होता है: लिक्विडिटी) तरलता(, सुरक्षा और रिटर्न। इन तीनों को एक साथ पाना लगभग असंभव है, जिसे 'ट्रेड-ऑफ' कहा जाता है। उदाहरण के लिए, यदि आप उच्च सुरक्षा चाहते हैं) जैसे सरकारी बॉन्ड(, तो आपको कम रिटर्न से समझौता करना होगा। यदि आप उच्च लिक्विडिटी चाहते हैं) जैसे सेविंग्स अकाउंट(, तो वहां भी रिटर्न कम हो सकता है। वहीं, अधिक रिटर्न वाले विकल्प) जैसे क्रेडिट रिस्क फंड (अक्सर कम सुरक्षा या कम लिक्विडिटी के जोखिम के साथ आते हैं।

### 3. लैडरिंग और इम्यूनाइजेशन) जोखिम प्रबंधन(

बॉन्ड बाजार में ब्याज दरों के उतार-चढ़ाव से बचने के लिए दो उन्नत रणनीतियों का उपयोग किया जाता है:

**लैडरिंग:** इस रणनीति में निवेशक अपना सारा पैसा एक साथ एक ही अवधि के लिए लगाने के बजाय, अलग-अलग परिपक्वता) Maturity) वाले बॉन्ड में बांट देता है। इससे उसे नियमित अंतराल पर पैसा वापस मिलता रहता है और ब्याज दरों में बदलाव का जोखिम कम हो जाता है।

**इम्यूनाइजेशन) Immunization):** इस तकनीक में निवेश की अवधि) Duration) को ठीक उसी समय के साथ मिलाया जाता है जब निवेशक को अपने वित्तीय लक्ष्य के लिए पैसे की जरूरत होती है। ऐसा करने से पोर्टफोलियो की वैल्यू पर ब्याज दर के उतार-चढ़ाव का बुरा असर नहीं पड़ता।

* * * * *

**"निश्चित आय निवेश का उद्देश्य अमीर बनना नहीं, बल्कि अमीर बने रहना है। यह आपके पोर्टफोलियो का वह हिस्सा है जो आपको रात में चैन की नींद सोने देता है।"**

## 28.1 व्यावहारिक प्रश्नों के उत्तर

**प्रश्न 1:** राजेश ने ₹10,00,000 की FD 7% ब्याज पर 1 साल के लिए की है। बैंक 10% की दर से TDS काटता है। साल के अंत में राजेश को हाथ में (Net Interest) कितना ब्याज मिलेगा?

**उत्तर:**

कुल ब्याज: ₹70,000

TDS कटौती: ₹70,000 का 10% = ₹7,000

₹70,000 - ₹7,000 = ₹63,000

राजेश को साल के अंत में हाथ में ₹63,000 का शुद्ध ब्याज (Net Interest) मिलेगा।

सीख: TDS केवल एक अग्रिम कर है; आपकी कुल आय के आधार पर आपको बाकी टैक्स इनकम टैक्स रिटर्न (ITR) में भरना होता है।

**प्रश्न 2:** सीमा हर साल 1 अप्रैल को ₹1,50,000 PPF में जमा करती है। यदि ब्याज दर 7.1% स्थिर रहती है, तो 15 साल बाद उसका कुल निवेश ₹22.5 लाख होगा। मैच्योरिटी पर उसे लगभग कितनी राशि मिलेगी?

**उत्तर:**

वार्षिक जमा (P): ₹1,50,000

ब्याज दर (r): 7.1% प्रति वर्ष (अर्थात 0.071)

अवधि (n): 15 वर्ष

कुल निवेश: 1,50,000×15 = 22,50,000

भविष्य के मूल्य (Future Value) की गणना

PPF में ब्याज की गणना 'एनुइटी ड्यू' (Annuity Due) के आधार पर की जाती है क्योंकि जमा राशि साल की शुरुआत (1 अप्रैल) में की जा रही है। इसका सूत्र निम्नलिखित है:

$$\mathrm{FV} = P \times \frac{(1+r)^n - 1}{r} \times (1+r)$$

$$\mathrm{FV} = 150000 \times \frac{(1+0.071)^{15} - 1}{0.071} \times (1+0.071)$$

मैच्योरिटी राशि FV = ₹41.26 लाख (लगभग)

सीमा को 15 साल की मैच्योरिटी पर कुल ₹41.26 लाख (लगभग) की राशि प्राप्त होगी।

सीख: PPF में साल की शुरुआत (5 तारीख से पहले) में पैसा जमा करने पर पूरे साल का ब्याज मिलता है, जो लंबी अवधि में बड़ी रकम बनाता है।

**प्रश्न 3:** एक बिजनेस के पास ₹50,00,000 का सरप्लस कैश है जिसे उसे 15 दिन बाद इस्तेमाल करना है। बैंक बचत खाता 3% सालाना ब्याज देता है, जबकि लिक्विड फंड 6.5% सालाना रिटर्न दे रहा है। 15 दिन में लिक्विड फंड में कितना अतिरिक्त लाभ होगा?

**उत्तर:**

15 दिन में लिक्विड फंड में निवेश करने पर ₹7,191.78 का अतिरिक्त लाभ होगा।

सबसे पहले हम यह देखेंगे कि ₹50,00,000 पर 3% की वार्षिक दर से 15 दिनों में कितना ब्याज मिलेगा:

$$\frac{5000000 \times 0.03 \times 15}{365} = 6{,}164.38$$

अब 6.5% की वार्षिक दर से 15 दिनों के लिए लिक्विड फंड के रिटर्न की गणना करते हैं:

$$\frac{5000000 \times 0.065 \times 15}{365} = 13{,}356.16$$

अतिरिक्त लाभ निकालने के लिए लिक्विड फंड के रिटर्न में से बचत खाते का ब्याज घटाएंगे:

अतिरिक्त लाभ =13,356.16 – 6,164.38 = 7,191.78

लिक्विड फंड में निवेश करने पर बिजनेस को 15 दिनों में ₹7,191.78 का अतिरिक्त लाभ प्राप्त होगा।

सीख: अल्पावधि के लिए भी खाली पड़े पैसे को लिक्विड फंड में रखना बेहतर रिटर्न देता है।

**प्रश्न 4:** अमित ने 3 साल पहले ₹1,00,000 डेट फंड में लगाए जो अब ₹1,30,000 हो गए हैं। इन 3 वर्षों में कुल महंगाई (Inflation) 18% बढ़ी है। इंडेक्सेशन के बाद उसका 'टैक्सेबल लाभ' कितना होगा?

**उत्तर:**

खरीद मूल्य (Purchase Price): ₹1,00,000

इंडेक्स्ड खरीद मूल्य (Indexed Cost): चूंकि 3 वर्षों में महंगाई 18% बढ़ी है, इसलिए खरीद मूल्य को महंगाई के अनुसार समायोजित (Adjust) किया जाएगा।

₹1,00,000 + (1,00,000 का 18%) = ₹1,18,000

बिक्री मूल्य (Sale Price): ₹1,30,000

टैक्सेबल लाभ (Indexed Capital Gain): बिक्री मूल्य - इंडेक्स्ड खरीद मूल्य

Indexed Capital Gain = ₹1,30,000 - ₹1,18,000 = ₹12,000 (केवल इसी पर टैक्स लगेगा)।

इंडेक्सेशन के बाद अमित का टैक्सेबल लाभ ₹12,000 होगा।

सीख: इंडेक्सेशन निवेश की लागत को महंगाई के अनुसार बढ़ा देता है, जिससे टैक्स का बोझ कम हो जाता है।

**प्रश्न 5:** एक रिटायर व्यक्ति ₹1 करोड़ से तत्काल एन्युइटी (Immediate Annuity) खरीदता है जहाँ दर 6% सालाना है। उसे हर महीने कितनी पेंशन मिलेगी?

**उत्तर:**

यदि एक व्यक्ति ₹1 करोड़ से 6% वार्षिक दर पर तत्काल एन्युइटी (Immediate Annuity) खरीदता है, तो उसकी मासिक पेंशन की गणना इस प्रकार होगी:

वार्षिक पेंशन: ₹1,00,00,000 का 6% = ₹6,00,000 प्रति वर्ष

मासिक पेंशन: ₹6,00,000 ÷ 12 महीने = ₹50,000 प्रति माह

उस रिटायर व्यक्ति को हर महीने ₹50,000 की पेंशन मिलेगी।

सीख: रिटायरमेंट के बाद नियमित आय के लिए एन्युइटी एक सुरक्षित विकल्प है, लेकिन इसमें महंगाई के साथ बढ़ने की क्षमता कम होती है।

**प्रश्न 6:** एक डेट फंड की ड्यूरेशन 5 साल है। यदि बाजार में ब्याज दरें 1% बढ़ जाती हैं, तो फंड की वैल्यू (NAV) में कितनी गिरावट आएगी?

**उत्तर:**

यदि एक डेट फंड की ड्यूरेशन 5 साल है और ब्याज दरें 1% बढ़ती हैं, तो फंड की NAV (नेट एसेट वैल्यू) में अनुमानित 5% की गिरावट आएगी, क्योंकि गिरावट = ड्यूरेशन (5 साल) × ब्याज दर में बदलाव (1%) का सीधा गुणनफल होता है, जो डेट फंड के मूल्य को ब्याज दर के विपरीत दिशा में प्रभावित करता है।

सीख: लंबी अवधि के डेट फंड (High Duration) ब्याज दरों के प्रति अधिक संवेदनशील होते हैं।

**प्रश्न 7:** एक कंपनी 'A1+' रेटिंग वाला कमर्शियल पेपर 7.5% पर जारी करती है और दूसरी कंपनी 'A2' रेटिंग वाला 9.5% पर। निवेशक को 2% अतिरिक्त रिटर्न क्यों मिल रहा है?

**उत्तर:**

निवेशक को 2% अतिरिक्त रिटर्न अधिक जोखिम (Higher Risk) के कारण मिल रहा है। इसके मुख्य कारण निम्नलिखित हैं:

क्रेडिट रेटिंग और जोखिम: 'A1+' रेटिंग उच्चतम सुरक्षा को दर्शाती है, जिसका अर्थ है कि कंपनी द्वारा डिफ़ॉल्ट (पैसा न लौटा पाना) की संभावना बहुत कम है। इसके विपरीत, 'A2' रेटिंग वाली कंपनी में निवेश करना अधिक जोखिम भरा माना जाता है।

जोखिम प्रीमियम (Risk Premium): वित्त के नियम के अनुसार, यदि कोई निवेश अधिक जोखिम भरा है, तो निवेशकों को आकर्षित करने के लिए कंपनी को अधिक ब्याज या रिटर्न देना पड़ता है। यह 2% का अंतर इसी अतिरिक्त जोखिम की भरपाई है।

कंपनी की वित्तीय स्थिति: 'A2' रेटिंग वाली कंपनी की ऋण चुकाने की क्षमता 'A1+' वाली कंपनी की तुलना में कमज़ोर हो सकती है, इसलिए बाजार उससे उच्च रिटर्न की मांग करता है।

सीख: निश्चित आय में अधिक ब्याज का मतलब अक्सर अधिक जोखिम (Default Risk) होता है। हमेशा रेटिंग देखें।

**प्रश्न 8:** मिस्टर वर्मा ₹30,00,000 Senior Citizens Savings Scheme (SCSS) में निवेश करते हैं जहाँ ब्याज दर 8.2% है। उन्हें हर तिमाही (Quarterly) कितना ब्याज भुगतान मिलेगा?

**उत्तर:**

मिस्टर वर्मा को मिलने वाले तिमाही ब्याज की गणना नीचे दी गई है:

कुल निवेश (Principal): ₹30,00,000

वार्षिक ब्याज दर (Annual Interest Rate): 8.2%

वार्षिक ब्याज (Annual Interest): 30,00,000 × 8.2% = ₹2,46,000

तिमाही ब्याज (Quarterly Interest): ₹2,46,000 ÷ 4 = ₹61,500

मिस्टर वर्मा को हर तिमाही ₹61,500 का ब्याज भुगतान मिलेगा।

सीख: वरिष्ठ नागरिकों के लिए SCSS तिमाही खर्चों को पूरा करने का सबसे बेहतरीन सुरक्षित साधन है।

**प्रश्न 9:** एक निवेशक अपना 50% पैसा 1 साल के बॉन्ड में (तरलता के लिए) और 50% पैसा 10 साल के बॉन्ड में (उच्च ब्याज के लिए) लगाता है। बीच की अवधि (5 साल) में वह कुछ निवेश नहीं करता। इस रणनीति को क्या कहते हैं?

**उत्तर:**

इस रणनीति को "बॉन्ड लैडरिंग" (Bond Laddering) या सीढ़ीदार निवेश कहते हैं, जहाँ आप अलग-अलग परिपक्वता अवधि (Maturity Periods) वाले बॉन्ड खरीदते हैं ताकि समय के साथ आपके निवेश का एक हिस्सा तरलता के लिए उपलब्ध हो और दूसरा हिस्सा उच्च ब्याज दर (उच्च यील्ड) का लाभ उठा सके, जिससे जोखिम और तरलता के बीच संतुलन बनता है.

सीख: यह रणनीति अत्यधिक तरलता और उच्च रिटर्न का संतुलन बनाने के लिए उपयोग की जाती है।

## 28.2 प्रश्नोत्तर परीक्षा (Quiz)

Q1. निश्चित आय निवेश (Fixed Income) का मुख्य उद्देश्य क्या है?

(A) बहुत ज्यादा रिटर्न (B) पूंजी संरक्षण + नियमित आय

(C) उच्च जोखिम (D) बहुत कम तरलता

Q2. बैंक FD का सबसे बड़ा फायदा क्या है?

(A) बहुत ज्यादा रिटर्न (B) पूंजी गारंटी + फिक्स्ड ब्याज

(C) बाजार से जुड़ा रिटर्न (D) कोई टैक्स नहीं

Q3. बैंक FD में ब्याज कैसे मिलता है?

(A) केवल मैच्योरिटी पर (B) केवल सालाना

(C) क्यूमुलेटिव या नॉन-क्यूमुलेटिव (मासिक/तिमाही) (D) कोई ब्याज नहीं

Q4. FD में प्री-मैच्योर विदड्रॉल पर क्या होता है?

(A) पूरा ब्याज मिलता है (B) पेनल्टी + कम ब्याज दर

(C) कोई पेनल्टी नहीं (D) बोनस मिलता है

Q5. कंपनी डिपॉजिट (Corporate FD) बैंक FD से कैसे अलग है?

(A) ज्यादा ब्याज लेकिन क्रेडिट रिस्क ज्यादा

(B) कम ब्याज लेकिन सुरक्षित

(C) कोई रिस्क नहीं

(D) सरकार गारंटी

Q6. पोस्ट ऑफिस मंथली इनकम स्कीम (POMIS) की खासियत क्या है?

(A) बहुत ज्यादा रिटर्न (B) हर महीने ब्याज + सरकार गारंटी

(C) केवल मैच्योरिटी पर (D) कोई गारंटी नहीं

Q7. SCD (Senior Citizen Deposit) में ब्याज दर कैसी होती है?

(A) सामान्य से कम (B) सामान्य से ज्यादा (0.25-0.50%)

(C) बराबर (D) कोई ब्याज नहीं

Q8. टैक्स सेविंग FD की लॉक-इन अवधि कितनी होती है?

(A) 1 साल (B) कोई लॉक-इन नहीं (C) 10 साल (D) 5 साल

Q9. लिक्विड फंड का मुख्य उपयोग क्या है?

(A) लंबी अवधि निवेश (B) इमरजेंसी फंड – बहुत कम जोखिम + अच्छी तरलता

(C) रिटायरमेंट (D) बच्चों की शादी

Q10. 'लिक्विड फंड' (Liquid Fund) की अधिकतम परिपक्वता अवधि) Maturity Period) क्या होती है, जिसमें वे निवेश कर सकते हैं?

(A) 30 दिन (B) 180 दिन (C) 91 दिन (D) 365 दिन

Q11. ड्यूरेशन जितनी ज्यादा होगी –

(A) ब्याज दर रिस्क कम (B) कोई फर्क नहीं

(C) ब्याज दर रिस्क ज्यादा (D) क्रेडिट रिस्क कम

Q12. क्रेडिट रिस्क फंड क्या है?

(A) केवल AAA (B) कम रेटिंग (AA या नीचे) – ज्यादा यील्ड लेकिन ज्यादा रिस्क

(C) केवल G-Sec (D) केवल लिक्विड

Q13. Gilt Fund में क्या होता है?

(A) केवल सरकारी बॉन्ड (B) केवल कॉर्पोरेट बॉन्ड (C) केवल इक्विटी (D) केवल गोल्ड

Q14. ब्याज दरें घटने पर डेट फंड का NAV क्या करता है?

(A) घटता है (B) दोगुना हो जाता है (C) स्थिर रहता है (D) बढ़ता है

Q15. लैडरिंग रणनीति क्या है?

(A) अलग-अलग मैच्योरिटी के फिक्स्ड इनकम में निवेश (B) सारा एक ही मैच्योरिटी में

(C) केवल शॉर्ट टर्म (D) केवल लॉन्ग टर्म

Q16. बारबेल निवेश रणनीति) Barbell Strategy) का मुख्य उद्देश्य क्या है?

(A) मध्यम जोखिम वाले निवेशों पर ध्यान केंद्रित करना और स्थिर रिटर्न प्राप्त करना।

(B) केवल सुरक्षित सरकारी बॉन्ड में निवेश करके पूंजी को सुरक्षित रखना।

(C) अत्यधिक सुरक्षित और उच्च-जोखीम वाली संपत्तियों का संयोजन करना, जबकि मध्यम-जोखिम वाले विकल्पों को छोड़ देना।

(D) अपने पोर्टफोलियो के सभी हिस्सों में समान रूप से निवेश को वितरित करना।

Q17. निश्चित आय निवेश में सबसे बड़ा जोखिम क्या है?

(A) इक्विटी जितना
(B) कोई जोखिम नहीं
(C) ब्याज दर रिस्क + क्रेडिट रिस्क + रीइन्वेस्टमेंट रिस्क
(D) केवल मुद्रास्फीति

Q18. किताब में निश्चित आय को पोर्टफोलियो में क्यों जरूरी बताया गया है?

(A) केवल रिटर्न के लिए

(B) स्थिरता, पूंजी सुरक्षा और नियमित आय के लिए

(C) केवल जोखिम बढ़ाने के लिए

(D) केवल टैक्स बचत

Q19. रिटायरमेंट के करीब व्यक्ति को निश्चित आय में कितना रखना चाहिए?

(A) 10-20%
(B) 60-80%
(C) 0%
(D) 100% इक्विटी

Q20. नया निवेशक निश्चित आय में कैसे शुरू करे?

(A) डायरेक्ट कॉर्पोरेट FD

(B) बिना समझे कोई भी

(C) पूरा पैसा एक फंड में

(D) पहले लिक्विड/शॉर्ट टर्म फंड या अच्छी रेटिंग FD से

**Answer Key**

| Q | 1 | 2 | 3 | 4 | 5 | 6 | 7 | 8 | 9 | 10 | 11 | 12 | 13 | 14 | 15 | 16 | 17 | 18 | 19 | 20 |
|---|---|---|---|---|---|---|---|---|---|---|---|---|---|---|---|---|---|---|---|---|
| Ans. | B | B | C | B | A | B | B | D | B | C | C | B | A | D | A | C | C | B | B | D |

# *Chapter 29* म्यूचुअल फंड

**"म्यूचुअल फंड कई निवेशकों के धन को पेशेवर प्रबंधन के साथ विभिन्न क्षेत्रों में निवेश करता है। इसकी संरचना, श्रेणियों और प्रदर्शन मूल्यांकन को समझकर आप अपने लक्ष्यों के अनुसार सही फंड का चुनाव कर सकते हैं।"**

म्यूचुअल फंड उन निवेशकों के लिए एक वरदान की तरह है जो शेयर बाजार की क्षमता का लाभ तो उठाना चाहते हैं, लेकिन जिनके पास व्यक्तिगत रूप से स्टॉक्स चुनने का समय या विशेषज्ञता नहीं है। यह अध्याय आपको 'पूल निवेश' के उस पावरफुल मॉडल से परिचित कराएगा, जहाँ हजारों निवेशकों का पैसा एक पेशेवर फंड मैनेजर द्वारा प्रबंधित किया जाता है। म्यूचुअल फंड निवेश का एक ऐसा सरल मार्ग है जो एक ही झटके में आपको विविधीकरण (Diversification) और विशेषज्ञ प्रबंधन की सुविधा प्रदान करता है।

इस चैप्टर में हम म्यूचुअल फंड की आंतरिक संरचना, जैसे ओपन-एंडेड बनाम क्लोज्ड-एंडेड फंड्स, के बीच के अंतर को स्पष्ट करेंगे। आप NAV (नेट एसेट वैल्यू) और NFO (न्यू फंड ऑफर) जैसे महत्वपूर्ण शब्दों के वास्तविक अर्थ और उनके मूल्यांकन के तरीके सीखेंगे। साथ ही, हम इक्विटी, डेट और हाइब्रिड जैसे विभिन्न प्रकार के फंड्स का विश्लेषण करेंगे ताकि आप अपने जोखिम लेने की क्षमता और वित्तीय लक्ष्यों के अनुसार सही चुनाव कर सकें। यह अध्याय आपको एक साधारण निवेशक से एक स्मार्ट पोर्टफोलियो मेकर में बदल देगा, जो जानता है कि कैसे म्यूचुअल फंड के माध्यम से कम जोखिम में बेहतर रिटर्न प्राप्त किए जा सकते हैं।

## 29.1 फंड की बुनियादी संरचना

म्यूचुअल फंड्स को मुख्य रूप से उनकी तरलता (Liquidity) और निवेशकों को नई यूनिट्स जारी करने या पुनर्खरीद करने की क्षमता के आधार पर वर्गीकृत किया जाता है। इस वर्गीकरण के आधार पर दो प्रमुख प्रकार के फंड होते हैं: ओपन-एंडेड फंड और क्लोज्ड-एंडेड फंड।

### ओपन-एंडेड बनाम क्लोज्ड-एंडेड फंड

ओपन-एंडेड फंड की विशेषताएँ उन्हें अत्यधिक लचीला बनाती हैं। इन फंडों में यूनिट्स की संख्या असीमित होती है, जिन्हें निवेशकों की मांग के आधार पर लगातार जारी या पुनर्खरीद किया जा सकता है। निवेशक किसी भी कारोबारी दिन NAV (नेट एसेट वैल्यू) पर इन यूनिट्स की खरीद या बिक्री कर सकते हैं, जिससे तरलता (Liquidity) उच्च रहती है, और आमतौर पर इनमें कोई लॉक-इन अवधि नहीं होती है। इन फंडों का मूल्य निर्धारण दैनिक NAV पर आधारित होता है।

इसके विपरीत, क्लोज्ड-एंडेड फंड में कुछ प्रतिबंध होते हैं। इनमें यूनिट्स की संख्या निश्चित होती है और केवल NFO (न्यू फंड ऑफर) के दौरान ही जारी की जाती हैं। खरीद या बिक्री केवल NFO अवधि के दौरान या स्टॉक एक्सचेंज पर शेयरों की तरह की जा सकती है, जिससे तरलता सीमित होती है और बाजार की मांग/आपूर्ति पर निर्भर करती है। इन फंडों में अक्सर लॉक-इन अवधि होती है और इनका मूल्य निर्धारण बाजार मूल्य पर होता है, जो NAV से प्रीमियम या डिस्काउंट पर भी हो सकता है।

### नया फंड ऑफर (NFO) मूल्यांकन

NFO (न्यू फंड ऑफर) किसी नए फंड की प्रारंभिक सदस्यता अवधि है, जिसमें अक्सर ₹10 प्रति यूनिट की निश्चित कीमत पर शेयर जारी होते हैं। इसका मूल्यांकन करना महत्वपूर्ण है क्योंकि NFO का कोई ट्रैक रिकॉर्ड नहीं होता है। मूल्यांकन के प्रमुख कारक निम्नलिखित हैं:

- फंड का उद्देश्य (क्या यह आपके वित्तीय लक्ष्यों से मेल खाता है?)
- फंड मैनेजर का ट्रैक रिकॉर्ड
- फंड की लागत (Expense Ratio)

यह याद रखना महत्वपूर्ण है कि ₹10 का NAV होना उच्च NAV वाले स्थापित फंड की तुलना में अधिक रिटर्न की गारंटी नहीं देता है; रिटर्न पूरी तरह से अंतर्निहित परिसंपत्तियों के प्रदर्शन पर निर्भर करता है।

## 29.2 इक्विटी म्यूचुअल फंड का वर्गीकरण

इक्विटी म्यूचुअल फंड को मुख्य रूप से उनके निवेश के क्षेत्र, जिसे बाजार पूंजीकरण (मार्केट कैपिटलाइजेशन) कहा जाता है, के आधार पर वर्गीकृत किया जाता है। यह वर्गीकरण फंड की निवेश रणनीति, अंतर्निहित जोखिम प्रोफ़ाइल और संभावित लाभों को निर्धारित करता है।

### बाजार पूंजीकरण के आधार पर फंडों का वर्गीकरण

बाजार में कंपनियों को उनके आकार और रैंकिंग के आधार पर श्रेणियों में बांटा जाता है, जिससे निवेशकों को अपने जोखिम लेने की क्षमता के अनुसार सही फंड चुनने में मदद मिलती है। मुख्य रूप से तीन श्रेणियां होती हैं: लार्ज-कैप, मिड-कैप और स्मॉल-कैप। लार्ज-कैप फंड देश की शीर्ष 100 सबसे बड़ी और स्थापित कंपनियों में निवेश करते हैं। ये कंपनियां आर्थिक रूप से बहुत मजबूत होती हैं, इसलिए इनमें जोखिम कम होता है और ये निवेशकों को लंबे समय में स्थिरता और एक भरोसेमंद रिटर्न प्रदान करती हैं।

वहीं, मिड-कैप फंड उन कंपनियों में पैसा लगाते हैं जो रैंकिंग में 101वें से 250वें स्थान के बीच आती हैं। ये कंपनियां मध्यम आकार की होती हैं और इनमें लार्ज-कैप की तुलना में तेजी से बढ़ने की क्षमता होती है, हालांकि जोखिम भी थोड़ा अधिक होता है। इसके विपरीत, स्मॉल-कैप फंड 251वीं रैंक से नीचे की छोटी कंपनियों में निवेश करते हैं। यहाँ जोखिम सबसे अधिक होता है क्योंकि ये कंपनियां बाजार के उतार-चढ़ाव से जल्दी प्रभावित होती हैं, लेकिन यदि कंपनी अच्छा प्रदर्शन करे, तो लंबी अवधि में ये फंड सबसे ज्यादा मुनाफा) रिटर्न (देने की क्षमता रखते हैं।

### विविध रणनीतियों वाले फंड :मल्टी-कैप और फ्लेक्सी-कैप

निवेशकों को एक ही फंड में तीनों श्रेणियों) लार्ज, मिड और स्मॉल (का लाभ देने के लिए मल्टी-कैप और फ्लेक्सी-कैप फंड बनाए गए हैं। मल्टी-कैप फंड के लिए सेबी) SEBI) का सख्त नियम है कि फंड मैनेजर को प्रत्येक श्रेणी) लार्ज, मिड और स्मॉल कैप (में कम से कम 25-25% निवेश करना ही होगा। इससे पोर्टफोलियो में एक अनिवार्य संतुलन और विविधता बनी रहती है और जोखिम मध्यम स्तर का रहता है।

दूसरी ओर, फ्लेक्सी-कैप फंड अधिक लचीलापन प्रदान करते हैं। इनमें भी तीनों श्रेणियों में निवेश किया जाता है, लेकिन फंड मैनेजर के पास यह पूरी छूट होती है कि वह बाजार की स्थिति को देखते हुए किसी भी श्रेणी में कितना भी पैसा लगा सके। इसमें 25% जैसा कोई अनिवार्य नियम नहीं होता, जिससे फंड मैनेजर अपनी सूझबूझ से उन क्षेत्रों में ज्यादा निवेश कर सकता है जहाँ मुनाफे की उम्मीद अधिक हो। ये फंड भी मध्यम जोखिम की श्रेणी में आते हैं और संतुलित ग्रोथ के लिए अच्छे माने जाते हैं।

### विशिष्ट फोकस फंड्स का विवरण

म्यूचुअल फंड की दुनिया में सेक्टोरल फंड वे निवेश विकल्प हैं जो अपनी पूरी पूंजी किसी एक विशेष उद्योग या सेक्टर में लगाते हैं, जैसे कि केवल आईटी) Information Technology) या केवल फार्मास्यूटिकल्स। चूंकि इनका पूरा पैसा एक ही क्षेत्र की कंपनियों पर निर्भर होता है, इसलिए इनमें 'सघनता' (Concentration) अधिक होती है। इसका मतलब यह है कि अगर वह विशेष सेक्टर अच्छा प्रदर्शन करता है, तो मुनाफा बहुत ज्यादा होता है, लेकिन उस सेक्टर में गिरावट आने पर नुकसान का जोखिम भी सबसे अधिक होता है। ये फंड उन अनुभवी निवेशकों के लिए उपयुक्त होते हैं जिन्हें किसी खास इंडस्ट्री की अच्छी समझ होती है।

दूसरी ओर, **थीमैटिक फंड** का दायरा थोड़ा बड़ा होता है। ये किसी एक सेक्टर के बजाय एक व्यापक 'थीम' पर आधारित होते हैं, जैसे कि इंफ्रास्ट्रक्चर या ESG (पर्यावरण, सामाजिक और शासन(। उदाहरण के लिए, एक इंफ्रास्ट्रक्चर थीम में सीमेंट, स्टील, बिजली और लॉजिस्टिक्स जैसे कई अलग-अलग सेक्टर शामिल हो सकते हैं। इस कारण ये सेक्टोरल फंडों की तुलना में अधिक विविध) Diversified) होते हैं, जिससे इनमें निवेश का जोखिम तुलनात्मक रूप से थोड़ा कम हो जाता है। ये फंड उन निवेशकों के लिए अच्छे हैं जो किसी खास आर्थिक बदलाव या ट्रेंड का लाभ उठाना चाहते हैं।

**अंतर्राष्ट्रीय फंड (International Funds)** निवेशकों को देश की सीमाओं से बाहर जाकर विदेशी बाजारों, जैसे अमेरिका या यूरोप की कंपनियों में निवेश करने का मौका देते हैं। इन फंडों का मुख्य उद्देश्य 'भौगोलिक विविधीकरण' (Geographical Diversification) प्रदान करना है। इसका सबसे बड़ा फायदा यह है कि यदि भारतीय शेयर बाजार किसी कारणवश गिर रहा हो, तो विदेशी बाजारों में किया गया निवेश आपके पोर्टफोलियो को स्थिरता दे सकता है। ये फंड निवेशकों को वैश्विक कंपनियों की वृद्धि का हिस्सा बनने और घरेलू बाजार के उतार-चढ़ाव से बचने में मदद करते हैं।

## 29.3 डेट और हाइब्रिड फंड: जोखिम और अवधि पर आधारित

**डेट फंड (Debt Funds)** वह निवेश साधन हैं जिनमें जोखिम का प्रबंधन मुख्य रूप से बॉन्ड की परिपक्वता अवधि (Duration) के आधार पर किया जाता है। एक सामान्य सिद्धांत के अनुसार, बॉन्ड की अवधि जितनी लंबी होती है, उसमें ब्याज दर का जोखिम उतना ही अधिक होता है। इन फंडों को उनकी अवधि और जोखिम के स्तर के आधार पर तीन मुख्य प्रकारों में वर्गीकृत किया गया है। लिक्विड फंड (Liquid Funds) सबसे कम जोखिम वाले होते हैं क्योंकि इनकी अवधि 91 दिनों से भी कम होती है, साथ ही ये उच्च तरलता प्रदान करते हैं और इन्हें बैंक FD से बेहतर माना जाता है। शॉर्ट ड्यूरेशन फंड (Short Duration Funds) की अवधि 1 से 3 साल के बीच होती है, जिससे इनमें कम ब्याज दर जोखिम होता है। इसके विपरीत, लॉन्ग ड्यूरेशन फंड (Long Duration Funds) सबसे अधिक जोखिम वाले होते हैं क्योंकि इनकी अवधि 7 साल या अधिक होती है; हालांकि, उच्च जोखिम के साथ उच्च रिटर्न की संभावना भी होती है।

**हाइब्रिड फंड (Hybrid Funds)** इक्विटी (शेयर बाजार) और डेट (ऋण बाजार) दोनों में निवेश करके जोखिम को संतुलित करते हैं। इन फंडों को इक्विटी और डेट के अनुपात के आधार पर तीन मुख्य श्रेणियों में बांटा गया है। एग्रेसिव हाइब्रिड (Aggressive Hybrid Funds) में 65-80% इक्विटी होती है, ये पूंजी वृद्धि पर केंद्रित होते हैं और मध्यम से उच्च जोखिम वहन करते हैं। कंजर्वेटिव हाइब्रिड (Conservative Hybrid Funds) में 75-90% डेट होती है, ये स्थिरता पर केंद्रित होते हैं, कम जोखिम वाले होते हैं, और FD से बेहतर रिटर्न प्रदान करते हैं। डायनामिक एसेट एलोकेशन (DAA) फंड्स में, फंड मैनेजर बाजार की बदलती स्थितियों के आधार पर इक्विटी और डेट के बीच निवेश के अनुपात को स्वचालित रूप से बदलते हैं।

## 29.4 फंड प्रबंधन और मूल्यांकन के मेट्रिक्स

### इंडेक्स फंड बनाम एक्टिव फंड

इंडेक्स फंड (पैसिव फंड) और एक्टिव फंड (सक्रिय फंड) के बीच मूलभूत अंतर उनके लक्ष्य, प्रबंधन शैली, लागत और जोखिम प्रोफ़ाइल में निहित हैं। इंडेक्स फंड का प्राथमिक लक्ष्य किसी बेंचमार्क इंडेक्स (जैसे निफ्टी 50) को ट्रैक करना होता है, जबकि एक्टिव फंड का लक्ष्य उस बेंचमार्क से ज्यादा रिटर्न (जिसे अल्फा कहा जाता है) कमाना होता है। प्रबंधन के संदर्भ में, इंडेक्स फंड निष्क्रिय (Passive) होते हैं, जिसमें पोर्टफोलियो स्थिर रहता है, जबकि एक्टिव फंड सक्रिय (Active) रूप से प्रबंधित होते हैं, जहाँ फंड मैनेजर लगातार स्टॉक चुनता और बेचता है। इस अंतर के परिणामस्वरूप, इंडेक्स फंड की लागत (Expense Ratio) कम (Low) होती है, जबकि एक्टिव फंड की लागत ज्यादा (High) होती है। जोखिम के लिहाज से, इंडेक्स फंड बाजार जैसा जोखिम प्रदान करते हैं, जबकि एक्टिव फंड बाजार से ज्यादा रिटर्न का लक्ष्य रखने के कारण अतिरिक्त जोखिम उठाते हैं। अल्फा जनरेशन (Alpha Generation) एक्टिव फंड का मुख्य उद्देश्य है; यह वह अतिरिक्त रिटर्न है जो फंड मैनेजर की कुशलता के कारण बेंचमार्क से ऊपर मिलता है (जैसे 3% अतिरिक्त रिटर्न 3% अल्फा है)।

### जोखिम और अस्थिरता का आकलन) SD और Beta)

किसी भी फंड के मूल्यांकन की शुरुआत उसकी अस्थिरता को समझने से होती है। इसके लिए स्टैंडर्ड डेविएशन) SD) का उपयोग किया जाता है, जो यह बताता है कि फंड के रिटर्न अपने औसत से कितना ऊपर या नीचे गिर सकते हैं। एक कम SD वाला फंड अधिक स्थिर माना जाता है क्योंकि उसमें बहुत ज्यादा उतार-चढ़ाव नहीं होता। वहीं, बीटा) Beta) यह मापता है कि बाजार) Benchmark) के उतार-चढ़ाव की तुलना में फंड कैसा व्यवहार करता है। यदि किसी फंड का बीटा 1 से कम है, तो इसका मतलब है कि बाजार में गिरावट आने पर वह फंड बाजार के मुकाबले कम गिरेगा, जो कम जोखिम चाहने वाले निवेशकों के लिए एक आदर्श स्थिति है।

### जोखिम-समायोजित रिटर्न) Sharpe Ratio)

निवेश में केवल 'रिटर्न' देखना पर्याप्त नहीं है; यह देखना भी जरूरी है कि उस रिटर्न को पाने के लिए कितना जोखिम उठाया गया। इसके लिए शार्प रेशियो) Sharpe Ratio) सबसे महत्वपूर्ण मैट्रिक माना जाता है। यह यह दर्शाता है कि एक फंड ने 'जोखिम-रहित रिटर्न' (जैसे FD या बचत खाता (से ऊपर कितना अतिरिक्त मुनाफा कमाया है और उसके लिए प्रति यूनिट कितना जोखिम लिया है। जिस फंड का शार्प रेशियो जितना अधिक) High) होता है, वह फंड निवेश के लिए उतना ही बेहतर माना जाता है क्योंकि वह कम जोखिम लेकर अधिक रिटर्न देने की क्षमता रखता है।

### सटीकता का माप) Tracking Error)

इंडेक्स फंड जैसे पैसिव फंडों के लिए ट्रैकिंग एरर) Tracking Error) का उपयोग किया जाता है। चूंकि इंडेक्स फंड का लक्ष्य अपने बेंचमार्क) जैसे निफ्टी या सेंसेक्स (की हूबहू नकल करना होता है, इसलिए यह मैट्रिक यह मापता है कि फंड का प्रदर्शन उसके बेंचमार्क इंडेक्स से कितना भटक रहा है। एक अच्छे इंडेक्स फंड के लिए ट्रैकिंग एरर शून्य) 0) के जितना करीब हो, उतना ही बेहतर माना जाता है। यह दर्शाता है कि फंड मैनेजर इंडेक्स की चाल को कितनी सटीकता से फॉलो कर पा रहा है।

### फंड ओवरलैप विश्लेषण का महत्व

फंड ओवरलैप विश्लेषण एक ऐसी प्रक्रिया है जिसके माध्यम से निवेशक यह जांचते हैं कि उनके पोर्टफोलियो में शामिल अलग-अलग म्यूचुअल फंड्स में एक जैसे स्टॉक या सेक्टर कितनी मात्रा में मौजूद हैं। सरल शब्दों में कहें तो, यदि आपने तीन अलग-अलग फंडों में निवेश

किया है और उन तीनों ने अपना बड़ा हिस्सा रिलायंस या एचडीएफसी जैसे एक ही स्टॉक में लगा रखा है, तो इसे 'फंड ओवरलैप' कहा जाएगा। यह विश्लेषण निवेशकों को यह समझने में मदद करता है कि उनका निवेश वास्तव में अलग-अलग जगहों पर फैला हुआ है या अनजाने में एक ही जगह केंद्रित हो गया है।

### विविधीकरण और जोखिम पर प्रभाव

म्यूचुअल फंड में निवेश का मुख्य उद्देश्य विविधीकरण) Diversification) होता है, ताकि एक स्टॉक या सेक्टर के गिरने पर पूरा पोर्टफोलियो प्रभावित न हो। अधिक फंड ओवरलैप होने से विविधीकरण का यह लाभ कम हो जाता है। जब कई फंडों में एक ही जैसे स्टॉक होते हैं, तो पोर्टफोलियो का कुल जोखिम बढ़ जाता है। ऐसी स्थिति में, यदि वह विशेष स्टॉक या सेक्टर खराब प्रदर्शन करता है, तो आपके सभी फंड एक साथ गिर सकते हैं, जिससे भारी नुकसान की संभावना रहती है। इसलिए, एक संतुलित पोर्टफोलियो के लिए यह जरूरी है कि फंडों के बीच ओवरलैप कम से कम हो ताकि जोखिम का सही बँटवारा हो सके।

## 29.5 म्यूचुअल फंड की व्यवस्थित योजनाएँ

म्यूचुअल फंड में निवेश करने, उसे निकालने या एक फंड से दूसरे फंड में स्थानांतरित करने के लिए कुछ अनुशासित तरीके अपनाए जाते हैं, जिन्हें व्यवस्थित योजनाएँ) Systematic Plans) कहा जाता है। इन योजनाओं का सबसे बड़ा लाभ यह है कि ये निवेशक को भावनात्मक निर्णयों) जैसे बाजार के डर या लालच (से बचाती हैं और निवेश में एक संरचित और पेशेवर दृष्टिकोण प्रदान करती हैं। यह अनुशासन लंबी अवधि में बेहतर वित्तीय परिणाम देने में सहायक होता है।

### SIP: धन सृजन का अनुशासित मार्ग

सिस्टेमैटिक इन्वेस्टमेंट प्लान) SIP) म्यूचुअल फंड निवेश का सबसे लोकप्रिय तरीका है, जिसमें पैसा आपके बैंक खाते से सीधे फंड की ओर) Bank → Fund) जाता है। इसका प्राथमिक उद्देश्य लंबी अवधि में धन सृजन) Wealth Creation) करना है। SIP का सबसे बड़ा तकनीकी लाभ 'रुपी कॉस्ट एवरेजिंग' (Rupee Cost Averaging) है। इसके तहत, जब बाजार गिरता है तो आपको उसी राशि में अधिक यूनिट्स मिलती हैं और जब बाजार चढ़ता है तो कम यूनिट्स। इस प्रक्रिया से समय के साथ आपके निवेश की प्रति यूनिट औसत लागत कम हो जाती है, जिससे बाजार के उतार-चढ़ाव का जोखिम कम हो जाता है।

### SWP और STP: निकासी और जोखिम प्रबंधन

जहाँ SIP निवेश का तरीका है, वहीं सिस्टेमैटिक विथड्रॉल प्लान) SWP) इसके बिल्कुल विपरीत काम करता है। इसमें पैसा फंड से सीधे आपके बैंक खाते में) Fund → Bank) आता है। इसका मुख्य उद्देश्य निवेशक को उसके निवेश पर एक नियमित आय) Regular Income) प्रदान करना है। यह विशेष रूप से सेवानिवृत्त) Retired) लोगों के लिए उपयोगी है जिन्हें मासिक खर्चों के लिए एक स्थिर नकदी प्रवाह) Cash Flow) की आवश्यकता होती है।

दूसरी ओर, सिस्टेमैटिक ट्रांसफर प्लान) STP) एक ही फंड हाउस के भीतर एक फंड से दूसरे फंड में पैसा भेजने का तरीका है। इसका उपयोग अक्सर जोखिम प्रबंधन) Risk Management) के लिए किया जाता है। उदाहरण के लिए, यदि आपके पास एक बड़ी एकमुश्त राशि है, तो उसे सीधे जोखिम भरे इक्विटी फंड में डालने के बजाय, आप उसे पहले एक सुरक्षित डेट फंड में रख सकते हैं और फिर STP के जरिए धीरे-धीरे इक्विटी फंड में ट्रांसफर कर सकते हैं। इससे बाजार की अस्थिरता का खतरा कम हो जाता है और पोर्टफोलियो संतुलित रहता है।

* * * * *

**"म्यूचुअल फंड का चुनाव केवल पिछले साल के 'रिटर्न' को देखकर नहीं, बल्कि फंड मैनेजर के 'अनुशासन' और फंड की 'प्रक्रिया' को समझकर करना चाहिए। एक बेहतरीन फंड वह नहीं है जो केवल तेजी में सबसे आगे भागे, बल्कि वह है जो बाजार की गिरावट में आपके निवेश को सबसे मजबूती से संभाले। सही चयन का अर्थ है—अपने लक्ष्यों को एक विशेषज्ञ के अनुभव के साथ जोड़ना।"**

## 29.6 व्यावहारिक प्रश्नों के उत्तर

**प्रश्न 1:** दो दोस्त, राहुल और विकास, एक ही म्यूचुअल फंड स्कीम में ₹10,00,000 निवेश करते हैं। राहुल 'रेगुलर प्लान' चुनता है जिसका एक्सपेंस रेशियो 2.25% है, जबकि विकास 'डायरेक्ट प्लान' चुनता है जिसका एक्सपेंस रेशियो 0.75% है। यदि फंड का साल भर का ग्रॉस रिटर्न 15% है, तो एक साल बाद दोनों के पास कितनी राशि होगी?

**उत्तरः**

एक साल बाद राहुल और विकास के पास उपलब्ध राशि की गणना नीचे दी गई है:

1. विकास (डायरेक्ट प्लान): डायरेक्ट प्लान में एक्सपेंस रेशियो कम होता है, इसलिए विकास को मिलने वाला नेट रिटर्न अधिक होगा।

नेट रिटर्न: 15% (ग्रॉस रिटर्न) - 0.75% (एक्सपेंस रेशियो) = 14.25%

एक साल बाद राशि: ₹10,00,000 + (10,00,000 का 14.25%) = ₹11,42,500

2. राहुल (रेगुलर प्लान): रेगुलर प्लान में कमीशन शामिल होने के कारण एक्सपेंस रेशियो अधिक होता है, जिससे नेट रिटर्न कम हो जाता है।

नेट रिटर्न: 15% (ग्रॉस रिटर्न) - 2.25% (एक्सपेंस रेशियो) = 12.75%

एक साल बाद राशि: ₹10,00,000 + (10,00,000 का 12.75%) = ₹11,27,500

निष्कर्ष: एक साल बाद विकास के पास ₹11,42,500 होंगे और राहुल के पास ₹11,27,500 होंगे। सिर्फ डायरेक्ट प्लान चुनने की वजह से विकास को राहुल की तुलना में ₹15,000 का अधिक लाभ हुआ।

सीख: कग एक्सपेंस रेशियो (Direct Plan) आपके मुनाफे को बढ़ाता है। यहाँ विकास को बिना किसी अतिरिक्त जोखिम के ₹15,000 ज्यादा मिले।

**प्रश्न 2:** एक म्यूचुअल फंड स्कीम की कुल एसेट्स (शेयरों का बाजार मूल्य) ₹500 करोड़ है और उसकी देनदारियाँ (मैनेजमेंट फीस आदि) ₹5 करोड़ हैं। यदि फंड हाउस ने कुल 2 करोड़ यूनिट्स जारी की हैं, तो इस फंड की NAV क्या होगी?

**उत्तरः**

कुल एसेट्स (Total Assets): ₹500 करोड़

कुल देनदारियाँ (Liabilities): ₹5 करोड़

नेट एसेट्स (Net Assets): 500 करोड़ - 5 करोड़ = ₹495 करोड़

कुल यूनिट्स (Total Units): 2 करोड़

NAV: ₹495 करोड़ / 2 करोड़ यूनिट्स = ₹247.50 प्रति यूनिट

सीख: NAV हमें यह बताती है कि हम जिस फंड की एक यूनिट खरीद रहे हैं, उसके पीछे की वास्तविक संपत्ति का मूल्य कितना है।

**प्रश्न 3:** सुनीता ने एक म्यूचुअल फंड में ₹1,00,000 निवेश किए। फंड की शर्त है कि 1 साल से पहले पैसा निकालने पर 1% 'एग्जिट लोड' लगेगा। सुनीता को 10 महीने बाद पैसे की जरूरत पड़ी और तब उसके निवेश की वैल्यू ₹1,10,000 हो गई थी। उसे हाथ में कितनी रकम मिलेगी?

**उत्तर:**

सुनीता को हाथ में ₹1,08,900 मिलेंगे।

गणना इस प्रकार है:

कुल वैल्यू: ₹1,10,000 (10 महीने बाद निवेश का मूल्य)।

एग्जिट लोड (Exit Load): चूंकि सुनीता 1 साल से पहले पैसा निकाल रही है, इसलिए वर्तमान वैल्यू पर 1% शुल्क कटेगा।

₹1,10,000 का 1% = ₹1,100

हाथ में मिलने वाली राशि: ₹1,10,000 - ₹1,100 = ₹1,08,900

सीख: एग्जिट लोड निवेशक को लंबी अवधि के लिए निवेशित रहने के लिए प्रोत्साहित करता है और जल्दी निकलने पर पेनल्टी लगाता है।

**प्रश्न 4:** दो फंड मैनेजर हैं। 'फंड A' ने 18% रिटर्न दिया लेकिन उसमें बहुत उतार-चढ़ाव (Risk) था। 'फंड B' ने 15% रिटर्न दिया लेकिन वह बहुत स्थिर था। यदि बैंक FD (Risk-free rate) 6% दे रही है और 'फंड B' का स्टैंडर्ड डेविएशन कम है, तो कौन सा फंड बेहतर प्रदर्शन कर रहा है? (शार्प रेशियो का उपयोग)

**उत्तर:**

शार्प रेशियो (Sharpe Ratio) के आधार पर 'फंड B' का प्रदर्शन बेहतर माना जाएगा।

गणना और तर्क:

शार्प रेशियो का सूत्र है:

$$\text{Sharpe Ratio} = \frac{\text{Fund Return Risk} - \text{free Rate}}{\text{Standard Deviation(Risk)}}$$

फंड A (अधिक रिटर्न, अधिक जोखिम): इसका 'एक्सेस रिटर्न' (18% - 6% = 12%) ज्यादा है, लेकिन इसका स्टैंडर्ड डेविएशन (Standard Deviation) बहुत अधिक होने के कारण इसका शार्प रेशियो कम हो जाएगा।

फंड B (कम रिटर्न, कम जोखिम): इसका 'एक्सेस रिटर्न' (15% - 6% = 9%) फंड A से कम है, लेकिन इसका स्टैंडर्ड डेविएशन (जोखिम) बहुत कम है।

निष्कर्ष: चूंकि शार्प रेशियो यह मापता है कि प्रति इकाई जोखिम (Per unit of risk) पर कितना अतिरिक्त रिटर्न मिला है, इसलिए एक स्थिर फंड (कम स्टैंडर्ड डेविएशन वाला) अक्सर उच्च शार्प रेशियो देता है। निवेश की दुनिया में फंड B को बेहतर माना जाता है क्योंकि यह कम जोखिम लेकर अच्छा 'रिस्क-एडजस्टेड रिटर्न' दे रहा है।

सीख: केवल ऊंचे रिटर्न को न देखें; यह भी देखें कि उस रिटर्न को पाने के लिए मैनेजर ने कितना जोखिम लिया है।

**प्रश्न 5:** एक निवेशक ने निफ्टी इंडेक्स फंड में निवेश किया। उस साल निफ्टी 50 इंडेक्स ने 12% रिटर्न दिया। लेकिन निवेशक के इंडेक्स फंड ने केवल 11.60% रिटर्न दिया। यह 0.40% का अंतर क्या है?

**उत्तर:**

निफ्टी इंडेक्स फंड और वास्तविक इंडेक्स के रिटर्न के बीच के इस 0.40% (12% - 11.60%) के अंतर को 'ट्रैकिंग एरर' (Tracking Error) कहा जाता है।

इस अंतर के मुख्य कारण निम्नलिखित हैं:

व्यय अनुपात (Expense Ratio): फंड हाउस फंड के प्रबंधन के लिए वार्षिक शुल्क लेते हैं, जिससे निवेशक का रिटर्न इंडेक्स की तुलना में कम हो जाता है।

नकदी प्रबंधन (Cash Balance): फंड मैनेजरों को रिडेम्पशन (पैसा निकालने) की जरूरतों को पूरा करने के लिए कुछ नकदी हाथ में रखनी पड़ती है, जो बाजार में निवेश नहीं होती।

लेनदेन लागत (Transaction Costs): शेयरों को खरीदने और बेचने के दौरान लगने वाले ब्रोकरेज और अन्य कर रिटर्न को कम कर देते हैं।

सीख: इंडेक्स फंड का चुनाव करते समय हमेशा 'लोएस्ट ट्रैकिंग एरर' वाले फंड को चुनना चाहिए ताकि आपको इंडेक्स के जितना करीब हो सके उतना रिटर्न मिले।

## 29.7 प्रश्नोत्तर परीक्षा (Quiz)

Q1. म्यूचुअल फंड क्या है?

(A) बैंक FD

(B) बहुत सारे निवेशकों का पैसा मिलाकर प्रोफेशनल मैनेजर निवेश करता है

(C) केवल स्टॉक

(D) केवल बॉन्ड

Q2. म्यूचुअल फंड का सबसे बड़ा फायदा क्या है?

(A) प्रोफेशनल मैनेजमेंट + विविधीकरण + छोटी राशि से शुरू

(B) कोई जोखिम नहीं

(C) हमेशा FD से ज्यादा

(D) केवल टैक्स बचत

Q3. ओपन-एंड फंड और क्लोज्ड-एंड फंड में मुख्य अंतर क्या है?

(A) ओपन-एंड-कभी भी खरीद-बेच सकते हैं, क्लोज्ड- केवल NFO और लिस्टिंग के बाद

(B) कोई अंतर नहीं

(C) क्लोज्ड ज्यादा तरल

(D) ओपन-एंड में कोई NAV नहीं

Q4. NAV (Net Asset Value) क्या है?

(A) केवल डिविडेंड

(B) केवल शेयर कीमत

(C) (फंड की कुल संपत्ति – दायित्व) ÷ कुल यूनिट्स

(D) केवल खर्च

Q5. NFO का मतलब क्या है?

(A) New Fund Offer (नया फंड लॉन्च)

(B) National Fund Offer

(C) Net Fund Offer

(D) Normal Fund Offer

Q6. एक्टिव फंड और पैसिव फंड में मुख्य अंतर क्या है?

(A) एक्टिव – मैनेजर इंडेक्स को हराने की कोशिश, पैसिव – इंडेक्स को फॉलो

(B) पैसिव ज्यादा महंगा
(C) एक्टिव में कोई रिसर्च नहीं
(D) पैसिव में ज्यादा रिटर्न हमेशा

Q7. इंडेक्स फंड क्या है?
(A) केवल एक्टिव (B) Nifty/Sensex को ट्रैक करता है – कम खर्च
(C) केवल डेट (D) केवल गोल्ड

Q8. ETF का सबसे बड़ा फायदा क्या है?
(A) स्टॉक एक्सचेंज पर रियल टाइम ट्रेड + बहुत कम खर्च
(B) कोई तरलता नहीं
(C) केवल NFO में
(D) बहुत ज्यादा खर्च

Q9. SIP का सबसे बड़ा फायदा क्या है?
(A) केवल टैक्स (B) केवल लंपसम
(C) कोई फायदा नहीं (D) Rupee Cost Averaging + अनुशासन

Q10. Expense Ratio जितना कम होगा –
(A) निवेशक को उतना ज्यादा रिटर्न (B) उतना कम रिटर्न
(C) कोई फर्क नहीं (D) केवल टैक्स

Q11. डायरेक्ट प्लान और रेगुलर प्लान में अंतर क्या है?
(A) दोनों बराबर
(B) रेगुलर – ज्यादा Expense Ratio (डिस्ट्रीब्यूटर कमीशन)
(C) डायरेक्ट – कम Expense Ratio (कोई कमीशन नहीं)
(D) डायरेक्ट में कोई रिटर्न नहीं

Q12. लार्ज कैप फंड में मुख्य निवेश कहाँ होता है?
(A) टॉप 100 कंपनियां (B) मिड/स्मॉल कैप
(C) केवल डेट (D) केवल गोल्ड

Q13. मिड कैप फंड का जोखिम और रिटर्न कैसा होता है?
(A) कम जोखिम, कम रिटर्न (B) मध्यम-उच्च जोखिम, उच्च रिटर्न संभावना
(C) कोई जोखिम नहीं (D) केवल लॉस

Q14. स्मॉल कैप फंड का जोखिम स्तर क्या है?
(A) बहुत कम (B) बहुत ज्यादा (लेकिन लंबी अवधि में उच्च रिटर्न)
(C) FD जितना (D) कोई रिस्क नहीं

Q15. फ्लेक्सी कैप फंड क्या करता है?
(A) लार्ज, मिड, स्मॉल में कहीं भी निवेश (B) केवल लार्ज कैप
(C) केवल स्मॉल कैप (D) केवल डेट

Q16. हाइब्रिड फंड में क्या होता है?
(A) केवल इक्विटी या केवल डेट (B) केवल क्रिप्टो

(C) केवल गोल्ड (D) इक्विटी + डेट का मिश्रण

Q17. आर्बिट्राज फंड का जोखिम स्तर कैसा है?

(A) बहुत ज्यादा (B) बहुत कम (इक्विटी टैक्स लाभ के साथ)

(C) कोई टैक्स लाभ नहीं (D) केवल शॉर्ट टर्म

Q18. किताब में म्यूचुअल फंड को शुरुआती लोगों के लिए क्यों बेस्ट बताया गया?

(A) आसान, विविध, प्रोफेशनल मैनेजमेंट, SIP से छोटी शुरुआत

(B) बहुत जटिल

(C) कोई फायदा नहीं

(D) केवल अमीरों के लिए

Q19. फंड चुनते समय सबसे पहले क्या देखना चाहिए?

(A) केवल पिछले रिटर्न

(B) केवल विज्ञापन

(C) केवल स्टार रेटिंग

(D) अपनी जोखिम क्षमता, लक्ष्य, फंड का प्रकार और खर्च अनुपात

Q20. म्यूचुअल फंड निवेश का सबसे अच्छा तरीका क्या है?

(A) एक बार लंपसम (B) SIP + लंबी अवधि + नियमित समीक्षा

(C) रोज खरीद-बिक्री (D) केवल NFO में

**Answer Key**

| Q | 1 | 2 | 3 | 4 | 5 | 6 | 7 | 8 | 9 | 10 | 11 | 12 | 13 | 14 | 15 | 16 | 17 | 18 | 19 | 20 |
|---|---|---|---|---|---|---|---|---|---|---|---|---|---|---|---|---|---|---|---|---|
| Ans. | B | A | A | C | A | A | B | A | D | A | C | A | B | B | A | D | B | A | D | B |

# *Chapter 30* इंडेक्स फंड और ETF

**"ETF और इंडेक्स फंड कम लागत में पूरे बाज़ार में निवेश का सरल तरीका हैं। इनकी निष्क्रिय संरचना और इंडेक्स ट्रैकिंग रणनीति निवेशकों को लंबी अवधि में बाज़ार के औसत रिटर्न दिलाने में मदद करती है।"**

इन्वेस्टिंग की दुनिया में एक पुरानी कहावत है—'बाजार को हराने की कोशिश करने के बजाय, बाजार बन जाना ही सबसे समझदारी है।' यहीं से शुरुआत होती है 'पैसिव इन्वेस्टिंग' या निष्क्रिय निवेश की क्रांति की। यह अध्याय आपको उन आधुनिक निवेश साधनों के करीब ले जाएगा जो कम लागत में सीधे इंडेक्स (जैसे निफ्टी या सेंसेक्स) की शक्ति का लाभ उठाते हैं। यदि आप जटिल स्टॉक चयन से बचकर बाजार के औसत रिटर्न को सुरक्षित तरीके से पाना चाहते हैं, तो यह चैप्टर आपके लिए निवेश का सबसे सरल और सस्ता रास्ता खोल देगा।

इस चैप्टर में हम इंडेक्स फंड्स और ETF (एक्सचेंज ट्रेडेड फंड्स) की अनूठी संरचना को समझेंगे और जानेंगे कि कैसे ये बास्केट की तरह काम करते हैं। हम फिजिकल बनाम सिंथेटिक रेप्लिकेशन के तकनीकी अंतर, उनकी तरलता (Liquidity) और ट्रांजैक्शन के तरीकों का गहराई से विश्लेषण करेंगे। आप सीखेंगे कि कैसे ये साधन एक निवेशक के लिए 'एक्सपेंस रेशियो' को न्यूनतम रखते हुए अधिकतम विविधीकरण (Diversification) सुनिश्चित करते हैं। यह अध्याय आपको यह समझने में मदद करेगा कि कैसे ये पारदर्शी और सरल साधन आपके लॉन्ग-टर्म पोर्टफोलियो को मजबूती प्रदान कर सकते हैं।

## 30.1 एक्सचेंज ट्रेडेड फंड (ETF) की संरचना और प्रकार

एक्सचेंज ट्रेडेड फंड (ETF) म्यूचुअल फंड के समान होते हैं, लेकिन वे स्टॉक एक्सचेंज पर शेयरों की तरह ट्रेड होते हैं। इन्हें मुख्य रूप से पाँच प्रकारों और दो प्राथमिक संरचनाओं में वर्गीकृत किया जा सकता है।

### फिजिकल बनाम सिंथेटिक ईटीएफ

फिजिकल ईटीएफ निवेश का एक सरल और सीधा तरीका है। इसमें फंड मैनेजर उन वास्तविक संपत्तियों) जैसे शेयर या बॉन्ड (को बाजार से खरीदता है, जिनसे वह विशेष इंडेक्स बना होता है। उदाहरण के तौर पर, यदि कोई फिजिकल ईटीएफ निफ्टी-50 को ट्रैक कर रहा है, तो वह फंड वास्तव में उन 50 कंपनियों के शेयर उसी अनुपात में खरीदेगा। इस प्रक्रिया का सबसे बड़ा लाभ पारदर्शिता) Transparency) है, क्योंकि निवेशक को हमेशा पता होता है कि उसका पैसा किन कंपनियों में लगा है। हालांकि, इसमें मुख्य जोखिम 'ट्रैकिंग एरर' (Tracking Error) का होता है, जिसका अर्थ है कि लेनदेन की लागत या अन्य कारणों से फंड का रिटर्न इंडेक्स के सटीक रिटर्न से थोड़ा अलग हो सकता है।

**सिंथेटिक ईटीएफ** सीधे तौर पर शेयर या बॉन्ड नहीं खरीदते। इसके बजाय, ये इंडेक्स के प्रदर्शन को दोहराने के लिए डेरिवेटिव्स और 'टोटल रिटर्न स्वैप' जैसे जटिल वित्तीय अनुबंधों का सहारा लेते हैं। इसमें फंड हाउस किसी बैंक या वित्तीय संस्थान) स्वैप प्रदाता (के साथ समझौता करता है कि वह इंडेक्स का रिटर्न प्रदान करेगा। इस संरचना के कारण इनमें पारदर्शिता कम होती है और 'काउंटरपार्टी रिस्क' (Counterparty Risk) अधिक होता है, यानी यदि वह संस्थान) स्वैप प्रदाता (विफल हो जाता है, तो निवेशकों को नुकसान हो सकता है। हालांकि, ये ईटीएफ उन

बाजारों या संपत्तियों) जैसे कमोडिटी या विदेशी बाजार (के लिए बहुत प्रभावी होते हैं जहाँ भौतिक रूप से संपत्ति खरीदना कठिन या महंगा होता है।

## प्रमुख इक्विटी इंडेक्स

**इक्विटी इंडेक्स**-आधारित ईटीएफ ऐसे निवेश विकल्प हैं जो किसी विशिष्ट बाजार सूचकांक) Index) की नकल करते हैं। इसका मुख्य उद्देश्य उस सूचकांक के समान रिटर्न देना होता है। **Nifty50** और Sensex भारतीय शेयर बाजार के दो सबसे महत्वपूर्ण 'बैरोमीटर' हैं। निफ्टी 50 नेशनल स्टॉक एक्सचेंज) NSE) की शीर्ष 50 सबसे बड़ी और सबसे सक्रिय कंपनियों का प्रतिनिधित्व करता है, जबकि सेंसेक्स बॉम्बे स्टॉक एक्सचेंज) BSE) की 30 प्रमुख कंपनियों पर आधारित है। इन दोनों में निवेश करने का मतलब है कि आप भारत की सबसे मजबूत और स्थापित कंपनियों में पैसा लगा रहे हैं, जो देश की अर्थव्यवस्था की सेहत को दर्शाती हैं। इनमें जोखिम अपेक्षाकृत कम होता है क्योंकि ये कंपनियाँ अपने-अपने क्षेत्र की दिग्गज होती हैं।

इसके अलावा, **निफ्टी नेक्स्ट 50 (Nifty Next 50)**, जो निवेश का एक बहुत ही दिलचस्प विकल्प है। इसमें वे 50 कंपनियाँ शामिल होती हैं जो निफ्टी 50 के ठीक बाद) रैंक 51 से 100) आती हैं। ये कंपनियाँ 'लार्ज-कैप' से 'मिड-कैप' के बीच की कड़ी मानी जाती हैं। इनका महत्व इसलिए अधिक है क्योंकि इनमें भविष्य की" ब्लू-चिप "कंपनियाँ बनने की क्षमता होती है। जहाँ निफ्टी 50 स्थिरता प्रदान करता है, वहीं निफ्टी नेक्स्ट 50 में निवेश करने से निवेशकों को उन कंपनियों की तेजी से होती वृद्धि) Growth) का लाभ उठाने का मौका मिलता है जो आने वाले समय में बाजार की दिग्गज बनने की राह पर हैं।

## सेक्टर-विशिष्ट ईटीएफ (Sector-specific ETFs)

ये फंड किसी विशिष्ट उद्योग या क्षेत्र पर केंद्रित होते हैं, जिससे विविधीकरण कम होने के कारण उच्च जोखिम होता है। उदाहरणों में निफ्टी बैंक इंडेक्स को ट्रैक करने वाले बैंकिंग ईटीएफ, सूचना प्रौद्योगिकी कंपनियों पर केंद्रित आईटी ईटीएफ, और फास्ट-मूविंग कंज्यूमर गुड्स कंपनियों पर केंद्रित एफएमसीजी ईटीएफ शामिल हैं।

## कमोडिटी ईटीएफ (Commodity ETFs)

ये फंड भौतिक कमोडिटी की कीमतों को ट्रैक करते हैं:

**सोना ईटीएफ (Gold ETF):** भौतिक सोने की कीमत को ट्रैक करता है, अस्थिरता के समय पोर्टफोलियो को स्थिरता प्रदान करता है और फिजिकल गोल्ड रखने के झंझट से बचाता है।

**चांदी ईटीएफ (Silver ETF):** चांदी की कीमत को ट्रैक करता है। यह सोने की तुलना में अधिक अस्थिर होता है, क्योंकि इसमें औद्योगिक मांग (इलेक्ट्रॉनिक्स) का भी प्रभाव होता है।

## अंतर्राष्ट्रीय ईटीएफ और भौगोलिक विविधीकरण

म्यूचुअल फंड और ईटीएफ की दुनिया में अंतर्राष्ट्रीय ईटीएफ एक ऐसा निवेश माध्यम है जो निवेशकों को अपने देश की सीमाओं से बाहर निकलकर दुनिया की बड़ी अर्थव्यवस्थाओं और दिग्गज कंपनियों में पैसा लगाने का मौका देता है। इसका सबसे बड़ा लाभ 'भौगोलिक विविधीकरण' (Geographical Diversification) है। इसका सरल अर्थ यह है कि यदि भारतीय शेयर बाजार किसी स्थानीय आर्थिक मंदी या राजनीतिक अस्थिरता के कारण नीचे गिरता है, तो विदेशी बाजारों) जैसे अमेरिका या हांगकांग (में किया गया निवेश आपके पोर्टफोलियो को संतुलित रखने में मदद करता है। यह रणनीति निवेश के जोखिम को एक ही देश की अर्थव्यवस्था पर निर्भर रहने से बचाती है।

प्रमुख उदाहरण :NASDAQ और Hangsang ETF

**NASDAQ ETF:** यह अमेरिका के नैस्डैक स्टॉक एक्सचेंज में सूचीबद्ध शीर्ष 100 गैर-वित्तीय कंपनियों के प्रदर्शन को ट्रैक करता है। इसमें दुनिया की सबसे बड़ी तकनीकी कंपनियां जैसे Apple, Microsoft, Google और Amazon शामिल हैं। यह उन निवेशकों के लिए आदर्श है जो वैश्विक तकनीकी नवाचार) Innovation) का हिस्सा बनना चाहते हैं।

**Hangsang (Hang Seng) ETF:** यह हांगकांग के मुख्य शेयर बाजार सूचकांक पर आधारित है, जिसमें चीन और हांगकांग की सबसे बड़ी कंपनियां शामिल होती हैं। यह निवेशकों को एशियाई बाजार की विकास यात्रा में सीधे भागीदारी करने का अवसर प्रदान करता है।

**निवेश के लाभ और जोखिम:** इन फंडों में निवेश करने का एक अनूठा लाभ मुद्रा लाभ (Currency Appreciation) भी है। उदाहरण के लिए, यदि आप NASDAQ ETF में निवेश करते हैं और भारतीय रुपया अमेरिकी डॉलर के मुकाबले कमजोर होता है, तो आपके निवेश का मूल्य केवल शेयर की कीमत बढ़ने से ही नहीं, बल्कि डॉलर के मजबूत होने से भी बढ़ जाता है। हालांकि, निवेशकों को यह भी ध्यान रखना चाहिए कि इन फंडों पर विदेशी देशों की राजनीति, वहां के कड़े नियमों और वैश्विक आर्थिक स्थितियों का सीधा असर पड़ता है। साथ ही, इन पर लगने वाले टैक्स के नियम घरेलू म्यूचुअल फंड से थोड़े अलग हो सकते हैं।

## 30.2 ETF बनाम इंडेक्स फंड: परिचालन अंतर

एक्सचेंज ट्रेडेड फंड (ETF) और इंडेक्स फंड के बीच मुख्य अंतर उनकी ट्रेडिंग और मूल्य निर्धारण की प्रक्रिया में निहित है। ये अंतर तरलता, लागत और निवेशकों के लिए आवश्यक बुनियादी ढांचे को प्रभावित करते हैं।

### एक्सचेंज ट्रेडेड फंड (ETF)

ईटीएफ को पूरे दिन स्टॉक एक्सचेंज पर एक सामान्य स्टॉक की तरह खरीदा और बेचा जा सकता है। यह सुविधा उन्हें उच्च तरलता प्रदान करती है, जिससे इंट्रा-डे ट्रेडिंग संभव हो पाती है। निवेश की लागत (एक्सपेंस रेश्यो) आमतौर पर कम होती है, और हालांकि कुछ ब्रोकर सुविधा देते हैं, पर आमतौर पर एसआईपी (SIP) सुविधा उपलब्ध नहीं होती है। ईटीएफ में निवेश करने के लिए अनिवार्य रूप से एक डीमैट और ट्रेडिंग अकाउंट की आवश्यकता होती है। ईटीएफ का क्रिएशन और रिडेम्पशन मैकेनिज़्म अनोखा होता है, जिसमें अधिकृत प्रतिभागियों (APs) के माध्यम से 'इन-काइंड' (In-kind) क्रिएशन और रिडेम्पशन होता है, जिससे यह सुनिश्चित होता है कि ईटीएफ की कीमत नेट एसेट वैल्यू (NAV) के करीब बनी रहे।

### इंडेक्स फंड (Index Fund)

इंडेक्स फंडों में ट्रेडिंग केवल दिन के अंत में उस दिन की निर्धारित नेट एसेट वैल्यू (NAV) पर ही संभव होती है। यह तरलता को सीमित करता है, क्योंकि तत्काल ट्रेडिंग संभव नहीं है। ये फंड एसआईपी के लिए आदर्श माने जाते हैं और अक्सर लंबे समय के निवेश के लिए अनुशंसित किए जाते हैं। इनकी लागत (एक्सपेंस रेश्यो) आमतौर पर ईटीएफ से थोड़ी ज़्यादा होती है। इंडेक्स फंड में निवेश के लिए केवल एक म्यूचुअल फंड अकाउंट की आवश्यकता होती है, डीमैट अकाउंट की नहीं। इंडेक्स फंड में यूनिट्स का क्रिएशन और रिडेम्पशन सीधे फंड हाउस द्वारा दिन के अंत में NAV पर किया जाता है।

## 30.3 ट्रैकिंग एरर और उसका प्रबंधन

ट्रैकिंग एरर (Tracking Error) वह विचलन है जो बताता है कि फंड का रिटर्न उसके बेंचमार्क इंडेक्स से कितना अलग है; निष्क्रिय निवेश का मुख्य लक्ष्य इसे कम रखना है। इसे कम करने के तरीकों में कम एक्सपेंस रेश्यो (फंड के खर्चे कम करने), पोर्टफोलियो रीबैलेंसिंग (इंडेक्स के अनुसार स्टॉक वेटेज बनाए रखना), और सिक्योरिटी लेंडिंग (अतिरिक्त आय अर्जित करके

लागतों को ऑफसेट करना) शामिल हैं। निवेशक के लिए यह सलाह है कि कम एक्सपेंस रेश्यो और 1 के करीब Beta (बाज़ार जैसा जोखिम) वाला फंड चुनें। इम्पैक्ट कॉस्ट (Impact Cost) वह कीमत है जो किसी बड़े ऑर्डर के निष्पादन के कारण स्टॉक की कीमत में आने वाले बदलाव से उत्पन्न होती है। लिक्विड ETF (जैसे Nifty 50 ETF) में कम इम्पैक्ट कॉस्ट होती है, जबकि कम लिक्विड ETF में Bid-Ask Spread ज़्यादा होने के कारण इम्पैक्ट कॉस्ट बढ़ जाती है। इंडेक्स फंड में सीधे इम्पैक्ट कॉस्ट का अनुभव नहीं होता, लेकिन फंड मैनेजर के लिए स्टॉक बेचने/खरीदने की लागत ट्रैकिंग एरर को बढ़ा सकती है। टैक्स दक्षता (Tax Efficiency) के मामले में, ETF इंडेक्स फंड की तुलना में अधिक टैक्स-कुशल होते हैं क्योंकि 'इन-काइंड' क्रिएशन/रिडेम्पशन प्रक्रिया के कारण वे कम पूंजीगत लाभ (Capital Gains Distributions) वितरित करते हैं, जिससे निवेशकों को Short-Term Capital Gain Tax से बचने में मदद मिलती है।

## 30.4 स्मार्ट बीटा ईटीएफ का परिचय

स्मार्ट बीटा ईटीएफ पारंपरिक मार्केट-कैप-आधारित इंडेक्सिंग से आगे बढ़कर काम करते हैं। इन फंडों का प्राथमिक उद्देश्य निष्क्रिय निवेश की कम लागत को सक्रिय निवेश के बेहतर रिटर्न (Alpha) के साथ जोड़ना है। इस लक्ष्य को प्राप्त करने के लिए, ये फंड शेयरों को केवल बाज़ार पूंजीकरण के आधार पर वेटेज देने के बजाय, उनके विशिष्ट कारकों (Factors) के आधार पर वेटेज देते हैं। यह कार्यप्रणाली निवेश का एक अनुशासित और नियम-आधारित दृष्टिकोण प्रदान करती है।

स्मार्ट बीटा फंड विभिन्न प्रकार के मुख्य कारकों पर ध्यान केंद्रित करते हैं:

**Value (मूल्य):** इस रणनीति में उन शेयरों में निवेश किया जाता है जो सस्ते (Undervalued) माने जाते हैं, यह मानते हुए कि उनका वास्तविक मूल्य अंततः बाज़ार में पता चलेगा।

**Momentum (गति):** यह कारक हाल ही में अच्छा प्रदर्शन करने वाले शेयरों में निवेश पर केंद्रित है, यह मानकर कि यह गति जारी रहेगी।

**Low Volatility (कम अस्थिरता):** यह रणनीति कम उतार-चढ़ाव वाले शेयरों की पहचान करती है, जिसका उद्देश्य बाजार में गिरावट के दौरान पोर्टफोलियो को स्थिरता प्रदान करना है।

**Quality (गुणवत्ता):** इस कारक का उद्देश्य मजबूत बैलेंस शीट, स्थिर आय और कम ऋण वाली उच्च गुणवत्ता वाली कंपनियों में निवेश करना है।

## 30.5 रीबैलेंसिंग और पोर्टफोलियो स्थिरता

पोर्टफोलियो प्रबंधन में रीबैलेंसिंग का अर्थ है अपने निवेश के मूल लक्ष्य) Asset Allocation) को समय-समय पर सही करना। जब आप निवेश शुरू करते हैं, तो आप तय करते हैं कि कितना पैसा सुरक्षित फंडों में रहेगा और कितना जोखिम भरे फंडों में। समय के साथ, बाजार के उतार-चढ़ाव के कारण यह अनुपात बदल जाता है। उदाहरण के लिए, यदि शेयर बाजार बहुत ऊपर चला जाए, तो आपके पोर्टफोलियो में जोखिम का हिस्सा बढ़ सकता है। रीबैलेंसिंग यह सुनिश्चित करती है कि आप नियमित रूप से अपने पोर्टफोलियो को वापस मूल लक्ष्य पर लाएं, ताकि आपका जोखिम प्रोफाइल अनियंत्रित न हो जाए और आप बाजार की अस्थिरता से सुरक्षित रहें।

**ओवरलैप और विविधीकरण (Diversification)**

ओवरलैप का मतलब है कि आपके अलग-अलग फंडों में एक जैसे ही स्टॉक होना। यदि कई फंड एक ही कंपनी में पैसा लगाते हैं, तो आपका पोर्टफोलियो अनावश्यक जोखिम की स्थिति में आ जाता है। यह विश्लेषण यह सुनिश्चित करने के लिए आवश्यक है कि आपका निवेश एक ही

स्टॉक में अत्यधिक केंद्रित न हो जाए। उचित विविधीकरण बनाए रखने से यह लाभ होता है कि यदि एक कंपनी या सेक्टर खराब प्रदर्शन करे, तो भी आपका पूरा पोर्टफोलियो सुरक्षित रहता है।

* * * * *

**"इंडेक्स फंड और ETF उन निवेशकों के लिए वरदान हैं जो बाजार को मात देने के तनाव के बजाय बाजार की औसत वृद्धि के साथ सुरक्षित रूप से अमीर बनना चाहते हैं।"**

## 30.6 व्यावहारिक प्रश्नों के उत्तर

**प्रश्न 1:** एक निवेशक ने 'निफ्टी 50 इंडेक्स फंड' में निवेश किया है। उस वर्ष निफ्टी 50 इंडेक्स ने 12.00% का रिटर्न दिया, लेकिन निवेशक के फंड ने केवल 11.65% का रिटर्न दिया। इस अंतर को क्या कहेंगे और यह क्यों पैदा हुआ?

**उत्तर:**

इस अंतर को ट्रैकिंग एरर (Tracking Error) कहा जाता है।

जब किसी इंडेक्स फंड का रिटर्न उसके बेंचमार्क इंडेक्स (जैसे निफ्टी 50) के वास्तविक रिटर्न से अलग होता है, तो इस विसंगति को ट्रैकिंग एरर कहते हैं। ट्रैकिंग एरर की गणना इस प्रकार है:
Tracking Error = 12.00% −11.65% = 0.35%

यह अंतर क्यों पैदा होता है?

व्यय अनुपात (Expense Ratio): फंड हाउस फंड के प्रबंधन और संचालन के लिए एक वार्षिक शुल्क लेते हैं। यह शुल्क सीधे फंड की नेट एसेट वैल्यू (NAV) से काटा जाता है, जिससे रिटर्न कम हो जाता है।

नकदी शेष (Cash Holdings): फंड मैनेजरों को निवेशकों द्वारा पैसा निकालने (redemption) की जरूरतों को पूरा करने के लिए पोर्टफोलियो का कुछ हिस्सा नकदी के रूप में रखना पड़ता है। इस नकदी पर शेयरों की तरह रिटर्न नहीं मिलता, जिससे इंडेक्स और फंड के प्रदर्शन में अंतर आता है।

लेनदेन लागत (Transaction Costs): इंडेक्स के शेयरों को खरीदने और बेचने के दौरान लगने वाली ब्रोकरेज और अन्य ट्रेडिंग लागतें फंड के प्रदर्शन को प्रभावित करती हैं।

कॉर्पोरेट एक्शन का समय: लाभांश (Dividend) मिलने और उसे पुनर्निवेश करने के समय में देरी के कारण भी मामूली अंतर आ सकता है।

सीख: इंडेक्स फंड चुनते समय हमेशा 'लोएस्ट ट्रैकिंग एरर' वाला फंड चुनना चाहिए।

**प्रश्न 2:** दोपहर 2:00 बजे शेयर बाजार में अचानक 4% की बड़ी गिरावट आती है। सोहन ETF खरीदना चाहता है और मोहन इंडेक्स फंड में पैसा डालता है। यदि बाजार बंद होने तक वापस 2% सुधर जाता है, तो किसे सस्ती कीमत (बड़ी गिरावट वाली) का लाभ मिलेगा?

**उत्तर:**

इस स्थिति में सोहन को सस्ती कीमत (बड़ी गिरावट वाली) का लाभ मिलेगा।

इसका मुख्य कारण दोनों निवेश विकल्पों के काम करने का तरीका है:

सोहन (ETF): ईटीएफ (ETF) की ट्रेडिंग स्टॉक की तरह रियल-टाइम में होती है। सोहन दोपहर 2:00 बजे, जब बाजार 4% नीचे था, उसी समय मार्केट प्राइस पर यूनिट्स खरीद सकता है। वह उस बड़ी गिरावट का तुरंत लाभ उठा सकता है।

मोहन (इंडेक्स फंड): इंडेक्स फंड में निवेश दिन के अंत में मिलने वाले NAV (Net Asset Value) पर आधारित होता है। भले ही मोहन दोपहर 2:00 बजे ऑर्डर दे, लेकिन उसे उस दिन के क्लोजिंग प्राइस (जब बाजार 2% सुधर चुका है) के आधार पर यूनिट्स मिलेंगी। इस प्रकार, उसे वह 4% वाली सबसे सस्ती कीमत नहीं मिल पाएगी।

निष्कर्ष: सोहन को 4% की गिरावट का लाभ मिलेगा, जबकि मोहन को केवल 2% की गिरावट का लाभ मिल पाएगा।

सीख: बाजार की अस्थिरता का तत्काल लाभ उठाने के लिए ETF बेहतर है।

**प्रश्न 3:** ₹5,00,000 निवेश करने के लिए दो विकल्प हैं। 'फंड A' (एक्टिव) का खर्च 1.5% है और 'फंड B' (इंडेक्स फंड) का खर्च 0.15% है। यदि दोनों का वार्षिक रिटर्न 12% रहता है, तो केवल 0.15% वाले फंड में निवेश करने से 1 साल में कितनी अतिरिक्त बचत होगी?

**उत्तर:**

यदि दोनों फंड्स का वार्षिक रिटर्न 12% रहता है, तो 1 साल में इंडेक्स फंड (फंड B) में निवेश करने से होने वाली अतिरिक्त बचत की गणना नीचे दी गई है:

1. फंड A का खर्च (1.5%): ₹5,00,000 का 1.5% = ₹7,500
2. फंड B का खर्च (0.15%): ₹5,00,000 का 0.15% = ₹750
3. कुल अतिरिक्त बचत: ₹7,500 - ₹750 = ₹6,750

केवल 0.15% वाले फंड (इंडेक्स फंड) में निवेश करने से आपको 1 साल में ₹6,750 की अतिरिक्त बचत होगी।

सीख: कम खर्च (Expense Ratio) सीधे आपके हाथ में आने वाले मुनाफे को बढ़ा देता है।

**प्रश्न 4:** अमित ₹1,00,000 का निवेश सोने में करना चाहता है। ज्वेलर 3% मेकिंग चार्ज और 3% GST मांग रहा है। गोल्ड ETF में कोई मेकिंग चार्ज नहीं है और वार्षिक मैनेजमेंट फीस 0.5% है। अमित को निवेश के पहले दिन कितनी बचत होगी?

**उत्तर:**

यदि अमित ज्वेलर के बजाय गोल्ड ETF चुनता है, तो पहले दिन उसकी कुल बचत ₹5,500 होगी।

गणना इस प्रकार है:

ज्वेलर के पास निवेश (Physical Gold):

निवेश राशि: ₹1,00,000

मेकिंग चार्ज (3%): ₹3,000

GST (3% कुल राशि पर): ₹3,090 (₹1,03,000 का 3%)

कुल अतिरिक्त लागत: ₹6,090

गोल्ड ETF में निवेश:

मेकिंग चार्ज: ₹0

GST: ₹0 (भारत में गोल्ड ETF की खरीद पर मेकिंग चार्ज या GST नहीं लगता है)

मैनेजमेंट फीस (0.5% वार्षिक): ₹500 (यह साल के अंत तक धीरे-धीरे कटती है, लेकिन यदि इसे पहले दिन की लागत के रूप में देखा जाए तो भी यह बहुत कम है)।

कुल अतिरिक्त लागत: ₹500

पहले दिन की बचत:

₹6,000 (ज्वेलर की मुख्य लागत) - ₹500 (ETF फीस) = ₹5,500

सीख: निवेश के उद्देश्य से गोल्ड ETF भौतिक सोने की तुलना में बहुत सस्ता पड़ता है।

**प्रश्न 5:** एक निवेशक ₹10 लाख के ETF खरीदना चाहता है। स्क्रीन पर 'आस्क प्राइस' ₹200 दिख रहा है, लेकिन बड़ा ऑर्डर होने के कारण उसका सौदा ₹200.40 की औसत कीमत पर हुआ। यह 40 पैसे की अतिरिक्त लागत क्या है?

**उत्तर:**

यह 40 पैसे की अतिरिक्त लागत को इम्पैक्ट कॉस्ट कहा जाता है। इम्पैक्ट कॉस्ट वह अतिरिक्त खर्च है जो एक निवेशक को बाजार में कम लिक्विडिटी (तरलता) होने के कारण बड़े ऑर्डर पर उठाना पड़ता है।

इसके मुख्य कारण और प्रभाव निम्नलिखित हैं:

लिक्विडिटी की कमी: जब किसी ETF में ट्रेडिंग वॉल्यूम कम होता है, तो स्क्रीन पर दिख रही 'आस्क प्राइस' केवल कुछ ही यूनिट्स के लिए होती है। बड़ा ऑर्डर होने पर सिस्टम को ऊंची कीमतों वाले अन्य सेलर्स से यूनिट्स खरीदनी पड़ती हैं।

औसत खरीद मूल्य: इस मामले में, ₹200 पर पर्याप्त यूनिट्स उपलब्ध नहीं थीं, इसलिए आंशिक खरीदारी ₹200 पर और बाकी इससे ऊपर की कीमतों पर हुई, जिससे औसत मूल्य ₹200.40 हो गया।

स्लिपेज (Slippage): इसे अक्सर स्लिपेज भी कहा जाता है, जो अपेक्षित कीमत और वास्तविक निष्पादन कीमत के बीच का अंतर है।

इससे बचने के लिए निवेशक 'लिमिट ऑर्डर' का उपयोग कर सकते हैं

सीख: कम लिक्विडिटी वाले ETF में बड़ा निवेश करने पर इम्पैक्ट कॉस्ट बढ़ सकती है।

**प्रश्न 6:** बाजार में एक ETF की बहुत मांग है और वह अपनी वास्तविक वैल्यू (iNAV) ₹100 के मुकाबले ₹101 पर ट्रेड कर रहा है। ऐसे समय में 'ऑथराइज्ड पार्टिसिपेंट्स' (APs) क्या करेंगे?

**उत्तर:**

जब कोई ईटीएफ (ETF) अपनी वास्तविक वैल्यू (iNAV) से प्रीमियम पर ट्रेड करता है (जैसे ₹100 iNAV के मुकाबले ₹101 पर), तो 'ऑथराइज्ड पार्टिसिपेंट्स' (APs) मध्यस्थता (arbitrage) के अवसर का लाभ उठाएंगे और ईटीएफ की बाजार कीमत को उसकी वास्तविक कीमत के करीब लाने में मदद करेंगे।

APs द्वारा की जाने वाली कार्रवाई

अंतर्निहित प्रतिभूतियाँ खरीदना: APs बाजार से ईटीएफ की अंतर्निहित प्रतिभूतियों की एक टोकरी (basket) खरीदेंगे।

नई ईटीएफ इकाइयाँ बनाना: APs इन प्रतिभूतियों की टोकरी को ईटीएफ जारीकर्ता (issuer) के पास जमा करेंगे और बदले में नई ईटीएफ इकाइयाँ (creation units) प्राप्त करेंगे।

बाजार में बेचना: APs इन नव-निर्मित ईटीएफ इकाइयों को द्वितीयक बाजार (secondary market) में ₹101 की बाजार कीमत पर बेच देंगे, जिससे उन्हें ₹1 प्रति यूनिट का मध्यस्थता लाभ होगा।

इस प्रक्रिया से बाजार में ईटीएफ की आपूर्ति (supply) बढ़ जाती है, जिससे मांग-आपूर्ति का असंतुलन ठीक होता है और ईटीएफ की बाजार कीमत वापस ₹100 की iNAV के करीब आ जाती है।

सीख: यह प्रक्रिया सुनिश्चित करती है कि ETF की बाजार कीमत उसके इंडेक्स के बराबर रहे।

**प्रश्न 7:** एक इंडेक्स फंड 'Nifty 50 TRI' को ट्रैक करता है। निफ्टी की कंपनियां साल भर में 1.2% का डिविडेंड देती हैं। क्या यह पैसा निवेशक के बैंक खाते में आएगा?

**उत्तरः**

नहीं, यह पैसा आपके बैंक खाते में नहीं आएगा। Nifty 50 TRI (Total Returns Index) को ट्रैक करने वाले इंडेक्स फंड में डिविडेंड का लाभ इस प्रकार मिलता है:

पुनर्निवेश (Reinvestment): फंड हाउस को मिलने वाला 1.2% डिविडेंड आपके बैंक खाते में भेजने के बजाय वापस उसी स्कीम में निवेश कर दिया जाता है।

NAV में वृद्धि: क्योंकि डिविडेंड को फिर से निवेश किया जाता है, इसलिए फंड की NAV (Net Asset Value) बढ़ जाती है।

चक्रवृद्धि लाभ (Compounding): आपको नकद पैसा मिलने के बजाय आपके पोर्टफोलियो की वैल्यू में बढ़ोतरी के रूप में इसका लाभ मिलता है।

सीख: TRI इंडेक्स फंड में डिविडेंड का लाभ स्वतः कम्पाउंडिंग में जुड़ जाता है।

**प्रश्न 8:** एक निवेशक 'Nifty 50' इंडेक्स फंड के बजाय 'Nifty Low Volatility 30' इंडेक्स फंड चुनता है। यदि सामान्य निफ्टी ने 10% रिटर्न दिया और लो-वोलैटिलिटी इंडेक्स ने 12%रिटर्न दिया, तो इस 2% के अंतर को क्या कहेंगे?

**उत्तरः**

इस 2% के अंतर को 'अल्फा' (Alpha) कहा जाता है।

अल्फा उस अतिरिक्त रिटर्न (Excess Return) को दर्शाता है जो एक निवेश रणनीति या इंडेक्स, बेंचमार्क इंडेक्स (जैसे निफ्टी 50) की तुलना में उत्पन्न करता है। इस मामले में, निवेशक ने कम जोखिम (Low Volatility) वाली रणनीति अपनाकर बाजार से बेहतर प्रदर्शन किया है।

सीख: स्मार्ट बीटा फंड्स पैसिव निवेश के जरिए एक्टिव निवेश जैसा अतिरिक्त रिटर्न पाने की कोशिश करते हैं।

**प्रश्न 9:** सेंसेक्स की 30 कंपनियों में से एक कंपनी दिवालिया होने के कगार पर है और उसका मार्केट कैप बहुत गिर गया है। इंडेक्स फंड निवेशक को इसे बेचने के लिए क्या करना होगा?

**उत्तरः**

एक इंडेक्स फंड निवेशक को ऐसी स्थिति में कुछ भी करने की आवश्यकता नहीं है। इंडेक्स फंड का प्रबंधन 'पैसिव' तरीके से किया जाता है, जिसका अर्थ है कि निवेशक के बजाय फंड मैनेजर इंडेक्स के नियमों के अनुसार निर्णय लेता है।

यहाँ इसके मुख्य कारण हैं:

ऑटोमैटिक रीबैलेंसिंग: सेंसेक्स का प्रबंधन 'एशिया इंडेक्स प्राइवेट लिमिटेड' (BSE और S&P का जॉइंट वेंचर) द्वारा किया जाता है। यदि कोई कंपनी दिवालिया होने के कगार पर है या उसका मार्केट कैप बहुत गिर गया है, तो वह सेंसेक्स के चयन मानदंडों (जैसे फ्री-फ्लोट मार्केट कैप और लिक्विडिटी) से बाहर हो जाएगी।

फंड मैनेजर की भूमिका: जैसे ही वह कंपनी आधिकारिक तौर पर सेंसेक्स (इंडेक्स) से बाहर निकाली जाएगी और उसकी जगह कोई नई कंपनी शामिल होगी, इंडेक्स फंड मैनेजर अपने आप उस गिरते हुए स्टॉक को बेच देगा और नई कंपनी के शेयर खरीद लेगा।

इंडेक्स की संरचना: इंडेक्स फंड का उद्देश्य केवल इंडेक्स की नकल करना है। निवेशक को व्यक्तिगत रूप से स्टॉक खरीदने या बेचने की अनुमति नहीं होती है; वे केवल फंड की यूनिट्स को AMC की वेबसाइट या ट्रेडिंग प्लेटफॉर्म के माध्यम से बेच (Redeem) सकते हैं।

इंडेक्स फंड की कार्यप्रणाली ऐसी है कि खराब प्रदर्शन करने वाली कंपनियाँ समय के साथ अपने आप इंडेक्स से बाहर हो जाती हैं और उनकी जगह बेहतर कंपनियाँ ले लेती हैं।

सीख: पैसिव निवेश में आपको खुद पोर्टफोलियो की 'सफाई' करने की चिंता नहीं करनी पड़ती।

**प्रश्न 10:** एक निवेशक के पास ₹20 लाख का पोर्टफोलियो है। वह 75% (₹15 लाख) हिस्सा 'निफ्टी 50 इंडेक्स फंड' में रखता है। इस 75% हिस्से को क्या कहा जाएगा?

**उत्तर:**

इस 75% हिस्से को 'कोर' (Core) या 'कोर पोर्टफोलियो' कहा जाता है।

कोर-सैटेलाइट निवेश रणनीति

निवेश प्रबंधन में, जब कोई निवेशक अपने पोर्टफोलियो का एक बड़ा हिस्सा (जैसे 70-80%) इंडेक्स फंड या कम जोखिम वाले निवेशों में रखता है, तो उसे 'कोर' (Core) कहा जाता है। इस रणनीति के मुख्य बिंदु निम्नलिखित हैं:

स्थिरता: कोर हिस्सा पोर्टफोलियो को स्थिरता प्रदान करता है और व्यापक बाजार (जैसे निफ्टी 50) के प्रदर्शन को ट्रैक करता है।

जोखिम प्रबंधन: चूंकि निफ्टी 50 इंडेक्स फंड में भारत की शीर्ष 50 कंपनियां शामिल होती हैं, इसलिए यह हिस्सा लंबी अवधि के लिए सुरक्षित माना जाता है।

सैटेलाइट हिस्सा: शेष 25% हिस्सा, जो अधिक जोखिम वाले या सक्रिय रूप से प्रबंधित फंडों (जैसे मिड-कैप या सेक्टर फंड) में हो सकता है, उसे 'सैटेलाइट' (Satellite) कहा जाता है।

इस 'कोर-सैटेलाइट' (Core-Satellite) दृष्टिकोण का उद्देश्य लागत को कम रखना और बाजार के औसत रिटर्न को सुनिश्चित करते हुए जोखिम को नियंत्रित करना है।

सीख: इंडेक्स फंड्स पोर्टफोलियो को मजबूती और स्थिरता प्रदान करते हैं, जिसे 'कोर' कहा जाता है।

## 30.7 प्रश्नोत्तर परीक्षा (Quiz)

Q1. निष्क्रिय निवेश (Passive Investing) का मूल सिद्धांत क्या है?

(A) इंडेक्स को हराना (B) रोज ट्रेड करना

(C) इंडेक्स को फॉलो करके मार्केट रिटर्न पाना (D) केवल एक्टिव फंड

Q2. इंडेक्स फंड क्या है?

(A) एक्टिव मैनेजमेंट (B) Nifty/Sensex जैसे इंडेक्स को ट्रैक करता है – कम खर्च

(C) केवल डेट (D) केवल गोल्ड

Q3. ETF का पूरा नाम क्या है?

(A) Exchange Traded Fund (B) Extra Traded Fund

(C) Equity Traded Fund (D) Electronic Transfer Fund

Q4. ETF और इंडेक्स फंड में सबसे बड़ा अंतर क्या है?
(A) कोई अंतर नहीं (B) इंडेक्स फंड ज्यादा तरल
(C) ETF में कोई NAV नहीं (D) ETF स्टॉक एक्सचेंज पर रियल टाइम ट्रेड होता है
Q5. ETF का सबसे बड़ा फायदा क्या है?
(A) बहुत ज्यादा खर्च (B) बहुत कम Expense Ratio + रियल टाइम ट्रेडिंग + तरलता
(C) कोई तरलता नहीं (D) केवल NFO
Q6. फिजिकल ETF और सिंथेटिक ETF में अंतर क्या है?
(A) फिजिकल – असली एसेट रखता है, सिंथेटिक – डेरिवेटिव से ट्रैक करता है
(B) कोई अंतर नहीं
(C) सिंथेटिक ज्यादा सुरक्षित
(D) फिजिकल में कोई एसेट नहीं
Q7. गोल्ड ETF में क्या रखा जाता है?
(A) केवल पेपर गोल्ड (B) 99.5% शुद्ध भौतिक सोना
(C) केवल सिल्वर (D) कोई एसेट नहीं
Q8. सिल्वर ETF भारत में कब से उपलब्ध है?
(A) 2006 से (B) अभी नहीं (C) 2022 से (D) केवल विदेश में
Q9. इंटरनेशनल ETF से क्या फायदा है?
(A) भारत से बाहर निवेश – डॉलर में विविधीकरण (B) केवल भारत में
(C) कोई फायदा नहीं (D) बहुत ज्यादा टैक्स
Q10. सेक्टोरल/थीमैटिक ETF का जोखिम स्तर कैसा है?
(A) बहुत कम (B) ज्यादा (केवल एक सेक्टर)
(C) कोई जोखिम नहीं (D) FD जितना
Q11. स्मार्ट बीटा ETF क्या करता है?
(A) सिंपल इंडेक्स फॉलो (B) फैक्टर बेस्ड (लो वोल, क्वालिटी, वैल्यू)
(C) केवल एक्टिव (D) केवल डेट
Q12. ETF में ट्रैकिंग एरर जितनी कम होगी –
(A) फंड उतना खराब (B) बहुत ज्यादा खर्च
(C) कोई फर्क नहीं (D) फंड इंडेक्स को उतना बेहतर ट्रैक कर रहा
Q13. ETF में निवेश करने का सबसे सस्ता तरीका क्या है?
(A) लंपसम (B) SIP (कई प्लेटफॉर्म पर फ्री)
(C) केवल NFO (D) केवल डीमैट से बाहर
Q14. लिक्विडिटी ETF में सबसे ज्यादा किसमें होती है?
(A) स्मॉल कैप ETF (B) Nifty 50 / Bank BeES जैसे बड़े ETF
(C) केवल गोल्ड ETF (D) कोई लिक्विडिटी नहीं
Q15. इंडेक्स फंड vs ETF – कौन-सा लंबी अवधि के लिए बेहतर अगर SIP कर रहे हैं?
(A) केवल ETF (B) दोनों लगभग बराबर (खर्च बहुत कम)

(C) केवल एक्टिव (D) कोई नहीं

Q16. किताब में निष्क्रिय निवेश को क्यों सबसे अच्छा बताया गया है ज्यादातर लोगों के लिए?

(A) 90% एक्टिव फंड इंडेक्स को नहीं हरा पाते + कम खर्च

(B) हमेशा ज्यादा रिटर्न

(C) कोई जोखिम नहीं

(D) केवल प्रोफेशनल के लिए

Q17. Factor Investing में कौन-से मुख्य फैक्टर हैं?

(A) केवल डिविडेंड (B) केवल P/E

(C) वैल्यू, मोमेंटम, क्वालिटी, लो वोलेटिलिटी, साइज (D) केवल सेल्स

Q18. निष्क्रिय निवेश शुरू करने का सबसे आसान तरीका क्या है?

(A) डायरेक्ट स्टॉक (B) Nifty 50 इंडेक्स फंड या ETF से SIP

(C) केवल एक्टिव फंड (D) केवल F&O

Q19. ETF में ऑथराइज्ड पार्टिसिपेंट (AP) का काम क्या है?

(A) क्रिएशन/रिडेम्प्शन यूनिट्स – तरलता बनाए रखना (B) केवल ट्रेडिंग

(C) केवल रिसर्च (D) केवल टैक्स

Q20. किताब का मुख्य संदेश ETF/इंडेक्स फंड पर क्या है?

(A) महंगा और जटिल

(B) केवल अमीरों के लिए

(C) केवल शॉर्ट टर्म

(D) कम खर्च, पारदर्शी, लंबी अवधि में सबसे भरोसेमंद – ज्यादातर निवेशकों के लिए बेस्ट

**Answer Key**

| Q | 1 | 2 | 3 | 4 | 5 | 6 | 7 | 8 | 9 | 10 | 11 | 12 | 13 | 14 | 15 | 16 | 17 | 18 | 19 | 20 |
|---|---|---|---|---|---|---|---|---|---|---|---|---|---|---|---|---|---|---|---|---|
| Ans. | C | B | A | D | B | A | B | C | A | B | B | D | B | B | B | A | C | B | A | D |

# Chapter 31 निवेश के तरीके

**"समय की बाज़ार से ज़्यादा कीमत है। जहाँ 'Lump Sum' बड़े अवसर को भुनाने की ताकत रखता है, वहीं 'SIP' बाज़ार के उतार-चढ़ाव को आपकी ढाल बना देता है—क्योंकि अनुशासित निवेश केवल गणित नहीं, बल्कि बाज़ार के डर पर जीत हासिल करने की कला है।"**

निवेश की दुनिया में अक्सर यह बहस छिड़ी रहती है कि बाजार में पैसा एक साथ (Lump Sum) लगाया जाए या किश्तों में (SIP)। वास्तव में, इन दोनों में से कोई भी तरीका 'सही' या 'गलत' नहीं है, बल्कि यह आपकी वित्तीय स्थिति और बाजार की परिस्थितियों पर निर्भर करता है। यह अध्याय आपको निवेश के इन दो सबसे लोकप्रिय रास्तों के बीच का वैज्ञानिक अंतर समझाएगा और यह तय करने में मदद करेगा कि आपके लक्ष्यों के लिए कौन सी रणनीति सबसे प्रभावी है।

इस चैप्टर में हम Rupee Cost Averaging के चमत्कारिक प्रभाव को समझेंगे, जो गिरते बाजार में भी एक SIP निवेशक के लिए अवसर पैदा करता है। हम एकमुश्त निवेश (Lump Sum) के जोखिमों और फायदों की तुलना करेंगे और यह सीखेंगे कि बाजार की 'टाइमिंग' के डर को अनुशासन के साथ कैसे बदला जाए। आप जोखिम प्रबंधन की उन सूक्ष्म तकनीकों को जानेंगे जिनसे बाजार के उतार-चढ़ाव आपके दुश्मन नहीं बल्कि आपके सहयोगी बन जाएंगे। यह अध्याय आपको निवेश के ऐसे ब्लूप्रिंट के साथ तैयार करेगा जो न केवल आपके पोर्टफोलियो को स्थिरता देगा, बल्कि लंबी अवधि में धन निर्माण की प्रक्रिया को तनावमुक्त भी बना देगा।

## 31.1 रुपया लागत औसत (RCA) का सिद्धांत

रुपया लागत औसत (Rupee Cost Averaging - RCA) वह मूलभूत सिद्धांत है जिस पर सिस्टेमैटिक इन्वेस्टमेंट प्लान (SIP) आधारित है। इस सिद्धांत के तहत, एक निवेशक समय-समय पर एक निश्चित राशि निवेश करता है। इस प्रक्रिया का मुख्य फायदा यह है कि जब बाजार नीचे होता है, तो उसी निश्चित राशि में निवेशक को ज्यादा यूनिट्स मिलती हैं, और जब बाजार ऊपर होता है, तो कम यूनिट्स मिलती हैं। यह तरीका लंबी अवधि में प्रति यूनिट औसत लागत (Average Cost) को प्रभावी ढंग से कम करता है। RCA निवेशक को बाजार के सही समय पर निवेश करने (Market Timing) की ज़रूरत से बचाता है, जिससे डर और लालच जैसी भावनाओं से होने वाली निवेश की गलतियाँ कम होती हैं। SIP इसी सिद्धांत का उपयोग करके बाजार के उतार-चढ़ाव (Volatility) के जोखिम को संतुलित करता है।

**SIP बनाम Lump Sum की तुलना**

SIP और Lump Sum (एकमुश्त निवेश) के बीच चुनाव निवेशक के जोखिम उठाने की क्षमता और बाजार के ज्ञान पर निर्भर करता है। SIP का निवेश तरीका नियमित अंतराल पर छोटी, निश्चित राशि जमा करना है, जबकि Lump Sum में एक ही बार में बड़ी राशि लगाई जाती है। जोखिम के दृष्टिकोण से, SIP में जोखिम कम होता है क्योंकि निवेश अलग-अलग समय पर होता है, जिससे बाजार की अस्थिरता का प्रभाव कम होता है। Lump Sum में जोखिम ज्यादा होता है क्योंकि पूरा पैसा एक ही बार में बाजार के किसी भी स्तर पर लग जाता है। रिटर्न की संभावनाओं की बात करें तो, SIP लंबी अवधि में चक्रवृद्धि ब्याज का लाभ और अनुशासित निवेश के कारण स्थिर रिटर्न देता है। हालांकि, यदि कोई बाजार की चाल का सही अनुमान लगाकर Lump Sum

निवेश करता है, तो उसे SIP से भी ज्यादा रिटर्न मिल सकता है। उपयोगिता के लिहाज से, SIP नियमित आय वाले, शुरुआती निवेशकों और अस्थिर बाजारों के लिए उत्तम है, जबकि Lump Sum पर्याप्त पूंजी वाले और बाजार की चाल का अनुमान लगाने में सक्षम निवेशकों के लिए बेहतर है।

## 31.2 बाज़ार की अस्थिरता और निवेश रणनीतियाँ

बाज़ार की अस्थिरता और मंदी के दौरान निवेश की कुछ उन्नत रणनीतियाँ निवेशकों को जोखिम से बचाती हैं और बेहतर रिटर्न प्राप्त करने में मदद करती हैं। मंदी में SIP (Systematic Investment Plan) एक प्रभावी रणनीति है, क्योंकि जब बाज़ार निचले स्तर पर होता है, तो SIP के ज़रिए निवेशक को कम NAV (Net Asset Value) पर अधिक यूनिट्स मिलती हैं, जिससे निवेश की औसत लागत कम हो जाती है। यह दृष्टिकोण गिरावट के जोखिम से सुरक्षा प्रदान करता है। इसके विपरीत, तेज़ी में Lump Sum (एकमुश्त निवेश) का विकल्प अधिक जोखिमपूर्ण होता है। यदि कोई निवेशक तेज़ी के ठीक शुरुआत में या बाज़ार की गिरावट के न्यूनतम स्तर पर एकमुश्त निवेश करता है, तो उसे SIP की तुलना में तेज़ी से कंपाउंडिंग का लाभ मिलता है, लेकिन सही समय का जोखिम (Timing Risk) बहुत ज़्यादा होता है।

**स्टेप-अप SIP (Step-Up SIP)** एक और अनुशासित रणनीति है। इसकी परिभाषा के अनुसार, यह वह रणनीति है जहाँ निवेशक हर साल अपनी SIP की किश्त एक निश्चित प्रतिशत (जैसे 10%) से बढ़ाते हैं। इसका प्राथमिक लाभ यह है कि यह रणनीति आपकी बढ़ती आय के साथ तालमेल बिठाती है और सामान्य SIP की तुलना में लंबी अवधि में लगभग दोगुना बड़ा फंड (Corpus) बनाने में मदद कर सकती है।

**STP (Systematic Transfer Plan)** का उपयोग तब किया जाता है जब निवेशक के पास एक बड़ी Lump Sum राशि हो, लेकिन वह उसे सीधे इक्विटी में निवेश करके टाइमिंग के जोखिम से बचना चाहता हो। इसकी कार्यप्रणाली सरल है: बड़ी राशि को पहले एक सुरक्षित डेट फंड (कम जोखिम) में रखा जाता है, और फिर नियमित अंतराल पर धीरे-धीरे और व्यवस्थित रूप से अधिक जोखिम वाले इक्विटी फंड में ट्रांसफर किया जाता है। यह तरीका Lump Sum के जोखिम को कम करके SIP जैसा अनुशासन प्रदान करता है।

**SWP (Systematic Withdrawal Plan)** एक ऐसी रणनीति है जो SIP के बिल्कुल विपरीत है। SWP का मुख्य उद्देश्य जमा पूँजी से नियमित आय (Regular Income) निकालना है, खासकर सेवानिवृत्ति (Retirement) के बाद। इसका लाभ यह है कि यह एक पेंशन की तरह काम करता है, जहाँ आप अपनी निवेशित पूंजी से एक निश्चित राशि नियमित रूप से निकालते रहते हैं।

## 31.3 निवेश रिटर्न की गणना: CAGR और XIRR

निवेश में विभिन्न कैश फ्लो को ध्यान में रखने के लिए गणना के सही तरीके का उपयोग करना महत्वपूर्ण है। दो प्रमुख मेट्रिक्स CAGR (कंपाउंड एनुअल ग्रोथ रेट) और XIRR (एक्सटेंडेड इंटरनल रेट ऑफ रिटर्न) हैं, जिनका उपयोग विभिन्न निवेश परिदृश्यों में रिटर्न मापने के लिए किया जाता है।

**CAGR** मुख्य रूप से Lump Sum (एकमुश्त) निवेशों के लिए उपयोगी होता है। यह एक सरल मीट्रिक है जो केवल निवेश के शुरुआती और अंतिम मूल्य के आधार पर वार्षिक वृद्धि दर (Annual Growth Rate) बताता है। हालांकि, यह उन निवेशों के लिए उपयुक्त नहीं है जहाँ नियमित रूप से पैसे डाले या निकाले जाते हैं।

**XIRR** को विशेष रूप से SIP (सिस्टेमैटिक इन्वेस्टमेंट प्लान), अनियमित निवेशों और कई कैश फ्लो वाले परिदृश्यों के लिए डिज़ाइन किया गया है। XIRR इन सभी निवेशों की तारीखों

और राशियों को सटीकता से ध्यान में रखता है, जिससे SIP का वास्तविक और सटीक रिटर्न (Actual and Accurate Return) मिलता है।

**SIP के व्यवहार संबंधी फायदे (Behavioral Advantages of SIP)**

SIP न केवल रिटर्न मापने के लिए एक विशिष्ट मीट्रिक (XIRR) प्रदान करता है, बल्कि इसके कई व्यवहार संबंधी फायदे भी हैं जो निवेशक के अनुशासन को मजबूत करते हैं:

**अनुशासन:** SIP नियमित बचत और निवेश की आदत को मजबूत करता है, जिससे निवेशक वित्तीय अनुशासन बनाए रखता है।

**बाज़ार के तनाव से मुक्ति:** RCA (रुपी कॉस्ट एवरेजिंग) सिद्धांत के कारण, SIP बाजार के उतार-चढ़ाव की चिंता को खत्म करता है, क्योंकि निवेशक हर महीने एक निश्चित राशि निवेश करता है, चाहे बाजार ऊपर हो या नीचे।

**लचीलापन:** यह योजना लचीलापन भी प्रदान करती है, क्योंकि SIP को अस्थायी रूप से रोकना और फिर से शुरू करना संभव है, जो वित्तीय चुनौतियों के दौरान निवेश अनुशासन बनाए रखने में मदद करता है।

* * * * *

**"निवेश की सफलता इस बात पर निर्भर नहीं करती कि आपने बाजार के 'सही समय' (Market Timing) का इंतज़ार कितना किया, बल्कि इस पर निर्भर करती है कि आपने बाजार में 'कितना समय' (Time in Market) बिताया। जहाँ एकमुश्त निवेश (Lumpsum) बड़े अवसरों का लाभ उठाने की कला है, वहीं SIP अनुशासन और 'रुपी कॉस्ट एवरेजिंग' की वह ताकत है जो बाजार की गिरावट को भी आपके पक्ष में मोड़ देती है।"**

## 31.4 व्यावहारिक प्रश्नों के उत्तर

**प्रश्न 1:** अमित ₹10,000 की SIP करता है। पहले महीने NAV ₹100 थी (100 यूनिट्स मिलीं)। दूसरे महीने बाजार गिरा और NAV ₹80 हो गई। तीसरे महीने बाजार सुधरा और NAV ₹125 हो गई। 3 महीने बाद अमित की औसत खरीद कीमत क्या होगी?

**उत्तर:**

यहाँ अमित की 3 महीने की SIP का गणना विवरण दिया गया है:

मासिक निवेश का विवरण:

पहला महीना: ₹10,000 / ₹100 NAV = 100 यूनिट्स

दूसरा महीना: ₹10,000 / ₹80 NAV = 125 यूनिट्स

तीसरा महीना: ₹10,000 / ₹125 NAV = 80 यूनिट्स

कुल निवेश: ₹10,000 + ₹10,000 + ₹10,000 = ₹30,000

कुल यूनिट्स: 100 + 125 + 80 = 305 यूनिट्स

औसत कीमत निकालने के लिए कुल निवेश को कुल यूनिट्स से विभाजित (Divide) किया जाता है:

औसत खरीद कीमत (Average Purchase Price) = ₹30,000 / 305 = ₹98.36

3 महीने बाद अमित की औसत खरीद कीमत ₹98.36 होगी।

सीख: बाजार गिरने पर SIP में ज्यादा यूनिट्स मिलती हैं, जिससे आपकी औसत खरीद कीमत (Market Price से कम) कम हो जाती है।

**प्रश्न 2:** विकास के पास ₹1,20,000 हैं। वह सारा पैसा एक साथ तब लगाता है जब बाजार अपने उच्चतम स्तर (NAV ₹200) पर है। एक साल बाद बाजार 10% गिर जाता है। विकास के पोर्टफोलियो की वैल्यू क्या होगी?

**उत्तर:**

प्रारंभिक निवेश: ₹1,20,000

यूनिट्स: ₹1,20,000 / ₹200 = 600 यूनिट्स

नई NAV: ₹200 - 10% = ₹180

पोर्टफोलियो वैल्यू: 600 ×180 = ₹1,08,000

एक साल बाद विकास के पोर्टफोलियो की वैल्यू ₹1,08,000 होगी। (इस दौरान NAV ₹200 से गिरकर ₹180 हो जाएगी)

सीख: लम्पसम निवेश में 'मार्केट टाइमिंग' का जोखिम अधिक होता है। गलत समय पर निवेश भारी नुकसान दे सकता है।

**प्रश्न 3:** सुनीता ₹5,000 की SIP शुरू करती है और हर साल इसे 10% बढ़ा देती है। उसकी सहेली केवल ₹5,000 की स्थिर SIP रखती है। 20 साल बाद किसके पास बड़ा फंड होगा?

**उत्तर:**

20 साल बाद सुनीता के पास (₹87.57 लाख) अपनी सहेली (₹43.23लाख) की तुलना में काफी बड़ा फंड होगा।

इसके मुख्य कारण निम्नलिखित हैं:

स्टेप-अप SIP (Step-up SIP): सुनीता हर साल अपने निवेश को 10% बढ़ा रही है। इसे 'स्टेप-अप SIP' कहा जाता है। इससे समय के साथ निवेश की जाने वाली मूल राशि (Principal Amount) बहुत अधिक हो जाती है।

चक्रवृद्धि ब्याज का लाभ (Power of Compounding): जैसे-जैसे सुनीता का निवेश बढ़ता है, उस बढ़ी हुई राशि पर मिलने वाला रिटर्न भी बढ़ता जाता है।

तुलना:

सहेली: 20 वर्षों तक हर महीने केवल ₹5,000 निवेश करती है (कुल निवेश: ₹12 लाख)।

सुनीता: पहले साल ₹5,000, दूसरे साल ₹5,500, तीसरे साल ₹6,050 इसी तरह निवेश बढ़ाती है। 20 वर्षों में सुनीता का कुल निवेश सहेली की तुलना में लगभग 2 गुना ज्यादा हो जाएगा, जिसके परिणामस्वरूप उसका फाइनल कॉर्पस (Corpus) भी कहीं अधिक होगा।

सीख: अपनी बढ़ती आय का एक हिस्सा SIP में बढ़ाना (Top-up) वेल्थ क्रिएशन की सबसे तेज रणनीति है।

**प्रश्न 4:** बाजार लगातार 6 महीने गिरता है। एक व्यक्ति ने ₹60,000 एक साथ लगाए और दूसरे ने ₹10,000 की 6 SIP कीं। रिकवरी शुरू होने पर किसे ज्यादा फायदा होगा?

**उत्तर:**

रिकवरी शुरू होने पर दूसरे व्यक्ति (जिसने ₹10,000 की 6 SIP की हैं) को ज्यादा फायदा होगा।

1: खरीद मूल्य का विश्लेषण

जब बाजार लगातार 6 महीने तक गिरता है, तो हर महीने म्यूचुअल फंड या शेयर की कीमत (NAV) कम होती जाती है। पहले व्यक्ति ने सारा पैसा (₹60,000) सबसे ऊंचे भाव पर निवेश किया। इसके विपरीत, दूसरे व्यक्ति ने हर महीने गिरते हुए बाजार में खरीदारी की, जिससे उसे हर बार पिछले महीने की तुलना में सस्ता भाव मिला।

2: यूनिट संचय (Unit Accumulation) की तुलना मान लीजिए पहले महीने NAV 100 थी और यह हर महीने गिरती गई।

एकमुश्त निवेशक: उसने ₹60,000 में 60000/100 = 600 यूनिट्स खरीदीं।

SIP निवेशक: उसने गिरते बाजार में निवेश किया (जैसे 90,80,70,60,50 के भाव पर)। कम कीमत होने के कारण, उसे हर महीने ₹10,000 में अधिक यूनिट्स मिलीं। कुल मिलाकर, SIP निवेशक के पास एकमुश्त निवेशक की तुलना में बहुत अधिक यूनिट्स जमा हो जाएंगी।

3: रुपया लागत औसत (Rupee Cost Averaging) का प्रभाव

जब रिकवरी शुरू होती है और कीमतें वापस बढ़ती हैं, तो लाभ कुल यूनिट्स की संख्या पर निर्भर करता है। SIP निवेशक की औसत खरीद लागत (Average Cost) एकमुश्त निवेशक की तुलना में काफी कम होगी। इसे 'रुपया लागत औसत' कहते हैं। जैसे ही बाजार अपनी पुरानी स्थिति की ओर बढ़ेगा, SIP निवेशक का पोर्टफोलियो अधिक यूनिट्स और कम औसत लागत के कारण तेजी से लाभ कमाएगा।

रिकवरी शुरू होने पर SIP करने वाले दूसरे व्यक्ति को अधिक लाभ होगा क्योंकि उसने गिरते बाजार का लाभ उठाकर कम औसत कीमत पर अधिक यूनिट्स जमा की हैं।

**प्रश्न 5:** रमेश को रिटायरमेंट पर ₹50 लाख मिले। वह इसे शेयर बाजार में लगाना चाहता है लेकिन डरता है कि बाजार गिर न जाए। उसे क्या करना चाहिए?

**उत्तर:**

रिटायरमेंट की राशि सुरक्षित रखना और उसे बढ़ाना एक संतुलित रणनीति की मांग करता है। रमेश को सारा पैसा एक साथ शेयर बाजार में लगाने (Lumpsum) के बजाय निम्नलिखित तरीके अपनाने चाहिए:

1. सिस्टेमैटिक ट्रांसफर प्लान (STP) चुनें: रमेश को अपना ₹50 लाख पहले किसी लिक्विड फंड या शॉर्ट-टर्म डेट फंड में जमा करना चाहिए। वहाँ से हर महीने एक निश्चित राशि (जैसे ₹50,000 या ₹1 लाख) धीरे-धीरे इक्विटी म्यूचुअल फंड में ट्रांसफर करनी चाहिए। इससे बाजार की गिरावट का जोखिम कम हो जाता है और 'रुपी कॉस्ट एवरेजिंग' का लाभ मिलता है।

2. एसेट एलोकेशन (सम्पत्ति आवंटन): पूरा पैसा शेयर बाजार में न लगाएं। एक सुरक्षित पोर्टफोलियो के लिए:

इक्विटी (शेयर): 40-50% (लंबे समय में बढ़त के लिए)।

डेट (सुरक्षित निवेश): 40-50% (स्थिरता के लिए)। इसमें Senior Citizen Savings Scheme (SCSS) और RBI Floating Rate Bonds जैसे विकल्प शामिल किए जा सकते हैं।

कैश/गोल्ड: 5-10% (आपातकाल के लिए)।

3. हाइब्रिड या बैलेंस्ड एडवांटेज फंड: अगर रमेश सीधे शेयर चुनने में डरते हैं, तो वे बैलेंस्ड एडवांटेज फंड (BAF) में निवेश कर सकते हैं। ये फंड बाजार की स्थिति के अनुसार अपने आप शेयर और डेट के बीच का संतुलन बनाए रखते हैं, जिससे गिरावट में नुकसान कम होता है।

4. आपातकालीन फंड (Emergency Fund): निवेश से पहले कम से कम 1-2 साल के खर्च के बराबर राशि सुरक्षित बैंक अकाउंट या FD में रखें, ताकि बाजार गिरने पर उन्हें शेयर बेचने की मजबूरी न हो।

सुझाव: रमेश को किसी सेबी (SEBI) रजिस्टर्ड वित्तीय सलाहकार से संपर्क करना चाहिए ताकि वे उनकी जरूरतों के अनुसार एक कस्टमाइज्ड प्लान बना सकें।

सीख: STP लम्पसम पैसे को सुरक्षित तरीके से किश्तों में निवेश करने का सबसे वैज्ञानिक तरीका है।

**प्रश्न 6:** एक व्यक्ति लम्पसम निवेश के लिए बाजार गिरने का इंतजार करता है और 2 साल तक निवेश नहीं करता। दूसरा व्यक्ति बिना सोचे ₹5,000 की SIP करता रहता है। 2 साल बाद किसका पोर्टफोलियो आगे होगा?

**उत्तर:**

इस स्थिति में, SIP (Systematic Investment Plan) करने वाले व्यक्ति का पोर्टफोलियो आगे रहने की संभावना बहुत अधिक है। इसके मुख्य कारण निम्नलिखित हैं:

कंपाउंडिंग की शक्ति (Power of Compounding): SIP निवेशक का पैसा पहले दिन से काम पर लग जाता है। 2 साल की अवधि में उसे निवेशित राशि पर रिटर्न और उस रिटर्न पर भी रिटर्न मिलता है।

रुपया कॉस्ट एवरेजिंग (Rupee Cost Averaging): SIP निवेशक बाजार के हर उतार-चढ़ाव में खरीदारी करता है। जब बाजार गिरता है, तो उसे अधिक यूनिट्स मिलती हैं, जिससे उसकी निवेश लागत औसत हो जाती है।

समय का महत्व (Time in Market vs Timing the Market): लम्पसम निवेशक "सही समय" के इंतजार में 2 साल का कीमती समय और संभावित ग्रोथ खो देता है। बाजार कब गिरेगा, इसका सटीक अनुमान लगाना असंभव है।

अनुशासित बचत: SIP निवेशक हर महीने ₹5,000 (2 साल में कुल ₹1,20,000) निवेश कर चुका होगा, जबकि लम्पसम निवेशक का पैसा बिना किसी बढ़त के बैंक खाते में पड़ा रह सकता है।

निष्कर्ष: 2 साल बाद SIP निवेशक का पोर्टफोलियो न केवल मूल्य में बड़ा होगा, बल्कि वह निवेश की आदत और बाजार की बढ़त का लाभ उठाने में भी आगे रहेगा। लम्पसम निवेश के लिए बाजार गिरने का इंतजार करना अक्सर 'मिस्ड अपॉर्चुनिटी' (अवसर चूकना) साबित होता है।

सीख: बाजार का इंतजार करने में निवेश का कीमती समय (Time in the market) निकल जाता है। SIP अनुशासन सुनिश्चित करती है।

**प्रश्न 7:** बाजार एक तरफा तेजी (One-way rally) में है। जनवरी में NAV ₹100 थी और दिसंबर तक ₹150 हो गई। किसने ज्यादा कमाया? (जिसने जनवरी में ₹1.2 लाख लगाए या जिसने ₹10,000 की SIP की?)

**उत्तर:**

इस स्थिति में, जनवरी में एकमुश्त (Lumpsum) ₹1.2 लाख निवेश करने वाले व्यक्ति ने ज्यादा कमाया।

इसका कारण नीचे दिए गए विश्लेषण से समझा जा सकता है:

1. एकमुश्त निवेश (Lumpsum Investment)

निवेश: ₹1,20,000 (जनवरी में)

NAV: ₹100 से बढ़कर ₹150 हो गई (50% की वृद्धि)।

दिसंबर में वैल्यू: ₹1,20,000 + 50% लाभ = ₹1,80,000

कुल मुनाफा: ₹60,000

2. SIP निवेश (Monthly SIP)

निवेश: ₹10,000 हर महीने।

परिणाम: चूँकि बाज़ार लगातार ऊपर जा रहा है (One-way rally), इसलिए हर महीने आपको पिछली बार की तुलना में ऊँची कीमत (NAV) पर यूनिट्स मिलेंगी।

जनवरी में आपको ₹100 पर यूनिट मिलीं।

फरवरी, मार्च और आगे के महीनों में NAV ₹100 से ज्यादा ही रही।

इसका मतलब है कि आपके पूरे ₹1.2 लाख पर 50% का लाभ नहीं मिलेगा, क्योंकि आधा पैसा तो साल के दूसरे हिस्से में निवेश हुआ जब NAV पहले से ही बहुत बढ़ चुकी थी।

कुल मुनाफा: यह ₹60,000 से काफी कम होगा।

निष्कर्ष: जब बाजार लगातार ऊपर की ओर बढ़ रहा हो (Bull Market), तो Lumpsum निवेश ज्यादा फायदेमंद होता है क्योंकि आपका पूरा पैसा शुरुआत से ही कम कीमत पर निवेश हो जाता है। SIP तब बेहतर होती है जब बाजार में उतार-चढ़ाव (Volatility) हो।

सीख: अगर आप निश्चित हैं कि बाजार यहाँ से केवल ऊपर जाएगा, तो लम्पसम ज्यादा फायदेमंद होता है।

**प्रश्न 8:** 'A' 25 साल की उम्र में ₹2,000 की SIP शुरू करता है। 'B' 35 साल की उम्र में ₹5,000 की SIP शुरू करता है। दोनों 60 साल की उम्र में रिटायर होते हैं। 12% रिटर्न पर किसका फंड बड़ा होगा?

**उत्तर:**

12% वार्षिक रिटर्न के आधार पर, 60 साल की उम्र में 'A' का फंड बड़ा होगा, भले ही उनका मासिक निवेश 'B' के मुकाबले कम है।

इसका मुख्य कारण कंपाउंडिंग की शक्ति (Power of Compounding) और निवेश की लंबी अवधि है। दोनों के निवेश का अनुमानित विवरण नीचे दिया गया है:

'A' का निवेश (जल्दी शुरुआत का लाभ):

मासिक SIP: ₹2,000

निवेश की अवधि: 35 साल (25 से 60 की उम्र तक)

कुल निवेश: ₹8,40,000

60 साल पर अनुमानित फंड: लगभग ₹1.88 करोड़

'B' का निवेश (देरी से शुरुआत):

मासिक SIP: ₹5,000, निवेश की अवधि: 25 साल (35 से 60 की उम्र तक)

कुल निवेश: ₹15,00,000

60 साल पर अनुमानित फंड: लगभग ₹94.9 लाख

निष्कर्ष: यद्यपि 'B' हर महीने 'A' से ढाई गुना ज्यादा निवेश कर रहा है, फिर भी 10 साल पहले निवेश शुरू करने के कारण 'A' का फाइनल कॉर्पस 'B' से लगभग ₹93 लाख अधिक होगा। यह

दर्शाता है कि निवेश में 'कितना' पैसा लगाया जा रहा है, उससे अधिक महत्वपूर्ण यह है कि 'कितने समय' के लिए लगाया जा रहा है।

सीख: निवेश की राशि से ज्यादा महत्वपूर्ण निवेश की 'अवधि' (Time) है।

**प्रश्न 9:** दो फंड हैं। फंड X सीधा चलता है (1% हर महीने)। फंड Y बहुत ऊपर-नीचे होता है लेकिन साल के अंत में वही 12% रिटर्न देता है। SIP के लिए कौन सा बेहतर है?

**उत्तर:**

SIP (Systematic Investment Plan) के लिए फंड Y बेहतर है।

इसका मुख्य कारण "रुपी कॉस्ट एवरेजिंग" (Rupee Cost Averaging) है:

फंड X (सीधा चलने वाला): चूँकि इसकी कीमत हर महीने एक समान गति से बढ़ रही है, इसलिए आप हर महीने लगभग उतनी ही यूनिट्स खरीद पाएंगे। इसमें बाजार की गिरावट का लाभ नहीं मिलता।

फंड Y (उतार-चढ़ाव वाला): जब फंड की वैल्यू नीचे गिरेगी, तो आपके उसी SIP निवेश (जैसे ₹5,000) में ज्यादा यूनिट्स खरीदी जाएंगी। जब साल के अंत में फंड वापस 12% पर आएगा, तो वे अतिरिक्त यूनिट्स आपके मुनाफे को फंड X की तुलना में काफी बढ़ा देंगी।

निष्कर्ष: यदि अंत में रिटर्न समान (12%) है, तो SIP के मामले में उतार-चढ़ाव (Volatility) निवेशक के लिए फायदेमंद होती है क्योंकि यह कम कीमत पर अधिक यूनिट्स जमा करने का अवसर देती है।

सीख: SIP के लिए 'Volatility' एक अवसर है, जोखिम नहीं।

**प्रश्न 10:** एक निवेशक का टार्गेट एलोकेशन 60% इक्विटी और 40% डेट है। बाजार बढ़ने के कारण इक्विटी 70% हो गई है। उसे अपनी अगली SIP में क्या बदलाव करना चाहिए?

**उत्तर:**

निवेशक को अपने पोर्टफोलियो को वापस संतुलित (Rebalance) करने की आवश्यकता है। अपनी अगली SIP के लिए उसे निम्नलिखित कदम उठाने चाहिए:

इक्विटी SIP को कम या बंद करें: चूंकि इक्विटी का हिस्सा टार्गेट (60%) से बढ़कर 70% हो गया है, इसलिए नई पूंजी को इक्विटी में डालना जोखिम बढ़ा सकता है।

डेट (Debt) में निवेश बढ़ाएं: निवेशक को अपनी अगली SIP की पूरी राशि या उसका बड़ा हिस्सा डेट फंड्स में आवंटित करना चाहिए।

पोर्टफोलियो रीबैलेंसिंग: निवेशक को तब तक डेट में अधिक निवेश करना चाहिए जब तक कि पोर्टफोलियो का अनुपात फिर से 60:40 न हो जाए।

निष्कर्ष: निवेशक को अपनी अगली SIP के माध्यम से डेट एलोकेशन को बढ़ाना चाहिए ताकि पोर्टफोलियो का जोखिम कम हो सके और टार्गेट एसेट एलोकेशन वापस प्राप्त किया जा सके।

सीख: SIP को पोर्टफोलियो को बैलेंस रखने के उपकरण के रूप में भी इस्तेमाल किया जा सकता है।

## 31.5 प्रश्नोत्तर परीक्षा (Quiz)

Q1. SIP का पूरा नाम क्या है?

(A) Single Investment Plan (B) Short Investment Plan

(C) Systematic Investment Plan (D) Safe Investment Plan

Q2. Lump Sum निवेश का मतलब क्या है?

(A) हर महीने थोड़ा-थोड़ा (B) एक बार में पूरी राशि निवेश करना

(C) केवल FD में (D) केवल गोल्ड में

Q3. Rupee Cost Averaging SIP में कैसे काम करता है?

(A) हमेशा ऊँची कीमत पर खरीदना

(B) ऊँचा होने पर कम यूनिट, नीचा होने पर ज्यादा यूनिट – औसत कीमत कम

(C) हमेशा नीची कीमत पर

(D) कोई फर्क नहीं

Q4. बाजार गिरने पर SIP का सबसे बड़ा फायदा क्या है?

(A) ज्यादा यूनिट्स मिलती हैं (B) कम यूनिट्स

(C) SIP बंद हो जाती है (D) कोई फायदा नहीं

Q5. बाजार बहुत ऊँचाई पर होने पर Lump Sum निवेश का जोखिम क्या है?

(A) बहुत कम (B) तुरंत बाद करेक्शन आने पर नुकसान

(C) कोई जोखिम नहीं (D) SIP से कम

Q6. लंबी अवधि (>7-10 साल) में आमतौर पर कौन बेहतर रिटर्न देता है?

(A) हमेशा SIP (B) Lump Sum (अगर सही समय पर किया जाए)

(C) दोनों लगभग बराबर (D) कोई नहीं

Q7. SIP का सबसे बड़ा मनोवैज्ञानिक फायदा क्या है?

(A) बहुत ज्यादा रिटर्न (B) टैक्स बचत

(C) अनुशासन लाता है – भावनाओं से बचाता है (D) कोई फायदा नहीं

Q8. STP का मतलब क्या है?

(A) Systematic Transfer Plan (B) Single Transfer Plan

(C) Short Term Plan (D) Safe Transfer Plan

Q9. SWP का मतलब क्या है?

(A) Systematic Withdrawal Plan (B) Single Withdrawal Plan

(C) Safe Withdrawal Plan (D) Short Withdrawal Plan

Q10. Value Averaging में क्या करते हैं?

(A) हर बार फिक्स्ड राशि

(B) लक्ष्य वैल्यू तक पहुँचाने के लिए राशि बदलते हैं

(C) केवल Lump Sum

(D) कोई निवेश नहीं

Q11. बाजार बहुत ऊँचाई पर होने पर सबसे सुरक्षित रणनीति क्या है?

(A) पूरा Lump Sum डालना

(B) SIP/STP शुरू करना

(C) सब बेच देना

(D) F&O में जाना

Q12. बाजार बहुत नीचे होने पर सबसे अच्छा क्या है?

(A) सब बेच देना (B) FD में डालना

(C) इंतजार करना (D) Lump Sum या बढ़ी हुई SIP

Q13. किताब में SIP को किसके लिए बेस्ट बताया गया है?

(A) केवल अमीरों के लिए

(B) ज्यादातर सामान्य निवेशकों के लिए – अनुशासन + औसतन अच्छा रिटर्न

(C) केवल शॉर्ट टर्म

(D) केवल डे प्रो ट्रेडर

Q14. Lump Sum कब सबसे अच्छा काम करता है?

(A) बाजार गिरने के बाद (B) बाजार टॉप पर

(C) हर समय (D) कभी नहीं

Q15. SIP में सबसे बड़ी गलती क्या होती है?

(A) शुरू करना (B) बाजार गिरने पर बंद कर देना

(C) लंबे समय रखना (D) नियमित निवेश

Q16. Step-up SIP क्या है?

(A) हर साल निवेश राशि बढ़ाना (आय बढ़ने के साथ)

(B) हर साल कम करना

(C) केवल एक बार

(D) कोई बदलाव नहीं

Q17. किताब के अनुसार 10+ साल के लिए सबसे अच्छी रणनीति क्या है?

(A) केवल Lump Sum

(B) केवल गोल्ड

(C) केवल FD

(D) SIP + जब बड़ा पैसा आए तो Lump Sum टॉप-अप

Q18. बाजार की अस्थिरता से बचने का सबसे अच्छा तरीका क्या है?

(A) Lump Sum

(B) SIP (Rupee Cost Averaging)

(C) केवल शॉर्ट टर्म

(D) कोई निवेश नहीं

Q19. किताब में कहा गया है कि SIP और Lump Sum में कौन जीतता है?

(A) हमेशा SIP

(B) ज्यादातर बार Lump Sum, लेकिन SIP ज्यादा सुरक्षित और व्यावहारिक

(C) दोनों बराबर

(D) कोई नहीं

Q20. अंतिम सलाह निवेश रणनीति पर क्या है?

(A) अपनी जोखिम क्षमता, समय और उपलब्ध राशि के अनुसार SIP/Lump Sum/STP का मिश्रण अपनाएं

(B) केवल एक तरीका

(C) कोई रणनीति नहीं

(D) केवल टिप्स पर

**Answer Key**

| Q | 1 | 2 | 3 | 4 | 5 | 6 | 7 | 8 | 9 | 10 | 11 | 12 | 13 | 14 | 15 | 16 | 17 | 18 | 19 | 20 |
|---|---|---|---|---|---|---|---|---|---|---|---|---|---|---|---|---|---|---|---|---|
| Ans. | C | B | B | A | B | B | C | A | A | B | B | D | B | A | B | A | D | B | B | A |

# *Chapter 32* टेक्निकल एनालिसिस के मूल सिद्धांत

**"चार्ट केवल लकीरें नहीं, बल्कि निवेशकों के मनोविज्ञान का जीवंत चित्रण हैं। टेक्निकल एनालिसिस भविष्य बताने का कोई जादू नहीं, बल्कि अतीत के पैटर्न से संभावनाओं को खोजने का विज्ञान है—क्योंकि बाज़ार में इतिहास खुद को दोहराता है और भाव ही सब कुछ सच बताता है।"**

अगर फंडामेंटल एनालिसिस किसी कंपनी के 'शरीर' (वित्तीय स्वास्थ्य) की जांच है, तो टेक्निकल एनालिसिस उसके 'मन' (बाजार के मनोविज्ञान) को पढ़ने की कला है। यह इस सिद्धांत पर आधारित है कि इतिहास खुद को दोहराता है और बाजार के सारे ज्ञात तथ्य पहले से ही शेयर की कीमतों में समाहित होते हैं। यह अध्याय आपको चार्ट्स और पैटर्न्स की उस दुनिया में ले जाएगा जहाँ डेटा की सूखी संख्याएँ जीवंत होकर भविष्य की दिशा का संकेत देने लगती हैं।

इस चैप्टर में हम टेक्निकल एनालिसिस की जननी, डॉव थ्योरी (Dow Theory) के 6 मूलभूत सिद्धांतों का गहराई से अध्ययन करेंगे। आप समझेंगे कि बाजार कैसे हर जानकारी को 'डिस्काउंट' करता है, ट्रेंड्स (Primary, Secondary, Minor) कितने प्रकार के होते हैं और 'एक्युमुलेशन' से लेकर 'डिस्ट्रीब्यूशन' तक बाजार के विभिन्न फेज कैसे काम करते हैं। यह अध्याय आपको यह सिखाएगा कि सही 'टाइमिंग' क्या होती है और कैसे चार्ट्स का सही विश्लेषण आपको भीड़ से एक कदम आगे रख सकता है। टेक्निकल एनालिसिस केवल रेखाएं खींचना नहीं, बल्कि बाजार की भावनाओं को समझकर स्मार्ट और समयबद्ध निर्णय लेने का एक शक्तिशाली दर्शन है।

## 32.1 डॉव थ्योरी (Dow Theory): तकनीकी विश्लेषण की नींव

डॉव थ्योरी (Dow Theory) को शेयर बाजार में तकनीकी विश्लेषण) Technical Analysis) का पितामह माना जाता है। चार्ल्स डॉव द्वारा प्रतिपादित यह सिद्धांत आज भी चार्ट पढ़ने और बाजार की दिशा समझने के लिए सबसे भरोसेमंद आधार है।

नीचे डॉव थ्योरी के 6 मुख्य सिद्धांतों का विस्तृत विवरण दिया गया है:

### 1. बाज़ार सब कुछ डिस्काउंट करता है) Market Discounts Everything)

यह सिद्धांत कहता है कि किसी कंपनी या अर्थव्यवस्था से जुड़ी हर जानकारी—चाहे वह वित्तीय नतीजे हों, राजनीतिक घटनाक्रम हो या ब्याज दरें—वह सब स्टॉक की कीमत) Price) में पहले से ही शामिल होती है। इसलिए, एक निवेशक को केवल 'प्राइस एक्शन' और 'वॉल्यूम' पर ध्यान देना चाहिए क्योंकि कीमत ही अंतिम सत्य है।

### 2. बाजार के तीन रुझान) Three Trends)

चार्ल्स डॉव ने बाजार की चाल की तुलना समुद्र की लहरों से की है:

**प्राथमिक रुझान) Primary Trend):** यह मुख्य लहर है जो 1 से 3 साल तक चलती है। यह बाजार की वास्तविक दिशा) Bull or Bear) तय करती है।

**द्वितीयक रुझान) Secondary Trend):** इसे 'करेक्शन' या 'पुलबैक' कहते हैं। यह मुख्य ट्रेंड के विपरीत चलती है और 3 सप्ताह से 3 महीने तक रहती है।

**लघु रुझान (Minor Trend):** यह बाजार का 'शोर' (Noise) है, जो कुछ दिनों से कुछ हफ्तों तक चलता है। अनुभवी निवेशक अक्सर इसे नजरअंदाज करते हैं।

### 3. प्राथमिक ट्रेंड के तीन चरण (Three Phases)

एक बड़ा ट्रेंड) जैसे बुल मार्केट (हमेशा तीन मनोवैज्ञानिक चरणों से गुजरता है:

**संचय (Accumulation):** यहाँ 'स्मार्ट मनी' (संस्थागत निवेशक (तब खरीदते हैं जब बाजार में हर तरफ निराशा होती है। कीमतें स्थिर रहती हैं।

**सार्वजनिक भागीदारी (Public Participation):** जब खबरें अच्छी आने लगती हैं, तो आम जनता बाजार में कूदती है। यहाँ कीमतें बहुत तेजी से बढ़ती हैं।

**वितरण (Distribution):** जब आम जनता भारी उत्साह में होती है, तब स्मार्ट निवेशक अपना मुनाफा बुक करके निकलना शुरू करते हैं। यह अक्सर मंदी की शुरुआत का संकेत होता है।

### 4. सूचकांकों का पुष्टिकरण (Indices Must Confirm Each Other)

एक मजबूत और मान्य रुझान के लिए, प्रमुख बाज़ार सूचकांकों (Averages/Indices) को एक ही दिशा में चलना चाहिए। उदाहरण के लिए, यदि एक प्रमुख इंडेक्स नए उच्च स्तर पर पहुँच रहा है, लेकिन दूसरा पुष्टि नहीं कर रहा है, तो यह मौजूदा रुझान की कमजोरी का संकेत माना जाता है।

### 5. वॉल्यूम से ट्रेंड की पुष्टि (Volume Must Confirm the Trend)

कीमत के साथ वॉल्यूम) ट्रेडिंग की मात्रा( का होना अनिवार्य है।

यदि बाजार ऊपर जा रहा है, तो वॉल्यूम भी बढ़ना चाहिए।

यदि कीमतें बढ़ रही हैं लेकिन वॉल्यूम कम हो रहा है, तो इसका मतलब है कि खरीदारों में दम नहीं है और बाजार जल्द गिर सकता है।

### 6. स्पष्ट संकेत मिलने तक ट्रेंड जारी रहता है

इसे "ट्रेंड आपका दोस्त है" (**Trend is your friend**) के रूप में जाना जाता है। डॉव थ्योरी कहती है कि एक बार ट्रेंड शुरू हो जाने पर वह तब तक जारी रहता है जब तक कि चार्ट पर कोई मजबूत 'रिवर्सल सिग्नल' (जैसे लोअर हाई और लोअर लो (न बन जाए। छोटे-मोटे उतार-चढ़ाव को ट्रेंड का अंत नहीं मानना चाहिए।

**डॉव थ्योरी 'भविष्यवाणी' नहीं करती, बल्कि यह आपको बाजार के वर्तमान 'सच' को पहचानने में मदद करती है ताकि आप गलत समय पर गलत दिशा में न फंसें।**

## 32.2 टेक्निकल एनालिसिस के तीन मुख्य स्तंभ

### 1. बाज़ार सब कुछ डिस्काउंट करता है (Market Discounts Everything)

यह तकनीकी विश्लेषण का सबसे बुनियादी स्तंभ है। इसका अर्थ है कि किसी शेयर की वर्तमान कीमत में उससे जुड़ी हर खबर और जानकारी पहले से ही शामिल है। चाहे वह कंपनी के नतीजे हों) Fundamental), देश की आर्थिक स्थिति हो या कोई राजनीतिक बदलाव, इन सबका असर कीमत पर पहले ही पड़ चुका होता है। इसलिए, एक तकनीकी विश्लेषक" क्यों) "कारण (के बजाय केवल" क्या) "कीमत की हलचल (पर ध्यान देता है।

### 2. कीमतें ट्रेंड में चलती हैं (Prices Move in Trends)

यह मान्यता इस विचार को खारिज करती है कि बाजार में कीमतों का उतार-चढ़ाव पूरी तरह से रैंडम) यादृच्छिक (होता है। इसके बजाय, यह माना जाता है कि कीमतें एक स्थापित दिशा

में चलती हैं—चाहे वह ऊपर की ओर) Uptrend) हो, नीचे की ओर) Downtrend) हो या सीधी )Sideways) हो। तकनीकी विश्लेषण का मुख्य उद्देश्य इन ट्रेंड्स को जल्दी पहचानना और उन पर दांव लगाना है, क्योंकि एक ट्रेंड के बदलने के बजाय उसके जारी रहने की संभावना अधिक होती है।

**3. इतिहास खुद को दोहराता है (History Repeats Itself)**

यह सिद्धांत मानव मनोविज्ञान पर आधारित है। बाजार में भाग लेने वाले लोग )investors) अक्सर भय और लालच जैसी भावनाओं से प्रेरित होते हैं, जिससे चार्ट पर एक जैसे पैटर्न बार-बार बनते हैं। तकनीकी विश्लेषक इन पुराने चार्ट पैटर्न्स) Chart Patterns) का अध्ययन करके यह अनुमान लगाते हैं कि भविष्य में कीमत किस दिशा में जा सकती है।

## 32.3 दो विपरीत बाज़ार विचारधाराएं

यहाँ दो विपरीत विचारधाराओं के बीच के अंतर को समझाया गया है:

**रैंडम वॉक (Random Walk):** यह एक शैक्षणिक सिद्धांत है जो मानता है कि स्टॉक की कीमतें अप्रत्याशित होती हैं और उनका पिछला इतिहास भविष्य की भविष्यवाणी करने में कोई मदद नहीं कर सकता। इसके अनुसार, तकनीकी विश्लेषण करना बेकार है।

**ट्रेंड निरंतरता (Trend Continuation):** इसके विपरीत, तकनीकी विश्लेषण का मूल सिद्धांत यह है कि कीमतें एक निश्चित दिशा) Trend) में चलती हैं और उनमें उस दिशा में बने रहने की प्रवृत्ति होती है। यह सिद्धांत मानता है कि पैटर्न और ट्रेंड के आधार पर बाजार की दिशा का सफल अनुमान लगाया जा सकता है।

## 32.4 एनालिसिस के प्रमुख उपकरण: TA और FA

निवेश की दुनिया में, टेक्निकल एनालिसिस (TA) और फंडामेंटल एनालिसिस (FA) दो मुख्य दृष्टिकोण हैं जिनका उपयोग निवेशक निर्णय लेने के लिए करते हैं। हालांकि ये अलग-अलग प्रतीत होते हैं, इन्हें अक्सर पूरक (Complementary) रूप से उपयोग किया जाता है। टेक्निकल एनालिसिस का मुख्य ध्यान इस बात पर होता है कि "कब खरीदें/बेचें" (Timing और Patterns), जिसके लिए चार्ट, RSI, MACD, मूविंग एवरेज (MA), और वॉल्यूम जैसे उपकरणों का उपयोग किया जाता है। यह दृष्टिकोण आमतौर पर अल्पकालिक से मध्यम अवधि के लिए उपयुक्त होता है (जैसे इंट्राडे, स्विंग, पोजीशनल ट्रेडिंग)। इसके विपरीत, फंडामेंटल एनालिसिस इस बात पर ध्यान केंद्रित करता है कि "क्या खरीदें/बेचें" (Value और गुणवत्ता), और इसके लिए वित्तीय रिपोर्ट, P/E अनुपात, और प्रबंधन विश्लेषण जैसे उपकरणों का उपयोग किया जाता है। यह दृष्टिकोण मुख्य रूप से दीर्घकालिक (Long-Term) निवेश के लिए उपयुक्त होता है। दोनों का एकीकरण मजबूत कंपनियों (FA द्वारा पहचानी गई) को सही समय (TA द्वारा निर्धारित) पर खरीदने के लिए आदर्श माना जाता है।

## 32.5 टेक्निकल एनालिसिस के लिए टाइमफ्रेम

टेक्निकल एनालिसिस की एक प्रमुख विशेषता यह है कि इसे विभिन्न समय-सीमाओं पर लागू किया जा सकता है, जो निवेशक के उद्देश्यों के आधार पर भिन्न होते हैं:

**इंट्राडे (Intraday):** यह मिनटों/घंटों की विशिष्ट अवधि पर लागू होता है, जिसका मुख्य उद्देश्य एक ही दिन में छोटे उतार-चढ़ाव से लाभ कमाना होता है।

**स्विंग (Swing):** यह कुछ दिनों से कुछ हफ्तों तक की अवधि के लिए होता है, जिसका मुख्य उद्देश्य एक छोटे मूल्य "झूले" (Swing) या मूवमेंट को पकड़ना होता है।

**पोजीशनल (Positional):** यह कुछ सप्ताह से कुछ महीनों तक चलता है, जिसका उद्देश्य बड़े मूल्य आंदोलनों को प्राप्त करना होता है।

**लॉन्ग-टर्म (Long-Term):** यह महीनों से वर्षों तक की अवधि को कवर करता है, जिसका मुख्य उद्देश्य दीर्घकालिक पूंजी वृद्धि के लिए सर्वोत्तम एंट्री पॉइंट तय करना होता है।

## 32.6 तकनीकी विश्लेषण की सीमाएँ और सफलता का कारक

तकनीकी विश्लेषण (Technical Analysis - TA) एक लोकप्रिय बाज़ार अध्ययन पद्धति है, लेकिन इसकी अपनी कुछ अंतर्निहित सीमाएँ (Limitations) हैं जिन्हें निवेशकों को समझना चाहिए। सबसे पहली सीमा यह है कि तकनीकी विश्लेषण मौलिक कारकों (Fundamental Factors) की अनदेखी करता है; यह कंपनी के आंतरिक मूल्य (Intrinsic Value) या उसके व्यवसाय की गुणवत्ता को शामिल नहीं करता है, केवल मूल्य पैटर्न पर ध्यान केंद्रित करता है। दूसरा, यह भविष्य की गारंटी नहीं देता है; यह केवल संभावनाओं (Probabilities) पर आधारित होता है और बाजार की अप्रत्याशितता को पूरी तरह से नहीं पकड़ सकता है। इसके अलावा, बाजार के शोर (Noise) के कारण अक्सर गलत संकेत (False Signals) मिल सकते हैं, जिससे गलत समय पर खरीदने या बेचने के निर्णय हो सकते हैं। एक और महत्वपूर्ण सीमा व्यक्तिपरकता (Subjectivity) है, जिसका अर्थ है कि अलग-अलग ट्रेडर एक ही चार्ट पैटर्न की अलग-अलग तरह से व्याख्या कर सकते हैं। अंत में, स्वयं-पूर्ति भविष्यवाणी (Self-Fulfilling Prophecy) का जोखिम होता है, जहाँ कभी-कभी पैटर्न केवल इसलिए काम करते हैं क्योंकि बड़ी संख्या में ट्रेडर उन पर भरोसा करते हैं और उसी के अनुसार कार्य करते हैं, जिससे एक कृत्रिम चाल पैदा होती है।

इन सीमाओं के बावजूद, तकनीकी विश्लेषण में सफलता के लिए कुछ प्रमुख रणनीति मूल्यांकन (Strategy Evaluation) कारक सहायक होते हैं। सफलता सुनिश्चित करने के लिए, ट्रेडर्स अक्सर अपनी रणनीतियों का मूल्यांकन दो मुख्य तरीकों से करते हैं। पहला है बैकटेस्टिंग (Backtesting), जिसमें ऐतिहासिक डेटा (Historical Data) पर व्यापारिक रणनीति की सफलता की जाँच की जाती है ताकि यह देखा जा सके कि अतीत में इसने कैसा प्रदर्शन किया होगा। दूसरा तरीका फॉरवर्ड टेस्टिंग (Forward Testing) है, जहाँ लाइव मार्केट में, अक्सर बिना असली पैसे लगाए (या बहुत कम पैसे के साथ), रणनीति का वास्तविक समय (Real-Time) में परीक्षण किया जाता है ताकि यह सुनिश्चित हो सके कि यह मौजूदा बाजार स्थितियों में काम करती है।

*****

**"चार्ट केवल लकीरें नहीं, बल्कि निवेशकों की सामूहिक भावनाओं का जीवंत मानचित्र हैं। इतिहास अक्सर खुद को दोहराता है, बस आपको उसे पढ़ने की दृष्टि चाहिए।"**

## 32.7 व्यावहारिक प्रश्नों के उत्तर

**प्रश्न 1:** एक बड़ी कंपनी का तिमाही परिणाम (Quarterly Result) कल आने वाला है, लेकिन शेयर की कीमत पिछले 10 दिनों से लगातार बढ़ रही है। टेक्निकल एनालिसिस का "डिस्काउंटिंग" सिद्धांत यहाँ क्या कहता है?

**उत्तर:**

तकनीकी विश्लेषण (Technical Analysis) का "मार्केट डिस्काउंट्स एवरीथिंग" (Market discounts everything) सिद्धांत यहाँ यह बताता है कि कंपनी के आने वाले अच्छे तिमाही परिणामों की खबर बाजार को पहले ही मिल चुकी है या निवेशक इसका अनुमान लगा चुके हैं।

इस सिद्धांत के अनुसार:

जानकारी पहले ही शामिल है: शेयर की कीमत में वह सभी संभावित सकारात्मक खबरें, उम्मीदें और डेटा पहले ही "डिस्काउंट" (शामिल) हो चुके हैं, जो कल घोषित होने वाले हैं।

इनसाइडर या स्मार्ट मनी: अक्सर बड़े निवेशक या 'स्मार्ट मनी' आने वाले नतीजों का पहले ही अंदाजा लगा लेते हैं और खरीदारी शुरू कर देते हैं, जिससे कीमत बढ़ जाती है।

"बाय द रयूमर, सेल द न्यूज़": यह स्थिति दर्शाती है कि बाजार 'अफवाह' या उम्मीद पर खरीदारी कर चुका है। कई बार परिणाम आने के बाद, भले ही वे अच्छे हों, शेयर की कीमत गिरने लगती है क्योंकि "डिस्काउंटिंग" की प्रक्रिया पूरी हो चुकी होती है।

सीख: "खबरों पर मत जाओ, चार्ट के एक्शन को देखो।"

**प्रश्न 2:** एक शेयर पिछले 6 महीनों से लगातार 'Higher Highs' (हर बार पिछला उच्च स्तर पार करना) और 'Higher Lows' बना रहा है। यह किस प्रकार का ट्रेंड है और एक ट्रेडर को यहाँ क्या करना चाहिए?

**उत्तर:**

यह 'अपट्रेंड' (Uptrend) या 'बुलिश ट्रेंड' (Bullish Trend) है।

जब कोई शेयर लगातार 'Higher Highs' (HH) और 'Higher Lows' (HL) बनाता है, तो इसका अर्थ है कि खरीदार हर गिरावट पर खरीदारी कर रहे हैं और कीमत को नए स्तरों पर ले जा रहे हैं।

एक ट्रेडर को क्या करना चाहिए?

रणनीति: इस स्थिति में 'Buy on Dips' (गिरावट पर खरीदारी) की रणनीति अपनानी चाहिए।

प्रवेश (Entry): जब शेयर अपने पिछले 'Higher Low' के पास आए या किसी मजबूत सपोर्ट लेवल (Support Level) से वापस ऊपर की ओर मुड़ने लगे, तब खरीदारी करना बेहतर होता है।

स्टॉप लॉस (Stop Loss): जोखिम कम करने के लिए स्टॉप लॉस को हाल ही के 'Higher Low' के ठीक नीचे रखना चाहिए।

चेतावनी: ट्रेंड के विपरीत (Short selling) जाने से बचें जब तक कि ट्रेंड रिवर्सल के स्पष्ट संकेत न मिलें।

सीख: "Trend is your friend" - जब तक ट्रेंड बदल न जाए, उसके खिलाफ ट्रेड न करें।

**प्रश्न 3:** एक शेयर ₹500 के स्तर पर पहुँचते ही पिछली 4 बार से गिर जाता है। तकनीकी विश्लेषण में इस ₹500 के स्तर को क्या कहा जाएगा?

**उत्तर:**

तकनीकी विश्लेषण में इस ₹500 के स्तर को 'प्रतिरोध' (Resistance) कहा जाएगा।

स्पष्टीकरण

तकनीकी विश्लेषण (Technical Analysis) में प्रतिरोध (Resistance) वह मूल्य स्तर होता है जहाँ किसी शेयर की कीमत को ऊपर बढ़ने में कठिनाई होती है। इसके मुख्य कारण निम्नलिखित हैं:

आपूर्ति का दबाव: इस स्तर पर विक्रेताओं (Sellers) की संख्या खरीदारों (Buyers) से अधिक हो जाती है, जिससे मुनाफावसूली शुरू होती है और कीमत नीचे गिर जाती है।

मनोवैज्ञानिक स्तर: जब कोई शेयर बार-बार एक ही स्तर (जैसे ₹500) से वापस गिरता है, तो निवेशक उसे एक 'बैरियर' मान लेते हैं।

पुष्टि: चूंकि शेयर ₹500 से 4 बार गिर चुका है, इसलिए यह एक मजबूत रेजिस्टेंस (Strong Resistance) बन गया है। जब तक शेयर इस स्तर को भारी वॉल्यूम के साथ पार नहीं करता, तब तक इसमें बड़ी बढ़त की संभावना कम रहती है।

सीख: पुराने 'पीक' (Peak) भविष्य के लिए बाधा का काम करते हैं।

**प्रश्न 4:** एक ट्रेडर केवल 'क्लोजिंग प्राइस' देखना चाहता है, जबकि दूसरा ट्रेडर दिन भर की उठापटक (High, Low, Open, Close) समझना चाहता है। दोनों को कौन से चार्ट इस्तेमाल करने चाहिए?

**उत्तर:**

दोनों ट्रेडर्स की जरूरतों के अनुसार उन्हें निम्नलिखित चार्ट्स का उपयोग करना चाहिए:

सिर्फ क्लोजिंग प्राइस देखने वाले ट्रेडर के लिए: इस ट्रेडर को लाइन चार्ट (Line Chart) का उपयोग करना चाहिए। यह चार्ट केवल प्रत्येक समयावधि के क्लोजिंग प्राइस को जोड़कर बनाया जाता है, जिससे बाजार का मुख्य रुझान (Trend) बिना किसी शोर (noise) के साफ दिखाई देता है।

दिन भर की उठापटक (OHLC) समझने वाले ट्रेडर के लिए: इस ट्रेडर को कैंडलस्टिक चार्ट (Candlestick Chart) या बार चार्ट (Bar Chart) का उपयोग करना चाहिए। ये चार्ट एक ही नज़र में दिन का ओपन (Open), हाई (High), लो (Low) और क्लोज (Close) दिखाते हैं, जिससे बाजार की वोलैटिलिटी और खरीदारों-विक्रेताओं के बीच के संघर्ष को समझा जा सकता है।

सीख: कैंडलस्टिक चार्ट बाजार की 'भावनाओं' (Sentiments) को अधिक गहराई से दिखाता है।

**प्रश्न 5:** बाजार के मुख्य इंडेक्स (सेंसेक्स) में तेजी है, लेकिन स्मॉल कैप और मिड कैप शेयरों में भारी गिरावट है। डाउ थ्योरी के अनुसार क्या यह तेजी टिकाऊ है?

**उत्तर:**

डाउ थ्योरी (Dow Theory) के सिद्धांतों के अनुसार, यदि मुख्य इंडेक्स (जैसे सेंसेक्स या निफ्टी) बढ़ रहे हैं, लेकिन स्मॉल कैप और मिड कैप शेयरों में गिरावट है, तो यह तेजी टिकाऊ नहीं मानी जाती है।

इसके प्रमुख कारण निम्नलिखित हैं:

पुष्टि का सिद्धांत (Principle of Confirmation): डाउ थ्योरी का एक बुनियादी नियम है कि एक इंडेक्स की तेजी की पुष्टि दूसरे इंडेक्स द्वारा होनी चाहिए। यदि लार्ज कैप (सेंसेक्स) ऊपर जा रहा है लेकिन बाजार का व्यापक हिस्सा (मिड और स्मॉल कैप) उसका साथ नहीं दे रहा, तो इसे 'डाइवर्जेंस' (Divergence) कहा जाता है। यह संकेत देता है कि बाजार में चौतरफा मजबूती नहीं है।

बाजार की गहराई (Market Breadth): एक स्वस्थ तेजी (Bull Run) के लिए जरूरी है कि अधिकांश शेयर ऊपर की ओर बढ़ें। जब केवल कुछ बड़े शेयर (Blue-chip stocks) इंडेक्स को ऊपर खींचते हैं और बाकी बाजार गिरता है, तो इसे 'नैरो मार्केट' (Narrow Market) रैली कहते हैं, जो अक्सर गिरावट की चेतावनी होती है।

स्मॉल और मिड कैप का महत्व: ये शेयर अक्सर भविष्य की आर्थिक वृद्धि और निवेशकों के जोखिम उठाने की क्षमता (Risk Appetite) को दर्शाते हैं। इनमें गिरावट यह बताती है कि स्मार्ट निवेशक और बड़े संस्थान बाजार के निचले स्तरों पर कमजोरी देख रहे हैं।

निष्कर्ष: डाउ थ्योरी के अनुसार, यह स्थिति एक 'बेयरिश सिग्नल' (Bearish Signal) है। जब तक व्यापक बाजार (Small/Mid Caps) इंडेक्स की तेजी के साथ तालमेल नहीं बिठाते, तब तक इस तेजी को 'ट्रैप' माना जा सकता है और इसके पलटने की संभावना अधिक रहती है।

सीख: जब तक पूरी मार्केट चौड़ाई (Market Breadth) साथ न दे, तब तक सावधानी बरतें।

**प्रश्न 6:** एक कंपनी का कर्ज बढ़ रहा है और सेल्स गिर रही है (खराब फंडामेंटल्स), लेकिन चार्ट पर शेयर 'Breakout' देकर ऊपर जा रहा है। एक शुद्ध टेक्निकल एनालिस्ट क्या करेगा?

**उत्तर:**

एक शुद्ध टेक्निकल एनालिस्ट (Pure Technical Analyst) शेयर को खरीदेगा, क्योंकि वह केवल भाव (Price Action) पर भरोसा करता है, कंपनी के फंडामेंटल्स पर नहीं।

एक शुद्ध टेक्निकल एनालिस्ट का दृष्टिकोण निम्नलिखित सिद्धांतों पर आधारित होता है:

भाव में सब कुछ शामिल है (Price Discounts Everything): तकनीकी विश्लेषण का मानना है कि कर्ज या सेल्स जैसी सभी खबरें पहले से ही चार्ट में समाहित हैं। अगर चार्ट पर 'Breakout' हो रहा है, तो इसका मतलब है कि बाजार को भविष्य में किसी सकारात्मक बदलाव की उम्मीद है जिसे अभी सार्वजनिक नहीं किया गया है।

ट्रेंड के साथ चलना (Trend is Friend): एक टेक्निकल एनालिस्ट गिरते फंडामेंटल्स के खिलाफ तर्क करने के बजाय 'प्राइस ट्रेंड' का पालन करता है। वह 'Breakout' को खरीदारी का संकेत मानता है।

स्टॉप-लॉस का उपयोग: वह भावनाओं या कंपनी की स्थिति के बजाय अपने Stop-Loss (SL) पर भरोसा करता है। यदि ब्रेकआउट के बाद शेयर नीचे आता है, तो वह तुरंत बाहर निकल जाएगा।

निष्कर्ष: एक शुद्ध टेक्निकल एनालिस्ट के लिए चार्ट 'सुप्रीम' है। यदि चार्ट कहता है "खरीदें", तो वह खरीदेगा, चाहे कंपनी की वित्तीय स्थिति (Fundamentals) कितनी भी खराब क्यों न हो।

सीख: टेक्निकल एनालिसिस 'क्या' (What) हो रहा है पर ध्यान देता है, 'क्यों' (Why) पर नहीं।

**प्रश्न 7:** एक शेयर ₹200 के कड़े रेसिस्टेंस को तोड़कर ऊपर निकल जाता है। अब अगर शेयर वापस नीचे आता है, तो ₹200 का स्तर किस रूप में कार्य करेगा?

**उत्तर**:

₹200 का स्तर सपोर्ट (Support) के रूप में कार्य करेगा।

तकनीकी विश्लेषण (Technical Analysis) के सिद्धांत के अनुसार, जब कोई शेयर एक मजबूत रेसिस्टेंस (Resistance) स्तर को सफलतापूर्वक तोड़कर (Breakout) ऊपर निकल जाता है, तो उस स्तर की भूमिका बदल जाती है। इस प्रक्रिया को भूमिका का उलटफेर (Role Reversal) कहा जाता है।

अब यदि शेयर की कीमत वापस नीचे आती है, तो वही ₹200 का स्तर, जो पहले बाधा बना हुआ था, अब खरीदारी के क्षेत्र यानी सपोर्ट के रूप में कार्य करेगा। ऐसा इसलिए होता है क्योंकि निवेशक उस स्तर को एक अच्छे 'एंट्री पॉइंट' के रूप में देखते हैं, जिससे वहां मांग (Demand) बढ़ जाती है और शेयर की कीमत को नीचे गिरने से सहारा मिलता है।

सीख: एक बार जब रेसिस्टेंस टूट जाता है, तो वह सपोर्ट बन जाता है।

**प्रश्न 8:** एक व्यक्ति 'इंट्राडे' ट्रेडिंग करना चाहता है और दूसरा 'लॉन्ग टर्म' निवेश। उन्हें कौन से टाइमफ्रेम चार्ट देखने चाहिए?

**उत्तरः**

इंट्राडे ट्रेडिंग और लॉन्ग टर्म निवेश के लिए अलग-अलग टाइमफ्रेम (Timeframes) का उपयोग किया जाता है। सही चुनाव इस प्रकार है:

1. इंट्राडे ट्रेडर के लिए (Intraday Trading): इंट्राडे ट्रेडिंग में सौदे एक ही दिन में पूरे करने होते हैं, इसलिए छोटे टाइमफ्रेम का उपयोग किया जाता है:

ट्रेंड देखने के लिए: 15 मिनट या 1 घंटा (बड़ा नजरिया समझने के लिए)।

ट्रेड एंट्री और एग्जिट के लिए: 1 मिनट, 3 मिनट या 5 मिनट के चार्ट सबसे लोकप्रिय हैं।

2. लॉन्ग टर्म निवेशक के लिए (Long-Term Investment): लंबी अवधि (महीनों या वर्षों) के लिए निवेश करने वालों को बाजार के शोर (Noise) से बचकर बड़े ट्रेंड पर ध्यान देना चाहिए:

ट्रेंड और सपोर्ट-रेजिस्टेंस के लिए: साप्ताहिक (Weekly) चार्ट।

कुल पोर्टफोलियो रणनीति के लिए: मासिक (Monthly) चार्ट।

एंट्री पॉइंट के लिए: दैनिक (Daily) चार्ट का उपयोग किया जा सकता है।

संक्षेप में: इंट्राडे: 5 मिनट या 15 मिनट का चार्ट।

लॉन्ग टर्म: साप्ताहिक (Weekly) या मासिक (Monthly) चार्ट।

सीख: टाइमफ्रेम जितना बड़ा होगा, सिग्नल उतना ही अधिक विश्वसनीय होगा।

**प्रश्न 9:** शेयर की कीमत 5% बढ़ी, लेकिन उस दिन ट्रेडिंग वॉल्यूम बहुत कम था। क्या इस तेजी पर भरोसा किया जा सकता है?

**उत्तरः**

नहीं, कम ट्रेडिंग वॉल्यूम (Trading Volume) के साथ आई इस तेजी पर भरोसा नहीं किया जा सकता। शेयर बाजार के सिद्धांतों के अनुसार, इसके पीछे मुख्य कारण निम्नलिखित हैं:

कन्फर्मेशन की कमी: तकनीकी विश्लेषण में, कीमत की चाल को 'वॉल्यूम' से समर्थन मिलना जरूरी है। अगर वॉल्यूम कम है, तो इसका मतलब है कि बड़े संस्थागत निवेशक (Institutional Investors) इस तेजी में शामिल नहीं हैं।

आसानी से हेरफेर (Manipulation): कम वॉल्यूम वाले शेयर में कुछ ही खरीदार कीमत को ऊपर ले जा सकते हैं, जिसे 'ऑपरेटर गेम' भी कहा जा सकता है।

टिकाऊपन का अभाव: ऐसी तेजी अक्सर अस्थायी होती है और जैसे ही थोड़े से भी बिकवाल (Sellers) बाजार में आते हैं, शेयर की कीमत वापस गिर सकती है।

लिक्विडिटी का जोखिम: कम वॉल्यूम का मतलब है कि शेयर में लिक्विडिटी कम है, जिससे भविष्य में सही कीमत पर शेयर बेचना मुश्किल हो सकता है।

निष्कर्ष: जब तक शेयर भारी वॉल्यूम के साथ किसी महत्वपूर्ण रेजिस्टेंस लेवल को पार न करे, तब तक इसे एक 'फॉल्स ब्रेकआउट' (False Breakout) या 'ट्रैप' माना जाना चाहिए।

सीख: बिना वॉल्यूम के प्राइस मूवमेंट 'स्मार्ट मनी' की भागीदारी की कमी को दर्शाता है।

**प्रश्न 10:** एक ट्रेडर ₹100 पर शेयर खरीदता है। उसका स्टॉप-लॉस ₹95 है और टारगेट ₹115 है। उसका रिस्क-रिवॉर्ड रेशियो क्या है?

**उत्तरः**

रिस्क: ₹100 - ₹95 = ₹5

रिवॉर्ड: ₹115 - ₹100 = ₹15

अनुपात: 5:15 यानी 1:3

सीख: टेक्निकल एनालिसिस केवल चार्ट देखना नहीं, बल्कि सही रिस्क मैनेजमेंट के साथ ट्रेड लेना है।

## 32.8 प्रश्नोत्तर परीक्षा (Quiz)

Q1. टेक्निकल एनालिसिस (TA) का आधार क्या है?

(A) कंपनी के फंडामेंटल्स

(B) अतीत के प्राइस और वॉल्यूम से भविष्य की कीमत का अनुमान

(C) केवल न्यूज

(D) केवल P/E रेशियो

Q2. किताब में TA को क्या कहा गया है?

(A) जुआ

(B) पूरी तरह बेकार

(C) टाइमिंग का सबसे शक्तिशाली टूल – फंडामेंटल के साथ मिलाकर उपयोग करें

(D) केवल डे ट्रेडर के लिए

Q3. डॉव थ्योरी TA की नींव है – इसके कितने मुख्य सिद्धांत हैं?

(A) 3 (B) 6 (C) 10 (D) 15

Q4. डॉव थ्योरी का पहला सिद्धांत क्या है?

(A) मार्केट सब कुछ डिस्काउंट करता है (B) ट्रेंड तीन प्रकार के होते हैं

(C) वॉल्यूम कन्फर्म करता है (D) ट्रेंड तब तक चलता है जब तक रिवर्सल न हो

Q5. मार्केट तीन प्रकार के ट्रेंड होते हैं –

(A) प्राइमरी, सेकेंडरी, माइनर (B) केवल अपट्रेंड

(C) केवल डाउनट्रेंड (D) केवल साइडवेज

Q6. प्राइमरी ट्रेंड की अवधि आमतौर पर कितनी होती है?

(A) कुछ घंटे (B) 1 हफ्ता

(C) 1 महीना (D) 1 साल से ज्यादा (कई साल भी)

Q7. सेकेंडरी ट्रेंड क्या होता है?

(A) प्राइमरी ट्रेंड के बीच का करेक्शन (33-66%) (B) सबसे छोटा ट्रेंड

(C) हमेशा अपट्रेंड (D) कोई करेक्शन नहीं

Q8. माइनर ट्रेंड की अवधि कितनी होती है?

(A) कई साल (B) कुछ दिन से कुछ हफ्ते

(C) 1 साल (D) हमेशा स्थिर

Q9. किसी ट्रेंड के तीन फेज़ कौन से हैं?

(A) एक्यूमुलेशन, मार्कअप, डिस्ट्रीब्यूशन (B) सिर्फ़ खरीदना

(C) सिर्फ़ बेचना (D) सिर्फ़ होल्ड करना

Q10. Accumulation Phase में कौन खरीदता है?

(A) आम निवेशक
(B) केवल रिटेल
(C) स्मार्ट मनी (बड़े संस्थान)
(D) कोई नहीं

Q11. मार्कअप फेज के दौरान क्या होता है?

(A) कीमतें तेजी से बढ़ती हैं – आम निवेशक FOMO में खरीदते हैं
(B) कीमतें गिरती हैं
(C) कोई बदलाव नहीं
(D) केवल साइडवेज

Q12. Distribution Phase में कौन बेचता है?

(A) स्मार्ट मनी चुपके से बेचता है
(B) आम निवेशक खरीदते हैं
(C) कोई नहीं बेचता
(D) केवल खरीदारी

Q13. मार्कडाउन फेज क्या है?

(A) केवल साइडवेज
(B) तेज बढ़ोतरी
(C) स्थिर
(D) तेज गिरावट – पैनिक सेलिंग

Q14. वॉल्यूम का सबसे बड़ा काम क्या है?

(A) ट्रेंड की पुष्टि करना
(B) केवल कीमत बढ़ाना
(C) केवल खबर देना
(D) कोई काम नहीं

Q15. अपट्रेंड में वॉल्यूम कैसा होना चाहिए?

(A) बढ़ते समय ज्यादा, गिरते समय कम
(B) हमेशा कम
(C) हमेशा ज्यादा
(D) कोई फर्क नहीं

Q16. ट्रेंड रिवर्सल की पुष्टि कब होती है?

(A) तुरंत
(B) केवल जब वॉल्यूम के साथ प्राइस भी रिवर्स हो
(C) केवल न्यूज से
(D) केवल P/E से

Q17. किताब में TA को फंडामेंटल के साथ कैसे इस्तेमाल करने की सलाह दी गई है?

(A) केवल TA
(B) फंडामेंटल से स्टॉक चुनो, TA से एंट्री-एग्जिट टाइमिंग
(C) केवल फंडामेंटल
(D) दोनों अलग-अलग

Q18. TA का सबसे बड़ा फायदा क्या है?

(A) सटीक भविष्यवाणी
(B) केवल शॉर्ट टर्म
(C) कोई फायदा नहीं
(D) सही समय पर एंट्री-एग्जिट – ज्यादा रिटर्न, कम जोखिम

Q19. TA का सबसे बड़ा नुकसान क्या है?

(A) पूरी तरह गलत

(B) सब्जेक्टिव इंटरप्रिटेशन + अतीत पर आधारित

(C) बहुत महंगा

(D) केवल प्रोफेशनल कर सकते हैं

Q20. टेक्निकल एनालिसिस) TA) के बारे में किताब का मुख्य संदेश क्या है?

(A) TA ही सब कुछ है

(B) इसे फंडामेंटल्स के साथ इस्तेमाल करें – यह टाइमिंग का टूल है, भविष्यवाणी करने वाला टूल नहीं

(C) TA का कभी इस्तेमाल न करें

(D) सिर्फ़ चार्ट देखें

**Answer Key**

| Q | 1 | 2 | 3 | 4 | 5 | 6 | 7 | 8 | 9 | 10 | 11 | 12 | 13 | 14 | 15 | 16 | 17 | 18 | 19 | 20 |
|---|---|---|---|---|---|---|---|---|---|---|---|---|---|---|---|---|---|---|---|---|
| Ans. | B | C | B | A | A | D | A | B | A | C | A | A | D | A | A | B | B | D | B | B |

# *Chapter 33* चार्ट विश्लेषण के मुख्य आधार

**"चार्ट बाज़ार के नक्शे हैं, जहाँ 'ट्रेंड' आपका सबसे अच्छा दोस्त है। 'सपोर्ट' और 'रेजिस्टेंस' की रेखाओं को पहचानना सीखें, क्योंकि ये वे अदृश्य दीवारें हैं जहाँ खरीदारों और विक्रेताओं की असली जंग होती है—इन सीमाओं को समझकर ही आप बाज़ार के शोर में सही रास्ता खोज सकते हैं।"**

चार्ट्स शेयर बाजार के वे नक्शे हैं, जो निवेशकों को कीमतों की भूलभुलैया में रास्ता दिखाते हैं। बिना चार्ट की समझ के ट्रेडिंग करना अंधेरे में तीर चलाने जैसा है। यह अध्याय आपको बाजार के विजुअल डेटा को पढ़ने और समझने की शक्ति प्रदान करेगा। यहाँ हम केवल लकीरें खींचना नहीं सीखेंगे, बल्कि उन अदृश्य स्तरों को पहचानना सीखेंगे जहाँ खरीदार और विक्रेता एक-दूसरे से टकराते हैं और बाजार की दिशा तय होती है।

इस चैप्टर में हम लाइन, बार और विशेष रूप से कैंडलस्टिक चार्ट की बारीकियों को समझेंगे, जो बाजार के सेंटिमेंट (भावों) को जीवंत रूप में दर्शाते हैं। आप सीखेंगे कि 'अपट्रेंड', 'डाउनट्रेंड' और 'साइडवेज' बाजार की पहचान कैसे की जाती है। सबसे महत्वपूर्ण बात, हम सपोर्ट और रेजिस्टेंस के जादुई सिद्धांतों का अध्ययन करेंगे—वे सीमाएँ जहाँ से कीमतें अक्सर पलटती हैं।

यह अध्याय आपकी बाजार को देखने की दृष्टि बदल देगा। इन उपकरणों की मदद से आप न केवल बाजार की वर्तमान दिशा को पहचान पाएंगे, बल्कि संभावित बदलावों का भी सटीक अनुमान लगा सकेंगे, जिससे आपके निवेश निर्णय वैज्ञानिक और तर्कसंगत बनेंगे।

## 33.1 चार्ट के प्रकार और उनकी उपयोगिता

तकनीकी विश्लेषण की शुरुआत 'चार्ट' से होती है। चार्ट केवल रेखाएं या डिब्बे नहीं हैं, बल्कि ये बाज़ार के प्रतिभागियों की भावनाओं, निर्णयों और क्रियाओं का एक दृश्य चित्रण) Visual Representation) हैं। एक तकनीकी विश्लेषक के रूप में, सही चार्ट का चुनाव करना इस बात पर निर्भर करता है कि आप बाज़ार से कौन सी जानकारी निकालना चाहते हैं।

### 1. लाइन चार्ट (Line Chart): सरलता और स्पष्टता

लाइन चार्ट डेटा का सबसे बुनियादी और साफ रूप है। यह एक निश्चित अवधि) जैसे एक दिन (के केवल क्लोजिंग प्राइस को आपस में जोड़कर बनाया जाता है।

उपयोगिता: यह चार्ट बाज़ार के अनावश्यक उतार-चढ़ाव) Noise) को खत्म कर देता है।

फायदा: यदि आप बाज़ार का दीर्घकालिक रुझान) Long-term Trend) देखना चाहते हैं या 'सपोर्ट और रेजिस्टेंस' के प्रमुख क्षेत्रों को जल्दी से पहचानना चाहते हैं, तो लाइन चार्ट सर्वोत्तम है।

कमी: यह उस समयावधि के दौरान होने वाले उतार-चढ़ाव) High/Low) के बारे में कोई जानकारी नहीं देता।

### 2. बार चार्ट (Bar Chart): व्यापक डेटा का संगम

बार चार्ट) जिसे अक्सर OHLC चार्ट भी कहा जाता है (प्रत्येक समय अंतराल के लिए चार महत्वपूर्ण डेटा पॉइंट प्रदान करता है।

संरचना: इसमें एक ऊर्ध्वाधर रेखा) Vertical Line) होती है। बाईं ओर की छोटी क्षैतिज रेखा Open (शुरुआत( और दाईं ओर की रेखा Close (समाप्ति( को दर्शाती है। रेखा का शीर्ष High (उच्चतम( और निचला हिस्सा Low (निम्नतम( होता है।

महत्व: यह लाइन चार्ट की तुलना में अधिक गहराई प्रदान करता है, जिससे यह समझना आसान हो जाता है कि उस दिन बाज़ार में कितनी अस्थिरता) Volatility) थी।

**3. कैंडलस्टिक चार्ट (Candlestick Chart): बाज़ार का मनोविज्ञान**

जापान में उत्पन्न यह तकनीक आज के समय में ट्रेडर्स के बीच सबसे लोकप्रिय है। यह भी बार चार्ट की तरह OHLC डेटा का उपयोग करती है, लेकिन इसे देखने का तरीका अधिक विजुअल होता है।

संरचना: इसमें एक 'रियल बॉडी' (Real Body) होती है जो ओपन और क्लोज के बीच के अंतर को दर्शाती है। ऊपर और नीचे की पतली रेखाओं को 'विक्स' (Wicks) या 'शैडो' (Shadow) कहा जाता है।

मनोवैज्ञानिक लाभ: हरी/सफेद बॉडी: दर्शाती है कि खरीदार हावी थे।

लाल/काली बॉडी: दर्शाती है कि विक्रेताओं का नियंत्रण था।

विशेषता: कैंडलस्टिक के पैटर्न) जैसे Hammer, Doji) भविष्य में होने वाले प्राइस रिवर्सल का संकेत बहुत पहले दे देते हैं।

**4. हेइकेन-आशी (Heikin-Ashi): शोर मुक्त ट्रेडिंग**

'हेइकेन-आशी' का जापानी में अर्थ है 'औसत बार'। यह सामान्य कैंडलस्टिक जैसा दिखता तो है, लेकिन इसकी गणना अलग होती है। यह पिछले कैंडल के औसत डेटा का उपयोग करता है। इसका मुख्य उद्देश्य बाज़ार के 'शोर' (Market Noise) को कम करना है। एक मजबूत अपट्रेंड में, हेइकेन-आशी कैंडल्स की निचली विक्स) Shadows) नहीं होतीं। एक मजबूत डाउनट्रेंड में, इनकी ऊपरी विक्स नहीं होतीं। यह उन ट्रेडर्स के लिए बेहतरीन है जो ट्रेंड के बीच में घबराकर बाहर निकल जाते हैं। यह आपको तब तक ट्रेंड में बने रहने में मदद करता है जब तक कि रुझान वास्तव में न बदल जाए।

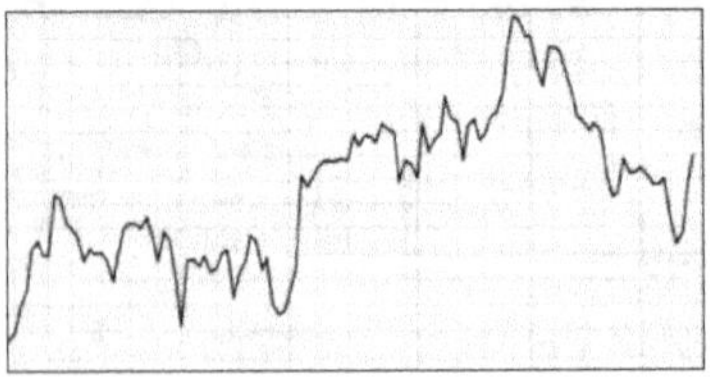

Line Chart

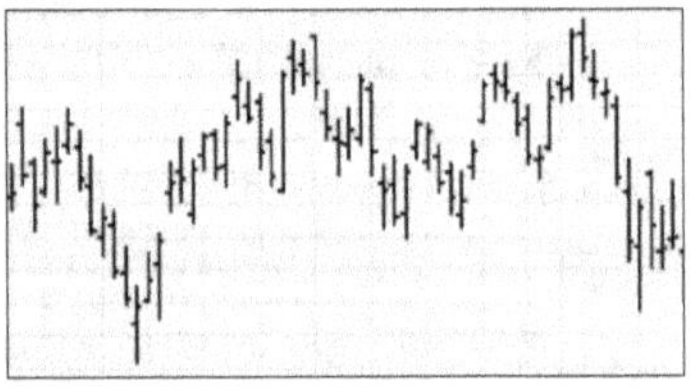

Bar Chart

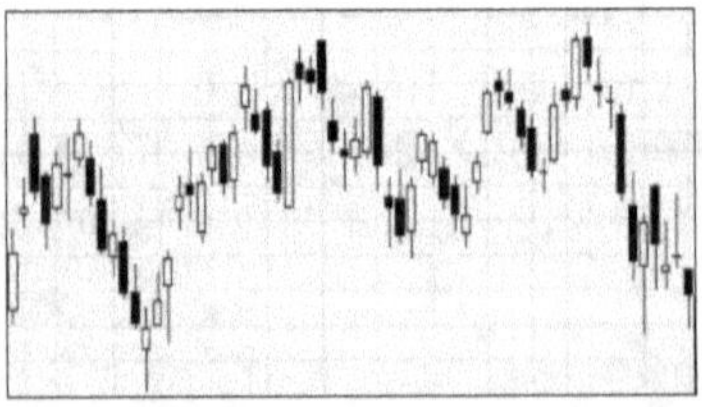

Candlestick Chart

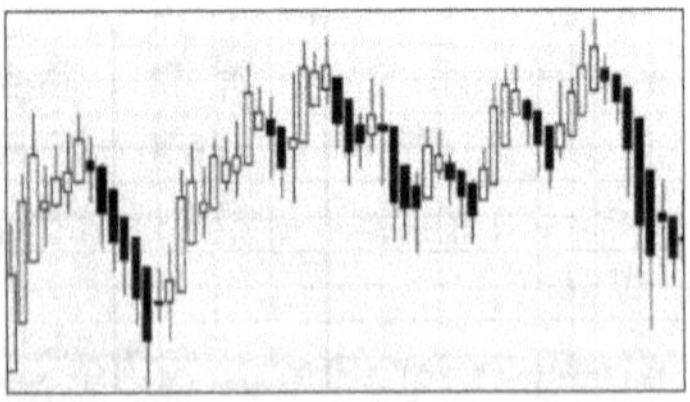

Heikin-Ashi

Chart courtesy of StockCharts.com

## 33.2 बाज़ार के रुझान और ट्रेंडलाइन का विश्लेषण

वित्तीय बाज़ारों की दुनिया में एक पुरानी कहावत है: "Trend is your friend" (रुझान ही आपका मित्र है(। तकनीकी विश्लेषण) Technical Analysis) का पूरा आधार इस बात पर टिका है कि बाज़ार कभी भी सीधी रेखा में नहीं चलता, बल्कि वह तरंगों और रुझानों) Trends) में चलता है। एक सफल ट्रेडर बनने के लिए इन रुझानों को पहचानना और उनके साथ चलना अनिवार्य है।

### 1. बाज़ार के रुझान की अवधारणा) The Concept of Trends)

बाज़ार में कीमतों की गति रैंडम नहीं होती। रुझान वह दिशा है जिसमें बाज़ार का झुकाव होता है। यह मुख्य रूप से मांग) Demand) और आपूर्ति) Supply) के बीच चल रहे युद्ध का परिणाम है।

- जब मांग > आपूर्ति, कीमतें ऊपर की ओर बढ़ती हैं।
- जब आपूर्ति > मांग, कीमतें नीचे की ओर गिरती हैं।

### 2. रुझान के मुख्य प्रकार) Types of Market Trends)

तकनीकी विश्लेषण में हम बाज़ार को तीन व्यापक श्रेणियों में विभाजित करते हैं:

**(a) .अपट्रेंड) Uptrend) - "बुलिश मार्केट"**

अपट्रेंड तब होता है जब बाज़ार में आशावाद और मजबूत खरीदारी होती है। इसमें कीमतें Higher Highs (HH) और Higher Lows (HL) बनाती हैं। यानी, हर नया शिखर पिछले शिखर से ऊँचा होता है, और हर गिरावट) Dip) पिछले निचले स्तर से ऊपर ही रुक जाती है। खरीदार इतने आक्रामक होते हैं कि वे कीमतों के पिछले निचले स्तर तक गिरने का इंतज़ार नहीं करते और ऊंचे दामों पर भी खरीदने को तैयार रहते हैं।

**(b) .डाउनट्रेंड) Downtrend) - "बेयरिश मार्केट"**

डाउनट्रेंड गिरते बाज़ार का संकेत है जहाँ बिकवाली का दबाव हावी रहता है। कीमतें Lower Highs (LH) और Lower Lows (LL) बनाती हैं। यहाँ हर उछाल) Bounce) पिछले शिखर को पार करने में विफल रहता है। यह डर और निराशा की स्थिति है, जहाँ विक्रेता हर छोटे उछाल पर अपनी होल्डिंग्स से बाहर निकलना चाहते हैं।

**(c) .साइडवेज़ या कंसोलिडेशन) Sideways/Consolidation)**

जब बाज़ार में खरीदार और विक्रेता दोनों समान रूप से शक्तिशाली होते हैं, तो बाज़ार किसी एक दिशा में नहीं जाता। कीमतें एक सीमित दायरे) Range) के बीच फंसी रहती हैं, जिसे सपोर्ट) Support) और रेसिस्टेंस) Resistance) कहा जाता है। इस दौरान ट्रेंड-फॉलोइंग ट्रेडर्स को बाज़ार से दूर रहना चाहिए या केवल 'रेंज बाउंड' रणनीतियों का उपयोग करना चाहिए।

**(d). ट्रेंडलाइन :रुझान को मापने का पैमाना) Trendlines)**

ट्रेंडलाइन मूल्य चार्ट पर खींची गई एक तिरछी) Diagonal) रेखा है जो मूल्य के 'स्विंग पॉइंट्स' (Low points or High points) को जोड़ती है।

**ट्रेंडलाइन की वैधता) Validity of a Trendline)**

एक रेखा को केवल तभी 'ट्रेंडलाइन' माना जा सकता है जब वह कम से कम 3 बार मूल्य को स्पर्श) Touch) करे।

- दो स्पर्श: यह केवल एक संभावित) Tentative) रेखा है।
- तीन या अधिक स्पर्श: यह एक पुष्ट) Confirmed) ट्रेंडलाइन है। जितने अधिक टच होंगे, वह रेखा उतनी ही अधिक विश्वसनीय और महत्वपूर्ण मानी जाएगी।

### 4. व्यावहारिक अनुप्रयोग) Practical Applications)

ट्रेंडलाइन का उपयोग केवल दिशा देखने के लिए नहीं, बल्कि Entry (प्रवेश( और Exit (निकास( के लिए किया जाता है:

**खरीदारी) Buy) के अवसर:** अपट्रेंड के दौरान, जब कीमत नीचे आकर अपनी ट्रेंडलाइन को छूती है और वहां से पलटने का संकेत देती है, तो वह खरीदारी का सबसे उत्तम समय होता है।

**बिकवाली) Sell) के अवसर:** डाउनट्रेंड के दौरान, जब कीमत उछाल लेकर अपनी गिरती हुई ट्रेंडलाइन को छूती है, तो वहां शार्ट सेलिंग) Short Selling) का मौका बनता है।

**ब्रेकआउट) Breakout):** यदि कीमत ट्रेंडलाइन को तोड़कर दूसरी दिशा में निकल जाती है, तो यह 'रुझान के परिवर्तन' (Trend Reversal) का प्रारंभिक संकेत हो सकता है।

*कभी भी ट्रेंडलाइन को चार्ट पर जबरदस्ती फिट करने की कोशिश न करें। यदि यह प्राकृतिक रूप से नहीं बन रही है, तो बाज़ार शायद अभी ट्रेंड में नहीं है।*

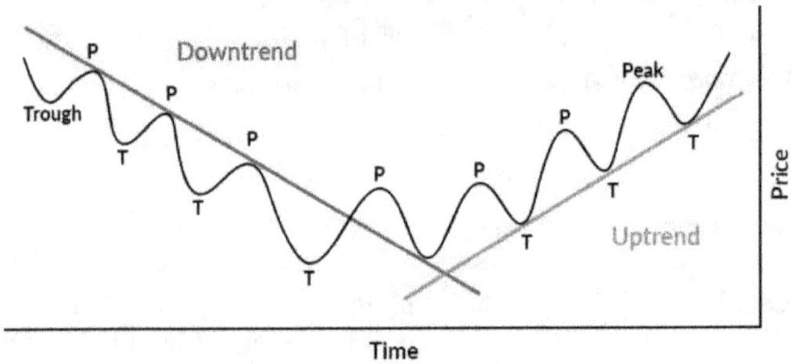


Uptrend,Downtrend and Trendlines

## 33.3 सपोर्ट और रेजिस्टेंस का विज्ञान

तकनीकी विश्लेषण की दुनिया में सपोर्ट और रेजिस्टेंस) S&R) सबसे महत्वपूर्ण और बुनियादी स्तंभ हैं। यदि आप चार्ट पर इन स्तरों को सही ढंग से पहचानना सीख जाते हैं, तो आप बाज़ार की 'सप्लाई और डिमांड' की पूरी कहानी समझ सकते हैं।

### 1. सपोर्ट और रेजिस्टेंस की अवधारणा

सपोर्ट और रेजिस्टेंस केवल रेखाएं नहीं हैं, बल्कि ये बाज़ार में खरीदारों और विक्रेताओं के बीच के संतुलन) Balance of Power) को दर्शाते हैं। ये वे क्षेत्र हैं जहाँ बाज़ार की दिशा बदलने की सबसे अधिक संभावना होती है।

मांग (Demand) > आपूर्ति (Supply) = सपोर्ट (Support)

आपूर्ति (Supply) > मांग (Demand) = रेजिस्टेंस (Resistance)

### 2. क्षैतिज सपोर्ट और रेजिस्टेंस) Horizontal S&R)

**(a) .सपोर्ट) Support): बाज़ार का 'फर्श' (Floor)**

सपोर्ट वह मूल्य स्तर है जहाँ गिरता हुआ बाज़ार रुकने और वापस ऊपर उठने की कोशिश करता है। यहाँ खरीदारी का दबाव इतना बढ़ जाता है कि वह बिकवाली के दबाव को सोख लेता है। खरीदारों को लगता है कि स्टॉक का भाव 'सस्ता' हो गया है, जिससे नई खरीदारी शुरू होती है और गिरावट रुक जाती है।

**(b) रेजिस्टेंस) Resistance): बाज़ार की 'छत' (Ceiling)**

रेजिस्टेंस वह मूल्य स्तर है जहाँ बढ़ता हुआ बाज़ार रुकने और नीचे की ओर मुड़ने लगता है। यहाँ बिकवाली) Supply) इतनी अधिक हो जाती है कि कीमत इससे ऊपर नहीं जा पाती। यहाँ विक्रेताओं को लगता है कि भाव 'महंगा' हो गया है और वे अपना मुनाफा वसूलने )Profit Booking) लगते हैं।

### 3. भूमिका का उलट जाना :रोल रिवर्सल) Role Reversal)

यह तकनीकी विश्लेषण का एक बहुत ही शक्तिशाली सिद्धांत है। जब भी बाज़ार एक महत्वपूर्ण स्तर को तोड़ता है, तो उस स्तर का 'स्वभाव' बदल जाता है:

**रेजिस्टेंस जब सपोर्ट बन जाए) R → S):** जब कीमत एक मजबूत रेजिस्टेंस को तोड़कर ऊपर निकलती है, तो अगली गिरावट के समय वही पुराना रेजिस्टेंस अब सपोर्ट का काम करता है। ट्रेडर इसे 'री-टेस्ट' (Re-test) कहते हैं।

**सपोर्ट जब रेजिस्टेंस बन जाए) S → R):** जब कीमत अपने सपोर्ट लेवल को तोड़कर नीचे गिर जाती है, तो वापस ऊपर उठते समय वही पुराना सपोर्ट अब रेजिस्टेंस बन जाता है।

यह क्यों होता है? यह उन ट्रेडर्स के मनोविज्ञान के कारण होता है जिन्होंने ब्रेकआउट पर प्रवेश करने का मौका गंवा दिया था। वे कीमत के वापस उसी स्तर पर आने का इंतज़ार करते हैं।

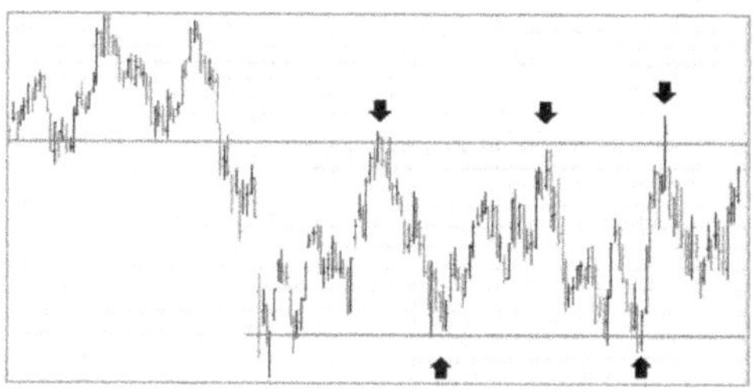

Chart courtesy of StockCharts.com

Support & Resistance

### 4. S&R के अन्य प्रकार) Other Types of S&R)

चार्ट पर केवल सीधी रेखाएं ही सपोर्ट और रेजिस्टेंस नहीं होतीं, बल्कि अन्य कारक भी होते हैं:

**(a) मनोवैज्ञानिक स्तर) Psychological Levels)**

मानव मस्तिष्क गोल संख्याओं) Round Numbers) जैसे 100, 500, 1000 या 10,000 को अधिक महत्व देता है। बाज़ार अक्सर इन स्तरों पर रुकता है क्योंकि अधिकतम 'लिमिट ऑर्डर्स' यहीं रखे होते हैं।

**(b) पिवट बिंदु) Pivot Points)**

ये पिछले दिन के हाई) High), लो) Low) और क्लोज) Close) के आधार पर गणना किए गए गणितीय स्तर होते हैं। इंट्राडे ट्रेडर्स के लिए ये बहुत सटीक दिशा-निर्देश का काम करते हैं।

**(c) फिबोनैचि रिट्रेसमेंट) Fibonacci Retracement)**

प्राकृतिक गणितीय अनुपातों) जैसे 38.2%, 50%, 61.8%) का उपयोग करके यह पता लगाया जाता है कि बाज़ार अपनी मूल चाल के बाद कितना 'रिट्रेस' (वापस मुड़ना (कर सकता है। 61.8% को अक्सर 'गोल्डन रेशियो' माना जाता है।

**(d) फ्रैक्टल्स) Fractals)**

ये 5-कैंडल के आवर्ती पैटर्न होते हैं जो चार्ट पर छोटे मोड़ों) Turning Points) की पहचान करते हैं। ये अल्पकालिक सपोर्ट और रेजिस्टेंस जोन को दर्शाने में सहायक होते हैं।

## 33.4 ब्रेकआउट, वॉल्यूम और ट्रेंड की शक्ति

तकनीकी विश्लेषण में केवल स्तरों को पहचानना पर्याप्त नहीं है; उन स्तरों पर होने वाली गतिविधि की विश्वसनीयता) Reliability) को समझना सबसे महत्वपूर्ण है। यह अध्याय हमें यह सीखने में मदद करेगा कि कब एक बाज़ार की चाल वास्तविक है और कब वह केवल एक भ्रम )Trap) है।

### 1. वॉल्यूम :बाज़ार की पुष्टि का ईंधन) Volume Analysis)

वॉल्यूम) Volume) वह कुल संख्या है जो बताती है कि एक निश्चित समय में कितने शेयरों या अनुबंधों का व्यापार हुआ। यह किसी भी मूल्य आंदोलन की 'ईमानदारी' को मापता है।

**(a) S&R स्तरों पर वॉल्यूम की भूमिका**

सपोर्ट से बाउंस) Bounce from Support): यदि कीमत सपोर्ट लेवल पर आती है और उच्च वॉल्यूम के साथ ऊपर की ओर मुड़ती है, तो यह पुष्टि करता है कि उस स्तर पर खरीदार वास्तव में सक्रिय और आक्रामक हैं।

वास्तविक ब्रेकआउट) True Breakout): जब कीमत किसी रेजिस्टेंस को पार करती है या सपोर्ट को तोड़ती है, तो उस समय वॉल्यूम में भारी उछाल होना चाहिए। उच्च वॉल्यूम यह दर्शाता है कि संस्थान) Institutional Investors) भी इस चाल में शामिल हैं, जो एक नए और स्थायी ट्रेंड की शुरुआत का संकेत है।

**(b) झूठा ब्रेकआउट) False Breakout / Fakeout)**

यदि कीमत किसी स्तर को तोड़ती है लेकिन वॉल्यूम कम) Low Volume) रहता है, तो सावधान हो जाएं। यह एक 'फेकआउट' हो सकता है, जहाँ कीमत थोड़ी देर के लिए सीमा से बाहर निकलती है और फिर वापस पुराने रेंज में लौट आती है। कम वॉल्यूम का मतलब है कि बड़े खिलाड़ियों का इस चाल में कोई समर्थन नहीं है।

### 2. ट्रेंड की शक्ति को मापना :ADX (Average Directional Index)

ट्रेडिंग में यह जानना महत्वपूर्ण है कि ट्रेंड कितना 'थका हुआ' या 'ताकतवर' है। इसके लिए ADX एक प्रमुख इंडिकेटर है।

ADX का कार्य: यह बाज़ार की दिशा) ऊपर या नीचे (नहीं बताता, बल्कि मौजूदा ट्रेंड की तीव्रता )Intensity) मापता है।

मूल्य विश्लेषण: ADX > 25: यह एक मजबूत ट्रेंडिंग बाज़ार को दर्शाता है। यहाँ आपको 'ट्रेंड-फॉलोइंग' रणनीतियों का उपयोग करना चाहिए।

ADX < 20: यह एक कमजोर या साइडवेज़) Range-bound) बाज़ार का संकेत है। यहाँ ब्रेकआउट ट्रेड अक्सर विफल होते हैं।

रणनीति: जब आप S&R ब्रेकआउट देख रहे हों और उसी समय ADX बढ़ रहा हो, तो ट्रेड के सफल होने की संभावना काफी बढ़ जाती है।

### 3. चैनल ट्रेडिंग) Channel Trading)

चैनल तब बनता है जब मूल्य की गति दो समानांतर) Parallel) रेखाओं के बीच सीमित हो जाती है। यह बाज़ार के अनुशासन को दर्शाने वाला एक सुंदर चार्ट पैटर्न है।

चैनल के प्रकार और रणनीतियाँ:

एसेंडिंग चैनल) Ascending Channel): इसमें दो ऊपर की ओर झुकती हुई रेखाएं होती हैं। ट्रेडर निचली सपोर्ट लाइन) Channel-line) पर खरीदते हैं और ऊपरी रेजिस्टेंस लाइन पर बेचते हैं।

डिसेंडिंग चैनल) Descending Channel): इसमें दो नीचे की ओर झुकती हुई रेखाएं होती हैं। यहाँ रणनीति ऊपरी रेखा पर बेचने और निचली रेखा पर मुनाफा वसूलने की होती है।

ट्रेडिंग का नियम: चैनल ट्रेडिंग तब तक प्रभावी रहती है जब तक कि मूल्य किसी एक रेखा का निर्णायक ब्रेकआउट) Decisive Breakout) न कर दे। जैसे ही चैनल टूटता है, एक बड़ी और तीव्र चाल की उम्मीद की जा सकती है।

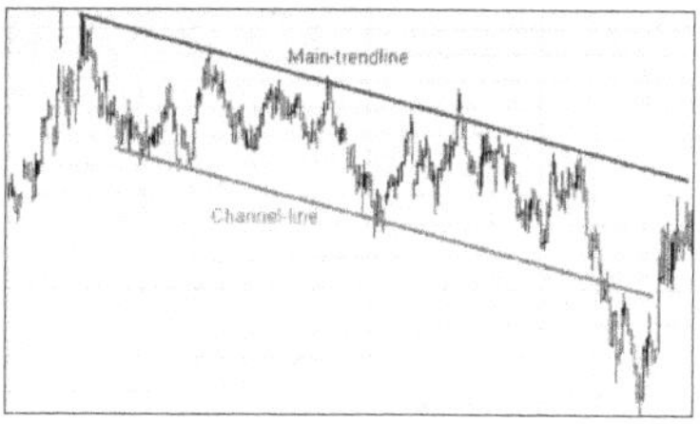


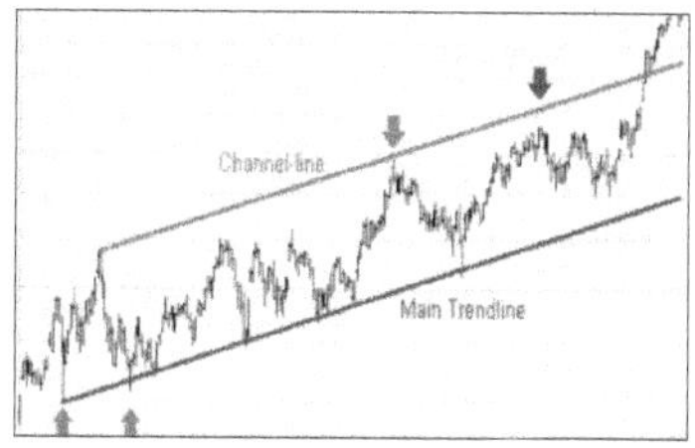


Chart courtesy of StockCharts.com

* * * * *

**"चार्ट पर सपोर्ट और रेजिस्टेंस वैसी ही दीवारें हैं जैसे हमारे जीवन में बाधाएं और अवसर। इन्हें पहचानना सीख लिया तो बाजार की आधी जंग जीत ली।"**

## 33.5 व्यावहारिक प्रश्नों के उत्तर

**प्रश्न 1:** शेयर की कीमत रेजिस्टेंस तोड़कर ऊपर निकलती है, लेकिन उस दिन का वॉल्यूम पिछले 10 दिनों के औसत वॉल्यूम से 50% कम है। क्या इस ब्रेकआउट पर भरोसा करना चाहिए?

**उत्तर:**

नहीं, इस ब्रेकआउट पर भरोसा नहीं करना चाहिए। इसके प्रमुख कारण निम्नलिखित हैं:

कमजोरी का संकेत: रेजिस्टेंस पार करने के लिए भारी खरीदारी (High Buying Pressure) की आवश्यकता होती है। यदि वॉल्यूम औसत से 50% कम है, तो इसका मतलब है कि बड़े संस्थागत निवेशक (Institutional Investors) इस तेजी में शामिल नहीं हैं।

फॉल्स ब्रेकआउट (False Breakout): कम वॉल्यूम वाला ब्रेकआउट अक्सर एक 'बुल ट्रैप' (Bull Trap) साबित होता है, जहाँ कीमत रेजिस्टेंस के ऊपर तो जाती है लेकिन टिक नहीं पाती और वापस नीचे गिर जाती है।

पुष्टि का अभाव: तकनीकी विश्लेषण में किसी भी ब्रेकआउट की मजबूती के लिए वॉल्यूम को एक 'कन्फर्मेशन टूल' माना जाता है। वॉल्यूम के बिना ब्रेकआउट केवल एक अस्थायी उतार-चढ़ाव हो सकता है।

सुझाव: ऐसी स्थिति में ट्रेड लेने से बचें और तब तक प्रतीक्षा करें जब तक कि कीमत भारी वॉल्यूम के साथ रेजिस्टेंस के ऊपर न टिक जाए।

सीख: "भाव रास्ता दिखाता है, लेकिन वॉल्यूम उस रास्ते पर मुहर लगाता है।"

**प्रश्न 2:** एक शेयर का मूल्य पिछले 4 हफ्तों में इस प्रकार रहा: ₹200 → ₹220 → ₹210 → ₹240 → ₹230। तकनीकी रूप से यह कौन सा ट्रेंड है?

**उत्तर:**

यह एक अपट्रेंड (Uptrend) या बुलिश ट्रेंड (Bullish Trend) है।

कारण:
तकनीकी विश्लेषण (Technical Analysis) में, जब किसी शेयर की कीमत समय के साथ ऊंचे स्तर (Higher Highs) और ऊंचे निचले स्तर (Higher Lows) बनाती है, तो उसे अपट्रेंड कहा जाता है।

आपके डेटा के अनुसार:

हायर हाईज़ (Higher Highs): ₹220 → ₹240 (कीमत हर बार पिछले शिखर से ऊपर जा रही है)।

हायर लोज़ (Higher Lows): ₹210 → ₹230 (हर बार गिरावट पिछले निचले स्तर से ऊपर ही रुक रही है)।

चूँकि शेयर की समग्र दिशा ऊपर की ओर है, इसे 'हायर हाई और हायर लो' पैटर्न वाला अपट्रेंड माना जाएगा।

सीख: जब तक 'Higher High' का सिलसिला जारी है, तब तक ट्रेंड मजबूत माना जाता है।

**प्रश्न 3:** 'कंपनी ABC' का शेयर जब भी ₹500 के स्तर पर आता है, वहां से खरीदार सक्रिय हो जाते हैं और भाव वापस ऊपर चला जाता है। यदि शेयर अभी ₹510 पर है, तो एक ट्रेडर के लिए सबसे सुरक्षित स्टॉप-लॉस (Stop-loss) कहाँ होना चाहिए?

**उत्तर:**

एक ट्रेडर के लिए सबसे सुरक्षित स्टॉप-लॉस ₹500 के थोड़ा नीचे (जैसे ₹495 - ₹498) होना चाहिए।

कारण:

सपोर्ट लेवल (Support Level): ₹500 का स्तर एक मजबूत 'सपोर्ट' के रूप में कार्य कर रहा है जहाँ खरीदार सक्रिय हैं।

बफर (Buffer): स्टॉप-लॉस को ठीक ₹500 पर रखने के बजाय थोड़ा नीचे रखना चाहिए, ताकि बाजार में होने वाली मामूली अस्थिरता (Noise) के कारण आपका ट्रेड समय से पहले बंद न हो जाए।

सिद्धांत: यदि शेयर ₹500 के स्तर को तोड़कर नीचे सस्टेन करता है, तो इसका मतलब है कि खरीदारों की पकड़ कमजोर हो गई है और अब शेयर और नीचे गिर सकता है।

तर्क: ₹500 एक मजबूत 'सपोर्ट' है। यदि यह टूटता है, तो ट्रेंड बदल सकता है।

**प्रश्न 4:** एक शेयर ₹800 के 'रेजिस्टेंस' स्तर के नीचे पिछले 3 महीने से ट्रेड कर रहा है। अचानक एक दिन वह भारी वॉल्यूम के साथ ₹815 पर बंद होता है। इसे तकनीकी भाषा में क्या कहेंगे?

**उत्तर:**

इसे तकनीकी भाषा में 'ब्रेकआउट' (Breakout) कहेंगे।

जब कोई शेयर लंबे समय तक एक निश्चित ऊपरी स्तर (रेजिस्टेंस) को पार नहीं कर पाता और फिर अचानक भारी वॉल्यूम के साथ उस स्तर के ऊपर निकलकर बंद होता है, तो यह संकेत देता है कि खरीदारी का दबाव बढ़ गया है और अब शेयर में तेजी आने की संभावना है।

सीख: रेजिस्टेंस के ऊपर बंद होना इस बात का संकेत है कि अब खरीदार विक्रेताओं पर पूरी तरह हावी हो चुके हैं।

**प्रश्न 5:** एक शेयर ₹1000 का रेजिस्टेंस तोड़कर ₹1100 तक जाता है। अब वह वापस नीचे गिर रहा है। 'चेंज ऑफ पोलारिटी' सिद्धांत के अनुसार, उसे किस स्तर पर रुकना चाहिए?

**उत्तर:**

'चेंज ऑफ पोलारिटी' सिद्धांत के अनुसार, शेयर को ₹1000 के स्तर पर रुकना चाहिए।

स्पष्टीकरण

तकनीकी विश्लेषण (Technical Analysis) में 'चेंज ऑफ पोलारिटी' (Change of Polarity) का सिद्धांत यह बताता है कि जब कोई शेयर अपने किसी महत्वपूर्ण स्तर को पार करता है, तो उस स्तर की भूमिका बदल जाती है।

रेजिस्टेंस से सपोर्ट: जब कोई शेयर अपने पुराने रेजिस्टेंस (Resistance) स्तर (इस मामले में ₹1000) को तोड़कर ऊपर निकल जाता है, तो वह स्तर भविष्य के लिए एक सपोर्ट (Support) स्तर बन जाता है।

वर्तमान स्थिति: चूँकि शेयर ₹1100 तक पहुँचने के बाद वापस नीचे गिर रहा है, तो वह अपने पुराने रेजिस्टेंस यानी ₹1000 पर आकर रुकने या वहां से वापस उछाल (Bounce back) लेने की कोशिश करेगा।

अतः, इस सिद्धांत के आधार पर ₹1000 का स्तर अब एक मजबूत आधार (Floor) के रूप में कार्य करेगा।

सीख: पुराना रेजिस्टेंस टूटने के बाद नया 'सपोर्ट' बन जाता है। इसे 'Role Reversal' कहते हैं।

**प्रश्न 6:** एक शेयर ₹140 और ₹160 के बीच पिछले 2 महीने से घूम रहा है। न तो वह ₹160 के ऊपर जा पा रहा है और न ₹140 के नीचे। इस बाजार की स्थिति को क्या कहेंगे?

**उत्तर:**

इस बाजार की स्थिति को 'साइडवेज मार्केट' (Sideways Market) या 'रेंज-बाउंड मार्केट' (Range-bound Market) कहा जाता है।

इस स्थिति की मुख्य विशेषताएं निम्नलिखित हैं:

कंसोलिडेशन (Consolidation): जब शेयर की कीमत एक निश्चित दायरे में सीमित हो जाती है, तो इसे कंसोलिडेशन फेज कहते हैं।

रेजिस्टेंस (Resistance): ₹160 का स्तर यहाँ 'रेजिस्टेंस' का काम कर रहा है, जहाँ पहुँचते ही बिकवाली का दबाव शेयर को ऊपर जाने से रोक देता है।

सपोर्ट (Support): ₹140 का स्तर 'सपोर्ट' का काम कर रहा है, जहाँ खरीदार सक्रिय होकर शेयर को और नीचे गिरने से बचा लेते हैं।

ऐसी स्थिति में ट्रेडर्स आमतौर पर ₹140 के करीब खरीदने और ₹160 के पास बेचने की रणनीति अपनाते हैं, जब तक कि शेयर किसी भी दिशा में ब्रेकआउट (Breakout) न दे दे।

सीख: सपोर्ट पर खरीदें और रेजिस्टेंस पर बेचें।

**प्रश्न 7:** एक ट्रेडर दो ट्रेंड लाइन खींचता है। लाइन A का ढलान 30 डिग्री है और लाइन B का ढलान 70 डिग्री है। कौन सी ट्रेंड लाइन अधिक टिकाऊ (Sustainable) मानी जाएगी?

**उत्तर:**

ट्रेडिंग सिद्धांतों के अनुसार, लाइन A (30 डिग्री ढलान) अधिक टिकाऊ (Sustainable) मानी जाएगी।

कारण:

स्थिरता: कम ढलान वाली ट्रेंड लाइनें (जैसे 30-45 डिग्री) बाजार में एक स्थिर और स्वस्थ रुझान को दर्शाती हैं, जो लंबे समय तक टिक सकता है।

जोखिम: 70 डिग्री (लाइन B) जैसी अत्यधिक ढलान वाली लाइनें 'पैराबोलिक मूव' या बहुत तेज़ तेज़ी/मंदी का संकेत देती हैं। ऐसी लाइनें अक्सर अस्थिर होती हैं और इनके टूटने या ट्रेंड रिवर्सल होने की संभावना बहुत अधिक होती है।

सीख: बहुत तीव्र चढ़ाई (जैसे 70 डिग्री) अक्सर जल्दी खत्म हो जाती है, जबकि धीमी और स्थिर चढ़ाई लंबी चलती है।

**प्रश्न 8:** एक शेयर कल ₹400 पर बंद हुआ था और आज सीधे ₹410 पर खुला। चार्ट पर इस खाली जगह को क्या कहते हैं और यह क्या दर्शाता है?

**उत्तर:**

शेयर बाजार के चार्ट पर इस खाली जगह को 'गैप अप' (Gap Up) कहा जाता है।

यह निम्नलिखित संकेत देता है:

तेजी का संकेत (Bullish Sentiment): यह दर्शाता है कि खरीदारों में भारी उत्साह है और वे पिछले बंद भाव से अधिक कीमत चुकाने को तैयार हैं।

सकारात्मक समाचार: अक्सर यह कंपनी के अच्छे नतीजों, किसी बड़े निवेश या सकारात्मक खबरों के कारण होता है जो बाजार बंद होने के बाद आई हों।

मांग की अधिकता: यह स्थिति तब बनती है जब शेयर की मांग (Demand), उसकी आपूर्ति (Supply) से बहुत ज्यादा हो जाती है।

संकेत: यह अत्यधिक उत्साह और भारी खरीद दबाव को दर्शाता है।

**प्रश्न 9:** एक ट्रेडर ₹200 के सपोर्ट के पास ₹205 पर शेयर खरीदता है। वह ₹198 पर स्टॉप-लॉस लगाता है और ₹220 का टारगेट रखता है। उसका रिस्क-रिवॉर्ड रेशियो क्या है?

**उत्तर:**

इस ट्रेड के लिए रिस्क-रिवॉर्ड रेशियो की गणना नीचे दी गई है:

रिस्क (Risk): खरीद मूल्य और स्टॉप-लॉस के बीच का अंतर।

₹205 - ₹198 = ₹7

रिवॉर्ड (Reward): टारगेट और खरीद मूल्य के बीच का अंतर।

₹220 - ₹205 = ₹15

रिस्क-रिवॉर्ड रेशियो: रिस्क / रिवॉर्ड = 7 : 15 (or 1 : 2.14)

अतः, इस ट्रेडर का रिस्क-रिवॉर्ड रेशियो 7:15 है (जिसे लगभग 1:2.14 भी कहा जा सकता है)। इसका मतलब है कि वह ₹1 का जोखिम उठाकर ₹2.14 के लाभ की उम्मीद कर रहा है।

सीख: सपोर्ट के पास खरीदने से रिस्क कम और रिवॉर्ड की संभावना अधिक होती है।

## 33.6 प्रश्नोत्तर परीक्षा (Quiz)

Q1. टेक्निकल एनालिसिस में सबसे बुनियादी चीज क्या है?

(A) केवल वॉल्यूम (B) प्राइस चार्ट

(C) केवल न्यूज (D) केवल P/E

Q2. लाइन चार्ट में क्या दिखाया जाता है?

(A) केवल वॉल्यूम (B) ओपन, हाई, लो, क्लोज

(C) केवल क्लोजिंग प्राइस (D) केवल डिविडेंड

Q3. बार चार्ट में एक बार क्या दिखाता है?

(A) केवल क्लोज (B) ओपन, हाई, लो, क्लोज

(C) केवल हाई-लो (D) केवल वॉल्यूम

Q4. कैंडलस्टिक चार्ट सबसे लोकप्रिय क्यों है?

(A) बॉडी और विक से खरीदार-विक्रिकदार की लड़ाई दिखती है

(B) सबसे पुराना

(C) सबसे आसान

(D) केवल जापान में

Q5. ग्रीन कैंडल का मतलब क्या है?

(A) क्लोज < ओपन (बेयरिश) (B) क्लोज > ओपन (बुलिश)

(C) कोई मतलब नहीं (D) केवल वॉल्यूम

Q6. रेड कैंडल का मतलब क्या है?

(A) क्लोज > ओपन (B) केवल हाई (C) स्थिर (D) क्लोज < ओपन

Q7. लॉन्ग बॉडी कैंडल क्या दर्शाती है?

(A) मजबूत खरीदार या विक्रेता (B) कमजोर ट्रेंड

(C) कोई फर्क नहीं (D) केवल साइडवेज

Q8. अपट्रेंड की परिभाषा क्या है?

(A) लोअर लो और लोअर हाई (B) हायर हाई और हायर लो

(C) बराबर हाई-लो (D) केवल फ्लैट

Q9. डाउनट्रेंड की परिभाषा क्या है?

(A) हायर हाई और हायर लो (B) लोअर हाई और लोअर लो

(C) कोई ट्रेंड नहीं (D) केवल साइडवेज

Q10. सपोर्ट लेवल क्या है?

(A) वह लेवल जहाँ कीमत ऊपर जाती है (B) केवल रेजिस्टेंस

(C) वह लेवल जहाँ कीमत नीचे आने पर रुकती है (खरीदार आते हैं) (D) कोई लेवल नहीं

Q11 रेजिस्टेंस लेवल क्या है?

(A) वह लेवल जहाँ कीमत ऊपर जाने पर रुकती है (विक्रेता आते हैं)

(B) वह लेवल जहाँ कीमत नीचे जाती है

(C) केवल सपोर्ट

(D) कोई मतलब नहीं

Q12 सपोर्ट-रेजिस्टेंस लेवल कैसे बनते हैं?

(A) मन से (B) अतीत में जहाँ कीमत बार-बार रुकी या पलटी

(C) केवल राउंड नंबर (D) केवल न्यूज से

Q13 रोल रिवर्सल क्या है?

(A) जब सपोर्ट टूट जाता है, तो वह रेजिस्टेंस बन जाता है—और इसका उल्टा भी होता है।

(B) कोई बदलाव नहीं

(C) केवल अपट्रेंड

(D) केवल डाउनट्रेंड

Q14 ट्रेंडलाइन कैसे बनाई जाती है?

(A) दो या ज्यादा लो को जोड़कर (अपट्रेंड) या हाई को जोड़कर (डाउनट्रेंड)

(B) केवल हॉरिजॉन्टल

(C) केवल वॉल्यूम से

(D) कोई लाइन नहीं

Q15 ट्रेंडलाइन टूटने पर क्या होता है?

(A) हमेशा रिवर्स (B) ट्रेंड और मजबूत

(C) कोई फर्क नहीं (D) ट्रेंड कमजोर या रिवर्स की संभावना

Q16 हॉरिजॉन्टल सपोर्ट-रेजिस्टेंस सबसे मजबूत क्यों होते हैं?

(A) मनोवैज्ञानिक लेवल + ज्यादा टच (B) केवल राउंड नंबर

(C) कोई मजबूती नहीं (D) केवल शॉर्ट टर्म

Q17 वॉल्यूम बढ़ने पर सपोर्ट टूटने का मतलब क्या है?

(A) मजबूत ब्रेकडाउन (B) फेक ब्रेकआउट (C) कोई मतलब नहीं (D) हमेशा खरीदना

Q18 ब्रेकआउट पर वॉल्यूम कम होने पर क्या कहते हैं?

(A) मजबूत ब्रेकआउट (B) संदिग्ध/फेक ब्रेकआउट

(C) कोई फर्क नहीं (D) हमेशा बेचना

Q19 किताब में सपोर्ट-रेजिस्टेंस को क्या कहा गया है?

(A) केवल चार्ट डेकोरेशन (B) बेकार लाइन

(C) कीमत का फर्श और छत (D) केवल लॉन्ग टर्म

Q20 नया ट्रेडर चार्ट विश्लेषण कैसे शुरू करे?

(A) पहले कैंडलस्टिक + ट्रेंड + सपोर्ट-रेजिस्टेंस सीखे (B) सीधा F&O में जाए

(C) केवल टिप्स पर (D) केवल न्यूज पर

**Answer Key**

| Q | 1 | 2 | 3 | 4 | 5 | 6 | 7 | 8 | 9 | 10 | 11 | 12 | 13 | 14 | 15 | 16 | 17 | 18 | 19 | 20 |
|---|---|---|---|---|---|---|---|---|---|---|---|---|---|---|---|---|---|---|---|---|
| Ans. | B | C | B | A | B | D | A | B | B | C | A | B | A | A | D | A | A | B | C | A |

# *Chapter 34* चार्ट पैटर्न्स की पहचान

**"चार्ट पैटर्न बाज़ार के वह पदचिह्न हैं, जो बड़े बदलाव की आहट को पहले ही बयां कर देते हैं। चाहे 'हेड एंड शोल्डर्स' हो या 'ट्रायंगल', ये आकृतियाँ केवल कलाकृति नहीं, बल्कि खरीदारों और विक्रेताओं के बीच के शक्ति संतुलन का प्रमाण हैं—इन्हें पढ़ना सीखें क्योंकि सही समय पर सही पैटर्न की पहचान ही एक साधारण ट्रेडर को अनुभवी निवेशक बनाती है।"**

शेयर बाज़ार में कीमतें कभी भी बेतरतीब (randomly) ढंग से नहीं चलतीं; वे अक्सर विशिष्ट आकृतियाँ या 'पैटर्न' बनाती हैं जो निवेशकों के सामूहिक मनोविज्ञान को दर्शाती हैं। ये चार्ट पैटर्न बाज़ार के वे पदचिह्न हैं, जिन्हें पहचानकर एक चतुर निवेशक यह जान सकता है कि वर्तमान ट्रेंड जारी रहेगा या अब बदलाव (Reversal) का समय आ गया है। यह अध्याय आपको चार्ट पर बन रही उन आकृतियों को डिकोड करना सिखाएगा जो हज़ारों सफल ट्रेडर्स के लिए मुनाफे का रोडमैप रही हैं।

इस चैप्टर में हम हेड एंड शोल्डर्स, डबल टॉप/बॉटम और डायमंड जैसे 'रिवर्सल पैटर्न्स' का विस्तार से अध्ययन करेंगे, जो ट्रेंड पलटने का संकेत देते हैं। साथ ही, हम फ्लैग (Flag) और पेनांट (Pennant) जैसे 'कंटिन्यूएशन पैटर्न्स' को भी समझेंगे, जो बताते हैं कि बाज़ार थोड़ा विश्राम करने के बाद अपनी पुरानी दिशा में फिर से दौड़ने के लिए तैयार है। यह अध्याय आपको न केवल सही एंट्री और एग्जिट पॉइंट (प्रवेश और निकास द्वार) तय करने में मदद करेगा, बल्कि आपके जोखिम को सीमित कर बड़े लाभ की संभावनाओं को भी पुख्ता करेगा। इन पैटर्न्स की समझ आपको बाज़ार के अगले कदम का पूर्वानुमान लगाने की अद्भुत शक्ति प्रदान करेगी।

## 34.1 प्रमुख ट्रेंड रिवर्सल पैटर्न

जब कोई बाज़ार एक लंबी दिशा) अपट्रेंड या डाउनट्रेंड (में चलने के बाद थकने लगता है, तो वह चार्ट पर विशिष्ट आकृतियाँ बनाता है। इन आकृतियों को 'रिवर्सल पैटर्न' कहा जाता है। ये पैटर्न हमें चेतावनी देते हैं कि मौजूदा रुझान समाप्त होने वाला है और एक नया विपरीत रुझान शुरू होने को है।

### A. हेड एंड शोल्डर्स) Head and Shoulders - H&S)

यह दुनिया का सबसे विश्वसनीय बेयरिश रिवर्सल) Bearish Reversal) पैटर्न माना जाता है। यह एक राजा के सिर और दो कंधों जैसी आकृति बनाता है।

संरचना: इसमें तीन क्रमिक शिखर) Peaks) होते हैं:

**लेफ्ट शोल्डर (Left Shoulder):** एक ऊँचाई जो अपट्रेंड के दौरान बनती है, जिसके बाद थोड़ा सुधार आता है।

**हेड (Head):** बाज़ार फिर से ऊपर जाता है और पिछले शिखर से भी ऊपर एक नया उच्चतम स्तर) Highest High) बनाता है।

**राइट शोल्डर (Right Shoulder):** बाज़ार फिर से ऊपर उठता है, लेकिन इस बार 'हेड' की ऊंचाई तक नहीं पहुँच पाता और वापस गिर जाता है।

**नेकलाइन (Neckline):** इन तीनों शिखरों के निचले बिंदुओं) Troughs) को जोड़ने वाली सपोर्ट लाइन को नेकलाइन कहते हैं।

ट्रेडिंग सिग्नल: मंदी का ट्रेड तब शुरू होता है जब कीमत नेकलाइन के नीचे ब्रेकआउट देती है। इसका ठीक उल्टा **'इनवर्स हेड एंड शोल्डर्स'** कहलाता है, जो एक गिरते बाज़ार के अंत में बनता है और तेज़ी) Bullish) की शुरुआत का संकेत देता है।

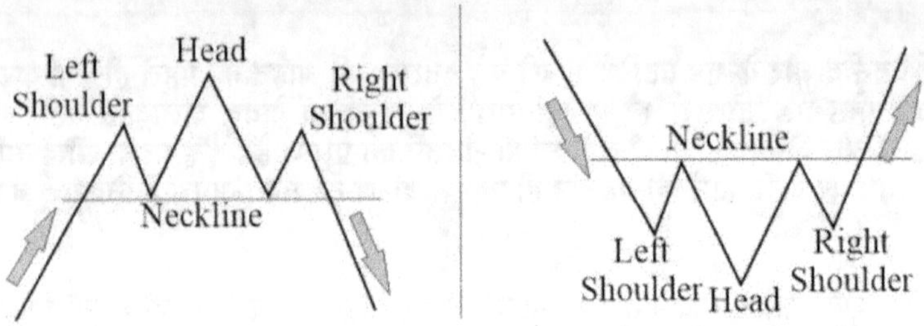


**Reversal Patterns: Head and Shoulders**

## B. डबल और ट्रिपल टॉप/बॉटम (Double/Triple Top & Bottom)

ये पैटर्न बाज़ार की उस स्थिति को दर्शाते हैं जहाँ मूल्य एक ही स्तर को बार-बार तोड़ने की कोशिश करता है, लेकिन विफल रहता है।

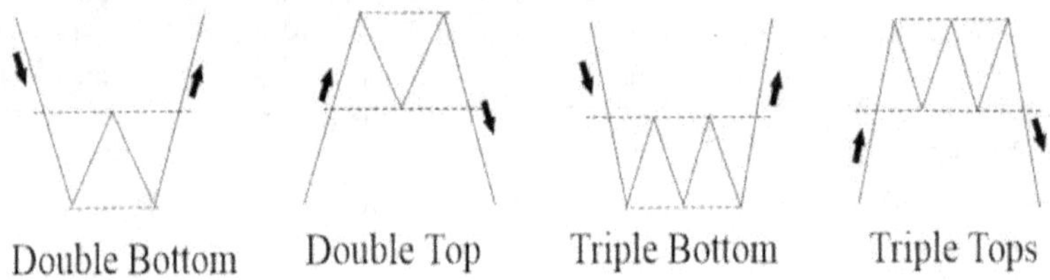


**1. डबल टॉप) Double Top - 'M' आकार(**

यह एक बेयरिश रिवर्सल संकेत है। बाज़ार दो बार लगभग एक ही ऊँचाई) रेजिस्टेंस ( पर टकराता है। यह दर्शाता है कि खरीदार अब बाज़ार को और ऊपर ले जाने में असमर्थ हैं।

पुष्टि) Confirmation): जब कीमत बीच वाले 'V' आकार के सपोर्ट स्तर को तोड़कर नीचे जाती है।

**2. डबल बॉटम) Double Bottom - 'W' आकार(**

यह बुलिश रिवर्सल का संकेत है। बाज़ार दो बार एक ही निचले स्तर) सपोर्ट (से टकराकर वापस आता है।

रणनीति: जब कीमत 'W' के बीच वाले शिखर) नेकलाइन (को पार करती है, तो खरीदारी का अवसर बनता है।

**3. ट्रिपल टॉप/बॉटम) Triple Top/Bottom)**

यह डबल टॉप/बॉटम का ही अधिक मजबूत और विश्वसनीय रूप है। यहाँ कीमत एक ही स्तर को तीन बार चुनौती देती है। तीन बार की विफलता यह साबित करती है कि रेजिस्टेंस या सपोर्ट अत्यंत शक्तिशाली है और अब ट्रेंड पलटने वाला है।

## C. डायमंड पैटर्न) Diamond Pattern)

डायमंड पैटर्न एक दुर्लभ लेकिन अत्यंत प्रभावशाली चार्ट पैटर्न है। इसका आकार एक हीरे) Rhombus) जैसा होता है।

बनावट: इसमें दो चरण होते हैं:

**एक्सपैंडिंग फेज) Expanding Phase):** शुरुआत में अस्थिरता बढ़ती है और कीमतें फैलती हैं) Broadening Pattern)।

**कॉन्ट्रैक्टिंग फेज) Contracting Phase):** इसके बाद अस्थिरता कम होने लगती है और एक छोटा ट्रायंगल) Triangle) बनता है।

महत्व: यह अक्सर एक बहुत ही मजबूत और परिपक्व) Mature) ट्रेंड के अंत में दिखाई देता है।

ट्रेडिंग सिग्नल: यदि यह शिखर) Top) पर बने, तो नीचे की ओर ब्रेकआउट होने पर मंदी आती है। यदि यह तल) Bottom) पर बने, तो ऊपर की ओर ब्रेकआउट होने पर भारी तेज़ी आती है।

Diamond Pattern

## 34.2 कंटीन्यूएशन और अन्य महत्वपूर्ण पैटर्न

एक बुद्धिमान ट्रेडर जानता है कि बाज़ार एक सीधी रेखा में नहीं चल सकता। एक बड़ी चाल के बाद, बाज़ार अक्सर समेकन) Consolidation) या 'विश्राम' की अवधि में चला जाता है। कंटीन्यूएशन पैटर्न वे आकृतियाँ हैं जो यह संकेत देती हैं कि बाज़ार केवल अस्थायी रूप से रुका है और जल्द ही अपनी मूल दिशा) Original Trend) में आगे बढ़ेगा।

### A. फ्लैग, पेनांट और वेज) Flag, Pennant, Wedge)

ये अल्पकालिक पैटर्न हैं जो आमतौर पर बहुत तीव्र और बड़ी मूल्य चाल के बाद बनते हैं।

#### 1. फ्लैग पैटर्न) Flag Pattern)

यह एक आयताकार) Rectangular) चैनल जैसा दिखता है जो मुख्य ट्रेंड के विपरीत दिशा में थोड़ा झुका होता है।

बनावट: इसमें एक सीधी रेखा होती है जिसे 'फ्लैगपोल' (Flagpole) कहते हैं, उसके बाद एक छोटा समानांतर चैनल बनता है।

संकेत: बुलिश फ्लैग एक तेज़ उछाल के बाद बनता है। जैसे ही कीमत झंडे के ऊपरी सिरे को तोड़ती है, तेज़ी दोबारा शुरू हो जाती है।

#### 2. पेनांट पैटर्न) Pennant Pattern)

यह फ्लैग जैसा ही है, लेकिन इसका आकार एक छोटे सममित त्रिभुज) Symmetric Triangle) जैसा होता है।

विशेषता: यहाँ कीमतें बहुत तेज़ी से सिकुड़ती हैं। यह दर्शाता है कि बाज़ार बहुत कम समय के लिए शांत हुआ है और एक बड़े धमाके) Breakout) के लिए तैयार है।

#### 3. वेज पैटर्न) Wedge Pattern)

वेज पैटर्न में दो अभिसरण) Converging) रेखाएं होती हैं जो एक ही दिशा में झुकी होती हैं।

राइजिंग वेज) Rising Wedge): यदि यह डाउनट्रेंड के बीच में बनता है, तो यह मंदी के जारी रहने का संकेत है।

फॉलिंग वेज) Falling Wedge): यदि यह अपट्रेंड के बीच में बनता है, तो यह तेज़ी के जारी रहने का संकेत है।

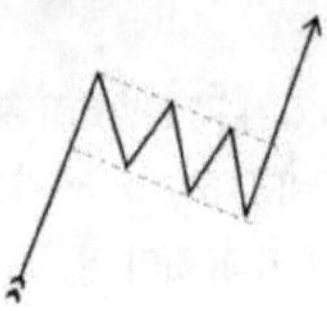

**Bullish Flag Pattern**

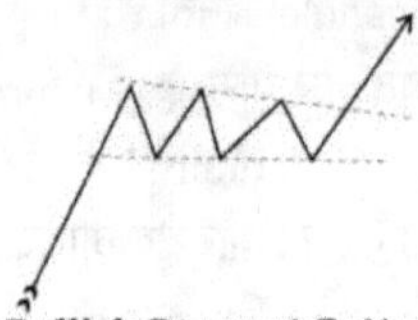

**Bullish Pennant Pattern**

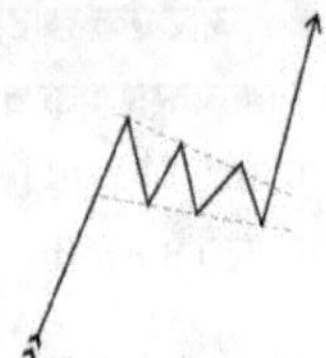

**Bullish Falling Wedge**

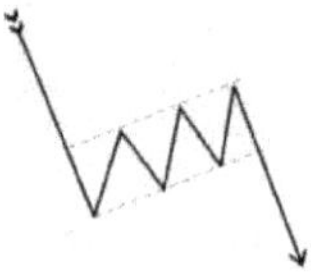

**Bearish Flag Pattern**

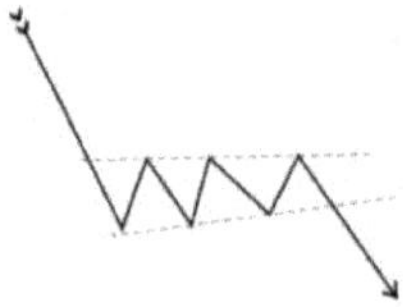

**Bearish Pennant Pattern**

**Bearish Falling Wedge**

## B. ट्रायंगल पैटर्न) Triangle Patterns)

त्रिभुज पैटर्न बाज़ार में खरीदारों और विक्रेताओं के बीच बढ़ती खींचतान और निर्णय की कमी) Indecision) को दर्शाते हैं।

**सिमेट्रिकल ट्रायंगल) Symmetrical Triangle):** इसमें ऊपर और नीचे दोनों तरफ की रेखाएं एक बिंदु पर मिलती हैं। यह 'ब्रेकआउट' की दिशा में ट्रेंड जारी रहने का संकेत देता है।

**असेंडिंग ट्रायंगल) Ascending Triangle):** इसमें ऊपर की रेखा क्षैतिज) Horizontal Resistance) होती है और नीचे की रेखा ऊपर की ओर बढ़ती है। यह एक बुलिश संकेत है।

**डिसेंडिंग ट्रायंगल) Descending Triangle):** इसमें नीचे की रेखा क्षैतिज) Horizontal Support) होती है और ऊपर की रेखा नीचे की ओर झुकती है। यह एक बेयरिश संकेत है।

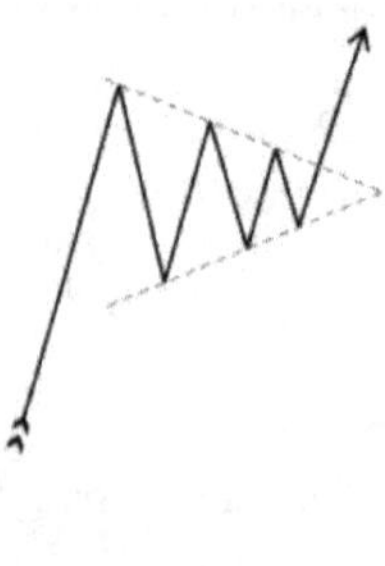

Symmetric Triangle

Ascending Triangle

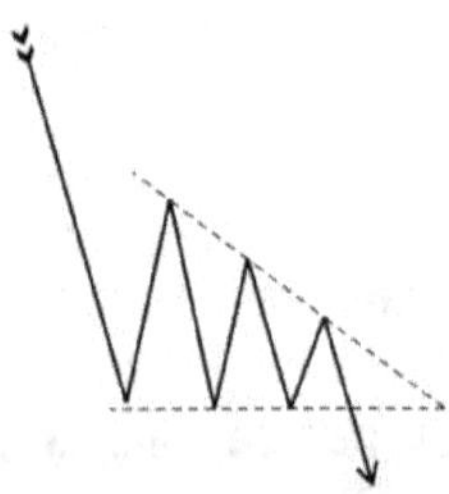

Descending Triangle

## C. कप एंड हैंडल और राउंडिंग बॉटम) Cup and Handle & Rounding Bottom)

ये पैटर्न लंबी अवधि के चार्ट पर अधिक प्रभावशाली होते हैं और बाज़ार की भावनाओं में आ रहे क्रमिक बदलाव को दर्शाते हैं।

**1. कप एंड हैंडल) Cup and Handle)**

यह एक चाय के कप जैसा दिखता है।

कप: एक 'U' आकार की गोलाई जो धीरे-धीरे बिकवाली के खत्म होने और खरीदारी शुरू होने को दर्शाती है।

हंडल: कप बनने के बाद एक छोटा सा सुधार) Pullback) होता है जो 'हैंडल' बनाता है।

महत्व: हैंडल के रेजिस्टेंस स्तर को पार करते ही एक बहुत बड़ी तेज़ी) Bullish Rally) आने की संभावना होती है।

**2. राउंडिंग बॉटम) Rounding Bottom)**

इसे 'तश्तरी' (Saucer) पैटर्न भी कहते हैं। यह तब बनता है जब बाज़ार बहुत लंबे समय तक मंदी में रहने के बाद धीरे-धीरे अपनी दिशा बदलता है।

मनोविज्ञान: यह दर्शाता है कि बाज़ार की भावना 'अत्यधिक निराशा' से बदलकर 'सकारात्मकता' की ओर बढ़ रही है। यह एक अत्यंत विश्वसनीय लॉन्ग-टर्म रिवर्सल पैटर्न है।

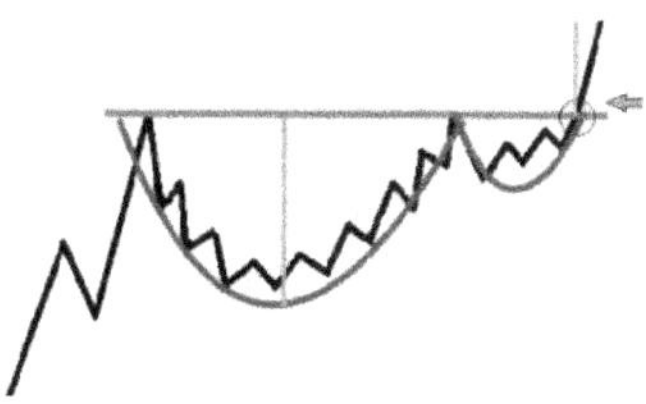

Cup & Handle Pattern

Rounding Bottom

## 34.3 पैटर्न की पुष्टि और जोखिम प्रबंधन

चार्ट पर पैटर्न का दिखना केवल आधी लड़ाई है। उस पैटर्न पर ट्रेड लेना और अपने पैसे को सुरक्षित रखना ही एक सफल ट्रेडर और एक शौकिया ट्रेडर के बीच का अंतर है। किसी सिग्नल की सत्यता कैसे जांची जाए।

### 1. वॉल्यूम कंफर्मेशन :पैटर्न की गवाही) Volume Confirmation)

वॉल्यूम बाज़ार की वह शक्ति है जो मूल्य के पीछे के उत्साह को दर्शाती है। बिना वॉल्यूम की पुष्टि के, सबसे अच्छा दिखने वाला पैटर्न भी विफल हो सकता है।

- ब्रेकआउट के समय: जब कीमत किसी पैटर्न) जैसे ट्रायंगल या हेड एंड शोल्डर्स (से बाहर निकलती है, तो वॉल्यूम में भारी उछाल होना चाहिए। यह पुष्टि करता है कि बड़े खिलाड़ी उस चाल का हिस्सा हैं।
- समेकन) Consolidation) के दौरान: फ्लैग या पेनांट जैसे पैटर्न्स के बनते समय वॉल्यूम कम होना चाहिए। यह दर्शाता है कि बाज़ार केवल आराम कर रहा है और कोई बड़ी बिकवाली नहीं हो रही है।
- विशिष्ट पैटर्न उदाहरण) H&S): हेड एंड शोल्डर्स पैटर्न में, आमतौर पर बाएं कंधे) Left Shoulder) पर वॉल्यूम सबसे अधिक होता है, सिर) Head) पर थोड़ा कम, और नेकलाइन टूटने पर वॉल्यूम फिर से बहुत अधिक होना चाहिए।

**2. मापे गए लक्ष्य :लाभ की गणना) Measured Move Targets)**

पैटर्न ट्रेडिंग का एक बड़ा फायदा यह है कि वे हमें एक वैज्ञानिक 'प्राइस टारगेट' प्रदान करते हैं। इसे 'मेजर्ड मूव' कहा जाता है।

- हेड एंड शोल्डर्स: इसकी गणना हेड) शिखर (से नेकलाइन) आधार (तक की लंबवत दूरी को मापकर की जाती है। नेकलाइन टूटने के बाद, वही दूरी नीचे की ओर आपका संभावित लक्ष्य) Target) होती है।
- फ्लैग पैटर्न: यहाँ 'फ्लैगपोल' की लंबाई ही ब्रेकआउट के बाद का लक्ष्य मानी जाती है।
- उपयोगिता: इससे ट्रेडर को यह तय करने में मदद मिलती है कि क्या उस ट्रेड में रिस्क-रिवॉर्ड रेश्यो) Risk-Reward Ratio) उनके पक्ष में है या नहीं।

**3. पैटर्न फेलियर और स्टॉप-लॉस) Pattern Failure & Stop-Loss)**

बाज़ार में कुछ भी 100% निश्चित नहीं है। कभी-कभी पैटर्न ब्रेकआउट देते हैं लेकिन लक्ष्य तक पहुँचने से पहले ही पलट जाते हैं—इसे 'फेकआउट' (Fakeout) कहते हैं।

- सुरक्षा कवच: इस जोखिम को कम करने के लिए स्टॉप-लॉस) Stop-Loss) अनिवार्य है।
- प्लेसमेंट: * ब्रेकआउट ट्रेड में, स्टॉप-लॉस आमतौर पर ब्रेकआउट कैंडल के निचले हिस्से या पैटर्न के अंतिम 'स्विंग पॉइंट' के पीछे रखा जाना चाहिए।
- अनुशासन: यदि बाज़ार आपके स्टॉप-लॉस को छूता है, तो इसका मतलब है कि पैटर्न विफल हो गया है। उस समय ट्रेड से बाहर निकलना ही समझदारी है।

**4. मल्टी-टाइम फ्रेम एनालिसिस) Multi-Time Frame Analysis)**

एक अनुभवी विश्लेषक कभी भी केवल एक टाइम फ्रेम को नहीं देखता। अलग-अलग समय सीमाओं का संयोजन ट्रेडिंग की सटीकता को कई गुना बढ़ा देता है।

- बड़ा टाइम फ्रेम) Daily/Weekly): इसका उपयोग मुख्य ट्रेंड और बड़े पैटर्न्स को पहचानने के लिए करें। यदि डेली चार्ट पर 'डबल टॉप' बन रहा है, तो बाज़ार में बड़ी मंदी का संकेत है।
- छोटा टाइम फ्रेम) 15-Min/1-Hour): इसका उपयोग सही एंट्री और एग्जिट पॉइंट खोजने के लिए करें।
- संगम) Confluence): जब एक छोटा पैटर्न) जैसे 15 मिनट पर फ्लैग (बड़े टाइम फ्रेम के सपोर्ट या रेजिस्टेंस पर बनता है, तो उस ट्रेड की सफलता की संभावना )Probability) बहुत अधिक होती है।

* * * * *

**"चार्ट पैटर्न्स बाजार के इतिहास की वे कहानियाँ हैं जो खुद को बार-बार दोहराती हैं। ये नक्शे के उन निशानों की तरह हैं जो बताते हैं कि बाजार की भीड़ कब थक रही है और कब एक बड़े हमले की तैयारी में है। एक सफल ट्रेडर वह नहीं है जो हर पैटर्न में ट्रेड ढूंढे, बल्कि वह है जो सही 'ब्रेकआउट' या 'रिवर्सल' के पुख्ता होने तक धैर्य के साथ शिकार का इंतजार करे।"**

## 34.4 व्यावहारिक प्रश्नों के उत्तर

**प्रश्न 1:** एक शेयर अप-ट्रेंड में है। चार्ट पर पहले एक शिखर (Left Shoulder), फिर उससे ऊंचा शिखर (Head) और फिर पहले जैसा एक छोटा शिखर (Right Shoulder) बनता है। तीनों शिखरों के निचले बिंदु एक सीधी रेखा (Neckline) पर टिके हैं। यह क्या संकेत देता है?

**उत्तर:**

यह Head and Shoulders (हेड एंड शोल्डर्स) चार्ट पैटर्न है।

यह पैटर्न एक Bearish Reversal (मंदी का संकेत) देता है। इसका अर्थ है कि शेयर का मौजूदा अप-ट्रेंड अब समाप्त होने वाला है और कीमत में गिरावट शुरू हो सकती है।

सीख: जब शेयर की कीमत 'Neckline' (नेकलाइन) को नीचे की ओर तोड़ती है, तो यह बेचने (Sell) का एक मजबूत संकेत माना जाता है।

**प्रश्न 2:** एक शेयर ₹800 तक जाता है, फिर ₹750 तक गिरता है (Neckline), और दोबारा ₹800 तक जाकर फिर गिरने लगता है। यदि शेयर ₹750 की नेकलाइन को तोड़ देता है, तो तकनीकी रूप से अगला संभावित टारगेट क्या होगा?

**उत्तर:**

यदि शेयर ₹750 की नेकलाइन को तोड़ देता है, तो तकनीकी विश्लेषण के अनुसार अगला संभावित टारगेट ₹700 होगा।

दी गई स्थिति एक डबल टॉप (Double Top) चार्ट पैटर्न को दर्शाती है। यह एक बेयरिश (bearish) रिवर्सल पैटर्न है जो तब बनता है जब कोई एसेट दो बार एक ही उच्च स्तर (₹800) पर पहुँचता है और उनके बीच में एक गिरावट (₹750 की नेकलाइन) आती है।

तकनीकी विश्लेषण में, टारगेट निर्धारित करने के लिए सबसे पहले पैटर्न की ऊंचाई ज्ञात की जाती है। ऊंचाई की गणना निम्नलिखित सूत्र से की जाती है: (Peak) − (Neckline)

शिखर (₹800) और नेकलाइन (₹750) का अंतर = ₹50

पैटर्न के ब्रेकआउट (नेकलाइन टूटने) के बाद, संभावित टारगेट नेकलाइन से पैटर्न की ऊंचाई के बराबर नीचे की ओर होता है:

टारगेट: नेकलाइन - अंतर → 750 - 50 = ₹700

यदि शेयर ₹750 के स्तर को सफलतापूर्वक नीचे की ओर तोड़ता है, तो तकनीकी रूप से इसका अगला संभावित लक्ष्य ₹700 है।

सीख: डबल टॉप 'M' आकार का होता है और यह संकेत देता है कि शेयर उस ऊंचे स्तर को पार नहीं कर पा रहा है।

**प्रश्न 3:** बाजार में भारी गिरावट के बाद एक शेयर ₹200 पर दो बार सपोर्ट लेता है और बीच का उछाल ₹230 (Neckline) तक जाता है। यदि भाव ₹230 के ऊपर निकलता है, तो एक ट्रेडर को क्या करना चाहिए?

**उत्तर:**

यदि भाव ₹230 के ऊपर निकलता है, तो ट्रेडर को शेयर को खरीदना (Buy) चाहिए क्योंकि यह एक 'Double Bottom' चार्ट पैटर्न के ब्रेकआउट का संकेत है, जिसका संभावित लक्ष्य ₹260 होगा।

चार्ट पैटर्न की पहचान

दी गई स्थिति एक 'Double Bottom' (W-आकार) पैटर्न का निर्माण करती है। यह एक बुलिश रिवर्सल पैटर्न है, जो यह दर्शाता है कि विक्रेता ₹200 के स्तर से नीचे ले जाने में विफल रहे हैं और अब खरीदार बाजार पर नियंत्रण कर रहे हैं।

एंट्री पॉइंट (Entry Point)

तकनीकी विश्लेषण के अनुसार, जब भाव अपनी नैकलाइन (Neckline) यानी ₹230 के प्रतिरोध स्तर को पार करता है, तो यह खरीदारी का पुख्ता संकेत माना जाता है। ट्रेडर को ₹230 के ऊपर भाव स्थिर होने पर 'Long' पोजीशन लेनी चाहिए।

लक्ष्य और स्टॉप लॉस की गणना

संभावित लक्ष्य निर्धारित करने के लिए सपोर्ट और नैकलाइन के बीच के अंतर को नैकलाइन में जोड़ा जाता है:

अंतर: 230−200=30

लक्ष्य (Target): 230+30 = 260

स्टॉप लॉस (Stop Loss): सुरक्षा के लिए स्टॉप लॉस को नैकलाइन के थोड़ा नीचे, लगभग ₹225 पर रखना उचित होता है।

ट्रेडर को ₹230 के ऊपर खरीद (Buy) करनी चाहिए, जिसका लक्ष्य ₹260 और स्टॉप लॉस ₹225 के आसपास होना चाहिए।

सीख: यह पैटर्न गिरते बाजार के थमने और नई तेजी शुरू होने का प्रतीक है।

**प्रश्न 4:** एक शेयर की रेंज धीरे-धीरे सिकुड़ रही है। ऊपरी चोटियाँ (Highs) नीचे की ओर आ रही हैं और निचले स्तर (Lows) ऊपर की ओर जा रहे हैं। चार्ट पर एक त्रिकोण बन रहा है। इस स्थिति में ट्रेड कब लेना चाहिए?

**उत्तर:**

जब किसी शेयर की रेंज धीरे-धीरे सिकुड़ती है, ऊपरी चोटियाँ (Highs) नीचे आती हैं और निचले स्तर (Lows) ऊपर जाते हैं, तो इसे 'सिमेट्रिकल ट्रायंगल' (Symmetrical Triangle) पैटर्न कहा जाता है।

इस स्थिति में ट्रेड लेने के लिए सही समय निम्नलिखित है:

ब्रेकआउट का इंतजार करें: इस पैटर्न में ट्रेड तब तक नहीं लेना चाहिए जब तक कि कीमत त्रिकोण की ऊपरी या निचली ट्रेंडलाइन को स्पष्ट रूप से पार (Breakout/Breakdown) न कर दे।

खरीद (Buy): यदि शेयर त्रिकोण की ऊपरी ट्रेंडलाइन को भारी वॉल्यूम के साथ पार करता है, तो खरीदारी करें।

बिक्री (Sell/Short): यदि शेयर त्रिकोण की निचली ट्रेंडलाइन के नीचे बंद होता है, तो यह बिकवाली का संकेत है।

पुष्टि (Confirmation): ट्रेड लेने से पहले देखें कि ब्रेकआउट के समय वॉल्यूम (Trading Volume) में बढ़ोतरी हुई है या नहीं। वॉल्यूम ब्रेकआउट की मजबूती की पुष्टि करता है।

स्टॉप लॉस (Stop Loss): आमतौर पर, त्रिकोण की विपरीत दिशा की ट्रेंडलाइन के थोड़ा अंदर स्टॉप लॉस लगाया जाता है।

सीख: यह पैटर्न बाजार में 'अनिर्णय' (Indecision) की स्थिति को दर्शाता है।

**प्रश्न 5:** एक शेयर 'U' आकार की रिकवरी करता है और फिर रेजिस्टेंस के पास थोड़ी देर रुककर एक छोटा सा ठहराव (Handle) बनाता है। यह पैटर्न किस तरह की तेजी का संकेत है?

**उत्तर:**

यह 'कप एंड हैंडल' (Cup and Handle) चार्ट पैटर्न है।

इस पैटर्न की मुख्य विशेषताएं इस प्रकार हैं:

U-आकार की रिकवरी: यह एक 'कप' की तरह दिखाई देता है जो शेयर में लंबी गिरावट के बाद धीरे-धीरे सुधार (recovery) को दर्शाता है।

ठहराव (Handle): रेजिस्टेंस के पास बनने वाला छोटा ठहराव या गिरावट 'हैंडल' कहलाती है। यह दर्शाता है कि विक्रेता अब कम हो रहे हैं और खरीदार नियंत्रण ले रहे हैं ।

तेजी का संकेत: जब शेयर इस हैंडल के रेजिस्टेंस (ऊपरी स्तर) को पार करता है, तो यह एक मजबूत बुलिश (Bullish) ब्रेकआउट माना जाता है, जो आने वाले समय में बड़ी तेजी का संकेत देता है।

सीख: हैंडल बनने का मतलब है कि बिकवाली कम हो गई है और अब शेयर बड़ी छलांग के लिए तैयार है।

**प्रश्न 6:** एक शेयर का रेजिस्टेंस लेवल स्थिर है (एक सीधी रेखा), लेकिन उसके निचले स्तर (Lows) लगातार ऊंचे होते जा रहे हैं। यह पैटर्न क्या दर्शाता है?

**उत्तर:**

यह पैटर्न असेंडिंग ट्रायंगल (Ascending Triangle) कहलाता है।

यह एक बुलिश (तेजी का) कंटिन्युएशन पैटर्न है, जो दर्शाता है कि:

बुलिश सेंटिमेंट: हालांकि रेजिस्टेंस लेवल स्थिर है, लेकिन खरीदार हर बार ऊंचे भाव (Higher Lows) पर खरीदारी करने के लिए तैयार हैं, जो बाजार में मजबूती का संकेत है।

ब्रेकआउट की संभावना: जब कीमतें उस स्थिर रेजिस्टेंस लाइन को पार करती हैं, तो इसे एक मजबूत ब्रेकआउट माना जाता है और शेयर के दाम ऊपर जाने की संभावना बढ़ जाती है।

सीख: स्थिर रेजिस्टेंस और बढ़ते सपोर्ट 'बुलिश' मजबूती दिखाते हैं।

**प्रश्न 7:** एक शेयर अचानक 10% भागता है (Pole) और फिर एक संकरी रेंज में तिरछा होकर ट्रेड करने लगता है (Flag)। इसे क्या माना जाता है?

**उत्तर:**

इसे 'बुलिश फ्लैग' (Bullish Flag Pattern) माना जाता है।

यह एक कंटिन्यूएशन चार्ट पैटर्न (Continuation Chart Pattern) है, जो यह संकेत देता है कि शेयर में तेजी का दौर अभी जारी रहने की संभावना जब शेयर इस संकरी रेंज (Flag) से ऊपर की ओर ब्रेकआउट देता है, तो यह अक्सर पोल (Pole) जितनी ही बड़ी नई बढ़त की शुरुआत का संकेत होता है।

सीख: "तेजी के बाद छोटा विश्राम, फिर से बड़ी तेजी।"

**प्रश्न 8:** एक शेयर सालों से गिर रहा था, फिर बहुत धीरे-धीरे उसने कटोरे (Bowl) जैसा आकार बनाया और अब वापस बढ़ने लगा है। यह किस प्रकार के निवेशक के लिए महत्वपूर्ण है?

**उत्तर:**

यह स्थिति 'राउंडिंग बॉटम' (Rounding Bottom) पैटर्न को दर्शाती है और यह मुख्य रूप से दीर्घकालिक निवेशकों (Long-term Investors) के लिए महत्वपूर्ण है।

इसकी मुख्य विशेषताएं इस प्रकार हैं:

मूल्य निवेश (Value Investing): यह उन निवेशकों के लिए महत्वपूर्ण है जो कम कीमत पर मजबूत फंडामेंटल वाले शेयर खरीदना चाहते हैं।

ट्रेंड रिवर्सल (Trend Reversal): यह पैटर्न संकेत देता है कि शेयर की गिरावट अब समाप्त हो गई है और एक नई तेजी (Bullish Trend) शुरू होने वाली है।

धैर्य की आवश्यकता: चूंकि 'कटोरे' जैसा आकार (Bowl shape) बनने में महीनों या सालों लग सकते हैं, इसलिए यह केवल उन निवेशकों के लिए है जो लंबे समय तक बने रह सकते हैं।

सीख: यह पैटर्न एक बहुत बड़े और स्थायी बदलाव (Long-term Trend Reversal) का संकेत देता है।

**प्रश्न 9:** एक शेयर 'ट्रायंगल पैटर्न' से बाहर निकलता है लेकिन वॉल्यूम पिछले दिनों की तुलना में कम है। क्या इस पैटर्न पर ट्रेड लेना सुरक्षित है?

**उत्तर:**

नहीं, कम वॉल्यूम के साथ 'ट्रायंगल पैटर्न' (Triangle Pattern) के ब्रेकआउट पर ट्रेड लेना सुरक्षित नहीं माना जाता है। इसके मुख्य कारण नीचे दिए गए हैं:

झूठा ब्रेकआउट (False Breakout): एक विश्वसनीय ब्रेकआउट के लिए खरीदारों या विक्रेताओं का मजबूत उत्साह जरूरी है। अगर वॉल्यूम कम है, तो यह 'फेकआउट' (Fakeout) हो सकता है, जहाँ कीमत वापस पैटर्न के अंदर आ जाती है और आपका स्टॉप-लॉस हिट हो जाता है ।

पुष्टि का अभाव (Lack of Confirmation): तकनीकी विश्लेषण में वॉल्यूम कीमत की चाल की पुष्टि करता है। कम वॉल्यूम का मतलब है कि बड़े संस्थान या स्मार्ट मनी इस चाल में शामिल नहीं हैं।

तरलता की कमी (Low Liquidity): कम वॉल्यूम वाले ब्रेकआउट में स्लिपेज (Slippage) का जोखिम बढ़ जाता है, जिससे सही कीमत पर ट्रेड से बाहर निकलना मुश्किल हो सकता है।

बेहतर रणनीति:

इंतजार करें: यदि ब्रेकआउट कम वॉल्यूम पर हुआ है, तो री-टेस्ट (Re-test) का इंतजार करें। अगर कीमत वापस ट्रेंडलाइन को छूकर भारी वॉल्यूम के साथ फिर से ऊपर/नीचे जाती है, तब एंट्री लेना अधिक सुरक्षित होता है ।

अन्य संकेतकों का उपयोग करें: ट्रेड की पुष्टि के लिए RSI या MACD जैसे संकेतकों की मदद लें।

नियम: किसी भी पैटर्न के पूर्ण होने के लिए भारी वॉल्यूम (Volume Confirmation) अनिवार्य है।

**प्रश्न 10:** आपने एक 'डबल बॉटम' ब्रेकआउट पर ₹100 पर शेयर खरीदा। नेकलाइन ₹98 पर थी और बॉटम ₹90 पर था। तकनीकी रूप से आपका स्टॉप-लॉस कहाँ होना चाहिए?

**उत्तर:**

तकनीकी विश्लेषण (Technical Analysis) के अनुसार, 'डबल बॉटम' ब्रेकआउट ट्रेड के लिए आपका स्टॉप-लॉस नेकलाइन (Neckline) के ठीक नीचे होना चाहिए।

इस स्थिति में:

स्टॉप-लॉस (Stop-Loss): ₹98 के थोड़ा नीचे (जैसे ₹97.50 या ₹97) रखना सबसे उपयुक्त है।

तर्क: डबल बॉटम पैटर्न में नेकलाइन एक मजबूत रेजिस्टेंस (Resistance) होती है। ब्रेकआउट के बाद, यही नेकलाइन सपोर्ट (Support) की तरह काम करती है। यदि कीमत वापस ₹98 के नीचे

चली जाती है, तो इसका मतलब है कि ब्रेकआउट विफल (Fail) हो गया है और आपको ट्रेड से बाहर निकल जाना चाहिए।

सीख: पैटर्न फेल होने की स्थिति में स्टॉप-लॉस ही आपकी पूंजी को बचाता है।

## 34.5 प्रश्नोत्तर परीक्षा (Quiz)

Q1. रिवर्सल पैटर्न का मुख्य काम क्या है?

(A) मौजूदा ट्रेंड को जारी रखना

(B) कोई पैटर्न नहीं

(C) केवल साइडवेज

(D) मौजूदा ट्रेंड के खत्म होने और उल्टे ट्रेंड की शुरुआत बताना

Q2. कंटिन्यूएशन पैटर्न का मुख्य काम क्या है?

(A) ट्रेंड रिवर्स करना

(B) मौजूदा ट्रेंड में थोड़ा रुककर फिर जारी रखने का संकेत

(C) ट्रेंड खत्म करना

(D) केवल वॉल्यूम

Q3. हेड एंड शोल्डर्स (H&S) पैटर्न किसका रिवर्सल है?

(A) डाउनट्रेंड से अपट्रेंड (B) साइडवेज

(C) अपट्रेंड से डाउनट्रेंड (टॉप रिवर्सल) (D) कोई रिवर्सल नहीं

Q4. इनवर्स हेड एंड शोल्डर्स किसका रिवर्सल है?

(A) अपट्रेंड से डाउनट्रेंड

(B) डाउनट्रेंड से अपट्रेंड (बॉटम रिवर्सल)

(C) कोई रिवर्सल नहीं

(D) केवल साइडवेज

Q5. हेड एंड शोल्डर्स में नेकलाइन टूटने पर क्या करना चाहिए?

(A) खरीदना (B) इंतजार करना

(C) होल्ड करना (D) बेचना या शॉर्ट करना

Q6. डबल टॉप पैटर्न किस आकार का होता है?

(A) W (B) M (C) V (D) U

Q7. डबल बॉटम पैटर्न किस आकार का होता है?

(A) M (B) W (C) V (D) U

Q8. ट्रिपल टॉप/बॉटम कितने पीक या वेली बनाता है?

(A) 2 (B) 3 (C) 4 (D) 5

Q9. राउंडिंग बॉटम पैटर्न क्या दर्शाता है?

(A) केवल डाउनट्रेंड (B) तेज रिवर्सल

(C) धीरे-धीरे बॉटम बनाकर अपट्रेंड शुरू (D) कोई पैटर्न नहीं

Q10. फ्लैग पैटर्न किस प्रकार का है?

(A) रिवर्सल
(B) कंटिन्यूएशन
(C) कोई नहीं
(D) केवल टॉप

Q11. पेनांट पैटर्न में क्या बनता है?
(A) छोटा सिमेट्रिकल ट्राएंगल फ्लैग पोल के बाद
(B) बड़ा ट्राएंगल
(C) केवल रेक्टैंगल
(D) कोई पैटर्न नहीं

Q12. ट्राएंगल पैटर्न कितने प्रकार के होते हैं?
(A) 2
(B) 3
(C) 5
(D) 1

Q13. एस्केंडिंग ट्राएंगल ज्यादातर कैसा पैटर्न है?
(A) बेयरिश
(B) साइडवेज
(C) रिवर्सल
(D) बुलिश कंटिन्यूएशन

Q14. डिसेंडिंग ट्राएंगल ज्यादातर कैसा पैटर्न है?
(A) बुलिश
(B) बेयरिश कंटिन्यूएशन
(C) रिवर्सल
(D) कोई नहीं

Q15. सिमेट्रिकल ट्राएंगल में ब्रेकआउट किस दिशा में हो सकता है?
(A) केवल ऊपर
(B) केवल नीचे
(C) दोनों दिशा (लेकिन मौजूदा ट्रेंड के साथ ज्यादा संभावना)
(D) कोई ब्रेकआउट नहीं

Q16. रेक्टैंगल पैटर्न क्या दर्शाता है?
(A) कंटिन्यूएशन – ट्रेंड में रुकावट
(B) हमेशा रिवर्सल
(C) कोई पैटर्न नहीं
(D) केवल वॉल्यूम

Q17. कप एंड हैंडल पैटर्न सबसे मजबूत कौन-सा माना जाता है?
(A) बेयरिश
(B) बुलिश कंटिन्यूएशन
(C) रिवर्सल
(D) साइडवेज

Q18. पैटर्न की वैलिडिटी के लिए सबसे जरूरी क्या है?
(A) केवल आकार
(B) केवल समय
(C) वॉल्यूम कन्फर्मेशन + नेकलाइन/ब्रेकआउट लेवल
(D) केवल न्यूज

Q19. किताब में पैटर्न को क्या कहा गया है?
(A) 100% सटीक

(B) संभावना बताने वाले – वॉल्यूम और कन्फर्मेशन के साथ उपयोग करें

(C) बेकार

(D) केवल शॉर्ट टर्म

Q20. नया ट्रेडर पैटर्न कैसे सीखे?

(A) सीधा रियल ट्रेडिंग

(B) एक-एक पैटर्न प्रैक्टिस करे + पेपर ट्रेडिंग से

(C) केवल टिप्स पर

(D) केवल न्यूज पर

**Answer Key**

| Q | 1 | 2 | 3 | 4 | 5 | 6 | 7 | 8 | 9 | 10 | 11 | 12 | 13 | 14 | 15 | 16 | 17 | 18 | 19 | 20 |
|---|---|---|---|---|---|---|---|---|---|---|---|---|---|---|---|---|---|---|---|---|
| Ans. | D | B | C | B | D | B | B | B | C | B | A | B | D | B | C | A | B | C | B | B |

# *Chapter 35* कैंडलस्टिक चार्ट के मूल आधार

**"हर कैंडल एक कहानी कहती है—उस दिन की जीत और हार की कहानी। कैंडल की बॉडी और उसकी परछाई (Wick) को समझना सीखें, क्योंकि ये केवल लाल और हरी पट्टियां नहीं हैं, बल्कि बाज़ार के डर और लालच का आईना हैं। जब आप इन संकेतों को पढ़ना जान जाते हैं, तो बाज़ार की हर हलचल आपके लिए एक स्पष्ट संदेश बन जाती है।"**

कैंडलस्टिक्स बाज़ार की वह भाषा हैं जिसे यदि आप एक बार सीख लें, तो चार्ट्स आपसे बातें करने लगते हैं। सदियों पहले जापान के चावल व्यापारियों द्वारा विकसित यह तकनीक आज आधुनिक ट्रेडिंग की सबसे शक्तिशाली शक्ति है। जहाँ साधारण लाइन चार्ट केवल कीमतों को दर्शाते हैं, वहीं एक कैंडलस्टिक उस समय-सीमा के भीतर खरीदारों और विक्रेताओं के बीच चलने वाले 'युद्ध' की पूरी कहानी बयां करती है। यह अध्याय आपको बाज़ार के उस सूक्ष्म मनोविज्ञान को समझने की दृष्टि देगा, जो केवल संख्याओं में नहीं दिखता।

इस चैप्टर में हम कैंडलस्टिक की संरचना—जैसे बॉडी और विक (Shadow)—के पीछे छिपे अर्थ को समझेंगे। हम यह जानेंगे कि कैसे एक छोटी सी कैंडल बाज़ार की अनिर्णय की स्थिति को दर्शाती है और कैसे एक लंबी कैंडल आने वाले बड़े बदलाव का संकेत देती है। आप प्रमुख पैटर्न्स के माध्यम से बाज़ार के सेंटिमेंट (भावना) को पहचानना सीखेंगे, जो आपको यह बताने में सक्षम बनाएंगे कि कब बुल्स (खरीदार) हावी हैं और कब बीयर्स (विक्रेता) बाज़ार को नीचे खींच रहे हैं। यह अध्याय तकनीकी विश्लेषण के आपके सफर का सबसे महत्वपूर्ण पड़ाव है, जो आपके ट्रेडिंग और निवेश के निर्णयों को एक नई सटीकता प्रदान करेगा।

## 35.1 कैंडलस्टिक का विज्ञान

तकनीकी विश्लेषण में 'कैंडलस्टिक चार्ट' सबसे शक्तिशाली उपकरणों में से एक है। इसकी उत्पत्ति 18वीं शताब्दी में जापान के चावल व्यापारियों द्वारा की गई थी। यह न केवल मूल्य के डेटा को दर्शाता है, बल्कि यह बाज़ार के प्रतिभागियों के मनोविज्ञान) Trader Psychology) को भी चित्रित करता है।

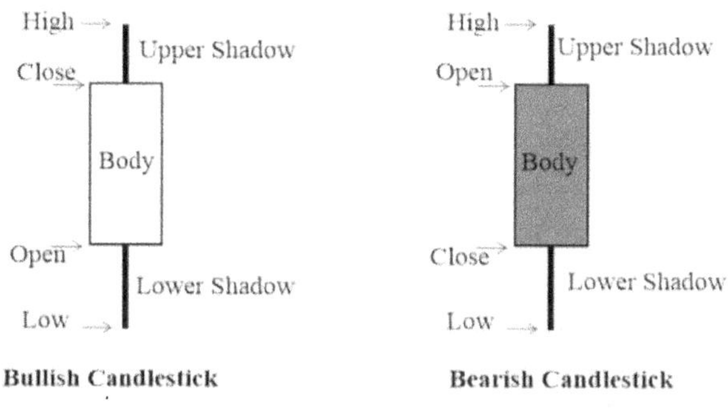


### 1. कैंडलस्टिक के मुख्य घटक) Anatomy of a Candlestick)

एक कैंडलस्टिक एक निश्चित समय अवधि) जैसे 1 मिनट, 1 घंटा या 1 दिन (के मूल्य व्यवहार को चार बिंदुओं में समेटती है: Open, High, Low, Close (OHLC) l

एक एकल कैंडलस्टिक के तीन मुख्य भाग होते हैं:

- **बॉडी (Real Body):** यह कैंडल का मध्य आयताकार हिस्सा है। यह ओपनिंग प्राइस )Open Price) और क्लोजिंग प्राइस) Close Price) के बीच के अंतर को दर्शाता है। यह हिस्सा जितना लंबा होगा, बाज़ार में उतनी ही अधिक तीव्रता) Intensity) होगी।
- **अपर शैडो (Upper Shadow/Wick):** बॉडी के ऊपर की पतली रेखा जो उस अवधि के दौरान बने उच्चतम मूल्य) High Price) को दर्शाती है।
- **लोअर शैडो (Lower Shadow/Wick):** बॉडी के नीचे की पतली रेखा जो उस अवधि के दौरान बने न्यूनतम मूल्य) Low Price) को दर्शाती है।

## 2. कैंडलस्टिक के प्रकार (Types of Candlesticks)

कैंडलस्टिक का रंग हमें तुरंत यह बता देता है कि उस अवधि में खरीदार) Buyers) जीते या विक्रेता )Sellers) l

### (a) बुलिश कैंडलस्टिक (Bullish Candlestick) - तेज़ी का संकेत

बुलिश कैंडल तब बनती है जब क्लोजिंग प्राइस, ओपनिंग प्राइस से अधिक होती है।

रंग: आमतौर पर यह चार्ट पर हरे) Green) या सफेद) White) रंग की होती है।

अर्थ: यह दर्शाता है कि कीमत नीचे खुली थी, लेकिन खरीदारों ने बाज़ार पर इतना नियंत्रण कर लिया कि उन्होंने भाव को ऊपर ले जाकर बंद किया। यह बाज़ार में मज़बूती का प्रतीक है।

### (b) बेयरिश कैंडलस्टिक (Bearish Candlestick) - मंदी का संकेत

बेयरिश कैंडल तब बनती है जब क्लोजिंग प्राइस, ओपनिंग प्राइस से कम होती है।

रंग: आमतौर पर यह चार्ट पर लाल) Red) या काले) Black) रंग की होती है।

अर्थ: यह दर्शाता है कि कीमत ऊपर खुली थी, लेकिन विक्रेताओं) Sellers) ने भारी बिकवाली की और भाव को नीचे ले जाकर बंद किया। यह बाज़ार में कमजोरी का प्रतीक है।

## 3. विक्स या शैडो का मनोविज्ञान (Psychology of Wicks)

कैंडल की बॉडी के अलावा, उसकी 'विक्स' बहुत कुछ कहती हैं:

**लंबी ऊपरी विक (Long Upper Wick):** यह दर्शाती है कि कीमत ऊपर तो गई थी, लेकिन ऊंचे स्तरों पर भारी बिकवाली) Supply) के कारण वापस नीचे आ गई।

**लंबी निचली विक (Long Lower Wick):** यह दर्शाती है कि कीमत नीचे गिरी थी, लेकिन निचले स्तरों पर मजबूत खरीदारी) Demand) आने से वह वापस ऊपर आ गई।

## 4. निष्कर्ष और उपयोगिता

कैंडलस्टिक चार्ट का उपयोग करके ट्रेडर्स यह पहचान सकते हैं कि कहाँ से बाज़ार मुड़ने वाला है। एक अकेली कैंडल या कैंडल्स का समूह) Pattern) आने वाली बड़ी चाल का पूर्व संकेत दे सकता है।

# 35.2 कैंडलस्टिक की बनावट और अर्थ

हम यहाँ विश्लेषण करेंगे कि एक कैंडलस्टिक के विभिन्न हिस्से बाज़ार की 'अंतर्निहित भावनाओं' (Underlying Sentiments) के बारे में हमें क्या बताते हैं। एक कैंडल केवल मूल्य नहीं दिखाती, वह खरीदारों और विक्रेताओं के बीच के युद्ध का एक स्नैपशॉट) Snapshot) है।

## 1. रियल बॉडी :शक्ति का पैमाना (The Real Body)

कैंडल का मोटा आयताकार हिस्सा 'बॉडी' कहलाता है। यह ओपनिंग और क्लोजिंग मूल्य के बीच की सीमा को दर्शाता है।

**रंग और दिशा (Color Matters):**

हरा/सफेद) बुलिश:( जब बाज़ार खुलने के बाद ऊपर जाकर बंद होता है। इसका सीधा अर्थ है कि उस समय अवधि में खरीदार) Buyers) हावी थे।

लाल/काला) बेयरिश:( जब बाज़ार खुलने के बाद नीचे गिरकर बंद होता है। इसका अर्थ है कि विक्रेता) Sellers) हावी थे।

**बॉडी की लंबाई (Body Length):**

लंबी बॉडी: यह 'मजबूत नियंत्रण' को दर्शाती है। यदि हरा कैंडल बहुत लंबा है, तो खरीदारों में भारी उत्साह है।

छोटी बॉडी: यह 'अनिर्णीत स्थिति' (Indecision) को दर्शाती है। यह संकेत है कि बाज़ार में खरीदार और विक्रेता दोनों संघर्ष कर रहे हैं और किसी निष्कर्ष पर नहीं पहुँचे हैं।

### 2. विक या शैडो :अस्वीकृति का संकेत (Wick / Shadow / Tail)

कैंडल के ऊपर और नीचे की पतली रेखाएं) Wicks) हमें बाज़ार की अस्थिरता) Volatility) और कीमतों की 'अस्वीकृति' (Price Rejection) के बारे में बताती हैं।

**अपर शैडो :** यह दर्शाती है कि बाज़ार ने उस सत्र के दौरान कितनी ऊँचाई छुई थी। यदि ऊपरी विक लंबी है, तो इसका मतलब है कि कीमत ऊपर तो गई थी लेकिन ऊंचे स्तरों पर टिक नहीं पाई )Resistance)।

**लोअर शैडो :** यह दर्शाती है कि बाज़ार ने कितना निचला स्तर छुआ था। यदि निचली विक लंबी है, तो यह दर्शाता है कि गिरावट के बाद बाज़ार में मजबूत खरीदारी आई) Support)।

लंबी विक बनाम छोटी विक: एक लंबी विक बाज़ार में भारी उतार-चढ़ाव का संकेत है, जबकि एक छोटी विक एक 'शांत' और स्थिर बाज़ार को दर्शाती है।

### 3. मुख्य सिंगल कैंडलस्टिक पैटर्न (Key Single Patterns)

जब बॉडी और विक्स एक विशेष अनुपात में मिलते हैं, तो वे शक्तिशाली 'सिंगल कैंडलस्टिक पैटर्न' बनाते हैं। ये पैटर्न अक्सर बाज़ार के मुड़ने) Reversal) का पहला संकेत होते हैं:

**डोजी (Doji):** इसमें बॉडी लगभग न के बराबर होती है। यह दर्शाता है कि जहाँ बाज़ार खुला था, वहीं बंद हो गया। यह बाज़ार में पूर्ण भ्रम और संभावित ट्रेंड चेंज का संकेत है।

**हैमर (Hammer):** इसकी निचली विक लंबी और बॉडी छोटी होती है। यह गिरते बाज़ार के अंत में बनता है और तेज़ी आने का पूर्व संकेत देता है।

**शूटिंग स्टार (Shooting Star):** इसकी ऊपरी विक लंबी होती है और बॉडी छोटी। यह चढ़ते बाज़ार के शिखर पर बनता है और आने वाली मंदी की चेतावनी देता है।

## 35.3 डोजी पैटर्न – बाज़ार का अनिर्णय

तकनीकी विश्लेषण में डोजी) Doji) एक ऐसा कैंडलस्टिक पैटर्न है जिसे 'न्यूट्रल' या 'अनिर्णय का प्रतीक' माना जाता है। यह तब बनता है जब किसी विशेष समयावधि के दौरान बाज़ार का ओपनिंग) Open) और क्लोजिंग) Close) मूल्य लगभग समान होता है।

यह पैटर्न एक चौराहे की तरह है जहाँ खरीदार और विक्रेता दोनों एक-दूसरे पर हावी होने की कोशिश करते हैं, लेकिन अंत में मूल्य वहीं पहुँच जाता है जहाँ से शुरू हुआ था।

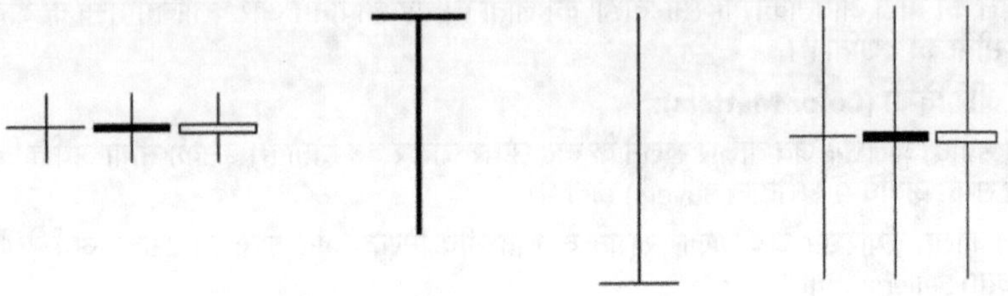

Standard Doji | Dragonfly Doji | Gravestone Doji | Long-Legged Doji

## 1. डोजी का मनोविज्ञान (Psychology of Doji)

डोजी यह संकेत देता है कि बाज़ार में मौजूदा ट्रेंड अपनी गति खो रहा है। यदि यह एक लंबे अपट्रेंड )तेज़ी (के बाद बनता है, तो यह चेतावनी है कि खरीदार थक रहे हैं। यदि यह डाउनट्रेंड) मंदी (के बाद बनता है, तो यह दर्शाता है कि विक्रेता अब और नीचे बेचने को तैयार नहीं हैं।

## 2. डोजी के प्रमुख प्रकार) Major Types of Doji)

चार्ट पर डोजी की बनावट और उसकी 'विक्स' (Wicks) की स्थिति के आधार पर इसे तीन मुख्य भागों में विभाजित किया गया है:

### (a) स्टैंडर्ड डोजी) Standard Doji)

यह एक '+' (प्लस (चिन्ह जैसा दिखता है। इसमें बॉडी न के बराबर होती है और ऊपरी तथा निचली शैडो लगभग बराबर होती हैं।

अर्थ: यह बाज़ार में पूर्ण भ्रम को दर्शाता है। यह किसी भी ट्रेंड के बीच या अंत में बन सकता है। यह संकेत देता है कि बाज़ार को अगले कदम के लिए एक नए ट्रिगर की तलाश है।

### (b) ड्रैगनफ्लाई डोजी) Dragonfly Doji)

यह अंग्रेजी के अक्षर 'T' जैसा दिखता है। इसमें एक लंबी निचली शैडो) Lower Shadow) होती है, लेकिन ऊपरी शैडो और बॉडी अनुपस्थित होती है।

अर्थ: यह आमतौर पर एक मजबूत बुलिश रिवर्सल) Bullish Reversal) संकेत है।

व्याख्या: विक्रेताओं ने कीमत को बहुत नीचे धकेला, लेकिन खरीदारों ने निचले स्तरों पर इतनी आक्रामकता दिखाई कि कीमत वापस ओपनिंग स्तर पर जाकर बंद हुई। यह दर्शाता है कि 'सपोर्ट' बहुत मजबूत है।

### (c) ग्रेवस्टोन डोजी) Gravestone Doji)

यह एक उल्टे 'T' जैसा दिखता है। इसमें एक लंबी ऊपरी शैडो) Upper Shadow) होती है, लेकिन निचली शैडो और बॉडी नहीं होती।

अर्थ: यह एक मजबूत बेयरिश रिवर्सल) Bearish Reversal) संकेत है।

व्याख्या: सत्र के दौरान खरीदारों ने कीमत को बहुत ऊपर ले जाने की कोशिश की, लेकिन ऊंचे स्तरों पर विक्रेताओं) Supply) ने नियंत्रण हासिल कर लिया और भाव को वापस नीचे लाकर बंद किया।

### (d) लॉन्ग-लेग्ड डोजी) Long-Legged Doji)

इसमें ऊपरी और निचली दोनों विक्स बहुत लंबी होती हैं। यह बाज़ार में अत्यधिक अस्थिरता) High Volatility) को दर्शाता है, जहाँ खरीदार और विक्रेता दोनों ने बड़ी चालें चलीं लेकिन अंततः परिणाम शून्य रहा।

### 3. डोजी के साथ ट्रेडिंग (Trading with Doji)

डोजी का महत्व उसके स्थान) Context) पर निर्भर करता है:

ट्रेंड का अंत: यदि डोजी किसी रेजिस्टेंस के पास बनती है, तो यह मंदी का संकेत है। यदि यह सपोर्ट के पास बनती है, तो यह तेज़ी का संकेत है।

पुष्टि (Confirmation): डोजी को देखते ही ट्रेड न लें। अगली कैंडल का इंतज़ार करें। यदि अगली कैंडल डोजी के हाई को तोड़ती है, तो खरीदारी करें; यदि लो को तोड़ती है, तो बिकवाली करें।

## 35.4 हैमर और शूटिंग स्टार समूह

कैंडलस्टिक चार्टिंग में कुछ ऐसी आकृतियाँ होती हैं जो बाज़ार के 'थकान' और 'दिशा परिवर्तन' का स्पष्ट संदेश देती हैं। हैमर) Hammer) और शूटिंग स्टार) Shooting Star) इसी श्रेणी के प्रमुख पैटर्न हैं। ये पैटर्न मुख्य रूप से कैंडल की बॉडी के आकार और उसकी विक्स) Wick) की लंबाई पर आधारित होते हैं, जो खरीदारों और विक्रेताओं के बीच के तीव्र संघर्ष को दर्शाते हैं।

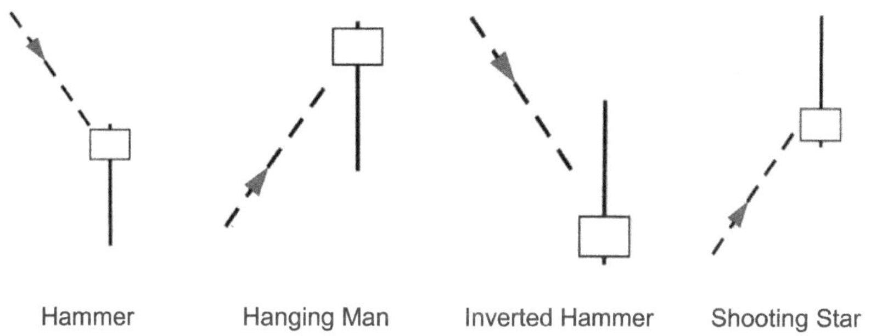


### 1. हैमर (Hammer) – तेज़ी का संकेत

हैमर पैटर्न एक 'हथौड़े' जैसा दिखता है और यह गिरते हुए बाज़ार) Downtrend) के अंत में दिखाई देता है।

संरचना: इसकी एक बहुत छोटी बॉडी और एक लंबी निचली शैडो) Lower Shadow) होती है। ऊपरी शैडो या तो बहुत छोटी होती है या बिल्कुल नहीं होती।

मनोविज्ञान: यह दर्शाता है कि सत्र के दौरान विक्रेताओं ने कीमत को बहुत नीचे धकेला, लेकिन खरीदारों ने निचले स्तरों पर ज़ोरदार वापसी की और कीमत को वापस ओपन के करीब लाकर बंद किया। यह एक मजबूत बुलिश रिवर्सल) Bullish Reversal) संकेत है।

### 2. हैंगिंग मैन (Hanging Man) – सावधानी का संकेत

हैंगिंग मैन दिखने में बिल्कुल 'हैमर' जैसा ही होता है, लेकिन इसका संदर्भ) Context) पूरी तरह अलग होता है।

संरचना: लंबी निचली शैडो और छोटी बॉडी।

संदर्भ: यह एक बढ़ते हुए बाज़ार) Uptrend) के अंत में दिखाई देता है।

मनोविज्ञान: हालांकि यह हैमर जैसा दिखता है, लेकिन अपट्रेंड के टॉप पर इसका बनना यह संकेत देता है कि बाज़ार में बिकवाली का दबाव) Selling Pressure) शुरू हो गया है। यह एक बेयरिश रिवर्सल) Bearish Reversal) चेतावनी है।

**3. इनवर्टेड हैमर (Inverted Hammer) – संभावित रिकवरी**

यह 'हैमर' का उल्टा रूप है, जो गिरते हुए बाज़ार) Downtrend) के अंत में बनता है।

संरचना: इसमें एक छोटी निचली बॉडी और एक लंबी ऊपरी शैडो) Upper Shadow) होती है।

मनोविज्ञान: यह दर्शाता है कि खरीदारों ने कीमत को ऊपर ले जाने का प्रयास शुरू कर दिया है। भले ही वे उसे ऊंचे स्तर पर बंद न करा पाए हों, लेकिन यह संकेत है कि विक्रेताओं का नियंत्रण अब ढीला पड़ रहा है। यह एक बुलिश रिवर्सल का प्रारंभिक संकेत है।

**4. शूटिंग स्टार (Shooting Star) – मंदी का प्रहार**

शूटिंग स्टार एक 'टूटते हुए तारे' की तरह दिखता है और यह तेज़ी के बाज़ार) Uptrend) के शिखर पर बनता है।

संरचना: इसकी बनावट 'इनवर्टेड हैमर' जैसी होती है—छोटी बॉडी और एक लंबी ऊपरी शैडो।

मनोविज्ञान: यह बाज़ार के शीर्ष पर विक्रेताओं की भारी सक्रियता को दर्शाता है। खरीदारों ने कीमत को ऊपर खींचा, लेकिन विक्रेताओं ने उसे वापस नीचे पटक दिया। यह एक अत्यंत शक्तिशाली बेयरिश रिवर्सल संकेत माना जाता है।

## 35.5 मारूबोज़ू और स्पिनिंग टॉप – शक्ति बनाम अनिश्चितता

कैंडलस्टिक चार्टिंग में, कैंडल की 'बॉडी' और 'विक्स' का अनुपात यह तय करता है कि बाज़ार में किसका वर्चस्व है। जहाँ मारूबोज़ू एक पक्ष के पूर्ण नियंत्रण) Absolute Control) को दर्शाता है, वहीं स्पिनिंग टॉप बाज़ार में चल रही खींचतान और अनिर्णय) Indecision) का प्रतीक है।

Marubozu Spinning Top

**1. मारूबोज़ू (Marubozu) पैटर्न :पूर्ण नियंत्रण की स्थिति**

'मारूबोज़ू' एक जापानी शब्द है जिसका अर्थ होता है" मुंडा हुआ) "Bald)। तकनीकी विश्लेषण में, इसका मतलब है ऐसी कैंडल जिसमें ऊपरी या निचली छाया) Wicks) नहीं होती या बहुत मामूली होती है।

संरचना: इसमें केवल एक लंबी और ठोस बॉडी होती है।

मनोविज्ञान: यह दर्शाता है कि बाज़ार खुलने से लेकर बंद होने तक केवल एक ही दिशा में चला। इसमें किसी भी प्रकार का 'प्राइस रिजेक्शन' नहीं होता।

प्रकार:

**बुलिश मारूबोज़ू) सफेद/हरा:(** यह दर्शाता है कि खरीदार इतने शक्तिशाली थे कि उन्होंने विक्रेताओं को सिर उठाने का मौका ही नहीं दिया। यह एक मजबूत अपट्रेंड का संकेत है।

**बेयरिश मारूबोज़ू) काला/लाल:(** यह दर्शाता है कि विक्रेता पूरी तरह हावी थे और बाज़ार में भारी बिकवाली का दबाव है।

निष्कर्ष: मारूबोज़ू का मतलब है कि बाज़ार में एक स्पष्ट दिशा है और अनिर्णय की कोई जगह नहीं है।

### 2. स्पिनिंग टॉप) Spinning Top) पैटर्न :बाज़ार का चौराहा

स्पिनिंग टॉप एक ऐसी कैंडल है जिसकी बॉडी छोटी होती है और ऊपरी व निचली शैडो )Wicks) काफी लंबी होती हैं। यह एक 'लट्टू' जैसा दिखाई देता है।

संरचना: छोटी बॉडी और लंबी समान विक्स।

मनोविज्ञान: यह दर्शाता है कि सत्र के दौरान खरीदारों ने कीमत को ऊपर ले जाने की बहुत कोशिश की और विक्रेताओं ने नीचे गिराने की, लेकिन अंततः बाज़ार अपने ओपनिंग प्राइस के बेहद करीब ही बंद हुआ।

संकेत: यह बाज़ार में अनिर्णय) Indecision) या मौजूदा ट्रेंड में एक 'अस्थाई विराम' का संकेत देता है।

सावधानी: यदि यह एक लंबे ट्रेंड के बाद बनता है, तो यह संकेत देता है कि मौजूदा पक्ष) खरीदार या विक्रेता (अब अपनी ताकत खो रहा है और बाज़ार की दिशा बदल सकती है।

### 3. मुख्य मल्टीपल कैंडलस्टिक पैटर्न्स की ओर) Introduction to Multiple Patterns)

हालांकि मारूबोज़ू और स्पिनिंग टॉप जैसे एकल कैंडलस्टिक पैटर्न व्यक्तिगत रूप से बहुत महत्वपूर्ण जानकारी देते हैं, लेकिन तकनीकी विश्लेषण की असली शक्ति कौम्बिनेशन )Combination) में होती है।

शक्तिशाली संकेत: जब दो या तीन कैंडल्स मिलकर एक पैटर्न बनाती हैं) जैसे बुलिश एनगल्फिंग या मॉर्निंग स्टार(, तो वे अधिक विश्वसनीय रिवर्सल संकेत देती हैं।

अगला कदम: ये संयोजन बाज़ार की दिशा में होने वाले बड़े बदलावों का अधिक सटीकता से पूर्वानुमान लगाने में मदद करते हैं।

## 35.6 दो-कैंडल रिवर्सल पैटर्न

तकनीकी विश्लेषण में, 'मल्टी-कैंडल पैटर्न्स' एक एकल कैंडल की तुलना में अधिक विश्वसनीय माने जाते हैं क्योंकि ये बाज़ार में खरीदारों और विक्रेताओं के बीच सत्ता के हस्तांतरण )Shift in Power) की पुष्टि करते हैं।

### 1. बुलिश और बेयरिश एनगल्फिंग

'एनगल्फिंग' (Engulfing) का अर्थ है 'पूरी तरह से ढक लेना'। यह पैटर्न तब बनता है जब दूसरी कैंडल अपनी पिछली कैंडल को पूरी तरह से अपने अंदर समा लेती है।

#### (a) बुलिश एनगल्फिंग) Bullish Engulfing)

यह एक गिरते हुए बाज़ार) Downtrend) के अंत में बनने वाला शक्तिशाली रिवर्सल संकेत है।

संरचना: इसमें पहली कैंडल छोटी और लाल) बेयरिश (होती है। दूसरी कैंडल एक बड़ी हरी )बुलिश (कैंडल होती है जो पिछली लाल कैंडल की बॉडी को पूरी तरह ढक लेती है।

मनोविज्ञान: यह दर्शाता है कि बाज़ार में बिकवाली का दबाव पूरी तरह समाप्त हो गया है और खरीदार भारी शक्ति के साथ बाज़ार में वापस लौट आए हैं।

**(b) बेयरिश एनगल्फिंग) Bearish Engulfing)**

यह एक बढ़ते हुए बाज़ार) Uptrend) के शिखर पर दिखाई देने वाला मंदी का संकेत है।

संरचना: पहली कैंडल छोटी और हरी होती है। दूसरी कैंडल एक बड़ी लाल कैंडल होती है जो पिछली हरी कैंडल को पूरी तरह कवर कर लेती है।

मनोविज्ञान: यह संकेत देता है कि ऊंचे स्तरों पर खरीदार कमजोर पड़ गए हैं और विक्रेताओं ने बाज़ार पर अपना पूर्ण नियंत्रण कर लिया है।

## 2. पियर्सिंग लाइन और डार्क क्लाउड कवर

ये पैटर्न्स एनगल्फिंग जितने आक्रामक नहीं होते, लेकिन इनका प्रभाव बहुत गहरा होता है क्योंकि ये 'गैप' (Gap) के साथ बाज़ार के मनोविज्ञान को बदलते हैं।

**(a) पियर्सिंग लाइन) Piercing Line)**

यह डाउनट्रेंड के अंत में बनने वाला एक बुलिश रिवर्सल संकेत है।

प्रक्रिया: बाज़ार पिछली लाल कैंडल के क्लोज से नीचे गैप डाउन) Gap Down) खुलता है। लेकिन, सत्र के दौरान खरीदार आते हैं और कैंडल को पिछली लाल कैंडल की बॉडी के मध्य-बिंदु) 50% से अधिक( के ऊपर ले जाकर बंद करते हैं।

संकेत: यह दर्शाता है कि विक्रेताओं ने हार मान ली है और बुल्स बाज़ार को ऊपर खींचने में सफल रहे हैं।

**(b) डार्क क्लाउड कवर) Dark Cloud Cover)**

यह अपट्रेंड के अंत में बनने वाला एक बेयरिश रिवर्सल संकेत है, जिसे 'काले बादलों का घेरा' भी कहा जा सकता है।

प्रक्रिया: बाज़ार पिछली हरी कैंडल के क्लोज से ऊपर गैप अप) Gap Up) खुलता है। लेकिन, ऊंचे स्तरों पर टिकने के बजाय, कीमतें गिरती हैं और पिछली हरी कैंडल की बॉडी के मध्य-बिंदु) 50% से अधिक( के नीचे बंद होती हैं।

संकेत: यह दर्शाता है कि शुरुआती तेज़ी केवल एक भ्रम थी और अब मंदी हावी होने वाली है।

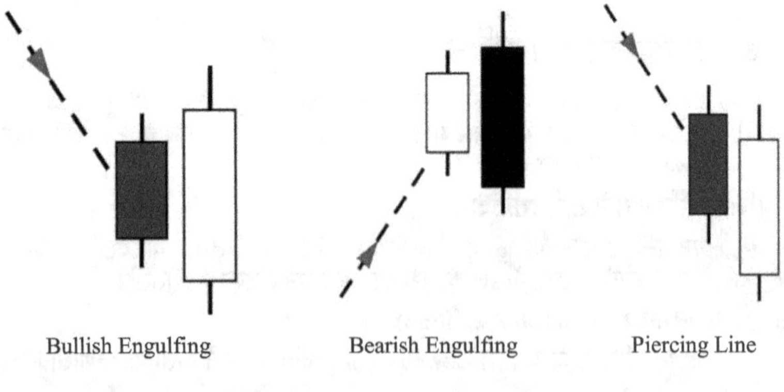


## 3. चार्ट पर पहचान और रणनीति

इन पैटर्न्स को ट्रेड करते समय निम्नलिखित बातों का ध्यान रखें:

| पैटर्न | स्थान | अगला कदम |
|---|---|---|
| बुलिश एनगल्फिंग / पियर्सिंग | सपोर्ट ज़ोन) Support) | खरीदारी) Buy) की तैयारी करें। |
| बेयरिश एनगल्फिंग / डार्क क्लाउड | रेजिस्टेंस ज़ोन) Resistance) | बिकवाली) Sell) या मुनाफा वसूली करें। |

## ट्वीज़र बॉटम और ट्वीज़र टॉप) Tweezer Bottom and Tweezer Top)

कैंडलस्टिक विश्लेषण में जब दो कैंडल्स के 'अति बिंदु' (Extreme Points) एक ही मूल्य स्तर पर मिलते हैं, तो उसे ट्वीज़र) Tweezer) पैटर्न कहा जाता है। यह पैटर्न बाज़ार में एक मजबूत 'दीवार' या 'बाधा' का संकेत देता है, जहाँ से कीमतों का पलटना लगभग तय माना जाता है।

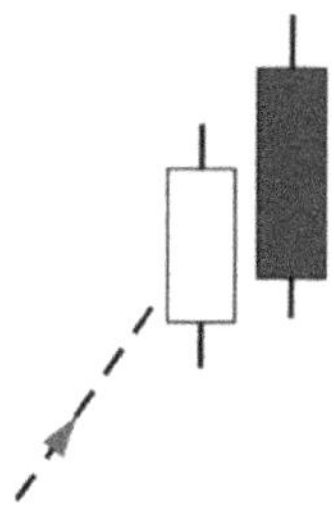

Dark Cloud Cover

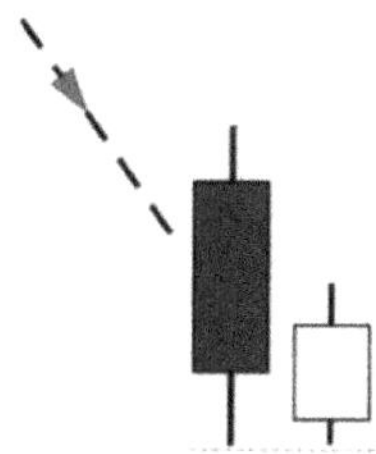

Tweezer Bottom

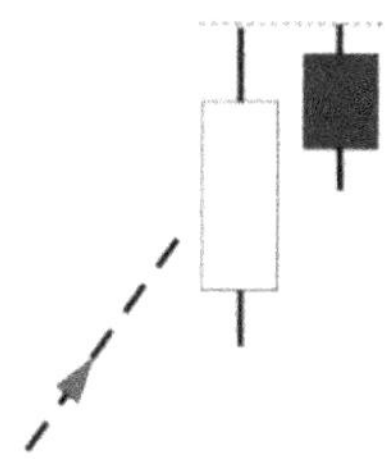

Tweezer Top

### 1. ट्वीज़र बॉटम) Tweezer Bottom) - बुलिश रिवर्सल

ट्वीज़र बॉटम एक तेज़ी) Bullish) का संकेत देने वाला पैटर्न है जो आमतौर पर एक गिरते हुए बाज़ार) Downtrend) के निचले स्तर पर बनता है।

संरचना: इस पैटर्न में लगातार दो ऐसी कैंडल्स होती हैं जिनका निम्नतम मूल्य) Low) बिल्कुल समान होता है।

पहचान: पहली कैंडल आमतौर पर लाल) मंदी की (होती है और दूसरी कैंडल अक्सर हरी) तेज़ी की (होती है, लेकिन मुख्य शर्त दोनों का एक ही 'Low' स्तर पर होना है।

मनोविज्ञान: यह दर्शाता है कि विक्रेता) Sellers) कीमतों को एक निश्चित स्तर से नीचे ले जाने में दो बार विफल रहे हैं। यह स्तर अब एक मजबूत सपोर्ट) Support) बन गया है।

ट्रेडिंग सिग्नल: जब बाज़ार इस समान 'Low' स्तर से टकराकर ऊपर मुड़ता है, तो यह खरीदारी का एक बेहतरीन अवसर प्रदान करता है।

### 2. ट्वीज़र टॉप) Tweezer Top) - बेयरिश रिवर्सल

ट्वीज़र टॉप इसका बिल्कुल विपरीत है और यह एक मंदी) Bearish) का संकेत देने वाला पैटर्न है।

संरचना: यह एक चढ़ते हुए बाज़ार) Uptrend) के शीर्ष या शिखर पर बनता है। इसमें लगातार दो ऐसी कैंडल्स होती हैं जिनका उच्चतम मूल्य) High) समान होता है।

पहचान: पहली कैंडल अक्सर हरी होती है जो एक नई ऊंचाई छूती है, और दूसरी कैंडल उस ऊंचाई को पार करने में विफल रहकर वहीं से नीचे गिरती है।

मनोविज्ञान: यह दर्शाता है कि खरीदार) Buyers) दो बार कोशिश करने के बावजूद कीमत को एक विशेष स्तर के ऊपर ले जाने में असमर्थ रहे हैं। यह एक मजबूत रेजिस्टेंस) Resistance) स्तर की पुष्टि करता है।

ट्रेडिंग सिग्नल: यह पैटर्न आगामी गिरावट की चेतावनी देता है और ट्रेडर्स के लिए अपनी पोजीशन से बाहर निकलने या बिकवाली करने का संकेत होता है।

## 35.7 बुलिश और बेयरिश हरामी पैटर्न

कैंडलस्टिक विश्लेषण में 'हरामी' एक जापानी शब्द है जिसका अर्थ 'गर्भवती' (Pregnant) होता है। इस पैटर्न का नाम इसकी विशेष बनावट के कारण रखा गया है, जिसमें एक बड़ी कैंडल) माँ (और उसके ठीक बाद एक छोटी कैंडल) बच्चा (होती है जो पूरी तरह से पहली कैंडल की बॉडी के भीतर समाहित होती है।

यह पैटर्न बाज़ार की दिशा में संभावित बदलाव) Reversal) का संकेत देता है और यह 'एनगल्फिंग' पैटर्न के बिल्कुल विपरीत कार्य करता है।

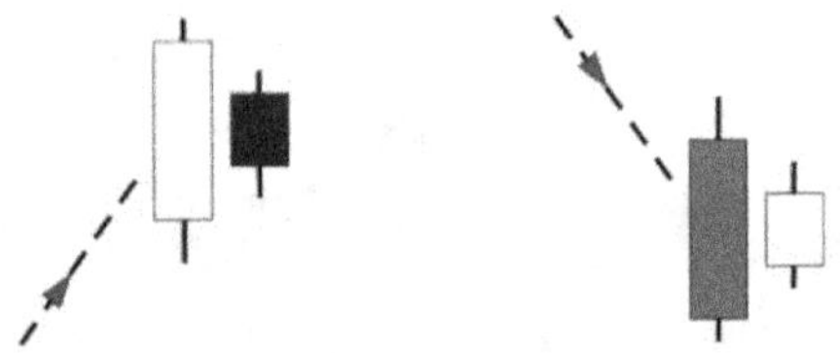

Bearish Harami Bullish Harami

### 1. बुलिश हरामी) Bullish Harami) - तेज़ी का संकेत

बुलिश हरामी एक बुलिश रिवर्सल संकेत है जो आमतौर पर एक डाउनट्रेंड) मंदी (के अंत में बनता है।

बनावट: इसमें पहली कैंडल एक लंबी बेयरिश) लाल या काली (कैंडल होती है। दूसरी कैंडल एक छोटी बुलिश) हरी या सफेद (कैंडल होती है।

सबसे महत्वपूर्ण शर्त यह है कि छोटी हरी कैंडल का पूरा शरीर) Body) पिछली लंबी लाल कैंडल के शरीर के भीतर ही होना चाहिए।

मनोविज्ञान: यह पैटर्न दर्शाता है कि बाज़ार में बिकवाली का दबाव अब कम हो रहा है और खरीदारों की रुचि फिर से जाग रही है। यह गिरते हुए बाज़ार में ठहराव और संभावित रिकवरी का प्रतीक है।

### 2. बेयरिश हरामी) Bearish Harami) - मंदी का संकेत

बेयरिश हरामी एक बेयरिश रिवर्सल संकेत है जो अपट्रेंड) तेज़ी (के अंत में दिखाई देता है।

बनावट: इसमें पहली कैंडल एक लंबी बुलिश) हरी या सफेद (कैंडल होती है। दूसरी कैंडल एक छोटी बेयरिश) लाल या काली (कैंडल होती है।

यहाँ छोटी लाल कैंडल की पूरी बॉडी पिछली लंबी हरी कैंडल की बॉडी के भीतर समाहित रहती है।

मनोविज्ञान: यह संकेत देता है कि खरीदारों की गति) Buying Momentum) कम हो रही है और बाज़ार में विक्रेताओं का प्रभाव बढ़ना शुरू हो गया है। यह संभावित मंदी की शुरुआत का पूर्व संकेत है।

## 35.8 तीन-कैंडल पैटर्न

तकनीकी विश्लेषण में, तीन-कैंडल पैटर्न्स संकेतकों का वह समूह हैं जो बाज़ार के रुझानों) Trends) में होने वाले संभावित और बड़े बदलावों की पुष्टि करते हैं। ये पैटर्न खरीदारों और विक्रेताओं के बीच बदलती शक्ति के संतुलन को गहराई से दर्शाते हैं।

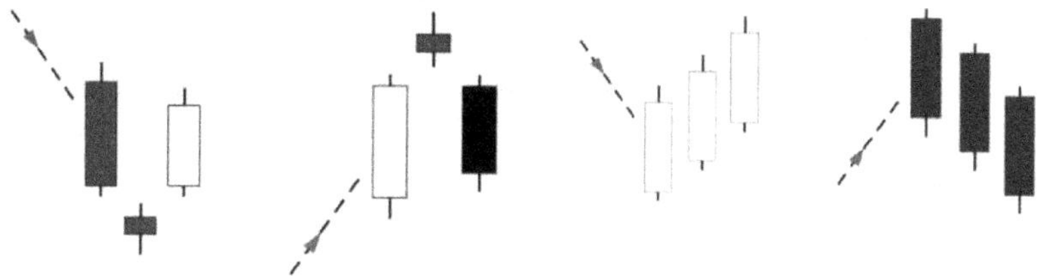

Morning Star    Evening Star    Three White Soldiers    Three Black Crows

### 1. मॉर्निंग स्टार) Morning Star) - बुलिश रिवर्सल

यह पैटर्न एक 'अँधेरी रात के बाद उगते सूरज' की तरह है, जो मंदी के खत्म होने का संकेत देता है।

बनावट और स्थिति: यह एक मजबूत डाउनट्रेंड) Downtrend) के अंत में बनता है।

संरचना: इसमें तीन कैंडल्स शामिल होती हैं:

पहली एक लंबी लाल कैंडल होती है, जो मौजूदा मंदी की पुष्टि करती है। दूसरी कैंडल की बॉडी छोटी होती है) अक्सर डोजी की तरह(, जो बाज़ार में अनिर्णय) Indecision) की स्थिति दर्शाती है। तीसरी एक लंबी हरी कैंडल होती है, जो इस बात की पुष्टि) Confirmation) करती है कि खरीदारों ने नियंत्रण हासिल कर लिया है और अब ट्रेंड ऊपर की ओर मुड़ रहा है।

### 2. इवनिंग स्टार) Evening Star) - बेयरिश रिवर्सल

यह मॉर्निंग स्टार का बिल्कुल उल्टा है और बाज़ार में तेज़ी के खत्म होने की चेतावनी देता है।

बनावट और स्थिति: यह एक मजबूत अपट्रेंड) Uptrend) के अंत में दिखाई देता है।

संरचना: पहली कैंडल एक लंबी हरी कैंडल होती है। दूसरी कैंडल छोटी बॉडी वाली होती है, जो खरीदारों की थकान और बाज़ार में भ्रम को दर्शाती है। तीसरी एक लंबी लाल कैंडल होती है, जो पुष्टि करती है कि विक्रेताओं ने कमान संभाल ली है और बाज़ार अब नीचे की ओर मुड़ रहा है।

### 3. थ्री व्हाइट सोल्जर्स) Three White Soldiers)

यह पैटर्न बाज़ार में खरीदारी के निरंतर और मजबूत दबाव को दर्शाता है।

संकेत: यह एक मजबूत बुलिश रिवर्सल संकेत है जो अक्सर डाउनट्रेंड के अंत में या उसके दौरान बनता है।

विशेषता: इसमें लगातार तीन लंबी हरी कैंडल्स होती हैं, जहाँ प्रत्येक अगली कैंडल पिछली कैंडल के ऊपर खुलती और बंद होती है। यह एक स्थायी अपट्रेंड की शुरुआत का संकेत देता है।

### 4. थ्री ब्लैक क्रोज़) Three Black Crows)

यह पैटर्न 'थ्री व्हाइट सोल्जर्स' का बिल्कुल विपरीत है।

संकेत: यह अपट्रेंड के अंत में बनता है और एक मजबूत बेयरिश रिवर्सल) मंदी (का संकेत देता है।

विशेषता: इसमें लगातार तीन लंबी लाल कैंडल्स होती हैं, जहाँ प्रत्येक कैंडल पिछली कैंडल से नीचे खुलती और बंद होती है। यह बाज़ार में बिकवाली के निरंतर दबाव और एक नए डाउनट्रेंड की शुरुआत को दर्शाता है।

## 35.9 कैंडलस्टिक पैटर्न की प्रभावशीलता और व्यापारिक निर्णय

कैंडलस्टिक पैटर्न केवल चार्ट पर बनने वाली आकृतियाँ नहीं हैं, बल्कि ये बाज़ार की सामूहिक चेतना और मनोविज्ञान का प्रतिबिंब हैं। हालाँकि, किसी भी पैटर्न की सफलता उसकी पहचान के साथ-साथ कुछ महत्वपूर्ण कारकों पर निर्भर करती है जो उसकी विश्वसनीयता की पुष्टि करते हैं।

### 1. वॉल्यूम के साथ विश्वसनीयता) Reliability with Volume)

एक कैंडलस्टिक पैटर्न की मजबूती इस बात से निर्धारित होती है कि बाज़ार के कितने प्रतिभागियों ने उस मूल्य कार्रवाई) Price Action) में भाग लिया है।

उच्च वॉल्यूम की भूमिका: यदि कोई ट्रेंड रिवर्सल पैटर्न) जैसे मॉर्निंग स्टार या हैमर (उच्च वॉल्यूम के साथ बनता है, तो वह बहुत अधिक विश्वसनीय माना जाता है।

पुष्टि का पैमाना: उच्च वॉल्यूम यह दर्शाता है कि बाज़ार के बड़े खिलाड़ी) Institutions) उस विशेष दिशा में कदम बढ़ा रहे हैं, जिससे पैटर्न के सफल होने की संभावना बढ़ जाती है। इसके विपरीत, कम वॉल्यूम पर बनने वाले पैटर्न अक्सर 'फाल्स सिग्नल' या 'फेकाउट' साबित हो सकते हैं।

### 2. संदर्भ का महत्व :ट्रेंड और सपोर्ट/रेजिस्टेंस) S&R Context)

किसी भी पैटर्न को कभी भी आइसोलेशन) अकेले (में नहीं देखा जाना चाहिए। उसकी प्रभावशीलता उसके स्थान पर निर्भर करती है:

सपोर्ट पर बुलिश पैटर्न: यदि 'बुलिश एनगल्फिंग' या 'ट्वीज़र बॉटम' जैसे पैटर्न किसी महत्वपूर्ण सपोर्ट स्तर पर बनते हैं, तो वे एक मजबूत खरीदारी का संकेत देते हैं।

रेजिस्टेंस पर बेयरिश पैटर्न: इसी तरह, यदि 'शूटिंग स्टार' या 'डार्क क्लाउड कवर' जैसे पैटर्न किसी मजबूत रेजिस्टेंस ज़ोन में बनते हैं, तो यह मंदी के उलटफेर) Bearish Reversal) का एक अत्यंत शक्तिशाली संकेत माना जाता है।

### 3. पुष्टि) Confirmation) की अनिवार्यता

अक्सर ट्रेडर्स पैटर्न को देखते ही जल्दबाजी में ट्रेड ले लेते हैं, जो जोखिम भरा हो सकता है।

अनिर्णय के पैटर्न: 'डोजी' (Doji) या 'स्पिनिंग टॉप' (Spinning Top) जैसे पैटर्न केवल यह बताते हैं कि बाज़ार में भ्रम है।

पुष्टि कैंडल) Confirmation Candle): इन पैटर्न्स के बाद सीधे ट्रेड लेने के बजाय, अगली कैंडल की दिशा का इंतज़ार करना चाहिए। यदि अगली कैंडल पैटर्न की दिशा में बंद होती है, तभी यह सुनिश्चित होता है कि बाज़ार ने वास्तव में एक नई दिशा पकड़ ली है।

* * * * *

**"कैंडलस्टिक चार्ट बाजार की धड़कनों को मापने वाली ईसीजी (ECG) मशीन की तरह हैं। हर कैंडल एक समय सीमा के भीतर खरीदारों और विक्रेताओं के बीच हुए 'युद्ध' की पूरी कहानी बयां करती है। इसकी 'बॉडी' (Body) बाजार की ताकत को दर्शाती है और इसकी 'विक' (Wick) अनिश्चितता और रिजेक्शन को। जो इन कैंडल्स को पढ़ना सीख जाता है, वह बाजार के शोर में भी छिपे हुए संकेतों को स्पष्ट देख सकता है।"**

## 35.10 व्यावहारिक प्रश्नों के उत्तर

**प्रश्न 1:** एक शेयर सुबह ₹500 पर खुला, दोपहर में ₹525 के उच्च स्तर तक गया, फिर गिरकर ₹490 का निचला स्तर छुआ और अंत में ₹515 पर बंद हुआ। इस कैंडल के OHLC पैरामीटर्स क्या हैं?

**उत्तर:**

इस शेयर के लिए OHLC (Open, High, Low, Close) पैरामीटर्स निम्नलिखित हैं:

Open (शुरुआत): ₹500, High (उच्च स्तर): ₹525, Low (निचला स्तर): ₹490, Close (समाप्ति): ₹515

शेयर बाजार की शब्दावली में, इसे एक बुलिश कैंडल (Bullish Candle) माना जाएगा क्योंकि क्लोजिंग प्राइस (₹515) ओपनिंग प्राइस (₹500) से अधिक है।

सीख: कैंडलस्टिक एक निश्चित समय अवधि के दौरान मूल्य की पूरी कहानी बयां करती है।

**प्रश्न 2:** यदि किसी कैंडल का क्लोजिंग प्राइस (Close) उसके ओपनिंग प्राइस (Open) से कम है, तो आमतौर पर चार्ट पर उस कैंडल का रंग क्या होगा और यह क्या दर्शाता है?

**उत्तर:**

यदि किसी कैंडल का क्लोजिंग प्राइस उसके ओपनिंग प्राइस से कम है, तो चार्ट पर उस कैंडल का रंग आमतौर पर लाल (Red) (या काला) होता है और यह बाजार में मंदी या बेयरिश (Bearish) रुझान को दर्शाता है।

सीख: रंग देखते ही पता चल जाता है कि उस समय सीमा में जीत किसकी हुई।

**प्रश्न 3:** एक कैंडल ₹100 पर खुली और ₹112 पर बंद हुई। उस दिन का हाई ₹115 और लो ₹98 था। इस कैंडल की 'रियल बॉडी' की लंबाई कितनी है?

**उत्तर:**

कैंडलस्टिक चार्टिंग में, रियल बॉडी (Real Body) कैंडल के ओपन (Open) और क्लोज (Close) मूल्य के बीच के अंतर को दर्शाती है। यह दिन के हाई (High) और लो (Low) मूल्यों पर निर्भर नहीं करती है।

रियल बॉडी की लंबाई ज्ञात करने का सूत्र है: |Close - Open|

रियल बॉडी की लंबाई =|Close - Open| → 112 - 100 = 12 पॉइंट

इस कैंडल की 'रियल बॉडी' की लंबाई ₹12 है।

सीख: रियल बॉडी की लंबाई खरीददारों या विक्रेताओं के उत्साह की ताकत को मापती है।

**प्रश्न 4:** एक कैंडल ₹100 पर खुली और ₹112 पर बंद हुई। उस दिन का हाई ₹115 और लो ₹98 था। इस कैंडल की अपर शैडो और लोअर शैडो की लंबाई क्या होगी?

**उत्तर:**

इस कैंडल की अपर शैडो की लंबाई 3 और लोअर शैडो की लंबाई 2 होगी।

सबसे पहले हमें यह देखना होगा कि कैंडल बुलिश (bullish) है या बेयरिश (bearish)। चूंकि क्लोजिंग प्राइस (₹112) ओपनिंग प्राइस (₹100) से अधिक है, इसलिए यह एक बुलिश कैंडल है।

बॉडी का ऊपरी स्तर (Body Top) = क्लोज प्राइस = ₹112

बॉडी का निचला स्तर (Body Bottom) = ओपन प्राइस = ₹100

अपर शैडो (Upper Shadow) दिन के उच्चतम स्तर (High) और कैंडल बॉडी के ऊपरी सिरे के बीच का अंतर होता है: Upper Shadow = High – Close

Upper Shadow = 115 −112 =3

लोअर शैडो (Lower Shadow) कैंडल बॉडी के निचले सिरे और दिन के न्यूनतम स्तर (Low) के बीच का अंतर होता है: Lower Shadow = Open – Low

Lower Shadow=100 – 98 = 2

उत्तर: कैंडल की अपर शैडो की लंबाई 3 है और लोअर शैडो की लंबाई 2 है।

सीख: शैडो यह दर्शाती हैं कि बाजार ने किन स्तरों को छुआ लेकिन वहां टिक नहीं पाया (अस्वीकृति या Rejection)।

**प्रश्न 5:** एक कैंडल ₹200 पर खुली और ठीक ₹215 पर बंद हुई। उसका हाई भी ₹215 था और लो भी ₹200 था (यानी कोई शैडो नहीं)। इसे क्या कहेंगे?

**उत्तर:**

इस कैंडल को बुलिश मारूबोज़ू (Bullish Marubozu) कहेंगे।

मारूबोज़ू का अर्थ: जापानी भाषा में 'मारूबोज़ू' का अर्थ होता है "गंजा" (bald)। तकनीकी विश्लेषण में, ऐसी कैंडल जिसकी कोई शैडो (Shadow) या विक (Wick) नहीं होती, उसे मारूबोज़ू कहा जाता है।

बुलिश मारूबोज़ू: जब किसी कैंडल का ओपनिंग प्राइस ही उसका लो हो (Opern = Low) और क्लोजिंग प्राइस ही उसका हाई हो (Close = High), तो उसे 'बुलिश मारूबोज़ू' कहते हैं।

दिया हुआ है , ओपन = लो = ₹200, क्लोज = हाई = ₹215

महत्व: यह कैंडल दर्शाती है कि ट्रेडिंग सत्र के दौरान खरीदार पूरी तरह से हावी थे और विक्रेताओं को कीमत नीचे ले जाने का कोई मौका नहीं मिला। यह बाजार में बेहद मजबूत तेजी (Bullishness) का संकेत है।

सीख: यह कैंडल दर्शाती है कि शुरुआत से अंत तक केवल खरीदारों का नियंत्रण था।

**प्रश्न 6:** एक शेयर ₹450 पर खुला, दिन भर बहुत उठापटक हुई, लेकिन अंत में ₹450.10 पर ही बंद हुआ। चार्ट पर यह कैंडल एक '+' के निशान जैसी दिख रही है। इसे क्या कहेंगे?

**उत्तर:**

इसे 'डोजी' (Doji) कैंडलस्टिक कहा जाता है।

जब किसी शेयर की ओपनिंग और क्लोजिंग कीमत लगभग बराबर होती है, तो चार्ट पर यह '+' के निशान जैसा दिखता है, जो बाजार में अनिश्चितता (indecision) को दर्शाता है।

सीख: डोजी का मतलब है कि खरीदार और विक्रेता दोनों बराबर की ताकत लगा रहे हैं और बाजार में 'अनिर्णय' की स्थिति है।

**प्रश्न 7:** एक कैंडल की बॉडी छोटी है, लेकिन उसकी नीचे वाली डंडी (Lower Shadow) उसकी बॉडी से 3 गुना लंबी है। यह डाउनट्रेंड पर बनता है तो यह क्या संकेत देता है?

**उत्तर:**

यह एक 'हैमर' (Hammer) या 'पिन बार' (Pin Bar) कैंडलस्टिक पैटर्न का संकेत है।

यह पैटर्न निम्नलिखित बातें दर्शाता है:

तेजी का संकेत (Bullish Reversal): यह संकेत देता है कि उस समय अवधि के दौरान विक्रेताओं (Sellers) ने कीमत को बहुत नीचे धकेल दिया था, लेकिन खरीदारों (Buyers) ने जोरदार वापसी की और कीमत को वापस ऊपर ले जाकर ओपनिंग प्राइस के पास बंद किया ।

बिक्री का दबाव खत्म होना: लंबी लोअर शैडो (Lower Shadow) यह दर्शाती है कि बाजार के निचले स्तरों पर खरीदारी का भारी दबाव है और अब मंदी का दौर खत्म हो सकता है।

सपोर्ट (Support): यदि यह कैंडल किसी डाउनट्रेंड के अंत में या किसी सपोर्ट लेवल पर बनती है, तो यह आने वाले समय में कीमतों के ऊपर जाने का एक मजबूत संकेत होता है।

संकेत: यह अक्सर एक 'बुलिश रिवर्सल' का शुरुआती संकेत होता है।

**प्रश्न 8:** एक जैसी दिखने वाली कैंडल (छोटी बॉडी और लंबी लोअर शैडो) यदि गिरते बाजार के अंत में बने तो उसे क्या कहेंगे और चढ़ते बाजार के टॉप पर बने तो क्या कहेंगे?

**उत्तर:**

एक जैसी दिखने वाली कैंडल (छोटी बॉडी और लंबी निचली छाया/लोअर शैडो) के नाम बाजार की स्थिति के आधार पर बदल जाते हैं:

गिरते बाजार के अंत में (Bottom पर): इसे हैमर (Hammer) कहा जाता है। यह बाजार में मंदी के खत्म होने और तेजी की शुरुआत का संकेत देता है।

चढ़ते बाजार के टॉप पर (Top पर): इसे हैंगिंग मैन (Hanging Man) कहा जाता है। यह संकेत देता है कि खरीदारी का दबाव कम हो रहा है और बाजार यहाँ से गिर सकता है।

सीख: कैंडल का आकार ही नहीं, बल्कि वह चार्ट पर 'कहाँ' बन रही है, यह अधिक महत्वपूर्ण है।

**प्रश्न 9:** एक कैंडल जिसकी बॉडी छोटी है और ऊपर-नीचे दोनों तरफ लंबी शैडो हैं। यह क्या दर्शाता है?

**उत्तर:**

यह एक 'स्पिनिंग टॉप' (Spinning Top) कैंडलस्टिक है।

यह बाजार में अनिर्णय (Indecision) की स्थिति को दर्शाता है। इसका मुख्य अर्थ यह है:

समान दबाव: खरीदारों (Bulls) ने कीमत को ऊपर धकेलने की कोशिश की और विक्रेताओं (Bears) ने नीचे, लेकिन अंत में कीमत वहीं बंद हुई जहाँ से शुरू हुई थी।

तटस्थ स्थिति: न तो खरीदार और न ही विक्रेता बाजार पर नियंत्रण बना पाए हैं।

संभावित बदलाव: यदि यह एक मजबूत अपट्रेंड या डाउनट्रेंड के बाद दिखाई दे, तो यह संकेत हो सकता है कि मौजूदा ट्रेंड कमजोर हो रहा है और बाजार की दिशा बदल सकती है (Trend Reversal)।

सीख: यह बाजार में भारी संघर्ष और अनिश्चितता को दर्शाता है। अक्सर ट्रेंड बदलने से पहले ऐसी कैंडल देखी जाती हैं।

**प्रश्न 10:** एक ट्रेडर 5 मिनट की कैंडल देख रहा है और दूसरा 1 दिन की। किसकी कैंडल अधिक विश्वसनीय मानी जाएगी?

**उत्तर:**

1-दिन (1-Day) की कैंडल 5-मिनट की कैंडल की तुलना में अधिक विश्वसनीय मानी जाती है।

विस्तृत स्पष्टीकरण

शेयर बाजार और तकनीकी विश्लेषण में, समय सीमा (Timeframe) जितनी बड़ी होती है, कैंडलस्टिक द्वारा दिए गए संकेत उतने ही सटीक और विश्वसनीय होते हैं। इसके मुख्य कारण निम्नलिखित हैं:

बाजार का शोर (Market Noise): 5-मिनट जैसी छोटी समय सीमा में "बाजार का शोर" बहुत अधिक होता है। इसमें छोटी-मोटी खबरें या मामूली खरीद-बिक्री भी कैंडल के आकार को बदल सकती है, जो अक्सर गलत संकेत (False Signals) दे सकते हैं। इसके विपरीत, 1-दिन की कैंडल पूरे दिन के उतार-चढ़ाव का सार होती है, जिससे शोर कम हो जाता है।

डेटा की मात्रा: 1-दिन की एक कैंडल में 5-5 मिनट की सैंकड़ों कैंडल्स का डेटा समाहित होता है। यह लंबी अवधि के निवेशकों और बड़े संस्थानों (Institutions) के मनोविज्ञान और उनके द्वारा लिए गए निर्णयों को बेहतर ढंग से दर्शाती है।

ट्रेंड की पुष्टि: तकनीकी संकेतक (जैसे RSI या Moving Average) और चार्ट पैटर्न (जैसे Support और Resistance) उच्च समय सीमा (Higher Timeframes) पर अधिक मजबूती से काम करते हैं। 1-दिन की कैंडल पर बना ब्रेकआउट या रिवर्सल सिग्नल, 5-मिनट के सिग्नल की तुलना में अधिक स्थायी और भरोसेमंद होता है।

संस्थागत भागीदारी: बड़े बैंक और म्यूचुअल फंड्स जैसे बड़े निवेशक आमतौर पर डेली या साप्ताहिक चार्ट के आधार पर अपनी रणनीतियाँ बनाते हैं। इसलिए, डेली कैंडल बाजार की वास्तविक दिशा और मुख्य ट्रेंड को अधिक स्पष्टता से दिखाती है।

निष्कर्ष: इंट्राडे ट्रेडिंग के लिए 5-मिनट की कैंडल उपयोगी हो सकती है, लेकिन बाजार की समग्र दिशा और मजबूती को समझने के लिए 1-दिन की कैंडल को ही प्राथमिकता दी जाती है।

तर्क: टाइमफ्रेम जितना बड़ा होता है, कैंडल का डेटा और संकेत उतना ही अधिक मजबूत और शोर-मुक्त (Noise-free) होता है।

**प्रश्न 11:** एक शेयर सुबह ₹100 पर खुला (Open), दिन के दौरान ₹110 तक गया (High), ₹95 तक गिरा (Low) और अंत में ₹108 पर बंद (Close) हुआ। इस कैंडल का रंग क्या होगा और इसकी 'बॉडी' (Body) की लंबाई कितनी होगी?

**उत्तर:**

कैंडल का रंग: हरा (Green) होगा। ऐसा इसलिए है क्योंकि शेयर की क्लोजिंग प्राइस (₹108) उसकी ओपनिंग प्राइस (₹100) से अधिक है।

बॉडी की लंबाई: 8 पॉइंट्स होगी। कैंडल की बॉडी की गणना 'Close' और 'Open' प्राइस के बीच के अंतर से की जाती है (108 - 100 = 8 पॉइंट) ।

सीख: कैंडल की बॉडी खरीदारों और विक्रेताओं के बीच की वास्तविक जीत को दर्शाती है।

## 35.11 प्रश्नोत्तर परीक्षा (Quiz)

Q1. कैंडलस्टिक चार्ट सबसे ज्यादा क्या दिखाता है?

(A) केवल क्लोजिंग प्राइस (B) खरीदार और विक्रेता के बीच मनोवैज्ञानिक जंग

(C) केवल वॉल्यूम (D) केवल न्यूज

Q2. सिंगल कैंडल पैटर्न कितने प्रकार के होते हैं?

(A) मुख्य रूप से 6-8 (B) केवल 1 (C) 50 से ज्यादा (D) कोई नहीं

Q3. हैमर (Hammer) कैंडल का आकार कैसा होता है?

(A) लंबी ऊपरी शैडो (B) लंबी निचली शैडो + छोटी बॉडी (नीचे)
(C) कोई शैडो नहीं (D) बराबर शैडो

Q4. हैमर कैंडल डाउनट्रेंड में दिखे तो क्या संकेत देती है?
(A) और गिरावट (B) कोई संकेत नहीं
(C) साइडवेज (D) संभावित बॉटम रिवर्सल (बुलिश)

Q5. शूटिंग स्टार (Shooting Star) कैंडल का आकार कैसा होता है?
(A) लंबी निचली शैडो (B) लंबी ऊपरी शैडो + छोटी बॉडी (ऊपर)
(C) कोई शैडो नहीं (D) बराबर शैडो

Q6. शूटिंग स्टार अपट्रेंड में दिखे तो क्या संकेत देती है?
(A) और तेजी (B) संभावित टॉप रिवर्सल (बेयरिश)
(C) साइडवेज (D) कोई संकेत नहीं

Q7. डोजी (Doji) कैंडल का मतलब क्या है?
(A) ओपन ≈ क्लोज – अनिर्णय (B) बहुत तेज बुलिश
(C) बहुत तेज बेयरिश (D) केवल वॉल्यूम

Q8. ड्रैगनफ्लाई डोजी और ग्रेवस्टोन डोजी क्या दर्शाते हैं?
(A) हमेशा कंटिन्यूएशन (B) कोई सिग्नल नहीं
(C) मजबूत रिवर्सल सिग्नल (कॉन्टेक्स्ट के साथ) (D) केवल साइडवेज

Q9. बुलिश एंगुल्फिंग पैटर्न कितनी कैंडल का होता है?
(A) 1 (B) 2 (C) 3 (D) 4

Q10. बेयरिश एंगुल्फिंग पैटर्न में क्या होता है?
(A) पहली ग्रीन, दूसरी रेड जो पूरी पहली को ढक ले
(B) पहली रेड, दूसरी ग्रीन
(C) केवल एक कैंडल
(D) कोई एंगुल्फिंग नहीं

Q11. पियर्सिंग पैटर्न किसका कमजोर वर्जन है?
(A) बेयरिश एंगुल्फिंग (B) बुलिश एंगुल्फिंग (C) डोजी (D) हैमर

Q12. डार्क क्लाउड कवर किसका कमजोर वर्जन है?
(A) बुलिश एंगुल्फिंग (B) बेयरिश एंगुल्फिंग (C) हैमर (D) शूटिंग स्टार

Q13. मॉर्निंग स्टार पैटर्न कितनी कैंडल का होता है?
(A) 2 (B) 3 (C) 1 (D) 4

Q14. इवनिंग स्टार पैटर्न कितनी कैंडल का होता है?
(A) 3 (B) 2 (C) 1 (D) 5

Q15. थ्री व्हाइट सोल्जर्स पैटर्न क्या दर्शाता है?
(A) मजबूत बुलिश रिवर्सल (B) मजबूत बेयरिश
(C) साइडवेज (D) कोई सिग्नल नहीं

Q16. थ्री ब्लैक क्रोज़ पैटर्न क्या दर्शाता है?

(A) मजबूत बुलिश (B) मजबूत बेयरिश रिवर्सल

(C) साइडवेज (D) कोई सिग्नल नहीं

Q17. हैरामी पैटर्न का मतलब क्या है?

(A) कोई शैडो नहीं (B) बहुत लंबी कैंडल

(C) छोटी कैंडल बड़ी कैंडल के अंदर (D) केवल डोजी

Q18. बुलिश हैरामी और बेयरिश हैरामी में अंतर क्या है?

(A) बुलिश – बड़ी रेड के बाद छोटी ग्रीन, बेयरिश – बड़ी ग्रीन के बाद छोटी रेड

(B) दोनों एक ही

(C) कोई अंतर नहीं

(D) केवल सिंगल कैंडल

Q19. किताब में कैंडलस्टिक पैटर्न को क्या कहा गया है?

(A) बाजार की जंग का नक्शा – खरीदार vs विक्रेता (B) केवल सजावट

(C) 100% सटीक (D) केवल लॉन्ग टर्म

Q20. सबसे मजबूत कैंडल पैटर्न कब बनता है?

(A) अकेले

(B) केवल छोटे टाइमफ्रेम पर

(C) केवल न्यूज पर

(D) सपोर्ट-रेजिस्टेंस + वॉल्यूम + ट्रेंड के साथ मिलकर

**Answer Key**

| Q | 1 | 2 | 3 | 4 | 5 | 6 | 7 | 8 | 9 | 10 | 11 | 12 | 13 | 14 | 15 | 16 | 17 | 18 | 19 | 20 |
|---|---|---|---|---|---|---|---|---|---|---|---|---|---|---|---|---|---|---|---|---|
| Ans. | B | A | B | D | B | B | A | C | B | A | B | B | B | A | A | B | C | A | A | D |

# *Chapter 36* तकनीकी इंडिकेटर्स और ऑसिलेटर

**"तकनीकी संकेतक बाज़ार के वे उपकरण हैं जो कीमत की रफ्तार और दिशा की पुष्टि करते हैं। इन्हें केवल आँख मूँदकर संकेतों के रूप में नहीं, बल्कि निर्णय लेने के सहायक के रूप में इस्तेमाल करें—क्योंकि जब इंडिकेटर्स और प्राइस एक्शन एक साथ मिलते हैं, तभी ट्रेड में सफलता की संभावना सबसे अधिक होती है।"**

यदि चार्ट और पैटर्न्स बाज़ार का चेहरा हैं, तो 'तकनीकी संकेतक' (Technical Indicators) उसका एक्स-रे हैं, जो सतह के नीचे छिपी बाज़ार की असली ताकत और कमजोरी को उजागर करते हैं। निवेश के निर्णयों को केवल अंतर्ज्ञान (Gut Feeling) पर छोड़ने के बजाय, संकेतक हमें गणितीय और सांख्यिकीय आधार प्रदान करते हैं। यह अध्याय आपको उन आधुनिक उपकरणों से लैस करेगा जो बाज़ार के शोर को छानकर केवल महत्वपूर्ण संकेतों को पकड़ने में आपकी मदद करेंगे।

इस चैप्टर में हम 'मोमेंटम इंडिकेटर्स' की गहराई में उतरेंगे, जहाँ RSI (रिलेटिव स्ट्रेंथ इंडेक्स) और Stochastic के माध्यम से हम 'ओवरबॉट' और 'ओवरसोल्ड' स्थितियों की पहचान करना सीखेंगे। हम MACD के जरिए ट्रेंड के बदलाव और डायवर्जेंस (Divergence) की जादुई शक्ति को समझेंगे, जो अक्सर कीमत पलटने से पहले ही हमें चेतावनी दे देते हैं। साथ ही, हम वॉल्यूम (Volume) के महत्व को जानेंगे, जो किसी भी तकनीकी सिग्नल की वैधता (Validity) की पुष्टि करता है। यह अध्याय आपके विश्लेषण को वैज्ञानिक सटीकता देगा, जिससे आप न केवल ट्रेंड की मजबूती को भांप पाएंगे, बल्कि बाज़ार में प्रवेश और निकास के समय को भी अचूक बना सकेंगे।

## 36.1 रिलेटिव स्ट्रेंथ सूचकांक - RSI

तकनीकी विश्लेषण की दुनिया में, मूल्य चार्ट के साथ-साथ 'मोमेंटम ऑसिलेटर' का उपयोग करना व्यापारिक निर्णयों की सटीकता को कई गुना बढ़ा देता है। इनमें सबसे लोकप्रिय और प्रभावशाली उपकरण रिलेटिव स्ट्रेंथ इंडेक्स) RSI) है।

### 1. RSI क्या है?

RSI एक महत्वपूर्ण गति ऑसिलेटर) Momentum Oscillator) है जो बाज़ार की गति और मूल्य परिवर्तन के आकार) Size of Price Changes) को मापता है।

- पैमाना) Scale): यह 0 से 100 के बीच एक निश्चित सीमा में चलता है।
- मुख्य उद्देश्य: इसका प्राथमिक कार्य ट्रेडर्स को यह समझने में मदद करना है कि कोई स्टॉक वर्तमान में ओवरबॉट) Overbought) है या ओवरसोल्ड) Oversold)।

### 2. RSI की व्याख्या और मुख्य स्तर

RSI की गणना मुख्य रूप से दो महत्वपूर्ण स्तरों के आधार पर की जाती है, जो बाज़ार की चरम स्थितियों को दर्शाते हैं:

**(a) ओवरबॉट) Overbought) स्थिति) RSI > 70)**

जब RSI का मान 70 से ऊपर चला जाता है, तो माना जाता है कि स्टॉक में बहुत तेज़ी से खरीदारी हुई है और अब यह 'महंगा' (Overvalued) हो सकता है।

व्यापारिक संकेत: यह स्थिति संभावित बिकवाली) Sell) की चेतावनी देती है क्योंकि यहाँ से कीमतों में सुधार या गिरावट की संभावना बढ़ जाती है।

### (b) ओवर्सोल्ड (Oversold) स्थिति) RSI < 30)

जब RSI का मान 30 से नीचे गिर जाता है, तो यह संकेत देता है कि स्टॉक बहुत तेज़ी से बेचा गया है और अब यह 'सस्ता' या कम मूल्यांकित) Undervalued) हो सकता है।

व्यापारिक संकेत: यह स्थिति संभावित खरीदारी) Buy) का अवसर प्रदान करती है क्योंकि यहाँ से बाज़ार में रिकवरी की उम्मीद की जा सकती है।

## 3. RSI डायवर्जेंस (RSI Divergence) - एक शक्तिशाली उपकरण

RSI का सबसे प्रभावी उपयोग 'डायवर्जेंस' की पहचान करना है। यह तब होता है जब स्टॉक की कीमत और RSI विपरीत दिशाओं में चलते हैं, जो मौजूदा ट्रेंड की कमजोरी का एक मजबूत संकेत है।

**बेयरिश डायवर्जेंस (Bearish Divergence):**

जब स्टॉक की कीमतें उच्च ऊँचाई) Higher Highs) बना रही होती हैं, लेकिन RSI निम्न ऊँचाई )Lower Highs) बनाता है।

संदेश: यह दर्शाता है कि ऊपर की ओर जाने वाली गति कमजोर हो रही है और बाज़ार गिर सकता है।

**बुलिश डायवर्जेंस (Bullish Divergence):**

जब स्टॉक की कीमतें निम्नतर निम्न) Lower Lows) बना रही होती हैं, लेकिन RSI उच्चतर निम्न )Higher Lows) बनाना शुरू कर देता है।

संदेश: यह दर्शाता है कि नीचे की गति कमजोर हो रही है और बाज़ार में तेज़ी आने वाली है।

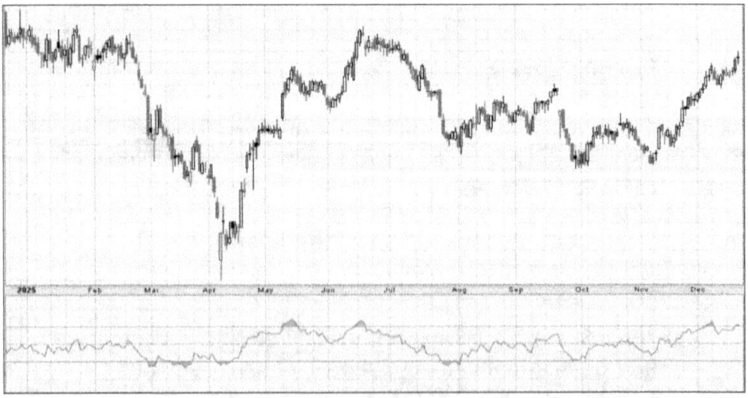


Chart courtesy of StockCharts.com

Price Chart With RSI

## 36.2 मूविंग एवरेज कन्वर्जेंस डाइवर्जेंस (MACD)

वित्तीय बाज़ारों के विश्लेषण में, मूविंग एवरेज कन्वर्जेंस डाइवर्जेंस) MACD) एक अनिवार्य उपकरण है। यह एक 'ट्रेंड-फॉलोइंग डायनेमिक इंडिकेटर' और 'मोमेंटम ऑसिलेटर' का मिश्रण है, जो दो मूविंग एवरेज के बीच के संबंध को दर्शाता है और बाज़ार की गति में होने वाले बदलावों को उजागर करता है।

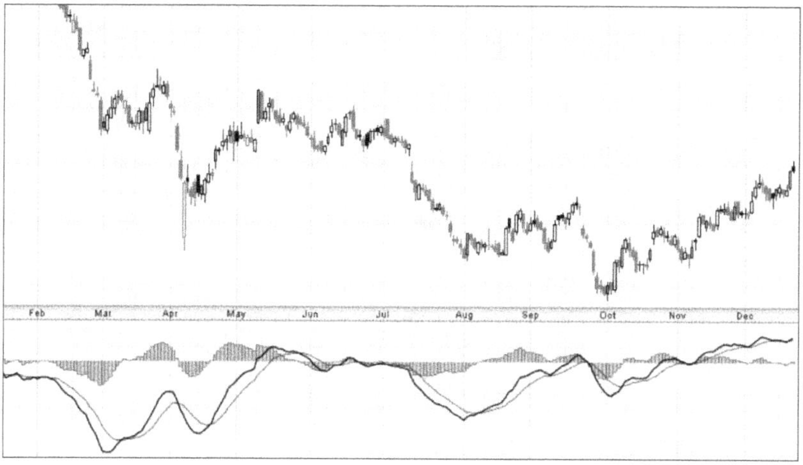


Chart courtesy of StockCharts.com

Price Chart With MACD

### 1. MACD के मुख्य घटक) Components)

MACD इंडिकेटर चार विशिष्ट घटकों से मिलकर बना है, जिनमें से प्रत्येक बाज़ार के मनोविज्ञान का एक अलग पहलू बताता है:

- MACD लाइन) MACD Line): इसकी गणना 12-दिवसीय EMA (एक्सपोनेंशियल मूविंग एवरेज (में से 26-दिवसीय EMA को घटाकर की जाती है। यह लाइन दो मूविंग एवरेज के बीच की दूरी को मापकर बाज़ार की समग्र गति) Momentum) को दर्शाती है।
- सिग्नल लाइन) Signal Line): यह स्वयं MACD लाइन का 9-दिवसीय EMA होता है। यह एक 'स्मूद्ड' (Smoothed) लाइन के रूप में कार्य करती है और मुख्य रूप से ट्रेडिंग सिग्नल उत्पन्न करने के लिए उपयोग की जाती है।
- हिस्टोग्राम) Histogram): यह MACD लाइन और सिग्नल लाइन के बीच के अंतर )MACD Line - Signal Line) को ग्राफिकल रूप में दर्शाता है। जब मान शून्य रेखा से ऊपर होता है, तो यह बुलिश) Bullish) गति को दर्शाता है, और शून्य से नीचे होने पर बेयरिश) Bearish) गति का संकेत देता है।
- जीरो लाइन) Zero Line): यह वह केंद्रीय स्तर है जिसके सापेक्ष बाज़ार की स्थिति मापी जाती है। इसके ऊपर होने का मतलब बाज़ार बुलिश है, और नीचे होने का मतलब बाज़ार बेयरिश है।

### 2. ट्रेडिंग सिग्नल और रणनीतियाँ) Trading Signals)

MACD का सबसे लोकप्रिय उपयोग तब होता है जब इसकी रेखाएँ आपस में एक-दूसरे को काटती हैं, जिसे 'क्रॉसओवर' (Crossover) कहा जाता है:

- गोल्डन क्रॉस) Bullish Crossover): जब MACD लाइन, सिग्नल लाइन को नीचे से ऊपर की ओर काटती है, तो इसे 'गोल्डन क्रॉस' कहा जाता है। यह एक खरीदारी) Buy) का संकेत है।
- डेथ क्रॉस) Bearish Crossover): जब MACD लाइन, सिग्नल लाइन को ऊपर से नीचे की ओर काटती है, तो इसे 'डेथ क्रॉस' कहा जाता है। यह एक बिकवाली) Sell) का संकेत है।

## 36.3 स्टोकेस्टिक ऑसिलेटर

स्टोकेस्टिक ऑसिलेटर तकनीकी विश्लेषण में इस्तेमाल किया जाने वाला एक गति संकेतक (momentum indicator) है जो किसी परिसंपत्ति (Asset) के समापन मूल्य (Closing Price) की तुलना एक निश्चित समय-सीमा की उच्च-निम्न सीमा (High-Low range) से करता है। आमतौर पर, यह समय-सीमा 14 दिनों की निर्धारित की जाती है। यह संकेतक बाजार की गति को 0 से 100 के पैमाने पर मापता है, जिससे यह पता चलता है कि स्टॉक या परिसंपत्ति ओवरबॉट (Overbought) है या ओवरसोल्ड (Oversold)।

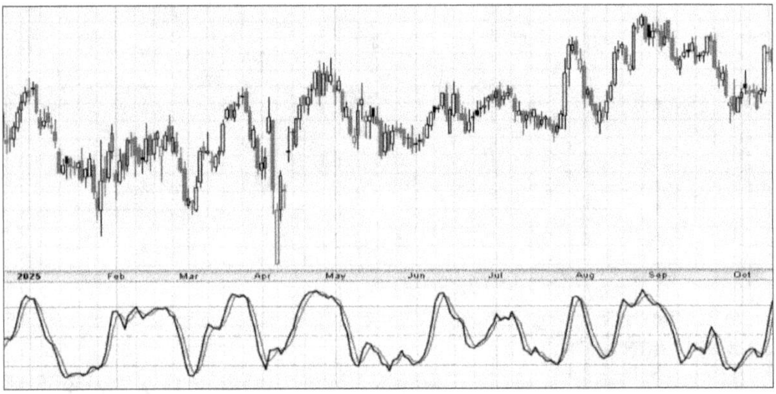


Chart courtesy of StockCharts.com

Price Chart With Stochastic

इस ऑसिलेटर में दो मुख्य लाइनें होती हैं। पहली %K लाइन (K Line) होती है, जो परिसंपत्ति के वर्तमान मूल्य को दर्शाती है। दूसरी %D लाइन (D Line) होती है, जो %K लाइन का ही 3-पीरियड मूविंग एवरेज (3-Period MA) होती है। इन लाइनों के स्तर बाजार की स्थिति का संकेत देते हैं। जब ऑसिलेटर का मान 80 से ऊपर (>80) होता है, तो यह ओवरबॉट (अत्यधिक खरीदा हुआ) क्षेत्र माना जाता है, जो संभावित बिकवाली का संकेत है। इसके विपरीत, जब मान 20 से नीचे (<20) होता है, तो इसे ओवरसोल्ड (अत्यधिक बेचा हुआ) क्षेत्र माना जाता है, जो संभावित खरीदारी का संकेत है।

इन लाइनों के बीच क्रॉसओवर (Crossover) भी महत्वपूर्ण व्यापारिक संकेत उत्पन्न करते हैं। एक बुलिश संकेत (Bullish Signal) तब माना जाता है जब %K लाइन, %D लाइन को ओवरसोल्ड क्षेत्र (<20) से ऊपर की ओर काटती है। यह दर्शाता है कि खरीदारी का दबाव बढ़ रहा है और ट्रेंड ऊपर की ओर मुड़ सकता है। दूसरी ओर, एक बेयरिश संकेत (Bearish Signal) तब उत्पन्न होता है जब %K लाइन, %D लाइन को ओवरबॉट क्षेत्र (>80) से नीचे की ओर काटती है। यह इंगित करता है कि बिकवाली का दबाव बढ़ रहा है और ट्रेंड नीचे की ओर मुड़ सकता है।

## 36.4 मनी फ्लो इंडेक्स (MFI)

मनी फ्लो इंडेक्स (MFI) तकनीकी विश्लेषण में उपयोग किया जाने वाला एक गति ऑसिलेटर (momentum oscillator) है, जिसे अक्सर "वॉल्यूम-वेटेड RSI" कहा जाता है। MFI को RSI की तुलना में अधिक परिष्कृत माना जाता है क्योंकि यह केवल कीमत (Price) पर ध्यान केंद्रित नहीं करता है, बल्कि खरीद/बिक्री के दबाव को मापने के लिए कीमत और वॉल्यूम दोनों का उपयोग करता है। यह वॉल्यूम-आधारित दृष्टिकोण यह सुनिश्चित करता है कि संकेत अधिक विश्वसनीय हों, क्योंकि वॉल्यूम अक्सर मूल्य कार्रवाई की ताकत की पुष्टि करता है। MFI परिसंपत्ति में आने और जाने वाले धन के वास्तविक प्रवाह को दर्शाता है।

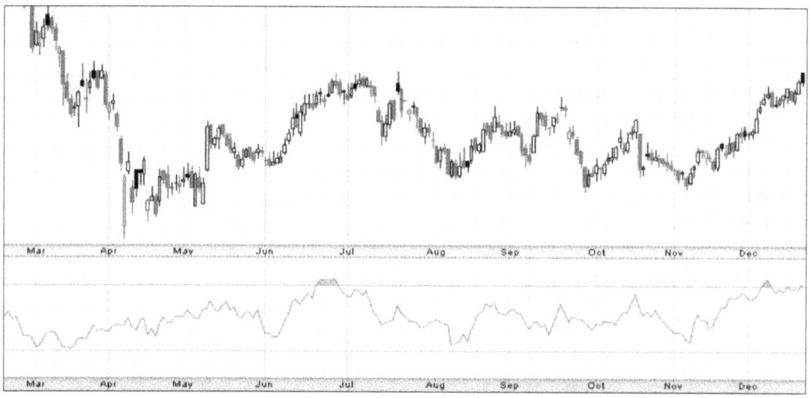


Chart courtesy of StockCharts.com

Price Chart With Money Flow Index (MFI)

### MFI की व्याख्या और संकेत

MFI 0 से 100 तक के पैमाने पर चलता है, और इसके स्तरों की व्याख्या ओवरबॉट (Overbought) और ओवरसोल्ड (Oversold) स्थितियों की पहचान करने में मदद करती है।

- ओवरबॉट/ओवरसोल्ड: परंपरागत रूप से, 80 से ऊपर (>80) का मान ओवरबॉट स्थिति का संकेत देता है, जबकि 20 से नीचे (<20) का मान ओवरसोल्ड स्थिति दर्शाता है। इन चरम बिंदुओं पर, बाज़ार में संभावित मूल्य सुधार या उलटफेर का संकेत मिल सकता है।
- विचलन (Divergence): MFI का सबसे शक्तिशाली उपयोग विचलन की पहचान करना है। यह तब होता है जब MFI की दिशा और कीमत की दिशा विपरीत होती है। उदाहरण के लिए, यदि स्टॉक की कीमत नए उच्च स्तर पर जाती है, लेकिन MFI कम उच्च स्तर बनाता है (बेयरिश डाइवर्जेंस), तो यह एक संभावित ट्रेंड रिवर्सल का मजबूत संकेत देती है।

## 36.5 मूविंग एवरेज MA

मूविंग एवरेज (Moving Averages - MA) तकनीकी विश्लेषण में उपयोग किए जाने वाले महत्वपूर्ण संकेतक हैं। ये कीमत के उतार-चढ़ाव को स्मूथ करके बाजार के ट्रेंड की पहचान करने में मदद करते हैं। इन्हें मुख्य रूप से तीन प्रकारों में वर्गीकृत किया जाता है, जिनमें से प्रत्येक की अपनी विशिष्ट विशेषताएँ और उपयोग हैं।

### प्रकार और विशेषताएँ

- **SMA** (सिंपल MA): सिंपल मूविंग एवरेज सभी कीमतों को बराबर महत्व देता है और यह सबसे धीमा, स्मूथ मूविंग एवरेज है। इसका मुख्य उपयोग लंबी अवधि के रुझानों की पहचान करना है।
- **EMA** (एक्सपोनेंशियल MA): एक्सपोनेंशियल मूविंग एवरेज हाल की कीमतों को ज़्यादा महत्व देता है और सबसे प्रतिक्रियाशील (Reactive) होता है। यह छोटे ट्रेंड्स और जल्दी सिग्नल पकड़ने में मदद करता है।
- **WMA** (वेटेड MA): वेटेड मूविंग एवरेज हाल की कीमतों को रैखिक रूप से ज़्यादा वेटेज देता है। यह SMA और EMA के बीच एक संतुलन प्रदान करता है और संतुलित प्रतिक्रियाशीलता सुनिश्चित करता है।

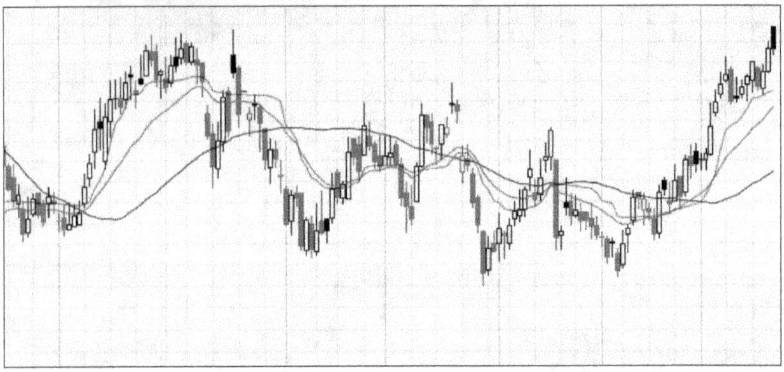

Chart courtesy of StockCharts.com

Price Chart With SMA, EMA and WMA

### मूविंग एवरेज क्रॉसओवर

मूविंग एवरेज का उपयोग क्रॉसओवर (Crossover) रणनीतियों में भी किया जाता है, जो महत्वपूर्ण व्यापारिक संकेत देते हैं:

- **गोल्डन क्रॉस (Golden Cross):** 50-दिन MA का 200-दिन MA को नीचे से ऊपर काटना एक मजबूत बुलिश संकेत माना जाता है, जो एक अपट्रेंड की शुरुआत का संकेत देता है।
- **डेथ क्रॉस (Death Cross):** 50-दिन MA का 200-दिन MA को ऊपर से नीचे काटना एक मजबूत बेयरिश संकेत माना जाता है, जो एक डाउनट्रेंड की शुरुआत का संकेत देता है।

## 36.6 ऑन-बैलेंस वॉल्यूम (OBV)

ट्रेडिंग का एक मूलभूत सिद्धांत है: "वॉल्यूम कीमत से पहले आता है।" ऑन-बैलेंस वॉल्यूम) OBV) इसी सिद्धांत पर आधारित एक संचयी) Cumulative) इंडिकेटर है। यह केवल यह नहीं देखता कि कीमत कहाँ जा रही है, बल्कि यह उस ताकत को मापता है जो कीमत को धक्का दे रही है।

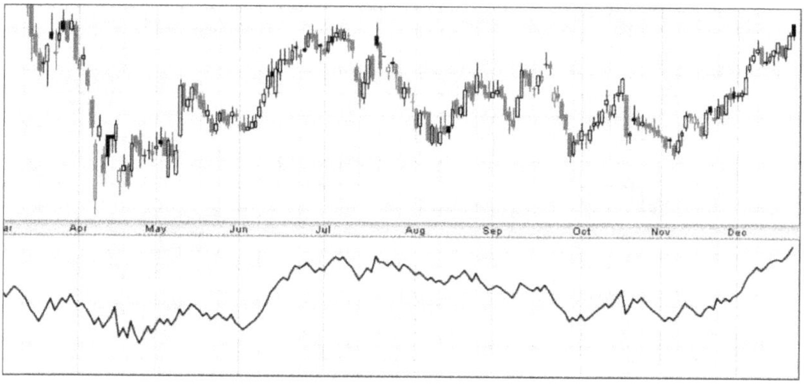


Chart courtesy of StockCharts.com

Price Chart With On-Balance Volume (OBV)

### OBV का आधारभूत सिद्धांत

OBV का मानना है कि जब बाज़ार में बड़े खिलाड़ी) Smart Money) निवेश करते हैं, तो वह पहले वॉल्यूम में दिखाई देता है, भले ही कीमत में तुरंत कोई बड़ा बदलाव न आए। यह इंडिकेटर खरीदारों और विक्रेताओं के सामूहिक उत्साह को एक रेखा के रूप में प्रदर्शित करता है।

### गणना की विधि) Methodology)

OBV की गणना सरल लेकिन प्रभावी है:

**अप डे) Up Day):** यदि आज की क्लोजिंग कल से ऊपर है, तो आज का पूरा वॉल्यूम पिछले OBV में जोड़ दिया जाता है।

**डाउन डे) Down Day):** यदि क्लोजिंग कल से नीचे है, तो आज का वॉल्यूम पिछले OBV से घटा दिया जाता है।

### प्रमुख उपयोग और रणनीतियाँ

**ट्रेंड पुष्टिकरण) Trend Confirmation):** यदि कीमत बढ़ रही है और OBV लाइन भी ऊपर की ओर जा रही है, तो यह संकेत है कि इस बढ़त को 'वॉल्यूम का समर्थन' प्राप्त है। यह एक स्वस्थ अपट्रेंड की निशानी है।

**विचलन) Divergence) - एक प्रारंभिक चेतावनी:** OBV का सबसे शक्तिशाली उपयोग डाइवर्जेंस पहचानना है। यदि कीमत नया हाई) High) बना रही है लेकिन OBV नीचे गिर रहा है, तो यह चेतावनी है कि 'स्मार्ट मनी' बाहर निकल रही है और जल्द ही ट्रेंड रिवर्सल हो सकता है।

## 36.7 ADX और DMI (रुझान की शक्ति और दिशा)

तकनीकी विश्लेषण में सबसे बड़ी चुनौती यह पहचानना है कि बाज़ार वास्तव में किसी 'ट्रेंड' में है या केवल एक सीमित दायरे) Range) में घूम रहा है। ADX (Average Directional Index) और DMI (Directional Movement Index) वे शक्तिशाली उपकरण हैं जो इस गुत्थी को सुलझाने के लिए डिज़ाइन किए गए हैं। ये जे .वेल्स वाइल्डर द्वारा विकसित किए गए थे और आज भी पेशेवर ट्रेडर्स के पसंदीदा टूल्स में से एक हैं।

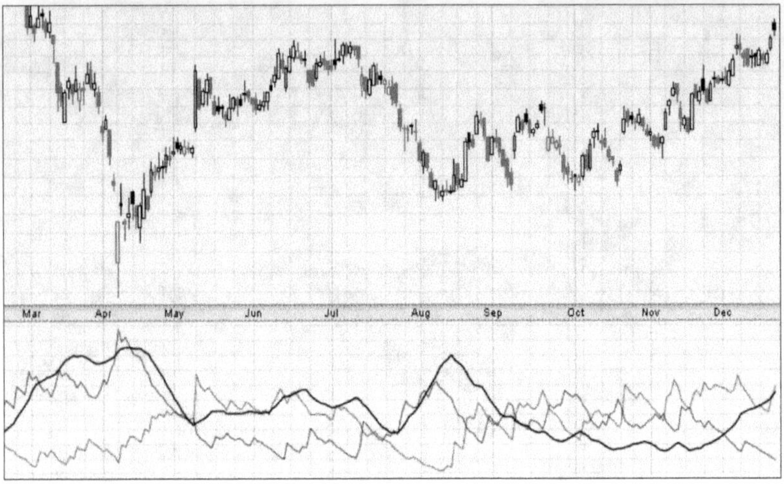


Chart courtesy of StockCharts.com

Price Chart With ADX

## दोहरे संकेतों का समन्वय

ADX और DMI एक साथ मिलकर काम करते हैं ताकि ट्रेडर को बाज़ार की पूरी तस्वीर मिल सके:

- DMI: बाज़ार की दिशा) Direction) बताता है।
- ADX: उस दिशा की ताकत) Strength) को मापता है।

**1. DMI: दिशा की पहचान+) DI और- DI)**

DMI दो लाइनों से बना होता है, जो खरीदारों और विक्रेताओं के बीच के असंतुलन को दर्शाती हैं:

बुलिश संकेत+) DI): जब +DI लाइन) अक्सर हरे रंग की( -DI लाइन के ऊपर होती है, तो यह दर्शाता है कि खरीदारों का वर्चस्व है। यह एक तेज़ी) Bullish) का संकेत है।

बेयरिश संकेत-) DI): इसके विपरीत, जब -DI लाइन) अक्सर लाल रंग की( +DI लाइन के ऊपर होती है, तो यह बिकवाली के भारी दबाव को दर्शाता है। यह एक मंदी) Bearish) का संकेत है।

**2. ADX: शक्ति का पैमाना**

ADX लाइन) अक्सर काली या मोटी लाइन (स्वयं बाज़ार की दिशा नहीं बताती, बल्कि यह केवल ट्रेंड की तीव्रता को मापती है। चाहे बाज़ार ऊपर जा रहा हो या नीचे, ADX ऊपर की ओर तभी जाएगा जब ट्रेंड मजबूत होगा।

ADX के स्तरों की व्याख्या:

| ADX का मान | बाज़ार की स्थिति | ट्रेडर के लिए संदेश |
|---|---|---|
| 25 से ऊपर | मजबूत ट्रेंड) Strong Trend) | ट्रेंड-फॉलोइंग रणनीतियों का उपयोग करें। |
| 20 से नीचे | कमजोर/साइडवेज बाज़ार | ट्रेंडिंग रणनीतियों से बचें; बाज़ार दिशाहीन है। |
| 20 - 25 के बीच | संक्रमण काल) Transition) | बाज़ार एक नया ट्रेंड शुरू करने की कोशिश कर रहा है। |

**रणनीतिक उपयोग) Technical Analyst's Insight)**

एक प्रभावी ट्रेडिंग रणनीति बनाने के लिए इन दोनों का संगम अनिवार्य है:

- **आइडियल 'बाय' सेटअप:** यदि +DI, -DI के ऊपर है) दिशा ऊपर की ओर (और ADX 25 के ऊपर चढ़ना शुरू करता है) शक्ति बढ़ रही है(, तो यह एक उच्च-सफलता दर वाला 'बाय' सिग्नल है।
- **साइडवेज बाज़ार से बचाव:** जब ADX 20 से नीचे होता है, तो बाज़ार में अक्सर 'कंसोलिडेशन' होता है। ऐसे समय में अधिकांश ट्रेडर्स गलत संकेत) Whipsaws) का शिकार होते हैं। ADX आपको ऐसे" नो-ट्रेडिंग ज़ोन "से बाहर रखने में मदद करता है।

**निष्कर्ष:** ADX और DMI का मेल एक फिल्टर की तरह काम करता है। यह न केवल आपको सही दिशा में ट्रेड लेने के लिए प्रेरित करता है, बल्कि आपको यह भी बताता है कि कब उस ट्रेड में बने रहना है और कब बाज़ार से दूरी बनानी है।

## 36.8 बोलिंजर बैंड्स

वित्तीय बाज़ारों में कीमतें कभी भी स्थिर नहीं रहतीं; वे लहरों की तरह घटती और बढ़ती रहती हैं। इस अस्थिरता को मापने और समझने के लिए बोलिंजर बैंड्स एक उत्कृष्ट तकनीकी संकेतक है। इसका विकास जॉन बोलिंजर द्वारा किया गया था, और यह आज दुनिया भर के ट्रेडर्स का पसंदीदा टूल है।

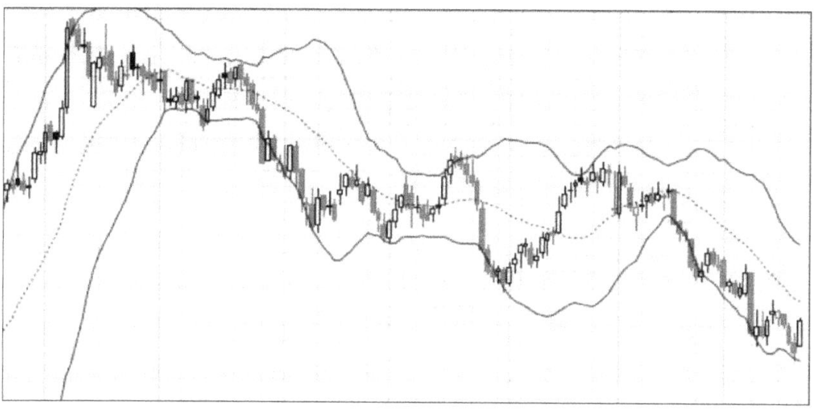

Chart courtesy of StockCharts.com

Price Chart With Bollinger Bands

### 1. बोलिंजर बैंड्स की संरचना

बोलिंजर बैंड्स (Bollinger Bands) चार्ट पर तीन रेखाओं) बैंड्स (का एक समूह होता है, जो मूल्य के इर्द-गिर्द एक लिफाफे) Envelope) की तरह काम करते हैं:

- **मध्य बैंड (Middle Band):** यह आमतौर पर 20-दिवसीय सिंपल मूविंग एवरेज )SMA) होता है। यह बाज़ार के औसत मूल्य आधार को दर्शाता है।
- **ऊपरी बैंड (Upper Band):** यह मध्य बैंड में 'मानक विचलन' (Standard Deviation) जोड़कर प्राप्त किया जाता है। यह रेजिस्टेंस) Resistance) की तरह कार्य करता है।

- **निचला बैंड (Lower Band):** यह मध्य बैंड से मानक विचलन घटाकर प्राप्त किया जाता है। यह सपोर्ट) Support) की तरह कार्य करता है।

## 2. बोलिंजर बैंड्स के मुख्य उपयोग

### (a) अस्थिरता का मापन (Measuring Volatility)

बोलिंजर बैंड्स बाज़ार की हलचल के अनुसार खुद को ढाल लेते हैं:

- **बैंड्स का फैलना) Expansion):** जब बाज़ार में अस्थिरता बढ़ती है, तो बैंड्स चौड़े हो जाते हैं। यह एक बड़े ट्रेंड की शुरुआत का संकेत हो सकता है।
- **बैंड्स का सिकुड़ना) Squeeze):** जब अस्थिरता कम होती है, तो बैंड्स एक-दूसरे के करीब आ जाते हैं। इसे 'स्क्वीज़' कहा जाता है, जो आने वाले किसी बड़े धमाके )Breakout) का पूर्व संकेत है।

### (b) ओवरबॉट और ओवरसोल्ड स्तर

जब कीमतें ऊपरी बैंड को छूती हैं या उसके बाहर निकलती हैं, तो माना जाता है कि स्टॉक ओवरबॉट) Overbought) है और यहाँ से कीमतों में सुधार आ सकता है।

जब कीमतें निचले बैंड को छूती हैं, तो माना जाता है कि स्टॉक ओवरसोल्ड) Oversold) है और यहाँ से बाउंस बैक) Rebound) की संभावना होती है।

## 3. डब्लू-बॉटम्स और एम-टॉप्स) W-Bottoms & M-Tops)

बोलिंजर बैंड्स का उपयोग करके 'प्राइस पैटर्न' की पहचान करना बहुत सटीक होता है:

- **डब्लू-बॉटम) W-Bottom):** यह एक बुलिश संकेत है। इसमें पहली गिरावट निचले बैंड के बाहर या पास होती है, और दूसरी गिरावट निचले बैंड के ऊपर ही रुक जाती है। यह दर्शाता है कि मंदी की ताकत कम हो रही है।
- **एम-टॉप) M-Top):** यह एक बेयरिश संकेत है। इसमें पहला शिखर ऊपरी बैंड के बाहर या पास बनता है, और दूसरा शिखर पिछले शिखर से नीचे या ऊपरी बैंड को छुए बिना ही मुड़ जाता है।

# 36.9 कमोडिटी चैनल इंडेक्स (CCI)

तकनीकी विश्लेषण में, कमोडिटी चैनल इंडेक्स) CCI) एक बहुमुखी इंडिकेटर है जिसका उपयोग बाज़ार की गति) Momentum) को मापने और संभावित उलटफेरों) Reversals) की पहचान करने के लिए किया जाता है। हालांकि इसके नाम में 'कमोडिटी' शब्द है, लेकिन आधुनिक ट्रेडिंग में इसका उपयोग स्टॉक, फॉरेक्स और इंडेक्स के विश्लेषण के लिए भी समान रूप से किया जाता है।

## CCI क्या है और यह कैसे काम करता है?

CCI एक ऑसिलेटर) Oscillator) की श्रेणी में आता है। यह इंडिकेटर वर्तमान मूल्य की तुलना एक निश्चित अवधि के ऐतिहासिक औसत मूल्य) Average Price) से करता है।

विचलन का सिद्धांत: इसका मुख्य तर्क यह है कि जब कीमतें अपने औसत से बहुत दूर विचलित )Deviate) हो जाती हैं, तो वे अंततः अपने औसत की ओर वापस लौटती हैं।

सांख्यिकीय आधार: CCI यह मापता है कि सांख्यिकीय रूप से वर्तमान मूल्य अपने औसत से कितना ऊपर या नीचे है।

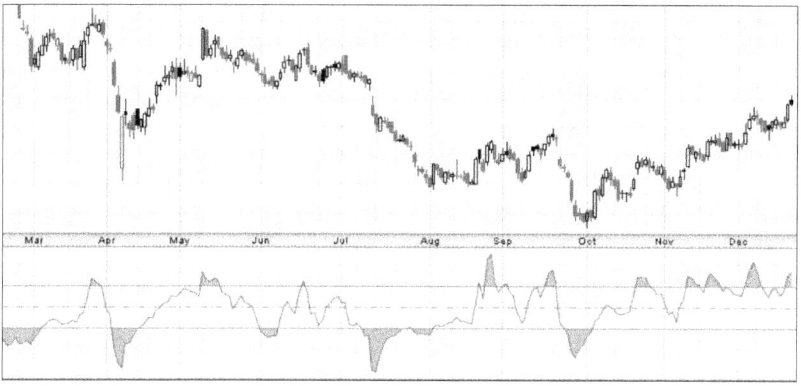


Chart courtesy of StockCharts.com

Price Chart With Commodity Channel Index

## CCI की महत्वपूर्ण सीमाएँ और व्याख्या) Interpretation)

बाज़ार की स्थितियों को समझने के लिए CCI में कुछ विशिष्ट स्तर) Levels) निर्धारित किए गए हैं, जो ट्रेडर्स के लिए गाइड का काम करते हैं:

**1. ओवरबॉट स्थिति) Overbought: +100 से ऊपर(**

आमतौर पर, जब CCI का मान +100 के स्तर को पार कर जाता है, तो माना जाता है कि संपत्ति )Asset) 'ओवरबॉट' क्षेत्र में प्रवेश कर चुकी है।

संकेत: यह दर्शाता है कि कीमत औसत से काफी ऊपर है।

ट्रेडर की रणनीति: यहाँ ट्रेडर को सतर्क हो जाना चाहिए क्योंकि बाज़ार में किसी भी समय मुनाफावसूली या मूल्य सुधार) Price Correction) आ सकता है।

**2. ओवरसोल्ड स्थिति) Oversold: -100 से नीचे(**

जब CCI का मान -100 के स्तर से नीचे गिर जाता है, तो इसे 'ओवरसोल्ड' माना जाता है।

संकेत: यह दर्शाता है कि बाज़ार में अत्यधिक बिकवाली हो चुकी है और कीमतें अपने औसत से काफी नीचे हैं।

ट्रेडर की रणनीति: यह संभावित खरीदारी के अवसर या बाज़ार में आने वाले बाउंस-बैक )Bounce-back) का संकेत हो सकता है।

## CCI के व्यावहारिक उपयोग) Practical Applications)

एक विश्लेषक के रूप में, मैं CCI के उपयोग के लिए निम्नलिखित रणनीतियों की अनुशंसा करता हूँ:

- ट्रेंड स्ट्रेंथ: यदि CCI +100 के ऊपर बना रहता है, तो यह एक बहुत मजबूत अपट्रेंड की पुष्टि करता है। इसी तरह, -100 के नीचे बने रहना एक मजबूत डाउनट्रेंड का संकेत है।
- डाइवर्जेंस) Divergence): यदि कीमत नया हाई) High) बना रही है लेकिन CCI हाई नहीं बना पा रहा, तो यह इस बात का संकेत है कि मौजूदा ट्रेंड कमजोर हो रहा है और रिवर्सल निकट है।
- ज़ीरो लाइन क्रॉसओवर: जब CCI अपनी ज़ीरो लाइन) Middle Line) को पार करता है, तो यह अक्सर ट्रेंड के बदलने का प्रारंभिक संकेत माना जाता है।

**निष्कर्ष:** कमोडिटी चैनल इंडेक्स उन ट्रेडर्स के लिए एक उत्कृष्ट उपकरण है जो बाज़ार के 'एक्सट्रीम' (अति (स्तरों को पहचानना चाहते हैं। हालांकि, इसे अकेले उपयोग करने के बजाय, कैंडलस्टिक पैटर्न और सपोर्ट/रेसिस्टेंस के साथ जोड़ने पर इसकी सटीकता कई गुना बढ़ जाती है।

## 36.10 पैराबोलिक SAR (स्टॉप एंड रिवर्स)

तकनीकी विश्लेषण की दुनिया में, पैराबोलिक SAR (Stop And Reverse) एक अत्यंत लोकप्रिय और विजुअल इंडिकेटर है। इसे जे .वेल्स वाइल्डर द्वारा विकसित किया गया था। इसका मुख्य उद्देश्य ट्रेडर को यह बताना है कि ट्रेंड कब तक जारी रहेगा और उसे अपनी पोजीशन से कब बाहर निकलना चाहिए।

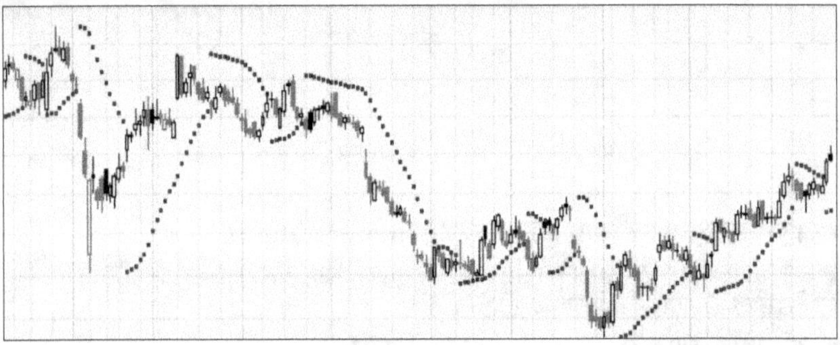

Chart courtesy of StockCharts.com

Price Chart With Parabolic SAR

### SAR का अर्थ और कार्यप्रणाली

SAR का पूरा नाम 'स्टॉप एंड रिवर्स' है, जिसका अर्थ है कि यह इंडिकेटर न केवल स्टॉप-लॉस निर्धारित करने में मदद करता है, बल्कि यह भी संकेत देता है कि अब पुरानी पोजीशन को बंद करके विपरीत दिशा) Reverse) में ट्रेड लेने का समय आ गया है।

दृश्य रूप) Visual Look): चार्ट पर यह इंडिकेटर मूल्य) Price) के ऊपर या नीचे छोटे-छोटे डॉट्स )Dots) की एक श्रृंखला के रूप में दिखाई देता है।

गतिशीलता: इसकी खासियत यह है कि यह 'टाइम' और 'प्राइस' दोनों के साथ अपनी स्थिति बदलता है।

### व्याख्या और ट्रेडिंग सिग्नल) Interpretation)

पैराबोलिक SAR का उपयोग करना बहुत सरल है, जो इसे नए और अनुभवी दोनों ट्रेडर्स के लिए आकर्षक बनाता है। इसके मुख्य संकेत इस प्रकार हैं:

- **बुलिश सिग्नल) Bullish/Buy Signal):** जब डॉट्स कीमत) Price Candles) के नीचे बनने लगते हैं, तो यह एक मजबूत अपट्रेंड का संकेत है। यह दर्शाता है कि बाज़ार में खरीदार हावी हैं। ट्रेडर के लिए यह खरीदारी करने या अपनी लॉन्ग पोजीशन को बनाए रखने का समय होता है।
- **बेयरिश सिग्नल) Bearish/Sell Signal):** जब डॉट्स कीमत के ऊपर चले जाते हैं, तो यह एक डाउनट्रेंड या मंदी का संकेत है। यह बिकवाली के दबाव को दर्शाता है। यहाँ ट्रेडर को अपनी खरीदारी से बाहर निकलना चाहिए या शॉर्ट सेलिंग) Short Selling) पर विचार करना चाहिए।

## पैराबोलिक SAR के मुख्य उपयोग

एक लेखक और विश्लेषक के रूप में, मैं इस इंडिकेटर के दो सबसे शक्तिशाली उपयोगों पर ज़ोर देता हूँ:

**1. डायनेमिक ट्रेलिंग स्टॉप-लॉस) Trailing Stop-Loss)**

पैराबोलिक SAR का सबसे बड़ा लाभ इसका गतिशील) Dynamic) होना है।

जैसे-जैसे कीमत आपके पक्ष में आगे बढ़ती है, SAR के डॉट्स भी धीरे-धीरे कीमत के करीब आने लगते हैं।

यह ट्रेडर को एक स्पष्ट 'ट्रेलिंग स्टॉप-लॉस' स्तर प्रदान करता है। इससे आप अपने मुनाफे को लॉक )Secure) कर सकते हैं और बाज़ार की अचानक होने वाली गिरावट से बच सकते हैं।

**2. ट्रेंड रिवर्सल की पहचान**

जब कीमत SAR के डॉट को छू लेती है या पार कर लेती है, तो डॉट्स तुरंत चार्ट के दूसरी तरफ शिफ्ट हो जाते हैं। यह इस बात का स्पष्ट संकेत है कि मौजूदा ट्रेंड खत्म हो चुका है और एक नया ट्रेंड शुरू होने वाला है।

## महत्वपूर्ण सावधानी

पैराबोलिक SAR ट्रेंडिंग मार्केट्स (जब बाज़ार ऊपर या नीचे जा रहा हो (में बेहतरीन काम करता है। लेकिन, साइडवेज) Sideways) या 'चॉपी' बाज़ार में यह बहुत सारे झूठे संकेत) Whipsaws) दे सकता है।

निष्कर्ष: बेहतर परिणामों के लिए पैराबोलिक SAR को हमेशा अन्य इंडिकेटर्स जैसे ADX (ट्रेंड की ताकत मापने के लिए (या मूविंग एवरेज के साथ मिलाकर उपयोग करें।

# 36.11 इंडिकेटर की रणनीतियाँ और जोखिम

ट्रेडिंग की दुनिया में इंडिकेटर्स) Indicators) एक दिशा-सूचक यंत्र की तरह काम करते हैं। लेकिन, यदि आपको यह नहीं पता कि यंत्र का उपयोग कब और कैसे करना है, तो यह आपको गलत दिशा में भी ले जा सकता है। एक सफल ट्रेडर बनने के लिए इंडिकेटर्स के प्रकारों और उनके साथ जुड़े जोखिमों को समझना अनिवार्य है।

## इंडिकेटर्स का वर्गीकरण :लीडिंग बनाम लैगिंग

वित्तीय बाज़ारों में उपयोग किए जाने वाले तकनीकी इंडिकेटर्स को मुख्य रूप से दो श्रेणियों में बांटा गया है:

**1. लीडिंग इंडिकेटर) Leading Indicators) - भविष्य के संकेत**

ये इंडिकेटर कीमत की चाल) Price Move) शुरू होने से पहले संकेत देने की कोशिश करते हैं। इनका मुख्य उद्देश्य भविष्य के मूल्य आंदोलनों का पूर्वानुमान लगाना है।

प्रमुख उदाहरण: RSI (Relative Strength Index), CCI (Commodity Channel Index) और स्टोकेस्टिक) Stochastic)।

रणनीति: इनका उपयोग अक्सर 'रिवर्सल' पकड़ने के लिए किया जाता है) जैसे ओवरबॉट या ओवरसोल्ड जोन की पहचान करना(।

जोखिम: इनका सबसे बड़ा नुकसान झूठे संकेत) False Signals) देना है। बाज़ार कई बार ओवरसोल्ड होने के बावजूद गिरता रह सकता है, जिससे ट्रेडर समय से पहले ट्रेड में प्रवेश कर जाता है।

**2. लैगिंग इंडिकेटर (Lagging Indicators) - रुझान की पुष्टि**

ये इंडिकेटर कीमत की चाल शुरू होने के बाद संकेत देते हैं। इनका उपयोग भविष्य बताने के लिए नहीं, बल्कि वर्तमान रुझान) Trend) की पुष्टि) Confirmation) के लिए किया जाता है।

प्रमुख उदाहरण: मूविंग एवरेज) Simple & Exponential) और बोलिंजर बैंड्स) Bollinger Bands)।

रणनीति: इनका उपयोग 'ट्रेंड फॉलोइंग' (Trend Following) रणनीतियों में किया जाता है, जहाँ आप मौजूदा लहर के साथ सवारी करते हैं।

जोखिम: इनका मुख्य जोखिम विलंब) Delay) है। जब तक ये इंडिकेटर संकेत देते हैं, तब तक बाज़ार का एक बड़ा हिस्सा निकल चुका होता है, जिसके परिणामस्वरूप देरी से एंट्री या एग्जिट )Late Entry/Exit) होती है।

## ओवर-ऑप्टिमाइजेशन का जोखिम

ट्रेडिंग सिस्टम डिजाइन करते समय" ओवर-ऑप्टिमाइजेशन "एक साइलेंट किलर की तरह काम करता है। यह एक ऐसी स्थिति है जहाँ एक ट्रेडर अपनी रणनीति को ऐतिहासिक डेटा )Past Data) पर इतनी बारीकी से फिट कर देता है कि वह बैकटेस्टिंग में तो अद्भुत परिणाम देती है, लेकिन वास्तविक बाज़ार में विफल हो जाती है।

## समस्या और समाधान :आउट-ऑफ़-सैंपल डेटा

ओवर-ऑप्टिमाइजेशन के जाल से बचने का सबसे प्रभावी तरीका है आउट-ऑफ़-सैंपल डेटा) Out-of-Sample Data) पर परीक्षण।

प्रक्रिया: अपनी रणनीति को विकसित करने के लिए डेटा के एक हिस्से) जैसे पिछले 3 साल (का उपयोग करें। फिर, इसे ऐसे डेटा पर टेस्ट करें जिसे सिस्टम ने पहले कभी नहीं देखा) जैसे पिछले 6 महीने का नया डेटा(।

लाभ: यह प्रक्रिया सुनिश्चित करती है कि आपकी रणनीति केवल पिछले डेटा के लिए" ट्यून "नहीं की गई है, बल्कि वास्तविक और अप्रत्याशित बाज़ार स्थितियों में भी मजबूत) Robust) और प्रभावी है।

# 36.12 कॉन्फ्लुएंस (तालमेल) ट्रेडिंग की नींव

ट्रेडिंग की दुनिया में, एक अकेला संकेत अक्सर एक भ्रम या 'नॉइज़' (Noise) हो सकता है। सफल ट्रेडर्स अपनी सटीकता बढ़ाने के लिए जिस गुप्त हथियार का उपयोग करते हैं, उसे कॉन्फ्लुएंस) Confluence) कहा जाता है।

## कॉन्फ्लुएंस का अर्थ और महत्व

कॉन्फ्लुएंस का शाब्दिक अर्थ है 'संगम'। तकनीकी विश्लेषण में, इसका अर्थ है वह बिंदु जहाँ कई स्वतंत्र विश्लेषण उपकरण) जैसे प्राइस एक्शन, इंडिकेटर्स और वॉल्यूम (एक ही दिशा में संकेत देते हैं। जब आप केवल एक इंडिकेटर पर भरोसा करते हैं, तो झूठे संकेतों) False Signals) में फंसने का जोखिम अधिक होता है। लेकिन जब तीन अलग-अलग माध्यम एक ही कहानी कहते हैं, तो उस ट्रेड की सफलता की संभावना) Probability) नाटकीय रूप से बढ़ जाती है।

## कॉन्फ्लुएंस के तीन मुख्य स्तंभ

एक मजबूत ट्रेडिंग सेटअप इन तीन स्तंभों पर टिका होता है:

**1. कीमत) Price Action) - बाज़ार की पहली भाषा**

प्राइस एक्शन या कैंडल्स बाज़ार की" कच्ची भावना) "Raw Sentiment) को दर्शाती हैं। यह आपको बताता है कि वर्तमान में खरीदार) Bulls) और विक्रेता) Bears) के बीच चल रहे युद्ध में कौन जीत रहा है।

विजुअल डेटा: कैंडल्स केवल चार्ट पर बनी आकृतियाँ नहीं हैं, बल्कि वे मनोवैज्ञानिक युद्ध का दृश्य प्रमाण हैं।

संकेत: उदाहरण के लिए, एक लंबी गिरावट के बाद यदि चार्ट पर हैमर) Hammer) पैटर्न या बुलीश एनगल्फिंग) Bullish Engulfing) दिखाई देता है, तो यह स्पष्ट संकेत है कि नीचे के स्तरों पर खरीदारी का भारी दबाव है और यहाँ से बाज़ार उलट) Reversal) सकता है।

**2. इंडिकेटर) Indicators) - गणितीय पुष्टि**

इंडिकेटर्स वे सांख्यिकीय उपकरण हैं जो डेटा को प्रोसेस करके गति) Momentum) और ट्रेंड की मजबूती मापते हैं। ये प्राइस एक्शन द्वारा दिए गए संकेतों की पुष्टि करने का काम करते हैं।

ओवरसोल्ड/ओवरबॉट स्थितियाँ: यदि प्राइस एक्शन एक बुलिश रिवर्सल दिखा रहा है और उसी समय RSI < 30 (Oversold) है, तो यह एक अत्यंत शक्तिशाली 'बाय' सिग्नल है।

ट्रेंड की पुष्टि: यदि कीमत अपने मूविंग एवरेज) MA) को नीचे से ऊपर की ओर पार करती है और एक बुलिश कैंडल बनाती है, तो यह इस बात की पुष्टि है कि नया अपट्रेंड शुरू हो चुका है।

**3. वॉल्यूम) Volume) - वैधता की मुहर**

वॉल्यूम यह बताता है कि किसी विशेष चाल) Move) के पीछे कितनी" ताकत "या" पैसा "लगा है। यह किसी भी पैटर्न की सत्यता की जांच करने का सबसे सटीक पैमाना है।

संस्थागत भागीदारी: यदि एक बड़ा प्राइस ब्रेकआउट कम वॉल्यूम के साथ होता है, तो वह अक्सर 'फेकआउट' (Fakeout) साबित होता है।

उदाहरण: यदि एक बुलीश एनगल्फिंग पैटर्न भारी वॉल्यूम के साथ बनता है, तो इसका मतलब है कि बड़े खिलाड़ी) Institutions) सक्रिय हैं। यह पुष्टि करता है कि यह बढ़त टिकाऊ होगी।

## 36.13 रिट्रेसमेंट और रिवर्सल की पहचान

एक सफल ट्रेडर और एक सामान्य निवेशक के बीच का सबसे बड़ा अंतर यह पहचानना है कि बाज़ार में होने वाली गिरावट केवल एक अस्थायी 'सुधार' (Correction) है या ट्रेंड का पूर्ण 'बदलाव' (Reversal)। यदि आप इसे गलत समझते हैं, तो आप या तो बहुत जल्दी लाभ से बाहर निकल जाएंगे या डूबते हुए निवेश को पकड़ कर बैठे रहेंगे।

### 1. रिट्रेसमेंट) Retracement): बाज़ार का विश्राम

रिट्रेसमेंट मुख्य ट्रेंड के भीतर होने वाली एक छोटी और अस्थायी मूल्य चाल है।

प्रकृति: यह मौजूदा ट्रेंड के विपरीत होती है लेकिन ट्रेंड को खत्म नहीं करती। उदाहरण के लिए, एक अपट्रेंड में छोटी गिरावट को 'डिप' या रिट्रेसमेंट कहा जाता है।

संकेत: रिट्रेसमेंट के दौरान ट्रेडिंग वॉल्यूम आमतौर पर कम हो जाता है, जो यह दर्शाता है कि बड़े खिलाड़ी अभी भी ट्रेंड में बने हुए हैं।

अवसर: अनुभवी ट्रेडर्स रिट्रेसमेंट का उपयोग 'Buy on Dip' (गिरावट पर खरीदारी (के अवसर के रूप में करते हैं।

### 2. रिवर्सल) Reversal): ट्रेंड का अंत

रिवर्सल वह स्थिति है जब स्टॉक के मूल्य की पूरी दिशा बदल जाती है।

प्रकृति: यह एक दीर्घकालिक परिवर्तन है। यदि बाज़ार अपट्रेंड में था और रिवर्सल आता है, तो वह डाउनट्रेंड में बदल जाता है।

संकेत: रिवर्सल अक्सर उच्च वॉल्यूम) High Volume) के साथ होता है और चार्ट पर 'हेड एंड शोल्डर्स' या 'डबल टॉप' जैसे बड़े पैटर्न बनाता है।

सावधानी: यह वह समय है जब आपको अपनी पोजीशन से पूरी तरह बाहर निकल जाना चाहिए।

### 3. रिट्रेसमेंट और रिवर्सल के बीच मुख्य अंतर

| विशेषता | रिट्रेसमेंट) Retracement) | रिवर्सल) Reversal) |
|---|---|---|
| समय सीमा | अल्पकालिक) Short-term) | दीर्घकालिक) Long-term) |
| ट्रेंड की दिशा | ट्रेंड बना रहता है | ट्रेंड पूरी तरह बदल जाता है |
| प्राइस एक्शन | छोटे पुलबैक) Pullbacks) | चार्ट पैटर्न्स) M/W/H&S) |
| वॉल्यूम | कम वॉल्यूम | उच्च वॉल्यूम) Confirming move) |

### 4. तकनीकी उपकरणों का उपयोग (Confirmation Tools)

यह तय करने के लिए कि चाल रिट्रेसमेंट है या रिवर्सल, निम्नलिखित का उपयोग करें:

**फिबोनैचि रिट्रेसमेंट (Fibonacci Retracement):** यदि कीमत 38.2% या 50% के स्तर से पलटती है, तो यह रिट्रेसमेंट है। यदि यह 61.8% (Golden Ratio) के नीचे निर्णायक रूप से गिरती है, तो रिवर्सल की संभावना बढ़ जाती है।

**मूविंग एवरेज (Moving Averages):** जब तक कीमत 50-दिवसीय या 200-दिवसीय मूविंग एवरेज के ऊपर बनी रहती है, छोटी गिरावट को रिट्रेसमेंट माना जाता है। इसके नीचे जाने पर ट्रेंड रिवर्सल माना जाता है।

**RSI डायवर्जेंस:** यदि कीमतें नई ऊंचाई छू रही हैं लेकिन RSI नीचे जा रहा है, तो यह आगामी 'रिवर्सल' की चेतावनी है।

* * * * *

**"तकनीकी इंडिकेटर्स और ऑसिलेटर एक निवेशक के लिए 'नेविगेशन सिस्टम' की तरह होते हैं। जहाँ चार्ट्स बाज़ार का रास्ता दिखाते हैं, वहीं इंडिकेटर्स यह बताते हैं कि उस रास्ते पर चलने वाले बाज़ार की 'रफ़्तार' (Momentum) क्या है और वह कब 'थकान' (Overbought/Oversold) महसूस कर रहा है। याद रखें, इंडिकेटर्स आपके निर्णय के सहायक होने चाहिए, मालिक नहीं; क्योंकि सबसे बड़ा इंडिकेटर हमेशा स्वयं 'कीमत' (Price) ही होती है।"**

## 36.14 व्यावहारिक प्रश्नों के उत्तर

**प्रश्न 1:** एक शेयर का RSI स्तर 82 पर पहुँच गया है। तकनीकी विश्लेषण के सिद्धांतों के अनुसार, यह बाजार की किस स्थिति को दर्शाता है और एक खरीदार को इस समय क्या सावधानी बरतनी चाहिए?

**उत्तर:**

तकनीकी विश्लेषण (Technical Analysis) के सिद्धांतों के अनुसार, जब किसी शेयर का RSI (Relative Strength Index) स्तर 82 पर पहुँच जाता है, तो यह निम्नलिखित स्थितियों को दर्शाता है:

1. बाजार की स्थिति: ओवरबॉट (Overbought)

RSI का 70 से ऊपर होना यह संकेत देता है कि शेयर में अत्यधिक खरीदारी हो चुकी है और अब यह अपने वास्तविक मूल्य से महंगा (Overvalued) हो सकता है।

82 का स्तर एक 'अत्यधिक ओवरबॉट' स्थिति है, जो दर्शाती है कि शेयर में हाल ही में बहुत तीव्र तेजी आई है और अब इसमें सुधार (Correction) या मुनाफावसूली (Profit Booking) की प्रबल संभावना है।

2. खरीदार के लिए सावधानियां:

नई खरीदारी से बचें: इस स्तर पर नया निवेश करना जोखिम भरा हो सकता है क्योंकि शेयर की कीमतें गिरने की संभावना अधिक होती है।

ट्रेलिंग स्टॉप-लॉस का उपयोग करें: यदि आपके पास पहले से शेयर हैं, तो अपने मुनाफे को सुरक्षित करने के लिए 'Trailing Stop-Loss' का उपयोग करें।

डायवर्जेंस (Divergence) की जाँच करें: देखें कि क्या शेयर की कीमत तो बढ़ रही है लेकिन RSI नीचे गिरना शुरू हुआ है; यह रुझान पलटने (Trend Reversal) का एक बड़ा संकेत हो सकता है।

इंतजार करें: एक समझदार खरीदार को RSI के वापस 50-60 के स्तर तक आने या किसी 'कंसोलिडेशन' (स्थिरता) का इंतजार करना चाहिए।

सीख: इसका मतलब है कि शेयर में जरूरत से ज्यादा खरीदारी हो चुकी है और अब मुनाफावसूली (Correction) आने की संभावना है। यहाँ नई खरीदारी जोखिम भरी हो सकती है।

**प्रश्न 2:** चार्ट पर 50-दिन का मूविंग एवरेज (शॉर्ट टर्म) नीचे से आकर 200-दिन के मूविंग एवरेज (लॉन्ग टर्म) को ऊपर की ओर काटता है। इस घटना को क्या कहते हैं?

**उत्तर:**

जब 50-दिन का मूविंग एवरेज (छोटा अंतराल) नीचे से ऊपर की ओर बढ़ते हुए 200-दिन के मूविंग एवरेज (लंबा अंतराल) को काटता है, तो इस घटना को "गोल्डन क्रॉस" (Golden Cross) कहा जाता है।

शेयर बाजार में इसे एक अत्यंत सकारात्मक या तेजी (Bullish) का संकेत माना जाता है, जो यह दर्शाता है कि स्टॉक या इंडेक्स में लंबी अवधि के लिए बढ़त आने की संभावना है।

सीख: यह एक बहुत ही मजबूत 'बुलिश' (तेजी) संकेत है, जो लंबी अवधि के अप-ट्रेंड की शुरुआत माना जाता है।

**प्रश्न 3:** MACD लाइन अपनी 'सिग्नल लाइन' को ऊपर से नीचे की ओर काटती है और जीरो लाइन के ऊपर है। यह एक ट्रेडर को क्या करने का संकेत दे रहा है?

**उत्तर:**

जब MACD लाइन अपनी सिग्नल लाइन को ऊपर से नीचे की ओर काटती है, तो यह एक मंदी का संकेत (bearish signal) है, जो संभावित बिक्री (sell) के अवसर या मौजूदा लंबी पोज़ीशन से बाहर निकलने का संकेत देता है।

Key Insights

संकेत का प्रकार: यह क्रॉसओवर संकेत करता है कि गति (momentum) कमजोर हो रही है, हालांकि अभी भी यह सकारात्मक क्षेत्र में है (चूंकि यह जीरो लाइन के ऊपर है)।

प्रचलित प्रवृत्ति: चूंकि MACD लाइन जीरो लाइन से ऊपर है, इसका मतलब है कि लंबी अवधि की प्रवृत्ति (long-term trend) अभी भी ऊपर की ओर है (तेजी की है), और यह क्रॉसओवर मौजूदा ऊपर की प्रवृत्ति में केवल एक संभावित संक्षिप्त गिरावट या सुधार (correction) का संकेत हो सकता है।

ट्रेडिंग कार्रवाई: ट्रेडर इसे एक संकेत मान सकते हैं कि अब समय आ गया है कि वे अपनी मौजूदा लंबी पोज़ीशन (long position) से लाभ लेकर बाहर निकलें या कम समय के लिए छोटी पोज़ीशन (short position) में प्रवेश करने पर विचार करें, लेकिन सावधानी के साथ क्योंकि समग्र प्रवृत्ति अभी भी सकारात्मक है।

अन्य संकेतकों के साथ पुष्टि: झूठे संकेतों से बचने के लिए, अनुभवी ट्रेडर अक्सर इस संकेत की पुष्टि के लिए अन्य तकनीकी संकेतकों, जैसे रिलेटिव स्ट्रेंथ इंडेक्स (RSI) या मूल्य कार्रवाई (price action) का उपयोग करते हैं।

संक्षेप में, यह एक बेचने या लाभ बुक करने का संकेत है, लेकिन मजबूत मंदी की प्रवृत्ति की शुरुआत के बजाय मौजूदा तेजी की प्रवृत्ति में गति के कमजोर होने का संकेत अधिक है।

सीख: यह संकेत देता है कि तेजी की गति कम हो रही है और अब शेयर को बेचने या मुनाफा बुक करने का समय आ गया है।

**प्रश्न 4.** एक शेयर के बोलिंजर बैंड बहुत संकरे (Squeeze) हो गए हैं। पिछले 10 दिनों से भाव एक बहुत छोटी रेंज में है। यह आने वाले समय के लिए क्या संकेत है?

**उत्तर:**

जब किसी शेयर के बोलिंजर बैंड बहुत संकरे (Squeeze) हो जाते हैं, तो यह आने वाले समय में एक बड़े "ब्रेकआउट" या "ब्रेकडाउन" (बड़ी हलचल) का संकेत देता है।

तकनीकी विश्लेषण में इसे निम्नलिखित रूप में समझा जाता है:

बड़ी अस्थिरता (High Volatility) की तैयारी: बोलिंजर बैंड का सिकुड़ना कम अस्थिरता को दर्शाता है। शेयर बाजार के नियम के अनुसार, कम अस्थिरता के बाद हमेशा उच्च अस्थिरता का दौर आता है।

ऊर्जा का संचय (Energy Build-up): पिछले 10 दिनों से एक छोटी रेंज में रहने का मतलब है कि खरीदार और विक्रेता दोनों किसी खास दिशा का इंतजार कर रहे हैं। बैंड्स जितने संकरे होंगे, विस्फोट (मूवमेंट) उतना ही बड़ा होने की संभावना होती है।

दिशा का निर्धारण: 'स्क्वीज़' (Squeeze) खुद यह नहीं बताता कि भाव ऊपर जाएगा या नीचे। दिशा का पता तब चलता है जब कैंडल ऊपरी बैंड या निचले बैंड को तोड़कर बाहर निकलती है:

1. यदि भाव ऊपरी बैंड को तोड़कर ऊपर निकलता है, तो यह तेजी (Bullish) का संकेत है।
2. यदि भाव निचले बैंड को तोड़कर नीचे गिरता है, तो यह मंदी (Bearish) का संकेत है।

सावधानी: ट्रेडर्स अक्सर इस स्थिति में वॉल्यूम (Volume) और अन्य संकेतकों जैसे RSI का उपयोग यह पुष्टि करने के लिए करते हैं कि ब्रेकआउट असली है या नहीं।

सीख: जब बैंड संकुचित होते हैं, तो इसका मतलब है कि अस्थिरता (Volatility) कम है और जल्द ही किसी भी दिशा में एक बड़ा मूव आने वाला है।

**प्रश्न 5:** शेयर की कीमत एक नया 'हायर हाई' (Higher High) बना रही है, लेकिन RSI सूचक एक 'लोअर हाई' (Lower High) बना रहा है। इसे क्या कहेंगे?

**उत्तर:**

इसे बियरिश डाइवर्जेंस (Bearish Divergence) कहा जाता है।

यह स्थिति दर्शाती है कि कीमत तो ऊपर जा रही है, लेकिन बाजार की तेजी (momentum) कमजोर हो रही है, जिससे आने वाले समय में कीमत गिरने या ट्रेंड बदलने की संभावना होती है।

सीख: यह सबसे शक्तिशाली रिवर्सल संकेतों में से एक है। इसका मतलब है कि कीमत तो ऊपर जा रही है लेकिन उसके पीछे की ताकत (Momentum) खत्म हो रही है।

**प्रश्न 6:** एक इंट्राडे ट्रेडर तेजी से बदलते हुए भावों पर प्रतिक्रिया देना चाहता है। उसे 20-दिन के सिंपल मूविंग एवरेज (SMA) और 20-दिन के एक्सपोनेंशियल मूविंग एवरेज (EMA) में से किसे चुनना चाहिए?

**उत्तर:**

इंट्राडे ट्रेडर को 20-दिन के एक्सपोनेंशियल मूविंग एवरेज (EMA) को चुनना चाहिए।

कारण:

तेज़ प्रतिक्रिया: EMA हाल के भावों (recent prices) को अधिक महत्व देता है, जिससे यह SMA की तुलना में कीमतों में होने वाले बदलावों पर अधिक तेज़ी से प्रतिक्रिया देता है।

कम लैग (Lag): सिंपल मूविंग एवरेज (SMA) पुराने डेटा पर आधारित होने के कारण थोड़ा धीमा होता है, जबकि EMA ट्रेडर को तेज़ी से बदलते बाज़ार में जल्दी संकेत (signals) देने में मदद करता है।

**प्रश्न 7:** स्टोकेस्टिक इंडिकेटर की %K लाइन %D लाइन को नीचे से ऊपर काटती है और दोनों 15 के स्तर पर हैं। यह क्या दर्शाता है?

**उत्तर:**

जब स्टोकेस्टिक इंडिकेटर (Stochastic Indicator) की %K लाइन, %D लाइन को नीचे से ऊपर की ओर काटती है और दोनों 15 के स्तर पर होती हैं, तो यह निम्नलिखित संकेत देता है:

1. बुलिश क्रॉसओवर (Bullish Crossover): यह एक खरीदारी का संकेत (Buy Signal) है। जब %K लाइन (तेज लाइन) %D लाइन (धीमी लाइन) के ऊपर निकलती है, तो यह दर्शाता है कि गति (Momentum) ऊपर की ओर बढ़ रही है।

2. ओवरसोल्ड स्थिति (Oversold Condition): 15 का स्तर 20 से नीचे है, जो यह बताता है कि बाजार "ओवरसोल्ड" क्षेत्र में है। इसका अर्थ है कि कीमत अपनी हालिया रेंज के निचले स्तर पर है और अब यहाँ से वापस ऊपर (Reversal) जा सकती है।

3. संभावित ट्रेंड रिवर्सल (Trend Reversal): यह स्थिति दर्शाती है कि गिरावट का दौर समाप्त हो सकता है और एक नई तेजी (Upward Trend) शुरू होने वाली है।

निष्कर्ष: यह एक मजबूत "बाय सिग्नल" (Buy Signal) है क्योंकि यह ओवरसोल्ड ज़ोन में सकारात्मक क्रॉसओवर को दर्शाता है।

सीख: यह खरीदारी का एक अच्छा मौका हो सकता है क्योंकि शेयर की अत्यधिक बिकवाली हो चुकी है।

**प्रश्न 8:** एक इंट्राडे ट्रेडर देखता है कि शेयर की कीमत VWAP लाइन के ऊपर ट्रेड कर रही है। उसे खरीदारी करनी चाहिए या बिकवाली?

**उत्तर:**

इंट्राडे ट्रेडिंग के सामान्य सिद्धांतों के अनुसार, यदि शेयर की कीमत VWAP (Volume Weighted Average Price) लाइन के ऊपर ट्रेड कर रही है, तो ट्रेडर को खरीदारी (Buying/Long Position) करनी चाहिए।

इसके मुख्य कारण निम्नलिखित हैं:

बुलिश ट्रेंड: VWAP के ऊपर कीमत का होना यह दर्शाता है कि स्टॉक एक मजबूत अपट्रेंड में है और खरीदार नियंत्रण में हैं।

सपोर्ट के रूप में कार्य: अक्सर ऊपर जाती हुई कीमत के लिए VWAP लाइन एक 'सपोर्ट' की तरह काम करती है।

सावधानी: केवल VWAP के आधार पर निर्णय न लें। ट्रेड की पुष्टि के लिए अन्य संकेतकों (जैसे RSI या MACD) और कैंडलस्टिक पैटर्न की जांच अवश्य करें।

सीख: VWAP को इंट्राडे के लिए 'बेंचमार्क' माना जाता है। इसके ऊपर भाव होने का मतलब है कि औसत खरीदार मुनाफे में हैं और ट्रेंड बुलिश है।

**प्रश्न 9:** RSI 30 (ओवरसोल्ड) पर है, भाव अपने 200-दिन के मूविंग एवरेज सपोर्ट पर है, और चार्ट पर एक 'हैमर' कैंडल बनी है। इन तीन संकेतों के मिलने को क्या कहेंगे?

**उत्तर:**

जब RSI (30), 200-दिन का मूविंग एवरेज सपोर्ट और 'हैमर' कैंडलस्टिक जैसे कई तकनीकी संकेतक एक ही समय पर खरीदारी का संकेत देते हैं, तो इस स्थिति को 'कन्फ्लुएंस' (Confluence) कहा जाता है।

इसका सरल अर्थ है कि कई अलग-अलग विश्लेषण विधियां एक ही निष्कर्ष पर पहुंच रही हैं, जिससे ट्रेड के सफल होने की संभावना बढ़ जाती है।

इस विशिष्ट स्थिति को 'हाइ प्रोबेबिलिटी रिवर्सल सेटअप' (High Probability Reversal Setup) भी कहा जा सकता है, क्योंकि:

RSI 30: दर्शाता है कि स्टॉक 'ओवरसोल्ड' है और बिकवाली का दबाव कम हो रहा है।

200-DMA: एक मजबूत दीर्घकालिक सपोर्ट स्तर है जहां बड़े संस्थान खरीदारी करते हैं।

हैमर कैंडल: निचले स्तरों से मजबूत रिकवरी और संभावित ट्रेंड रिवर्सल का संकेत देती है।

सीख: जब कई इंडिकेटर और प्राइस एक्शन एक ही दिशा में इशारा करें, तो ट्रेड के सफल होने की संभावना (Probability) बहुत बढ़ जाती है।

## 36.15 प्रश्नोत्तर परीक्षा (Quiz)

Q1. मोमेंटम इंडिकेटर्स का मुख्य काम क्या है?

(A) केवल कीमत देखना (B) केवल वॉल्यूम

(C) ट्रेंड की गति और ताकत मापना (D) केवल न्यूज

Q2. RSI (Relative Strength Index) का रेंज क्या है?

(A) 0-50 (B) 0-100

(C) 50-100 (D) कोई रेंज नहीं

Q3. RSI 70 से ऊपर होने का मतलब क्या है?

(A) ओवरसोल्ड (B) ओवरबॉट (संभावित गिरावट)

(C) न्यूट्रल (D) हमेशा खरीदना

Q4. RSI 30 से नीचे होने का मतलब क्या है?

(A) ओवरबॉट (B) हमेशा बेचना

(C) न्यूट्रल (D) ओवरसोल्ड (संभावित उछाल)

Q5. RSI में डायवर्जेंस क्या दर्शाता है?

(A) ट्रेंड कमजोर हो रहा – संभावित रिवर्सल (B) ट्रेंड और मजबूत

(C) कोई मतलब नहीं (D) केवल वॉल्यूम

Q6. MACD का पूरा नाम क्या है?

(A) Moving Average Convergence Divergence

(B) Market Average Convergence Divergence

(C) Momentum Average Convergence Divergence

(D) Money Average Convergence Divergence

Q7. MACD लाइन सिग्नल लाइन के ऊपर क्रॉस करे तो क्या सिग्नल?

(A) बेयरिश (B) बुलिश (खरीद) (C) न्यूट्रल (D) कोई सिग्नल नहीं

Q8. MACD हिस्टोग्राम क्या दिखाता है?

(A) मोमेंटम की ताकत (B) केवल वॉल्यूम

(C) केवल कीमत (D) केवल न्यूज

Q9. स्टोकेस्टिक ऑसिलेटर का रेंज क्या है?

(A) 0-50 (B) 50-100 (C) 0-100 (D) कोई नहीं

Q10. स्टोकेस्टिक 80 से ऊपर होने पर क्या कहते हैं?

(A) ओवरबॉट (B) ओवरसोल्ड (C) न्यूट्रल (D) हमेशा खरीदना

Q11. ADX (Average Directional Index) क्या मापता है?

(A) ट्रेंड की ताकत (25 से ऊपर = मजबूत ट्रेंड) (B) केवल दिशा

(C) केवल वॉल्यूम (D) केवल कीमत

Q12. ADX 20 से नीचे होने का मतलब क्या है?

(A) मजबूत ट्रेंड (B) कमजोर या साइडवेज ट्रेंड

(C) हमेशा अपट्रेंड (D) हमेशा डाउनट्रेंड

Q13. OBV (On Balance Volume) क्या दर्शाता है?

(A) वॉल्यूम के साथ कीमत की दिशा की पुष्टि (B) केवल कीमत

(C) केवल मोमेंटम (D) केवल न्यूज

Q14. OBV बढ़ रहा हो और कीमत गिर रही हो तो क्या कहते हैं?

(A) हमेशा बेचना (B) बेयरिश डायवर्जेंस

(C) कोई मतलब नहीं (D) बुलिश डायवर्जेंस

Q15. वॉल्यूम बढ़ने पर ब्रेकआउट की वैलिडिटी कैसी होती है?

(A) कमजोर (B) ज्यादा मजबूत (C) कोई फर्क नहीं (D) हमेशा फेक

Q16. Accumulation/Distribution Line क्या दिखाता है?

(A) स्मार्ट मनी का प्रवाह (B) केवल वॉल्यूम

(C) केवल कीमत (D) केवल डिविडेंड

Q17. किताब में मोमेंटम इंडिकेटर्स को क्या कहा गया है?

(A) ट्रेंड की गति का थर्मामीटर (B) बेकार

(C) केवल लॉन्ग टर्म (D) केवल फंडामेंटल

Q18. ओवरबॉट/ओवरसोल्ड कंडीशन में सबसे अच्छा क्या करना चाहिए?

(A) तुरंत खरीदना/बेचना (B) हमेशा रिवर्स ट्रेड

(C) कोई एक्शन नहीं (D) कन्फर्मेशन (डायवर्जेंस, पैटर्न) का इंतजार करना

Q19. बुलिश डायवर्जेंस का मतलब क्या है?

(A) कीमत नया लो बना रही लेकिन इंडिकेटर ऊपर – संभावित रिवर्सल ऊपर

(B) कीमत नया हाई लेकिन इंडिकेटर नीचे

(C) कोई डायवर्जेंस नहीं

(D) हमेशा बेचना

Q20. इंडिकेटर्स का सबसे अच्छा उपयोग कैसे करें?

(A) अकेले

(B) एक-दूसरे + प्राइस एक्शन + वॉल्यूम के साथ मिलाकर (Confluence)

(C) केवल एक इंडिकेटर

(D) केवल न्यूज पर

**Answer Key**

| Q | 1 | 2 | 3 | 4 | 5 | 6 | 7 | 8 | 9 | 10 | 11 | 12 | 13 | 14 | 15 | 16 | 17 | 18 | 19 | 20 |
|---|---|---|---|---|---|---|---|---|---|---|---|---|---|---|---|---|---|---|---|---|
| Ans. | C | B | B | D | A | A | B | A | C | A | A | B | A | D | B | A | A | D | A | B |

# Chapter 37 कैंडलस्टिक और इंडिकेटर का संगम

**"कैंडलस्टिक पैटर्न को तकनीकी संकेतकों के साथ मिलाने से ट्रेड की सटीकता बढ़ती है। जब दोनों एक ही दिशा का संकेत देते हैं, तो बाज़ार में प्रवेश और निकास के निर्णय अधिक विश्वसनीय और लाभदायक होते हैं।"**

ट्रेडिंग की दुनिया में कोई भी संकेतक अपने आप में पूर्ण नहीं होता। जैसे एक कुशल जासूस अलग-अलग सबूतों को जोड़कर सच्चाई तक पहुँचता है, वैसे ही एक सफल ट्रेडर विभिन्न तकनीकी उपकरणों का 'संयोजन' (Confluence) करके जीत की संभावना को बढ़ाता है। यह अध्याय आपको वह कला सिखाएगा जहाँ 'कैंडलस्टिक चार्ट', 'तकनीकी संकेतक' और 'वॉल्यूम' मिलकर एक शक्तिशाली और पुख्ता व्यापारिक योजना तैयार करते हैं। यह केवल विश्लेषण नहीं, बल्कि बाज़ार के संकेतों को फिल्टर करने की एक उच्च स्तरीय प्रक्रिया है।

इस चैप्टर में हम सीखेंगे कि कैसे एक बुलिश कैंडलस्टिक पैटर्न, RSI के ओवरसोल्ड सिग्नल और बढ़ते वॉल्यूम के साथ मिलकर एक 'हाई-प्रोबेबिलिटी ट्रेड' बनाता है। हम कॉन्फ्लुएंस ट्रेडिंग के सिद्धांतों का गहराई से अध्ययन करेंगे, जो आपको बाज़ार के नकली संकेतों (False Signals) से बचने और केवल उन्हीं ट्रेडों में प्रवेश करने में मदद करेगा जहाँ सफलता की दर सबसे अधिक हो। यह अध्याय आपको यह समझने की शक्ति देगा कि कब चुप बैठना है और कब पूरी ताकत के साथ अवसर को पकड़ना है। यह संयोजन आपके जोखिम को न्यूनतम करते हुए लाभ की संभावनाओं को कई गुना बढ़ाने की कुंजी है।

## 37.1 ट्रेडिंग रणनीति: एंट्री, एग्जिट और जोखिम प्रबंधन

### बुलिश रिवर्सल एंट्री सेटअप

यह एक शक्तिशाली बॉटम रिवर्सल ट्रेडिंग रणनीति है, जो मुख्य रूप से तीन अलग-अलग लेकिन पूरक तकनीकी संकेतों के मिलन पर आधारित है। पहला संकेत मूल्य के स्तर पर 'हैमर' या 'मॉर्निंग स्टार' जैसे बुलिश कैंडलस्टिक पैटर्न का बनना है, जो यह दर्शाता है कि विक्रेताओं का नियंत्रण अब समाप्त हो रहा है और खरीदार बाजार में वापस आ रहे हैं। दूसरा संकेत RSI (रिलेटिव स्ट्रेंथ इंडेक्स( का 30 से नीचे) Oversold) होना है, जो एक सांख्यिकीय पुष्टि देता है कि स्टॉक की कीमत ऐतिहासिक रूप से बहुत अधिक गिर चुकी है और अब यहाँ से सुधार या उछाल आने की प्रबल संभावना है। तीसरा और सबसे महत्वपूर्ण पुष्टि कारक वॉल्यूम स्पाइक है; यदि यह कैंडलस्टिक पैटर्न औसत से काफी अधिक वॉल्यूम के साथ बनता है, तो यह 'स्मार्ट मनी' या बड़े संस्थानों की खरीदारी की पुष्टि करता है, जिससे इस ट्रेड के सफल होने की संभावना कई गुना बढ़ जाती है।

इस रणनीति का मुख्य उद्देश्य 'गिरते हुए चाकू' को पकड़ने के बजाय एक सुरक्षित बॉटम की पहचान करना है। जब RSI 30 से नीचे होता है, तो बाजार में बहुत अधिक डर होता है, लेकिन एक वॉल्यूम स्पाइक के साथ बनने वाली बुलिश कैंडल यह संकेत देती है कि गिरावट का दौर अब थम चुका है। ट्रेडर आमतौर पर इस सेटअप में बुलिश कैंडल के हाई के ऊपर अपनी एंट्री )Buy) करते हैं और हाल ही के निचले स्तर) Swing Low) के नीचे अपना स्टॉप-लॉस) Stop-Loss) रखते हैं। यह सेटअप विशेष रूप से उन निवेशकों के लिए उपयोगी है जो लंबी अवधि की

गिरावट के बाद स्टॉक को सही समय और सही दाम पर पकड़ना चाहते हैं, जिससे उन्हें बहुत अच्छा 'रिस्क-टू-रिवॉर्ड' अनुपात मिलता है।

## बेयरिश एग्जिट सेटअप

यह रणनीति एक शक्तिशाली 'डबल कन्फर्मेशन' (Double Confirmation) मॉडल पर आधारित है, जो किसी चल रहे अपट्रेंड के अंत और संभावित गिरावट की शुरुआत का सटीक संकेत देती है। इसमें पहला संकेत बेयरिश एनगल्फिंग कैंडलस्टिक पैटर्न के माध्यम से सीधे चार्ट पर दिखाई देता है। यह तब बनता है जब एक छोटी हरी) बुलिश (कैंडल के बाद एक बड़ी लाल )बेयरिश (कैंडल आती है, जो पिछली हरी कैंडल के शरीर को पूरी तरह से 'निगल' लेती है। यह मनोवैज्ञानिक रूप से दर्शाता है कि बाजार पर अब खरीदारों की पकड़ खत्म हो गई है और विक्रेता पूरी ताकत के साथ हावी हो चुके हैं। जब यह पैटर्न किसी रेजिस्टेंस लेवल या अपट्रेंड के शिखर पर बनता है, तो इसे एक बहुत ही विश्वसनीय 'टॉप रिवर्सल' संकेत माना जाता है।

रणनीति को और अधिक सटीक बनाने के लिए इसमें MACD (Moving Average Convergence Divergence) इंडिकेटर का उपयोग किया जाता है। जब MACD लाइन ऊपर से नीचे की ओर सिग्नल लाइन को काटती है, तो इसे 'बेयरिश क्रॉसओवर' कहा जाता है, जो इस बात की पुष्टि करता है कि बाजार की गति) Momentum) अब नीचे की ओर मुड़ गई है। केवल कैंडलस्टिक पैटर्न पर भरोसा करने के बजाय, जब इंडिकेटर भी गिरावट की पुष्टि करता है, तो ट्रेडर के पास अपनी लॉन्ग) Buy) पोजीशन से बाहर निकलने या एक नई शॉर्ट) Sell) पोजीशन शुरू करने का एक ठोस आधार होता है। यह कॉम्बिनेशन विशेष रूप से 'फेक-आउट' (Fake-out) से बचने में मदद करता है, क्योंकि एक ही समय में मूल्य का व्यवहार और तकनीकी इंडिकेटर दोनों मंदी का संकेत दे रहे होते हैं।

## स्टॉप-लॉस निर्धारण (जोखिम नियंत्रण)

स्टॉप-लॉस (Stop-Loss) जोखिम प्रबंधन के लिए महत्वपूर्ण है और इसे दो मुख्य तरीकों से तय किया जाता है:

स्विंग लो/हाई-आधारित) Price-Based) तरीका पूरी तरह से चार्ट पर दिखने वाले मूल्य के व्यवहार और सपोर्ट-रेजिस्टेंस स्तरों पर निर्भर करता है। जब आप कोई स्टॉक खरीदते हैं, तो आप अपना स्टॉप-लॉस हाल ही में बने सबसे निचले बिंदु) स्विंग लो (से थोड़ा नीचे सेट करते हैं। इसका तर्क यह है कि यदि स्टॉक उस मजबूत सपोर्ट स्तर को तोड़ देता है, तो इसका मतलब है कि बाजार का रुझान बदल गया है और आपको भारी नुकसान से बचने के लिए बाहर निकल जाना चाहिए। इसके विपरीत, बेचते समय इसे स्विंग हाई से ऊपर रखा जाता है। यह तरीका तकनीकी विश्लेषण करने वाले ट्रेडर्स के बीच बहुत लोकप्रिय है क्योंकि यह बाजार के वास्तविक ढाँचे का उपयोग करता है।

वहीं, ATR-आधारित) Volatility-Based) तरीका बाजार में होने वाले उतार-चढ़ाव या अस्थिरता को ध्यान में रखता है। 'एवरेज ट्रू रेंज' (ATR) एक ऐसा इंडिकेटर है जो यह बताता है कि कोई स्टॉक पिछले कुछ समय में औसतन कितना ऊपर-नीचे हुआ है। यदि बाजार बहुत अस्थिर है, तो ATR बढ़ जाएगा, जिससे आपका स्टॉप-लॉस अपने आप थोड़ा दूर हो जाएगा। ट्रेडर्स आमतौर पर एंट्री प्राइस से 1.5 या 2 गुना ATR की दूरी पर अपना स्टॉप-लॉस रखते हैं। इस पद्धति का सबसे बड़ा लाभ यह है कि यह आपको बाजार के सामान्य 'शोर' या छोटे-मोटे झटकों के कारण अनावश्यक रूप से ट्रेड से बाहर होने से बचाता है, जो अक्सर स्विंग-आधारित स्टॉप-लॉस में देखने को मिलता है।

## रिस्क-रिवॉर्ड रेशियो (1:2, 1:3)

रिस्क-रिवॉर्ड रेशियो सफल ट्रेडिंग की आधारशिला है, जो यह निर्धारित करता है कि आप संभावित लाभ कमाने के लिए कितना जोखिम उठाने को तैयार हैं। सरल शब्दों में, यदि आप

1:2 के रेशियो का उपयोग करते हैं, तो इसका मतलब है कि आप₹ 1 के संभावित नुकसान) Risk) के बदले₹ 2 का लाभ) Reward) कमाने का लक्ष्य रख रहे हैं। यह रणनीति एक सुरक्षा कवच की तरह काम करती है क्योंकि यह आपके मुनाफे को आपके नुकसान से बड़ा रखती है। एक ट्रेडर के रूप में, चार्ट पर एंट्री करने से पहले ही अपना स्टॉप-लॉस) Stop-Loss) और टारगेट) Target) तय करना अनिवार्य है, ताकि आप भावनात्मक फैसलों के बजाय सांख्यिकीय आधार पर ट्रेड कर सकें। यह अनुशासन आपको बाज़ार के उतार-चढ़ाव के बीच भी एक स्पष्ट योजना प्रदान करता है।

इस रेशियो का सबसे बड़ा गणितीय लाभ आपके विन रेट (Win Rate) से जुड़ा है। यदि आप 1:2 या 1:3 का रेशियो बनाए रखते हैं, तो आपको लाभदायक बनने के लिए हर बार सही होने की आवश्यकता नहीं है। उदाहरण के लिए, 1:3 के रेशियो के साथ, यदि आप 10 में से केवल 3 या 4 ट्रेड भी सही करते हैं) यानी आपका विन रेट मात्र 30-40% है(, तो भी आप अंततः मुनाफे में रहेंगे क्योंकि आपके जीतने वाले ट्रेडों का लाभ, हारने वाले ट्रेडों के कुल नुकसान को आसानी से कवर कर लेगा। यह न केवल आपकी पूंजी को सुरक्षित रखता है, बल्कि ट्रेडिंग के दौरान होने वाले मानसिक तनाव को भी कम करता है, क्योंकि आप जानते हैं कि कुछ गलत ट्रेड आपके पूरे पोर्टफोलियो को बर्बाद नहीं करेंगे।

## 37.2 उन्नत फिल्टर और विश्लेषण

### मल्टीपल टाइमफ्रेम एनालिसिस (Multiple Timeframe Analysis - MTFA)

मल्टीपल टाइमफ्रेम एनालिसिस) MTFA) एक व्यापक रणनीति है जो ट्रेडर्स को बाजार की दिशा का 'पक्षी-दृष्टि' (Bird's eye view) से अवलोकन करने में मदद करती है, जिससे गलत ट्रेडों के फंसने की संभावना कम हो जाती है। इसका मुख्य सिद्धांत 'टॉप-डाउन अप्रोच' है, जहाँ सबसे पहले बड़े टाइमफ्रेम) जैसे साप्ताहिक या दैनिक (का विश्लेषण किया जाता है। बड़े टाइमफ्रेम का उद्देश्य बाजार के प्राथमिक रुझान को समझना और उन मजबूत सपोर्ट और रेजिस्टेंस स्तरों की पहचान करना है जिन्हें बाजार आसानी से नहीं तोड़ पाएगा। यदि बड़ा ट्रेंड ऊपर की ओर) Bullish) है, तो एक समझदार ट्रेडर छोटे टाइमफ्रेम पर केवल खरीदारी के अवसरों की ही तलाश करेगा, जिससे उसकी सफलता की दर) Success Rate) काफी बढ़ जाती है।

मध्यम और छोटे टाइमफ्रेम इस विश्लेषण को अधिक सूक्ष्मता प्रदान करते हैं। मध्यम टाइमफ्रेम) जैसे 1-घंटा या 4-घंटा( का उपयोग बड़े ट्रेंड के भीतर सुधार) Correction) या छोटे रुझानों को पहचानने के लिए किया जाता है। यहाँ ट्रेडर कैंडलस्टिक पैटर्न की तलाश करते हैं जो यह संकेत देते हैं कि मुख्य ट्रेंड अपनी अगली चाल शुरू करने के लिए तैयार है। अंत में, छोटा टाइमफ्रेम) जैसे 5-मिनट या 15-मिनट( एक 'माइक्रोस्कोप' की तरह काम करता है, जो ट्रेडर को बिल्कुल सटीक एंट्री पॉइंट चुनने में सक्षम बनाता है। इससे न केवल जोखिम कम होता है, बल्कि स्टॉप-लॉस को भी बहुत ही तार्किक स्तर पर रखा जा सकता है। संक्षेप में, MTFA एक ऐसा फिल्टर है जो शोर) Noise) को दूर करता है और आपको बाजार के बड़े प्रवाह के साथ चलने का विश्वास दिलाता है।

### झूठे सिग्नल और फिल्टर (False Signals and Filters)

कैंडलस्टिक चार्ट पर दिखाई देने वाले हर पैटर्न का मतलब हमेशा सही नहीं होता, क्योंकि बाज़ार में अक्सर 'शोर' (Noise) के कारण झूठे संकेत मिलते हैं जो ट्रेडर्स को गलत निर्णय लेने पर मजबूर कर सकते हैं। इन झूठे संकेतों से बचने के लिए फिल्टर का उपयोग करना अनिवार्य है। पहला और सबसे महत्वपूर्ण फिल्टर वॉल्यूम) Volume) है। यदि कोई बुलिश या बेयरिश पैटर्न बनता है लेकिन वॉल्यूम कम है, तो इसका मतलब है कि बड़े खिलाड़ियों या संस्थागत निवेशकों की उसमें दिलचस्पी नहीं है, और वह पैटर्न फेल हो सकता है। इसके विपरीत, उच्च वॉल्यूम के साथ

बना पैटर्न यह पुख्ता करता है कि बाज़ार के प्रतिभागी उस मूल्य परिवर्तन का पुरज़ोर समर्थन कर रहे हैं, जिससे उस ट्रेड की सफलता की संभावना बढ़ जाती है।

दूसरा प्रभावी फिल्टर समर्थन और प्रतिरोध) S&R) स्तरों का उपयोग है। अकेले कैंडलस्टिक पैटर्न पर भरोसा करने के बजाय, यह देखना चाहिए कि वह पैटर्न चार्ट पर कहाँ बन रहा है। यदि कोई 'हैमर' (Hammer) पैटर्न एक मजबूत सपोर्ट स्तर के पास बनता है, तो उसकी विश्वसनीयता बहुत अधिक होती है। लेकिन यदि वही पैटर्न चार्ट के बीच में कहीं बने जहाँ कोई सपोर्ट न हो, तो उसे नज़रअंदाज़ करना ही बेहतर है। अंत में, प्रवृत्ति) Trend) की पहचान करना एक अंतिम सुरक्षा कवच की तरह काम करता है। मूविंग एवरेज) MA) जैसे संकेतकों की मदद से ट्रेडर्स यह सुनिश्चित करते हैं कि वे मुख्य ट्रेंड के साथ चल रहे हैं। 'ट्रेंड इज़ योर फ्रेंड' के सिद्धांत के अनुसार, यदि मुख्य ट्रेंड ऊपर की ओर है) Uptrend), तो केवल खरीदारी के संकेतों को ही प्राथमिकता देनी चाहिए, क्योंकि ट्रेंड की विपरीत दिशा में लिए गए ट्रेड अक्सर झूठे साबित होते हैं।

## वोलैटिलिटी के साथ पोजीशन साइज़िंग (Position Sizing with Volatility)

वोलैटिलिटी-आधारित पोजीशन साइजिंग जोखिम प्रबंधन) Risk Management) की एक उन्नत तकनीक है, जो बाज़ार की अस्थिरता के अनुसार आपके निवेश की मात्रा को समायोजित करती है। इसका मुख्य उद्देश्य यह सुनिश्चित करना है कि बाज़ार चाहे शांत हो या अत्यधिक उतार-चढ़ाव वाला, प्रत्येक ट्रेड में आपका वास्तविक मौद्रिक जोखिम) जैसे कि₹ 1,000 प्रति ट्रेड (हमेशा समान रहे। जब बाज़ार में अस्थिरता) Volatility) अधिक होती है, तो कीमतों में बड़े झटके लगने की संभावना बढ़ जाती है, जिससे 'स्टॉप-लॉस' को सुरक्षित रखने के लिए उसे एंट्री प्राइस से काफी दूर रखना पड़ता है। ऐसी स्थिति में, यदि आप अपनी सामान्य मात्रा) Quantity) में शेयर खरीदते हैं, तो स्टॉप-लॉस हिट होने पर आपको सामान्य से कहीं अधिक बड़ा नुकसान हो सकता है। इसलिए, जोखिम को संतुलित करने के लिए अधिक वोलैटिलिटी में पोजीशन का आकार छोटा कर दिया जाता है।

इसके विपरीत, जब बाज़ार शांत या कम अस्थिर होता है, तो स्टॉप-लॉस की दूरी कम रखी जा सकती है क्योंकि कीमतों में बड़े उतार-चढ़ाव की उम्मीद कम होती है। इस कम जोखिम वाली स्थिति का लाभ उठाने के लिए ट्रेडर अपनी पोजीशन का आकार बढ़ा सकते हैं, जिससे ट्रेड के सफल होने पर मिलने वाला मुनाफा अधिकतम हो सके। इस पूरी प्रक्रिया के लिए ATR (Average True Range) एक महत्वपूर्ण इंडिकेटर की भूमिका निभाता है, जो ट्रेडर को यह गणितीय आधार देता है कि उसे कितने शेयर खरीदने चाहिए।

$$\text{Position Size} = \frac{\text{निर्धारित जोखिम राशि}}{\text{स्टॉप लॉस की दूरी (ATR पर आधारित)}}$$

सूत्र) Formula) से स्पष्ट है, 'निर्धारित जोखिम राशि' को 'स्टॉप-लॉस की दूरी' से भाग देने पर मिलने वाली संख्या आपको वह सटीक मात्रा बताती है जो आपके पोर्टफोलियो को बाज़ार के अप्रत्याशित झटकों से सुरक्षित रखते हुए निरंतरता प्रदान करती है।

## सेक्टर और इंडेक्स की रिलेटिव स्ट्रेंथ (Relative Strength - RS)

रिलेटिव स्ट्रेंथ) RS) एक तुलनात्मक विश्लेषण पद्धति है जो हमें यह बताती है कि एक विशिष्ट स्टॉक या सेक्टर, व्यापक बाजार) जैसे निफ्टी या सेंसेक्स (की तुलना में कैसा प्रदर्शन कर रहा है। यह केवल स्टॉक की अपनी कीमत के उतार-चढ़ाव को नहीं देखता, बल्कि बाजार के साथ उसके संबंध को मापता है। उदाहरण के लिए, यदि बाजार 1% बढ़ता है और कोई विशिष्ट स्टॉक 3% बढ़ता है, तो उस स्टॉक की रिलेटिव स्ट्रेंथ 'हाई' या मजबूत मानी जाती है। इसी तरह, यदि बाजार गिर रहा हो और कोई स्टॉक अपनी कीमत स्थिर रखने या कम गिरने में सफल रहता है, तो वह भी मजबूत RS का संकेत है। ट्रेडर इस रणनीति का उपयोग मार्केट लीडर्स की पहचान करने के लिए करते हैं,

क्योंकि जो स्टॉक गिरावट में कम गिरते हैं, वे अक्सर बाजार की रिकवरी में सबसे पहले और सबसे तेज़ भागते हैं।

अक्सर लोग RS और RSI (Relative Strength Index) के बीच भ्रमित हो जाते हैं, लेकिन ये दोनों अलग हैं। जहाँ RSI एक मोमेंटम ऑसिलेटर है जो केवल एक ही स्टॉक की अपनी पिछली कीमतों के आधार पर उसकी गति) ओवरबॉट या ओवरसोल्ड स्थिति (को मापता है, वहीं RS दो अलग-अलग संपत्तियों की तुलना करता है। ट्रेडिंग के लिए आदर्श स्थिति तब होती है जब कोई सेक्टर 'लीडरशिप' दिखा रहा हो) अर्थात उसका RS इंडेक्स की तुलना में बढ़ रहा हो(, और उस सेक्टर के भीतर हम उन स्टॉक्स को चुनें जो मजबूत कैंडलस्टिक पैटर्न बना रहे हों और जिनका RSI 50 से ऊपर हो, जो मजबूत मोमेंटम की पुष्टि करता है। इस 'टॉप-डाउन' अप्रोच )पहले मजबूत सेक्टर चुनना, फिर मजबूत स्टॉक (का उपयोग करके ट्रेडर अपनी सफलता की संभावना को काफी हद तक बढ़ा सकते हैं।

### फंडामेंटल और टेक्निकल एनालिसिस का मेल

फंडामेंटल और टेक्निकल एनालिसिस का मेल ट्रेडिंग की एक बहुत ही शक्तिशाली रणनीति है, जहाँ ट्रेडर न केवल यह देखते हैं कि चार्ट पर क्या हो रहा है, बल्कि यह भी समझने की कोशिश करते हैं कि ऐसा 'क्यों' हो रहा है। फंडामेंटल ट्रिगर्स वे बाहरी घटनाएँ होती हैं जो किसी कंपनी के मूल्य को हिला सकती हैं, जैसे कि तिमाही आय रिपोर्ट) Earnings), लाभांश की घोषणा, नया प्रोजेक्ट मिलना या सरकारी नीतियों में बदलाव। उदाहरण के लिए, यदि तकनीकी विश्लेषण )Technical Analysis) के अनुसार RSI और मूविंग एवरेज) MA) 'बाय' (Buy) का संकेत दे रहे हैं और उसी समय कंपनी का मुनाफा उम्मीद से अधिक आता है, तो यह फंडामेंटल ट्रिगर उस तकनीकी संकेत को और भी सत्यापित) Verified) और मजबूत बना देता है।

इस रणनीति का सबसे बड़ा लाभ यह है कि यह 'कन्फ्लुएंस' (Confluence) यानी संकेतों के संगम पर आधारित है। जहाँ टेक्निकल एनालिसिस आपको एंट्री और एग्जिट का सटीक समय) Timing) बताता है, वहीं फंडामेंटल ट्रिगर्स आपको स्टॉक की आंतरिक मजबूती और लंबी अवधि की दिशा के बारे में आश्वस्त करते हैं। यदि कोई ट्रेडर केवल चार्ट देखता है, तो वह किसी अचानक आने वाली खबर) जैसे कि कानूनी मामला या खराब नतीजे (के कारण होने वाले भारी नुकसान का शिकार हो सकता है। लेकिन दोनों को मिलाने से, आप उन स्टॉक्स को चुन सकते हैं जिनमें न केवल बुलिश मोमेंटम है, बल्कि जिनके पीछे एक ठोस बिज़नेस कारण भी है। यह तरीका विशेष रूप से उन ट्रेडर्स के लिए उपयोगी है जो 'फेक-आउट' (Fake-out) से बचना चाहते हैं और बाजार की बड़ी चालों का लाभ उठाना चाहते हैं।

## 37.3 प्रोफेशनल ट्रेडिंग के मुख्य स्तंभ

### ट्रेड जर्नल संरचना (Trade Journal Structure)

ट्रेड जर्नल एक ट्रेडर के लिए सबसे शक्तिशाली आत्म-सुधार उपकरण है, जो केवल लाभ और हानि के रिकॉर्ड से कहीं अधिक गहरा होता है। यह आपके ट्रेडिंग व्यवहार का एक दर्पण है, जहाँ आप प्रत्येक ट्रेड के पीछे के तर्क, जैसे कि कौन सा कैंडलस्टिक पैटर्न देखा गया या किन संकेतकों) Indicators) ने पुष्टि दी, का व्यवस्थित दस्तावेज़ीकरण करते हैं। एक अच्छी तरह से बनाए रखा गया जर्नल आपको अपनी गलतियों के पैटर्न को पहचानने में मदद करता है—उदाहरण के लिए, क्या आप बार-बार 'स्टॉप-लॉस' को बहुत पास रख रहे हैं या क्या आप फोमो )FOMO) के कारण गलत प्रविष्टियाँ कर रहे हैं। लंबे समय में, यह डेटा आपको यह समझने में मदद करता है कि कौन सी रणनीतियाँ आपके व्यक्तित्व के अनुकूल हैं और किन स्थितियों में आपको ट्रेड करने से बचना चाहिए। यह अनुशासन ही एक शौकिया ट्रेडर और एक पेशेवर ट्रेडर के बीच का मुख्य अंतर है।

## सफल ट्रेडिंग के लिए टेस्टिंग का महत्व

बैकटेस्टिंग और फॉरवर्ड टेस्टिंग एक ट्रेडिंग रणनीति की प्रभावशीलता को मापने की वैज्ञानिक विधियाँ हैं। बैकटेस्टिंग में आप ऐतिहासिक डेटा का उपयोग करके यह देखते हैं कि यदि आपने अतीत में अपनी रणनीति का पालन किया होता, तो उसका परिणाम क्या होता। यह आपको रणनीति की लाभप्रदता) Profitability) और 'मैक्सिमम ड्रॉडाउन' (अधिकतम गिरावट (का एक सांख्यिकीय प्रमाण देता है। इसके बाद फॉरवर्ड टेस्टिंग या पेपर ट्रेडिंग आती है, जहाँ आप वास्तविक समय के बाज़ार में बिना वास्तविक पैसा लगाए अपनी रणनीति का परीक्षण करते हैं। यह प्रक्रिया आपको वास्तविक बाज़ार की स्थितियों और अपनी भावनाओं को समझने का अवसर देती है। इन दोनों अभ्यासों का मुख्य लक्ष्य एक ऐसी रणनीति विकसित करना है जो रोबस्ट (Robust) हो, न कि केवल अतीत के डेटा के लिए 'ओवरफिटिंग' वाली, ताकि आप आत्मविश्वास के साथ बाज़ार में उतर सकें।

## मुख्य ट्रेडिंग शैलियाँ और उनकी विशेषताएँ

विभिन्न समय-सीमाओं और विशेषताओं के आधार पर तीन मुख्य ट्रेडिंग शैलियाँ हैं, जैसा कि नीचे तालिका में दर्शाया गया है:

**स्कैल्पिंग (Scalping)** एक ऐसी अति-अल्पकालिक ट्रेडिंग शैली है जिसमें ट्रेडर बाजार की बहुत छोटी-छोटी हलचलों से लाभ कमाने की कोशिश करते हैं। इस शैली में सौदे) Trades) केवल कुछ सेकंड से लेकर कुछ मिनटों तक के लिए ही खुले रखे जाते हैं। स्कैल्पर्स दिन भर में सैकड़ों बार लेनदेन कर सकते हैं और छोटे-छोटे मुनाफे को जोड़कर एक बड़ा कुल लाभ बनाने का लक्ष्य रखते हैं। इसके लिए तीव्र निर्णय लेने की क्षमता और MACD Cross जैसे तेज़ मोमेंटम इंडिकेटर्स की आवश्यकता होती है। यह शैली उन लोगों के लिए उपयुक्त है जो पूरे समय बाजार पर नज़र रख सकते हैं और तनावपूर्ण स्थितियों में शांत रहकर त्वरित कार्रवाई कर सकते हैं।

**स्विंग ट्रेडिंग (Swing Trading)** मध्यम अवधि की एक रणनीति है, जिसमें कीमतों में होने वाले उतार-चढ़ाव) Swings) को पकड़ने का प्रयास किया जाता है। इसमें ट्रेड को कुछ दिनों से लेकर कुछ हफ्तों तक होल्ड किया जाता है। स्विंग ट्रेडर मुख्य रूप से तकनीकी विश्लेषण, जैसे कि मूविंग एवरेज) MA), RSI और MACD के संयोजन का उपयोग करके ट्रेंड और गति की पहचान करते हैं। यह शैली उन लोगों के लिए आदर्श है जिनके पास पूरे दिन स्क्रीन के सामने बैठने का समय नहीं है, जैसे कि नौकरीपेशा लोग, क्योंकि इसमें केवल समय-समय पर बाजार की जाँच करने की आवश्यकता होती है।

**पोजीशनल ट्रेडिंग (Positional Trading)** सबसे लंबी अवधि की शैली है, जहाँ निवेशक हफ्तों, महीनों या वर्षों तक अपनी पोजीशन बनाए रखते हैं। इस शैली में ट्रेडर बाजार के छोटे-मोटे उतार-चढ़ाव की परवाह नहीं करते और बड़े ट्रेंड पर ध्यान केंद्रित करते हैं। इसमें ट्रेंड की पुष्टि के लिए 50-दिन और 200-दिन के मूविंग एवरेज जैसे दीर्घकालिक संकेतकों और फंडामेंटल एनालिसिस) जैसे कंपनी की वित्तीय स्थिति (का सहारा लिया जाता है। यह उन लोगों के लिए सबसे अच्छा है जिनके पास अत्यधिक धैर्य है और जो लंबी अवधि के बड़े रिटर्न की तलाश में हैं।

* * * * *

**"शेयर बाजार में सफलता किसी एक संकेत में नहीं, बल्कि संकेतों के 'संगम' (Confluence) में छिपी है। जब एक शक्तिशाली कैंडलस्टिक पैटर्न को किसी तकनीकी इंडिकेटर का समर्थन मिलता है, तो वह केवल एक ट्रेड नहीं, बल्कि एक उच्च-संभावना वाला अवसर बन जाता है। कैंडलस्टिक आपको बताती है कि 'क्या' हो रहा है, और इंडिकेटर पुष्टि करता है कि 'क्यों' और 'कितनी ताकत' से हो रहा है। इन दोनों का मिलन ही एक साधारण ट्रेडर को एक पेशेवर रणनीतिकार बनाता है।"**

## 37.4 व्यावहारिक प्रश्नों के उत्तर

**प्रश्न 1:** एक शेयर लगातार गिर रहा है। चार्ट पर एक 'हैमर' कैंडल बनती है और उसी समय RSI 25 के स्तर पर है। यह संयोजन क्या संकेत देता है?

**उत्तर:**

यह संयोजन एक मजबूत बुलिश रिवर्सल (Bullish Reversal) का संकेत देता है। इसका अर्थ है कि शेयर में गिरावट रुक सकती है और यहाँ से कीमतें बढ़ना शुरू हो सकती हैं।

इसके पीछे के दो मुख्य कारण इस प्रकार हैं:

हैमर कैंडल (Hammer Candle): यह दर्शाता है कि निचले स्तरों पर खरीदार सक्रिय हो गए हैं और उन्होंने कीमतों को वापस ऊपर धकेल दिया है। यह बिकवाली के दबाव के खत्म होने का संकेत है।

RSI 25 (Oversold Zone): जब RSI 30 से नीचे होता है, तो इसे 'ओवरसोल्ड' माना जाता है। 25 का स्तर यह बताता है कि शेयर अपनी क्षमता से अधिक गिर चुका है और अब इसमें तकनीकी सुधार (Technical Bounce) आने की पूरी संभावना है।

निष्कर्ष: जब 'हैमर' और 'कम RSI' एक साथ मिलते हैं, तो यह ट्रेडर्स के लिए खरीदारी (Buy) का एक उच्च-संभावना वाला अवसर होता है।

सीख: जब कैंडलस्टिक और इंडिकेटर दोनों एक साथ 'रिवर्सल' का संकेत दें, तो ट्रेड के सफल होने की संभावना बहुत बढ़ जाती है।

**प्रश्न 2:** एक शेयर 50-दिवसीय EMA के पास पहुँचता है और वहां एक 'बेयरिश एनगल्फिंग' (Bearish Engulfing) कैंडल बनाता है। यहाँ EMA किस रूप में कार्य कर रहा है?

**उत्तर:**

इस स्थिति में, 50-दिवसीय EMA 'प्रतिकूल प्रतिरोध' (Dynamic Resistance) के रूप में कार्य कर रहा है।

जब कोई शेयर नीचे से ऊपर की ओर बढ़ते हुए EMA के पास पहुँचता है और वहां 'बेयरिश एनगल्फिंग' पैटर्न बनाता है, तो यह संकेत देता है कि उस स्तर पर बिकवाली का दबाव (Selling Pressure) अधिक है और शेयर वहां से वापस नीचे गिर सकता है।

सीख: मूविंग एवरेज के पास बनने वाली रिवर्सल कैंडल ट्रेंड के जारी रहने या पलटने का मजबूत सबूत होती है।

**प्रश्न 3:** चार्ट के निचले स्तर पर एक 'मॉर्निंग स्टार' पैटर्न बनता है और अगले ही दिन MACD लाइन अपनी सिग्नल लाइन को नीचे से ऊपर की ओर काटती है। यह ट्रेडर के लिए क्या संकेत है?

**उत्तर:**

यह संयोजन एक मजबूत खरीदारी (Buy Signal) या बुलिश रिवर्सल का संकेत है। इसके पीछे के मुख्य कारण निम्नलिखित हैं:

मॉर्निंग स्टार पैटर्न (Morning Star): यह एक तीन-कैंडल वाला बुलिश रिवर्सल पैटर्न है जो गिरावट (Downtrend) के अंत में बनता है। यह दर्शाता है कि बाजार में बिकवाली का दबाव खत्म हो गया है और खरीदार अब नियंत्रण में आ रहे हैं।

MACD क्रॉसओवर: जब MACD लाइन सिग्नल लाइन को नीचे से ऊपर की ओर काटती है, तो यह 'बुलिश क्रॉसओवर' कहलाता है। यह पुष्टि (Confirmation) करता है कि बाजार की गति (Momentum) अब सकारात्मक हो गई है।

ट्रेडर के लिए निष्कर्ष:

जब ये दोनों संकेत एक साथ मिलते हैं, तो इसकी विश्वसनीयता बढ़ जाती है। ट्रेडर इसे एक Long Position (खरीदने) के बेहतरीन अवसर के रूप में देखते हैं। मॉर्निंग स्टार की तीसरी कैंडल या क्रॉसओवर वाले दिन के हाई के ऊपर एंट्री ली जा सकती है, और स्टॉप-लॉस मॉर्निंग स्टार पैटर्न के निचले स्तर (Low) पर रखा जा सकता है।

सीख: मॉर्निंग स्टार भाव के पलटने की पुष्टि करता है और MACD क्रॉसओवर उस दिशा में गति (Momentum) बढ़ने की पुष्टि करता है।

**प्रश्न 4:** एक शेयर की कीमत बढ़ते हुए बोलिंजर बैंड के 'ऊपरी बैंड' (Upper Band) को छूती है और वहां एक 'shooting star' कैंडल बनती है। यहाँ क्या होने की संभावना है?

**उत्तरः**

जब किसी शेयर की कीमत बोलिंजर बैंड के ऊपरी बैंड (Upper Band) को छूती है और वहां एक 'Shooting Star' कैंडलस्टिक पैटर्न बनता है, तो यह बाजार में रिवर्सल (Reversal) या गिरावट का एक मजबूत संकेत होता है।

यहाँ होने वाली संभावित गतिविधियां इस प्रकार हैं:

मंदी का संकेत (Bearish Reversal): ऊपरी बैंड को छूना यह दर्शाता है कि स्टॉक 'ओवरबॉट' (Overbought) स्थिति में हो सकता है। वहां 'Shooting Star' का बनना इस बात की पुष्टि करता है कि खरीदार अब थक चुके हैं और सेलर्स (विक्रेता) हावी हो रहे हैं।

कीमत में गिरावट: इस संकेत के बाद शेयर की कीमत में गिरावट आने की प्रबल संभावना होती है।

मध्य बैंड की ओर वापसी: तकनीकी रूप से, कीमत अक्सर ऊपरी बैंड से गिरकर अपने 20-दिवसीय औसत (Middle Band) की ओर वापस आने की कोशिश करती है।

बिक्री का अवसर (Selling Opportunity): ट्रेडर्स इसे अक्सर 'शॉर्ट सेलिंग' (Short Selling) या मुनाफावसूली (Profit Booking) के मौके के रूप में देखते हैं।

निष्कर्ष: यह संयोजन एक 'बेयरिश ट्रेड सेटअप' है, जो बताता है कि तेजी का दौर खत्म हो सकता है और अब शेयर नीचे गिर सकता है।

**प्रश्न 5:** एक शेयर रेसिस्टेंस लेवल को एक बड़ी 'मारूबोज़ू' कैंडल के साथ तोड़ता है, लेकिन उस दिन वॉल्यूम औसत से बहुत कम है। क्या इस ब्रेकआउट पर भरोसा करना चाहिए?

**उत्तरः**

नहीं, इस ब्रेकआउट पर भरोसा नहीं करना चाहिए। इसके मुख्य कारण निम्नलिखित हैं:

पुष्टि (Confirmation) की कमी: तकनीकी विश्लेषण में, किसी भी रेजिस्टेंस लेवल के ब्रेकआउट के लिए 'वॉल्यूम' सबसे महत्वपूर्ण कारक होता है। यदि कीमत ऊपर जा रही है लेकिन वॉल्यूम कम है, तो इसका मतलब है कि बड़े संस्थागत निवेशकों की इसमें रुचि कम है।

फॉल्स ब्रेकआउट (False Breakout) का खतरा: कम वॉल्यूम के साथ मारूबोज़ू कैंडल अक्सर एक 'ट्रैप' (Trap) हो सकती है। इसे अक्सर 'स्मार्ट मनी' द्वारा रिटेल ट्रेडर्स को फंसाने के लिए किया जाता है, जिसके बाद कीमत वापस रेजिस्टेंस के नीचे आ सकती है।

संवहनीयता (Sustainability): एक वास्तविक ब्रेकआउट के लिए उच्च वॉल्यूम यह दर्शाता है कि खरीदार उस नई उच्च कीमत पर भी शेयर खरीदने के लिए आक्रामक रूप से तैयार हैं। कम वॉल्यूम इस बात का संकेत है कि तेजी में दम नहीं है।

सलाह: ऐसे मामले में ट्रेड लेने से पहले अगले दिन की कैंडल और वॉल्यूम का इंतज़ार करना बेहतर होता है, या फिर री-टेस्ट (Re-test) का इंतज़ार करना चाहिए।

सीख: कैंडल की मजबूती को हमेशा वॉल्यूम के इंडिकेटर से जांचना चाहिए।

**प्रश्न 6:** एक शेयर अपने पुराने मजबूत सपोर्ट के पास आता है और वहां एक 'डोजी' कैंडल बनती है। RSI भी 40 से ऊपर की ओर मुड़ने लगा है। यह क्या दर्शाता है?

**उत्तर:**

यह स्थिति शेयर के भाव में संभावित रिवर्सल (बदलाव) और तेजी (Bullish Reversal) की शुरुआत को दर्शाती है। इसके पीछे के मुख्य कारण निम्नलिखित हैं:

मजबूत सपोर्ट पर डोजी (Doji at Support): सपोर्ट लेवल पर डोजी कैंडल बनने का अर्थ है कि बिकवाली का दबाव खत्म हो रहा है और खरीदार व विक्रेता के बीच अनिश्चितता है। यह संकेत है कि पिछला डाउनट्रेंड अब रुक सकता है।

RSI का 40 से ऊपर मुड़ना: जब RSI 40 के स्तर से ऊपर की ओर मुड़ने लगता है, तो यह दर्शाता है कि शेयर में 'बेयरिश मोमेंटम' (गिरने की गति) कम हो रही है और खरीदारी की ताकत (Bullish Momentum) वापस आ रही है।

निष्कर्ष: यह एक Buy (खरीद) सिग्नल हो सकता है। ट्रेडर्स आमतौर पर डोजी कैंडल के हाई (High) के ऊपर निकलने पर खरीदारी करते हैं और सपोर्ट के ठीक नीचे स्टॉप-लॉस रखते हैं।

**प्रश्न 7:** सुपरट्रेंड 'सेल' सिग्नल दिखा रहा है, लेकिन चार्ट पर एक 'बुलिश हरामी' (Bullish Harami) पैटर्न बनता है। क्या ट्रेडर को तुरंत खरीदना चाहिए?

**उत्तर:**

नहीं, ट्रेडर को तुरंत नहीं खरीदना चाहिए। इसके पीछे मुख्य कारण निम्नलिखित हैं:

संकेतों में टकराव (Conflicting Signals): सुपरट्रेंड एक 'सेल' सिग्नल दिखा रहा है, जिसका अर्थ है कि बाजार का वर्तमान रुझान (Trend) मंदी का है। वहीं, 'बुलिश हरामी' एक रिवर्सल पैटर्न है जो संभावित तेजी का संकेत देता है। जब दो तकनीकी संकेतक अलग-अलग दिशा दिखा रहे हों, तो तुरंत निर्णय लेना जोखिम भरा होता है।

सुपरट्रेंड की प्रधानता: सुपरट्रेंड एक 'ट्रेंड-फॉलोइंग' इंडिकेटर है। जब तक कीमत सुपरट्रेंड लाइन के ऊपर बंद होकर सिग्नल को 'बाय' (Buy) में नहीं बदल देती, तब तक मंदी का दबाव बना रहता है।

पुष्टि (Confirmation) की आवश्यकता: बुलिश हरामी पैटर्न बनने के बाद ट्रेडर को अगली कैंडल का इंतजार करना चाहिए। यदि अगली कैंडल हरामी पैटर्न की दूसरी कैंडल के ऊपर बंद होती है और सुपरट्रेंड भी 'बाय' सिग्नल दे देता है, तभी खरीदारी सुरक्षित मानी जाती है।

निष्कर्ष: ट्रेडर को 'बुलिश हरामी' को केवल एक चेतावनी के रूप में लेना चाहिए कि मंदी कम हो सकती है। खरीदारी के लिए सुपरट्रेंड के पलटने (बाय सिग्नल देने) या रेजिस्टेंस स्तर के टूटने का इंतजार करना ही समझदारी है।

सीख: इंडिकेटर के खिलाफ कैंडलस्टिक पैटर्न पर ट्रेड लेना जोखिम भरा हो सकता है।

**प्रश्न 8:** इंट्राडे ट्रेडिंग में भाव VWAP लाइन के ऊपर है। भाव VWAP तक गिरता है और वहां एक लंबी 'लोअर शैडो' वाली पिन बार (Hammer) बनाता है। यह क्या संकेत है?

**उत्तर:**

इंट्राडे ट्रेडिंग में यह स्थिति एक बुलिश रिवर्सल (तेजी) का संकेत है। इसके पीछे के मुख्य कारण निम्नलिखित हैं:

सपोर्ट की पुष्टि: जब भाव VWAP लाइन तक गिरता है और वहां 'लोअर शैडो' वाली पिन बार (Hammer) बनाता है, तो इसका मतलब है कि VWAP एक मजबूत सपोर्ट (Support) के रूप में काम कर रहा है।

खरीद का दबाव (Buying Pressure): लंबी 'लोअर शैडो' यह दर्शाती है कि विक्रेताओं ने भाव को नीचे ले जाने की कोशिश की, लेकिन उस स्तर पर खरीदार सक्रिय हो गए और भाव को वापस ऊपर खींच लिया।

ट्रेड सिग्नल: यह संकेत देता है कि गिरावट (Pullback) खत्म हो चुकी है और स्टॉक फिर से अपने ऊपर के रुझान (Uptrend) को जारी रख सकता है। ट्रेडर्स अक्सर इस कैंडल के हाई के ऊपर Long (खरीद) की पोजीशन बनाने पर विचार करते हैं।

सीख: VWAP एक मजबूत इंट्राडे सपोर्ट का काम करता है।

**प्रश्न 9:** शेयर गिरकर 61.8% फाइबोनैचि स्तर पर आता है और वहां एक 'बुलिश एनगल्फिंग' पैटर्न बनाता है। इसका क्या महत्व है?

**उत्तर:**

जब कोई शेयर 61.8% फाइबोनैचि रिट्रेसमेंट स्तर (Fibonacci Retracement Level) पर गिरकर आता है और वहां एक बुलिश एनगल्फिंग (Bullish Engulfing) पैटर्न बनाता है, तो इसके निम्नलिखित महत्वपूर्ण अर्थ होते हैं:

मजबूत रिवर्सल का संकेत: 61.8% स्तर को 'गोल्डन रेशियो' माना जाता है। यहाँ बुलिश एनगल्फिंग पैटर्न बनने का मतलब है कि गिरावट (डाउनट्रेंड) समाप्त हो सकती है और स्टॉक यहाँ से वापस ऊपर की ओर मुड़ सकता है।

खरीद का दबाव (Buying Pressure): यह पैटर्न दर्शाता है कि खरीदार (Bulls) अब बाजार में पूरी तरह नियंत्रण ले चुके हैं और उन्होंने पिछले सत्र की बिकवाली को पूरी तरह ढक (engulf) लिया है।

उच्च सटीकता (High Probability Setup): तकनीकी विश्लेषण में जब दो शक्तिशाली संकेतक (फाइबोनैचि सपोर्ट और कैंडलस्टिक पैटर्न) एक ही स्थान पर मिलते हैं, तो उसे 'कॉन्फ्लुएंस' (Confluence) कहते हैं। इससे ट्रेड के सफल होने की संभावना बढ़ जाती है।

प्रवेश बिंदु (Entry Point): ट्रेडर्स अक्सर इसे एक सुरक्षित 'बाय सिग्नल' मानते हैं। यहाँ स्टॉप-लॉस आमतौर पर बुलिश कैंडल के निचले स्तर (Low) के ठीक नीचे रखा जाता है।

निष्कर्ष: यह संयोजन एक बहुत ही मजबूत 'बाय' (Buy) सिग्नल है, जो संकेत देता है कि शेयर अपनी पिछली तेजी को फिर से शुरू करने के लिए तैयार है।

**प्रश्न 10:** शेयर नया हाई बना रहा है, लेकिन RSI नीचे जा रहा है (Bearish Divergence)। इसी दौरान टॉप पर एक 'हैंगिंग मैन' (Hanging Man) कैंडल बनती है। यह किसका संकेत है?

**उत्तर:**

यह स्थिति ट्रेंड रिवर्सल (Trend Reversal) का एक बहुत मजबूत संकेत है, जो दर्शाता है कि बाजार में अब मंदी (Bearishness) आने वाली है।

यहाँ इसके मुख्य कारण दिए गए हैं:

बियरिश डाइवर्जेंस (Bearish Divergence): जब शेयर की कीमत नया हाई बनाती है लेकिन RSI (रिलेटिव स्ट्रेंथ इंडेक्स) नीचे की ओर जाता है, तो इसका मतलब है कि शेयर की ऊपर जाने की गति (Momentum) कमजोर पड़ रही है।

हैंगिंग मैन (Hanging Man): अपट्रेंड के टॉप पर इस कैंडल का बनना यह दर्शाता है कि उस स्तर पर बिकवाली का दबाव (Selling Pressure) बढ़ गया है।

निष्कर्ष: यह संयोजन एक 'सेल सिग्नल' (Sell Signal) है। यह बताता है कि खरीदार अब नियंत्रण खो रहे हैं और शेयर की कीमत यहाँ से गिर सकती है। यहाँ सावधानी बरतनी चाहिए और अगले कैंडल की पुष्टि (Confirmation) के बाद शॉर्ट पोजीशन लेने या मुनाफा वसूलने पर विचार करना चाहिए।

## 37.5 प्रश्नोत्तर परीक्षा (Quiz)

Q1. Confluence का मतलब टेक्निकल एनालिसिस में क्या है?

(A) केवल एक इंडिकेटर

(B) कई टूल्स (कैंडल + सपोर्ट + इंडिकेटर + वॉल्यूम) का एक साथ सिग्नल

(C) केवल न्यूज

(D) कोई संयोजन नहीं

Q2. सबसे मजबूत ट्रेड सिग्नल कब बनता है?

(A) अकेले एक कैंडल पर

(B) जब 3-4 फैक्टर एक साथ मिलें (Confluence)

(C) केवल वॉल्यूम पर

(D) केवल न्यूज पर

Q3. यदि किसी 'सपोर्ट लेवल' पर एक 'बुलिश एंगल्फिंग' (Bullish Engulfing) कैंडलस्टिक पैटर्न बनता है और साथ ही RSI 'ओवरसोल्ड' (Oversold) क्षेत्र में हो तथा ट्रेडिंग 'वॉल्यूम' में वृद्धि देखी जाए, तो इस स्थिति को तकनीकी रूप से क्या कहा जाएगा?

(A) कमजोर रिवर्सल सिग्नल

(B) फॉल्स ब्रेकआउट / फेक सिग्नल

(C) निष्प्रभावी संकेत) No Signal)

(D) अत्यधिक शक्तिशाली बुलिश कॉन्फ्लुएंस

Q4. यदि एक लंबे 'डाउनट्रेंड' (Downtrend) के अंत में 'सपोर्ट' (Support) स्तर पर एक 'हैमर' (Hammer) कैंडलस्टिक प्रकट होती है और उसी समय MACD इंडिकेटर एक 'बुलिश क्रॉसओवर' (Bullish Crossover) दर्शाता है, तो एक ट्रेडर के लिए सबसे उपयुक्त निर्णय क्या होगा?

(A) संकेत को अनदेखा करें

(B) मजबूत खरीद संकेत - 'लॉन्ग' पोजीशन

(C) बिकवाली करें - 'शॉर्ट' पोजीशन

(D) बिना किसी कार्रवाई के प्रतीक्षा करें

Q5. यदि एक 'रेजिस्टेंस' (Resistance) स्तर पर 'शूटिंग स्टार' (Shooting Star) कैंडलस्टिक का निर्माण होता है और साथ ही RSI 'ओवरबॉट' (Overbought) क्षेत्र में उच्च 'वॉल्यूम' (High Volume) के साथ दिखाई देता है, तो यह किस प्रकार का संकेत है?

(A) आक्रामक खरीदारी का संकेत

(B) अत्यधिक मजबूत बेयरिश रिवर्सल सिग्नल

(C) महत्वहीन बाजार उतार-चढ़ाव

(D) वर्तमान स्थिति को बनाए रखें

Q6. यदि '200 DMA' (डेली मूविंग एवरेज (के सपोर्ट स्तर पर एक 'मॉर्निंग स्टार' (Morning Star) कैंडलस्टिक पैटर्न का निर्माण होता है और साथ ही OBV (On-Balance Volume) इंडिकेटर में स्पष्ट वृद्धि देखी जाती है, तो यह बाजार की किस स्थिति को दर्शाता है?

(A) अत्यंत शक्तिशाली 'बॉटम रिवर्सल' और ट्रेंड चेंज

(B) एक भ्रामक या 'फेक' संकेत

(C) बाजार के 'साइडवेज' होने की संभावना

(D) कोई स्पष्ट ट्रेडिंग संकेत नहीं

Q7. यदि 'रेजिस्टेंस' (Resistance) स्तर पर एक 'इवनिंग स्टार' (Evening Star) पैटर्न विकसित होता है और साथ ही ADX का मान 25 से ऊपर) ADX > 25) हो तथा वॉल्यूम में अचानक 'स्पाइक' (Volume Spike) देखा जाए, तो यह किस ओर संकेत करता है?

(A) बाजार के सीमित दायरे या 'साइडवेज' होने का संकेत

(B) अपट्रेंड के जारी रहने की प्रबल संभावना

(C) एक अत्यंत मजबूत 'टॉप रिवर्सल' और आगामी गिरावट

(D) अपर्याप्त डेटा के कारण कोई स्पष्ट संकेत नहीं

Q8. ब्रेकआउट के लिए सबसे जरूरी कन्फर्मेशन क्या है?

(A) केवल कीमत ब्रेक

(B) कीमत + वॉल्यूम बढ़ना + कैंडल क्लोज बाहर

(C) केवल इंडिकेटर

(D) केवल न्यूज

Q9. फेक ब्रेकआउट की पहचान कैसे करें?

(A) वॉल्यूम कम + तुरंत वापस अंदर (B) वॉल्यूम ज्यादा

(C) कैंडल मजबूत (D) इंडिकेटर सपोर्ट

Q10. एंट्री लेने का सबसे अच्छा समय कब है?

(A) पैटर्न बनते ही

(B) कन्फर्मेशन कैंडल क्लोज के बाद

(C) केवल न्यूज पर

(D) केवल सुबह

Q11. स्टॉप लॉस कहाँ रखना सबसे सुरक्षित है?

(A) पैटर्न के लो/हाई के नीचे/ऊपर (B) बहुत दूर

(C) कोई स्टॉप लॉस नहीं
(D) केवल 1%

Q12. टारगेट कैसे निकालें?

(A) केवल 5%
B) मन से
(C) कोई टारगेट नहीं
(D) रिस्क का 2-3 गुना या अगला रेजिस्टेंस

Q13. Pin Bar + सपोर्ट + RSI डायवर्जेंस + वॉल्यूम तो –

(A) बहुत मजबूत बुलिश रिवर्सल
(B) बेयरिश
(C) साइडवेज
(D) इग्नोर

Q14. यदि एक महत्वपूर्ण 'रेजिस्टेंस' (Resistance) स्तर पर 'डोजी' (Doji) कैंडल का निर्माण होता है और साथ ही MACD में 'बेयरिश डायवर्जेंस' (Bearish Divergence) दिखाई देता है, तो यह स्थिति क्या दर्शाती है?

(A) संभावित 'टॉप रिवर्सल' और ट्रेंड में बदलाव
(B) कीमतों में और अधिक तेजी आने की संभावना
(C) बाजार में किसी भी ठोस संकेत का अभाव
(D) केवल खरीदारी के अवसरों की तलाश करें

Q15. फ्लैग ब्रेकआउट + वॉल्यूम स्पाइक + RSI >50 तो –

(A) मजबूत कंटिन्यूएशन
(B) रिवर्सल
(C) साइडवेज
(D) इग्नोर

Q16. Confluence में कितने फैक्टर होने पर सिग्नल सबसे मजबूत?

(A) 1
(B) 4 या ज्यादा
(C) कोई जरूरत नहीं
(D) केवल 2

Q17. किताब में Confluence को क्या कहा गया है?

(A) ट्रेडिंग में सबसे शक्तिशाली हथियार
(B) अनावश्यक
(C) केवल प्रो के लिए
(D) केवल शॉर्ट टर्म

Q18. गलत सिग्नल से बचने का सबसे अच्छा तरीका क्या है?

(A) केवल एक इंडिकेटर
(B) Confluence + पेशेंस + स्टॉप लॉस
(C) बहुत तेज ट्रेड
(D) कोई स्टॉप लॉस नहीं

Q19. एक सफल ट्रेडर के लिए बाजार में 'एंट्री' (Entry) लेने का सबसे आदर्श और सटीक समय कौन सा होता है?

(A) जैसे ही कोई कैंडलस्टिक चार्ट पैटर्न बनना शुरू हो
(B) केवल महत्वपूर्ण समाचारों के जारी होने पर
(C) उचित 'कन्फर्मेशन' और 'कॉन्फ्लुएंस' (Indicators + Price Action) प्राप्त होने के बाद
(D) केवल बाजार के खुलने) Market Open) के पहले 5 मिनट में

Q20. किताब का मुख्य संदेश इस चैप्टर में क्या है?

(A) अकेले कैंडल/इंडिकेटर पर ट्रेड न करें – Confluence से High-Probability ट्रेड लें

(B) जितने ज्यादा इंडिकेटर उतना अच्छा

(C) केवल एक टूल काफी

(D) कोई नियम नहीं

**Answer Key**

| Q | 1 | 2 | 3 | 4 | 5 | 6 | 7 | 8 | 9 | 10 | 11 | 12 | 13 | 14 | 15 | 16 | 17 | 18 | 19 | 20 |
|---|---|---|---|---|---|---|---|---|---|---|---|---|---|---|---|---|---|---|---|---|
| Ans. | B | B | D | B | B | A | C | B | A | B | A | D | A | A | A | B | A | B | C | A |

# *Chapter 38* पोर्टफोलियो निर्माण की कला

**"पोर्टफोलियो प्रबंधन का उद्देश्य जोखिम और रिटर्न के बीच संतुलन बनाना है। लक्ष्यों के अनुसार परिसंपत्तियों का सही चयन, निगरानी और समय पर पुनर्संतुलन ही आपके निवेश को सुरक्षित और लाभदायक बनाए रखता है।"**

एक सफल निवेशक बनना केवल अच्छे स्टॉक चुनने के बारे में नहीं है, बल्कि उन्हें एक साथ इस तरह पिरोने के बारे में है कि वे हर मौसम में आपको सुरक्षा और रिटर्न दे सकें। 'पोर्टफोलियो प्रबंधन' वह कला और विज्ञान है जो जोखिम और रिटर्न के बीच एक आदर्श संतुलन (Balance) बनाता है। यह अध्याय आपको एक व्यक्तिगत निवेशक से एक 'फंड मैनेजर' की तरह सोचने पर मजबूर करेगा, जहाँ लक्ष्य केवल मुनाफा कमाना नहीं, बल्कि अपनी मेहनत की कमाई को बाजार के झटकों से बचाते हुए निरंतर बढ़ाना है।

इस अध्याय में, हम विविधीकरण (Diversification) की शक्ति को समझेंगे, जिसे निवेश की दुनिया में एकमात्र 'मुफ़्त का भोजन' (Free Lunch) माना जाता है। हम बाजार के विभिन्न जोखिमों और उन मनोवैज्ञानिक पक्षपातों (Biases) का विश्लेषण करेंगे जो अक्सर हमारे तर्कसंगत निर्णयों में बाधा डालते हैं। आप सीखेंगे कि कैसे अपने वित्तीय उद्देश्यों के आधार पर एक संरचित (Structured) निवेश योजना तैयार की जाती है। यह अध्याय आपको पोर्टफोलियो निर्माण की उन सीमाओं और बारीकियों से परिचित कराएगा, जो आपके दीर्घकालिक लक्ष्यों को हासिल करने की क्षमता को कई गुना बढ़ा देंगी। सही प्रबंधन ही वह ढाल है जो अनिश्चितता के दौर में आपके वित्तीय भविष्य को सुरक्षित रखती है।

## 38.1 पोर्टफोलियो प्रबंधन: उद्देश्य और सीमाएं

निवेश की दुनिया में केवल पैसा लगाना पर्याप्त नहीं है; उस पैसे को सही दिशा और अनुशासन के साथ प्रबंधित करना ही 'पोर्टफोलियो प्रबंधन' कहलाता है। एक कुशल पोर्टफोलियो वह है जो जोखिम और रिटर्न के बीच एक आदर्श संतुलन बनाए रखता है।

### 1. पोर्टफोलियो प्रबंधन के मुख्य उद्देश्य (Core Objectives)

पोर्टफोलियो प्रबंधन का प्राथमिक लक्ष्य केवल मुनाफा कमाना नहीं, बल्कि निवेशक की व्यक्तिगत परिस्थितियों जैसे उसकी आयु, आय के स्रोत और जोखिम सहनक्षमता) Risk Tolerance) के अनुरूप एक रणनीतिक ढांचा तैयार करना है।

इसके प्रमुख उद्देश्य निम्नलिखित हैं:

**पूंजी वृद्धि और रिटर्न का अनुकूलन (Capital Appreciation):** पोर्टफोलियो का सबसे बुनियादी उद्देश्य निवेशक की मूल पूंजी में वृद्धि करना है। मुद्रास्फीति) Inflation) को मात देने के लिए रिटर्न को अधिकतम करना आवश्यक है ताकि भविष्य में निवेशक की क्रय शक्ति बनी रहे।

**विविधीकरण (Diversification):** यह पोर्टफोलियो प्रबंधन का हृदय है।" अपने सभी अंडे एक ही टोकरी में न रखें "के सिद्धांत पर चलते हुए, निवेश को विभिन्न परिसंपत्ति वर्गों) जैसे इक्विटी, डेट, गोल्ड और रियल एस्टेट (में फैलाया जाता है। इससे यदि एक क्षेत्र) Sector) में मंदी आती है, तो दूसरे क्षेत्रों के लाभ से कुल नुकसान को कम किया जा सकता है।

**तरलता बनाए रखना (Liquidity):** एक अच्छा पोर्टफोलियो वह है जो जरूरत पड़ने पर नकदी उपलब्ध करा सके। प्रबंधन यह सुनिश्चित करता है कि संपत्तियों का चयन इस प्रकार हो कि

आपातकालीन स्थिति में निवेशक बिना किसी बड़े नुकसान के अपनी होल्डिंग्स को नकदी में बदल सके।

**कर दक्षता (Tax Efficiency):** निवेश के साथ-साथ यह भी महत्वपूर्ण है कि टैक्स के बाद हाथ में आने वाला रिटर्न (Post-tax Return) अधिक हो। पोर्टफोलियो प्रबंधन में कर-बचत वाली योजनाओं और रणनीतियों का उपयोग किया जाता है।

**वित्तीय लक्ष्यों की प्राप्ति:** चाहे वह सेवानिवृत्ति) Retirement) की योजना हो, घर खरीदना हो या बच्चों की शिक्षा, पोर्टफोलियो प्रबंधन इन लक्ष्यों को समयबद्ध और संरचित तरीके से पूरा करने का रोडमैप प्रदान करता है।

## 2. पोर्टफोलियो प्रबंधन की सीमाएं (Limitations)

यद्यपि पोर्टफोलियो प्रबंधन निवेश की सफलता की संभावनाओं को बढ़ाता है, लेकिन इसकी अपनी कुछ व्यावहारिक और सैद्धांतिक सीमाएं हैं जिन्हें नजरअंदाज नहीं किया जा सकता:

**बाजार का जोखिम (Market Risk/Systematic Risk):** कोई भी पोर्टफोलियो रणनीति बाजार के व्यापक जोखिमों से पूरी तरह सुरक्षित नहीं है। वैश्विक महामारी, युद्ध, या आर्थिक मंदी जैसी घटनाएं सभी परिसंपत्ति वर्गों को एक साथ प्रभावित कर सकती हैं, जिससे विविवधीकरण का लाभ भी सीमित हो जाता है।

**ऐतिहासिक डेटा पर निर्भरता:** अधिकांश पोर्टफोलियो मॉडल 'ऐतिहासिक प्रदर्शन' (Past Performance) पर आधारित होते हैं। तकनीकी विश्लेषण में हम मानकर चलते हैं कि इतिहास खुद को दोहराएगा, लेकिन बाजार की भविष्य की स्थितियां हमेशा अनिश्चित होती हैं और पिछला डेटा भविष्य की सफलता की गारंटी नहीं देता।

**निरंतर निगरानी और जटिलता:** निवेशक की वित्तीय स्थिति स्थिर नहीं रहती। आय में बदलाव या जीवन के पड़ावों के साथ जोखिम प्रोफाइल बदलता रहता है। इसके अनुसार पोर्टफोलियो को बार-बार 'रीबैलेंस' (Rebalance) करना एक जटिल और समय लेने वाली प्रक्रिया है।

**उच्च लागत और प्रबंधन शुल्क:** पेशेवर पोर्टफोलियो प्रबंधन सेवाएं) PMS) अक्सर महंगे प्रबंधन शुल्क और कमीशन लेती हैं। इसके अलावा, इनमें निवेश करने के लिए एक बड़ी 'न्यूनतम राशि' (Minimum Investment) की आवश्यकता होती है, जो छोटे निवेशकों के लिए वहनीय नहीं होती।

**मानवीय व्यवहार और मनोवैज्ञानिक पूर्वाग्रह (Behavioral Biases):** एक बेहतरीन योजना भी तब विफल हो जाती है जब निवेशक भावनाओं में बह जाता है। घबराहट में बेचना) Panic Selling) या बाजार के उत्साह में जरूरत से ज्यादा जोखिम लेना) Greed) पोर्टफोलियो के दीर्घकालिक प्रदर्शन को बिगाड़ सकता है।

**निष्कर्ष:** पोर्टफोलियो प्रबंधन एक निरंतर चलने वाली प्रक्रिया है। यह गणितीय गणनाओं और मानवीय मनोविज्ञान का मेल है। एक सफल निवेशक वही है जो अपनी सीमाओं को समझते हुए अनुशासित तरीके से अपने पोर्टफोलियो का निर्माण करता है।

# 38.2 परिसंपत्ति आवंटन और जोखिम नियंत्रण

एक सफल निवेशक और एक जुआरी के बीच का मुख्य अंतर 'जोखिम नियंत्रण' है। यदि पोर्टफोलियो प्रबंधन एक जहाज है, तो परिसंपत्ति आवंटन उसका लंगर) Anchor) है जो उसे बाजार के तूफानों में स्थिर रखता है।

## 1. परिसंपत्ति आवंटन :जोखिम नियंत्रण का ब्रह्मास्त्र

परिसंपत्ति आवंटन) Asset Allocation) का अर्थ है अपने निवेश को विभिन्न श्रेणियों जैसे इक्विटी )Stocks), डेट) Bonds), और कैश में इस तरह विभाजित करना कि जोखिम और रिटर्न का संतुलन बना रहे।

**रणनीतिक मिश्रण:** इक्विटी पोर्टफोलियो को विकास) Growth) देता है, जबकि डेट और कैश इसे स्थिरता प्रदान करते हैं।

**सक्रिय जोखिम प्रबंधन:** केवल निवेश करना काफी नहीं है; विविधीकरण) Diversification) और समय-समय पर पुनर्संतुलन) Rebalancing) करना अनिवार्य है। पुनर्संतुलन यह सुनिश्चित करता है कि यदि बाजार की तेजी के कारण आपका इक्विटी हिस्सा बढ़ गया है, तो आप लाभ बुक करके उसे वापस अपने निर्धारित लक्ष्यों के अनुसार ले आएं।

### 2. पोजीशन साइज़िंग (Position Sizing): 2-5% का स्वर्णिम नियम

तकनीकी विश्लेषण में, 'क्या खरीदना है' से ज्यादा महत्वपूर्ण यह है कि 'कितना खरीदना है'। यहाँ पोजीशन साइज़िंग की भूमिका आती है।

किसी भी एक स्टॉक में अपने कुल निवेश योग्य धन का केवल 2% से 5% ही निवेश करना चाहिए।

यह नियम क्यों महत्वपूर्ण है?

जोखिम का केंद्रीकरण रोकना: यदि आप किसी एक स्टॉक में 20% पैसा लगाते हैं और वह स्टॉक 50% गिर जाता है, तो आपका पूरा पोर्टफोलियो 10% नीचे आ जाएगा।

सर्वाइवल) Survival): यदि आप 2-5% का नियम अपनाते हैं, तो किसी एक कंपनी के पूरी तरह विफल होने पर भी आपके पोर्टफोलियो को कोई घातक चोट नहीं पहुँचती। यह आपको बाजार में लंबे समय तक टिके रहने में मदद करता है।

### 3. अधिकतम गिरावट सहनशीलता (Maximum Drawdown Tolerance)

एक विश्लेषक के रूप में, हम इसे सबसे महत्वपूर्ण मीट्रिक मानते हैं। Maximum Drawdown (MDD) यह मापता है कि शिखर) Peak) से लेकर गिरावट) Trough) तक आपका पोर्टफोलियो कितना नीचे जा सकता है।

**उच्च सहनशीलता (High Risk Appetite):** वे निवेशक जो पोर्टफोलियो में 30-40% की अस्थायी गिरावट झेल सकते हैं, वे इक्विटी) Equity) में अधिक आवंटन रख सकते हैं।

**कम सहनशीलता (Low Risk Appetite):** जो निवेशक पूंजी की सुरक्षा चाहते हैं और बड़ी गिरावट से डरते हैं, उन्हें अपना अधिकांश हिस्सा बॉन्ड) Bonds) और नकदी) Cash) में रखना चाहिए।

### 4. पोर्टफोलियो में कैश आवंटन (Cash Allocation)

नकदी या 'कैश' को अक्सर एक बेकार संपत्ति माना जाता है क्योंकि इस पर रिटर्न कम मिलता है, लेकिन तकनीकी रूप से यह एक रणनीतिक हथियार है।

**तरलता (Liquidity):** यह आपातकालीन स्थितियों के लिए सुरक्षा कवच प्रदान करता है।

**नकारात्मक सहसंबंध (Negative Correlation):** जब शेयर बाजार गिरता है, तो पोर्टफोलियो में मौजूद कैश उसकी कुल गिरावट की तीव्रता को कम कर देता है।

**खरीदारी के अवसर (Dry Powder):** जब बाजार में 'पैनिक सेलिंग' होती है और अच्छे शेयर सस्ते दामों पर उपलब्ध होते हैं, तब केवल वही निवेशक लाभ उठा पाते हैं जिनके पास नकदी उपलब्ध होती है।

**निष्कर्ष:** परिसंपत्ति आवंटन कोई 'एक बार की घटना' नहीं बल्कि एक सतत प्रक्रिया है। एक अनुशासित पोजीशन साइज़िंग और कैश का सही प्रबंधन ही एक औसत निवेशक को एक पेशेवर ट्रेडर/इन्वेस्टर से अलग बनाता है।

## 38.3 पोर्टफोलियो पुनर्संतुलन और मूल्यांकन

पोर्टफोलियो पुनर्संतुलन (Portfolio Rebalancing) का मतलब है अपने निवेश को मूल लक्ष्य के अनुसार फिर से व्यवस्थित करना, जो समय के साथ बाज़ार के उतार-चढ़ाव से बदल जाता है; इसमें मुनाफे वाली संपत्तियों को बेचकर और कम प्रदर्शन वाली संपत्तियों में निवेश करके जोखिम और परिसंपत्ति आवंटन (Asset Allocation) को सही करना शामिल है। जबकि पोर्टफोलियो मूल्यांकन यह जाँचने की प्रक्रिया है कि आपका पोर्टफोलियो आपके वित्तीय लक्ष्यों और जोखिम सहनशीलता के अनुरूप है या नहीं, और क्या इसे पुनर्संतुलन (Rebalancing) की आवश्यकता है। यह सुनिश्चित करता है कि आपका पोर्टफोलियो हमेशा आपकी व्यक्तिगत वित्तीय स्थिति और लक्ष्यों को दर्शाता रहे।

### पुनर्संतुलन (Rebalancing): कैलेंडर बनाम थ्रेशहोल्ड

पुनर्संतुलन वह प्रक्रिया है जिसके द्वारा पोर्टफोलियो को उसके मूल परिसंपत्ति आवंटन पर वापस लाया जाता है। इसे लागू करने के दो मुख्य तरीके हैं:

**कैलेंडर-आधारित:** यह नियमित, पूर्व-निर्धारित अंतरालों पर होता है (जैसे त्रैमासिक या वार्षिक), भले ही बाज़ार की स्थितियाँ कुछ भी हों। यह दृष्टिकोण अनुशासन को बढ़ावा देता है।

**थ्रेशहोल्ड-आधारित:** यह तब होता है जब किसी परिसंपत्ति वर्ग का वज़न आपके निर्धारित लक्ष्य से एक निश्चित प्रतिशत (Threshold) से विचलित हो जाता है (जैसे Equity का हिस्सा 60% से बढ़कर 65% हो जाना)। यह बाज़ार की गतिशीलता के प्रति अधिक संवेदनशील है।

### प्रदर्शन मीट्रिक: Alpha और Beta

ये मीट्रिक पोर्टफोलियो के प्रदर्शन का मूल्यांकन करने के लिए महत्वपूर्ण हैं:

**बीटा (Beta):** यह मापता है कि पोर्टफोलियो समग्र बाज़ार (Benchmark) की तुलना में कितना अस्थिर है। Beta > 1.0 बाज़ार से अधिक अस्थिरता का संकेत देता है, जबकि Beta < 1.0 बाज़ार से कम अस्थिरता दर्शाता है।

**अल्फा (Alpha):** यह बाज़ार के मुकाबले अतिरिक्त रिटर्न को मापता है। सकारात्मक Alpha पोर्टफोलियो प्रबंधक के कौशल (Skill) को दर्शाता है (अर्थात, बाज़ार से बेहतर प्रदर्शन)।

### प्रदर्शन एट्रिब्यूशन (Performance Attribution) और टैक्स लॉस हार्वेस्टिंग

प्रदर्शन एट्रिब्यूशन का उद्देश्य यह समझना है कि पोर्टफोलियो का रिटर्न बेंचमार्क से अलग क्यों रहा। यह विश्लेषण करता है कि सक्रिय रिटर्न में परिसंपत्ति आवंटन प्रभाव (सही क्षेत्रों को चुनना) और सुरक्षा चयन प्रभाव (सही Stock को चुनना) का कितना योगदान था।

टैक्स लॉस हार्वेस्टिंग कर योग्य आय को कम करने के लिए जानबूझकर घाटे में चल रहे निवेशों को बेचने की एक रणनीति है। इन नुकसानों का उपयोग अन्य निवेशों से प्राप्त पूंजीगत लाभ की भरपाई (Offset Capital Gains) के लिए किया जाता है, जिससे कुल कर देनदारी कम हो जाती है।

## 38.4 प्रबंधन की शैलियाँ

सक्रिय और निष्क्रिय प्रबंधन (Active vs. Passive Management) निवेश की दो बुनियादी और विपरीत विचारधाराएँ हैं। सक्रिय प्रबंधन में फंड मैनेजर अपनी कुशलता और शोध का उपयोग करके बाजार के औसत रिटर्न) बेंचमार्क (से बेहतर प्रदर्शन करने की कोशिश करते हैं। इसके लिए वे सही समय पर विशिष्ट शेयरों को खरीदने और बेचने का निर्णय लेते हैं, जिसमें अधिक लागत और जोखिम शामिल होता है। इसके विपरीत, निष्क्रिय प्रबंधन एक कम लागत वाली रणनीति है जहाँ निवेशक केवल सेंसेक्स या निफ्टी जैसे इंडेक्स को ट्रैक करते हैं। यहाँ लक्ष्य बाजार

को हराना नहीं, बल्कि बाजार के बराबर रिटर्न प्राप्त करना है, जिससे यह उन निवेशकों के लिए आदर्श है जो स्थिरता और कम जोखिम पसंद करते हैं।

निवेश में जोखिम प्रबंधन के लिए विविधीकरण बनाम एकाग्रता) Diversification vs. Concentration)की रणनीतियाँ महत्वपूर्ण भूमिका निभाती हैं। विविधीकरण का मुख्य उद्देश्य 'सभी अंडे एक ही टोकरी में न रखने' के सिद्धांत पर काम करना है, जहाँ निवेश को विभिन्न क्षेत्रों में फैलाकर जोखिम को कम किया जाता है। दूसरी ओर, एकाग्रता की रणनीति में कुछ चुनिंदा संपत्तियों पर बड़ा दांव लगाया जाता है, जिसमें यदि अनुमान सही निकलता है तो बहुत उच्च रिटर्न की संभावना होती है, लेकिन गलत होने पर बड़ा नुकसान भी हो सकता है। इन दोनों के बीच संतुलन बनाने के लिए कोर-सैटेलाइट दृष्टिकोण) Core-Satellite Approach) एक लोकप्रिय हाइब्रिड मॉडल है। इसमें पोर्टफोलियो का बड़ा हिस्सा) 70-80%) इंडेक्स फंड्स जैसे सुरक्षित विकल्पों में रखा जाता है, जबकि छोटा हिस्सा सक्रिय रूप से प्रबंधित फंड्स में निवेश किया जाता है ताकि अतिरिक्त लाभ) अल्फा (कमाया जा सके।

अंत में, पोर्टफोलियो प्रबंधन इस बात पर भी निर्भर करता है कि निवेशक ने फंड मैनेजर को कितना नियंत्रण दिया है, जिसे विवेकाधीन और गैर-विवेकाधीन) Discretionary vs. Non-discretionary) प्रबंधन कहा जाता है। विवेकाधीन प्रबंधन में मैनेजर को निवेशक की ओर से निर्णय लेने की पूरी छूट होती है, जबकि गैर-विवेकाधीन में मैनेजर केवल सलाह देता है और अंतिम निर्णय निवेशक का होता है। ये सभी शैलियाँ और रणनीतियाँ निवेशक के वित्तीय लक्ष्यों, समय सीमा और जोखिम उठाने की क्षमता के आधार पर चुनी जाती हैं, जिससे एक संतुलित और प्रभावी निवेश पोर्टफोलियो का निर्माण होता है।

* * * * *

**"एक सफल पोर्टफोलियो बनाना एक बगीचा लगाने जैसा है। अलग-अलग संपत्तियों के बीज बोएं और समय-समय पर छंटाई (Rebalancing) करते रहें, ताकि फल हमेशा मीठे मिलें।"**

## 38.5 व्यावहारिक प्रश्नों के उत्तर

**प्रश्न 1:** एक 30 वर्षीय निवेशक अपनी बचत का 80% इक्विटी में और 20% डेट (Debt) में रखता है। वहीं एक 60 वर्षीय सेवानिवृत्त व्यक्ति 20% इक्विटी और 80% डेट में रखता है। इन दोनों की रणनीतियों में अंतर का मुख्य कारण क्या है?

**उत्तर:**

इन दोनों रणनीतियों में अंतर का मुख्य कारण जोखिम सहन करने की क्षमता (Risk Appetite) और निवेश की समय अवधि (Investment Horizon) है।

इसके पीछे के मुख्य कारक निम्नलिखित हैं:

जोखिम क्षमता: 30 वर्षीय व्यक्ति के पास करियर के कई साल बचे हैं, इसलिए वह बाजार के उतार-चढ़ाव को झेल सकता है। इसके विपरीत, एक सेवानिवृत्त व्यक्ति को अपनी पूंजी सुरक्षित रखनी होती है क्योंकि उनके पास आय का नियमित स्रोत सीमित होता है।

समय अवधि: युवा निवेशक के पास निवेश बढ़ने के लिए लंबा समय (20-30 वर्ष) है, जिससे 'कंपाउंडिंग' का लाभ मिलता है। सेवानिवृत्त व्यक्ति को तत्काल खर्चों के लिए नकदी और स्थिरता की आवश्यकता होती है।

वित्तीय लक्ष्य: युवा निवेशक का लक्ष्य आमतौर पर वेल्थ क्रिएशन (Wealth Creation) होता है, जबकि सेवानिवृत्त व्यक्ति का लक्ष्य पूंजी संरक्षण (Capital Preservation) और नियमित आय प्राप्त करना होता है।

सामान्यतः निवेश में "100 - उम्र" का नियम अपनाया जाता है, जिसके अनुसार व्यक्ति को अपनी उम्र घटाकर बची हुई संख्या के बराबर प्रतिशत इक्विटी में निवेश करना चाहिए।

सीख: उम्र और वित्तीय लक्ष्यों के अनुसार संपत्तियों का बंटवारा ही सफल पोर्टफोलियो की नींव है।

**प्रश्न 2:** एक व्यक्ति ने 5 अलग-अलग कंपनियों के शेयर खरीदे हैं, लेकिन वे सभी 'आईटी सेक्टर' के हैं। क्या उसका पोर्टफोलियो सुरक्षित है?

**उत्तरः**

नहीं, उस व्यक्ति का पोर्टफोलियो पूरी तरह सुरक्षित नहीं है।

इसे निवेश की भाषा में 'सेक्टर कंसंट्रेशन रिस्क' (Sector Concentration Risk) कहा जाता है। इसके असुरक्षित होने के मुख्य कारण निम्नलिखित हैं:

विविधीकरण (Diversification) की कमी: भले ही शेयर 5 अलग कंपनियों के हैं, लेकिन वे सभी एक ही सेक्टर (IT) से जुड़े हैं। यदि आईटी सेक्टर में कोई गिरावट आती है, तो सभी 5 शेयर एक साथ नीचे गिरेंगे।

सेक्टर-विशिष्ट जोखिम: यदि सरकार आईटी नीतियों में बदलाव करती है, वीजा नियमों (जैसे H-1B) में सख्ती होती है, या वैश्विक स्तर पर तकनीक की मांग घटती है, तो पूरा पोर्टफोलियो भारी नुकसान में जा सकता है।

चक्रीय मंदी: हर सेक्टर का अपना एक चक्र (Cycle) होता है। अगर आईटी सेक्टर मंदी के दौर से गुजरता है, तो निवेशक के पास उसे संभालने के लिए दूसरे सेक्टर (जैसे फार्मा, बैंकिंग या एफएमसीजी) का सहारा नहीं होगा।

सुझाव: एक सुरक्षित पोर्टफोलियो के लिए निवेशक को अलग-अलग सेक्टरों (जैसे ऑटोमोबाइल, बैंकिंग, हेल्थकेयर और ऊर्जा) में पैसा लगाना चाहिए ताकि जोखिम कम हो सके।

सीख: वास्तविक विविधीकरण तब होता है जब आप अलग-अलग उद्योगों (जैसे बैंकिंग, फार्मा, ऑटो) में निवेश करें।

**प्रश्न 3:** आपने तय किया था कि पोर्टफोलियो 50% इक्विटी और 50% गोल्ड रहेगा। एक साल बाद इक्विटी बढ़ने के कारण अनुपात 60% इक्विटी और 40% गोल्ड हो गया। रीबैलेंसिंग के लिए आपको क्या करना होगा?

**उत्तरः**

पोर्टफोलियो को वापस निर्धारित संतुलन (50% इक्विटी और 50% गोल्ड) पर लाने के लिए आपको रीबैलेंसिंग (Rebalancing) करनी होगी। इसके लिए निम्नलिखित कदम उठाएं:

बढ़ी हुई एसेट बेचें: अपने पोर्टफोलियो का 10% इक्विटी हिस्सा बेच दें, जिससे इक्विटी का अनुपात 60% से घटकर वापस 50% हो जाए।

कम अनुपात वाली एसेट खरीदें: इक्विटी बेचने से प्राप्त हुई राशि को गोल्ड (Gold) में निवेश करें। इससे गोल्ड का अनुपात 40% से बढ़कर 50% हो जाएगा।

निष्कर्ष: आपको "ऊंचे स्तर पर बेचना" (Sell High) और "निचले स्तर पर खरीदना" (Buy Low) की रणनीति अपनाते हुए इक्विटी से पैसा निकालकर गोल्ड में डालना होगा।

सीख: रीबैलेंसिंग हमें 'महंगे में बेचने' और 'सस्ते में खरीदने' के लिए मजबूर करती है।

**प्रश्न 4:** बाजार में अचानक ब्याज दरें बढ़ने से सभी शेयर गिर जाते हैं। यह किस प्रकार का जोखिम है?

**उत्तर:**

बाजार में अचानक ब्याज दरें बढ़ने के कारण शेयरों का गिरना सिस्टमैटिक रिस्क (Systematic Risk) या बाजार जोखिम (Market Risk) का उदाहरण है।

इस प्रकार के जोखिम की मुख्य विशेषताएं निम्नलिखित हैं:

अनियंत्रित: यह बाहरी कारकों के कारण होता है जिसे कोई कंपनी या निवेशक नियंत्रित नहीं कर सकता।

व्यापक प्रभाव: यह किसी एक विशेष शेयर को नहीं, बल्कि पूरे शेयर बाजार और सभी क्षेत्रों (Sectors) को प्रभावित करता है।

विविधीकरण (Diversification) से बचाव संभव नहीं: चूँकि यह पूरे बाजार को प्रभावित करता है, इसलिए अलग-अलग शेयरों में पैसा लगाकर (Diversification) भी इस जोखिम से पूरी तरह नहीं बचा जा सकता।

ब्याज दरें बढ़ने पर कंपनियों की कर्ज लागत बढ़ जाती है और निवेशकों के लिए फिक्स्ड डिपॉजिट जैसे विकल्प अधिक आकर्षक हो जाते हैं, जिससे शेयर बाजार में बिकवाली बढ़ती है।

सीख: विविधीकरण से कंपनी-विशिष्ट (Unsystematic) जोखिम कम किया जा सकता है, लेकिन बाजार के व्यापक जोखिम से नहीं बचा जा सकता।

**प्रश्न 5:** एक पोर्टफोलियो में दो ऐसी संपत्तियां हैं जो हमेशा एक ही दिशा में चलती हैं (Positive Correlation)। क्या यह विविधीकरण के लिए अच्छा है?

**उत्तर:**

नहीं, यह विविधीकरण (Diversification) के लिए अच्छा नहीं है।

जब दो संपत्तियों (Assets) के बीच सकारात्मक सहसंबंध (Positive Correlation) होता है, तो वे बाजार के उतार-चढ़ाव में एक साथ व्यवहार करती हैं। विविधीकरण का मुख्य उद्देश्य जोखिम को कम करना होता है, जो इस स्थिति में विफल हो जाता है क्योंकि:

जोखिम कम नहीं होता: यदि बाजार गिरता है, तो दोनों संपत्तियां एक साथ गिरेंगी, जिससे आपके पूरे पोर्टफोलियो को भारी नुकसान हो सकता है।

सुरक्षा का अभाव: विविधीकरण तब सबसे प्रभावी होता है जब संपत्तियां एक-दूसरे के विपरीत (Negative Correlation) या अलग तरह से व्यवहार करें, ताकि एक संपत्ति का नुकसान दूसरी के लाभ से संतुलित हो सके।

**प्रश्न 6:** एक निवेशक अपने पोर्टफोलियो का 70% हिस्सा 'इंडेक्स फंड' (Core) में और 30% हिस्सा 'स्मॉल कैप और सेक्टर फंड्स' (Satellite) में रखता है। इस रणनीति का लाभ क्या है?

**उत्तर:**

इस रणनीति को 'कोर और सैटेलाइट' (Core and Satellite) निवेश दृष्टिकोण कहा जाता है। इसके मुख्य लाभ निम्नलिखित हैं:

स्थिरता और वृद्धि का संतुलन: पोर्टफोलियो का 70% हिस्सा (Core) इंडेक्स फंड में होने से बाजार के उतार-चढ़ाव के दौरान स्थिरता बनी रहती है, जबकि 30% हिस्सा (Satellite) स्मॉल कैप और सेक्टर फंड्स में होने से लंबी अवधि में औसत से अधिक रिटर्न प्राप्त करने की संभावना बढ़ जाती है।

जोखिम प्रबंधन: इंडेक्स फंड्स कम जोखिम वाले होते हैं और विविधीकरण (Diversification) प्रदान करते हैं। यह बड़े नुकसान की संभावना को कम करता है, भले ही सैटेलाइट वाला हिस्सा (स्मॉल कैप) अस्थिर हो।

कम लागत: इंडेक्स फंड्स का 'एक्सपेंस रेशियो' (Expense Ratio) बहुत कम होता है। पोर्टफोलियो का बड़ा हिस्सा इंडेक्स फंड में रखने से कुल निवेश लागत कम हो जाती है।

टारगेटेड ग्रोथ: सेक्टर फंड्स निवेशक को विशिष्ट क्षेत्रों (जैसे IT या फार्मा) की तेजी का फायदा उठाने का मौका देते हैं, जो केवल इंडेक्स फंड से संभव नहीं हो पाता।

संक्षेप में, यह रणनीति सुरक्षा (Core) और आक्रामक विकास (Satellite) का एक बेहतरीन मिश्रण है।

**प्रश्न 7:** एक निवेश विकल्प 25% रिटर्न का वादा करता है लेकिन उसमें पूंजी डूबने का खतरा 50% है। दूसरा विकल्प 8% रिटर्न देता है और पूंजी पूरी तरह सुरक्षित है। पोर्टफोलियो मैनेजर किसे चुनेगा?

**उत्तर:**

एक पोर्टफोलियो मैनेजर आमतौर पर दूसरे विकल्प (8% रिटर्न) को चुनेगा।

इसका मुख्य कारण जोखिम प्रबंधन (Risk Management) है:

अपेक्षित मूल्य (Expected Value): पहले विकल्प का गणितीय औसत रिटर्न (25% का 50% फायदा और -100% का 50% नुकसान) नकारात्मक (-37.5%) बैठता है। इसका अर्थ है कि लंबी अवधि में इसमें पैसा खोने की संभावना अधिक है।

पूंजी का संरक्षण (Capital Preservation): एक पेशेवर मैनेजर के लिए निवेश की सुरक्षा सर्वोपरि होती है। 50% जोखिम का मतलब है कि यह निवेश नहीं बल्कि 'जुआ' है।

शार्प रेशियो (Sharpe Ratio): वित्तीय जगत में रिटर्न की तुलना जोखिम के आधार पर की जाती है। दूसरा विकल्प सुरक्षित और स्थिर आय सुनिश्चित करता है, जो पोर्टफोलियो के संतुलन के लिए बेहतर है।

**प्रश्न 8:** आपको 6 महीने बाद अपनी बेटी की कॉलेज फीस भरनी है। क्या इस पैसे को पोर्टफोलियो के 'इक्विटी' हिस्से में डालना चाहिए?

**उत्तर:**

बिल्कुल नहीं, आपको 6 महीने बाद की कॉलेज फीस के लिए अपने पैसे को इक्विटी (शेयर बाजार) में नहीं डालना चाहिए, क्योंकि यह बहुत कम समय सीमा है और शेयर बाजार में जोखिम होता है; इसके बजाय, आपको इस पैसे को सुरक्षित विकल्पों जैसे लिक्विड फंड, फिक्स्ड डिपॉजिट (FD), या अल्पकालिक डेट फंड (Short-term Debt Funds) में रखना चाहिए ताकि पैसा सुरक्षित रहे और समय पर उपलब्ध हो सके, क्योंकि इक्विटी में 6 महीने में बड़ा उतार-चढ़ाव आ सकता है.

सीख: पोर्टफोलियो के हर हिस्से का उद्देश्य और समय तय होना चाहिए।

**प्रश्न 9:** पोर्टफोलियो का प्रबंधन करते समय एक निवेशक बार-बार शेयर खरीदता-बेचता है। इसका पोर्टफोलियो के नेट रिटर्न पर क्या असर पड़ेगा?

**उत्तर:**

बार-बार ट्रांजेक्शन करने से टैक्स और ब्रोकरेज बढ़ जाते हैं, जिससे वास्तविक लाभ कम हो जाता है।

सीख: एक अच्छा पोर्टफोलियो 'टैक्स-एफिशिएंट' होना चाहिए।

**प्रश्न 10:** आपका पोर्टफोलियो 7% रिटर्न दे रहा है और महंगाई दर (Inflation) 6% है। आपका वास्तविक रिटर्न (Real Return) क्या है?

**उत्तर:**

फॉर्मूला: वास्तविक रिटर्न = पोर्टफोलियो रिटर्न - महंगाई दर

वास्तविक रिटर्न (Real Return): 7% (रिटर्न) - 6% (महंगाई) = 1%

सीख: पोर्टफोलियो प्रबंधन का लक्ष्य केवल पैसा बढ़ाना नहीं, बल्कि महंगाई को हराकर 'क्रय शक्ति' (Purchasing Power) को बढ़ाना है।

## 38.6 प्रश्नोत्तर परीक्षा (Quiz)

Q1. पोर्टफोलियो प्रबंधन का सबसे मुख्य उद्देश्य क्या है?

(A) सबसे ज्यादा रिटर्न कमाना (B) रोज ट्रेड करना

(C) सारा पैसा एक जगह डालना (D) जोखिम और रिटर्न का सही संतुलन बनाना

Q2. किताब में पोर्टफोलियो को क्या कहा गया है?

(A) सिर्फ शेयरों का संग्रह

(B) कला और विज्ञान दोनों – जोखिम नियंत्रण + रिटर्न अधिकतम

(C) केवल FD

(D) केवल गोल्ड

Q3. Asset Allocation का मतलब क्या है?

(A) सारा पैसा इक्विटी में

(B) केवल एक फंड

(C) अलग-अलग एसेट क्लास में पैसा बांटना (इक्विटी, डेट, गोल्ड)

(D) कोई बंटवारा नहीं

Q4. Strategic Asset Allocation क्या है?

(A) रोज बदलना

(B) लंबी अवधि के लिए फिक्स्ड प्रतिशत तय करना (जैसे 60% इक्विटी, 40% डेट)

(C) केवल शॉर्ट टर्म

(D) केवल मार्केट टाइमिंग

Q5. Tactical Asset Allocation क्या है?

(A) फिक्स्ड रखना (B) मार्केट हालात के अनुसार थोड़ा बदलाव करना

(C) कोई बदलाव नहीं (D) सारा इक्विटी

Q6. Rebalancing क्यों जरूरी है?

(A) तय एसेट एलोकेशन को बनाए रखने के लिए

(B) ज्यादा ट्रेड करने के लिए

(C) कर बचाने के लिए

(D) केवल इक्विटी बेचने के लिए

Q7. Rebalancing कितनी बार करनी चाहिए?

(A) रोज (B) साल में 1-2 बार या 5-10% ड्रिफ्ट होने पर

(C) कभी नहीं (D) हर हफ्ते

Q8. Core-Satellite रणनीति क्या है?

(A) 70-80% पैसिव इंडेक्स में + 20-30% एक्टिव/सेक्टोरल में

(B) सारा पैसिव

(C) सारा एक्टिव

(D) कोई रणनीति नहीं

Q9. पोर्टफोलियो में विविधीकरण का सबसे बड़ा फायदा क्या है?

(A) रिटर्न बढ़ाना (B) अनसिस्टमेटिक जोखिम कम करना

(C) सिस्टमेटिक जोखिम बढ़ाना (D) कोई फायदा नहीं

Q10. कितने स्टॉक होने पर ज्यादातर अनसिस्टमेटिक जोखिम कम हो जाता है?

(A) 5 (B) 1 (C) 100 (D) 15-25

Q11. उम्र के साथ इक्विटी प्रतिशत कैसे बदलना चाहिए?

(A) बढ़ना चाहिए (B) 100 – उम्र = इक्विटी %

(C) हमेशा 100% (D) हमेशा 0%

Q12. 30 साल के व्यक्ति का इक्विटी आवंटन कितना होना चाहिए?

(A) 20-30% (B) 70-80% (C) 0% (D) 100% डेट

Q13. 60 साल के व्यक्ति का इक्विटी आवंटन कितना होना चाहिए?

(A) 80-90% (B) 30-40% (C) 100% (D) 0%

Q14. पोर्टफोलियो में गोल्ड का मुख्य काम क्या है?

(A) सबसे ज्यादा रिटर्न (B) हेज + विविधीकरण (5-15%)

(C) कोई काम नहीं (D) केवल शॉर्ट टर्म

Q15. पोर्टफोलियो में रीइन्वेस्टमेंट क्यों जरूरी है?

(A) चक्रवृद्धि का पूरा लाभ लेने के लिए (B) कर बचाने के लिए

(C) निकालकर खर्च करने के लिए (D) कोई जरूरत नहीं

Q16. किताब में पोर्टफोलियो की सबसे बड़ी गलती क्या बताई गई है?

(A) SIP करना (B) बहुत ज्यादा विविधीकरण

(C) नियमित रीबैलेंसिंग (D) विविधीकरण न करना

Q17. Tax Efficiency पोर्टफोलियो में कैसे लाई जाती है?

(A) इक्विटी में LTCG, डेट में इंडेक्सेशन, ELSS आदि

(B) हर साल सब बेचना

(C) कोई टैक्स न देना

(D) केवल FD

Q18. पोर्टफोलियो ट्रैकिंग कितनी बार करनी चाहिए?

(A) रोज (B) महीने में 1 बार या तिमाही

(C) कभी नहीं (D) साल में 10 बार

Q19. किताब का मुख्य संदेश पोर्टफोलियो प्रबंधन पर क्या है?

(A) सारा पैसा एक जगह

(B) संरचित, विविध, नियमित रीबैलेंसिंग वाला पोर्टफोलियो = लंबी सफलता

(C) केवल एक्टिव फंड

(D) केवल ट्रेडिंग

Q20. सफल पोर्टफोलियो की सबसे बड़ी कुंजी क्या है?

(A) केवल पिछले रिटर्न (B) मार्केट टाइमिंग

(C) बहुत ज्यादा ट्रेड (D) नियमित समीक्षा + अनुशासन + सही एसेट एलोकेशन

**Answer Key**

| Q | 1 | 2 | 3 | 4 | 5 | 6 | 7 | 8 | 9 | 10 | 11 | 12 | 13 | 14 | 15 | 16 | 17 | 18 | 19 | 20 |
|---|---|---|---|---|---|---|---|---|---|---|---|---|---|---|---|---|---|---|---|---|
| Ans. | D | B | C | B | B | A | B | A | B | D | B | B | B | B | A | D | A | B | B | D |

# *Chapter 39* जोखिम प्रबंधन और विविधीकरण

**"पूंजी को विभिन्न संपत्तियों में बांटना ही विविधीकरण (Diversification) है, जो जोखिम (Risk) को कम करता है। सही परिसंपत्ति आवंटन (Asset allocation) रणनीति आपके पोर्टफोलियो को बाज़ार के उतार-चढ़ाव से बचाकर स्थिर रिटर्न सुनिश्चित करने में मदद करती है।"**

निवेश की दुनिया में सबसे महत्वपूर्ण निर्णय यह नहीं है कि आप 'कौन सा' शेयर खरीदते हैं, बल्कि यह है कि आप अपनी पूंजी को 'कैसे' विभाजित करते हैं। परिसंपत्ति आवंटन (Asset Allocation) और विविधीकरण (Diversification) पोर्टफोलियो प्रबंधन के वे दो स्तंभ हैं, जो आपके निवेश को एक दिशा और सुरक्षा कवच प्रदान करते हैं। यह अध्याय आपको सिखाएगा कि कैसे जोखिम को नियंत्रित करते हुए अपने दीर्घकालिक रिटर्न को अधिकतम (Optimize) किया जाए। यह रणनीति आपको बाजार की मंदी में भी टिके रहने की ताकत देती है।

इस चैप्टर में हम विस्तार से समझेंगे कि एसेट एलोकेशन कैसे तय करता है कि आपकी पूंजी किन वर्गों (इक्विटी, डेट, गोल्ड या रियल एस्टेट) में विभाजित होगी, जबकि विविधीकरण यह सुनिश्चित करता है कि उस वर्ग के भीतर भी आपका पैसा सुरक्षित रूप से फैला हो। हम उम्र, जोखिम लेने की क्षमता और वित्तीय लक्ष्यों के आधार पर विभिन्न रणनीतियों का विश्लेषण करेंगे। यह अध्याय आपको 'सभी अंडे एक ही टोकरी में न रखने' के पुराने सिद्धांत को आधुनिक निवेश तकनीक के साथ जोड़ना सिखाएगा, जिससे आपका पोर्टफोलियो एक ऐसी मजबूत ढाल बन जाएगा जो किसी भी आर्थिक मौसम का सामना कर सके।

Types of Investments

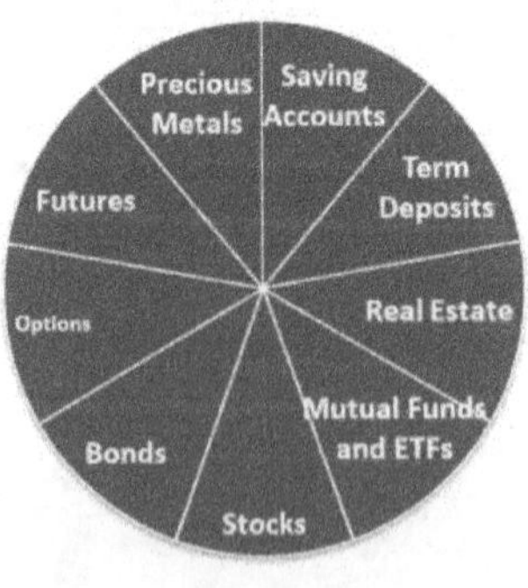


## 39.1 परिसंपत्ति वर्ग और भौगोलिक विविधीकरण

विविधीकरण) Diversification) निवेश की दुनिया का वह बुनियादी सिद्धांत है जो "अपने सभी अंडे एक ही टोकरी में न रखने "की सलाह देता है। इसका मुख्य उद्देश्य जोखिम को प्रबंधित करना और बाजार की अस्थिरता के दौरान पोर्टफोलियो को सुरक्षा प्रदान करना है। जब हम अपनी पूंजी को विभिन्न परिसंपत्ति वर्गों में बांटते हैं, तो एक क्षेत्र में होने वाला नुकसान दूसरे क्षेत्र

में होने वाले लाभ से संतुलित हो सकता है। उदाहरण के लिए, इक्विटी) Equity) लंबी अवधि में मुद्रास्फीति को पछाड़ने और धन निर्माण के लिए सर्वश्रेष्ठ है, लेकिन इसमें उतार-चढ़ाव अधिक होता है। इसके विपरीत, ऋण) Debt) पोर्टफोलियो को स्थिरता और नियमित आय प्रदान करता है, जो इक्विटी की गिरावट के दौरान एक सुरक्षा कवच) Hedging) की तरह काम करता है।

वहीं, सोना) Gold) और रियल एस्टेट) Real Estate) निवेश के पारंपरिक और ठोस विकल्प हैं। सोने को 'सेफ-हेवन' माना जाता है क्योंकि आर्थिक संकट या युद्ध जैसी स्थितियों में जब शेयर बाजार गिरता है, तब अक्सर सोने की कीमतें बढ़ती हैं। रियल एस्टेट निवेश न केवल पूंजीगत लाभ) Capital Appreciation) देता है, बल्कि किराए के रूप में एक स्थायी आय का स्रोत भी बनता है। हालांकि, इसमें तरलता) Liquidity) की कमी होती है, जिसे अब REITs जैसे आधुनिक विकल्पों के माध्यम से दूर किया जा सकता है। इन सभी परिसंपत्तियों का सही मिश्रण एक ऐसा 'ऑल-वेदर' पोर्टफोलियो बनाता है जो हर प्रकार की आर्थिक परिस्थिति में टिका रह सकता है।

## 2. मार्केट कैप के अनुसार विविधीकरण

भारतीय प्रतिभूति और विनिमय बोर्ड (SEBI) द्वारा वर्गीकृत, निवेश के लिए कंपनियों का चयन उनके आकार, जिसे बाजार पूंजीकरण (Market Capitalization) कहा जाता है, पर आधारित होता है। यह वर्गीकरण फंड की निवेश रणनीति, अंतर्निहित जोखिम प्रोफ़ाइल और संभावित लाभों को निर्धारित करता है।

### प्रमुख श्रेणियाँ

**लार्ज-कैप (Large-Cap)** कंपनियाँ: ये वे कंपनियाँ हैं जो बाजार पूंजीकरण के अनुसार शीर्ष 1 से 100 तक रैंक करती हैं। ये आम तौर पर स्थापित, स्थिर कंपनियाँ होती हैं जिनका बाजार हिस्सा बड़ा होता है। इनकी मुख्य विशेषता कम जोखिम और स्थिर रिटर्न प्रदान करना है, जो इन्हें रूढ़िवादी निवेशकों के लिए उपयुक्त बनाती हैं।

**मिड-कैप (Mid-Cap)** कंपनियाँ: ये कंपनियाँ 101 से 250 तक की रैंक में आती हैं। ये अक्सर उच्च विकास की संभावनाएँ रखती हैं और स्थिरता तथा वृद्धि का एक मिश्रण प्रदान करती हैं। इनमें मध्यम जोखिम होता है, लेकिन साथ ही उच्च संभावित रिटर्न की भी संभावना होती है।

**स्मॉल-कैप (Small-Cap)** कंपनियाँ: ये वे कंपनियाँ हैं जो 251 और उससे आगे रैंक करती हैं। ये आमतौर पर विकास के प्रारंभिक चरण में होती हैं और इनमें उच्च वृद्धि की संभावना होती है। हालांकि, इनमें जोखिम सबसे अधिक होता है, लेकिन लंबी अवधि में अधिकतम संभावित रिटर्न की क्षमता भी होती है।

## 3. क्षेत्रों के अनुसार विविधीकरण: चक्रीय बनाम रक्षात्मक

वित्तीय बाज़ार में विविधीकरण (Diversification) के लिए विभिन्न क्षेत्रों (Sectors) को समझना महत्वपूर्ण है, जिन्हें मुख्य रूप से दो श्रेणियों में बांटा जा सकता है: चक्रीय (Cyclical) और रक्षात्मक (Defensive)। इन क्षेत्रों की विशेषताएँ उनके आर्थिक संबंधों और उत्पाद प्रकारों पर निर्भर करती हैं।

चक्रीय क्षेत्र (Cyclical Sectors) आर्थिक चक्र से बहुत निकटता से जुड़े होते हैं। ये क्षेत्र आमतौर पर आर्थिक तेजी (Economic Boom) के दौरान बेहतर प्रदर्शन करते हैं, जबकि मंदी में खराब प्रदर्शन करते हैं। इसका मुख्य कारण यह है कि इन क्षेत्रों के उत्पाद विवेकपूर्ण खरीदारी (Discretionary Purchases) होते हैं, जिन्हें उपभोक्ता आर्थिक स्थिति खराब होने पर आसानी से टाल सकते हैं या स्थगित कर सकते हैं। चक्रीय क्षेत्रों के प्रमुख उदाहरणों में ऑटोमोबाइल, बैंकिंग, लक्जरी सामान, और निर्माण शामिल हैं।

इसके विपरीत, रक्षात्मक क्षेत्र (Defensive Sectors) आर्थिक चक्र से कम प्रभावित होते हैं और मंदी के दौरान भी स्थिर रहते हैं। इन क्षेत्रों के उत्पाद गैर-विवेकपूर्ण (Non-Discretionary) या आवश्यक वस्तुएँ होते हैं, जिन्हें उपभोक्ता अपनी आय के स्तर की परवाह

किए बिना खरीदते रहते हैं। रक्षात्मक क्षेत्रों के उदाहरणों में Consumer Staples (भोजन), स्वास्थ्य सेवा, और उपयोगिताएँ (बिजली) शामिल हैं। एक निवेशक अपने पोर्टफोलियो को संतुलित करने और जोखिम को प्रबंधित करने के लिए इन दोनों प्रकार के क्षेत्रों में निवेश करके विविधीकरण कर सकता है।

### 4. भूगोल के अनुसार विविधीकरण

भौगोलिक विविधीकरण (Geographical Diversification) निवेश के लिए एक महत्वपूर्ण रणनीति है, जिसका उद्देश्य विभिन्न भौगोलिक क्षेत्रों में निवेश करके जोखिम को फैलाना और रिटर्न को अनुकूलित करना है। तालिका में मुख्य रूप से तीन प्रमुख क्षेत्रों—भारत (घरेलू), अमेरिका (विकसित), और उभरते बाजार (EM)—का उनके संबंधित अवसरों और जोखिमों के आधार पर विश्लेषण किया गया है।

### भारत (घरेलू बाजार)

**अवसर:** भारत में निवेश के प्राथमिक अवसरों में मजबूत घरेलू विकास (Strong Domestic Growth) शामिल है, जो बड़ी आबादी और बढ़ती खपत से प्रेरित है। इसके अतिरिक्त, देश को महत्वपूर्ण जनसांख्यिकीय लाभांश (Demographic Dividend) का लाभ मिलता है, क्योंकि एक बड़ी युवा कामकाजी आबादी आर्थिक विकास को गति देती है।

**जोखिम:** घरेलू बाजार में मुख्य जोखिमों में मुद्रास्फीति (Inflation) का उच्च स्तर शामिल है, जो क्रय शक्ति को कम कर सकता है। साथ ही, रुपये का उतार-चढ़ाव (Rupee Volatility) भी एक महत्वपूर्ण जोखिम है, जो विदेशी निवेशकों के रिटर्न को प्रभावित कर सकता है।

### अमेरिका (विकसित बाजार)

**अवसर:** अमेरिका जैसे विकसित बाजारों में निवेश वैश्विक स्थिरता (Global Stability) प्रदान करता है, क्योंकि ये अर्थव्यवस्थाएँ आमतौर पर अधिक परिपक्व होती हैं। यहाँ नवाचार (Innovation) और प्रौद्योगिकी (Technology) में अग्रणी होने के कारण विकास के अवसर मिलते हैं। इन बाजारों में उच्च तरलता (High Liquidity) भी होती है, जिससे आसानी से निवेश किया और निकाला जा सकता है।

**जोखिम:** अमेरिका जैसे बाजारों से जुड़े प्रमुख जोखिमों में परिसंपत्तियों का ऊँचा मूल्यांकन (High Valuation) शामिल है, जिससे स्टॉक महंगे हो सकते हैं। इसके अलावा, फेडरल रिजर्व की मौद्रिक नीति का प्रभाव (Impact of US Fed Policy) भी महत्वपूर्ण है, क्योंकि ब्याज दरों में बदलाव से वैश्विक पूंजी प्रवाह प्रभावित होता है।

### उभरते बाजार (EM)

**अवसर:** उभरते बाजार (EM) उच्च विकास दर की संभावना (High Growth Rate Potential) प्रदान करते हैं, क्योंकि ये अर्थव्यवस्थाएँ तेजी से औद्योगीकरण (Industrialization) के दौर से गुजर रही हैं। ये बाजार अक्सर विकसित बाजारों की तुलना में तेजी से विस्तार करते हैं, जिससे निवेशकों को अधिक रिटर्न की संभावना मिलती है।

**जोखिम:** उभरते बाजारों में निवेश उच्च जोखिम के साथ आता है। प्रमुख जोखिमों में राजनीतिक अस्थिरता (Political Instability) शामिल है, क्योंकि सरकारें अक्सर कम स्थिर होती हैं। इसके अतिरिक्त, नियामक जोखिम (Regulatory Risk) भी अधिक होता है, क्योंकि नियम अप्रत्याशित रूप से बदल सकते हैं। मुद्रा अवमूल्यन (Currency Devaluation) का जोखिम भी अधिक होता है, जो स्थानीय मुद्रा में किए गए रिटर्न के मूल्य को कम कर सकता है।

## 39.2 आवंटन के मॉडल और रणनीतियाँ

### परिसंपत्ति आवंटन के सरल मॉडल (Simple Models of Asset Allocation)

परिसंपत्ति आवंटन के सरल मॉडल स्टॉक (इक्विटी), बांड (डेट), और नकदी के अनुपात का एक सामान्य शुरुआती बिंदु हैं। ये मॉडल निवेशकों की जोखिम उठाने की क्षमता और लक्ष्यों के आधार पर दिशा प्रदान करते हैं। दो लोकप्रिय मॉडल हैं:

**60:30:10 मॉडल:** यह एक उदारवादी/रूढ़िवादी दृष्टिकोण है। इसमें पोर्टफोलियो का 60% हिस्सा विकास (Growth) के लिए स्टॉक में और 30% हिस्सा स्थिरता (Stability) के लिए बांड में निवेश किया जाता है, शेष 10% नकदी के लिए होता है।

**70:20:10 मॉडल:** यह एक मध्यम/आक्रामक दृष्टिकोण है, जहाँ इक्विटी में उच्च निवेश (70%) उच्च संभावित रिटर्न (Higher Potential Returns) के लिए किया जाता है।

### आयु-आधारित आवंटन (Age-Based Allocation)

आयु-आधारित आवंटन एक सरल नियम है कि आपकी **100 - आयु (Age)** के बराबर प्रतिशत को इक्विटी (Equity) में और बाकी को डेट (Debt) में निवेश करना चाहिए। उदाहरण के लिए, 30 वर्ष की आयु में, 100 - 30 = 70% इक्विटी में निवेश करना चाहिए। यह नियम इस सिद्धांत पर आधारित है कि युवा निवेशक ज़्यादा जोखिम ले सकते हैं, जबकि वृद्ध निवेशकों को सुरक्षा पर अधिक ध्यान देना चाहिए।

### आवंटन की शैलियाँ: रणनीतिक बनाम सामरिक (Strategic vs. Tactical)

परिसंपत्ति आवंटन को दो मुख्य शैलियों में विभाजित किया जा सकता है:

### 1. रणनीतिक परिसंपत्ति आवंटन (Strategic Asset Allocation)

इसका मुख्य उद्देश्य दीर्घकालिक लक्ष्यों (Long-term Goals) के लिए एक स्थिर, आधारभूत मिश्रण (Base Mix) बनाना है। इसकी विशेषता एक निष्क्रिय दृष्टिकोण (Passive Approach) है, जो बाज़ार के शोर (Market Noise) से बचाव करता है और पोर्टफोलियो को पूर्व-निर्धारित अनुपात में बनाए रखता है।

### 2. सामरिक परिसंपत्ति आवंटन (Tactical Asset Allocation)

इसका मुख्य उद्देश्य अल्पकालिक बाज़ार अवसरों (Short-term Market Opportunities) का लाभ उठाने के लिए अस्थायी रूप से रणनीतिक मिश्रण से हटना है। इसकी विशेषता सक्रिय प्रबंधन (Active Management) है, जिसके लिए बाज़ार की गहरी समझ ज़रूरी है ताकि अवसरों को पहचाना जा सके।

### गतिशील परिसंपत्ति आवंटन (Dynamic Asset Allocation)

गतिशील परिसंपत्ति आवंटन एक सक्रिय रणनीति है जो बाज़ार चक्रों (Market Cycles) के आधार पर पोर्टफोलियो में परिसंपत्ति वर्गों के मिश्रण को लगातार बदलती है। इसका एक उदाहरण बाज़ार में गिरावट की आशंका पर इक्विटी से बांड में जाना है, ताकि जोखिम को सक्रिय रूप से प्रबंधित किया जा सके।

## 39.3 उन्नत विविधीकरण और जोखिम प्रबंधन

विविधीकरण और जोखिम प्रबंधन वित्तीय नियोजन के महत्वपूर्ण स्तंभ हैं, जो निवेशकों को बाजार की अस्थिरता से बचाते हैं। उन्नत विविधीकरण केवल परिसंपत्ति वर्गों से परे जाकर विभिन्न कारकों और भौगोलिक क्षेत्रों में निवेश को फैलाता है।

### सहसंबंध मैट्रिक्स निर्माण (Correlation Matrix)

सहसंबंध गुणांक (Correlation Coefficient) एक महत्वपूर्ण सांख्यिकीय माप है जो दर्शाता है कि दो परिसंपत्तियाँ ऐतिहासिक रूप से एक-दूसरे के संबंध में कैसे चलती हैं; इसका मान -1.0 से +1.0 तक होता है। आधुनिक पोर्टफोलियो सिद्धांत (MPT) (Modern Portfolio

Theory) के अनुसार, जोखिम कम करने की कुंजी उन परिसंपत्तियों को पोर्टफोलियो में जोड़ना है जिनका एक-दूसरे के साथ कम या नकारात्मक सहसंबंध हो। इसका मुख्य लाभ यह है कि जब एक परिसंपत्ति गिरती है, तो दूसरी स्थिर रहती है या बढ़ती है, जिससे समग्र पोर्टफोलियो स्थिर रहता है।

### कारक विविधीकरण (Factor Diversification)

यह विविधीकरण की एक उन्नत रणनीति है जो परिसंपत्ति वर्गों के बजाय अंतर्निहित विशेषताओं या कारकों (Factors) पर निवेश करती है। दो प्रमुख कारक हैं:

- **मूल्य (Value):** कम मूल्यांकन वाली कंपनियों में निवेश करना, जो अक्सर लंबी अवधि में उच्च रिटर्न देती हैं।
- **गति (Momentum):** उन स्टॉक्स में निवेश करना जो हाल के दिनों में अच्छा प्रदर्शन कर रहे हैं, जिससे अल्पावधि रुझानों का लाभ उठाया जा सके।

चूंकि Value और Momentum अक्सर विपरीत दिशाओं में चलते हैं, उन्हें मिलाकर पोर्टफोलियो की अस्थिरता को कम किया जा सकता है।

### मुद्रा विविधीकरण (Currency Diversification)

मुद्रा विविधीकरण का महत्व Foreign Exchange दर में उतार-चढ़ाव से जुड़े जोखिम को कम करने के लिए निवेश को विभिन्न देशों की मुद्राओं में फैलाना है। यह सुनिश्चित करता है कि अंतर्राष्ट्रीय निवेश किसी एक देश की मुद्रा-विशेष घटना से सुरक्षित रहें।

### पुनर्संतुलन बोनस (Rebalancing Bonus)

पुनर्संतुलन (Rebalancing) वह अनुशासित प्रक्रिया है जहाँ आप नियमित रूप से पोर्टफोलियो को उसके मूल परिसंपत्ति आवंटन पर वापस लाते हैं। यह बढ़े हुए एसेट्स को बेचकर मुनाफा सुरक्षित करता है और गिरे हुए एसेट्स को खरीदकर जोखिम को नियंत्रित रखता है, जिससे आपको अपने मूल जोखिम प्रोफ़ाइल के अनुरूप रहने में मदद मिलती है।

### अत्यधिक विविधीकरण के मिथक और दंड

एक आम मिथक यह है कि विविधीकरण सभी जोखिमों को खत्म करता है, और जितनी अधिक संपत्ति, उतना बेहतर। हालांकि, सच्चाई यह है कि विविधीकरण केवल Unsystematic Risk (अव्यवस्थित जोखिम) को कम करता है। अति-विविधीकरण (Over-diversification) वास्तव में रिटर्न को कम कर सकता है और अनावश्यक लागत बढ़ा सकता है, क्योंकि किसी भी सफल निवेश का प्रभाव नगण्य हो जाता है।

* * * * *

**"एसेट एलोकेशन आपके पोर्टफोलियो का इंजन है और विविवधीकरण (Diversification) उसका बीमा। सही संतुलन ही बाजार के तूफानों में आपकी नाव को डूबने से बचा सकता है।"**

## 39.4 व्यावहारिक प्रश्नों के उत्तर

**प्रश्न 1:** एक व्यक्ति अपना सारा पैसा (₹10,00,000) केवल एक ही कंपनी के शेयर में लगा देता है। दूसरा व्यक्ति ₹5,00,000 शेयर में और ₹5,00,000 गोल्ड (Gold) में लगाता है। अगर शेयर बाजार 20% गिर जाता है और गोल्ड 10% बढ़ जाता है, तो दोनों की स्थिति क्या होगी?

**उत्तर:**

केस 1 (केवल शेयर): ₹10,00,000 - 20% = ₹8,00,000 (₹2 लाख का नुकसान)

केस 2 (मिश्रण): (₹4,00,000) + (₹5,50,000) = ₹9,50,000 (केवल ₹50,000 का नुकसान)

व्यक्ति 1 को ₹2 लाख का सीधा नुकसान हुआ, जबकि व्यक्ति 2 ने विविधीकरण (अलग-अलग परिसंपत्तियों में निवेश) के कारण अपने नुकसान को कम कर लिया और उसे केवल ₹50,000 का घाटा हुआ। यह दिखाता है कि एक ही जगह सारा पैसा लगाने से जोखिम बढ़ जाता है, जबकि अलग-अलग जगहों पर निवेश करने से जोखिम बंट जाता है.

सीख: अलग-अलग संपत्तियों का प्रदर्शन एक जैसा नहीं होता, जिससे पोर्टफोलियो की स्थिरता बनी रहती है।

**प्रश्न 2:** "Rule of 100" के अनुसार, एक 40 वर्षीय निवेशक को अपनी बचत का कितना प्रतिशत हिस्सा इक्विटी (Equity) में रखना चाहिए?

**उत्तर:**

इक्विटी(%) = 100 - 40 (Age) = 60%

सीख: जैसे-जैसे उम्र बढ़ती है, जोखिम लेने की क्षमता कम होती है, इसलिए सुरक्षित साधनों (Debt) का हिस्सा बढ़ाया जाना चाहिए।

**प्रश्न 3:** एक निवेशक बाजार की स्थितियों की परवाह किए बिना हमेशा 60:40 (इक्विटी:डेट) का अनुपात बनाए रखता है। वहीं दूसरा निवेशक बाजार महंगा होने पर इक्विटी कम कर देता है। इन रणनीतियों को क्या कहेंगे?

**उत्तर:**

इन दो निवेश रणनीतियों को निम्नलिखित नामों से जाना जाता है:

1. पहली रणनीति (60:40 अनुपात): इसे 'फिक्स्ड एसेट एलोकेशन' (Fixed Asset Allocation) या 'स्टेटिक एसेट एलोकेशन' कहा जाता है। इसमें निवेशक अपने पोर्टफोलियो के संतुलन को बनाए रखने के लिए समय-समय पर 'रीबैलेंसिंग' करता है, चाहे बाजार की स्थिति कैसी भी हो।

2. दूसरी रणनीति (बाजार के अनुसार बदलाव): इसे 'डायनेमिक एसेट एलोकेशन' (Dynamic Asset Allocation) या 'टेक्टिकल एसेट एलोकेशन' (Tactical Asset Allocation) कहा जाता है। इसमें निवेशक बाजार के मूल्यांकन (जैसे P/E रेशियो) के आधार पर इक्विटी और डेट के बीच बदलाव करता है ताकि जोखिम कम और रिटर्न ज्यादा मिल सके।

सीख: डायनेमिक रणनीति बाजार के अवसरों का लाभ उठाने की कोशिश करती है।

**प्रश्न 4:** एक निवेशक ने केवल भारतीय कंपनियों में निवेश किया है। यदि भारतीय रुपया डॉलर के मुकाबले कमजोर हो जाता है और भारतीय बाजार गिरता है, तो उसे कौन सी रणनीति बचा सकती थी?

**उत्तर:**

इस निवेशक को विदेशी मुद्रा हेजिंग (Currency Hedging), डॉलर-संपन्न संपत्तियों (USD-denominated assets) जैसे अमेरिकी इक्विटी या फंड, और निर्यात-उन्मुख भारतीय कंपनियों में निवेश करने जैसी रणनीतियाँ बचा सकती थीं, क्योंकि कमजोर रुपया उन्हें डॉलर में ज्यादा कमाई देगा, और वैश्विक विविधीकरण (Global diversification) से भारतीय बाजार के गिरने के प्रभाव को कम किया जा सकता था।

सीख: विभिन्न देशों की अर्थव्यवस्थाएं अलग-अलग चक्रों में चलती हैं।

**प्रश्न 5:** पोर्टफोलियो के जोखिम को कम करने के लिए आपको ऐसी संपत्तियां चुननी चाहिए जिनका कोरिलेशन (Correlation) कैसा हो?

**उत्तर:**

पोर्टफोलियो के जोखिम को कम करने के लिए आपको ऐसी संपत्तियां (Assets) चुननी चाहिए जिनका कोरिलेशन (Correlation) नकारात्मक (Negative) या कम (Low) हो।

आदर्श रूप से, जब एक निवेश की कीमत गिरती है, तो दूसरे की कीमत बढ़नी चाहिए या स्थिर रहनी चाहिए, जिससे पोर्टफोलियो का कुल जोखिम कम हो जाता है।

सीख: यदि संपत्ति A गिरे, तो संपत्ति B को स्थिर रहना चाहिए या बढ़ना चाहिए।

**प्रश्न 6:** आपके पास 10 अलग-अलग कंपनियों के शेयर हैं, लेकिन वे सभी 'बैंकिंग और फाइनेंस' सेक्टर के हैं। क्या यह सही विविधीकरण है?

**उत्तर:**

नहीं, यह सही विविधीकरण (Diversification) नहीं है। निवेश विविधीकरण (Investment Diversification) का मुख्य उद्देश्य जोखिम को कम करना होता है, जो इस स्थिति में पूरा नहीं हो रहा है।

इसके मुख्य कारण निम्नलिखित हैं:

सेक्टर एकाग्रता जोखिम (Sector Concentration Risk): भले ही आपके पास 10 अलग-अलग कंपनियाँ हैं, लेकिन वे सभी एक ही सेक्टर (बैंकिंग और फाइनेंस) से जुड़ी हैं। यदि बैंकिंग सेक्टर में कोई मंदी आती है या सरकार की नीतियों में बदलाव होता है, तो आपके सभी 10 शेयरों की कीमत एक साथ गिर सकती है।

प्रणालीगत जोखिम (Systemic Risk): ब्याज दरों में बदलाव या RBI के कड़े नियम पूरे वित्तीय क्षेत्र को प्रभावित करते हैं। ऐसी स्थिति में, अलग-अलग कंपनियों के शेयर होने के बावजूद आपका पूरा पोर्टफोलियो घाटे में जा सकता है।

सही विविधीकरण का अर्थ: एक संतुलित पोर्टफोलियो वह है जिसमें अलग-अलग सेक्टर (जैसे-आईटी, फार्मा, ऑटोमोबाइल, एफएमसीजी आदि) के शेयर शामिल हों।

सीख: जोखिम कम करने के लिए आपको अपने निवेश को विभिन्न उद्योगों और क्षेत्रों में फैलाना चाहिए।

**प्रश्न 7:** एक निवेशक अपने पोर्टफोलियो को हर महीने रीबैलेंस करता है और दूसरा साल में एक बार। अधिक ट्रांजेक्शन लागत और टैक्स के कारण किसे नुकसान हो सकता है?

**उत्तर:**

इस स्थिति में पहले निवेशक (जो हर महीने रीबैलेंस करता है) को अधिक नुकसान होने की संभावना है।

इसके मुख्य कारण निम्नलिखित हैं:

अधिक ट्रांजेक्शन लागत (Higher Transaction Costs): हर महीने संपत्ति खरीदने और बेचने से ब्रोकरेज शुल्क और अन्य ट्रांजेक्शन चार्ज बार-बार लगते हैं, जो कुल रिटर्न को कम कर देते हैं।

टैक्स का बोझ (Tax Implication): बार-बार बेचने के कारण निवेशक को 'शॉर्ट टर्म कैपिटल गेन्स टैक्स' (Short-term Capital Gains Tax) देना पड़ सकता है, जिसकी दर आमतौर पर लॉन्ग टर्म टैक्स से अधिक होती है।

कंपाउंडिंग में बाधा: बार-बार मुनाफा बुक करने और टैक्स/लागत भरने से निवेश की कंपाउंडिंग (चक्रवृद्धि ब्याज) की गति धीमी हो जाती है।

इसके विपरीत, साल में एक बार रीबैलेंस करने वाला निवेशक कम लागत और बेहतर टैक्स दक्षता (Tax Efficiency) का लाभ उठा पाता है।

सीख: पोर्टफोलियो को बहुत जल्दी-जल्दी छेड़ना 'रिटर्न' को कम कर सकता है। छमाही या वार्षिक रीबैलेंसिंग आमतौर पर सबसे अच्छी होती है।

**प्रश्न 8:** पोर्टफोलियो में स्थिरता के लिए लार्ज कैप और ग्रोथ के लिए स्मॉल कैप का इस्तेमाल किया जाता है। एक आदर्श 'आक्रामक' (Aggressive) निवेशक के पोर्टफोलियो में स्मॉल कैप का हिस्सा कैसा होना चाहिए?

**उत्तर:**

एक 'आक्रामक' (Aggressive) निवेशक के पोर्टफोलियो में स्मॉल कैप का हिस्सा आमतौर पर 25% से 35% के बीच होना चाहिए।

आक्रामक निवेश के लिए मुख्य बिंदु निम्नलिखित हैं:

अधिक रिटर्न की संभावना: स्मॉल कैप कंपनियां तेजी से बढ़ने की क्षमता रखती हैं, जो लंबी अवधि में पोर्टफोलियो की कुल ग्रोथ को बढ़ाती हैं।

उच्च जोखिम: इनमें अस्थिरता (volatility) अधिक होती है, इसलिए एक आक्रामक निवेशक को भारी गिरावट झेलने के लिए तैयार रहना चाहिए।

संतुलन: यदि पोर्टफोलियो बहुत ज्यादा आक्रामक है, तो भी शेष हिस्सा (65%-75%) लार्ज कैप और मिड कैप में रखना चाहिए ताकि मंदी के समय पूरी पूंजी सुरक्षित रहे।

स्मॉल कैप में निवेश तभी करना चाहिए जब निवेशक का नजरिया कम से कम 7 से 10 साल का हो।

सीख: बाजार पूंजीकरण (Market Cap) के आधार पर विविधीकरण जोखिम और रिटर्न को संतुलित करता है।

**प्रश्न 9:** बाजार में भारी मंदी (Crash) के दौरान पोर्टफोलियो को पूरी तरह साफ होने से कौन सी संपत्ति बचाती है?

**उत्तर:**

मंदी (Market Crash) के दौरान पोर्टफोलियो को पूरी तरह साफ होने से सुरक्षित संपत्ति (Safe Haven Assets) और विविधीकरण (Diversification) बचाते हैं। इनमें सबसे महत्वपूर्ण संपत्तियां निम्नलिखित हैं:

सोना (Gold): इसे संकट के समय की सबसे सुरक्षित संपत्ति माना जाता है। जब शेयर बाजार गिरता है, तो आमतौर पर सोने की कीमतें बढ़ती हैं, जो आपके पोर्टफोलियो के नुकसान की भरपाई करता है।

नकद और लिक्विड फंड (Cash & Liquid Funds): पोर्टफोलियो का कुछ हिस्सा नकद या लिक्विड म्यूचुअल फंड में होने से आपकी पूंजी सुरक्षित रहती है और आपको गिरावट में सस्ते शेयर खरीदने का मौका मिलता है।

सरकारी बॉन्ड (Government Bonds): ये निश्चित रिटर्न देते हैं और शेयर बाजार की अस्थिरता से प्रभावित नहीं होते।

ऋण साधन (Debt Instruments): फिक्स्ड डिपॉजिट (FD) और स्थिर डेट फंड पोर्टफोलियो को स्थिरता प्रदान करते हैं।

सीख: एक संतुलित पोर्टफोलियो जिसमें इक्विटी के साथ-साथ सोना और डेट (Debt) शामिल हो, वही भारी मंदी में डूबने से बचता है।

**प्रश्न 10:** एक निवेशक ने ₹1 लाख को 100 अलग-अलग शेयरों में बांट दिया है। क्या यह एक अच्छी रणनीति है?

**उत्तर:**

यह निवेश रणनीति विवादास्पद है और इसके फायदे से ज्यादा नुकसान हो सकते हैं। ₹1 लाख को 100 शेयरों में बांटने का मतलब है कि प्रत्येक शेयर में केवल ₹1,000 का निवेश किया गया है।

इस रणनीति के मुख्य पहलू निम्नलिखित हैं:

अत्यधिक विविधीकरण (Over-diversification): इतने कम निवेश के लिए 100 शेयर बहुत अधिक हैं। यदि एक शेयर 20-30% बढ़ भी जाए, तो आपके कुल पोर्टफोलियो पर उसका असर नगण्य होगा।

लेन-देन की लागत (Transaction Costs): हर खरीद और बिक्री पर ब्रोकरेज शुल्क और टैक्स (जैसे STT और GST) लगते हैं। ₹1,000 के निवेश पर ये शुल्क आपके मुनाफे का एक बड़ा हिस्सा खा सकते हैं।

ट्रैकिंग की समस्या: एक व्यक्तिगत निवेशक के लिए 100 अलग-अलग कंपनियों के प्रदर्शन, तिमाही नतीजों और खबरों पर नज़र रखना व्यावहारिक रूप से असंभव है।

इंडेक्स फंड बेहतर विकल्प: यदि आप 100 शेयरों का विविधीकरण चाहते हैं, तो बेहतर है कि आप Nifty 50 या Nifty 100 इंडेक्स फंड में निवेश करें। वहां पेशेवर मैनेजर कम लागत पर आपके लिए यह काम करते हैं।

बेहतर रणनीति: ₹1 लाख के पोर्टफोलियो के लिए 10 से 15 अच्छी गुणवत्ता वाले शेयर पर्याप्त विविधीकरण प्रदान करते हैं और उन्हें ट्रैक करना भी आसान होता है

सीख: बहुत ज्यादा विविधीकरण करने से आपका रिटर्न 'औसत' रह जाता है और पोर्टफोलियो को ट्रैक करना मुश्किल हो जाता है। 15-25 शेयर आमतौर पर पर्याप्त होते हैं।

## 39.5 प्रश्नोत्तर परीक्षा (Quiz)

Q1. विविधीकरण (Diversification) का मुख्य उद्देश्य क्या है?

(A) रिटर्न बढ़ाना

(B) केवल इक्विटी

(C) जोखिम कम करना – "सारे अंडे एक टोकरी में न रखें"

(D) केवल FD

Q2. किताब में विविधीकरण को क्या कहा गया है?

(A) अनावश्यक

(B) निवेश का सबसे सस्ता बीमा – जोखिम कम करता है बिना रिटर्न घटाए

(C) केवल अमीरों के लिए

(D) केवल शॉर्ट टर्म

Q3. Asset Class विविधीकरण में मुख्य रूप से कौन-से शामिल हैं?

(A) इक्विटी, डेट, गोल्ड, रियल एस्टेट
(B) केवल इक्विटी
(C) केवल डेट
(D) केवल क्रिप्टो

Q4. मार्केट कैप विविधीकरण का मतलब क्या है?
(A) केवल लार्ज कैप
(B) लार्ज, मिड, स्मॉल कैप में बांटना
(C) केवल स्मॉल कैप
(D) कोई बंटवारा नहीं

Q5. सेक्टर विविधीकरण क्यों जरूरी है?
(A) एक सेक्टर गिरे तो दूसरा संभाल ले
(B) सारा एक सेक्टर में
(C) कोई जरूरत नहीं
(D) केवल बैंक

Q6. भौगोलिक विविधीकरण का फायदा क्या है?
(A) केवल भारत
(B) केवल USA
(C) भारत + अंतरराष्ट्रीय – करेंसी और देश जोखिम कम
(D) कोई फायदा नहीं

Q7. उम्र के साथ इक्विटी आवंटन कैसे बदलना चाहिए?
(A) जवान = ज्यादा इक्विटी, बुजुर्ग = कम इक्विटी
(B) हमेशा 100% इक्विटी
(C) हमेशा 0% इक्विटी
(D) कोई बदलाव नहीं

Q8. 30 साल के व्यक्ति का आदर्श इक्विटी % कितना?
(A) 20-30% (B) 70-90% (C) 0% (D) 100% डेट

Q9. 60 साल के व्यक्ति का आदर्श इक्विटी % कितना?
(A) 80-100% (B) 20-40% (C) 0% (D) 100%

Q10. गोल्ड पोर्टफोलियो में कितना % रखना चाहिए?
(A) 0% (B) 50% (C) 5-15% (D) 100%

Q11. रियल एस्टेट पोर्टफोलियो में कैसे जोड़ा जाता है?
(A) डायरेक्ट प्रॉपर्टी
(B) REITs/InvITs से (तरलता + छोटी राशि)
(C) कोई जरूरत नहीं
(D) केवल बैंक लोन

Q12. अंतरराष्ट्रीय विविधीकरण का सबसे आसान तरीका क्या है?
(A) डायरेक्ट USA स्टॉक
(B) इंटरनेशनल ETF/फंड (Motilal Oswal NASDAQ 100 आदि)
(C) केवल भारत
(D) कोई नहीं

Q13. Rebalancing का सबसे बड़ा फायदा क्या है?
(A) तय अनुपात बनाए रखना – कम जोखिम में खरीद, ज्यादा में बेच
(B) ज्यादा ट्रेड
(C) कर बढ़ाना
(D) कोई फायदा नहीं

Q14. Core-Satellite रणनीति में Core हिस्सा कितना %?

(A) 20-30% (B) 70-80% पैसिव इंडेक्स

(C) 100% एक्टिव (D) कोई कोर नहीं

Q15. Satellite हिस्सा में क्या रखा जाता है?

(A) पैसिव इंडेक्स (B) केवल गोल्ड

(C) केवल FD (D) एक्टिव/सेक्टोरल/थीमैटिक फंड (20-30%)

Q16. Dynamic Asset Allocation फंड क्या करता है?

(A) फिक्स्ड रखता है (B) मार्केट वैल्यूएशन के आधार पर इक्विटी-डेट बदलता रहता है

(C) कोई बदलाव नहीं (D) केवल इक्विटी

Q17. किताब में विविधीकरण को कितना महत्व दिया गया है?

(A) कोई महत्व नहीं (B) सबसे महत्वपूर्ण – जोखिम कम करने का सबसे बड़ा हथियार

(C) केवल रिटर्न के लिए (D) केवल टैक्स

Q18. बहुत ज्यादा विविधीकरण की समस्या क्या है?

(A) Diworsification – रिटर्न कम हो जाता है (B) जोखिम बढ़ता है

(C) कोई समस्या नहीं (D) कर बढ़ता है

Q19. सबसे अच्छा पोर्टफोलियो कौन-सा है?

(A) जो आपकी उम्र, जोखिम क्षमता और लक्ष्य के अनुसार हो

(B) सबके लिए एक ही

(C) केवल इक्विटी

(D) केवल FD

Q20. किताब का मुख्य संदेश इस चैप्टर में क्या है?

(A) सारा पैसा एक जगह

(B) केवल एक्टिव फंड

(C) कोई विविधीकरण नहीं

(D) स्मार्ट विविधीकरण + नियमित रीबैलेंसिंग = स्थिर और बढ़िया रिटर्न

**Answer Key**

| Q | 1 | 2 | 3 | 4 | 5 | 6 | 7 | 8 | 9 | 10 | 11 | 12 | 13 | 14 | 15 | 16 | 17 | 18 | 19 | 20 |
|---|---|---|---|---|---|---|---|---|---|---|---|---|---|---|---|---|---|---|---|---|
| Ans. | C | B | A | B | A | C | A | B | B | C | B | B | A | B | D | B | B | A | A | D |

# Chapter 40 फंडामेंटल और टेक्निकल का संगम

**"बेहतरीन शेयरों के चयन के लिए फंडामेंटल और सही समय पर प्रवेश के लिए टेक्निकल एनालिसिस का मेल जरूरी है। दोनों के समन्वय से निवेश में जोखिम कम होता है और मुनाफे की संभावना अधिकतम हो जाती है।"**

निवेश की दुनिया में अक्सर एक बहस होती है: फंडामेंटल एनालिसिस बेहतर है या टेक्निकल? लेकिन सबसे सफल निवेशक जानते हैं कि असली जादू इन दोनों के 'मिलन' में है। यदि फंडामेंटल एनालिसिस आपको यह बताता है कि 'क्या' खरीदना है, तो टेक्निकल एनालिसिस आपको यह सिखाता है कि 'कब' खरीदना है। यह अध्याय इन दोनों दिग्गजों को एक साथ लाने की वह आधुनिक रणनीति है, जो आपके निवेश को एक पूर्ण और अचूक स्वरूप प्रदान करती है।

इस चैप्टर में हम कोर इंटीग्रेशन की तकनीकों को समझेंगे, जैसे कि कैसे तिमाही नतीजों (Quarterly Earnings) की मजबूती को चार्ट ब्रेकआउट के साथ जोड़कर बड़े मुनाफे वाले स्टॉक्स पकड़े जाते हैं। हम विश्व प्रसिद्ध **CANSLIM** पद्धति का भी गहराई से अध्ययन करेंगे, जो फंडामेंटल विकास और तकनीकी गति का एक बेहतरीन मिश्रण है। यह अध्याय आपको सिखाएगा कि कैसे खराब फंडामेंटल वाले 'सस्ते चार्ट' के जाल से बचना है और कैसे मजबूत कंपनियों में सही समय पर एंट्री लेनी है। यह एकीकरण न केवल आपके रिटर्न को अधिकतम करेगा, बल्कि आपके निवेश को वैज्ञानिक रूप से सुरक्षित और पूर्ण बनाएगा।

## 40.1 सफल निवेश का मंत्र: फंडामेंटल और टेक्निकल का संगम

मौलिक विश्लेषण (Fundamental Analysis - FA) किसी कंपनी की वास्तविक आर्थिक सेहत और उसके भविष्य की संभावनाओं को समझने का विज्ञान है। इसमें केवल तिमाही नतीजों को ही नहीं देखा जाता, बल्कि कंपनी के पूरे बिजनेस मॉडल का गहराई से अध्ययन किया जाता है। एक निवेशक के तौर पर आप कंपनी की बैलेंस शीट, कैश फ्लो और लाभ-हानि के विवरणों की जांच करते हैं ताकि उसके आंतरिक मूल्य (Intrinsic Value) का पता लगाया जा सके। इसके अलावा, गुणात्मक कारक जैसे कि मैनेजमेंट की ईमानदारी, ब्रांड की मजबूती और प्रतिस्पर्धियों की तुलना में कंपनी की स्थिति (जिसे 'Moat' कहा जाता है) का भी विश्लेषण किया जाता है। सरल शब्दों में, FA आपको यह बताता है कि "क्या खरीदना है" और क्या वह स्टॉक अपने सही दाम पर मिल रहा है या नहीं। यह एक लंबी अवधि का दृष्टिकोण है जो कंपनी की बुनियाद पर भरोसा करता है।

वहीं, तकनीकी विश्लेषण (Technical Analysis - TA) पूरी तरह से बाजार की मनोविज्ञान और मूल्य के उतार-चढ़ाव पर आधारित है। यह इस सिद्धांत पर काम करता है कि "भाव ही भगवान है" और इतिहास खुद को चार्ट पर दोहराता है। TA का उपयोग करके ट्रेडर बाजार की दिशा (Trend) को पहचानते हैं और यह तय करते हैं कि निवेश करने का सबसे सटीक समय (Timing) कौन सा है। चार्ट पर बनने वाले पैटर्न, जैसे कि 'हेड एंड शोल्डर्स' या 'डबल बॉटम', और तकनीकी संकेतक जैसे RSI या मूविंग एवरेज, बाजार की वर्तमान गति और संभावित बदलावों के बारे में बताते हैं। TA आपको यह तय करने में मदद करता है कि "कब खरीदना है

और कब बेचना है" ताकि आप बाजार के उतार-चढ़ाव का अधिकतम लाभ उठा सकें और अपने जोखिम को कम कर सकें।

इन दोनों पद्धतियों का एकीकरण (Integration) एक निवेशक को 'सुपर-पावर' प्रदान करता है। जब आप FA का उपयोग करके एक मजबूत कंपनी चुनते हैं और फिर TA का उपयोग करके उसमें सही ब्रेकआउट स्तर पर प्रवेश करते हैं, तो आपकी सफलता की संभावना कई गुना बढ़ जाती है। उदाहरण के लिए, यदि किसी कंपनी के फंडामेंटल बहुत मजबूत हैं (जैसे कि कर्ज में कमी या भारी मुनाफा), तो यह एक सकारात्मक ट्रिगर है। लेकिन केवल खबर सुनकर खरीदना जोखिम भरा हो सकता है। यदि उसी समय चार्ट पर एक बुलिश ब्रेकआउट (Bullish Breakout) भारी वॉल्यूम के साथ दिखाई देता है, तो यह इस बात की पुष्टि करता है कि बड़े निवेशक (Institutions) भी उस स्टॉक में रुचि ले रहे हैं। यह 'फिल्टर और टाइम' की रणनीति आपको 'वैल्यू ट्रैप' (सस्ते दिखने वाले खराब स्टॉक्स) से बचाती है और आपके पोर्टफोलियो को मजबूती प्रदान करती है।

## 40.2 CANSLIM: सफल स्टॉक चयन की रणनीति

CANSLIM एक उच्च-विकास वाले शेयरों) Growth Stocks) को चुनने की प्रणाली है, जिसे प्रसिद्ध निवेशक विलियम ओ'नील ने विकसित किया है। यह रणनीति सात विशिष्ट विशेषताओं का एक संक्षिप्त रूप है, जो ऐतिहासिक रूप से सबसे अधिक लाभ देने वाले शेयरों में देखी गई हैं। इसका मुख्य उद्देश्य उन शेयरों की पहचान करना है जो संस्थानिक निवेशकों )Institutions) द्वारा खरीदे जाने से पहले बड़ी तेजी दिखाने की क्षमता रखते हैं। यह रणनीति मौलिक विश्लेषण) FA), जो कंपनी की सेहत बताता है, और तकनीकी विश्लेषण) TA), जो बाज़ार में प्रवेश के सही समय का संकेत देता है, का एक अनूठा संगम है।

इस रणनीति के **पहले तीन अक्षर कंपनी की आंतरिक मजबूती पर ध्यान केंद्रित करते हैं।**

**'C'** (Current Quarterly Earnings) का अर्थ है कि कंपनी की वर्तमान तिमाही की प्रति शेयर आय) EPS) में पिछली तिमाही की तुलना में कम से कम 25% की वृद्धि होनी चाहिए।

**'A'** (Annual Earnings) पिछले 3 से 5 वर्षों में कम से कम 25% की स्थिर वार्षिक वृद्धि दर की मांग करता है।

**'N'** (New Product/Management/Highs) यह दर्शाता है कि स्टॉक में कुछ नया होना चाहिए—जैसे नया उत्पाद, नया प्रबंधन, या स्टॉक का अपने 52-सप्ताह के उच्चतम स्तर) New Highs) को पार करना—जो कीमतों में उछाल के लिए एक उत्प्रेरक) Catalyst) के रूप में कार्य करे।

**अगले चार अक्षर बाज़ार की गतिशीलता और मांग को मापते हैं।**

**'S'** (Supply and Demand) के अनुसार, कम फ्लोट) कम शेयर संख्या (वाले स्टॉक जिनमें भारी वॉल्यूम के साथ मांग बढ़ रही हो, तेज़ी से भागते हैं।

**'L'** (Leader or Laggard) निवेशक को सलाह देता है कि वे अपने क्षेत्र के पिछलग्गू शेयरों के बजाय केवल 'मार्केट लीडर्स' को ही चुनें, जिनका रिलेटिव स्ट्रेंथ) RS) स्कोर 80 से अधिक हो।

**'I'** (Institutional Sponsorship) का अर्थ है कि कम से कम कुछ शीर्ष प्रदर्शन करने वाले म्यूचुअल फंडों या संस्थानों का उस शेयर में निवेश होना चाहिए, जो एक प्रकार की विश्वसनीयता प्रदान करता है।

**'M'** (Market Direction) सबसे महत्वपूर्ण कारक है; यह रणनीति केवल तभी सबसे अच्छा काम करती है जब पूरा बाज़ार एक स्पष्ट अपट्रेंड) Confirmed Uptrend) में हो।

## 40.3 सही स्टॉक और सही समय: निवेश की हाइब्रिड रणनीति

वैल्यू निवेश (Fundamental Analysis - FA) का मूल सिद्धांत उन कंपनियों की खोज करना है जिनका शेयर बाज़ार में मूल्य उनके वास्तविक मूल्य) Intrinsic Value) से कम है। यह एक" नींव बनाने "जैसी प्रक्रिया है, जहाँ निवेशक कंपनी के वित्तीय स्वास्थ्य की गहराई से जाँच करते हैं। इसमें मात्रात्मक मानदंड जैसे कि P/E Ratio (शेयर की कीमत बनाम कमाई(, P/B Ratio (कीमत बनाम बुक वैल्यू(, और Debt-to-Equity Ratio (कंपनी पर कर्ज का बोझ (का विश्लेषण किया जाता है। इसके साथ ही, गुणात्मक कारक जैसे कि कंपनी के मैनेजमेंट की दूरदर्शिता और उसका 'कॉम्पिटिटिव एडवांटेज' (बाज़ार में उसकी पकड़ (यह तय करते हैं कि कंपनी लंबी अवधि में टिकी रहेगी या नहीं। यह रणनीति मुख्य रूप से स्थिरता और सुरक्षा प्रदान करती है, ताकि निवेशक बाज़ार के शोर से दूर रहकर एक मजबूत पोर्टफोलियो बना सके।

वहीं, मोमेंटम निवेश (Technical Analysis - TA) का ध्यान" गति "और" समय " पर होता है। यह रणनीति मानती है कि यदि किसी शेयर में हाल ही में मजबूती देखी गई है, तो वह आगे भी जारी रह सकती है। इसके लिए चार्ट पैटर्न और ट्रेंड लाइन्स का उपयोग करके उन शेयरों की पहचान की जाती है जिनमें 'अपवर्ड ट्रेंड' (कीमतों में वृद्धि का रुझान (साफ़ दिखाई दे रहा हो। मोमेंटम का उद्देश्य अल्पकालिक लाभ कमाना और बाज़ार की मौजूदा तेज़ी का फायदा उठाना है। जहाँ वैल्यू निवेश आपको यह बताता है कि "क्या खरीदना है", वहीं मोमेंटम आपको यह संकेत देता है कि बाज़ार में प्रवेश करने का "सही समय कब है"।

इन दोनों का संयोजन एक शक्तिशाली हाइब्रिड दृष्टिकोण बनाता है। यह प्रक्रिया अक्सर 'फंडामेंटल फिल्टर्स' से शुरू होती है, जहाँ हज़ारों कंपनियों में से केवल उन चुनिंदा कंपनियों को छाँटा जाता है जो वित्तीय रूप से बेहद मजबूत हैं। एक बार जब आपके पास अच्छी कंपनियों की सूची आ जाती है, तब उन पर 'मोमेंटम फिल्टर' लगाया जाता है। इससे यह फायदा होता है कि आप किसी अच्छी कंपनी में बहुत जल्दी निवेश करके वर्षों इंतज़ार करने के बजाय, तब निवेश करते हैं जब उसका भाव बाज़ार में भागना शुरू कर देता है। यह रणनीति "वैल्यू ट्रैप" (ऐसी कंपनियाँ जो सस्ती तो हैं पर जिनका भाव कभी नहीं बढ़ता (से बचने में मदद करती है और निवेश पर मिलने वाले रिटर्न की गति को तेज़ कर देती है।

## 40.4 निवेश का मास्टर प्लान: FA और TA का मेल

यह सेक्शन निवेश और जोखिम प्रबंधन के लिए मौलिक विश्लेषण (Fundamental Analysis - FA) और तकनीकी विश्लेषण (Technical Analysis - TA) को एकीकृत करने के लिए एक व्यापक ढाँचा प्रदान करता है। यह दृष्टिकोण केवल निवेश के समय को बेहतर बनाने के लिए नहीं, बल्कि समग्र पोर्टफोलियो स्थिरता और दीर्घकालिक धन सृजन को अधिकतम करने के लिए डिज़ाइन किया गया है।

### तकनीकी विश्लेषण :एंट्री और एग्जिट की गाइड

फंडामेंटली मजबूत स्टॉक को खरीदने या बेचने का सही समय मुख्य रूप से तकनीकी विश्लेषण (TA) टूल का उपयोग करके निर्धारित किया जाता है। मूविंग एवरेज (MA) का उपयोग करके, एक निवेशक तब 'एंट्री' (खरीद) करता है जब कीमत MA से ऊपर जाती है (जैसे 50 EMA), जिसे 'गोल्डन क्रॉस' भी कहा जाता है; और 'एग्जिट' (बेचता) करता है जब कीमत MA से नीचे जाती है, जिसे 'डेथ क्रॉस' कहते हैं। RSI (रिलेटिव स्ट्रेंथ इंडेक्स) का उपयोग ओवरसोल्ड और ओवरबॉट ज़ोन की पहचान के लिए किया जाता है: 30 से नीचे ओवरसोल्ड ज़ोन से ऊपर जाने पर खरीदारी का संकेत मिलता है, और 70 से ऊपर ओवरबॉट ज़ोन में प्रवेश करने पर बिकवाली का संकेत मिलता है। इसके अतिरिक्त, पैटर्न विश्लेषण में, ब्रेकआउट या सपोर्ट लेवल के पास एंट्री की जाती है, और रेजिस्टेंस या प्रॉफिट टारगेट पर एग्जिट किया जाता है।

## 40.5 पोजीशन स्केलिंग: निवेश की अनुशासित रणनीति

पोज़ीशन स्केलिंग निवेश की एक अनुशासित रणनीति है जिसमें एक बार में पूरी पूंजी का निवेश न करके, छोटे-छोटे हिस्सों में प्रवेश करना और बाहर निकलना शामिल है। 'स्केलिंग इन' का अर्थ है FA से मजबूत स्टॉक चुनना और TA सपोर्ट लेवल पर धीरे-धीरे खरीदना। 'स्केलिंग आउट' का अर्थ है TA रेजिस्टेंस लेवल या निर्धारित प्रॉफिट टारगेट पर धीरे-धीरे बेचकर मुनाफे को सुरक्षित करना।

### सेक्टर रोटेशन :निवेश की उन्नत रणनीति

इस उन्नत रणनीति में, मैक्रो डेटा (FA) जैसे जीडीपी वृद्धि और ब्याज दरों का विश्लेषण करके अर्थव्यवस्था के वर्तमान चरण (विस्तार या मंदी) का निर्धारण किया जाता है। फिर, सेक्टर रोटेशन (TA) का उपयोग करके, आर्थिक चरण के अनुसार सबसे अच्छा प्रदर्शन करने वाले क्षेत्र चुने जाते हैं (जैसे विस्तार में चक्रीय और मंदी में रक्षात्मक)। अंत में, उस क्षेत्र के सबसे अच्छे स्टॉक में एंट्री करने के लिए रिलेटिव स्ट्रेंथ और चार्ट ब्रेकआउट जैसे TA टूल का उपयोग किया जाता है।

### पोजीशन साइजिंग और स्टॉप-लॉस का महत्व

यह एक व्यापक सुरक्षा रणनीति है जो FA और TA द्वारा लिए गए निर्णयों के शीर्ष पर लागू होती है। इसमें 'पोज़ीशन साइज़िंग' शामिल है: FA द्वारा चयनित स्टॉक को TA द्वारा तय किए गए एंट्री पॉइंट पर खरीदते समय, कितनी पूंजी लगानी है (आमतौर पर प्रति ट्रेड 1-2% जोखिम)। साथ ही, TA सपोर्ट लेवल का उपयोग करके 'स्टॉप-लॉस' सेट किया जाता है, ताकि अप्रत्याशित नुकसान को नियंत्रित किया जा सके।

### कोर और सैटेलाइट :दीर्घकालिक और अल्पकालिक रणनीति

यह ढांचा लंबी अवधि में चक्रवृद्धि (Compounding) के लाभ को अधिकतम करता है। इसमें दो भाग होते हैं: 'कोर' (Core), जहाँ FA का उपयोग करके मजबूत कंपनियों में दीर्घकालिक निवेश किया जाता है; और 'सैटेलाइट' (Satellite), जहाँ TA का उपयोग करके इन कोर स्टॉक्स या अन्य अवसरों पर अल्पकालिक/मध्यम अवधि के ट्रेड किए जाते हैं।

* * * * *

**"फंडामेंटल विश्लेषण आपको बताता है कि 'क्या' खरीदना है, जबकि टेक्निकल विश्लेषण आपको बताता है कि 'कब' खरीदना है। जब आप एक मजबूत व्यवसाय वाली कंपनी (Fundamental) को सही चार्ट पैटर्न और मोमेंटम (Technical) के साथ जोड़ते हैं, तो आप न केवल जोखिम को कम करते हैं, बल्कि लाभ की संभावना को कई गुना बढ़ा देते हैं। इन दोनों का संगम ही एक पूर्ण निवेशक (Complete Investor) की पहचान है।"**

## 40.6 व्यावहारिक प्रश्नों के उत्तर

**प्रश्न 1:** एक निवेशक एक ऐसी कंपनी ढूंढता है जिसका ROE 25% है और कर्ज शून्य है। वह इसे तब खरीदता है जब स्टॉक अपने 200-दिन के मूविंग एवरेज (DMA) पर सपोर्ट ले रहा होता है। यहाँ 'क्या' और 'कब' का तालमेल कैसे बैठाया गया है?

**उत्तर:**

क्या' (मौलिक विश्लेषण - Fundamental Analysis): यहाँ निवेशक ने कंपनी की गुणवत्ता चुनी है। 25% का ROE (Return on Equity) उच्च लाभप्रदता को दर्शाता है, और 'शून्य कर्ज' यह सुनिश्चित करता है कि कंपनी वित्तीय रूप से सुरक्षित है। यह विश्लेषण बताता है कि क्या खरीदना है।

'कब' (तकनीकी विश्लेषण - Technical Analysis): निवेशक ने स्टॉक को तब खरीदा जब वह अपने 200-दिन के मूविंग एवरेज (DMA) पर सपोर्ट ले रहा था। 200-DMA एक महत्वपूर्ण दीर्घकालिक स्तर माना जाता है, जो यह तय करने में मदद करता है कि निवेश करने का सही समय कब है।

निष्कर्ष: निवेशक ने एक बेहतरीन कंपनी (क्या) को एक रणनीतिक कीमत/समय (कब) पर खरीदा है। यह दृष्टिकोण जोखिम को कम करता है और लाभ की संभावना को बढ़ाता है।

सीख: केवल अच्छे फंडामेंटल काफी नहीं हैं, गलत समय पर की गई एंट्री से पोर्टफोलियो लंबे समय तक लाल निशान में रह सकता है।

**प्रश्न 2:** एक शेयर का P/E रेशियो बहुत कम (5) है और बुक वैल्यू से नीचे ट्रेड कर रहा है। लेकिन टेक्निकल चार्ट पर यह लगातार 'Lower Lows' बना रहा है। एक इंटीग्रेटेड निवेशक क्या करेगा?

**उत्तर:**

एक इंटीग्रेटेड निवेशक (जो फंडामेंटल और टेक्निकल दोनों विश्लेषणों को जोड़ता है) इस स्थिति में 'प्रतीक्षा करें और देखें' (Wait and Watch) की नीति अपनाएगा। यहाँ उनके निर्णय लेने की प्रक्रिया दी गई है:

वैल्यू ट्रैप (Value Trap) की पहचान: कम P/E (5) और बुक वैल्यू से नीचे ट्रेड करना शेयर के "सस्ता" होने का संकेत है, लेकिन लगातार 'Lower Lows' यह दर्शाते हैं कि कंपनी में कुछ बुनियादी समस्या हो सकती है जो अभी सार्वजनिक नहीं हुई है। इसे वैल्यू ट्रैप कहा जाता है।

फंडामेंटल री-चेकिंग: निवेशक यह जांच करेगा कि P/E कम क्यों है? क्या कंपनी का मुनाफा गिर रहा है, भारी कर्ज है, या मैनेजमेंट में कोई गड़बड़ी है?

टेक्निकल्स को प्राथमिकता: 'Lower Lows' का मतलब है कि बाजार में बिकवाली का दबाव (Selling Pressure) बहुत अधिक है। एक इंटीग्रेटेड निवेशक कभी भी गिरते हुए चाकू (Falling Knife) को पकड़ने की कोशिश नहीं करता।

एंट्री का सही समय: निवेशक तब तक खरीदारी नहीं करेगा जब तक टेक्निकल चार्ट पर 'ट्रेंड रिवर्सल' (Trend Reversal) के संकेत न मिलें। वह शेयर को अपनी वॉचलिस्ट में रखेगा और तब निवेश करेगा जब चार्ट पर 'Higher High' और 'Higher Low' बनने शुरू होंगे।

निष्कर्ष: एक इंटीग्रेटेड निवेशक फिलहाल खरीदारी नहीं करेगा। वह फंडामेंटल मजबूती के बावजूद चार्ट पर गिरावट रुकने और सुधार (Reversal) शुरू होने का इंतजार करेगा।

सीख: टेक्निकल एनालिसिस आपको 'सस्ते लेकिन खराब' (Value Trap) शेयरों में फंसने से बचाता है।

**प्रश्न 3:** एक कंपनी के तिमाही नतीजे उम्मीद से बहुत अच्छे आए हैं। अगले ही दिन शेयर का भाव भारी वॉल्यूम के साथ अपने 2 साल के 'रेसिस्टेंस' को तोड़कर ऊपर निकल जाता है। यह किसका संकेत है?

**उत्तर:**

यह 'ब्रेकआउट' (Breakout) का संकेत है। शेयर बाजार की तकनीकी और मौलिक विश्लेषण (Technical & Fundamental Analysis) की भाषा में इसके निम्नलिखित मायने होते हैं:

(a) बुलिश रिवर्सल या ट्रेंड की शुरुआत: 2 साल के रेजिस्टेंस को तोड़ना यह दर्शाता है कि स्टॉक अब एक लंबी अवधि के 'कंसोलिडेशन' (स्थिरता) से बाहर निकल गया है। यह एक नए 'अपट्रेंड' (Uptrend) की शुरुआत हो सकती है।

(b) संस्थागत खरीदारी (Institutional Buying): भारी वॉल्यूम (High Volume) यह संकेत देता है कि केवल छोटे निवेशक ही नहीं, बल्कि बड़े संस्थान (FIIs और DIIs) भी अच्छे नतीजों के कारण उस शेयर में बड़ी पोजीशन बना रहे हैं।

(c) सेंटीमेंट में बदलाव: उम्मीद से बेहतर नतीजों ने निवेशकों के भरोसे को बढ़ाया है, जिससे रेजिस्टेंस लेवल पर होने वाली 'सप्लाई' को 'डिमांड' ने पूरी तरह सोख लिया है।

अगला लक्ष्य (Target): रेजिस्टेंस टूटने के बाद, अब वही पुराना रेजिस्टेंस लेवल भविष्य के लिए एक 'सपोर्ट' (Support) की तरह काम करेगा।

सावधानी: निवेशकों को यह भी देखना चाहिए कि क्या शेयर उस ब्रेकआउट स्तर के ऊपर टिक पा रहा है या नहीं। कई बार यह 'फेक ब्रेकआउट' भी हो सकता है, लेकिन भारी वॉल्यूम और मजबूत फंडामेंटल (अच्छे नतीजे) इसकी सफलता की संभावना को बढ़ा देते हैं।

सीख: जब फंडामेंटल ट्रिगर (अच्छे नतीजे) और टेक्निकल ब्रेकआउट एक साथ हों, तो शेयर में बड़ी तेजी की संभावना बढ़ जाती है।

**प्रश्न 4:** सरकार ने बुनियादी ढांचे (Infrastructure) के लिए बड़ा बजट आवंटित किया है। एक निवेशक पहले बेहतरीन इंफ्रा शेयर चुनता है और फिर चार्ट पर 'कन्फर्मेशन' का इंतजार करता है। इस प्रक्रिया के चरण क्या हैं?

**उत्तर:**

एक निवेशक के लिए बुनियादी ढांचे (Infrastructure) के क्षेत्र में सही शेयर चुनने और चार्ट पर 'कन्फर्मेशन' (Confirmation) प्राप्त करने की प्रक्रिया के मुख्य चरण निम्नलिखित हैं:

चरण 1: टॉप-डाउन फंडामेंटल एनालिसिस

सेक्टर का चयन: सरकार के बजट आवंटन को देखते हुए उन उप-क्षेत्रों (Sub-sectors) की पहचान करें जिन्हें सबसे ज्यादा फायदा होगा, जैसे सड़क, रेलवे, बंदरगाह या बिजली।

कंपनी की वित्तीय सेहत: ऐसी कंपनियां चुनें जिनका कर्ज कम हो, ऑर्डर बुक मजबूत हो और जिनके पास प्रोजेक्ट्स को समय पर पूरा करने का ट्रैक रिकॉर्ड हो। आप कंपनियों के फंडामेंटल्स की तुलना कर सकते हैं।

चरण 2: तकनीकी सेटअप की पहचान (Technical Setup)

ट्रेंड की पहचान: चार्ट पर यह देखें कि शेयर 'हायर हाई' (Higher High) बना रहा है या नहीं। निवेशक को हमेशा अपट्रेंड वाले शेयर को प्राथमिकता देनी चाहिए।

महत्वपूर्ण स्तर (Levels): शेयर के 'सपोर्ट' और 'रेजिस्टेंस' स्तरों को मार्क करें।

चरण 3: चार्ट पर 'कन्फर्मेशन' के संकेतक

ब्रेकआउट: जब शेयर अपने पिछले रेजिस्टेंस स्तर को भारी वॉल्यूम के साथ पार करता है, तो यह पहला कन्फर्मेशन होता है।

वॉल्यूम: कीमत में बढ़त के साथ वॉल्यूम का बढ़ना इस बात की पुष्टि करता है कि बड़े निवेशक (Institutional Investors) शेयर खरीद रहे हैं।

इंडिकेटर्स का उपयोग: RSI (Relative Strength Index) का 60 से ऊपर होना या Moving Averages (जैसे 50-day या 200-day EMA) के ऊपर शेयर का टिकना मजबूती का संकेत है। आप चार्ट्स का विश्लेषण कर सकते हैं।

चरण 4: रिस्क मैनेजमेंट और एंट्री

री-टेस्ट (Re-test): अक्सर सुरक्षित निवेशक ब्रेकआउट के बाद कीमत के वापस पुराने रेजिस्टेंस (जो अब सपोर्ट बन गया है) पर आने का इंतजार करते हैं।

स्टॉप लॉस (Stop Loss): एंट्री लेने से पहले अपना स्टॉप लॉस तय करें ताकि बाजार में गिरावट होने पर नुकसान सीमित रहे।

निष्कर्ष: पहले फंडामेंटल के आधार पर "क्या खरीदना है" (What to buy) तय करें और फिर तकनीकी चार्ट के आधार पर "कब खरीदना है" (When to buy) का कन्फर्मेशन लें। यह मेल निवेश की सफलता की संभावना को बढ़ा देता है।

सीख: व्यापक नजरिया जोखिम को कम करता है।

**प्रश्न 5:** कंपनी का मुनाफा (Profit) हर साल बढ़ रहा है, लेकिन पिछले 1 साल से शेयर की कीमत एक दायरे (Sideways) में फंसी है। अचानक चार्ट पर 'कप एंड हैंडल' पैटर्न का ब्रेकआउट होता है। इसे कैसे समझें?

**उत्तर:**

फंडामेंटल्स पहले से मजबूत थे, अब टेक्निकल ब्रेकआउट ने उस वैल्यू के 'अनलॉक' होने का संकेत दिया है।

सीख: फंडामेंटल बारूद है और टेक्निकल माचिस की तीली; धमाका (तेजी) तब होता है जब दोनों मिलते हैं।

**प्रश्न 6:** एक शेयर की इंट्रिन्सिक वैल्यू (Intrinsic Value) ₹500 है और वर्तमान भाव ₹550 है। चार्ट पर ₹510 पर एक बहुत मजबूत 'हिस्टोरिकल सपोर्ट' है। निवेशक को कहाँ खरीदना चाहिए?

**उत्तर:**

एक विवेकपूर्ण निवेशक को यह शेयर ₹510 के 'हिस्टोरिकल सपोर्ट' के पास खरीदना चाहिए।

इसके मुख्य कारण निम्नलिखित हैं:

सुरक्षा का मार्जिन (Margin of Safety): वर्तमान भाव (₹550) इंट्रिन्सिक वैल्यू (₹500) से अधिक है, जिसका अर्थ है कि शेयर अभी 'ओवरवैल्यूड' है। ₹510 पर खरीदने से आप इंट्रिन्सिक वैल्यू के बहुत करीब होते हैं, जिससे जोखिम कम हो जाता है।

तकनीकी मजबूती (Technical Strength): ₹510 पर 'मजबूत हिस्टोरिकल सपोर्ट' होने के कारण वहां से शेयर की कीमत वापस ऊपर जाने की संभावना अधिक है। इंट्रिन्सिक वैल्यू के पास खरीदना लंबी अवधि के लिए सुरक्षित होता है।

जोखिम-प्रतिफल अनुपात (Risk-Reward Ratio): ₹550 पर खरीदने में गिरावट का जोखिम अधिक है, जबकि ₹510 पर सपोर्ट होने के कारण आपका 'स्टॉप लॉस' छोटा होगा और मुनाफे की संभावना बढ़ जाएगी।

निष्कर्ष: वर्तमान भाव (₹550) पर खरीदने से बचें और ₹510 के स्तर का इंतज़ार करें।

**प्रश्न 7:** आपने एक मल्टीबैगर शेयर लिया है। कंपनी के फंडामेंटल अभी भी ठीक हैं, लेकिन शेयर की कीमत अपने 'Head and Shoulders' पैटर्न की नेकलाइन को तोड़ चुकी है और 50 DMA के नीचे आ गई है। क्या करेंगे?

**उत्तर:**

इस स्थिति में आपको अनुशासित तरीके से आंशिक या पूर्ण रूप से बाहर (Exit) निकलना चाहिए। इसके पीछे के प्रमुख कारण और रणनीतियाँ:

1. तकनीकी गिरावट के संकेत: 'Head and Shoulders' पैटर्न की नेकलाइन टूटना एक प्रमुख Bearish Reversal संकेत है। यह दर्शाता है कि स्टॉक का पिछला अपट्रेंड खत्म हो चुका है और अब वह गिरावट के दौर में है।

2. 50 DMA का टूटना: शेयर की कीमत का 50-दिवसीय मूविंग एवरेज (50 DMA) से नीचे आना अल्पकालिक कमजोरी को पुख्ता करता है।

3. फंडामेंटल्स बनाम प्राइस एक्शन: भले ही फंडामेंटल ठीक हों, लेकिन बाज़ार अक्सर फंडामेंटल्स से पहले रिएक्ट करता है। चार्ट पर कमजोरी का मतलब हो सकता है कि कोई ऐसी नकारात्मक खबर या भविष्य की मंदी आने वाली है जिसे अभी पब्लिक नहीं किया गया है।

**आपको क्या करना चाहिए?**

मुनाफावसूली (Profit Booking): चूंकि शेयर मल्टीबैगर है, इसलिए आप पहले ही काफी लाभ में होंगे। अपनी आधी (50%) होल्डिंग बेचकर मुनाफा सुरक्षित कर लें।

स्टॉप लॉस का पालन करें: नेकलाइन के ठीक नीचे अपना स्टॉप लॉस रखें। यदि कीमत वहां से और गिरती है, तो पूरी पोजीशन से बाहर निकल जाएं।

पुनः प्रवेश की प्रतीक्षा करें: अगर स्टॉक बाद में अपने 50 DMA के ऊपर वापस आता है और कंसोलिडेशन दिखाता है, तो आप फिर से एंट्री ले सकते हैं।

निष्कर्ष: निवेश में 'भाव भगवान है' (Price is God)। अच्छे फंडामेंटल्स आपको कंपनी में भरोसा दिलाते हैं, लेकिन तकनीकी पैटर्न आपको बताते हैं कि कब बाहर निकलना है ताकि आपका कमाया हुआ मुनाफा खत्म न हो जाए।

सीख: अक्सर चार्ट पर कमजोरी फंडामेंटल खराब होने से पहले दिखने लगती है (Smart Money Exit)।

**प्रश्न 8:** आपने फंडामेंटली मजबूत शेयर ₹1000 पर खरीदा। लेकिन बाजार की मंदी के कारण वह अपने 'मेजर सपोर्ट' ₹900 को तोड़ देता है। आप क्या करेंगे?

**उत्तर:**

ऐसी स्थिति में एक समझदार निवेशक के तौर पर आपको निम्नलिखित कदम उठाने चाहिए:

गिरावट का कारण जानें: सबसे पहले यह देखें कि शेयर की कीमत क्यों गिरी है। यदि गिरावट केवल बाजार की मंदी (Market Sentiment) के कारण है और कंपनी के फंडामेंटल्स (Business Model, Profits) में कोई खराबी नहीं आई है, तो घबराने की जरूरत नहीं है। कंपनी के हालिया परिणामों की जांच करें।

स्टॉप लॉस (Stop Loss) का पालन: यदि आपने शॉर्ट-टर्म ट्रेडिंग के लिए शेयर लिया था और पहले से ₹900 का स्टॉप लॉस तय किया था, तो अनुशासन के साथ बाहर निकलना बेहतर है।

एवरेजिंग (Averaging) पर विचार: यदि आप एक लॉन्ग-टर्म निवेशक हैं, तो 'मेजर सपोर्ट' टूटने के बाद शेयर को तुरंत न खरीदें। उसे अगले मजबूत सपोर्ट लेवल (जैसे ₹800 या ₹850) पर स्थिर होने दें, फिर अतिरिक्त शेयर खरीदकर अपनी खरीद लागत कम करें।

पोर्टफोलियो एलोकेशन: सुनिश्चित करें कि उस एक शेयर में आपका बहुत ज्यादा पैसा न लगा हो। किसी भी एक शेयर में अपने कुल पोर्टफोलियो का 5-10% से अधिक हिस्सा न रखें।

निष्कर्ष: यदि कंपनी फंडामेंटली मजबूत है, तो गिरावट खरीदारी का अवसर होती है, बशर्ते आपके पास धैर्य और अतिरिक्त फंड हो।

सीख: फंडामेंटल्स आपको विश्वास देते हैं, लेकिन टेक्निकल्स आपको अनुशासन (Discipline) सिखाते हैं ताकि आप पूंजी न गंवाएं।

**प्रश्न 9:** फंडामेंटल डेटा बता रहा है कि ब्याज दरें गिरने वाली हैं, जो रियल एस्टेट के लिए अच्छा है। टेक्निकल एनालिसिस में 'निफ्टी रियलिटी इंडेक्स' अपने 10 साल के हाई को पार कर रहा है। इसे क्या कहेंगे?

**उत्तर:**

जब फंडामेंटल और टेक्निकल एनालिसिस एक ही दिशा की ओर इशारा करते हैं, तो इसे निवेश की भाषा में एक बहुत ही मजबूत संकेत माना जाता है। इसके मुख्य बिंदु निम्नलिखित हैं:

फंडामेंटल सपोर्ट: ब्याज दरों में गिरावट से होम लोन सस्ते होते हैं, जिससे रियल एस्टेट की मांग बढ़ती है।

टेक्निकल ब्रेकआउट: 10 साल के हाई (Multi-year Breakout) को पार करना यह दर्शाता है कि बाजार में इस सेक्टर के प्रति भारी तेजी (Bullishness) है।

निष्कर्ष: इस स्थिति को "सेक्टोरल बुल रन" (Sectoral Bull Run) की शुरुआत माना जा सकता है, जहाँ फंडामेंटल कारण और चार्ट पैटर्न दोनों एक बड़ी तेजी की पुष्टि कर रहे हैं।

सीख: सही सेक्टर में होने से आपके रिटर्न की रफ्तार कई गुना बढ़ सकती है।

**प्रश्न 10:** निवेश करने से पहले आपकी अंतिम चेकलिस्ट में क्या होना चाहिए?

**उत्तर:**

1. क्या कंपनी का बिजनेस और मैनेजमेंट अच्छा है? (Fundamental)
2. क्या वैल्युएशन वाजिब है? (Fundamental)
3. क्या चार्ट पर अप-ट्रेंड या ब्रेकआउट है? (Technical)
4. क्या वॉल्यूम सपोर्ट कर रहा है? (Technical)

सीख: जब चारों 'हाँ' हों, तभी दांव लगाएं।

## 40.7 प्रश्नोत्तर परीक्षा (Quiz)

Q1. फंडामेंटल और टेक्निकल एनालिसिस को एक साथ मिलाने को क्या कहते हैं?

(A) अलग-अलग रखना

(B) Best of Both Worlds – मजबूत रणनीति

(C) केवल एक ही काफी

(D) कोई जरूरत नहीं

Q2. किताब में इस इंटीग्रेशन (FA+TA) को क्या कहा गया है?

(A) अनावश्यक

(B) सफल निवेश की असली कुंजी – क्या खरीदें + कब खरीदें

(C) केवल फंडामेंटल

(D) केवल टेक्निकल

Q3. फंडामेंटल एनालिसिस का मुख्य काम क्या है?

(A) टाइमिंग (B) क्या खरीदें – मजबूत कंपनी चुनना

(C) केवल चार्ट (D) केवल वॉल्यूम

Q4. टेक्निकल एनालिसिस का मुख्य काम क्या है?

(A) कंपनी का बिजनेस समझना (B) कब खरीदें/बेचें – सही टाइमिंग

(C) केवल P/E देखना (D) केवल डिविडेंड

Q5. CANSLIM रणनीति किसकी है?

(A) वॉरेन बफेट

(B) विलियम ओ'नील – फंडामेंटल + टेक्निकल का मिश्रण

(C) केवल टेक्निकल

(D) केवल फंडामेंटल

Q6. CANSLIM में "C" का मतलब क्या है?

(A) Cash Flow (B) Chart Pattern

(C) Current Quarterly Earnings – तेज EPS ग्रोथ (D) Company Size

Q7. CANSLIM में "A" का मतलब क्या है?

(A) Annual Earnings – लगातार मुनाफा बढ़ना (B) Accumulation

(C) Average Volume (D) Asset Turnover

Q8. CANSLIM में "N" का मतलब क्या है?

(A) New High + New Product/Management (B) New Low

(C) No Growth (D) Negative Earnings

Q9. CANSLIM में "S" का मतलब क्या है?

(A) Short Selling (B) Small Cap

(C) Sector (D) Supply & Demand – कम फ्लोट + हाई वॉल्यूम ब्रेकआउट

Q10. CANSLIM में टेक्निकल हिस्सा सबसे ज्यादा कहाँ दिखता है?

(A) Cup-with-Handle पैटर्न + वॉल्यूम ब्रेकआउट (B) केवल P/E

(C) केवल ROE (D) केवल डिविडेंड

Q11. मजबूत फंडामेंटल वाली कंपनी में अच्छी एंट्री कब लें?

(A) किसी भी समय (B) सपोर्ट पर या ब्रेकआउट पर

(C) टॉप पर (D) केवल गिरावट में

Q12. क्वार्टरली रिजल्ट अच्छे आए + स्टॉक ब्रेकआउट + वॉल्यूम हाई तो –

(A) बहुत मजबूत खरीद सिग्नल (B) बेच दें

(C) इग्नोर करें (D) कोई मतलब नहीं

Q13. अच्छी कंपनी लेकिन कीमत बहुत ऊंची (ओवरवैल्यूड) तो क्या करें?

(A) फिर भी खरीद लें (B) इंतजार करें या दूसरी कंपनी देखें

(C) शॉर्ट करें (D) SIP शुरू करें

Q14. कमजोर फंडामेंटल लेकिन अच्छा ब्रेकआउट तो –

(A) खरीद लें (B) अवॉइड करें – ट्रैप हो सकता है

(C) शॉर्ट करें (D) होल्ड करें

Q15. सबसे अच्छा कॉम्बिनेशन कौन-सा है?

(A) मजबूत फंडामेंटल + मजबूत टेक्निकल सेटअप
(B) कमजोर फंडामेंटल + अच्छा चार्ट
(C) कोई फंडामेंटल नहीं
(D) केवल न्यूज

Q16. अध्याय में इंटीग्रेशन को कितना महत्व दिया गया है?
(A) कोई महत्व नहीं (B) सबसे ज्यादा – यही प्रोफेशनल निवेशक करते हैं
(C) केवल शुरुआती के लिए (D) केवल ट्रेडर के लिए

Q17. लंबी अवधि निवेशक को भी टेक्निकल क्यों सीखना चाहिए?
(A) बेहतर एंट्री-एग्जिट से रिटर्न बढ़ता है (B) कोई जरूरत नहीं
(C) केवल शॉर्ट टर्म (D) केवल डे ट्रेडिंग

Q18. CANSLIM में "L" और "I" और "M" क्या हैं?
(A) Leader, Institutional Sponsorship, Market Direction
(B) Low PE, Interest, Money
(C) Large Cap, Income, Margin
(D) कोई नहीं

Q19. मार्केट डायरेक्शन खराब हो तो CANSLIM में क्या करें?
(A) फिर भी खरीदें (B) कोई फर्क नहीं
(C) शॉर्ट करें (D) कैश में रहें – मार्केट सही होने का इंतजार

Q20. किताब का अंतिम संदेश इस चैप्टर में क्या है?
(A) फंडामेंटल से स्टॉक चुनो, टेक्निकल से टाइमिंग – दोनों मिलाकर High-Probability निवेश
(B) केवल एक ही काफी
(C) दोनों अलग-अलग
(D) कोई एनालिसिस नहीं

**Answer Key**

| Q | 1 | 2 | 3 | 4 | 5 | 6 | 7 | 8 | 9 | 10 | 11 | 12 | 13 | 14 | 15 | 16 | 17 | 18 | 19 | 20 |
|---|---|---|---|---|---|---|---|---|---|---|---|---|---|---|---|---|---|---|---|---|
| Ans. | B | B | B | B | B | C | A | A | D | A | B | A | B | B | A | B | A | A | D | A |

# *Chapter 41* स्व-मूल्यांकन और अभ्यास

**"निवेश की दुनिया में सबसे बड़ा रिटर्न आपके द्वारा खुद पर और अपनी शिक्षा पर किए गए निवेश से मिलता है।"**

ज्ञान केवल जानकारी इकट्ठा करने का नाम नहीं है, बल्कि उस जानकारी को सही समय पर लागू करने की क्षमता है। अब तक आपने शेयर बाजार के सिद्धांतों, वित्तीय विश्लेषण की बारीकियों और तकनीकी चार्ट्स के रहस्यों को गहराई से समझा है। यह अध्याय आपके सीखने की यात्रा का एक महत्वपूर्ण पड़ाव है, जहाँ आप खुद का मूल्यांकन करेंगे। ये प्रश्न केवल आपकी याददाश्त की परीक्षा नहीं हैं, बल्कि ये वास्तविक बाजार स्थितियों में आपके निर्णय लेने के कौशल को निखारने का एक माध्यम हैं।

इस चैप्टर में हमने उन सभी मुख्य विषयों को शामिल किया है जो एक सफल निवेशक बनने के लिए अनिवार्य हैं—जैसे कंपनी का मूल्यांकन, जोखिम प्रबंधन और चार्ट पैटर्न्स की पहचान। इन प्रश्नों के माध्यम से आप अपनी कमजोरियों को पहचान पाएंगे और उन क्षेत्रों पर दोबारा ध्यान दे सकेंगे जहाँ और स्पष्टता की आवश्यकता है। याद रखिए, बाजार में असली पैसा लगाने से पहले अपनी रणनीतियों को कागज़ पर परखना सबसे सुरक्षित निवेश है। यह अभ्यास आपको आत्मविश्वास देगा और आपको एक अनुशासित तथा चतुर निवेशक के रूप में तैयार करेगा।

## Chapter 1: धन और वित्तीय आधार

**Q1.** एक व्यक्ति अपनी पूरी बचत (₹10 लाख) एक ऐसे रियल एस्टेट प्रोजेक्ट में लगाता है जो 5 साल बाद दोगुना होने का वादा करता है, लेकिन उसके पास कोई इमरजेंसी फंड नहीं है। इस निवेश निर्णय का सबसे सटीक विश्लेषण क्या है?

(A) यह एक उत्कृष्ट निर्णय है क्योंकि धन निर्माण के लिए जोखिम लेना अनिवार्य है।

(B) यह निर्णय गलत है क्योंकि वित्तीय आधार (Foundation) के बिना निवेश करना 'ताश के घर' जैसा है; पहले सुरक्षा (बीमा/इमरजेंसी फंड) आवश्यक है।

(C) यह निर्णय सही है क्योंकि रियल एस्टेट हमेशा मुद्रास्फीति (Inflation) को मात देता है।

(D) निवेश की मात्रा कम है, उसे और अधिक ऋण (Loan) लेकर निवेश करना चाहिए।

**Answer: [B]**

**Q2.** मान लीजिए कि वर्तमान वार्षिक मुद्रास्फीति दर (Inflation Rate) 7% है। एक व्यक्ति अपने ₹1,00,000 के अधिशेष (Surplus) को एक ऐसे बचत खाते में रखता है जहाँ उसे 4% वार्षिक ब्याज मिल रहा है। 1 वर्ष के बाद उसकी 'वास्तविक क्रय शक्ति' (Real Purchasing Power) और वित्तीय स्थिति पर क्या प्रभाव पड़ेगा?

(A) उसकी संपत्ति में ₹4,000 की वास्तविक वृद्धि होगी।

(B) उसकी क्रय शक्ति स्थिर रहेगी क्योंकि बैंक ब्याज दे रहा है।

(C) उसकी क्रय शक्ति में लगभग ₹3,000 की गिरावट आएगी, यानी वह 'अदृश्य रूप' से गरीब हो रहा है।

(D) मुद्रास्फीति का व्यक्तिगत बचत पर कोई प्रभाव नहीं पड़ता।

**Answer: [C]**

**Q3.** राहुल की वर्तमान मासिक आय ₹50,000 है और उसके अनिवार्य मासिक खर्च (Needs) ₹35,000 हैं। 'Asset Allocation' के महत्व को समझते हुए, यदि राहुल अपनी 'बचत क्षमता' (Savings Capacity) का 60% हिस्सा इक्विटी म्युचुअल फंड में निवेश करना चाहता है, तो उसे हर महीने कितनी राशि निवेश करनी चाहिए?

(A) ₹30,000 (B) ₹21,000 (C) ₹15,000 (D) ₹9,000

**Answer: [D]**

(हल: बचत क्षमता = 50,000 - 35,000 = 15,000; निवेश राशि = 15,000 का 60% = 9,000)

## Chapter 2: धन निर्माण के मूल सिद्धांत

**Q4.** 'आर्यन' और 'बरखा' दो दोस्त निवेश शुरू करते हैं। 'आर्यन' 20 साल की उम्र में ₹5,000 प्रति माह 10 साल तक निवेश करता है और फिर रुक जाता है। 'बरखा' 30 साल की उम्र में ₹5,000 प्रति माह अगले 30 साल तक निवेश करती है। यदि दोनों को 12% वार्षिक औसत रिटर्न मिलता है, तो 60 साल की उम्र में किसके पास अधिक धन होगा और क्यों?

(A) बरखा के पास, क्योंकि उसने 30 साल तक निवेश किया है जो आर्यन से तीन गुना अधिक समय है।

(B) आर्यन के पास, क्योंकि उसने 10 साल जल्दी शुरुआत की और 'पावर ऑफ कंपाउंडिंग' ने उसके छोटे निवेश को बहुत लंबा समय दिया।

(C) दोनों के पास लगभग बराबर धन होगा क्योंकि अंततः निवेश की गई कुल राशि में बहुत बड़ा अंतर नहीं है।

(D) बरखा के पास, क्योंकि ₹5,000 की वैल्यू 30 साल बाद अधिक होगी।

**Answer: [B]**

**Q5.** 'राहुल' ने अपनी पूरी बचत (100%) केवल एक 'स्मॉल कैप' स्टॉक में लगा दी है क्योंकि पिछले साल उस स्टॉक ने 50% का रिटर्न दिया था। वहीं 'प्रिया' ने अपने पोर्टफोलियो को 60% इंडेक्स फंड, 30% गोल्ड और 10% कैश में रखा है। 'एसेट एलोकेशन' सिद्धांतों के आधार पर, बाजार में बड़ी गिरावट (Crash) आने पर किसकी स्थिति बेहतर होगी?

(A) राहुल की, क्योंकि हाई-रिस्क स्टॉक्स गिरावट के बाद सबसे तेज रिकवर होते हैं।

(B) प्रिया की, क्योंकि उसका पोर्टफोलियो 'विविध' (Diversified) है और गोल्ड जैसी संपत्ति गिरावट के समय सुरक्षा (Hedge) प्रदान करती है।

(C) दोनों की स्थिति समान होगी क्योंकि बाजार सभी के लिए गिरता है।

(D) राहुल की, क्योंकि उसे पहले ही 50% का मुनाफा हो चुका है जो उसे गिरावट से बचाएगा।

**Answer: [B]**

**Q6.** 'विकास' अपनी बचत को केवल बैंक FD (7% ब्याज) में रखता है, जबकि वार्षिक मुद्रास्फीति (Inflation) 6% है। 'नेहा' अपनी बचत का एक हिस्सा इक्विटी म्युचुअल फंड (12% संभावित रिटर्न) में लगाती है। 'वास्तविक रिटर्न' (Real Rate of Return) के मामले में नेहा की रणनीति विकास से बेहतर क्यों है?

(A) क्योंकि विकास को बैंक पर भरोसा नहीं करना चाहिए।

(B) क्योंकि विकास का वास्तविक रिटर्न केवल 1% (7% - 6%) है, जबकि नेहा का वास्तविक रिटर्न 6% (12% - 6%) है, जो लंबी अवधि में बड़ी संपत्ति बनाएगा।

(C) क्योंकि नेहा को टैक्स नहीं देना पड़ेगा।

(D) क्योंकि FD में निवेश करना गैर-कानूनी है।

**Answer: [B]**

## Chapter 3: निवेश की अनिवार्यता

**Q7.** 'रोहन' की वर्तमान मासिक रसोई का खर्च ₹10,000 है। यदि अगले 10 वर्षों तक औसत मुद्रास्फीति (Inflation) 7% रहती है, तो 10 साल बाद रोहन को उतना ही सामान खरीदने के लिए लगभग कितनी राशि की आवश्यकता होगी?

(A) ₹10,700 (B) ₹14,000 (C) ₹19,671 (D) ₹25,000

**Answer: [C]**

हल: ₹10,000 को 7% की दर से 10 साल तक कंपाउंड करने पर राशि लगभग ₹19,671 हो जाएगी। यह प्रश्न दर्शाता है कि यदि रोहन की आय या निवेश इस दर से नहीं बढ़ा, तो वह भविष्य में अपनी जीवनशैली बरकरार नहीं रख पाएगा।)

**Q8.** 'नितिन' का मानना है कि निवेश करना जोखिम भरा है, इसलिए वह अपना सारा पैसा बैंक लॉकर में नकद (Cash) के रूप में रखता है। 'अदृश्य जोखिम' (Invisible Risk) के आधार पर नितिन की इस रणनीति का मूल्यांकन करें:

(A) नितिन पूरी तरह सुरक्षित है क्योंकि उसका मूल धन (Principal) कम नहीं हो रहा है।

(B) नितिन सबसे बड़े जोखिम में है क्योंकि 'मुद्रास्फीति' (Inflation) उसकी क्रय शक्ति को हर साल कम कर रही है, जिससे उसका पैसा समय के साथ अपनी वैल्यू खो रहा है।

(C) यह एक अच्छी रणनीति है यदि बाजार में मंदी (Recession) आने वाली हो।

(D) बैंक लॉकर में रखा पैसा अपने आप 2% की दर से बढ़ता है, इसलिए यह सही है।

**Answer: [B]**

**Q9.**'समीक्षा' अपनी आय का 20% निवेश करना चाहती है। वह दो विकल्पों पर विचार कर रही है:

सोना (Gold) - जो ऐतिहासिक रूप से मुद्रास्फीति के बराबर रिटर्न देता है।

इक्विटी (Equity) - जो लंबी अवधि में मुद्रास्फीति से 5-7% अधिक रिटर्न (Alpha) देता है।

यदि समीक्षा का लक्ष्य 'Wealth Creation' (धन सृजन) है, न कि केवल 'Wealth Preservation' (धन संरक्षण), तो उसे इक्विटी को प्राथमिकता क्यों देनी चाहिए?

(A) क्योंकि सोना खरीदना अब कानूनी रूप से कठिन है।

(B) क्योंकि इक्विटी में कभी घाटा नहीं होता।

(C) क्योंकि केवल 'मुद्रास्फीति' से अधिक मिलने वाला रिटर्न (Real Rate of Return) ही वास्तविक संपत्ति का निर्माण करता है।

(D) क्योंकि गोल्ड की कीमतें कभी नहीं बढ़तीं।

**Answer: [C]**

## Chapter 4: चक्रवृद्धि की जादुई शक्ति

**Q10.** 'अंकित' और 'अक्षत' दोनों ₹10,00,000 का निवेश करना चाहते हैं। 'अंकित' एक ऐसी योजना चुनता है जहाँ उसे हर साल 10% का 'साधारण ब्याज' (Simple Interest) मिलता है। 'अक्षत' एक ऐसी योजना चुनता है जहाँ उसे 10% का 'चक्रवृद्धि ब्याज' (Compound Interest) मिलता है। 30 साल बाद दोनों की कुल संपत्ति के बीच का अंतर कितना होगा?

(A) ₹30,00,000 (B) ₹1,34,49,400 (C) ₹14,44,940 (D) कोई अंतर नहीं होगा

**Answer: [B]**

(हल: अंकित (SI) =10 लाख + (1 लाख × 30) = ₹40 लाख। अक्षत (CI): 10 लाख × (1.1)^30 = ₹1,74,49,402। अंतर = ₹1,34,49,402 (लगभग ₹1.34 करोड़)। यह प्रश्न दिखाता है कि लंबी अवधि में साधारण और चक्रवृद्धि ब्याज के बीच का अंतर कितना विशाल हो सकता है।)

**Q11.** 'निशा' ने 25 साल की उम्र में निवेश शुरू किया और 'आकाश' ने 35 साल की उम्र में। दोनों अपनी आय का समान हिस्सा (₹10,000 महीना) 15% रिटर्न वाली स्कीम में लगाते हैं। यदि दोनों 55 साल की उम्र में रिटायर होते हैं, तो निशा का कॉर्पस आकाश से लगभग 4 गुना बड़ा है। इस भारी अंतर का सबसे प्रमुख कारण क्या है?

(A) निशा की किस्मत अच्छी थी कि उसे ज्यादा रिटर्न मिला।

(B) आकाश ने कम राशि निवेश की थी।

(C) 'टाइम होराइजन' (Time Horizon); निशा के निवेश को कंपाउंड होने के लिए 10 साल का अतिरिक्त समय मिला, जो अंत में सबसे तेज गति से बढ़ता है।

(D) आकाश ने गलत फंड का चुनाव किया था।

**Answer: [C]**

**Q12.** "चक्रवृद्धि ब्याज (Compounding) एक दोधारी तलवार है।" इस कथन का विश्लेषण कीजिए। यदि कोई व्यक्ति क्रेडिट कार्ड के कर्ज (36% वार्षिक ब्याज) पर केवल 'Minimum Due' चुकाता है, तो चक्रवृद्धि उसके खिलाफ कैसे काम करेगी?

(A) इससे उसका क्रेडिट स्कोर बढ़ेगा।

(B) ब्याज पर ब्याज लगने के कारण उसका कर्ज 'घातीय' (Exponentially) रूप से बढ़ेगा और वह 'Debt Trap' में फंस जाएगा।

(C) बैंक उसे रिवॉर्ड पॉइंट्स देगा जिससे कर्ज कम हो जाएगा।

(D) मुद्रास्फीति के कारण कर्ज की वैल्यू कम हो जाएगी।

**Answer: [B]**

## Chapter 5: पैसे का समय मूल्य

**Q13.** 'अंकित' को एक व्यापारिक सौदे में दो विकल्प दिए गए हैं।

विकल्प 1: आज नकद ₹5,00,000 प्राप्त करें।

विकल्प 2: 3 साल बाद ₹6,50,000 प्राप्त करें।

यदि बाजार में सुरक्षित निवेश पर अवसर लागत (Opportunity Cost) 10% वार्षिक है, तो 'पैसे के समय मूल्य' की गणना करते हुए बताइए कि अंकित को कौन सा विकल्प चुनना चाहिए?

(A) विकल्प 2, क्योंकि ₹6.50 लाख, ₹5 लाख से बहुत अधिक है।

(B) विकल्प 1, क्योंकि ₹5,00,000 का वर्तमान मूल्य 10% की दर से 3 साल बाद ₹6,65,500 होगा, जो विकल्प 2 से अधिक है।

(C) दोनों विकल्प समान हैं क्योंकि अंतर केवल ₹1.5 लाख का है।

(D) विकल्प 2, क्योंकि भविष्य में महंगाई कम हो सकती है।

**Answer: [B]**

(हल: विकल्प 1 का भविष्य मूल्य (FV) = 5,00,000 ×(1.1)^3 = ₹6,65,500 । चूंकि विकल्प 1 का भविष्य मूल्य, विकल्प 2 (₹6,50,000) से अधिक है, इसलिए आज पैसा लेना और उसे निवेश करना बेहतर है।)

**Q14.** 'विशाल' एक रिटायरमेंट स्कीम का मूल्यांकन कर रहा है। उसे बताया गया है कि यदि वह आज ₹10 लाख जमा करता है, तो उसे 20 साल बाद ₹40 लाख मिलेंगे। यदि औसत मुद्रास्फीति (Inflation) 6% है, तो 'Present Value' (वर्तमान मूल्य) के सिद्धांत के आधार पर इस स्कीम के बारे में आपकी क्या राय होगी?

(A) यह एक बेहतरीन स्कीम है क्योंकि पैसा 4 गुना हो रहा है।

(B) यह स्कीम औसत है क्योंकि 20 साल बाद ₹40 लाख की क्रय शक्ति (Purchasing Power) आज के ₹12.47 लाख के बराबर होगी, यानी वास्तविक वृद्धि बहुत कम है।

(C) यह स्कीम खराब है क्योंकि 20 साल बहुत लंबा समय है।

(D) निवेश की कोई आवश्यकता नहीं है, पैसा खर्च करना बेहतर है।

**Answer: [B]**

**Q15.** "अवसर लागत" (Opportunity Cost) और "डिस्काउंटिंग" (Discounting) के संदर्भ में, एक आम आदमी के लिए "अभी भुगतान करें" (Buy Now) बनाम "बाद में भुगतान करें" (EMI/Pay Later) के निर्णय का विश्लेषण करें। यदि EMI पर कोई अतिरिक्त ब्याज नहीं है (No Cost EMI), तो समय मूल्य के अनुसार क्या बेहतर है?

(A) अभी पूरा भुगतान करना, ताकि भविष्य में कोई तनाव न रहे।

(B) बाद में भुगतान करना (EMI), क्योंकि आज के पैसे का मूल्य भविष्य के पैसे से अधिक है और आप बचे हुए पैसे को कहीं और निवेश कर सकते हैं।

(C) दोनों में कोई अंतर नहीं है क्योंकि कुल राशि समान है।

(D) उधार लेना हमेशा गलत होता है, चाहे वह ब्याज मुक्त ही क्यों न हो।

**Answer: [B]**

(Solution: यदि ब्याज दर 0% है, तो भविष्य में पैसा देना हमेशा बेहतर होता है क्योंकि आप आज के पैसे को निवेश कर उस पर रिटर्न कमा सकते हैं।)

**Chapter 6: स्मार्ट वित्तीय लक्ष्य**

**Q16.** 'अमित' 15 साल बाद अपनी बेटी की उच्च शिक्षा के लिए आज के मूल्य में ₹20 लाख जुटाना चाहता है। यदि शिक्षा की महंगाई (Education Inflation) 10% वार्षिक है, तो 'SMART' लक्ष्य के अनुसार अमित को 15 साल बाद वास्तव में कितनी राशि (Future Value) की आवश्यकता होगी?

(A) ₹20,00,000 (B) ₹43,54,500 (C) ₹83,54,500 (D) ₹1,20,00,000

**Answer: [C]**

(Solution: FV = 20,00,000×(1.10)^15 = ₹83,54,496। यह प्रश्न सिखाता है कि लक्ष्य निर्धारित करते समय केवल आज की लागत नहीं, बल्कि भविष्य की मुद्रास्फीति को जोड़ना (Create) अनिवार्य है।)

**Q17.** 'करण' कहता है, "मैं बहुत सारा पैसा कमाना चाहता हूँ ताकि मैं अमीर बन सकूँ।" वहीं 'किरण' कहती है, "मुझे अगले 5 साल में घर की डाउन पेमेंट के लिए ₹15 लाख जमा करने हैं और इसके लिए मैं ₹18,000 की मासिक SIP कर रही हूँ।" 'SMART' फ्रेमवर्क के आधार पर दोनों के लक्ष्यों का मूल्यांकन करें:

(A) करण का लक्ष्य बेहतर है क्योंकि वह बड़ा सोच रहा है।

(B) किरण का लक्ष्य 'SMART' (Specific, Measurable, Achievable, Relevant, Time-bound) है, जबकि करण का लक्ष्य केवल एक इच्छा (Wish) है।

(C) दोनों लक्ष्य समान हैं क्योंकि दोनों पैसा कमाना चाहते हैं।

(D) निवेश में लक्ष्यों की कोई आवश्यकता नहीं होती, केवल रिटर्न मायने रखता है।

**Answer: [B]**

**Q18.** 'प्रिया' ने अपने वित्तीय लक्ष्यों को तीन श्रेणियों में बांटा है: 1. आपातकालीन फंड (6 महीने का खर्च), 2. बच्चों की शिक्षा (10 साल बाद), 3. रिटायरमेंट (25 साल बाद)। इन लक्ष्यों के लिए 'एसेट एलोकेशन' का विश्लेषण करते हुए बताइए कि उसे रिटायरमेंट के लिए इक्विटी (Equity) को प्राथमिकता क्यों देनी चाहिए?

(A) क्योंकि रिटायरमेंट का लक्ष्य 'लॉन्ग टर्म' है, जहाँ इक्विटी में जोखिम कम हो जाता है और चक्रवृद्धि (Compounding) का लाभ अधिकतम मिलता है।

(B) क्योंकि रिटायरमेंट के लिए सरकार केवल इक्विटी में निवेश की अनुमति देती है।

(C) क्योंकि उसे आपातकालीन फंड की जरूरत नहीं पड़ेगी।

(D) क्योंकि शॉर्ट टर्म में इक्विटी सबसे सुरक्षित होती है।

**Answer: [A]**

## Chapter 7: बजट और धन प्रबंधन

**Q19.** 'नितिन' की मासिक आय ₹80,000 है। वह पुस्तक में बताए गए '50-30-20' नियम को लागू करना चाहता है। वर्तमान में उसके अनिवार्य खर्च (Needs) ₹45,000 हैं और वह ₹15,000 मनोरंजन (Wants) पर खर्च करता है। 'नितिन' को अपनी जीवनशैली में क्या बदलाव करना चाहिए ताकि वह अपने 'बचत और निवेश' (Savings) के लक्ष्य को प्राप्त कर सके और वह राशि कितनी होगी?

(A) उसे मनोरंजन के खर्च को ₹5,000 बढ़ा देना चाहिए।

(B) उसे अपने 'Needs' में ₹5,000 की कटौती करनी चाहिए और कम से कम ₹16,000 का निवेश सुनिश्चित करना चाहिए।

(C) उसे निवेश की कोई जरूरत नहीं है क्योंकि वह पहले से ही ₹20,000 बचा रहा है।

(D) उसे अपनी आय का 50% यानी ₹40,000 निवेश करना चाहिए।

**Answer: [B]**

(हल: 50-30-20 नियम के अनुसार: Needs (50%) = ₹40,000, Wants (30%) = ₹24,000, Savings (20%) = ₹16,000। चूंकि नितिन के Needs ₹45,000 हैं, उसे वहां ₹5,000 कम करने होंगे ताकि वह ₹16,000 की बचत कर सके।)

**Q20.** 'कविता' अपने बजट को संतुलित करने के लिए 'लिफाफा प्रणाली' (Envelope Method) का उपयोग करती है, जबकि 'राहुल' अपने सभी खर्चों के लिए क्रेडिट कार्ड का उपयोग करता है और महीने के अंत में बिल चुकाता है। यदि दोनों की आय समान है, तो वित्तीय अनुशासन और 'Psychology of Spending' के आधार पर किसका प्रबंधन बेहतर होने की संभावना है?

(A) राहुल का, क्योंकि उसे क्रेडिट कार्ड पर रिवॉर्ड पॉइंट्स और कैशबैक मिलता है।

(B) कविता का, क्योंकि नकद खर्च करने का 'मानसिक दर्द' (Pain of Paying) उसे फिजूलखर्ची से रोकता है और बजट सीमा का एहसास कराता है।

(C) दोनों का प्रबंधन समान है क्योंकि अंत में राशि उतनी ही खर्च हो रही है।

(D) राहुल का, क्योंकि डिजिटल लेनदेन हमेशा नकद से बेहतर होता है।

**Answer: [B]**

**Q21.** "इमर्जेंसी फंड" के निर्माण के बिना आक्रामक निवेश (Aggressive Investing) करना एक आत्मघाती कदम क्यों हो सकता है? एक मध्यमवर्गीय व्यक्ति के कैश फ्लो के संदर्भ में विश्लेषण करें।

(A) क्योंकि इमर्जेंसी फंड बनाने से टैक्स में छूट मिलती है।

(B) क्योंकि आपात स्थिति में निवेशक को घाटे में भी अपने लॉन्ग-टर्म निवेश (जैसे स्टॉक्स/म्युचुअल फंड) बेचने पड़ सकते हैं, जो उसके धन सृजन की प्रक्रिया को बाधित करता है।

(C) क्योंकि बाजार गिरने पर इमर्जेंसी फंड की वैल्यू अपने आप बढ़ जाती है।

(D) इसकी कोई आवश्यकता नहीं है यदि आपके पास क्रेडिट कार्ड है।

**Answer: [B]**

**Chapter 8: बचत की शक्ति**

**Q22.** 'आर्यन' की मासिक आय ₹1,00,000 है। वह अपनी आय का 10% बचाता है और उसे 12% रिटर्न पर निवेश करता है। वहीं 'सिमरन' की आय ₹60,000 है, लेकिन वह अपनी आय का 30% बचाती है और उसे भी 12% रिटर्न पर निवेश करती है। 20 साल बाद किसके पास अधिक धन होगा और इस परिणाम से बचत दर के बारे में क्या सिद्ध होता है?

(A) आर्यन के पास, क्योंकि उसकी आय सिमरन से बहुत अधिक है।

(B) सिमरन के पास, क्योंकि उसकी 'बचत दर' (₹18,000) आर्यन की बचत (₹10,000) से अधिक है; धन सृजन में आय से ज्यादा 'बचत की मात्रा' मायने रखती है।

(C) दोनों के पास बराबर धन होगा क्योंकि रिटर्न की दर समान है।

(D) आर्यन के पास, क्योंकि बड़े निवेशक को बाजार में ज्यादा प्राथमिकता मिलती है।

**Answer: [B]**

(हल: गणितीय रूप से सिमरन हर महीने ₹18,000 निवेश कर रही है, जबकि आर्यन केवल ₹10,000। आय अधिक होना धनवान बनने की गारंटी नहीं है, बल्कि उच्च बचत दर असली कुंजी है।)

**Q23.** 'राहुल' का मानना है कि "जब मेरी सैलरी बढ़ेगी, तब मैं बचत शुरू करूँगा।" वर्तमान में वह अपनी पूरी सैलरी खर्च कर देता है। 'Parkinson's Law' (व्यय हमेशा आय के बराबर बढ़ जाते हैं) के आधार पर राहुल की इस सोच का मूल्यांकन करें:

(A) राहुल की सोच सही है क्योंकि कम आय में बचत करना असंभव है।

(B) राहुल की सोच दोषपूर्ण है; यदि वह अभी बचत की आदत नहीं डालता, तो आय बढ़ने पर उसकी जीवनशैली के खर्च (Lifestyle Creep) भी बढ़ जाएंगे और वह कभी बचत नहीं कर पाएगा।

(C) राहुल को बचत के बजाय लोन लेकर खर्च करना चाहिए।

(D) आय बढ़ने पर बचत करना अपने आप आसान हो जाता है, इसके लिए योजना की जरूरत नहीं है।

**Answer: [B]**

**Q24.** "बचत करना केवल खर्चों को रोकना नहीं है, बल्कि अपनी 'अदृश्य संपत्ति' (Invisible Wealth) का निर्माण करना है।" इस कथन का विश्लेषण करते हुए बताइए कि बचत, निवेश के लिए 'सुरक्षा कवच' का काम कैसे करती है?

(A) बचत करने से व्यक्ति को बैंक से कम ब्याज पर लोन मिलता है।

(B) पर्याप्त बचत होने पर निवेशक बाजार की अस्थिरता (Volatility) के दौरान घबराकर अपने निवेश को नहीं बेचता, जिससे उसे लंबी अवधि का लाभ मिलता है।

(C) बचत केवल सोने के रूप में ही होनी चाहिए।

(D) बचत का निवेश से कोई सीधा संबंध नहीं है।

**Answer: [B]**

### Chapter 9: जोखिम प्रबंधन के सूत्र

**Q25.** 'नमन' का कुल पोर्टफोलियो ₹10 लाख का है। वह जोखिम प्रबंधन के '2% नियम' (The 2% Rule) का कड़ाई से पालन करता है। यदि वह एक हाई-रिस्क स्टॉक में निवेश करना चाहता है जिसका स्टॉप-लॉस (Stop-Loss) मौजूदा कीमत से 10% नीचे है, तो उसे उस स्टॉक में अधिकतम कितनी राशि का निवेश करना चाहिए ताकि उसका कुल पोर्टफोलियो जोखिम 2% से अधिक न हो?

(A) ₹2,00,000 (B) ₹1,00,000 (C) ₹20,000 (D) ₹5,00,000

**Answer: [A]**

(हल: कुल जोखिम) 2%): ₹10,00,000 का 2% = ₹20,000, स्टॉप-लॉस) SL): 10%, निवेश राशि: 20000/10%= ₹2,00,000, यह प्रश्न सिखाता है कि कैसे 'Position Sizing' के जरिए बड़े नुकसान से बचा जा सकता है।)

**Q26.** 'मानसी' का पूरा निवेश केवल 'बैंकिंग सेक्टर' के 5 अलग-अलग शेयरों में है। उसे लगता है कि उसका पोर्टफोलियो 'विविध' है क्योंकि उसके पास 5 अलग कंपनियाँ हैं। 'Sectoral Risk' (क्षेत्रीय जोखिम) के सिद्धांतों के आधार पर मानसी की रणनीति का मूल्यांकन करें:

(A) मानसी सही है, क्योंकि 5 कंपनियों में पैसा लगाना विविधीकरण (Diversification) ही कहलाता है।

(B) मानसी गलत है, क्योंकि उसका पोर्टफोलियो 'Concentrated' है; यदि बैंकिंग सेक्टर में कोई नकारात्मक सरकारी नीति आती है, तो उसकी पूरी पूंजी खतरे में पड़ जाएगी। उसे अलग-अलग सेक्टर्स (जैसे IT, Pharma, FMCG) में निवेश करना चाहिए।

(C) बैंकिंग सेक्टर कभी नहीं डूबता, इसलिए जोखिम शून्य है।

(D) उसे 5 के बजाय 10 बैंक चुनने चाहिए ताकि जोखिम और कम हो जाए।

**Answer: [B]**

**Q27.** 'रिस्क-रिवॉर्ड रेशियो' (Risk-Reward Ratio) के संदर्भ में, यदि 'आकाश' एक ऐसा निवेश चुनता है जहाँ जोखिम ₹1,000 का है और संभावित लाभ ₹1,500 है (1:1.5), जबकि 'प्रिया' ऐसा निवेश चुनती है जहाँ जोखिम ₹1,000 है और लाभ ₹3,000 है (1:3)। लंबी अवधि में किसके सफल होने की संभावना अधिक है और क्यों?

(A) आकाश की, क्योंकि छोटे लाभ पाना आसान होता है।

(B) प्रिया की, क्योंकि उच्च रिस्क-रिवॉर्ड रेशियो के कारण यदि उसकी 50% भविष्यवाणियां गलत भी होती हैं, तब भी वह अंत में लाभ में रहेगी।

(C) दोनों की, यदि वे कैलकुलेटर का उपयोग करते हैं।

(D) किसी की भी नहीं, क्योंकि निवेश केवल भाग्य का खेल है।

**Answer: [B]**

### Chapter 10: निवेश की भ्रांतियां और समाधान

**Q28.** 'नीरज' के पास ₹50,000 हैं। वह एक पैनी स्टॉक 'कंपनी A' के 10,000 शेयर ₹5 के भाव पर खरीदता है, यह सोचकर कि ₹5 का शेयर आसानी से ₹10 हो सकता है। वहीं 'दीपक' उसी राशि से 'कंपनी B' (ब्लूचिप) के केवल 10 शेयर ₹5,000 के भाव पर खरीदता है। यदि दोनों कंपनियों के फंडामेंटल्स समान रूप से बढ़ते हैं, तो अध्याय के अनुसार 'सस्ते शेयर' के प्रति नीरज के भ्रम का विश्लेषण करें:

(A) नीरज को अधिक लाभ होगा क्योंकि उसके पास शेयरों की संख्या ज्यादा है।

(B) दोनों का लाभ प्रतिशत में समान होगा यदि शेयर की कीमत दोगुनी होती है; शेयरों की संख्या नहीं, बल्कि निवेश की गई कुल पूंजी की 'प्रतिशत वृद्धि' मायने रखती है।

(C) दीपक को नुकसान होगा क्योंकि ₹5,000 का शेयर और महंगा नहीं हो सकता।

(D) पेनी स्टॉक हमेशा ब्लूचिप से ज्यादा सुरक्षित होते हैं।

**Answer: [B]**

(हल: यह एक आम भ्रांति है कि सस्ता शेयर ज्यादा रिटर्न देता है। असल में ₹5 का ₹10 होना और ₹5000 का ₹10,000 होना, दोनों ही 100% की वृद्धि हैं। गुणवत्ता (Quality) संख्या से अधिक महत्वपूर्ण है।)

**Q29.** 'सुनील' बाजार में गिरावट (Market Crash) के समय अपना सारा निवेश यह सोचकर बेच देता है कि "जब बाजार और गिरेगा तब फिर से खरीदूँगा (Timing the Market)"। वहीं 'अनीता' अपनी SIP जारी रखती है। चैप्टर में बताये सिद्धांतों के आधार पर सुनील की रणनीति का मूल्यांकन करें:

(A) सुनील एक स्मार्ट निवेशक है क्योंकि वह 'बॉटम' (Bottom) पर खरीदने की कोशिश कर रहा है।

(B) सुनील की रणनीति जोखिम भरी है क्योंकि बाजार का 'बॉटम' पहचानना असंभव है; ऐसा करने में वह अक्सर रिकवरी के सबसे अच्छे दिन चूक जाता है, जबकि अनीता को 'रुपी कॉस्ट एवरेजिंग' का लाभ मिलता है।

(C) अनीता गलत है क्योंकि गिरते बाजार में पैसा लगाना मूर्खता है।

(D) सुनील को केवल तभी बेचना चाहिए जब उसे ज्योतिष पर भरोसा हो।

**Answer: [B]**

**Q30.** "शेयर बाजार एक जुआ (Gambling) है" - इस प्रचलित भ्रांति का विश्लेषण करते हुए बताइए कि एक 'निवेशक' और एक 'जुआरी' के व्यवहार में मुख्य तकनीकी अंतर क्या है?

(A) निवेशक भाग्य पर भरोसा करता है, जबकि जुआरी चार्ट्स पर।

(B) जुआरी बिना किसी गणना या फंडामेंटल रिसर्च के 'जल्द अमीर' बनने के लिए दांव लगाता है, जबकि निवेशक रिस्क मैनेजमेंट और व्यावसायिक विश्लेषण (Business Analysis) के आधार पर दीर्घकालिक निर्णय लेता है।

(C) शेयर बाजार और जुआ दोनों एक ही हैं, बस नाम अलग हैं।

(D) निवेशक केवल सरकारी कंपनियों में पैसा लगाता है, जुआरी प्राइवेट में।

**Answer: [B]**

## Chapter 11: निवेश विकल्प और रणनीतियाँ

**Q31.** 'साहिल' ₹10 लाख की एकमुश्त (Lumpsum) राशि निवेश करना चाहता है। बाजार अपने सर्वकालिक उच्च स्तर (All-time High) पर है। 'STP' (Systematic Transfer Plan) की रणनीति का उपयोग करते हुए, साहिल के लिए सबसे सुरक्षित और स्मार्ट तरीका क्या होगा?

(A) पूरी राशि एक साथ इक्विटी फंड में डाल देना ताकि कोई तेजी न छूट जाए।

(B) पूरी राशि को 'लिक्विड फंड' (Liquid Fund) में रखना और वहां से हर महीने एक निश्चित राशि 'इक्विटी फंड' में ट्रांसफर (STP) करना।

(C) सारा पैसा बैंक के बचत खाते में रखना।

(D) केवल सोने में निवेश करना क्योंकि बाजार महंगा है।

**Answer: [B]**

(हल: STP की रणनीति 'रुपी कॉस्ट एवरेजिंग' का लाभ देती है और एकमुश्त निवेश के जोखिम को कम करती है, खासकर जब बाजार महंगा हो।)

**Q32.** 'मीना' की उम्र 30 वर्ष है और वह आक्रामक (Aggressive) निवेशक है, जबकि 'राजेश' की उम्र 58 वर्ष है और वह 2 साल बाद रिटायर होने वाले हैं। दोनों के लिए 'Asset Allocation' की रणनीति का मूल्यांकन करें:

(A) दोनों को 100% इक्विटी में निवेश करना चाहिए क्योंकि लंबी अवधि में शेयर बाजार बढ़ता ही है।

(B) मीना को 'इक्विटी' (70-80%) पर ध्यान देना चाहिए ताकि वेल्थ क्रिएट हो सके, जबकि राजेश को 'डेट' (Debt/FD) और 'सॉवरेन गोल्ड बॉन्ड' (80%) की ओर बढ़ना चाहिए ताकि उनकी पूंजी सुरक्षित रहे।

(C) राजेश को ज्यादा जोखिम लेना चाहिए ताकि रिटायरमेंट तक उनका फंड बड़ा हो सके।

(D) उम्र का निवेश के विकल्पों से कोई संबंध नहीं होता।

**Answer: [B]**

(हल: यह प्रश्न 'Life-cycle Investing' के सिद्धांत पर आधारित है, जहाँ उम्र और लक्ष्यों के साथ जोखिम लेने की क्षमता बदलती है।)

**Q33.** 'सॉवरेन गोल्ड बॉन्ड' (SGB) और 'फिजिकल गोल्ड' (गहने/सिक्के) की तुलना करते हुए विश्लेषण कीजिए कि एक निवेशक के लिए SGB एक बेहतर 'रणनीति' क्यों है?

(A) क्योंकि SGB में सोने की बढ़ती कीमतों के साथ-साथ 2.5% का वार्षिक ब्याज भी मिलता है और कोई मेकिंग चार्ज नहीं लगता।

(B) क्योंकि SGB को पहनकर शादी में जाया जा सकता है।

(C) क्योंकि फिजिकल गोल्ड पर सरकार कोई टैक्स नहीं लेती।

(D) क्योंकि SGB केवल उन्हीं को मिलता है जिनके पास डीमैट खाता नहीं है।

**Answer: [A]**

## Chapter 12: निवेश जोखिम को समझना

**Q34.** 'आर्यन' दो स्टॉक्स का विश्लेषण कर रहा है। 'स्टॉक अ' का बीटा 1.5 है और 'स्टॉक ब' का बीटा 0.7 है। यदि अगले महीने भारतीय शेयर बाजार (Nifty) में 10% की गिरावट आने की संभावना है, तो जोखिम के मापन के आधार पर आर्यन को अपने पोर्टफोलियो को सुरक्षित रखने के लिए क्या करना चाहिए?

(A) 'स्टॉक अ' में अधिक निवेश करना चाहिए क्योंकि उसका बीटा अधिक है।

(B) 'स्टॉक ब' को प्राथमिकता देनी चाहिए क्योंकि 0.7 बीटा का मतलब है कि बाजार में 10% गिरावट होने पर यह स्टॉक केवल 7% गिरने की संभावना रखता है, जो तुलनात्मक रूप से सुरक्षित है।

(C) दोनों स्टॉक्स समान व्यवहार करेंगे क्योंकि बाजार सभी के लिए गिरता है।

(D) 'स्टॉक अ' को बेचना नहीं चाहिए क्योंकि 1.5 बीटा का मतलब है कि वह बाजार से कम गिरेगा।

**Answer: [B]**

(हल: बीटा प्रणालीगत जोखिम (Systematic Risk) को मापता है। 1 से अधिक बीटा वाला स्टॉक बाजार की तुलना में अधिक अस्थिर होता है, जबकि 1 से कम बीटा वाला स्टॉक कम अस्थिर होता है)

**Q35.** 'स्नेहा' ने अपने पोर्टफोलियो में 10 अलग-अलग कंपनियों के शेयर खरीदे हैं, लेकिन वे सभी 'फार्मा सेक्टर' की हैं। वहीं 'विकास' ने 5 कंपनियों के शेयर लिए हैं जो आईटी, बैंकिंग, ऑटो, और एफएमसीजी जैसे अलग-अलग सेक्टर्स से हैं। 'विविधीकरण' (Diversification) सिद्धांत के आधार पर किसके पोर्टफोलियो का 'गैर-प्रणालीगत जोखिम' (Unsystematic Risk) कम है?

(A) स्नेहा का, क्योंकि उसके पास कंपनियों की संख्या (10) विकास (5) से अधिक है।

(B) विकास का, क्योंकि उसने 'सेक्टर विविधीकरण' अपनाया है। स्नेहा का पोर्टफोलियो 'सेक्टर कंसंट्रेशन रिस्क' से ग्रस्त है; यदि फार्मा सेक्टर में कोई नकारात्मक नीति आती है, तो उसकी पूरी पूंजी डूब सकती है।

(C) दोनों का जोखिम समान है क्योंकि दोनों ने इक्विटी में निवेश किया है।

(D) स्नेहा का, क्योंकि फार्मा सेक्टर हमेशा सुरक्षित माना जाता है।

**Answer: [B]**

(हल: विविधीकरण का अर्थ केवल शेयरों की संख्या बढ़ाना नहीं, बल्कि ऐसे एसेट्स में पैसा बांटना है जिनका आपस में 'सहसंबंध' (Correlation) कम हो।)

**Q36.** 'राहुल' एक प्रोफेशनल ट्रेडर है जो "इंडिया VIX" (India VIX) को ट्रैक करता है। आज India VIX में 20% की अचानक बढ़त देखी गई है। राहुल को बाजार के 'सेंटीमेंट' और 'जोखिम' के बारे में क्या निष्कर्ष निकालना चाहिए?

(A) बाजार में स्थिरता आने वाली है और निवेशकों में भारी उत्साह है।

(B) बाजार में अनिश्चितता और 'डर' (Fear) बढ़ रहा है, जिसके कारण आने वाले समय में कीमतों में बड़े उतार-चढ़ाव (High Volatility) देखे जा सकते हैं।

(C) यह निवेश करने का सबसे सुरक्षित समय है क्योंकि VIX बढ़ने पर जोखिम कम हो जाता है।

(D) VIX का शेयर बाजार की कीमतों से कोई संबंध नहीं है।

**Answer: [B]**

(हल: India VIX को "डर का सूचकांक" (Fear Index) कहा जाता है। उच्च VIX बाजार में घबराहट और बढ़ती अस्थिरता का संकेत देता है।)

**Chapter 13: क्रेडिट एवं ऋण प्रबंधन**

**Q37.** 'अमन' एक घर खरीदना चाहता है जिसके लिए वह ₹50 लाख का होम लोन (ब्याज दर 9%) लेने की योजना बना रहा है। साथ ही, उसके पास ₹10 लाख की बचत है जिसे वह या तो घर के डाउन पेमेंट में इस्तेमाल कर सकता है या उसे एक इंडेक्स फंड (संभावित रिटर्न 13%) में निवेश कर सकता है। अमन के लिए सबसे गणितीय रूप से सही निर्णय क्या होगा?

(A) ₹10 लाख का डाउन पेमेंट कर देना चाहिए ताकि लोन की राशि और ब्याज कम हो जाए।

(B) ₹10 लाख को इंडेक्स फंड में निवेश करना चाहिए और अधिकतम लोन लेना चाहिए, क्योंकि निवेश का रिटर्न (13%) लोन की लागत (9%) से 4% अधिक है।

(C) लोन नहीं लेना चाहिए और जब तक ₹50 लाख जमा न हो जाएं तब तक इंतजार करना चाहिए।

(D) ₹10 लाख से कार खरीद लेनी चाहिए क्योंकि वह भी एक एसेट है।

**Answer: [B]**

(हल: इसे 'Positive Leverage' कहते हैं। यदि आपके निवेश पर मिलने वाला रिटर्न आपके कर्ज की लागत से अधिक है, तो कर्ज का उपयोग करके संपत्ति बनाना एक स्मार्ट वित्तीय रणनीति है।)

**Q38.** 'प्रिया' अपने क्रेडिट कार्ड का उपयोग केवल रिवॉर्ड पॉइंट्स के लिए करती है और हर महीने 'Full Payment' करती है। वहीं 'सुमित' क्रेडिट कार्ड का उपयोग तब करता है जब उसके पास बैंक खाते में पैसे कम होते हैं और वह केवल 'Minimum Amount Due' चुकाता है। इन दोनों के 'Debt Management' का मूल्यांकन करें:

(A) सुमित स्मार्ट है क्योंकि वह बैंक के पैसे का उपयोग अपनी जरूरतों के लिए कर रहा है।

(B) प्रिया क्रेडिट कार्ड का सही उपयोग (Convenience Tool) कर रही है, जबकि सुमित 'डेट ट्रैप' (Debt Trap) में फंस रहा है क्योंकि मिनिमम ड्यू चुकाने पर बचे हुए बैलेंस पर 36-42% वार्षिक ब्याज लगता है।

(C) दोनों का तरीका सही है क्योंकि क्रेडिट कार्ड खर्च करने के लिए ही होता है।

(D) प्रिया को क्रेडिट कार्ड बंद कर देना चाहिए क्योंकि यह हमेशा नुकसानदायक होता है।

**Answer: [B]**

(हल: क्रेडिट कार्ड एक अच्छा 'Financial Tool' है लेकिन एक बहुत बुरा 'Loan Tool' है। मिनिमम ड्यू का चक्र चक्रवृद्धि ब्याज (Compounding) को आपके खिलाफ काम करने पर मजबूर कर देता है।)

**Q39.** "गुड डेट" (Good Debt) और "बैड डेट" (Bad Debt) के बीच अंतर का विश्लेषण करते हुए बताइए कि एजुकेशन लोन को 'गुड डेट' की श्रेणी में क्यों रखा जाता है?

(A) क्योंकि एजुकेशन लोन पर सरकार सब्सिडी देती है।

(B) क्योंकि यह एक ऐसा निवेश है जो भविष्य में व्यक्ति की 'मानव पूंजी' (Human Capital) और आय अर्जित करने की क्षमता को बढ़ाता है।

(C) क्योंकि इसे चुकाने की कोई समय सीमा नहीं होती।

(D) क्योंकि यह लोन बैंक आसानी से दे देते हैं।

**Answer: [B]**

## Chapter 14: इन्वेस्टमेंट साइकोलॉजी

**Q40.** 'रोहन' ने ₹100 के भाव पर एक शेयर खरीदा। कुछ दिनों बाद शेयर गिरकर ₹80 पर आ गया। रोहन का मानना है कि जब तक वह बेचेगा नहीं, तब तक उसे 'वास्तविक नुकसान' नहीं होगा, इसलिए वह उसे और खरीदता है (Averaging)। यदि शेयर के फंडामेंटल्स खराब हो चुके हैं, तो 'Loss Aversion Bias' (हानि से बचने का डर) के संदर्भ में रोहन के पोर्टफोलियो पर इसके प्रभाव का विश्लेषण करें:

(A) रोहन एक धैर्यवान निवेशक है, उसे भविष्य में भारी मुनाफा होगा।

(B) रोहन 'Sunk Cost Fallacy' और 'Loss Aversion' का शिकार है; नुकसान स्वीकार न करने की जिद में वह अपनी बाकी पूंजी को भी जोखिम में डाल रहा है, जिससे उसका 'अपॉर्चुनिटी कॉस्ट' बढ़ रहा है।

(C) यह एक बेहतरीन रणनीति है क्योंकि शेयर बाजार हमेशा वापस ऊपर आता है।

(D) रोहन को तब तक इंतजार करना चाहिए जब तक उसकी खरीद की कीमत (₹100) वापस न आ जाए।

**Answer: [B]**

(हल: मनोवैज्ञानिक रूप से इंसान को लाभ की खुशी से ज्यादा नुकसान का दर्द होता है। इस चक्कर में निवेशक खराब कंपनियों को पकड़े रखते हैं और अच्छी कंपनियों को जल्दी बेच देते हैं।)

**Q41.** 'बाजार में भारी गिरावट' के समय जब हर न्यूज़ चैनल और सोशल मीडिया पर डर का माहौल है, 'अंजलि' अपने सभी अच्छे स्टॉक्स बेच देती है क्योंकि उसके सभी दोस्त भी ऐसा ही कर रहे हैं। वहीं 'विजय' इसे खरीदारी का अवसर मानता है। 'Herd Mentality' (भेड़ चाल) के आधार पर अंजलि के निर्णय का मूल्यांकन करें:

(A) अंजलि का निर्णय सही है क्योंकि बहुमत (Majority) हमेशा सही होती है।

(B) अंजलि 'Herd Mentality' का शिकार है; वह भावनाओं (डर) के आधार पर निर्णय ले रही है न कि तथ्यों के आधार पर। सफल निवेश के लिए 'Contrarian' (विपरीत) सोच जरूरी है।

(C) विजय गलत है क्योंकि उसे भी सबके साथ बेचना चाहिए था।

(D) निवेश में ग्रुप चर्चा के आधार पर निर्णय लेना सबसे सुरक्षित रणनीति है।

**Answer: [B]**

(हल: जैसा कि वॉरेन बफेट कहते हैं—"जब सब लालची हों तब डरो, और जब सब डरे हुए हों तब लालची बनो।")

**Q42.** "Confirmation Bias" (पुष्टि का पूर्वाग्रह) एक निवेशक के विश्लेषण को कैसे प्रभावित करता है? एक ऐसे निवेशक का उदाहरण दें जो केवल उन्हीं खबरों को पढ़ता है जो उसके पसंदीदा स्टॉक की तारीफ करती हैं।

(A) इससे निवेशक का आत्मविश्वास बढ़ता है और वह सही निर्णय लेता है।

(B) यह निवेशक को अंधा बना देता है; वह स्टॉक से जुड़ी नकारात्मक चेतावनियों या खराब नतीजों को नजरअंदाज करने लगता है, जिससे बड़े नुकसान की संभावना बढ़ जाती है।

(C) यह एक सकारात्मक दृष्टिकोण है जो निवेश में जरूरी है।

(D) इससे रिसर्च करने का समय बचता है।

**Answer: [B]**

## Chapter 15: वित्तीय अनुशासन और मानसिकता

**Q43.** 'आदित्य' की आय हर साल 10% बढ़ती है। वर्तमान में उसकी आय ₹50,000 है और खर्च ₹40,000 हैं। यदि वह 'Lifestyle Creep' (आय के साथ खर्च बढ़ाना) को रोककर अगले साल भी अपने खर्च ₹40,000 पर ही सीमित रखता है, तो उसकी 'बचत दर' (Savings Rate) में कितने प्रतिशत की वृद्धि होगी और इसका लॉन्ग-टर्म पोर्टफोलियो पर क्या प्रभाव पड़ेगा?

(A) बचत दर 10% रहेगी; कोई बदलाव नहीं होगा।

(B) बचत दर 20% से बढ़कर लगभग 27.2% हो जाएगी; यह अतिरिक्त बचत 'कंपाउंडिंग' के इंजन में ईंधन का काम करेगी।

(C) बचत दर कम हो जाएगी क्योंकि मुद्रास्फीति बढ़ रही है।

(D) खर्च बढ़ाना जरूरी है ताकि अर्थव्यवस्था चलती रहे।

**Answer: [B]**

(हल: बचत दर = (बचत / आय) × 100। पहले साल: (10,000 / 50,000) = 20%। दूसरे साल (आय 55,000, खर्च 40,000): (15,000 / 55,000) = 27.2%। अनुशासन का अर्थ है अपनी जरूरतों को आय के साथ न बढ़ने देना।)

**Q44.** 'करण' ने एक स्टॉक खरीदा जो 20% गिर गया। वह घबराकर उसे बेच देता है (Panic Selling)। वहीं 'सिमरन' ने वही स्टॉक खरीदा है, वह भी 20% घाटे में है, लेकिन वह अपने 'Investment Thesis' पर दोबारा गौर करती है और पाती है कि कंपनी के नतीजे अभी भी मजबूत हैं, इसलिए वह निवेशित रहती है। 'Emotional Intelligence' (भावनात्मक बुद्धिमत्ता) के आधार पर दोनों की मानसिकता का मूल्यांकन करें:

(A) करण सही है क्योंकि उसे और अधिक नुकसान से बचना चाहिए।

(B) सिमरन की मानसिकता एक 'मजबूत निवेशक' की है; वह बाजार के शोर (Noise) के बजाय बिजनेस के प्रदर्शन पर ध्यान दे रही है। वित्तीय अनुशासन का मतलब है 'प्रतिक्रिया' (React) करने के बजाय 'जवाब' (Respond) देना।

(C) दोनों गलत हैं क्योंकि उन्हें गिरते हुए बाजार में प्रवेश ही नहीं करना चाहिए था।

(D) करण को अपनी पूरी पूंजी अब जुए में लगानी चाहिए ताकि नुकसान की भरपाई हो सके।

**Answer: [B]**

**Q45.** "वित्तीय स्वतंत्रता रातों-रात मिलने वाली सफलता नहीं, बल्कि वर्षों के 'विलंबित संतुष्टि' (Delayed Gratification) का परिणाम है।" इस कथन का विश्लेषण करते हुए बताइए कि एक युवा के लिए आज नई कार खरीदने के बजाय उस पैसे को निवेश करना 'मानसिकता' के स्तर पर कैसे भिन्न है?

(A) कार खरीदना एक बेहतर मानसिकता है क्योंकि यह समाज में प्रतिष्ठा बढ़ाती है।

(B) निवेश करना 'Delayed Gratification' है; यह आज के छोटे सुख को त्यागकर भविष्य की बड़ी सुरक्षा और आजादी चुनने की परिपक्व मानसिकता को दर्शाता है।

(C) दोनों में कोई अंतर नहीं है क्योंकि पैसा खर्च करने के लिए ही होता है।

(D) आज का आनंद लेना ही सबसे बड़ा अनुशासन है।

**Answer: [B]**

## Chapter 16: शेयर बाजार की बुनियादी समझ

**Q46.** 'कंपनी X' अपना विस्तार करने के लिए ₹10 करोड़ जुटाना चाहती है। वह 'प्राइमरी मार्केट' (IPO) के जरिए ₹100 के भाव पर 10 लाख शेयर जारी करती है। 'आर्यन' इस कंपनी के 500 शेयर खरीदता है। यदि 1 साल बाद 'सेकेंडरी मार्केट' में शेयर का भाव ₹150 हो जाता है, तो कंपनी की 'मार्केट कैपिटलाइजेशन' (Market Cap) में कितनी वृद्धि हुई और आर्यन के निवेश का वर्तमान मूल्य क्या है?

(A) मार्केट कैप में ₹5 करोड़ की वृद्धि; आर्यन का निवेश ₹75,000

(B) मार्केट कैप में ₹10 करोड़ की वृद्धि; आर्यन का निवेश ₹50,000

(C) मार्केट कैप में ₹15 करोड़ की वृद्धि; आर्यन का निवेश ₹1,50,000

(D) मार्केट कैप स्थिर रहेगी; आर्यन का निवेश ₹75,000

**Answer: [A]**

(Solution: नई मार्केट कैप = 10 लाख शेयर × ₹150 = ₹15 करोड़। वृद्धि = 15cr - 10cr = ₹5 करोड़। आर्यन का निवेश = 500 शेयर × ₹150 = ₹75,000। यह प्रश्न प्राइमरी और सेकेंडरी मार्केट के अंतर को स्पष्ट करता है।)

**Q47.** 'स्नेहा' का मानना है कि शेयर बाजार में निवेश करने का मतलब केवल 'सट्टा' लगाना है क्योंकि कीमतें हर पल बदलती रहती हैं। वहीं 'विकास' का तर्क है कि शेयर खरीदना उस 'व्यवसाय में हिस्सेदारी' (Ownership) खरीदना है। एक लंबी अवधि के निवेशक के लिए किसका दृष्टिकोण सही है?

(A) स्नेहा का, क्योंकि बाजार की अस्थिरता जोखिम भरी है।

(B) विकास का, क्योंकि शेयरधारक के रूप में आप कंपनी के मुनाफे (Dividends) और विकास में भागीदार बनते हैं। बाजार की अल्पकालिक हलचल (Noise) व्यवसाय की वास्तविक वैल्यू को नहीं बदलती।

(C) दोनों सही हैं, क्योंकि यह पूरी तरह भाग्य पर निर्भर है।

(D) स्नेहा का, क्योंकि स्टॉक एक्सचेंज केवल जुए का अड्डा है।

**Answer: [B]**

**Q48.** 'निफ्टी' (Nifty 50) और 'सेंसेक्स' (Sensex) जैसे सूचकांकों (Indices) का विश्लेषण करते हुए बताइए कि यदि निफ्टी 2% ऊपर है, तो इसका एक आम निवेशक के पोर्टफोलियो के लिए क्या संकेत है?

(A) इसका मतलब है कि देश की सभी हजारों कंपनियों के शेयर 2% बढ़ गए हैं।

(B) यह संकेत देता है कि देश की सबसे बड़ी 50 कंपनियों (Bluechip) का औसत प्रदर्शन सकारात्मक है, जो बाजार के सामान्य 'सेंटीमेंट' को दर्शाता है।

(C) इसका मतलब है कि अब बैंक में जमा पैसा असुरक्षित है।

(D) यह संकेत है कि अब केवल पेनी स्टॉक्स खरीदने का समय है।

**Answer: [B]**

(हल: इंडेक्स पूरे बाजार का एक 'आईना' होता है जो चुनिंदा बड़ी कंपनियों के भारित औसत (Weighted Average) के आधार पर बाजार की दिशा बताता है।)

### Chapter 17: शेयर बाजार की कार्यप्रणाली

**Q49.** 'रोहन' ने सोमवार (T-day) को दोपहर 2 बजे 'कंपनी Z' के 100 शेयर खरीदे। वर्तमान में भारतीय शेयर बाजार में 'T+1 रोलिंग सेटलमेंट' (Rolling Settlement) प्रणाली लागू है। यदि मंगलवार को सार्वजनिक अवकाश (Holiday) है, तो रोहन के डीमैट खाते में शेयर वास्तव में किस दिन क्रेडिट होंगे और भुगतान की प्रक्रिया कब तक पूरी होगी?

(A) मंगलवार शाम तक
(B) बुधवार को बाजार बंद होने तक
(C) सोमवार शाम को ही
(D) गुरुवार को सुबह तक

**Answer: [B]**

(हल: T+1 का अर्थ है 'ट्रेडिंग का दिन + 1 कार्य दिवस'। चूंकि मंगलवार को अवकाश है, इसलिए अगला कार्य दिवस बुधवार होगा।)

**Q50.** 'अक्षय' का मानना है कि उसने अपना शेयर 'ब्रोकर' से खरीदा है, इसलिए शेयर ब्रोकर के पास सुरक्षित हैं। वहीं 'मीना' का तर्क है कि ब्रोकर केवल एक माध्यम है, असली शेयर 'डिपॉजिटरी' (NSDL/CDSL) के पास सुरक्षित रहते हैं। यदि ब्रोकर की कंपनी दिवालिया हो जाती है, तो किसके तर्क के आधार पर अक्षय के निवेश की सुरक्षा का मूल्यांकन किया जा सकता है?

(A) अक्षय सही है; ब्रोकर ही मालिक है।

(B) मीना सही है; ब्रोकर केवल 'ट्रेडिंग' की सुविधा देता है, जबकि शेयर आपके 'बेनिफिशियल ओनर' (BO) आईडी के तहत डिपॉजिटरी के पास सुरक्षित रहते हैं। ब्रोकर के डूबने से आपके शेयरों पर असर नहीं पड़ता।

(C) दोनों गलत हैं; शेयर बैंक के पास रहते हैं।

(D) शेयर केवल कागज के रूप में तिजोरी में रखने पर ही सुरक्षित होते हैं।

**Answer: [B]**

(हल: डिपॉजिटरी (NSDL/CDSL) और ब्रोकर की अलग-अलग भूमिकाओं को समझना एक निवेशक के लिए सुरक्षा के नजरिए से अनिवार्य है।)

**Q51.** शेयर बाजार में 'सर्किट फिल्टर' (Upper/Lower Circuit) की कार्यप्रणाली का विश्लेषण करते हुए बताइए कि यह एक आम आदमी के लिए 'सुरक्षा तंत्र' (Safety Mechanism) के रूप में कैसे काम करता है?

(A) यह शेयरों को सस्ता करने में मदद करता है।

(B) यह अत्यधिक घबराहट (Panic) या अत्यधिक उत्साह (Euphoria) के समय बाजार में एक 'कूलिंग पीरियड' देता है, जिससे कीमतों में कृत्रिम हेरफेर (Manipulation) और एक ही दिन में पूरी पूंजी डूबने का जोखिम कम हो जाता है।

(C) यह केवल बड़े संस्थानों को मुनाफा कमाने से रोकता है।

(D) सर्किट लगने के बाद बाजार स्थायी रूप से बंद हो जाता है।

**Answer: [B]**

(हल: सर्किट फिल्टर बाजार की अस्थिरता को नियंत्रित करने और निवेशकों को सोचने का समय देने के लिए बनाए गए हैं।)

## Chapter 18: शेयर बाज़ार के प्रमुख मध्यस्थ

**Q52.**'अंकित' ने एक स्टॉक ब्रोकर के पास अपना ट्रेडिंग खाता खोला है। वह ₹1,00,000 के शेयर खरीदता है। ब्रोकर उससे 0.20% ब्रोकरेज लेता है। इसके अलावा, उसे STT (Securities Transaction Tax) और SEBI शुल्क भी देना पड़ता है। यदि स्टॉक एक्सचेंज (NSE/BSE) और डिपॉजिटरी (CDSL/NSDL) की भूमिका को देखें, तो अंकित के इस लेन-देन में 'क्लियरिंग कॉर्पोरेशन' (Clearing Corporation) की मुख्य गणनात्मक ज़िम्मेदारी क्या होगी?

(A) केवल ब्रोकरेज वसूलना।

(B) यह सुनिश्चित करना कि अंकित के खाते से ₹1,00,000+शुल्क कटें और विक्रेता को मिलें, साथ ही विक्रेता के खाते से शेयर अंकित के डीमैट में ट्रांसफर हों (Settlement Guarantee)।

(C) अंकित को सुझाव देना कि कौन से शेयर खरीदने चाहिए।

(D) कंपनी के वार्षिक परिणामों की घोषणा करना।

**Answer: [B]**

(हल: क्लियरिंग कॉर्पोरेशन (जैसे NSCCL या ICCL) बाज़ार में 'काउंटर-पार्टी जोखिम' को खत्म करता है। यह गारंटी देता है कि अगर एक पक्ष ने भुगतान किया है, तो उसे शेयर ज़रूर मिलेंगे।)

**Q53.** 'विशाल' का डीमैट खाता 'सर्टिफाइड स्टॉक ब्रोकर' के पास है। एक दिन ब्रोकर का सर्वर डाउन हो जाता है और विशाल अपने शेयर नहीं बेच पाता। वह डर जाता है कि उसके शेयर गायब हो गए हैं। 'डिपॉजिटरी पार्टिसिपेंट' (DP) और 'डिपॉजिटरी' (NSDL/CDSL) के बीच के संबंध के आधार पर विशाल की स्थिति का मूल्यांकन करें:

(A) विशाल का डर सही है; ब्रोकर के पास ही शेयर होते हैं, सर्वर डाउन होने का मतलब है शेयर खत्म हो गए।

(B) विशाल सुरक्षित है; ब्रोकर (DP) केवल एक एजेंट है। उसके शेयर इलेक्ट्रॉनिक रूप से 'डिपॉजिटरी' (NSDL/CDSL) के पास सुरक्षित हैं। वह किसी अन्य माध्यम या 'ऑफ-मार्केट' तरीके से भी उन्हें एक्सेस कर सकता है।

(C) विशाल को पुलिस में शिकायत करनी चाहिए क्योंकि ब्रोकर ने शेयर चुरा लिए हैं।

(D) शेयर केवल तभी सुरक्षित होते हैं जब वे भौतिक (Physical) सर्टिफिकेट के रूप में हों।

**Answer: [B]**

(हल: ब्रोकर केवल एक 'डिपॉजिटरी पार्टिसिपेंट' (DP) है। असली संरक्षक (Custodian) डिपॉजिटरी होती है। यह व्यवस्था निवेशक के हितों की रक्षा के लिए बनाई गई है।)

**Q54.** शेयर बाज़ार के 'नियामक' (Regulator) के रूप में SEBI (भारतीय प्रतिभूति और विनिमय बोर्ड) की भूमिका का विश्लेषण करें। यदि कोई 'इनसाइडर ट्रेडिंग' (Insider Trading) का मामला सामने आता है, तो SEBI की कार्रवाई अन्य मध्यस्थों से कैसे भिन्न होगी?

(A) SEBI मध्यस्थों को और अधिक कमीशन लेने के लिए कहेगा।

(B) SEBI नियमों का उल्लंघन करने वालों पर जुर्माना लगाएगा या उन्हें बाज़ार से प्रतिबंधित करेगा, ताकि छोटे निवेशकों के भरोसे और बाज़ार की अखंडता की रक्षा हो सके।

(C) SEBI केवल कंपनियों को विज्ञापन देने में मदद करता है।

(D) SEBI की कोई भूमिका नहीं है; यह काम स्टॉक एक्सचेंज का है।

**Answer: [B]**

## Chapter 19: शेयर बाज़ार की शब्दावली

**Q55.** 'अमन' एक शेयर खरीदना चाहता है जिसका 'Bid Price' (बोली) ₹150.00 है और 'Ask Price' (विक्रेता की कीमत) ₹150.10 है। यदि अमन को तुरंत 1,000 शेयर खरीदने हैं, तो उसे 'Market Order' देने पर कितनी अतिरिक्त राशि (Impact Cost) चुकानी पड़ सकती है, और 'Bid-Ask Spread' यहाँ क्या दर्शाता है?

(A) ₹100 अतिरिक्त; स्प्रेड बाज़ार की 'तरलता' (Liquidity) को दर्शाता है।

(B) ₹10 अतिरिक्त; स्प्रेड ब्रोकर के कमीशन को दर्शाता है।

(C) ₹1,000 अतिरिक्त; स्प्रेड कंपनी के मुनाफे को दर्शाता है।

(D) कोई अतिरिक्त राशि नहीं; स्प्रेड का कीमतों पर असर नहीं पड़ता।

**Answer: [A]**

(हल: बिड-आस्क स्प्रेड ₹0.10 है। 1,000 शेयरों पर यह ₹100 (1000 × 0.10) होता है। स्प्रेड जितना कम होगा, स्टॉक उतना ही 'लिक्विड' (आसानी से खरीदने-बेचने योग्य) माना जाता है।)

**Q56.** 'प्रिया' ने एक कंपनी के शेयर ₹500 में खरीदे। कंपनी ने घोषणा की कि वह 1:1 का 'Bonus Issue' (बोनस शेयर) दे रही है। प्रिया को लगता है कि अब उसके निवेश की वैल्यू दोगुनी हो जाएगी क्योंकि उसके पास शेयरों की संख्या दोगुनी हो गई है। 'Market Cap' और 'Ex-Date' के सिद्धांतों के आधार पर प्रिया की धारणा का मूल्यांकन करें:

(A) प्रिया सही है; बोनस शेयर मिलने से संपत्ति हमेशा दोगुनी हो जाती है।

(B) प्रिया गलत है; बोनस शेयर मिलने पर शेयर की संख्या तो बढ़ती है, लेकिन शेयर का भाव उसी अनुपात में कम हो जाता है ताकि 'मार्केट कैप' समान रहे। इसका लाभ लंबी अवधि में मिलता है, तुरंत नहीं।

(C) प्रिया को नुकसान होगा क्योंकि बोनस शेयर पर टैक्स बहुत ज्यादा लगता है।

(D) बोनस शेयर केवल प्रमोटरों को मिलते हैं, छोटे निवेशकों को नहीं।

**Answer: [B]**

(हल: बोनस इश्यू केवल शेयरों का विभाजन है। यदि आपके पास ₹500 का 1 शेयर था, तो अब ₹250 के 2 शेयर होंगे। कुल निवेश ₹500 ही रहेगा।

**Q57.** 'बुल मार्केट' (Bull Market) और 'बियर मार्केट' (Bear Market) के दौरान निवेशकों के मनोविज्ञान का विश्लेषण करें। यदि 'निफ्टी' अपने पिछले निचले स्तर (Low) से 20% बढ़ चुका है, तो तकनीकी शब्दावली में इसे क्या कहा जाएगा और यह क्या संकेत देता है?

(A) यह एक 'बियर मार्केट' है, जिसका अर्थ है कि लोग अब बिकवाली करेंगे।

(B) यह 'बुल मार्केट' की शुरुआत का संकेत है, जो निवेशकों के बीच बढ़ते भरोसे और आर्थिक मजबूती को दर्शाता है।

(C) इसे 'साइडवेज मार्केट' (Sideways Market) कहेंगे क्योंकि कीमतें स्थिर हैं।

(D) इसका मतलब है कि बाज़ार अब स्थायी रूप से बंद होने वाला है।

**Answer: [B]**

(हल: आमतौर पर बाज़ार में 20% की बढ़त को 'बुल मार्केट' (तेजी) और 20% की गिरावट को 'बियर मार्केट' (मंदी) की शुरुआत माना जाता है।)

## Chapter 20: मार्केट सेंटीमेंट को समझना

**Q58.** 'अक्षय' बाज़ार के सेंटीमेंट को मापने के लिए 'Put-Call Ratio' (PCR) का उपयोग करता है। वर्तमान में निफ्टी का PCR 1.6 पर पहुँच गया है, जो ऐतिहासिक रूप से बहुत उच्च (Overbought) स्तर माना जाता है। साथ ही, न्यूज़ चैनल्स पर अत्यधिक उत्साह है। 'Contrarian Investing' के सिद्धांत के आधार पर अक्षय को क्या निर्णय लेना चाहिए?

(A) उसे और अधिक आक्रामक तरीके से शेयर खरीदने चाहिए क्योंकि बाज़ार बहुत तेज़ है।

(B) उसे सावधान हो जाना चाहिए और मुनाफावसूली (Profit Booking) के बारे में सोचना चाहिए, क्योंकि अत्यधिक 'लालच' (High PCR) अक्सर बाज़ार में गिरावट या सुधार (Correction) का संकेत होता है।

(C) PCR का बाज़ार की दिशा से कोई संबंध नहीं होता है।

(D) उसे अपने सारे शेयर बेचकर सोना (Gold) खरीद लेना चाहिए क्योंकि बाज़ार अब कभी ऊपर नहीं जाएगा।

**Answer: [B]**

(हल: जब बाज़ार में हर कोई बहुत अधिक उत्साहित (Extremely Bullish) होता है, तो अक्सर बाज़ार में खरीदारी की शक्ति खत्म हो जाती है, जिसे 'सेंटीमेंट पीक' कहते हैं। एक समझदार निवेशक ऐसे समय में सतर्क रहता है।)

**Q59.** 'किरण' देखती है कि एक कंपनी के तिमाही नतीजे बहुत अच्छे आए हैं, लेकिन अगले ही दिन उस कंपनी का शेयर 5% गिर गया। 'Market Sentiment' और 'Discounting' के सिद्धांत के आधार पर इस स्थिति का सबसे तार्किक मूल्यांकन क्या होगा?

(A) कंपनी ने अपने नतीजों में धोखाधड़ी की है।

(B) बाज़ार ने उन अच्छे नतीजों की उम्मीद पहले ही कर ली थी और वे कीमतें पहले ही बढ़ चुकी थीं (Priced-in)। अब निवेशक 'Buy the rumor, sell the news' की रणनीति के तहत मुनाफा कमा रहे हैं।

(C) स्टॉक एक्सचेंज में कोई तकनीकी खराबी आ गई है।

(D) अच्छे नतीजों के बाद शेयर का गिरना असंभव है, यह डेटा गलत है।

**Answer: [B]**

हल: बाज़ार भविष्य की घटनाओं को वर्तमान कीमत में 'डिस्काउंट' कर देता है। कभी-कभी 'अच्छी खबर' आने तक सेंटीमेंट पहले ही चरम पर होता है और खबर आते ही बिकवाली शुरू हो जाती है।)

**Q60.** "Capitulation" (आत्मसमर्पण) की स्थिति का विश्लेषण करें। यदि बाज़ार लगातार गिर रहा है और 'रोहन' जैसे छोटे निवेशक घबराकर (Panic) अपने शेयर भारी घाटे में बेच रहे हैं

क्योंकि उन्हें लगता है कि बाज़ार शून्य हो जाएगा, तो यह सेंटीमेंट एक 'Value Investor' के लिए क्या संकेत देता है?

(A) यह संकेत है कि अब बाज़ार हमेशा के लिए खत्म होने वाला है।

(B) यह 'बॉटम आउट' (Bottoming out) का संकेत हो सकता है; जब आखिरी निवेशक भी डर कर बाहर निकल जाता है, तब बाज़ार में बेचने वाले खत्म हो जाते हैं और यहाँ से रिकवरी की संभावना बढ़ जाती है।

(C) यह संकेत है कि अब केवल बैंक FD ही एकमात्र विकल्प बचा है।

(D) रोहन का निर्णय सही है क्योंकि उसे अपनी बची हुई पूंजी बचानी चाहिए।

**Answer: [B]**

## Chapter 21: कंपनी का मौलिक विश्लेषण

**Q61.** 'अजय' दो प्रतिस्पर्धी कंपनियों, 'कंपनी A' और 'कंपनी B' का विश्लेषण कर रहा है। दोनों का शुद्ध लाभ (Net Profit) ₹100 करोड़ है। 'कंपनी A' के पास ₹500 करोड़ की इक्विटी है, जबकि 'कंपनी B' के पास ₹1,000 करोड़ की इक्विटी है। 'Return on Equity' (ROE) की गणना करते हुए बताइए कि मौलिक रूप से कौन सी कंपनी अपने शेयरधारकों की पूंजी का अधिक कुशलता से उपयोग कर रही है?

(A) कंपनी B, क्योंकि उसके पास अधिक पूंजी (Equity) है।

(B) कंपनी A, क्योंकि उसका ROE 20% है, जबकि कंपनी B का ROE केवल 10% है। कंपनी A कम पूंजी से समान मुनाफा कमा रही है।

(C) दोनों कंपनियां समान हैं क्योंकि दोनों का मुनाफा ₹100 करोड़ है।

(D) कोई भी कंपनी अच्छी नहीं है क्योंकि मुनाफा ₹500 करोड़ से कम है।

**Answer: [B]**

(हल: ROE = (Net Profit/ Shareholder's Equity)×100। उच्च ROE यह दर्शाता है कि प्रबंधन शेयरधारकों के पैसे पर अधिक रिटर्न पैदा करने में सक्षम है।)

**Q62.** 'स्नेहा' एक ऐसी कंपनी की तलाश में है जिसे भविष्य में कड़ी प्रतिस्पर्धा का सामना न करना पड़े। वह कंपनी के 'Economic Moat' (आर्थिक खाई) का विश्लेषण करती है। उसे पता चलता है कि 'कंपनी X' के पास एक ऐसा 'ब्रांड' और 'पेटेंट' है जिसे कोई और कॉपी नहीं कर सकता। गुणात्मक विश्लेषण (Qualitative Analysis) के आधार पर स्नेहा का क्या निष्कर्ष होना चाहिए?

(A) यह एक खराब निवेश है क्योंकि पेटेंट की समय सीमा समाप्त हो सकती है।

(B) कंपनी के पास एक 'Wide Moat' (मजबूत सुरक्षा घेरा) है, जो इसे लंबे समय तक उच्च मार्जिन और बाजार हिस्सेदारी बनाए रखने में मदद करेगा। यह एक मजबूत मौलिक संकेत है।

(C) 'Moat' का कंपनी के शेयर की कीमत से कोई संबंध नहीं है।

(D) उसे केवल कंपनी के P/E अनुपात को देखना चाहिए, ब्रांड वैल्यू को नहीं।

**Answer: [B]**

**Q63.** 'विक्रम' कंपनी के 'Debt-to-Equity Ratio' (ऋण-इक्विटी अनुपात) का विश्लेषण कर रहा है। वह देखता है कि 'कंपनी Y' का अनुपात 2.5 है, जबकि उसी उद्योग की अन्य कंपनियों का औसत 0.5 है। मौलिक विश्लेषण (fundamental analysis) के आधार पर, यह उच्च अनुपात विक्रम को क्या चेतावनी देता है?

(A) कंपनी बहुत तेज़ी से बढ़ रही है और यह निवेश के लिए सबसे अच्छा समय है।

(B) उच्च ऋण का मतलब है कि कंपनी पर ब्याज का भारी बोझ है, जो आर्थिक मंदी के समय वित्तीय संकट या दिवालियापन का जोखिम पैदा कर सकता है।

(C) इसका मतलब है कि कंपनी को बैंक से बहुत प्यार मिलता है।

(D) ऋण होने से कंपनी की वैल्यू हमेशा बढ़ती है।

**Answer: [B]**

## Chapter 22: आर्थिक एवं सेक्टर विश्लेषण

**Q64.** भारतीय रिजर्व बैंक (RBI) ने मुद्रास्फीति (Inflation) को नियंत्रित करने के लिए 'रेपो रेट' में 0.50% की वृद्धि की है। 'अमन' के पास बैंकिंग, रियल एस्टेट और आईटी सेक्टर के शेयर हैं। आर्थिक विश्लेषण के आधार पर, ब्याज दरों में इस वृद्धि का इन सेक्टर्स पर पड़ने वाले संभावित तात्कालिक प्रभाव की गणना और विश्लेषण करें:

(A) रियल एस्टेट और बैंकिंग दोनों के शेयर बढ़ेंगे क्योंकि ब्याज दरें बढ़ने से बैंक अधिक कमाएंगे।

(B) रियल एस्टेट सेक्टर पर नकारात्मक दबाव पड़ेगा क्योंकि होम लोन महंगे होने से मांग घटेगी, जबकि बैंकिंग सेक्टर के 'नेट इंटरेस्ट मार्जिन' (NIM) में सुधार हो सकता है।

(C) आईटी सेक्टर पर सबसे अधिक सकारात्मक प्रभाव पड़ेगा क्योंकि इसका ब्याज दरों से कोई संबंध नहीं है।

(D) सभी सेक्टर्स समान रूप से बढ़ेंगे क्योंकि अर्थव्यवस्था मजबूत हो रही है।

**Answer: [B]**

(हल: ब्याज दरें बढ़ने का सबसे सीधा नकारात्मक असर 'Capital Intensive' सेक्टर्स (जैसे रियल एस्टेट, ऑटो) पर पड़ता है क्योंकि कर्ज महंगा हो जाता है।)

**Q65.** 'प्रिया' एक ऐसे समय में निवेश करना चाहती है जब अर्थव्यवस्था 'मंदी' (Recession) की ओर बढ़ रही है। वह 'Defensive Sectors' (रक्षात्मक क्षेत्र) की तलाश में है। वह 'FMCG' और 'Pharma' सेक्टर्स का चुनाव करती है। 'Sector Rotation' सिद्धांत के आधार पर प्रिया की रणनीति का मूल्यांकन करें:

(A) प्रिया की रणनीति गलत है; मंदी में उसे 'मेटल' और 'इंफ्रास्ट्रक्चर' में निवेश करना चाहिए क्योंकि वे सस्ते होंगे।

(B) प्रिया की रणनीति सही है; एफएमसीजी और फार्मा ऐसे क्षेत्र हैं जिनकी मांग आर्थिक स्थिति कैसी भी हो, बनी रहती है (जैसे साबुन, तेल, दवाइयां)। इन्हें 'Non-Cyclical' सेक्टर कहा जाता है।

(C) मंदी में निवेश करना हमेशा मूर्खता है, उसे केवल नकद (Cash) रखना चाहिए।

(D) उसे केवल 'लक्जरी कार' बनाने वाली कंपनियों में निवेश करना चाहिए।

**Answer: [B]**

**Q66.** "डॉलर के मुकाबले रुपये की कमजोरी" (Rupee Depreciation) का विश्लेषण करते हुए बताइए कि इसका भारत के 'IT' और 'Oil & Gas' सेक्टर्स पर क्या विपरीत प्रभाव पड़ेगा?

(A) आईटी सेक्टर को नुकसान होगा क्योंकि उनकी लागत बढ़ जाएगी, जबकि ऑयल कंपनियों को फायदा होगा।

(B) आईटी सेक्टर (निर्यातकों) को फायदा होगा क्योंकि उन्हें डॉलर में भुगतान मिलता है, जबकि ऑयल कंपनियों (आयातकों) की लागत बढ़ जाएगी क्योंकि कच्चा तेल खरीदने के लिए उन्हें अधिक रुपये देने होंगे।

(C) रुपये के गिरने से शेयर बाज़ार की सभी कंपनियों को केवल फायदा ही होता है।

(D) इसका किसी भी सेक्टर पर कोई प्रभाव नहीं पड़ता क्योंकि बाज़ार अपनी चाल चलता है।

**Answer: [B]**

(हल: जब रुपया कमजोर होता है, तो निर्यात करने वाली कंपनियां (IT, Pharma) अधिक मुनाफा कमाती हैं, जबकि कच्चा माल आयात करने वाली कंपनियों (Oil, Paint) का मार्जिन कम हो जाता है।)

## Chapter 23: कंपनी प्रबंधन और व्यवसाय की परख

**Q67.** 'नितिन' एक ऐसी कंपनी का विश्लेषण कर रहा है जिसका मुनाफा पिछले 3 वर्षों से 15% की दर से बढ़ रहा है। हालांकि, वह देखता है कि कंपनी के 'प्रमोटरों' (Promoters) ने अपनी हिस्सेदारी का 60% हिस्सा बैंकों के पास 'गिरवी' (Pledge) रखा हुआ है। प्रबंधन की गुणवत्ता के आधार पर नितिन को इस स्थिति का क्या विश्लेषण करना चाहिए?

(A) यह एक सकारात्मक संकेत है क्योंकि कंपनी विस्तार के लिए कर्ज ले रही है।

(B) यह एक बड़ा 'रेड फ्लैग' है; प्रमोटर होल्डिंग का गिरवी होना वित्तीय असुरक्षा को दर्शाता है। यदि शेयर की कीमत गिरती है, तो बैंक उन शेयरों को बेच सकते हैं, जिससे शेयर की कीमत में भारी गिरावट आ सकती है।

(C) मुनाफे में 15% की वृद्धि को देखते हुए गिरवी रखे शेयरों को नजरअंदाज किया जा सकता है।

(D) प्रमोटरों को अपनी व्यक्तिगत संपत्ति गिरवी रखने का पूरा अधिकार है, इससे निवेशकों को कोई फर्क नहीं पड़ता।

**Answer: [B]**

(हल: 'Pledging of Shares' प्रबंधन की वित्तीय तंगी या उनकी व्यक्तिगत ऋण स्थिति का संकेत है, जो छोटे शेयरधारकों के लिए जोखिम भरा होता है।)

**Q68.** 'कविता' कंपनी के 'Related Party Transactions' (संबंधित पक्ष लेनदेन) की जांच कर रही है। वह पाती है कि 'कंपनी A' अपने ही प्रमोटर की दूसरी निजी कंपनी को बाज़ार दर से बहुत कम कीमत पर कच्चा माल बेच रही है। 'कॉर्पोरेट गवर्नेंस' (Corporate Governance) के आधार पर कविता को क्या निष्कर्ष निकालना चाहिए?

(A) यह एक अच्छी रणनीति है क्योंकि पैसा प्रमोटर के पास ही रह रहा है।

(B) यह 'Poor Governance' का संकेत है; प्रमोटर मुख्य कंपनी (जिसमें आम जनता का पैसा है) का मुनाफा अपनी निजी कंपनी में ट्रांसफर कर रहे हैं। इसे "Siphoning of Funds" भी कहा जा सकता है।

(C) कविता को केवल कंपनी के सेल्स डेटा पर ध्यान देना चाहिए, प्रमोटर क्या करते हैं इससे कोई मतलब नहीं है।

(D) यह कंपनी की टैक्स बचाने की एक स्मार्ट तकनीक है।

**Answer: [B]**

(हल: कॉर्पोरेट गवर्नेंस का अर्थ है कि प्रबंधन अल्पसंख्यक शेयरधारकों (Minority Shareholders) के प्रति ईमानदार है या नहीं।)

**Q69.** "व्यवसाय की परख" (Business Analysis) करते समय 'कंपनी B' के 'Capital Allocation' (पूंजी आवंटन) के इतिहास का विश्लेषण कीजिए। यदि कोई कंपनी अपने मुनाफे को लगातार ऐसे नए क्षेत्रों में लगा रही है जिनका उसके मूल व्यवसाय (Core Business) से कोई संबंध नहीं है, तो इसे तकनीकी भाषा में क्या कहेंगे?

(A) बिजनेस डाइवर्सिफिकेशन (Business Diversification)

(B) 'Diworsification' (खराब विविधीकरण); जहाँ कंपनी अपने मुख्य लाभ देने वाले व्यवसाय से ध्यान हटाकर अनजान क्षेत्रों में पैसा बर्बाद करती है।

(C) वर्टिकल इंटीग्रेशन (Vertical Integration)

(D) मार्केट पेनेट्रेशन (Market Penetration)

**Answer: [B]**

## Chapter 24: कंपनी का वित्तीय विश्लेषण

**Q70.** 'राहुल' एक रिटेल कंपनी का विश्लेषण कर रहा है। कंपनी का 'Net Profit' (शुद्ध लाभ) पिछले साल ₹100 करोड़ था और इस साल भी ₹100 करोड़ है। हालांकि, राहुल देखता है कि कंपनी का 'Cash Flow from Operations' (CFO) ₹100 करोड़ से घटकर ₹20 करोड़ रह गया है। वित्तीय विश्लेषण के आधार पर, यह अंतर क्या संकेत देता है?

(A) कंपनी बहुत अच्छी है क्योंकि उसका मुनाफा स्थिर है।

(B) यह एक चेतावनी संकेत है; कंपनी कागजों पर तो मुनाफा कमा रही है, लेकिन वह पैसा वास्तव में नकद में नहीं आ रहा है (शायद उधारी/Receivables बढ़ रहे हैं)। मुनाफा 'गुणवत्ता' में कमजोर है।

(C) कंपनी ने ₹80 करोड़ का दान दिया है, इसलिए कैश फ्लो कम है।

(D) कैश फ्लो का नेट प्रॉफिट से कोई संबंध नहीं होता है।

**Answer: [B]**

(हल: "Profit is an opinion, but Cash is a fact." यदि कैश फ्लो और नेट प्रॉफिट में बड़ा अंतर है, तो यह आय की पहचान (Revenue Recognition) में हेरफेर का संकेत हो सकता है।)

**Q71.** 'प्रिया' दो कंपनियों की 'Balance Sheet' की तुलना कर रही है। 'कंपनी अ' अपनी संपत्ति (Assets) बढ़ाने के लिए लगातार अल्पकालिक कर्ज (Short-term Debt) ले रही है, जबकि 'कंपनी ब' ने दीर्घकालिक संपत्ति बनाने के लिए 'इक्विटी' और 'रिटेन्ड अर्निंग्स' का उपयोग किया है। 'Current Ratio' और 'Solvency' के आधार पर किसका वित्तीय ढांचा अधिक मजबूत है?

(A) कंपनी अ का, क्योंकि कर्ज लेने से टैक्स में बचत होती है।

(B) कंपनी ब का, क्योंकि दीर्घकालिक संपत्तियों के लिए अल्पकालिक कर्ज लेना 'Asset-Liability Mismatch' पैदा करता है, जो वित्तीय संकट का कारण बन सकता है।

(C) दोनों कंपनियां समान हैं क्योंकि दोनों के पास संपत्तियां बढ़ रही हैं।

(D) विश्लेषण के लिए बैलेंस शीट की आवश्यकता नहीं है, केवल शेयर की कीमत काफी है।

**Answer: [B]**

**Q72.** "Operating Profit Margin" (OPM) का विश्लेषण करते हुए बताइए कि यदि किसी कंपनी की सेल्स (Sales) 10% बढ़ी है, लेकिन उसका OPM 20% से घटकर 12% रह गया है, तो इसके पीछे का संभावित वित्तीय कारण क्या हो सकता है?

(A) कंपनी ने अपने उत्पादों की कीमतें बहुत अधिक बढ़ा दी हैं।

(B) कंपनी की 'In-put Costs' (कच्चा माल/परिचालन लागत) सेल्स की तुलना में कहीं अधिक तेजी से बढ़ी है, जिससे कंपनी की 'Pricing Power' पर सवाल उठता है।

(C) कंपनी का मैनेजमेंट बहुत कुशल है क्योंकि सेल्स बढ़ी है।

(D) यह संकेत है कि कंपनी अब विज्ञापन पर खर्च नहीं कर रही है।

**Answer: [B]**

## Chapter 25: कंपनी के महत्वपूर्ण वित्तीय अनुपात

**Q73.** 'कंपनी अ' और 'कंपनी ब' एक ही सेक्टर में हैं। 'कंपनी अ' का P/E रेशियो 40 है और उसकी लाभ वृद्धि (Earnings Growth) 10% है। 'कंपनी ब' का P/E रेशियो 60 है लेकिन उसकी

लाभ वृद्धि 30% है। 'PEG Ratio' (Price/Earnings to Growth) की गणना करते हुए बताइए कि मूल्यांकन (Valuation) के आधार पर कौन सा शेयर अधिक आकर्षक है?

(A) कंपनी अ, क्योंकि उसका P/E रेशियो (40) कंपनी ब (60) से कम है।

(B) कंपनी ब, क्योंकि उसका PEG रेशियो 2.0 (60/30) है जो कंपनी अ के PEG रेशियो 4.0 (40/10) से कम है। कंपनी ब अपनी ग्रोथ के मुकाबले सस्ती है।

(C) दोनों समान हैं क्योंकि दोनों का P/E रेशियो 30 से ऊपर है।

(D) डेटा अपर्याप्त है, हमें केवल लाभांश (Dividend) देखना चाहिए।

**Answer: [B]**

(हल: सिर्फ P/E रेशियो देखना भ्रामक हो सकता है। PEG रेशियो हमें बताता है कि हम भविष्य की ग्रोथ के लिए कितना भुगतान कर रहे हैं। सामान्यतः 1 से कम का PEG बहुत अच्छा और 1-2 के बीच का उचित माना जाता है।)

**Q74.** 'मानसी' एक ऐसी कंपनी का विश्लेषण कर रही है जिसके पास बहुत अधिक अचल संपत्तियां (Fixed Assets) और भारी कर्ज है। वह कंपनी की लाभप्रदता मापने के लिए 'Return on Equity' (ROE) के बजाय 'Return on Capital Employed' (ROCE) को प्राथमिकता देती है। मानसी के इस चुनाव का मूल्यांकन करें:

(A) मानसी गलत है; ROE ही सबसे महत्वपूर्ण अनुपात है क्योंकि यह शेयरधारकों के मुनाफे को दर्शाता है।

(B) मानसी सही है; ऐसी कंपनियां जो भारी कर्ज (Debt) लेती हैं, उनका ROE कृत्रिम रूप से ऊंचा दिख सकता है। ROCE कर्ज और इक्विटी दोनों को मिलाकर कुल पूंजी पर रिटर्न मापता है, जो कंपनी की वास्तविक कार्यकुशलता बताता है।

(C) ROCE केवल सरकारी कंपनियों के लिए उपयोगी है।

(D) मानसी को केवल 'Current Ratio' देखना चाहिए।

**Answer: [B]**

(हल: ROCE = EBIT/Capital Employed। यह अनुपात बताता है कि कंपनी अपने पास उपलब्ध कुल संसाधनों (कर्ज + मालिकाना हक) से कितना मुनाफा कमा रही है।)

**Q75.** 'इन्वेंटरी टर्नओवर रेशियो' (Inventory Turnover Ratio) का विश्लेषण करते हुए बताइए कि यदि किसी रिटेल कंपनी का यह अनुपात पिछले 3 वर्षों में 12 से घटकर 5 रह गया है, तो यह निवेशक के लिए क्या संकेत है?

(A) कंपनी के पास स्टॉक बहुत तेजी से बिक रहा है और मांग बढ़ रही है।

(B) कंपनी का सामान गोदामों में डंप हो रहा है और उसकी बिक्री की गति धीमी हो गई है, जो वर्किंग कैपिटल मैनेजमेंट में कमजोरी का संकेत है।

(C) कंपनी ने बहुत सारा सामान दान में दे दिया है।

(D) अनुपात कम होना हमेशा अच्छा होता है क्योंकि इससे प्रबंधन का तनाव कम होता है।

**Answer: [B]**

## Chapter 26: मूल्यांकन के सिद्धांत और विधियाँ

**Q76.** 'नितिन' DCF (Discounted Cash Flow) विधि का उपयोग करके 'कंपनी अ' का मूल्यांकन कर रहा है। उसे उम्मीद है कि कंपनी अगले 10 वर्षों तक प्रति वर्ष ₹100 करोड़ का फ्री कैश फ्लो (FCF) उत्पन्न करेगी। यदि वह 10% की 'डिस्काउंट रेट' (Discount Rate) का उपयोग करता है, तो आज के ₹100 करोड़ का मूल्य भविष्य के ₹100 करोड़ से अधिक क्यों होगा?

(A) क्योंकि भविष्य में महंगाई कम होगी।

(B) 'समय मूल्य के सिद्धांत' (Time Value of Money) के कारण; आज का पैसा निवेश करके भविष्य में अधिक बनाया जा सकता है, इसलिए भविष्य के कैश फ्लो की 'प्रेजेंट वैल्यू' (Present Value) कम होती है।

(C) क्योंकि भविष्य में कंपनी बंद हो सकती है।

(D) डीसीएफ विधि केवल सरकारी बॉन्ड्स के लिए लागू होती है।

**Answer: [B]**

(हल: PV = FV/(1 + r)^n। यह सूत्र निवेश के सबसे बुनियादी सिद्धांत को दर्शाता है कि भविष्य में मिलने वाले पैसे का मूल्य आज के पैसे से कम होता है।)

**Q77.** 'प्रिया' एक ऐसी कंपनी का मूल्यांकन कर रही है जिसके पास भारी मात्रा में जमीन और मशीनरी है, लेकिन वह अभी मुनाफा (Profit) नहीं कमा रही है। वहीं 'अमन' एक सॉफ्टवेयर कंपनी का मूल्यांकन कर रहा है जिसके पास कोई भौतिक संपत्ति नहीं है लेकिन उच्च मुनाफा है। दोनों के लिए सबसे उपयुक्त मूल्यांकन विधि क्या होगी?

(A) दोनों के लिए P/E रेशियो सबसे अच्छा है।

(B) प्रिया को 'Asset-Based Valuation' (P/B Ratio) का उपयोग करना चाहिए, जबकि अमन को 'Earnings-Based' या 'DCF Valuation' को प्राथमिकता देनी चाहिए।

(C) दोनों को केवल शेयर की पिछली कीमतों (Technical Analysis) को देखना चाहिए।

(D) घाटे वाली कंपनी का मूल्यांकन करना असंभव है।

**Answer: [B]**

(हल: भारी संपत्ति वाली कंपनियों (जैसे स्टील या रियल एस्टेट) के लिए 'प्राइस टू बुक' (P/B) बेहतर है, जबकि सेवा क्षेत्र (IT/FMCG) के लिए लाभ-आधारित मूल्यांकन अधिक सटीक होता है।)

**Q78.** "सुरक्षा का मार्जिन" (Margin of Safety) के सिद्धांत का विश्लेषण करें। यदि 'आकाश' गणना करता है कि एक शेयर का आंतरिक मूल्य (Intrinsic Value) ₹500 है, लेकिन वह उसे केवल तभी खरीदता है जब वह ₹350 पर उपलब्ध हो। यह 30% का अंतर आकाश को किस प्रकार की सुरक्षा प्रदान करता है?

(A) यह उसे गारंटी देता है कि शेयर कभी ₹350 से नीचे नहीं गिरेगा।

(B) यह उसके गणनात्मक अनुमानों में हुई गलतियों या भविष्य की अनिश्चितताओं के खिलाफ एक 'बफर' का काम करता है, जिससे जोखिम कम हो जाता है।

(C) यह उसे लाभांश (Dividend) दिलाने में मदद करता है।

(D) यह केवल बड़े संस्थानों (FIIs) के लिए जरूरी है, छोटे निवेशकों के लिए नहीं।

**Answer: [B]**

(हल: मार्जिन ऑफ सेफ्टी निवेश का सबसे महत्वपूर्ण सुरक्षा कवच है। यह आपको बाजार की अस्थिरता और गलत विश्लेषण के परिणामों से बचाता है।)

## Chapter 27: बॉन्ड्स और ऋण साधन

**Q79.** 'विवेक' ने एक कॉर्पोरेट बॉन्ड खरीदा है जिसका 'कूपन रेट' (ब्याज दर) 8% है और इसकी फेस वैल्यू ₹1,000 है। कुछ समय बाद बाज़ार में ब्याज दरें बढ़कर 10% हो जाती हैं। 'Inverse Relationship' (विपरीत संबंध) के सिद्धांत के आधार पर विवेक के बॉन्ड की 'मार्केट वैल्यू' (बाज़ार कीमत) पर क्या प्रभाव पड़ेगा और क्यों?

(A) बॉन्ड की कीमत ₹1,000 से ऊपर जाएगी क्योंकि ब्याज दरें बढ़ गई हैं।

(B) बॉन्ड की कीमत ₹1,000 से नीचे गिर जाएगी क्योंकि नए बॉन्ड्स अब 10% ब्याज दे रहे हैं, जिससे विवेक का 8% वाला पुराना बॉन्ड कम आकर्षक हो जाएगा।

(C) बॉन्ड की कीमत पर कोई प्रभाव नहीं पड़ेगा क्योंकि कूपन रेट फिक्स्ड है।

(D) विवेक को तुरंत 2% का अतिरिक्त बोनस मिलेगा।

**Answer: [B]**

(हल: बॉन्ड की कीमतों और बाज़ार की ब्याज दरों के बीच 'विपरीत संबंध' होता है। जब ब्याज दरें बढ़ती हैं, तो पुराने बॉन्ड्स की कीमतें गिर जाती हैं।)

**Q80.** 'आरती' दो बॉन्ड्स के बीच चयन कर रही है। 'बॉन्ड X' को CRISIL द्वारा 'AAA' रेटिंग दी गई है, जबकि 'बॉन्ड Y' को 'BBB' रेटिंग मिली है। 'बॉन्ड Y' 12% का उच्च ब्याज दर (Yield) दे रहा है। आरती को जोखिम और सुरक्षा के आधार पर किसका चुनाव करना चाहिए?

(A) बॉन्ड Y, क्योंकि अधिक ब्याज हमेशा बेहतर होता है।

(B) बॉन्ड X, क्योंकि 'AAA' रेटिंग उच्चतम सुरक्षा और सबसे कम 'डिफ़ॉल्ट जोखिम' (Default Risk) का संकेत देती है। बॉन्ड Y में अधिक ब्याज दर उसके उच्च जोखिम (Credit Risk) की भरपाई के लिए दी जा रही है।

(C) दोनों बॉन्ड्स समान रूप से सुरक्षित हैं क्योंकि दोनों ऋण साधन हैं।

(D) उसे रेटिंग पर ध्यान नहीं देना चाहिए क्योंकि वे केवल विज्ञापन के लिए होती हैं।

**Answer: [B]**

(हल: क्रेडिट रेटिंग बॉन्ड जारी करने वाले की कर्ज चुकाने की क्षमता बताती है। उच्च रिटर्न अक्सर उच्च जोखिम के साथ आता है।)

**Q81.** "जी-सेक" (G-Secs) या सरकारी बॉन्ड्स को 'रिस्क-फ्री एसेट' क्यों माना जाता है, और एक निवेशक के पोर्टफोलियो में इसकी क्या भूमिका होती है?

(A) क्योंकि सरकार कभी भी पैसे वापस करने से मना नहीं कर सकती (Sovereign Guarantee)। यह पोर्टफोलियो में उतार-चढ़ाव को कम करने और सुरक्षित आय प्रदान करने का काम करता है।

(B) क्योंकि इनका रिटर्न शेयर बाज़ार से भी ज्यादा होता है।

(C) क्योंकि इन्हें कभी भी बेचा नहीं जा सकता।

(D) क्योंकि इनमें निवेश करने पर कोई टैक्स नहीं लगता।

**Answer: [A]**

## Chapter 28: सुरक्षित निवेश

**Q82.** 'सुमित' सेवानिवृत्त होने वाले हैं और उनके पास ₹20 लाख की पूंजी है। उन्हें नियमित मासिक आय की आवश्यकता है और वे 'पूंजी की सुरक्षा' चाहते हैं। बाज़ार में मुद्रास्फीति (Inflation) 6% है। यदि वे अपना पूरा पैसा 5% ब्याज वाले बचत खाते में रखते हैं, तो 'Real Rate of Return' के आधार पर उनकी क्रय शक्ति (Purchasing Power) पर क्या प्रभाव पड़ेगा?

(A) उनकी पूंजी सुरक्षित रहेगी और हर साल 5% बढ़ेगी।

(B) उनका 'वास्तविक रिटर्न' -1% (5% - 6%) होगा, जिसका अर्थ है कि उनकी पूंजी की क्रय शक्ति समय के साथ कम होती जाएगी। उन्हें 'सीनियर सिटीजन सेविंग्स स्कीम' (SCSS) जैसे विकल्पों पर विचार करना चाहिए जो मुद्रास्फीति से अधिक रिटर्न देते हैं।

(C) मुद्रास्फीति का सुरक्षित निवेश पर कोई प्रभाव नहीं पड़ता।

(D) उन्हें पूरा पैसा शेयर बाज़ार में लगा देना चाहिए क्योंकि वहां जोखिम नहीं है।

**Answer: [B]**

(हल: सुरक्षित निवेश का मतलब केवल पैसा न खोना नहीं है, बल्कि महंगाई को मात देना भी है। यदि आपका रिटर्न महंगाई से कम है, तो आप 'वास्तविक रूप' में पैसा खो रहे हैं।)

**Q83.** 'रीना' सोने (Gold) में निवेश करना चाहती है। उसके पास दो विकल्प हैं: 'Physical Gold' (गहने/सिक्के) और 'Sovereign Gold Bonds' (SGB)। सुरक्षा, टैक्स लाभ और अतिरिक्त आय (Interest) के मापदंडों पर, कौन सा विकल्प बेहतर है?

(A) फिजिकल गोल्ड, क्योंकि इसे हम छू सकते हैं और घर में रख सकते हैं।

(B) Sovereign Gold Bonds (SGB), क्योंकि इसमें चोरी का डर नहीं है (Demat फॉर्म), मेकिंग चार्ज नहीं लगता, सालाना 2.5% अतिरिक्त ब्याज मिलता है और मैच्योरिटी पर कैपिटल गेन टैक्स फ्री होता है।

(C) दोनों समान हैं क्योंकि दोनों में सोने की कीमत बढ़ती है।

(D) फिजिकल गोल्ड बेहतर है क्योंकि इसे किसी भी समय तुरंत बेचा जा सकता है।

**Answer: [B]**

(हल: SGB को निवेश के नजरिए से सबसे सुरक्षित और लाभदायक 'गोल्ड इंस्ट्रूमेंट' माना जाता है क्योंकि यह सरकारी गारंटी के साथ आता है और अतिरिक्त ब्याज भी देता है।)

**Q84.** "एसेट एलोकेशन" (Asset Allocation) की रणनीति का विश्लेषण करें। यदि एक निवेशक '70:30' का अनुपात (70% सुरक्षित साधन जैसे FD/Bonds और 30% इक्विटी) अपनाता है, तो बाज़ार में भारी गिरावट के समय यह रणनीति उसे कैसे बचाती है?

(A) यह सुनिश्चित करती है कि निवेशक को कभी घाटा न हो।

(B) यह पोर्टफोलियो की 'अस्थिरता' (Volatility) को कम करती है; जब इक्विटी गिरती है, तो 70% सुरक्षित हिस्सा पोर्टफोलियो को स्थिरता देता है और निवेशक को घबराहट में गलत निर्णय लेने से रोकता है।

(C) यह रणनीति केवल अमीर निवेशकों के लिए है।

(D) सुरक्षित निवेश का हिस्सा होने से शेयर बाज़ार की गिरावट रुक जाती है।

**Answer: [B]**

## Chapter 29: म्यूचुअल फंड

**Q85.** 'स्नेहा' दो लार्ज कैप फंड्स की तुलना कर रही है। 'फंड A' का 'एक्सपेंस रेशियो' 1.5% है और उसका 5 साल का औसत रिटर्न 12% है। 'फंड B' (डायरेक्ट प्लान) का एक्सपेंस रेशियो 0.5% है और उसका रिटर्न भी 12% है। 10 वर्षों के लिए ₹10 लाख के निवेश पर, 'कंपाउंडिंग' के प्रभाव को देखते हुए स्नेहा के लिए कौन सा फंड चुनना गणितीय रूप से अधिक लाभदायक होगा?

(A) दोनों समान हैं क्योंकि दोनों का रिटर्न 12% है।

(B) फंड B अधिक लाभदायक होगा, क्योंकि कम एक्सपेंस रेशियो का मतलब है कि लंबी अवधि में अधिक पैसा निवेशित रहेगा। 1% का अंतर भी 10-20 वर्षों में लाखों रुपये का अंतर पैदा कर सकता है।

(C) फंड A बेहतर है क्योंकि अधिक एक्सपेंस रेशियो का मतलब है बेहतर फंड मैनेजमेंट।

(D) स्नेहा को वह फंड चुनना चाहिए जिसकी 'NAV' (Net Asset Value) सबसे कम हो।

**Answer: [B]**

(हल: एक्सपेंस रेशियो आपके रिटर्न में से कटता है। कम लागत (विशेषकर डायरेक्ट प्लांस में) लंबी अवधि में पोर्टफोलियो की वैल्यू को काफी बढ़ा देती है।)

**Q86.** 'आदित्य' एक म्यूचुअल फंड का मूल्यांकन उसके 'अल्फा' (α) और 'बीटा' (β) के आधार पर कर रहा है। वह देखता है कि 'फंड X' का अल्फा 2.0 है और बीटा 0.9 है। वहीं 'फंड Y' का अल्फा -1.0 है और बीटा 1.5 है। जोखिम और रिटर्न के संतुलन के आधार पर आदित्य को किस फंड को प्राथमिकता देनी चाहिए?

(A) फंड Y, क्योंकि 1.5 बीटा का मतलब है कि यह बाज़ार में तेज़ी आने पर बहुत अधिक रिटर्न देगा।

(B) फंड X, क्योंकि सकारात्मक अल्फा (2.0) यह दर्शाता है कि फंड मैनेजर ने बेंचमार्क से अधिक रिटर्न कमाया है, और कम बीटा (0.9) यह दर्शाता है कि फंड बाज़ार की तुलना में कम अस्थिर (Safe) है।

(C) दोनों फंड खराब हैं क्योंकि उनका अल्फा 5 से कम है।

(D) उसे केवल पिछले 6 महीने के रिटर्न को देखना चाहिए।

**Answer: [B]**

(हल: अल्फा फंड मैनेजर के कौशल को दर्शाता है (बेंचमार्क के ऊपर अतिरिक्त रिटर्न), जबकि बीटा अस्थिरता को मापता है। उच्च अल्फा और कम बीटा एक आदर्श फंड की पहचान है।)

**Q87.** "ट्रैकिंग एरर" और "बेंचमार्क" के संबंध का विश्लेषण करें। यदि एक 'इंडेक्स फंड' का ट्रैकिंग एरर लगातार बढ़ रहा है, तो एक निवेशक के रूप में आपको क्या निष्कर्ष निकालना चाहिए?

(A) फंड मैनेजर बहुत सक्रिय रूप से स्टॉक चुन रहा है ताकि इंडेक्स को पछाड़ा जा सके।

(B) फंड अपने उद्देश्य में विफल हो रहा है; इंडेक्स फंड का काम इंडेक्स की नकल करना है। उच्च ट्रैकिंग एरर का मतलब है कि फंड का प्रदर्शन उसके बेंचमार्क (जैसे निफ्टी 50) से भटक रहा है, जो पैसिव निवेश के लिए अच्छा नहीं है।

(C) उच्च ट्रैकिंग एरर का मतलब है कि फंड बहुत सुरक्षित है।

(D) इसका मतलब है कि फंड में निवेश करने का यह सबसे अच्छा समय है।

**Answer: [B]**

(हल: इंडेक्स फंड और ETFs के लिए ट्रैकिंग एरर जितना कम होगा, फंड उतना ही बेहतर माना जाता है।)

## Chapter 30: इंडेक्स फंड और ETF

**Q88.** 'रोहन' दो निवेश विकल्पों पर विचार कर रहा है। विकल्प 1 एक 'एक्टिव म्यूचुअल फंड' है जिसका एक्सपेंस रेशियो 2% है। विकल्प 2 एक 'निफ्टी 50 इंडेक्स फंड' है जिसका एक्सपेंस रेशियो 0.2% है। यदि दोनों फंड्स का बाज़ार रिटर्न (Pre-expenses) 12% रहता है, तो ₹10 लाख के निवेश पर 20 वर्षों के बाद, केवल 'कॉस्ट डिफरेंशियल' (लागत अंतर) के कारण रोहन के कॉर्पस में कितना संभावित अंतर आ सकता है?

(A) लगभग ₹50,000 का मामूली अंतर।

(B) लगभग ₹20 लाख से अधिक का अंतर; क्योंकि 1.8% का वार्षिक अंतर 20 वर्षों तक कंपाउंड (Compound) होकर एक बहुत बड़ी राशि बन जाता है।

(C) कोई अंतर नहीं होगा क्योंकि अंततः दोनों शेयर बाज़ार में ही निवेश कर रहे हैं।

(D) एक्टिव फंड हमेशा इंडेक्स फंड से 5% अधिक रिटर्न देते हैं, इसलिए लागत मायने नहीं रखती।

**Answer: [B]**

(हल: इंडेक्स फंड्स की सबसे बड़ी शक्ति उनकी "कम लागत" है। लंबी अवधि में, कम एक्सपेंस रेशियो के कारण बचा हुआ पैसा खुद पर रिटर्न कमाता है, जिससे निवेशक के हाथ में बहुत बड़ी राशि आती है।)

**Q89.** 'अंजली' शेयर बाज़ार में निवेश करना चाहती है लेकिन उसके पास डीमैट खाता नहीं है और वह चाहती है कि उसका पैसा हर महीने बैंक से अपने आप कट जाए (SIP)। वहीं 'विजय' के पास डीमैट खाता है और वह बाज़ार के उतार-चढ़ाव के दौरान लाइव कीमतों पर खरीदना-बेचना चाहता है। इन दोनों के लिए 'इंडेक्स फंड' और 'ETF' में से कौन सा विकल्प अधिक उपयुक्त है?

(A) दोनों को इंडेक्स फंड चुनना चाहिए क्योंकि ETF में जोखिम अधिक है।

(B) अंजली के लिए 'इंडेक्स फंड' बेहतर है क्योंकि इसमें बिना डीमैट के SIP संभव है। विजय के लिए 'ETF' (Exchange Traded Fund) बेहतर है क्योंकि इसे शेयरों की तरह लाइव बाज़ार में खरीदा-बेचा जा सकता है।

(C) दोनों को ETF लेना चाहिए क्योंकि उसकी NAV हर सेकंड बदलती है।

(D) इंडेक्स फंड और ETF में कोई तकनीकी अंतर नहीं होता है।

**Answer: [B]**

(हल: ETF स्टॉक एक्सचेंज पर ट्रेड होते हैं और उनके लिए डीमैट खाता अनिवार्य है। इंडेक्स फंड म्यूचुअल फंड की तरह काम करते हैं जहाँ दिन के अंत की NAV लागू होती है।)

**Q90**. "स्मार्ट बीटा ETF" (Smart Beta ETFs) के बढ़ते चलन का विश्लेषण करते हुए बताइए कि यह पारंपरिक 'मार्केट-कैप वेटेड' इंडेक्स फंड्स (जैसे निफ्टी 50) से कैसे भिन्न हैं?

(A) स्मार्ट बीटा फंड्स केवल सरकारी कंपनियों में निवेश करते हैं।

(B) पारंपरिक इंडेक्स फंड कंपनियों के आकार (Market Cap) के आधार पर निवेश करते हैं, जबकि स्मार्ट बीटा ETF कुछ खास कारकों जैसे 'वैल्यू' (Value), 'क्वालिटी' (Quality) या 'लो वोलेटिलिटी' (Low Volatility) के आधार पर स्टॉक चुनते हैं।

(C) स्मार्ट बीटा फंड्स में कोई जोखिम नहीं होता है।

(D) ये फंड्स केवल विदेशी बाज़ारों में उपलब्ध हैं।

**Answer: [B]**

(हल: स्मार्ट बीटा पैसिव और एक्टिव निवेश का मिश्रण है। यह नियमों पर आधारित (Rule-based) होता है लेकिन केवल कंपनी के आकार को नहीं देखता।)

## Chapter 31: निवेश के तरीके

**Q91.** 'रोहन' ने ₹10,000 की मासिक SIP शुरू की है। पहले महीने में म्यूचुअल फंड की NAV ₹100 थी (उसे 100 यूनिट्स मिलीं)। दूसरे महीने में बाजार गिर गया और NAV ₹80 हो गई (उसे 125 यूनिट्स मिलीं)। तीसरे महीने में बाजार संभला और NAV ₹125 हो गई (उसे 80 यूनिट्स मिलीं)। 'Rupee Cost Averaging' के सिद्धांत के आधार पर, 3 महीनों के बाद रोहन की 'प्रति यूनिट औसत लागत' और उसके कुल निवेश के वर्तमान मूल्य का विश्लेषण करें:

(A) औसत लागत ₹100 है; निवेश का मूल्य ₹30,000 है।

(B) औसत लागत ₹98.36 है; उसके पास कुल 305 यूनिट्स हैं जिनकी वर्तमान वैल्यू ₹38,125 है। यह दर्शाता है कि गिरावट में अधिक यूनिट्स खरीदने से उसे लाभ हुआ।

(C) औसत लागत ₹125 है; उसे घाटा हुआ है।

(D) SIP में गणना करना असंभव है।

**Answer: [B]**

(हल: SIP की सबसे बड़ी ताकत 'Rupee Cost Averaging' है। जब बाजार गिरता है, तो आपको उसी राशि में अधिक यूनिट्स मिलती हैं, जो लंबी अवधि में आपकी औसत खरीद लागत को कम कर देती हैं।)

**Q92.** 'प्रिया' के पास ₹12 लाख की एकमुश्त (Lumpsum) राशि है जिसे वह इक्विटी फंड में निवेश करना चाहती है, लेकिन उसे डर है कि बाजार अभी अपने 'ऑल टाइम हाई' पर है। वहीं 'अमन' का मानना है कि उसे तुरंत पूरा पैसा निवेश कर देना चाहिए। जोखिम को कम करने के लिए प्रिया के लिए 'Systematic Transfer Plan' (STP) का उपयोग करना अमन की रणनीति से बेहतर क्यों हो सकता है?

(A) क्योंकि STP में बैंक अधिक ब्याज देता है।

(B) क्योंकि STP के जरिए प्रिया अपना पैसा पहले एक लिक्विड फंड (सुरक्षित) में रखकर वहां से हर महीने एक निश्चित हिस्सा इक्विटी फंड में ट्रांसफर कर सकती है। इससे उसे एकमुश्त निवेश का जोखिम नहीं रहता और 'वोलैटिलिटी' का लाभ मिलता है।

(C) क्योंकि STP में कोई टैक्स नहीं लगता है।

(D) अमन सही है, क्योंकि बाजार हमेशा ऊपर ही जाता है।

**Answer: [B]**

(हल: STP उन निवेशकों के लिए आदर्श है जिनके पास बड़ी रकम है लेकिन वे बाजार की अस्थिरता से बचना चाहते हैं। यह एकमुश्त राशि को SIP जैसा लाभ प्रदान करता है।)

**Q93.** "एकमुश्त निवेश" (Lumpsum) और "SIP" के प्रदर्शन का विश्लेषण करते हुए बताइए कि एक 'बुल मार्केट' (लगातार बढ़ते बाजार) में कौन सा तरीका अधिक रिटर्न देने की संभावना रखता है और क्यों?

(A) SIP, क्योंकि इसमें हर महीने निवेश होता है।

(B) एकमुश्त निवेश, क्योंकि इसमें पूरी पूंजी शुरुआत से ही बाजार में रहती है और उसे कंपाउंडिंग के लिए अधिक समय और निचले स्तर का पूरा लाभ मिलता है।

(C) दोनों समान रिटर्न देंगे क्योंकि फंड एक ही है।

(D) कोई भी तरीका सही नहीं है, केवल सोना खरीदना चाहिए।

**Answer: [B]**

(हल: यदि बाजार लगातार ऊपर जा रहा है, तो शुरुआत में लगाया गया एकमुश्त पैसा सबसे ज्यादा बढ़ेगा। SIP गिरते या अस्थिर बाजार में अधिक प्रभावी होती है।)

## Chapter 32: टेक्निकल एनालिसिस के मूल सिद्धांत

**Q94.** 'आर्यन' एक स्टॉक का चार्ट देख रहा है। वह देखता है कि शेयर की कीमत पिछले 6 महीनों से लगातार "Higher Highs" और "Higher Lows" बना रही है। वर्तमान में शेयर अपने एक महत्वपूर्ण 'रेजिस्टेंस' (Resistance) स्तर को भारी 'वॉल्यूम' के साथ पार कर गया है। 'डाउ थ्योरी' (Dow Theory) के आधार पर, इस स्थिति का सबसे सटीक विश्लेषण क्या होगा?

(A) यह एक 'बेयरिश' (Bearish) संकेत है, आर्यन को तुरंत शेयर बेच देना चाहिए।

(B) यह एक 'बुलिश ब्रेकआउट' (Bullish Breakout) है। "Higher Highs" एक अपट्रेंड (Up-trend) की पुष्टि करते हैं और भारी वॉल्यूम यह दर्शाता है कि बड़े निवेशक इस कीमत पर खरीदने के इच्छुक हैं।

(C) चार्ट पर 'वॉल्यूम' का कोई महत्व नहीं होता है, केवल कीमत देखनी चाहिए।

(D) शेयर अब बहुत महंगा हो गया है, इसलिए यह निश्चित रूप से नीचे गिरेगा।

**Answer: [B]**

(हल: टेक्निकल एनालिसिस का एक मुख्य सिद्धांत है कि "Trend is your friend"। अपट्रेंड की संरचना (Higher Highs) और रेजिस्टेंस का वॉल्यूम के साथ टूटना एक मजबूत खरीदारी का संकेत होता है।)

**Q95.** 'मीना' दो अलग-अलग सिद्धांतों का मूल्यांकन कर रही है। फंडामेंटल एनालिसिस कहता है कि 'कंपनी Z' का आंतरिक मूल्य ₹500 है, लेकिन उसकी वर्तमान बाजार कीमत ₹700 है। वहीं टेक्निकल एनालिसिस के अनुसार, शेयर एक 'कंटिन्यूएशन पैटर्न' बना रहा है और ऊपर जाने के संकेत दे रहा है। टेक्निकल एनालिसिस के "Price Discounts Everything" (कीमत सब कुछ दर्शाती है) के सिद्धांत के आधार पर मीना को क्या सोचना चाहिए?

(A) फंडामेंटल एनालिसिस हमेशा सही होता है, इसलिए शेयर को गिरना ही चाहिए।

(B) बाजार की कीमत में वे सभी जानकारियां (जैसे भविष्य की ग्रोथ, न्यूज़, सेंटीमेंट) पहले से ही शामिल हैं जो शायद फंडामेंटल डेटा में अभी तक नहीं आई हैं। यदि चार्ट मजबूत है, तो बाजार कुछ सकारात्मक देख रहा है।

(C) उसे दोनों सिद्धांतों को छोड़कर केवल न्यूज़ (News) पर भरोसा करना चाहिए।

(D) टेक्निकल एनालिसिस केवल सट्टेबाजी के लिए है, लंबी अवधि के लिए नहीं।

**Answer: [B]**

(हल: टेक्निकल एनालिसिस का मानना है कि जो कुछ भी ज्ञात है, वह पहले से ही कीमत में परिलक्षित (Reflect) होता है।)

**Q96.** 'सपोर्ट' (Support) और 'रेजिस्टेंस' (Resistance) की कार्यप्रणाली का विश्लेषण करें। यदि कोई स्टॉक बार-बार ₹1000 के स्तर पर आकर वापस ऊपर की ओर मुड़ जाता है, तो इस स्तर को क्या कहा जाएगा और वहाँ खरीदारों और विक्रेताओं के मनोविज्ञान (Psychology) में क्या बदलाव आता है?

(A) इसे 'रेजिस्टेंस' कहेंगे; यहाँ विक्रेता हावी हो जाते हैं।

(B) इसे 'सपोर्ट' कहेंगे; यहाँ खरीदारों को लगता है कि कीमत सस्ती है और वे खरीदारी शुरू कर देते हैं, जिससे मांग बढ़ती है और कीमतें गिरने से रुक जाती हैं।

(C) यह एक 'डेड जोन' है जहाँ कोई ट्रेडिंग नहीं होती।

(D) सपोर्ट लेवल टूटने पर कीमत हमेशा ऊपर भागती है।

**Answer: [B]**

## Chapter 33: चार्ट विश्लेषण के मुख्य आधार

**Q97.** 'नेहा' एक इंट्राडे ट्रेडर है। वह देखती है कि निफ्टी के 15-मिनट के चार्ट पर एक 'हेड एंड शोल्डर' (Head and Shoulders) पैटर्न बन रहा है। वर्तमान में कीमत अपनी 'नेकलाइन' (Neckline) को नीचे की ओर तोड़ रही है। चार्ट विश्लेषण के आधार पर, नेहा को अपनी ट्रेडिंग रणनीति कैसे तैयार करनी चाहिए?

(A) उसे तुरंत खरीदारी (Buy) करनी चाहिए क्योंकि यह एक बुलिश रिवर्सल है।

(B) उसे नेकलाइन टूटने पर 'शॉर्ट' (Sell) पोजीशन लेनी चाहिए, क्योंकि यह एक 'बेयरिश रिवर्सल' पैटर्न है जो ट्रेंड के बदलने का संकेत देता है। उसे नेकलाइन के ठीक ऊपर स्टॉप-लॉस रखना चाहिए।

(C) पैटर्न पूरा होने का इंतज़ार नहीं करना चाहिए और अंदाजे से ट्रेड करना चाहिए।

(D) हेड एंड शोल्डर पैटर्न केवल लंबी अवधि के चार्ट पर काम करता है।

**Answer: [B]**

(हल: हेड एंड शोल्डर चार्ट विश्लेषण के सबसे विश्वसनीय रिवर्सल पैटर्न्स में से एक है। नेकलाइन का टूटना इस बात की पुष्टि करता है कि पिछला अपट्रेंड खत्म हो चुका है।)

**Q98.** 'आकाश' चार्ट पर "कैंडलस्टिक" का विश्लेषण कर रहा है। वह देखता है कि एक मजबूत गिरावट के बाद बॉटम पर एक 'हैमर' (Hammer) कैंडल बनी है जिसकी निचली शैडो (Wick) बॉडी से तीन गुना लंबी है। चार्ट विश्लेषण के 'प्राइस एक्शन' सिद्धांत के आधार पर, इस कैंडल की महत्ता का मूल्यांकन करें:

(A) यह कैंडल बेकार है क्योंकि इसकी बॉडी छोटी है।

(B) यह एक मजबूत 'बुलिश रिवर्सल' का संकेत है। लंबी निचली शैडो यह दर्शाती है कि विक्रेताओं ने कीमत को बहुत नीचे धकेला था, लेकिन खरीदारों ने आक्रामक वापसी की और कीमत को ऊपर लाकर बंद किया। यहाँ से ट्रेंड बदल सकता है।

(C) हैमर का मतलब है कि अब बिकवाली और तेज़ होगी।

(D) कैंडल की शैडो का चार्ट विश्लेषण में कोई महत्व नहीं होता।

**Answer: [B]**

**Q99.** "चार्ट गैप्स" का विश्लेषण करते हुए बताइए कि 'ब्रेकअवे गैप' (Breakaway Gap) एक सामान्य 'कॉमन गैप' से कैसे भिन्न है और यह एक ट्रेडर के लिए क्यों महत्वपूर्ण है?

(A) ब्रेकअवे गैप तब होता है जब बाजार किसी महत्वपूर्ण 'कंसोलिडेशन' या पैटर्न से बाहर निकलता है। यह एक नए और मजबूत ट्रेंड की शुरुआत का संकेत देता है, जबकि कॉमन गैप्स अक्सर जल्दी भर जाते हैं और उनका कोई खास ट्रेंड महत्व नहीं होता।

(B) ब्रेकअवे गैप केवल तब होता है जब बाजार बंद होने वाला हो।

(C) कॉमन गैप हमेशा ब्रेकअवे गैप से बड़े होते हैं।

(D) गैप्स का चार्ट विश्लेषण में कोई उपयोग नहीं है।

**Answer: [A]**

## Chapter 34: चार्ट पैटर्न्स की पहचान

**Q100.** 'वरुण' एक स्टॉक का विश्लेषण कर रहा है जो पिछले 3 महीनों से एक सीमित दायरे में ट्रेड कर रहा है। चार्ट पर दो बराबर की चोटियाँ (Peaks) बनी हैं जो एक ही रेजिस्टेंस स्तर ₹1500 से टकराकर नीचे आई हैं। अब कीमत अपनी 'नेकलाइन' (Neckline) ₹1350 को भारी वॉल्यूम के साथ नीचे की ओर तोड़ रही है। 'Double Top' पैटर्न के आधार पर वरुण की ट्रेडिंग योजना क्या होनी चाहिए?

(A) उसे ₹1350 पर खरीदना चाहिए क्योंकि शेयर अब सस्ता हो गया है।

(B) उसे ₹1350 के नीचे 'शॉर्ट' (बिकवाली) करनी चाहिए। इस पैटर्न का संभावित लक्ष्य (Target) ₹1200 (Neckline - Height of Top) होगा।

(C) यह एक 'बुलिश' संकेत है और शेयर जल्द ही ₹2000 तक जाएगा।

(D) डबल टॉप पैटर्न केवल तभी काम करता है जब कंपनी का मुनाफा बढ़ा हो।

**Answer: [B]**

(हल: Double Top एक 'बेयरिश रिवर्सल' पैटर्न है। जब कीमत नेकलाइन तोड़ती है, तो यह संकेत है कि खरीदार अब नियंत्रण खो चुके हैं और पिछला अपट्रेंड खत्म हो गया है।)

**Q101.** 'प्रिया' एक ऐसे चार्ट का विश्लेषण कर रही है जहाँ कीमतें धीरे-धीरे संकुचित (Compress) हो रही हैं। ऊपर की रेजिस्टेंस लाइन नीचे की ओर झुक रही है और नीचे की सपोर्ट लाइन ऊपर की ओर उठ रही है, जिससे एक 'Symmetrical Triangle' (सममित त्रिभुज) बन रहा है। इस पैटर्न के संदर्भ में प्रिया को किस बात का मूल्यांकन सबसे पहले करना चाहिए?

(A) उसे तुरंत ट्रेड लेना चाहिए क्योंकि त्रिभुज बन चुका है।

(B) उसे 'ब्रेकआउट' (Breakout) का इंतज़ार करना चाहिए; क्योंकि यह पैटर्न एक 'कंटिन्यूएशन' पैटर्न है, जिस दिशा में ब्रेकआउट होगा (ऊपर या नीचे), बाजार उसी दिशा में बड़ी चाल चल सकता है।

(C) उसे केवल फंडामेंटल न्यूज देखनी चाहिए क्योंकि ट्रायंगल पैटर्न्स अक्सर गलत होते हैं।

(D) उसे मान लेना चाहिए कि शेयर हमेशा ऊपर ही टूटेगा।

**Answer: [B]**

(हल: Symmetrical Triangle अनिश्चितता को दर्शाता है। ब्रेकआउट के साथ होने वाला वॉल्यूम यह पुष्टि करता है कि अब किस पक्ष (खरीदार या विक्रेता) ने युद्ध जीत लिया है।)

**Q102.** 'Flag and Pennant' पैटर्न्स का विश्लेषण करें। यदि एक तीव्र उछाल (Sharp Rally) के बाद शेयर थोड़े समय के लिए एक छोटे से दायरे में 'कंसोलिडेशन' करता है, तो यह पैटर्न ट्रेडर को ट्रेंड के बारे में क्या जानकारी देता है?

(A) यह संकेत देता है कि अब ट्रेंड पूरी तरह से रिवर्स (उलटने) वाला है।

(B) यह एक 'बुलिश कंटिन्यूएशन' संकेत है; इसका मतलब है कि बाजार थोड़ी देर आराम (Rest) कर रहा है और जल्द ही पिछले ट्रेंड को जारी रखते हुए फिर से ऊपर जाएगा।

(C) यह दर्शाता है कि स्टॉक में अब कोई वॉल्यूम नहीं बचा है और इसे बेच देना चाहिए।

(D) फ्लैग पैटर्न केवल पेनी स्टॉक्स (Penny Stocks) में बनते हैं।

**Answer: [B]**

(हल: Flag Pattern को "ट्रेंड के बीच का विश्राम" माना जाता है। यह बहुत शक्तिशाली पैटर्न है क्योंकि यह कम जोखिम के साथ बड़े मुनाफे की एंट्री देता है।)

## Chapter 35: कैंडलस्टिक चार्ट के मूल आधार

**Q103.** 'आर्यन' एक स्टॉक का डेली चार्ट देख रहा है। वह एक ऐसी कैंडल देखता है जिसका 'Real Body' (शरीर) बहुत छोटा है, लेकिन उसकी 'Upper Shadow' और 'Lower Shadow' दोनों बहुत लंबी हैं। टेक्निकल एनालिसिस के आधार पर, यह कैंडल (जिसे 'Spinning Top' कहा जाता है) बाजार की किस स्थिति का संकेत देती है?

(A) यह एक बहुत मजबूत 'बुलिश' संकेत है और बाजार कल गैप-अप खुलेगा।

(B) यह बाजार में 'अनिर्णय' (Indecision) की स्थिति को दर्शाता है; जहाँ खरीदार और विक्रेता दोनों ने कीमत को अपने पक्ष में ले जाने की कोशिश की, लेकिन अंत में कीमत ओपन के पास ही बंद हुई। यह मौजूदा ट्रेंड के कमजोर होने का संकेत हो सकता है।

(C) इसका मतलब है कि बाजार में वॉल्यूम बिल्कुल शून्य है।

(D) यह संकेत है कि अब केवल बड़े संस्थान (FIIs) ही ट्रेडिंग कर रहे हैं।

**Answer: [B]**

(हल: जब शरीर छोटा और परछाइयां लंबी होती हैं, तो इसका मतलब है कि बाजार यह तय नहीं कर पा रहा है कि उसे किस दिशा में जाना है।)

**Q104.** 'प्रिया' ने देखा कि एक शेयर ₹500 पर खुला (Open), दिन भर में वह ₹520 तक गया (High), फिर गिरकर ₹480 तक आया (Low), और अंत में ₹498 पर बंद (Close) हुआ। इस कैंडल के रंग और आकार का मूल्यांकन करते हुए बताइए कि यह क्या दर्शाती है?

(A) यह एक 'ग्रीन कैंडल' होगी क्योंकि हाई ₹520 था।

(B) यह एक 'रेड कैंडल' होगी क्योंकि क्लोजिंग कीमत (₹498), ओपनिंग कीमत (₹500) से कम है। यह दर्शाता है कि उस सत्र में विक्रेताओं का पलड़ा थोड़ा भारी रहा।

(C) यह एक 'मारूबोज़ू' कैंडल होगी क्योंकि इसमें कोई परछाई नहीं है।

(D) क्लोज और ओपन लगभग बराबर होने के कारण इसे 'बुलिश कैंडल' माना जाएगा।

**Answer: [B]**

(हल: कैंडल का रंग केवल 'Open' और 'Close' के संबंध से तय होता है। यदि Close < Open है, तो कैंडल लाल (या काली) होगी।)

**Q105.** "मारूबोज़ू" (Marubozu) कैंडल की कार्यप्रणाली का विश्लेषण करें। यदि चार्ट पर एक लंबी 'Green Marubozu' (जिसमें कोई ऊपरी या निचली परछाई नहीं है) बनती है, तो यह आगामी सत्र के लिए क्या संकेत देती है?

(A) यह दर्शाता है कि खरीदारों का बाजार पर पूर्ण नियंत्रण था (Open = Low और Close = High)। यह एक अत्यंत 'बुलिशं' संकेत है जो ट्रेंड के जारी रहने की संभावना को बढ़ाता है।

(B) यह संकेत देता है कि अब मुनाफावसूली का समय आ गया है और शेयर गिरेगा।

(C) यह दर्शाता है कि बाजार में अनिश्चितता है और ट्रेड नहीं करना चाहिए।

(D) ऐसी कैंडल का कोई महत्व नहीं होता क्योंकि इसमें परछाई नहीं है।

**Answer: [A]**

## Chapter 36: तकनीकी इंडिकेटर्स और ऑसिलेटर

**Q106.** एक मध्यमवर्गीय निवेशक, जो शेयर बाजार में नया है, देखता है कि एक 'Blue Chip' स्टॉक का भाव पिछले 10 दिनों से लगातार गिर रहा है और उसका RSI (Relative Strength Index) वर्तमान में 18 पर पहुँच गया है। साथ ही, स्टॉक अपने 200-दिन के EMA (Exponential Moving Average) के ठीक ऊपर ट्रेड कर रहा है। इस स्थिति का सबसे सटीक विश्लेषण क्या होगा?

(A) स्टॉक बहुत कमजोर है, इसे तुरंत बेच देना चाहिए क्योंकि RSI 30 के नीचे है।

(B) यह 'Oversold' स्थिति और 'Major Support' का संगम है; यहाँ से रिवर्सल (Reversal) की उच्च संभावना है, अतः यह खरीदारी का एक संभावित अवसर हो सकता है।

(C) RSI का 20 से नीचे होना यह दर्शाता है कि कंपनी दिवालिया होने वाली है।

(D) निवेशक को इंतज़ार करना चाहिए कि RSI 70 के पार चला जाए, तभी निवेश करना सुरक्षित होगा।

**Answer: [B]**

(हल: RSI का 30 से नीचे होना 'Oversold' क्षेत्र दर्शाता है और 200-EMA एक मजबूत दीर्घकालिक सपोर्ट की तरह कार्य करता है। दोनों का एक साथ होना 'Mean Reversion' का संकेत देता है।)

**Q107.** एक निवेशक "Bollinger Bands" का उपयोग करके स्विंग ट्रेडिंग करना चाहता है। वह देखता है कि स्टॉक की कीमत Upper Band के बाहर निकल गई है और साथ ही MACD लाइन, सिग्नल लाइन को ऊपर से नीचे की ओर काट रही है (Bearish Crossover)। इस तकनीकी डेटा के आधार पर, एक आम आदमी को अपने पोर्टफोलियो के लिए क्या निर्णय लेना चाहिए?

(A) उसे और अधिक शेयर खरीदने चाहिए क्योंकि स्टॉक में बहुत अधिक मोमेंटम है।

(B) उसे इस स्टॉक को नजरअंदाज करना चाहिए क्योंकि Bollinger Bands और MACD का कोई संबंध नहीं है।

(C) उसे मुनाफावसूली (Profit Booking) पर विचार करना चाहिए, क्योंकि 'Band' के बाहर कीमत का होना और 'MACD Crossover' एक संभावित 'Trend Reversal' या थकावट का संकेत है।

(D) उसे केवल 'Upper Band' पर भरोसा करना चाहिए और MACD को नजरअंदाज कर देना चाहिए।

**Answer: [C]**

(हल: जब कीमत Upper Band के बाहर जाती है, तो वह 'Overextended' मानी जाती है। यदि उसी समय MACD बेयरिश क्रॉसओवर दे दे, तो यह गिरावट की पुष्टि (Confirmation) करता है।)

**Q108.** एक रिटेल ट्रेडर 'Moving Average Crossover' रणनीति का परीक्षण कर रहा है। वह 5-दिन के SMA (Short-term) और 20-दिन के SMA (Medium-term) का उपयोग करता है। पिछले 5 दिनों की क्लोजिंग कीमतें ₹120, ₹125, ₹130, ₹135, और ₹140 हैं। यदि 20-दिन का SMA वर्तमान में ₹132 पर स्थिर है, तो ट्रेडर को अगले दिन के लिए क्या रणनीति बनानी चाहिए?

(A) उसे बेचना चाहिए क्योंकि 5-दिन का औसत (₹130) अभी भी 20-दिन के औसत (₹132) से नीचे है।

(B) उसे खरीदना चाहिए क्योंकि 5-दिन का औसत (₹130) और 20-दिन का औसत (₹132) लगभग बराबर हैं।

(C) कोई एक्शन नहीं लेना चाहिए क्योंकि डेटा अपर्याप्त है।

(D) उसे 'Short Sell' करना चाहिए क्योंकि कीमतें बहुत तेजी से बढ़ रही हैं।

**Answer: [A]**

(हल: 5-दिन का SMA निकालें: (120 + 125 + 130 + 135 + 140)/5 = 650/5 = ₹130.

तुलना: 5-दिन SMA (₹130) < 20-दिन SMA (₹132).

तर्क: जब तक छोटा औसत (Short-term SMA) बड़े औसत को नीचे से ऊपर की ओर नहीं काटता (Golden Cross), तब तक ट्रेंड 'Bearish' या कमजोर माना जाता है। अतः अभी खरीदारी का सिग्नल नहीं बना है।)

## Chapter 37: कैंडलस्टिक और इंडिकेटर का संगम

**Q109.** एक गृहणी अपने घरेलू खर्चों से बचाए हुए पैसों को शेयर बाजार में निवेश करना चाहती है। वह चार्ट पर देखती है कि एक भरोसेमंद कंपनी का स्टॉक अपने 20-दिन के SMA (Simple Moving Average) पर वापस आया है और ठीक उसी औसत पर एक 'Bullish Piercing' कैंडलस्टिक पैटर्न बना रहा है। "संगम (Convergence)" सिद्धांत के अनुसार, इस स्थिति का सबसे तार्किक निष्कर्ष क्या है?

(A) स्टॉक को तुरंत बेच देना चाहिए क्योंकि मूविंग एवरेज एक बाधा (Resistance) है।

(B) यह एक 'High Probability' सेटअप है क्योंकि एक इंडिकेटर (SMA) का सपोर्ट और एक रिवर्सल कैंडलस्टिक पैटर्न एक ही बिंदु पर मिल रहे हैं।

(C) कैंडलस्टिक पैटर्न का इंडिकेटर्स के साथ कोई संबंध नहीं होता, अतः यह केवल एक संयोग है।

(D) उसे तब तक इंतजार करना चाहिए जब तक कंपनी अपना डिविडेंड घोषित न कर दे।

**Answer: [B]**

(हल: जब इंडिकेटर (सपोर्ट) और प्राइस एक्शन (कैंडलस्टिक) का संगम होता है, तो ट्रेड के सफल होने की संभावना बढ़ जाती है।)

**Q110.** एक अनुभवी ट्रेडर 'RSI Divergence' और कैंडलस्टिक के संगम का विश्लेषण कर रहा है। चार्ट पर स्टॉक की कीमत 'Lower Low' (नया निचला स्तर) बना रही है, लेकिन RSI 'Higher Low' (ऊपर की ओर झुकाव) दिखा रहा है। इसी समय, चार्ट के निचले स्तर पर एक 'Inverted Hammer' कैंडलस्टिक बनती है। एक विशेषज्ञ के रूप में, इस 'डबल कंफर्मेशन' सेटअप का मूल्यांकन करें:

(A) यह एक 'Bearish Trap' है, कीमत और नीचे गिरेगी क्योंकि RSI 30 के पास है।

(B) RSI और कीमत के बीच यह 'Positive Divergence' है, और Inverted Hammer तेजी की शुरुआत का संकेत है; यह खरीदारी के लिए एक मजबूत संकेत है।

(C) इनवर्टेड हैमर केवल मंदी में बनता है, इसलिए संगम विफल है।

(D) निवेशक को केवल RSI पर भरोसा करना चाहिए और कैंडलस्टिक को नजरअंदाज कर देना चाहिए।

**Answer: [B]**

(हल: बुलिश डाइवर्जेंस और रिवर्सल कैंडलस्टिक का एक साथ आना ट्रेंड बदलने का सबसे शक्तिशाली संकेत माना जाता है।)

**Q111.** राहुल एक स्टॉक को 'Bollinger Bands' और कैंडलस्टिक के संगम पर ट्रेड करना चाहता है। स्टॉक का Lower Band ₹450 पर है और Middle Band (20 SMA) ₹480 पर है। राहुल तभी खरीदेगा जब दो शर्तें पूरी हों:

कीमत Lower Band के पास हो (±2% का मार्जिन)।

वहां एक 'Bullish Engulfing' पैटर्न बने।

आज स्टॉक ₹455 पर खुला, दिन का निचला स्तर ₹448 बनाया और ₹458 पर बंद हुआ (कल की क्लोजिंग ₹454 थी)। राहुल के निवेश नियम के आधार पर गणना करें और बताएं कि क्या उसे आज निवेश करना चाहिए?

(A) हाँ, क्योंकि कीमत ₹450 के 2% मार्जिन (₹441-₹459) के भीतर है और ₹458 की क्लोजिंग ने कल की बॉडी को 'Engulf' (ढक) लिया है।

(B) नहीं, क्योंकि कीमत अभी भी Middle Band (₹480) से नीचे है।

(C) नहीं, क्योंकि ₹458 की क्लोजिंग ने कल की क्लोजिंग को पूरी तरह से कवर नहीं किया है।

(D) हाँ, क्योंकि स्टॉक ₹450 के नीचे चला गया था।

**Answer: [A]**

(हल: मार्जिन चेक: ₹450 का 2% = ₹9। दायरा = ₹441 से ₹459। आज की क्लोजिंग ₹458 इस दायरे में है। (शर्त 1 पूरी)

पैटर्न चेक: कल की क्लोजिंग ₹454 थी और आज की ओपनिंग ₹455 और क्लोजिंग ₹458 है। ₹458 की बड़ी ग्रीन बॉडी ने कल की छोटी रेड बॉडी (जो ₹454 के आसपास थी) को पूरी तरह समाहित (Engulf) कर लिया है। (शर्त 2 पूरी)

निष्कर्ष: संगम के नियमों के अनुसार यह खरीदारी का सही समय है।)

## Chapter 38: पोर्टफोलियो निर्माण की कला

**Q112.** एक 35 वर्षीय व्यक्ति, जिसकी आय स्थिर है, अपना पोर्टफोलियो बनाना चाहता है। वह अपनी पूंजी का 90% हिस्सा 'Small-cap' स्टॉक्स में और 10% 'Crypto' में लगाता है क्योंकि उसे लगता है कि वह युवा है और अधिक जोखिम ले सकता है। 'एसेट एलोकेशन' (Asset Allocation) और 'रिस्क मैनेजमेंट' के सिद्धांतों के अनुसार इस पोर्टफोलियो का सबसे बड़ा दोष क्या है?

(A) इसमें कोई दोष नहीं है, क्योंकि अधिक जोखिम का मतलब हमेशा अधिक रिटर्न होता है।

(B) यह पोर्टफोलियो 'Aggressive' नहीं बल्कि 'Imbalanced' है; इसमें 'Correlation' का अभाव है और यह बाजार की गिरावट में 50-60% तक साफ हो सकता है।

(C) उसे 100% पैसा स्माल-कैप में ही लगाना चाहिए था ताकि रिटर्न अधिकतम हो।

(D) पोर्टफोलियो में गोल्ड (Gold) का न होना ही एकमात्र कमी है, बाकी सब सही है।

**Answer: [B]**

(हल: पोर्टफोलियो निर्माण का अर्थ केवल रिटर्न नहीं, बल्कि 'Drawdown' (गिरावट) को मैनेज करना भी है। स्माल-कैप और क्रिप्टो दोनों हाई-बीटा एसेट्स हैं, जो पोर्टफोलियो को अस्थिर बनाते हैं।)

**Q113.** कल्पना कीजिए कि बाजार अपने चरम (All-time High) पर है। एक निवेशक का पोर्टफोलियो, जिसे उसने 60% इक्विटी और 40% डेट (Debt) के अनुपात में शुरू किया था, अब बाजार की बढ़त के कारण 80% इक्विटी और 20% डेट हो गया है। 'पोर्टफोलियो रीबैलेंसिंग' (Rebalancing) के संदर्भ में, निवेशक को क्या करना चाहिए?

(A) कुछ नहीं करना चाहिए, क्योंकि बढ़ते हुए स्टॉक्स को बेचना मूर्खता है।

(B) उसे और इक्विटी खरीदनी चाहिए क्योंकि मार्केट का ट्रेंड 'बुलिश' है।

(C) उसे इक्विटी का 20% हिस्सा बेचकर डेट (Debt) में डाल देना चाहिए ताकि मूल अनुपात (60:40) वापस आ जाए; यह रणनीति 'ऊंचे पर बेचने और सस्ते पर खरीदने' को स्वतः लागू करती है।

(D) उसे सारा पैसा निकालकर बैंक अकाउंट में रख लेना चाहिए।

**Answer: [C]**

(हल: रीबैलेंसिंग एक अनुशासित तरीका है जिससे हम अनजाने में ही 'Sell High, Buy Low' के नियम का पालन कर लेते हैं और जोखिम को नियंत्रित रखते हैं।)

**Q114.** एक निवेशक के पास ₹20 लाख का कुल पोर्टफोलियो है। वह पुस्तक में दिए हुए के सिद्धांतों के आधार पर 'Core-Satellite' मॉडल अपनाना चाहता है।

वह अपनी पूंजी का 70% 'Core Portfolio' (लार्ज कैप/इंडेक्स फंड) में रखना चाहता है। शेष 30% 'Satellite Portfolio' (हाई-ग्रोथ/मोमेंटम स्टॉक्स) में।

यदि वह सैटेलाइट हिस्से को 5 अलग-अलग स्टॉक्स में बराबर-बराबर बांटता है, तो प्रत्येक 'सैटेलाइट स्टॉक' में उसकी निवेश राशि और कुल पोर्टफोलियो में उस एक स्टॉक का 'वेटेज' (%) क्या होगा?

(A) ₹2,00,000 और 10%
(B) ₹1,20,000 और 6%
(C) ₹4,00,000 और 20%
(D) ₹1,00,000 और 5%

**Answer: [B]**

(हल: सैटेलाइट पोर्टफोलियो की राशि: ₹20,00,000 का 30% = ₹6,00,000।

प्रति स्टॉक राशि: ₹6,00,000 ÷ 5 स्टॉक = ₹1,20,000।

कुल पोर्टफोलियो में वेटेज: (₹1,20,000 ÷ ₹20,00,000) × 100 = 6%।

तर्क: यह मॉडल सुनिश्चित करता है कि किसी एक रिस्की स्टॉक के डूबने पर भी पूरे पोर्टफोलियो को बड़ा नुकसान न हो (Risk Diversification)।)

**Chapter 39: जोखिम प्रबंधन और विविधीकरण**

**Q115.** एक निवेशक ने ₹5 लाख की पूंजी के साथ शेयर बाजार में प्रवेश किया। उसने 'विविधीकरण' (Diversification) के नाम पर 40 अलग-अलग कंपनियों के शेयर खरीदे, जिनमें से प्रत्येक में लगभग ₹12,500 निवेश किए। इस विविधीकरण रणनीति का सबसे सटीक विश्लेषण क्या है?

(A) यह एक बेहतरीन रणनीति है क्योंकि 40 स्टॉक होने से जोखिम शून्य हो जाता है।

(B) यह 'ओव़र-डाइवर्सिफिकेशन' (Over-diversification) है; इतने अधिक स्टॉक्स पोर्टफोलियो के औसत रिटर्न को कम कर देंगे और इन्हें ट्रैक करना एक आम आदमी के लिए असंभव होगा।

(C) उसे 40 के बजाय 100 स्टॉक्स लेने चाहिए थे ताकि इंडेक्स जैसा रिटर्न मिल सके।

(D) विविधीकरण केवल सेक्टर के आधार पर होना चाहिए, स्टॉक्स की संख्या मायने नहीं रखती।

**Answer: [B]**

(हल: 15-20 अच्छी तरह से चुने गए स्टॉक्स पर्याप्त विविधीकरण प्रदान करते हैं। उससे ज्यादा स्टॉक्स रखने से 'Diworsification' होता है, जहाँ रिटर्न की गुणवत्ता घट जाती है।)

**Q116.** एक इंट्राडे ट्रेडर ₹1,00,000 की ट्रेडिंग कैपिटल के साथ काम कर रहा है। वह एक ट्रेड लेता है जहाँ उसका 'रिस्क टू रिवॉर्ड' (Risk:Reward) रेशियो 1:3 है। वह अपने कुल कैपिटल का 2% से ज्यादा रिस्क एक ट्रेड पर नहीं लेना चाहता। यदि वह एक ऐसा स्टॉक चुनता है जिसका स्टॉप-लॉस (SL) ₹10 पर है, तो उसे अधिकतम कितनी क्वांटिटी (शेयर) खरीदनी चाहिए और सफल होने पर उसे कितना संभावित लाभ होगा?

(A) 500 शेयर; ₹1,500 का लाभ

(B) 100 शेयर; ₹3,000 का लाभ

(C) 200 शेयर; ₹6,000 का लाभ

(D) 1,000 शेयर; ₹10,000 का लाभ

**Answer: [C]**

(हल: अधिकतम रिस्क राशि: ₹1,00,000 का 2% = ₹2,000।

क्वांटिटी: ₹2,000 (कुल रिस्क) ÷ ₹10 (प्रति शेयर SL) = 200 शेयर।

संभावित लाभ (1:3): ₹2,000 का 3 गुना = ₹6,000।

तर्क: यह प्रश्न 'Position Sizing' के महत्व को दर्शाता है, जो जोखिम प्रबंधन की रीढ़ है।)

**Q117.** एक निवेशक का पोर्टफोलियो पूरी तरह से 'Banking' और 'Financial Services' सेक्टर के स्टॉक्स से भरा हुआ है। अचानक वैश्विक मंदी के कारण ब्याज दरें बढ़ जाती हैं और पूरा बैंकिंग सेक्टर 15% गिर जाता है। 'सिस्टेमैटिक' बनाम 'अनसिस्टेमैटिक' रिस्क के संदर्भ में, निवेशक ने कौन सी बड़ी गलती की और उसे सुधारने के लिए भविष्य में क्या करना चाहिए?

(A) उसने 'सिस्टेमैटिक रिस्क' को नजरअंदाज किया; उसे बाजार से बाहर निकल जाना चाहिए।

(B) उसने 'सेक्टर कंसंट्रेशन' (Sector Concentration) की गलती की; उसे अलग-अलग सेक्टर्स (जैसे IT, Pharma, FMCG) में निवेश करना चाहिए था जिनका एक-दूसरे के साथ 'Negative Correlation' हो।

(C) उसकी कोई गलती नहीं है, बाजार की गिरावट सामान्य है।

(D) उसे और अधिक बैंकिंग स्टॉक खरीदने चाहिए ताकि उसकी औसत कीमत कम हो सके।

**Answer: [B]**

(हल: एक ही सेक्टर में निवेश करने से 'Sectoral Risk' बढ़ जाता है। सच्चा विविधीकरण तब होता है जब आप ऐसे एसेट्स या सेक्टर्स चुनते हैं जो एक ही खबर पर अलग-अलग तरह से प्रतिक्रिया दें।)

### Chapter 40: फंडामेंटल और टेक्निकल का संगम

**Q118.** एक मध्यमवर्गीय निवेशक ने एक ऐसी कंपनी की पहचान की है जिसका ROE 25% है, कर्ज शून्य है, और लाभ हर साल 20% की दर से बढ़ रहा है। लेकिन चार्ट पर स्टॉक अपने 200-दिन के Moving Average के नीचे ट्रेड कर रहा है और लगातार 'Lower Lows' बना रहा है। इस स्थिति में सबसे समझदारी भरा निर्णय क्या होगा?

(A) तुरंत भारी निवेश करना चाहिए क्योंकि फंडामेंटल्स बहुत मजबूत हैं।

(B) स्टॉक को रिजेक्ट कर देना चाहिए क्योंकि टेक्निकल चार्ट खराब है।

(C) स्टॉक को 'वॉचलिस्ट' में रखना चाहिए और तब तक इंतजार करना चाहिए जब तक टेक्निकल चार्ट पर 'ट्रेंड रिवर्सल' या 'ब्रेकआउट' न दिखे।

(D) फंडामेंटल और टेक्निकल का आपस में कोई लेना-देना नहीं है, इसलिए सिक्का उछालकर निर्णय लेना चाहिए।

**Answer: [C]**

(हल: एक अच्छी कंपनी (Fundamental) को गलत समय (Technical) पर खरीदने से पैसा लंबे समय तक फँस सकता है। संगम का सिद्धांत कहता है कि खरीदारी तभी करें जब दोनों एक ही दिशा में इशारा करें।)

**Q119.** एक निवेशक "**CANSLIM**" पद्धति का उपयोग कर रहा है। उसे एक ऐसी कंपनी मिलती है जिसके तिमाही नतीजे (Earnings) शानदार आए हैं (C और A मजबूत है), और संस्थागत निवेशक (Institutions) भी उसमें रुचि ले रहे हैं। तकनीकी रूप से, स्टॉक एक लंबे 'Consolidation' के बाद भारी वॉल्यूम के साथ अपने Resistance को पार कर रहा है। इस 'संगम' (Convergence) का मूल्यांकन करें:

(A) यह एक 'High-Conviction' ट्रेड है क्योंकि फंडामेंटल तेजी की पुष्टि कर रहे हैं और टेक्निकल 'ब्रेकआउट' प्रवेश का सही समय बता रहा है।

(B) यह जोखिम भरा है क्योंकि वॉल्यूम बढ़ने से स्टॉक गिर सकता है।

(C) ब्रेकआउट के बाद स्टॉक हमेशा महंगा हो जाता है, इसलिए इसे नहीं खरीदना चाहिए।

(D) केवल फंडामेंटल्स ही काफी हैं, चार्ट देखने की आवश्यकता नहीं है।

**Answer: [A]**

(हल: जब अच्छे वित्तीय परिणामों (Fundamentals) के साथ चार्ट पर ब्रेकआउट (Technicals) होता है, तो वह सबसे शक्तिशाली निवेश अवसर माना जाता है।)

**Q120.** राहुल के पास निवेश के लिए ₹1,00,000 हैं। वह अपनी पूंजी को केवल उन स्टॉक्स में लगाना चाहता है जो "Double Confirmation" पास करें:

फंडामेंटल: P/E अनुपात सेक्टर P/E (जो कि 30 है) से कम होना चाहिए।

टेक्निकल: स्टॉक की कीमत 50-दिन के EMA के ऊपर होनी चाहिए।

राहुल के सामने दो विकल्प हैं:

स्टॉक A: P/E = 25; वर्तमान कीमत = ₹450 (50-EMA = ₹460)

स्टॉक B: P/E = 28; वर्तमान कीमत = ₹520 (50-EMA = ₹500)

'संगम' नियमों के अनुसार राहुल को किस प्रकार निवेश करना चाहिए?

(A) ₹1,00,000 स्टॉक A में (क्योंकि इसका P/E सबसे कम है)।

(B) ₹1,00,000 स्टॉक B में (क्योंकि यह दोनों मापदंडों को पूरा करता है)।

(C) ₹50,000 दोनों में बाँट देना चाहिए।

(D) निवेश नहीं करना चाहिए क्योंकि दोनों का P/E सेक्टर के करीब है।

**Answer: [B]**

(हल: स्टॉक A: P/E (25 < 30) पास है, लेकिन कीमत (450 < 460 EMA) फेल है।

स्टॉक B: P/E (28 < 30) पास है, और कीमत (520 > 500 EMA) भी पास है।

तर्क: संगम (Integration) का अर्थ है कि सभी शर्तों का एक साथ पूरा होना अनिवार्य है। स्टॉक B फंडामेंटल और टेक्निकल दोनों मोर्चों पर सही बैठता है।)

* * * * *

# Suggested Books to Read

1. Rich Dad Poor Dad, Author: Robert Kiyosaki
2. The Psychology of Money, Author: Morgan Housel
3. Using Technical Analysis, Author: Clifford Pistolese
4. Technical Analysis from A to Z, Author: Steven B. Achelis
5. Japanese Candlestick Charting Techniques, Author: Steve Nison
6. Technical Analysis of Stock Trends, Author: Robert D. Edwards John Magee
7. Financial Management: Theory & Practice, Author: Prasanna Chandra
8. The Intelligent Investor, Author: Graham Benjamin

www.ingramcontent.com/pod-product-compliance
Lightning Source LLC
LaVergne TN
LVHW052017200926
848481LV00005B/1518
* 9 7 9 8 9 0 3 9 2 5 8 8 9 *